suhrkamp taschenbuch
wissenschaft 244

Die in diesem Band zusammengefaßten Texte stellen Material für eine historisch fundierte familiensoziologische Forschung bereit. Zwar ist das Defizit an historischen Arbeiten über die Familie in den letzten Jahren insbesondere durch Forschungen englischer und französischer Historiker verringert worden, aber es ist immer noch beträchtlich. Hinzu kommt, daß die Forschungsergebnisse im allgemeinen nur schwer zugänglich sind. Der vorliegende Band schließt daher besonders für den Studienbetrieb eine Lücke.

Methodische Überlegungen für eine historisch arbeitende familiensoziologische Forschung in der Einleitung erleichtern die Einordnung der verschiedenen in diesem Band vertretenen methodischen Positionen. Außerdem bietet die Einleitung einen Überblick über die Problemlage in der Familiensoziologie sowie eine Auswahlbibliographie der wichtigsten Literatur, soweit sie nicht auszugsweise aufgenommen werden konnte.

Dieser Band ist eine überarbeitete und erweiterte Fassung von *Familie und Gesellschaftsstruktur. Materialien zu den sozioökonomischen Bedingungen von Familienformen,* Frankfurt 1974.

Weitere Veröffentlichungen der Herausgeberin: *Familie als Gegenstruktur zur Gesellschaft. Kritik grundlegender theoretischer Ansätze der westdeutschen Familiensoziologie,* Stuttgart 1973 (2. Auflage 1978); »Die Theorie der Gruppe bei Alfred Vierkandt«, in: *Kölner Zeitschrift für Soziologie und Sozialpsychologie,* 25. Jahrgang (1973), S. 551ff.; »Zur neueren Entwicklung der historischen Familienforschung«, in: *Geschichte und Gesellschaft,* 1. Jahrgang (1975), S. 210ff.; *Familie und Sozialstruktur. Gesellschaftliche Bestimmungsgründe gegenwärtiger Familienverhältnisse* (Herausgegeben von der Niedersächsischen Landeszentrale für politische Bildung), 1977; »Die Bedeutung historischer Forschung für die Erkenntnis der Gegenwart – dargestellt am Beispiel der Familiensoziologie«, in: *Kooperation der Sozialwissenschaften,* herausgegeben von A. Lüdtke und H. Uhl, Stuttgart 1977.

Seminar: Familie und Gesellschaftsstruktur

Materialien zu den sozioökonomischen Bedingungen von Familienformen

Herausgegeben und eingeleitet
von Heidi Rosenbaum

Suhrkamp

suhrkamp taschenbuch wissenschaft 244
2. Auflage, 7.–10. Tausend 1980

Druck: Nomos, Baden-Baden
Printed in Germany.
Umschlag nach Entwürfen von
Willy Fleckhaus und Rolf Staudt.

CIP-Kurztitelaufnahme der Deutschen Bibliothek
Seminar »Familie und Gesellschaftsstruktur«: Materialien zu d. sozioökonom. Bedingungen von Familienformen / hrsg. u. eingel. von Heidi Rosenbaum. - 2. Aufl. - Frankfurt am Main: Suhrkamp, 1978.
(Suhrkamp-Taschenbücher Wissenschaft; 244)
ISBN 3-518-07844-5
NE: Rosenbaum, Heidi [Hrsg.]

Inhalt

Heidi Rosenbaum
Einleitung

I

Der Textauswahl dieses Sammelbandes liegt die Absicht zugrunde, Materialien für eine historisch fundierte familiensoziologische Forschung bereitzustellen. Dabei wird von einer Position ausgegangen, die »Familie« nicht als einen jeder menschlichen Gesellung immanenten, im Kern unveränderlichen Grundsachverhalt ansieht, sondern von einer Auffassung, die Form und Funktion dessen, was gemeinhin als Familie bezeichnet wird, *grundlegend* geprägt sieht durch den gesellschaftlichen Zusammenhang, in dem Familie existiert. Nicht eine vorgegebene, der »Gruppe«, dem »System« oder der »Institution« Familie unabhängig von Raum und Zeit immanente Struktur wird in den verschiedenen Gesellschaften klassen- und schichtspezifisch modifiziert, sondern gesellschaftliche, also historisch sich verändernde, insbesondere auch klassen- und schichtspezifische Faktoren bringen diese Strukturen in ihrer historischen Besonderheit erst hervor.

Aus diesen Bemerkungen wird deutlich, daß hier eine andere Position eingenommen wird, als die von der gängigen Familiensoziologie vertretene. Diese versucht, im Zusammenhang mit dem Bemühen um die Entwicklung einer allgemeinen soziologischen Theorie Kategorien zu entwickeln, die für alle gesellschaftlichen Verhältnisse gültig sind, gleichsam »ewige« Grundstrukturen der Vergesellschaftung aufweisen, die für die konkrete Analyse nur noch entsprechend modifiziert werden müssen. Dieses Bemühen ist für die Familiensoziologie angesichts der biologischen Aspekte von Familie besonders naheliegend und zeigt sich sinnfällig in der jüngst erhobenen Forderung, die Definition von »Familie möglichst offen zu halten, um in keine Verengung des Begriffs zu verfallen, die seine Anwendung räumlich oder zeitlich begrenzt«.[1] Dies ist nur möglich durch die Ausklammerung aller gesellschaftlichen und historisch veränderlichen Elemente aus der Begriffsbildung. Ergebnis dessen ist schließlich eine Definition von Familie, deren Aussagekraft denkbar gering ist und die über die Konstatierung biologisch-anthropologischer (statt soziologischer) Erkenntnisse selten hinauskommt. So enthält der überwiegend verwendete Begriff der Kernfamilie (»die Gruppe von Mann und Frau mit ihren unmündigen und unverheirateten Kindern«) weder Aussagen über den konkreten sozialen Zusammenhang, innerhalb dessen diese Gruppe existiert, noch Angaben über das Verhältnis der einzelnen Personen zueinander, das sich gleichfalls nicht unabhängig von Stellung und Funktion der »Kernfamilie« im gesellschaftlichen Zusammenhang entwickelt.

Auch die Definition von Claessens/Menne, derzufolge Familie definiert werden kann »als jene Gruppe, in der wenigstens zwei gegengeschlechtliche, psychosozial erwachsene Menschen eine weitere Generation produzieren und mindestens so erziehen, daß diese nächste Generation dazu motiviert wird, ihrerseits die folgende Generation zu produzieren und zu motivieren«[2], bietet außer der Konstatierung biologisch-anthropologischer Tatsachen keinerlei spezifisch soziologische Erkenntnis. Diesem Anspruch müßte ein für die soziologische Analyse brauchbarer Begriff jedoch genügen[3].

Gegen diese, hier nur sehr kurz und vereinfachend dargestellte Position vieler Familiensoziologen lassen sich zwei, m. E. gravierende Einwände erheben, die letztendlich auf die Forderung nach einer historisch arbeitenden Familiensoziologie hinauslaufen.

Der erste Einwand resultiert aus der Beobachtung, daß selbst soziologische Aussagen über gegenwärtige Verhältnisse, z. B. über Probleme des modernen Industriebetriebes, über Gewerkschaften, Parteien, aber auch der Familie, stets, wenn auch in unterschiedlicher Ausführlichkeit, Hinweise auf den Gegenstand bzw. Problemkomplex zu einem früheren Zeitpunkt enthalten. Beispielsweise sind Aussagen über die Funktionen der gegenwärtigen Familie meist begleitet von – mehr oder weniger explizierten – Aussagen über die Funktionen der Familie im 18. und 19. Jahrhundert. Auch die Diskussion der Probleme, die sich aus der Reduzierung der Familie auf die Eltern und ihre unmündigen Kinder ergeben, findet statt vor dem Hintergrund von Vorstellungen über den zahlenmäßig größeren Umfang und/oder eine andere generative Zusammensetzung der Familie zu einem zeitlich früheren Stadium. Hierbei ist auffällig, daß allein schon durch die Wortwahl, nämlich »Reduzierung«, der Vergleich mit einer anderen, offenbar durch größere Mitgliederzahl gekennzeichneten Lage der Familie impliziert ist.

Dieser Rückgriff auf die Vergangenheit beruht zweifellos zum Teil auf den spezifischen gesellschaftspolitischen Intentionen der Familiensoziologie. Zugleich ist aber damit ein erkenntnistheoretisches Problem angesprochen, das sich bei der Analyse der Gegenwart unweigerlich stellt. Denn die Untersuchung gegenwärtiger gesellschaftlicher Verhältnisse setzt zunächst einmal eine Bestimmung dessen voraus, was Gegenwart eigentlich ist. Streng genommen befindet sich Gesellschaft immer im Wandel, in stetiger Entwicklung. Das, was heute geschieht, ist morgen schon Vergangenheit. Auf dieses Faktum zielt Wehlers Bemerkung, daß »die ›Gegenwart‹ ... allenfalls die Breite eines Rasiermessers (habe), dessen Klinge unaufhörlich Teilstücke der Zukunft abschneidet und der Vergangenheit zuweist«.[4] Wenn Soziologie dennoch die Gegenwart zum Untersuchungsgegenstand macht, so betreibt sie, genau genommen, die Analyse der gegenwärtigen gesellschaftlichen Entwicklung.
Gleichwohl kann diese, je nach der Distanz des Betrachters, entweder als Teil eines in stetigem Fluß befindlichen Entwicklungsprozesses oder aber als *relativ* stabile Struktur wahrgenommen werden. In diesem zweiten Fall bildet die gesellschaftliche Entwicklung dann gleichsam nur eine als annähernd einheitlich identifizierbare Etappe in einer Entwicklung, die aber selbst nur als Abfolge solcher Etappen begreifbar ist. Die Gegenwart als relativ stabile Struktur kann nur erfaßt werden vermittels der Herausarbeitung ihrer strukturellen Eigenart, durch die sie sich von der Vergangenheit, d. h. anderen Strukturen unterscheidet. Historische Analyse ist deshalb hierfür unabdingbare Voraussetzung.

Dies gilt im gleichen Maße für die Betrachtungsweise, die die Gegenwart auffaßt als Teil des permanent stattfindenden Wandlungsprozesses gesellschaftlicher Strukturen. Denn sie muß die Frage klären: wie haben sich die gesellschaftlichen Strukturen herausgebildet und wie entwickeln sie sich weiter? Das heißt, sowohl jene Betrachtungsweise, die die *Kontinuität* der historischen Entwicklung in den Vordergrund stellt, als auch jene, die im Gegensatz dazu sich konzentriert auf die Hervorhebung der *Diskontinuitäten*, durch die die Identifizierung von relativ stabilen gesellschaftlichen Strukturen erst möglich ist, sind auf historische Forschung notwendig verwiesen. Beide Betrachtungsweisen sind eng miteinander verbunden, gleichsam zwei Perspektiven auf denselben Gegenstand.

Daraus folgt: Selbst wenn sich der Soziologe, auch der Familiensoziologe, primär auf die Analyse der Gegenwart konzentriert, kann er diese Gegenwart als relativ stabile Struktur nur zu seinem Gegenstand machen, indem er sie durch Herausarbeiten ihrer Besonderheiten absetzt von den Strukturen der Vergangenheit. Da sich die Soziologen diesem, aus der Sache selbst folgenden Zwang nicht entziehen können, die Notwendigkeit fundierter historischer Forschung aber entweder nicht reflektieren oder sogar verneinen, auf jeden Fall kaum historisch arbeiten, können Vorurteile, Stereotype, Klischees über die Vergangenheit in die soziologische Analyse vergleichsweise ungehindert einfließen[5]. Ein geradezu klassisches Beispiel dafür ist die immer noch bei vielen Wissenschaftlern vorhandene Vorstellung von der Dominanz der großen Familienverbände in der Vergangenheit.

Mit der Betonung der Notwendigkeit fundierter historischer Forschungen für die soziologische Erkenntnis der Gegenwart soll nun nicht postuliert werden, die Soziologie habe, bevor sie sich ihren eigenen Problemen zuwendet, erst einmal die Geschichte der Menschheit in allen Einzelheiten zu erforschen. Vielmehr erscheint es ausreichend, aber auch notwendig, sich auf den Zeitabschnitt zu beschränken, in dem sich der Gegenstand in seiner Besonderheit erst herausbildet. Ein Beispiel soll dies verdeutlichen:

Für die Analyse der Probleme der »modernen« Familie ist es wenig ergiebig, sich – wie lange Zeit geschehen – der Erforschung der Urgeschichte von Ehe und Familie zuzuwenden. Abgesehen davon, daß gesicherte Erkenntnisse darüber nur schwer zu erlangen sind, dürfte auch deren praktische Relevanz gering sein.[6] Denn Familie ist, obschon mit biologischen Gegebenheiten eng verbunden, ein gesellschaftliches Phänomen, dessen je konkrete Ausbildung sich mit der Entwicklung der Gesellschaft verändert, weshalb aus irgendwelchen »Urzuständen« wenig für die Gegenwart zu folgern sein dürfte. Für die Familiensoziologie ist es dagegen wichtiger, sich auf die Entstehungsvoraussetzungen der gegenwärtig existierenden Familienformen zu konzentrieren, d.h. konkret auf die Entwicklung und Herausbildung der kapitalistischen Produktionsweise, deren Auswirkungen auf tradierte Formen familialen Zusammenlebens (Bürger-, Bauern- und Handwerkerfamilie) sowie das dadurch bedingte Entstehen neuer Familienformen (Arbeiter- und Angestelltenfamilie).

Die genaue Kenntnis dessen ist von unmittelbarer praktischer Relevanz für die soziologische Forschung, denn sie zeitigt Folgen hinsichtlich der *Interpretation* der gegenwärtigen Verhältnisse, mithin der *Definition* des Problems (Untersuchungsgegenstand) und der *Begriffsbildung.*

II

Der zweite Einwand gegen die gängige familiensoziologische Forschung bezieht sich auf diese zuletzt genannte Ebene. Die angeführte Familiendefinition von Claessens und Menne, die als exemplarisch angesehen werden kann, zeichnet sich einmal durch einen sehr hohen Abstraktionsgrad aus, andererseits fließt selbst in diese angeblich allgemeingültige Kategorie eine spezifische Realitätsdeutung ein. Die Verwendung des Begriffs der Kernfamilie basiert beispielsweise auf der Voraussetzung, daß diese Gruppe überall als gesonderte innerhalb des gesellschaftlichen Zusammenhangs existiert. Diese Voraussetzung ist für unsere Gesellschaft zweifellos gegeben; ob man sie so ohne weiteres für alle historischen Gesellschaften unterstellen kann, ist jedoch mehr als fraglich. Eine genaue historische Untersuchung der jeweiligen Gesellschaft in ihrem Gesamtzusammenhang ist deshalb unabdingbares Erfordernis auch für familiensoziologische Aussagen. Nur dann kann man sinnvollen Aufschluß über die Stellung der jeweiligen Familien- und Verwandtschaftsorganisation im gesellschaftlichen Kontext erhalten. Keinesfalls darf man hingegen aufgrund der zu konstatierenden oberflächlichen Gemeinsamkeiten (Vater-Mutter-Kind) den in der eigenen Gesellschaft vorherrschenden Familientypus anderen Gesellschaften unbesehen unterschieben.

Diese Bemerkungen verweisen auf die prinzipielle Notwendigkeit zur Vorsicht bei der Anwendung der bei der Untersuchung der Gegenwartsgesellschaften entwickelten Kategorien auf die Analyse anderer Gesellschaften[7]. Dahinter verbirgt sich die naheliegende Überlegung, daß die analytischen Begriffe, da sie zur Erfassung der Realität entwickelt wurden, diese oder einzelne ihrer Aspekte widerspiegeln. Die gesellschaftliche Realität ist aber immer eine historisch entstandene und damit auch eine sich verändernde Wirklichkeit. Infolgedessen sind auch die Kategorien zeit- und gesellschaftsgebunden und somit in ihrer Anwendung und in ihrem Aussagegehalt beschränkt.

Die Nichtbeachtung des Zusammenhangs des kategorialen Apparates mit der Realität, an der er gewonnen wurde, hat bei der Untersuchung anderer Gesellschaften häufig zur Folge, daß diese nicht aus sich heraus, in ihrer Eigenart erfaßt werden können. In diesen Fällen führt die Analyse mit den ihnen unangemessenen, äußerlichen Kategorien lediglich dazu, daß der Forscher überall die Strukturen auffindet, die er mit der Anwendung seiner Begriffe vorausgesetzt hat, konkret: die historischen Besonderheiten der Gegenwart stellen sich als vermeintlich ewig gültige heraus, denn »unter der Hand (werden) *bürgerliche* Verhältnisse als unumstößliche Naturgesetze der Gesellschaft in abstracto untergeschoben«.[8]

Daneben wohnt dem Bemühen um die Entwicklung einer allgemeinen Theorie in der Soziologie noch ein zweites Problem inne. Allgemeine Theorie intendiert – wie schon angedeutet – den Entwurf eines theoretischen Instrumentariums, das für die Analyse *aller* gesellschaftlichen Verhältnisse ungeachtet ihrer jeweiligen besonderen Ausprägung brauchbar ist. Diese Intention impliziert notwendig die Abstraktion von der Vielfalt der historisch verschiedenen Formen des gesellschaftlichen Zusammenlebens, den Verzicht auf Geschichte und nötigt letztlich dazu, soziale Beziehungen an sich, von ihrem spezifischen Inhalt abgelöst zu denken und zum Gegenstand soziologischer Forschung zu machen. Unabhängig davon, ob man das Ziel der »allgemeinen Soziologie« als sinnvoll, die soziologische Forschung und Erkenntnis weitertreibend ansieht, darf nicht übersehen werden, daß die Abstrahierung von den spezifischen Formen der Vergesellschaftung einen Verlust an soziologischer Aussagekraft bedingt. Für diese Art der Theoriebildung in der Soziologie, die mit gedanklichen Abstraktionen von hoher Allgemeinheit arbeitet, gilt nach wie vor die Feststellung Max Webers, daß – im Gegensatz zu der Theoriebildung in den Naturwissenschaften – »für die Erkenntnis der historischen Erscheinungen in ihrer konkreten Voraussetzung . . . die *allgemeinsten* Gesetze, weil die inhaltsleersten, regelmäßig auch die wertlosesten (sind). Denn je umfassender die Geltung eines Gattungsbegriffes – sein *Umfang* – ist, desto mehr führt er uns von der Fülle der Wirklichkeit *ab*, da er ja, um das Gemeinsame möglichst vieler Erscheinungen zu enthalten, möglichst abstrakt, also inhalts*arm* sein muß.«[9] Häufig reduziert sich daher die tatsächliche Aussagekraft der mühsam gewonnenen Kategorien auf die Konstatierung von Trivialitäten, auf die »unsterbliche Entdeckung, daß der Mensch in allen Zuständen essen, trinken etc. muß«.[10]

Die Kritik an den »allgemeingültigen« Kategorien der Sozialwissenschaften kann nun nicht im Gegenzug zu der Forderung verleiten, jede Erscheinung nur in ihrer unwiederholbaren Einzigartigkeit als legitimen Gegenstand der Sozialwissenschaften zuzulassen. Der völlige Verzicht auf Abstrahierung von der Vielzahl der Einzelheiten würde das Ende jeder wissenschaftlichen Arbeit bedeuten. Schließlich beruht jede Form der Begriffsbildung auf Generalisierung – wenn auch in unterschiedlichem Ausmaß und nach unterschiedlichen Kriterien. Es gilt also eine Methode zu entwickeln, die mit der notwendigen Verallgemeinerung zugleich das *Typische* der einzelnen Erscheinungen, ihren Gattungscharakter erfaßt. Dieser verflüchtigt sich jedoch bei den Abstraktionen der allgemeinen soziologischen Theorie, die von der Realität geschichtlicher Veränderungen gänzlich absehen.

Da, wie betont, alle Gegenstände der Sozialwissenschaften gesellschaftliche sind, daher historischer Veränderung unterliegen, besteht m. E. ein sinnvoller Grad der Verallgemeinerung darin, das Typische, die Struktur eines Gegenstandes für jeweils abgegrenzte historische Zeiträume zu erfassen. Somit ergibt sich als eine Alternative zu den generellen Abstraktionen der allgemeinen Theorie die Möglichkeit und Notwendigkeit, Begriffe, d. h. gedankliche Abstraktionen zu bilden, mit denen die Struktur eines Gegenstandes, die seinen verschiedenen, in der Wirklichkeit vorfindlichen Variationen innerhalb eines abgrenzbaren historischen Zeitraums gemeinsam ist, erfaßt werden kann. Dadurch erlaubt es diese Methode der Begriffsbildung, in der Verallgemeinerung zugleich das Faktum der geschichtlichen Veränderung zum Ausdruck zu bringen[11]. Diese Methode impliziert den weitgehenden Verzicht auf die allgemeinsten Kategorien wie »Gruppe«, »Familie« etc. Sie muß deshalb den Sachverhalt, der gemeinhin damit bezeichnet wird, jeweils in seiner historischen Besonderheit untersuchen und so beschreiben, daß diese Besonderheit auch in der Abstraktion des Begriffs ausgedrückt ist.

Der auf diese Weise gewonnene Begriff der »Arbeiterfamilie« müßte demzufolge das Typische, die reale Grundstruktur der

Vielzahl von Arbeiterfamilien widerspiegeln; sein Geltungsbereich beschränkt sich somit auf diejenigen Gesellschaften, in denen Lohnarbeit vorherrscht, also die kapitalistischen. Damit wird zugleich deutlich, daß dieser Begriff an einer spezifischen Realität entwickelt wurde, Aspekte dieser Realität erfaßt und daher in seinem Geltungsbereich auf *diese* Realität beschränkt ist. Dadurch unterscheidet sich diese Art der Begriffsbildung gleichzeitig von Max Webers Idealtypus. Jener wird gewonnen durch die »*gedankliche* Steigerung bestimmter Elemente der Wirklichkeit«[12] zu einer in sich widerspruchsfreien Konstruktion gedachter Zusammenhänge. Weber bezeichnet den Idealtypus selbst als Utopie, als in der Realität nicht auffindbar. Das hängt damit zusammen, daß er Idealtypen überhistorisch konstruiert, beispielsweise für den Idealtypus Handwerk »bestimmte Züge, die sich diffus bei Gewerbetreibenden *der verschiedenen Zeiten und Länder* vorfinden, einseitig in ihren Konsequenzen gesteigert zu einem in sich widerspruchslosen Idealbilde zusammenfügt . . .«[13] Entscheidend ist für Weber die Forderung nach der widerspruchsfreien Konstruktion des Idealtypus', nicht, ob er die in der Realität vorhandene Grundstruktur des Gegenstandes erfaßt. Insofern kann Weber auch davon ausgehen, daß es zahlreiche idealtypische Konstruktionen der kapitalistischen Kultur geben kann, »von denen *keine* der anderen gleicht und erst recht keine in der empirischen Wirklichkeit als tatsächlich geltende Ordnung der gesellschaftlichen Zustände zu beobachten ist, von denen aber doch *jede* diesen Anspruch insofern erheben *kann*, als jede tatsächlich gewisse, in ihrer *Eigenart bedeutungsvolle* Züge unserer Kultur entnommen und in ein einheitliches Idealbild gebracht hat«.[14] Was also als Idealtypus der »kapitalistischen Kultur« ausgegeben wird, hat in Webers Konzeption weniger mit der Realität der kapitalistischen Gesellschaft als mit den *Bewertungen* des Wissenschaftlers zu tun. Diese können daher auch nicht der Realitätskontrolle unterzogen werden. Lediglich die auf diesen Bewertungen aufbauende idealtypische Konstruktion wird auf die geforderte Widerspruchsfreiheit geprüft. Die Realität kann mit dieser Art der Begriffsbildung jedenfalls nur zufällig erfaßt werden.

Da *alle* gesellschaftlichen Gegenstände historisch entstanden und damit veränderbar sind, liegt ein wesentliches Ziel der historischen Forschung in den Sozialwissenschaften darin, das jeweils geschichtlich Besondere jeder historischen Epoche, jeder geschichtlichen Erscheinung zu erkennen. Unter Berücksichtigung des engen Zusammenhangs des kategorialen Apparats mit dem Gegenstand, an dem er entwickelt wurde, muß deshalb der erste Schritt der historischen Analyse darin bestehen, vom wirklich Existierenden, nämlich der Gegenwart, an der auch die zur Verfügung stehenden Kategorien entwickelt wurden, auszugehen und die wesentlichen *Unterschiede* der zu untersuchenden historischen Epoche oder der historischen Erscheinung zu der Gegenwart herauszuarbeiten. Am Anfang der historischen Analyse steht also die Abgrenzung des historischen Gegenstandes zur Gegenwart bzw. seiner gegenwärtigen Ausprägung, wodurch es möglich wird, ansatzweise seine strukturellen Besonderheiten herauszuarbeiten. Erst in einem zweiten Schritt der Analyse kann man dann versuchen, die historische Epoche in ihrer Gesamtheit, aus sich selbst heraus zu verstehen und die ihr entsprechenden Kategorien zu entwickeln, die es erst erlauben, *diesen* historischen Zeitraum wirklich zu erkennen. Die Verhaftetheit der Denkstruktur, mithin auch des kategorialen Apparates des sozialwissenschaftlichen Forschers in den gesellschaftlichen Verhältnissen, in denen er lebt, läßt diesen zweiten Schritt sehr schwierig werden. Historische Forschung setzt somit eine stetige Reflexion der Denkstruktur voraus, eine ständige Selbstkontrolle des Forschers über die expliziten und impliziten Voraussetzungen, die seiner Arbeit zugrunde liegen.

An diesem Punkt unterscheidet sich die hier vertretene methodologische Position ebenfalls grundlegend von der Max Webers, der zwar die Forderung nach Offenlegung der den Forscher bestimmenden »Wertideen«, nach den seine Arbeit fundierenden »Zielen« erhebt. Wenn dies geschehen ist – so Weber –, könne jeder, selbst »ein Chinese«, die darauf aufbauende logisch-rationale Ableitung der Konsequenzen verfolgen und somit über die Richtigkeit oder Falschheit urteilen[15]. Bei Weber befinden sich die Werturteile außerhalb der wissenschaftlichen Diskussion, über sie läßt sich zwar vortrefflich streiten, aber keine wissenschaftlich vertretbare Entscheidung treffen. Objektivieren, d. h. interpersonell nachvollziehen und überprüfen läßt sich nur die auf den angenommenen Zielen aufbauende *logische* Analyse. Auf diese bleibt Wissenschaft in Webers Vorstellung beschränkt. Dabei unterstellt er allerdings eine uneingeschränkte Verbreitung logisch-rationalen Denkens, das sicherlich in den modernen kapitalistischen Gesellschaften vorherrscht, dessen Entwicklung selbst aber mit diesem Gesellschaftstypus eng verknüpft ist. Erst die kapitalistische Organisation der Produktion verlangt von den Unternehmern und zunehmend auch von den Produzenten selbst die Fähigkeit zu rationaler Kalkulation, zu Zweck-Mittel-Denken etc. Wenn deshalb Weber meint, die »methodisch korrekte wissenschaftliche Beweisführung«[16] müsse auch von einem Chinesen als Prototyp einer ganz anderen Gesellschaft als richtig erkannt werden, so setzt er die menschliche Denkstruktur als apriorisch gegebene, von gesellschaftlichen Einflüssen unabhängige voraus. Hingegen spricht vieles dafür, daß Denkweise und Denkmöglichkeiten ebenso wie selbst die elementaren biologischen Bedürfnisse des Menschen gesellschaftlicher Prägung unterliegen und somit an jeweils bestimmte gesellschaftliche Verhältnisse gebunden sind.

Die hier vertretene Auffassung beinhaltet, daß die Gesamtheit der Lebensverhältnisse einer Gesellschaft eine unauflösbare Einheit bilden, die fundiert wird durch die Bedingungen der materiellen Produktion. Denn der Produktionsprozeß ist nicht nur eine Beziehung zwischen Mensch und Natur, sondern gleichzeitig eine Beziehung zwischen den Menschen. Deshalb werden in ihm neben den materiellen Gütern auch die spezifischen gesellschaftlichen Verhältnisse geschaffen, unter denen die Menschen leben. Eine bestimmte Weise der Produktion ist daher stets mit bestimmten gesellschaftlichen, geistigen und sozialen Lebensverhältnissen verbunden. Die Entwicklung der materiellen Produktion stellt infolgedessen das geeignete Kriterium dar, mit dem es möglich ist, die einzelnen historischen Zeiträume sinnvoll voneinander abzugrenzen. Die grundlegende Kohärenz der gesamten gesellschaftlichen Verhältnisse einer Epoche erlaubt es allerdings nicht, einzelne gesellschaftliche Phänomene oder gesellschaftliche Teilbereiche unter Abstrahierung von ihrer Einbettung in den gesellschaftlichen Zusammenhang zu analysieren. Die Gesellschaft existiert nur in ihrer Totalität; sie bildet eine Gesamtstruktur. Keiner ihrer Teilbereiche kann gesondert bestehen, sondern ist nur in dem konkreten gesellschaftlichen Zusammenhang existenzfähig. Daher verbietet sich auch für analytische Zwecke die Isolierung eines Teilbereichs (=Teilstruktur). Vielmehr kann in der praktischen wissenschaftlichen Arbeit jeder Gegenstand *von vornherein* nur unter Einbeziehung des jeweiligen Gesamtzusammenhangs, in dem er auch real existiert, untersucht werden. Mit anderen Worten: unter Einbeziehung der aus der Totalität der Struktur sich ergebenden Voraussetzungen, unter denen die Teilstruktur, d. h. gerade auch als sich abhebender »Teil« besteht. Dies bedeutet die Ablehnung der in der Soziologie verbreiteten »Theorie der Wechselwirkungen oder Interdependenzen«, die zwar verbal den Zusammenhang der gesellschaftlichen Teilbereiche betont, in der Analyse diese jedoch zunächst künstlich trennt und einzeln jeweils für sich analysiert, z. B. die Struktur des Betriebes, der Familie etc., um dann nachträglich in einem zweiten Schritt der Analyse die Wechselwirkungen zwischen dem so analysierten Gegenstand und anderen gesellschaftlichen Bereichen abzuhandeln. Dieses Verfahren bleibt dem Gegenstande, sei es nun die Familie oder der Betrieb, äußerlich, denn die jeweilige Teilstruktur ist grundlegend bestimmt von der gesellschaftlichen Gesamtstruktur und kann daher nicht isoliert, quasi voraussetzungslos erforscht werden. Auch für analytische Zwecke kann tatsächlich Zusammengehöriges nicht künstlich getrennt und ebenso künstlich wieder zusammengefügt werden.

Historische Forschung bietet nun allerdings auch keine absolute Gewähr gegen eine solche Vorgehensweise. Für eine konkrete historische Analyse ist jedoch der Zwang größer, den gesellschaftlichen Kontext, in dem ihr Gegenstand existiert zu erforschen, d. h. sowohl die Bedeutung und Funktion des untersuchten Teilbereiches für den gesellschaftlichen Zusammenhang zu thematisieren, als auch die Struktur und die Besonderheiten des sozialen Phänomens aus den spezifischen gesellschaftlichen Bedingungen zu erklären. Das ist nur möglich, wenn man den Teilbereich nicht isoliert, sondern *von vornherein* nur unter Einbeziehung des jeweiligen Gesamtzusammenhangs untersucht.

Wenn man hingegen, wie die Familiensoziologen das meistens tun, die vergangenen wie die gegenwärtigen Familien als isolierte soziale Phänomene betrachtet, gelangt man zu einem Theorem wie dem von »Funktionsverlust« der modernen Familie. Das Zerreißen des gesellschaftlichen Zusammenhangs führt in diesem Fall dazu, die Funktionen der Familie der Gegenwart isoliert zu untersuchen, sie mit denen der vergangenen vorkapitalistischen Familie zu vergleichen und zu dem Ergebnis zu gelangen, daß die Familie in der historischen Entwicklung viele Funktionen verloren habe. Dabei wird übersehen, daß es sich hierbei um einen, dem realen Sachverhalt völlig unangemessenen Vergleich handelt, denn die als Maßstab dienende Familienform der einfachen Warenproduzenten des Vor- und Frühkapitalismus ist durch die Verbindung von Produktion und Haushalt gekennzeichnet und nimmt in und für die Gesellschaft dieser Zeit eine gänzlich andere Stellung ein als die gegenwärtige Familie für die entwickelte kapitalistische Gesellschaft. Eine historisch arbeitende Familiensoziologie müßte die sich wandelnde Funktion der Familie für die jeweilige Gesellschaft untersuchen und könnte dann – unter Berücksichtigung dessen – allenfalls von einem Funktionswandel der Familie sprechen; präziser ausgedrückt: auch nur von einem Funktionswandel derjenigen Familientypen, die, wie die bürgerliche Familie, sich schon sehr früh herausgebildet haben. Eine Aussage über Funktionsverlust oder -wandel würde für die proletarische Familie, die sich als Typus erst in der zweiten Hälfte des 19. Jahrhunderts ausbildet, keinen Sinn ergeben.

III

Für die familiensoziologische Forschung bedeuten die vorstehenden methodologischen Überlegungen zunächst einmal, sich von dem Versuch einer allgemeingültigen Bestimmung von Familie abzuwenden. Wenn die Kategorie Familie ebenso wie andere gesellschaftswissenschaftliche Begriffe zeit- und gesellschaftsgebunden ist, dann muß für die verschiedenen historischen Zeiträume und Gesellschaften jeweils konkret bestimmt werden, ob man im Hinblick auf sie überhaupt von Familie reden kann und, wenn ja, welche grundlegenden Strukturen sie aufweist.

Die Forderung nach einer derartigen Forschungsperspektive wird erhärtet durch die Überlegung, daß die gesellschaftliche Denkmöglichkeit von Familie als einem separaten Lebensbereich erst möglich wird in der kapitalistischen Gesellschaft, die aus mehreren relativ autonomen Teilbereichen bzw. -strukturen zu bestehen scheint. Diese Partialisierung der Gesellschaft in einzelne Teilbereiche hängt damit zusammen, daß erst im Kapitalismus der Bereich der materiellen Produktion eine Vereinseitigung auf das *rein* Wirtschaftliche erfahren hat. Erst dort wird die Produktion ausschließlich dem wirtschaftlichen Effektivitätskalkül unterworfen. Diese »Rationalisierung« bewirkt die Aussonderung aller zuvor mit dem Produktionsbereich eng verknüpften Beziehungen und deren Institutionalisierung als gesonderte gesellschaftliche Lebensbereiche (Familie, Staat . . .). In der familiensoziologischen Literatur wird die Zäsur, die die Trennung zwischen Familienleben und Produktion darstellt, im Zusammenhang mit der Erörterung des Funktionsverlustes der Familie durch die Aussonderung der produktiven Funktionen immer wieder betont, m. E. jedoch in ihrer tatsächlichen Bedeutung verkannt.

Brunner (S. 83 ff.)* hat darauf hingewiesen, daß erst im 18. Jahrhundert der Begriff »Familie« Eingang in die deutsche Umgangssprache gefunden hat. Zuvor wurde vom »Haus« gesprochen, in dem, wie z. B. bei Bauern und Handwerkern, gefühlsmäßige und sachbezogene Beziehungen durch die Einheit von »Haushalt« und »Betrieb« untrennbar verbunden waren. Mit der Aufspaltung der in der vorkapitalistischen Gesellschaft vorherrschenden Sozialform des »ganzen Hauses« in Familien- und Produktionsbereich trete nun »der ›Rationalität‹ des Betriebes die ›Sentimentalität‹ der Familie gegenüber« (S. 89). Familie als gesonderter, vornehmlich gefühlsbetonter, »privater« Lebensbereich ist in seiner Existenz und Denkbarkeit historisch gebunden an die kapitalistische Gesellschaft. Seine historische Verwurzelung verbietet es, diesen Begriff mit dem ihm anhaftenden Konnotationen für die Analyse anderer gesellschaftlicher Verhältnisse zu verwenden. Wenn die familiensoziologische Forschung dennoch üblicherweise so verfährt, dann bedeutet das eine unreflektierte Projektion kapitalistischer gesellschaftlicher Verhältnisse auf ganz anders strukturierte Gesellschaften.

Was hier gemeint ist, läßt sich auch an einem anderen Beispiel verdeutlichen. Wie schon angedeutet, bildet sich »Wirtschaft« als aus anderen gesellschaftlichen Beziehungen weitgehend gelöster, ausschließlich rationaler Kalkulation unterliegender Gesellschaftsbereich mit der Entwicklung des Kapitalismus heraus. Ebenso wie sich auch der Gegenstand der Wirtschaftswissenschaften: die tendenziell ausschließlich wirtschaftlichen Effektivitätsprinzipien unterworfenen Produktions- und Tauschbeziehungen, erst jetzt konstituiert. Deshalb liegt eine analoge Projek-

* Die Seitenzahlen im Text beziehen sich auf die in diesem Sammelband abgedruckten Texte.

tion vor, wenn der Begriff »Wirtschaft« beispielsweise auf die Produktion in der feudalen Gesellschaft übertragen wird. Wie lange die Ausbreitung der neuen, kapitalistischen Wirtschaftsmentalität gedauert hat bzw. wie lange vorkapitalistische Lebensauffassung und -mentalität sich erhalten haben, kann man aus einem bei Möller angeführten Beispiel ersehen, demzufolge noch Ende des 18. Jahrhunderts in einer süddeutschen Kleinstadt die Bäcker nicht in der Lage waren, den Zusammenhang zwischen den jeweiligen Getreidepreisen und dem Gewicht bzw. Preis ihrer Waren festzustellen. Ob sie mit Gewinn oder Verlust arbeiteten, konnten sie daher erst nach längerer Zeit, nämlich dann, wenn kein Geld mehr vorhanden war, feststellen, u. U., da sie häufig noch über andere Einnahmequellen (Schankwirtschaft oder landwirtschaftlicher Nebenbetrieb) verfügten, überhaupt nicht[17]. Hierbei handelt es sich nicht um einen Einzelfall, sondern, wie sich aus weiteren Beispielen entnehmen läßt, um eine zu dieser Zeit bei Handwerkern verbreitete Mentalität, für die die Ausübung des Handwerks nicht primär ökonomisches Mittel, sondern eine alle Daseinsbereiche umfassende *Lebensweise* war, in die das uns selbstverständlich scheinende irtschaftliche Zweck-Mittel-Denken noch keinen Eingang gefunden hatte. Selbst für die Zeit des Frühkapitalismus, in der im Prinzip die wichtigsten Mittel kapitalistischer Kalkulation zur Verfügung stehen, läßt sich also der Nachweis führen, daß offenbar große Gruppen der Bevölkerung weiterhin einer vorkapitalistischen, ständischen Lebensauffassung verhaftet sind. Umso deutlicher wird die Unangemessenheit der Kategorien »Wirtschaft« oder »ökonomische Rationalität« als analytisches Mittel für die feudale Gesellschaft.

Unter Berücksichtigung des oben diskutierten engen und auch für analytische Zwecke nicht auflösbaren Zusammenhangs der verschiedenen gesellschaftlichen Bereiche zu einer Gesamtstruktur, kann die Untersuchung von »Familie« in verschiedenen Gesellschaften adäquat nur dergestalt erfolgen, daß von Anfang an ihre historisch spezifische Einbettung in den gesamten Gesellschaftszusammenhang, die strukturellen Voraussetzungen, unter denen sie existiert, in die Analyse einbezogen werden. Dadurch würde sich erweisen, ob überhaupt von Familie in dem uns geläufigen Sinne gesprochen werden kann, oder ob es sich um einen anders strukturierten Typus der Vergesellschaftung handelt, in dem das, was uns bei oberflächlicher Betrachtung als Familie erscheint, mit einem anderen Begriff präziser erfaßt wird. Dieses Verfahren würde zunächst nur eine grobe Übersicht ermöglichen.

Ein flüchtiger Blick auf die west- und mitteleuropäischen Gesellschaften des 17. und 18. Jahrhunderts verleitet so z. B. zu der Aussage, daß die »Sozialform des ganzen Hauses« der vorherrschende Familientypus gewesen sei, der im bäuerlichen, handwerklichen und hausindustriellen Bereich, aber auch bei Teilen der Bürgertums dominierend gewesen sei. Diese Auffassung vertritt auch Brunner (S. 87). Die genauere Analyse zeigt jedoch zunächst einmal, daß selbst in diesem Zeitraum in quantitativ nicht unerheblichem Maße Familienformen bestehen bzw. weiter entstehen, für die die Einheit von Produktion und Familie nicht (mehr) charakteristisch ist. Das gilt über die von Brunner genannten Arbeiter im Montangewerbe hinaus für jene im Baugewerbe und für die zunehmende Zahl der Tagelöhner in Stadt und Land sowie die Beamten. Auch die Familien des Adels bilden keine Produktionsgemeinschaften. Deren Form, Struktur und interne Beziehungen sind aber grundlegend geprägt von der sozialstrukturellen Position des Adels als herrschende Klasse. Insofern stellt die adelige Familie einen besonderen Typus dar. An diesen Beispielen zeigt sich deutlich, daß es *die* vorkapitalistische Familie nicht gegeben hat.

Andererseits wird selbst bei der Beschränkung auf die »Sozialform des ganzen Hauses« erkennbar, daß deren (scheinbare) Einheitlichkeit auch nur auf dem Gegensatz zur modernen Familie beruht, d. h. auf der Verbindung von Produktion und Familienleben sowie der Einbeziehung von nicht verwandten Personen in diese Sozialform. Demgegenüber fördert deren genauere Untersuchung große Unterschiede zutage, die durch die verschiedenen Produktionsbedingungen und -formen bedingt sind, durch die die Gesamtheit der familiären Lebensweise entscheidend bestimmt wird. (Dies ist zugleich ein Beispiel für die oben genannte Vorgehensweise einer historisch arbeitenden Soziologie, die sich ihrem Gegenstand zunächst über seine Abgrenzung zur Gegenwart, durch das Herausarbeiten der Unterschiede, nähert und in einem zweiten – notwendigen – Schritt dann zu seinem tiefergreifenden Verständnis durch die Analyse der historischen Sozialstruktur gelangt, in deren Kontext er existiert.)

Schon der Vergleich von Bauern- und Handwerkerfamilie läßt dies deutlich erkennen:

Bauern sind zu dieser Zeit noch überwiegend Selbstversorger und daher nur geringfügig in Markt- und Austauschbeziehungen eingebunden. Eine Ausnahme davon bilden die Bauern in unmittelbarer Stadtnähe. Die Produktion ist kaum spezialisiert, die anfallenden Arbeiten unterliegen einem jahreszeitlichen Rhythmus. Die Arbeitsteilung zwischen den Ehepartnern ist ausgeprägt, aber beide betreiben vorwiegend landwirtschaftliche Produktion in Feld, Stall und Haus. Kinder sind als Arbeitskräfte und Erben geschätzt. Entsprechend der Größe des Hofes und dem Alter der Kinder ist Gesinde vorhanden.

In der städtischen *Handwerker*familie ist die Selbstversorgung (Garten, Vieh) nur noch schwach ausgeprägt. Sie lebt vorwiegend oder tendenziell von Erwerbsarbeit. Dadurch ist sie viel stärker als die bäuerliche Familie in Markt- und Austauschbeziehungen eingebunden. Die Arbeitsteilung zwischen den Ehegatten ist tiefgreifender. Im allgemeinen betreibt der Mann gewerbliche Arbeit, der Frau obliegen Haus-, Kinder- und Gartenarbeit. Der Arbeitskräftebedarf wird primär durch die Aufnahme von Lehrlingen und Gesellen in den Haushalt gedeckt. Kinder sind als Arbeitskräftepotential nicht von Bedeutung. Darauf läßt sich vermutlich die erstaunlich große Zahl sehr altersungleicher Ehen im Handwerk zurückführen[18].

Berücksichtigt man ferner die Heimarbeiterfamilie, so wird die Differenzierung des »ganzen Hauses« noch größer. Die Einheit von Produktion und Haushalt ist auch für diese Übergangsform typisch, die einerseits noch auf traditionell-handwerkliche Weise produziert, dabei aber des ganzheitlichen Charakters der handwerklichen Tätigkeit bereits verlustig gegangen ist. Monotone Wiederholung einzelner Arbeitsgänge, wirtschaftliche Verarmung, Abhängigkeit vom kapitalistischen Verleger, von Konjunkturschwankungen, kurz: starke existentielle Unsicherheiten und Abhängigkeiten sind Merkmale der Heimarbeiterfamilie, die sie schon mit dem zukünftigen Typus der proletarischen Familie verbinden. Die spezifische Art und Weise der hausindustriellen Produktion wirkt sich auf den verschiedensten Ebenen familialen Lebens aus, prägt Eheschließung, Kindererziehung, Rolleninhalte etc. Insofern stellt die Heimarbeiterfamilie einen eigenen Typus dar. Diese Typisierung soll lediglich, wenn auch in sehr simplifizierender Art das Ausmaß der Differenzierung andeuten, die selbst die Sozialform des ganzen Hauses im Vor- und Frühkapitalismus aufweist. Sie läßt deutlich werden, daß nicht nur die Übertragung der an der Anschauung der gegenwärtigen Verhältnisse gebildeten Vorstellung von einem relativ eigenständigen sozialen Gebilde »Familie« auf vorkapitalistische Gesellschaften falsch ist. Vielmehr erweist sich auch unsere an den Verhältnissen der Gegenwart entwickelte Meinung, jede Gesellschaft habe – unabhängig von klassen- und schichtspezifischen Modifikationen – eine relativ einheitliche Familienstruktur, offensichtlich als unzutreffend.

(Wenn hier die *Gleichzeitigkeit verschiedener Familienformen* in einer Gesellschaft betont wird, so ist damit mehr gemeint als daß Groß- und Kleinfamilien nebeneinander existieren. Die Aussage zielt über die personelle und Generationszusammensetzung hinaus auf die unterschiedlichen Lebensbedingungen, die sich primär in unterschiedlichen Qualitäten – nicht nur formalen Strukturen – des Familienlebens niederschlagen).

Die sehr starke Differenzierung der Familienform in der Übergangszeit zwischen Feudalismus und Kapitalismus beruht auf dem Nebeneinander kapitalistischer und feudaler Produktions- und Lebensbedingungen und auf den damit verbundenen unterschiedlichen Graden der Vergesellschaftung. Mit der Entwicklung des Kapitalismus werden von der ihm eigenen wirtschaftlichen Dynamik alle Produktionsbereiche erfaßt und denselben erwerbswirtschaftlichen Zwängen unterworfen. Die Vereinheitlichung in dem Bereich der Produktion zieht eine Vereinheitlichung der anderen Lebensbereiche nach sich. Auf den ersten Blick hat sich mit Ausnahme der bäuerlichen Familie ein in den Grundzügen übereinstimmender Familientypus herausgebildet: die moderne Kleinfamilie. Die auf der durchgängig vorhandenen Trennung von Produktion und Haushalt basierende formale Ähnlichkeit der Familienform wird unterstützt durch die generell vorhandene Marktabhängigkeit bei der Versorgung der Konsumbedürfnisse, die Unterwerfung aller Familien unter ein einheitliches, nicht mehr ständisch differenziertes Familienrecht, die weitgehende Vergesellschaftung der Erziehungsfunktionen etc.

Dennoch lassen sich auch innerhalb der kapitalistischen Gesellschaft auf der Basis dieser formalen Übereinstimmung Differenzierungen erkennen, die es nicht erlauben, von *der* Familie im Kapitalismus schlechthin auszugehen. Die Familien von Arbeitern, Angestellten und Unternehmern unterscheiden sich in der

Art der Beziehungen der Familienmitglieder zueinander und nach außen, ihren Funktionen, dem gesamten Lebenszuschnitt erheblich voneinander. Die klassen- und schichtspezifische Differenzierung der Familien verweist auf die entscheidende Bedeutung, die der Stellung des oder der »Ernährer« in der Organisation der Produktion sowie den durch die Produktionsverhältnisse bestimmten Bedingungen des Freizeit- und Konsumverhaltens zukommen.

Für die konkrete historische Analyse von Familienformen bedeuten diese Überlegungen, daß selbst bei dem Vorhandensein gemeinsamer Grundbedingungen für alle oder eine größere Zahl von »Familien« in einer Gesellschaft in einem zweiten Schritt der Analyse die prägende Wirkung der klassen- und schichtspezifischen Gliederung einer Gesellschaft auf die Familienorganisation und -funktionen untersucht werden muß, wie das ansatzweise für die Sozialform des ganzen Hauses gezeigt wurde. Die Betonung des bestimmenden Einflusses der sozio-ökonomischen Basis auf die Familie impliziert nicht die Negierung regionaler, nationaler, religiöser Einflüsse auf die konkrete Ausformung von Familien. Die klassen- und schichtspezifische familiale *Grundstruktur* wird dadurch m. E. nicht entscheidend tangiert, sondern weist u. U. leichte Modifizierungen auf. Insofern ist es auch möglich, beispielsweise den Typus der bürgerlichen Familie zu analysieren, indem man absieht von den nationalen Besonderheiten der Bourgeoisie in den verschiedenen kapitalistischen Staaten. Unter Berücksichtigung der vorstehenden methodologischen Überlegungen müßte historische Familienforschung also im Idealfall für jede historische Epoche, die nach den Formen der materiellen Produktion klassifiziert wird, die durch die sozio-ökonomische Fundierung bestimmten, klassen- und schichtspezifischen Familientypen untersuchen. Beispielsweise müßten für die westeuropäischen Gesellschaften des 17. und 18. Jahrhunderts, in denen – wie erwähnt – feudale und kapitalistische Produktionsverhältnisse, mithin auch feudale und kapitalistische Klassen, nebeneinander bestanden, die Familienformen von Bauern, Handwerkern, eigentumslosen Landarbeitern (= feudale Klassen und Schichten) sowie von heimindustriellen Arbeitern, Manufakturarbeitern, Bürgern und Beamten (= kapitalistische Klassen und Schichten) untersucht werden. Die Betonung dieser Forschungsperspektive schließt differenziertere Analysen, die z. B. die nationalen, regionalen oder religiösen Unterschiede bei diesen einzelnen Familientypen herausarbeiten, nicht aus, sondern schafft erst die Basis hierfür.

IV

An dieser Stelle muß darauf hingewiesen werden, daß die in diesem Sammelband zusammengestellten Texte dem explizierten methodischen Anspruch nicht genügen. Das ist insofern auch nicht erstaunlich, als diese methodischen Überlegungen gerade nicht zu den allgemein akzeptierten gehören, die die Forschung leiten. Wäre das der Fall, so würden sich diese Vorbemerkungen weitgehend erübrigen. An dieser Stelle erfüllen sie daher die Funktion, ein Programm zu entwerfen, das angibt, in welche Richtung und unter welchen methodischen Voraussetzungen geforscht werden müßte, wenn sinnvolle Ergebnisse erzielt werden sollen. Dies Programm ist kein unerreichbares Fernziel, sondern durchaus realisierbar. Die folgenden Texte lassen, obschon auf unterschiedlichen methodischen Prämissen beruhend und auch deshalb mit verschiedenen Unzulänglichkeiten behaftet, diese Perspektive deutlich erkennen.

Die Diskrepanz zwischen methodischen Überlegungen und den Texten zeigt sich u. a. auch darin, daß es aus Gründen, die im folgenden dargelegt werden, nicht möglich gewesen ist, für eine bestimmte gesellschaftliche Epoche bzw. Gesellschaftsformation, beispielsweise für den europäischen Frühkapitalismus in der ersten Hälfte des 19. Jahrhunderts, brauchbare Literatur über die zu der Zeit verbreiteten Familienformen zu finden. Der Band enthält daher Material zu sehr verschiedenen Ausprägungen von »Familie«, das m. E. den Zusammenhang der jeweiligen Familienform mit der sozio-ökonomischen Basis erkennen läßt, faßt aber z. B. für die bäuerliche Familie Texte zusammen, die die bäuerliche Familienform zwischen 1750 und 1850 (Pinchbeck, Shorter), im Mittelalter (Egner, Brunner) und in der Gegenwart (Linde, Planck) behandeln. Diese den methodischen Prinzipien widerstrebende Gliederung läßt sich – wenn auch mit großen Einschränkungen – nur deshalb vertreten, weil die bäuerliche Produktionsweise bis in die Gegenwart bei den Klein- und Mittelbauern der kapitalistischen Durchdringung noch weitgehend widerstanden hat. Im Bereich der landwirtschaftlichen Produktion haben sich infolge der noch starken Bedeutung der Selbstversorgung und dadurch geringeren Marktorientierung und kapitalistischen Kalkulation viel länger als in anderen Bereichen vorkapitalistische Produktions- und Lebensbedingungen erhalten. Erst in jüngster Zeit entwickelt sich – bedingt durch strukturpolitische Maßnahmen – eine kapitalistische Durchdringung der landwirtschaftlichen Produktion. Damit verschwinden allmählich auch die traditionellen bäuerlichen Familienbetriebe.

Die Schwierigkeiten auf der Suche nach geeigneten Texten haben mehrere Ursachen. Einmal ist damit auf ein generelles Problem jeder mit schriftlichen Quellen arbeitenden historischen Forschung verwiesen[19]. Die Entwicklung der Schrift ist in hohem Maße abhängig von dem Verbreitungsgrad formaler Organisationen wie Kirche, Staat, Städte, Handel etc. Erst mit deren Ausdehnung entstehen überhaupt Schrift und schriftliche Dokumente. Die ältesten überlieferten Schriftstücke sind daher auch Verträge, Rechnungen etc. Lange Zeit hindurch ist die Kenntnis der Schrift beschränkt auf die Funktionäre dieser Organisationen, in der Regel also auf Angehörige oder Funktionäre gesellschaftlich herrschender Klassen. Über deren Tätigkeitsbereich geben die schriftlichen Quellen primär Aufschluß und auch das nur in spezifischer, durch die jeweiligen Organisationszwecke bedingter Auswahl. So haben »Familienangelegenheiten, Handwerk, Liebe und Unterhaltung – um nur einige wichtige Bereiche zu nennen – . . . kaum Spuren in den schriftlichen Zeugnissen hinterlassen, üblicherweise erst dann, wenn sie in Beziehung zum Staat, zur Kirche oder sonst einer großen Organisation getreten sind«[20]. Die »privaten« und alltäglichen Angelegenheiten werden also nur zufällig erfaßt.

Zu diesem Problem kommt hinzu, daß die Bedürfnisse der komplexen Organisation eine *einheitliche* Sprache verlangen, die eine Kommunikation über die diversen Dialekte hinweg ermöglicht. Diese Sprache ist auf die Erfordernisse von Organisationen zugeschnitten und wird von deren Funktionären, z. B. Händlern, Priestern, Regierungsbeamten gesprochen und geschrieben. Die Schriftsprache ist dadurch nicht nur Kommunikationsmittel für überlokale Angelegenheiten, sondern zugleich die Sprache der herrschenden Klassen. Diese Genese erklärt, daß selbst dann, wenn die Kenntnis der Hochsprache allgemein verbreitet ist, der lokale Dialekt noch lange das Medium für die Erörterung »privater« und lokaler Angelegenheiten bleibt. Wenn diese also überhaupt schriftlich erfaßt und somit überliefert werden, dann durch die die Schrift beherrschenden Vertreter der herrschenden Klassen und gleichsam in »Übersetzung«[21].

Neben der daraus sich ergebenden Notwendigkeit, hinter den Wertungen durch den Verfasser die historische Realität zu suchen, führt die enge Verbindung der schriftlichen Quellen mit der Ausbreitung und den Bedürfnissen komplexer Organisationen für die historisch orientierte familiensoziologische Forschung zu dem beklagenswerten Resultat, daß sie ihre Untersuchungen nur auf sehr wenig, zudem unsystematisches, weil nur zufällig entstandenes Material stützen kann. Insbesondere über die Familienorganisationen der Unterschichten liegen nur wenige verwertbare Quellen vor. Wenn z. B. Möller sich in seiner Untersuchung über die kleinbürgerliche Familie im 18. Jahrhundert u. a. wesentlich auf Autobiographien von später sozial aufgestiegenen ehemaligen Handwerkern bzw. Kindern aus Handwerkerfamilien stützt, muß man beachten, daß diese Autoren allein schon durch die Tatsache, daß sie schreiben konnten, eine spezifische Auswahl aus der Masse der Handwerker darstellten.

Diese Probleme waren für die Auswahl der Texte zu dem vorliegenden Sammelband, der ja keine Originalquellen, sondern auf diesen basierende wissenschaftliche Forschungsergebnisse veröffentlicht, nur insofern relevant, als sich daraus u. a. die geringe Zahl geeigneter Literatur erklärt. Hinzu kommt, daß die in diesem Sammelband verfolgte Fragestellung nach dem Zusammenhang zwischen Familienformen und ihrer sozialökonomischen Basis in der Familiensoziologie bislang wenig beachtet worden ist. Sie liegt gleichsam »quer« zu den allgemein üblichen Forschungsperspektiven.

Dadurch wurde die Möglichkeit, für diesen Band geeignete Texte zu finden, noch weiter eingeschränkt. Zum Teil mußte deshalb auf sozialhistorische Untersuchungen, teilweise auf Budgetstudien zurückgegriffen werden, die wegen ihrer Eigenart nur jeweils bestimmte Ausschnitte oder Aspekte des Gegenstands behandeln. Insgesamt können aus den genannten Gründen die in diesem Band zusammengefaßten Texte wenig mehr bieten als das erste Material zur Annäherung an die und zur Verdeutlichung der Fragestellung.

Diese Beschränkung wird daran offensichtlich, daß die Frage, inwieweit es sinnvoll ist, die unterschiedlichen Familienformen verschiedener Gesellschaften mit dem einheitlichen Begriff »Familie« zu bezeichnen, außer von Elias in seiner Untersuchung über die höfische Gesellschaft von niemanden sonst überhaupt gestellt wird (S. 486). Aber auch die grundlegende Abhängigkeit der verschiedenen Familienformen von der jeweiligen Produktionsweise wird in diesen Texten nicht explizit diskutiert.

Die nachstehenden Ausführungen sollen dazu dienen, diesen Zusammenhang ansatzweise aufzuzeigen, wenngleich wegen der unüblichen Fragestellung häufig nur hypothetische Feststellungen möglich sind. Dabei ergibt sich das Problem, daß allein schon aus sprachlichen Gründen Vergesellschaftungsformen mit dem Begriff Familie belegt werden müssen, die Teil anders strukturierter Gesellschaften sind, in historisch spezifischen gesellschaftlichen Zusammenhängen entstanden und bestanden, und mit dieser Bezeichnung nicht adäquat erfaßt werden können. Dies sprachliche Dilemma ist nicht zufällig. Die Beschäftigung mit »Familie« in anderen Gesellschaftsformationen ist nur verständlich aus der Perspektive der gegenwärtigen kapitalistischen Gesellschaften, in denen, wie oben ausgeführt, Familie als ein spezifischer, von anderen gesellschaftlichen Bereichen räumlich und bewußtseinsmäßig abgegrenzter Lebensbereich existiert und zum Gegenstand der Forschung werden kann. Die Untersuchung der Familienformen anderer Gesellschaften trägt zur Erkenntnis der Entstehungsbedingungen und strukturellen Besonderheiten der gegenwärtigen Familientypen bei. Wenngleich die Kategorie Familie also für die Analyse anderer Gesellschaftsformationen ungeeignet ist, bedingt doch die Intention, mehr über die *gegenwärtigen* Familientypen zu erfahren, die Analyse dieser, formal ähnlichen, die Eltern-Kind- und Ehegattenbeziehungen einschließenden Vergesellschaftungsformen unter dem Bezugspunkt »Familie« – obwohl dies, um es noch einmal deutlich zu sagen, nicht gerechtfertigt erscheint. Es handelt sich hierbei um ein in bezug auf das genannte Forschungsziel korrektes, aber in bezug auf die Analyse der jeweiligen Gesellschaftsformation als Ganzes falsches Vorgehen. (Von der gängigen Familiensoziologie unterscheidet sich diese Vorgehensweise gleichwohl dadurch, daß sie nicht wie diese nach den allen Gesellschaften gemeinsamen Gleichförmigkeiten im Bereich der Verwandtschaftsbeziehungen sucht und die Verwendung des Begriffs die vermeintliche Gleichförmigkeit suggeriert [Familie als »ewiger« Grundsachverhalt menschlicher Gesellung], sondern gerade auf die Herausarbeitung der *Unterschiede* der diversen »Familien«formen gerichtet ist.) Im folgenden ist deshalb der Begriff Familie dort, wo er sachlich nicht angemessen erscheint, mit Anführungszeichen versehen worden.

V

Vor die ausgewählten Texte zu verschiedenen Familientypen Westeuropas sind mehrere Texte gestellt, die allgemeinere Probleme erörtern, oder, wie die Aufsätze Egners und Mitterauers, eine Übersicht geben.

Die Auszüge aus einem Aufsatz Max Webers (S. 63 ff.) sollen die Bedeutung sichtbar werden lassen, die unter bestimmten gesellschaftlichen Bedingungen der gemeinsamen Arbeit aller Mitglieder für den Familienverband zukommt. Nicht das Verwandtschaftsverhältnis ist für die Zugehörigkeit zur »Familie« ausschlaggebend, sondern die Teilnahme an der Gemeinschaft der Arbeit. Daraus ergeben sich, wie Weber nachgewiesen hat, im mittelalterlichen italienischen Recht vermögensrechtliche Konsequenzen, aus denen der grundlegende Stellenwert der Arbeitsbeziehung ersichtlich wird.

Diese, der bloßen Verwandtschaftsbeziehung übergeordnete Bedeutung der Arbeit für die Zugehörigkeit zur »Familie« hat Weber-Kellermann in einer neuen Untersuchung bei deutschstämmigen Bauern im Banat (Rumänien) nachgewiesen, wenn sie schreibt: »Zur ›Familie‹ gehören diejenigen, die für den einzelnen Bauernhof eine Rolle spielen, die der Ökonomie des Hofs durch ihre Arbeitskraft nützen, durch ihr Vermögen den Besitz vermehren oder später als Altbesitzer erhalten und versorgt werden müssen.«[22]

Die Ausführungen Mitterauers zum Familienbegriff (S. 73 ff.) problematisieren ebenfalls das Kriterium der Blutsverwandtschaft als Abgrenzungsmerkmal für die Familienzugehörigkeit bei historischen Analysen. In den vorkapitalistischen Gesellschaften existiert im bäuerlichen Bereich als abgegrenzte soziale Einheit nur die Hausgemeinschaft als ganze, d. h. unter Einschluß von Knechten, Mägden und Inwohnern. Innerhalb dieser Hausgemeinschaft gab es keine gesonderten Gruppierungen, auch nicht die der Kernfamilie. Dementsprechend hat die Gruppe von

Mann, Frau und ihren Kindern auf der begrifflichen Ebene keine Eigenständigkeit.

Zutreffend weist Mitterauer des weiteren darauf hin, daß auch andere, aus dem heute gängigen, an der Blutsverwandtschaft orientierten Familienbegriff resultierende Begrifflichkeiten, wie die Unterscheidung von Familienangehörigen und »familienfremden« Personen, für die historische Analyse unangemessen sind. Werden nämlich, was uns selbstverständlich erscheint, Knechte und Mägde, da nicht mit den Hauseltern blutsverwandt, als »familienfremde« Personen bezeichnet, »so wird dabei von einem Vorverständnis des Begriffs Familie ausgegangen, das das Resultat einer späteren historischen Entwicklung als stets vorgegeben annimmt« (S. 79). Aus diesen Bemerkungen Mitterauers werden noch einmal die Zeit- und Gesellschaftsgebundenheit selbst vermeintlich so allgemeingültiger Begriffe wie dem der »Kernfamilie« sowie die Folgen deutlich, die die unreflektierte Anwendung solcher an den gegenwärtigen Verhältnissen gewonnener Begriffe auf die Analyse anders strukturierter Gesellschaften hat.

Aus dem bisher Gesagten folgt, daß die an dem Verwandtschaftsverhältnis anknüpfenden Familiendefinitionen keine uneingeschränkte Gültigkeit haben können. Zum anderen läßt sich die Hypothese formulieren, daß für diejenigen gesellschaftlichen Verhältnisse, in denen die Familiengemeinschaften die grundlegende Produktionseinheit sind, die Arbeitsbeziehung für die Zugehörigkeit zum und für den Erhalt des Familienverbandes ausschlaggebend sind.

Dieser Gedankengang wird in dem Text von Brunner (S. 83 ff.) weiterverfolgt. Er betont den bestimmenden Einfluß der Verbindung von Produktion und »Familien«leben beim traditionellen bäuerlichen und handwerklichen Haushalt für die Beziehungen zwischen den Mitgliedern, indem er nachweist, daß Intimität, Sentiment, die Entwicklung der Familie zur reinen Privatsphäre erst möglich werden durch die von der kapitalistischen Entwicklung bedingte Verlagerung der Produktion aus dem Familienverband heraus. Die Trennung von Wohn- und Arbeitsstätte macht die Einbeziehung nicht-verwandter Personen in den Haushalt weitgehend überflüssig; der Kreis der zugehörigen Personen wird kleiner. Erst die Lösung von den Produktionsfunktionen bewirkt bei den in materieller Sicherheit lebenden Familien die Chance der Reduktion der Beziehungen aufs Private, Persönliche, »und (die Familie) gewinnt jene eigentümliche Gefühlsbetontheit, die wir mit ihr verbinden« (S. 89).

Der Text von Elias (S. 152ff.) expliziert den Zusammenhang zwischen der Abschließung der aus Eltern und Kindern bestehenden Kleinfamilie nach außen, d.h. der Ausbildung einer intimisierten Privatsphäre einerseits und einer spezifischen, auf Triebkontrolle basierenden Charakterstruktur andererseits.

Das Auseinanderfallen von Erwerbs- und Familienleben sowie die darauf beruhende Neu- bzw. Umdefinition der Geschlechtscharaktere ist Gegenstand von Hausens Aufsatz (S. 161 ff.). Wenngleich, worauf Hausen zu Recht hinweist, das soziale Substrat dieser am Anfang des 19. Jahrhunderts entstehenden neuen Auffassung über das Wesen der Geschlechter die bildungsbürgerliche Familie jener Zeit ist, so sind die Auswirkungen nicht nur für die Rollendefinitionen und das Selbstverständnis *aller* Frauen und Männer relevant geworden, sondern auch noch bis in die Gegenwart wirksam. (Aus diesem Grunde ist der Aufsatz auch an dieser Stelle und nicht bei den Texten zur bürgerlichen Familie plaziert worden.)

Als die wesentlichsten dieser weitreichenden Folgen werden herausgearbeitet: die ideologische Absicherung und Untermauerung von Ehe und Familie und der sich herausbildenden Arbeitsteilung, die dem Mann das »feindliche Leben«, der Frau Haus und Familie zuweist. Dabei wird die Zuständigkeit der Frau für den privaten Daseinsbereich als gleichsam natürlich angesehen. Die Dauerhaftigkeit dieser Zuschreibungen zeigt sich daran, daß die nahezu ausschließliche Kompetenz zur frühkindlichen Sozialisation auch heute noch bei der Frau liegt, aus der »Natur der Sache« folgt.

Die Trennung von Erwerbs- und Familienleben und die »Spezialisierung« der Geschlechter auf je einen Bereich hat zur Folge, daß die Hausarbeit nicht in den Prozeß der Rationalisierung und Effektivierung der Produktion einbezogen wird. Sie verliert infolgedessen zunehmend den Charakter von Arbeit; sie ist unrationell, un-ökonomisch, un-reglementiert. Damit sind die Ursachen angedeutet, die für die Vernachlässigung der Hausarbeit in nahezu allen ökonomischen und gesellschaftspolitischen Analysen des 19. und 20. Jahrhunderts verantwortlich sind. Aus dem Bewußtsein der Gesellschaftsmitglieder ist zunehmend die Tatsache verdrängt worden, daß nicht nur das Arbeitseinkommen oder

Eigentum an Produktionsmitteln die ökonomische Basis der Familie sichern, sondern auch die Hausarbeit von Frau und Kindern. Deren Bedeutung ist umso größer, je geringer das verfügbare Einkommen ist. (Die in den letzten Jahren begonnene kontroverse Diskussion über das Thema Hausarbeit konnte aus Platzgründen nicht in diesen Band aufgenommen werden.)

Der zweite Aufsatz Mitterauers (S. 128ff.) gibt einen Überblick über wichtige Ergebnisse der historischen Familienforschung und räumt dabei mit einigen lieb gewordenen, dennoch unzutreffenden Vorstellungen auf: weder ist die Großfamilie, in der mehrere Generationen einträchtig zusammen lebten und arbeiteten, in den west- und mitteleuropäischen Gesellschaften in dem Maße verbreitet gewesen, wie allgemein angenommen wird, noch waren die alten Leute in diesen »Großfamilien«, dort wo sie existierten, problemlos aufgehoben, noch haben die Menschen in früheren Jahrhunderten in jüngeren Jahren geheiratet als heute, noch sich durch wesentlich größeren Kinderreichtum ausgezeichnet. Deutlich wird aber auch, in welch hohem Maße die materiellen Zwänge (herrschaftliche, ökonomische, biologische) bestimmte Verhaltensweisen notwendig machten und zu einem allgemeinen Muster werden ließen.

Diese Ergebnisse der im wesentlichen von Historikern durchgeführten Untersuchungen haben auch für die Familiensoziologie weitreichende Konsequenzen – vorausgesetzt sie werden rezipiert. Beispielsweise gibt das Bild des harmonischen Zusammenlebens mehrerer Generationen in der Vergangenheit (immer noch) den Hintergrund ab für wissenschaftliche Fragestellungen, aber auch gesellschaftspolitische Entwürfe.

Der Aufsatz von Egner (S. 92ff.) schließlich, der einen Überblick über die Entwicklung verschiedener Haushaltstypen vom Mittelalter bis in die Gegenwart gibt, verdeutlicht m. E. trotz der Beschränkung auf den Haushaltsaspekt den Strukturwandel und die entscheidende Zäsur, die die Entwicklung der kapitalistischen Organisation der Produktion für die Herausbildung der »modernen Kleinfamilie« bedeutet hat, wenngleich auch bei ihm der Topos von den Großfamilienhaushalten des Mittelalters weiterexistiert. Die Texte von Brunner und Egner verweisen zugleich auf die grundlegende Rolle der im bäuerlichen und handwerklichen Bereich entwickelten Sozialform des »ganzen Hauses« für die westeuropäischen Gesellschaften bis ins 19. Jahrhundert hinein.

Neben ihr bestehen die adeligen Haushalte und entwickeln sich langsam die Vorformen der bürgerlichen Familie, z. B. bei den Handeltreibenden und den Beamten. Dem Typus der aristokratischen »Familie« im 17. und 18. Jahrhundert kommt zahlenmäßig sicher keine große Bedeutung zu. Eine tragende Rolle kann man ihm insofern allerdings zuschreiben, als es sich um die Lebensform der herrschenden Klasse handelt.

Zur *bäuerlichen Familie*[23] gibt es nur wenige Texte, die zum Abdruck in diesem Band geeignet gewesen wären. Aus dieser Schwierigkeit heraus ist – wie erwähnt – sowohl auf Analysen der gegenwärtigen bäuerlichen Familie (Planck, Linde) wie auch auf Untersuchungen historischer Verhältnisse zurückgegriffen worden (Pinchbeck, Shorter). Einige Informationen sind den Aufsätzen von Mitterauer, Brunner und Egner zu entnehmen. Zusätzlich wird an dieser Stelle der neuere Forschungstand referiert. Dabei kann auch auf die Differenz zur Handwerkerfamilie eingegangen werden.

Wenn aus dem Text Plancks hervorgeht, daß die familienbetriebliche Produktion in der Landwirtschaft heutzutage den drei Generationen umfassenden Familienverband begünstigt, so muß noch einmal darauf hingewiesen werden, daß die große Verbreitung dieser Familienzusammensetzung eine Erscheinung der letzten zweihundert Jahre ist. Im bäuerlichen Bereich sind Mehrgenerationenfamilien vor dem 19. Jahrhundert aus medizinischen und ökonomischen Gründen nicht sehr zahlreich gewesen (Mitterauer, S. 136f.).

Im Handwerk sprechen ebenfalls ökonomische Gründe gegen die Ausbildung trigenerativer Familien. Die Mehrzahl der Handwerksbetriebe war klein und ernährte den Meister und seine Familie nur dürftig. Die Einrichtung eines Altenteils hätte derartige Betriebe überfordert. Hinzu kommt, daß es dem Meister – im Gegensatz zum Bauern – aus produktionstechnischen Gründen möglich war, praktisch bis an sein Lebensende mitzuarbeiten und die Werkstatt zu leiten. Es bestand daher kein Grund, den Betrieb vorzeitig abzugeben. Das gilt selbst für den Fall, daß ein Erbe vorhanden war. Denn selbst, wenn der Sohn beim Vater gelernt hatte, mußte er spätestens nach Beendigung der Lehrzeit auf die Wanderschaft und blieb häufig genug dann in der Fremde »hängen«. Darin ist wohl einer der Gründe zu sehen, daß sich das

Handwerk mitunter vom Vater über die Tochter vererbt. Das Klischee des die Meisterstochter heiratenden Handwerksburschen hat hier seinen Ursprung. Auf jeden Fall fehlt im Handwerk der Druck des heranwachsenden Erben auf die Übergabe, so daß sich hier fast nie die Drei-Generationen-Familie ausbildet[24].

Mitterauer hat an anderer Stelle hervorgehoben, daß von zentralerer Bedeutung als die Zahl der miteinander lebenden Generationen für den Strukturwandel der bäuerlichen und Handwerker-Familie Umfang und Veränderungen der Gesindehaltung gewesen sind[25]. Denn alle jene Familienformen, die zugleich Produktionseinheit sind, wie bei Bauern und Handwerkern, tendieren aufgrund ihres Arbeitskräftebedarfs tendenziell zur Gesindehaltung. Gesindelose Haushalte bilden sich hingegen überall dort aus, wo die Familie nicht mehr Träger der Produktionsfunktion ist.

Die Analyse der Gesindehaltung, soweit dies nach den Quellen möglich ist, verweist darauf, daß – wie von Mitterauer betont wird (S. 80) – das Gesinde, obwohl nicht zwingend mit den Hauseltern blutsverwandt, durchaus in den Familienverband integriert gewesen ist und daher als familienangehörig betrachtet werden muß.

Aber nicht nur Familiengröße und -zusammensetzung werden von den ökonomischen Bedingungen bestimmt. Diese strukturieren auch die internen Familienbeziehungen. So dominieren die materiellen Zwänge und Produktionserfordernisse beispielsweise bei der *Eheschließung*. Einerseits ist in der traditionellen deutschen Gesellschaft vor 200 Jahren die Eheschließung nicht ohne weiteres möglich, sondern an den Nachweis einer ausreichenden Nahrungsbasis gebunden. Andererseits besteht für die Besitzer von Bauernhöfen und Handwerksbetrieben wiederum praktisch ein Heiratszwang. Denn die Sozialform des ganzen Hauses war ein arbeitsteilig organisierter Arbeits- und Lebenszusammenhang, der sich um die beiden zentralen Rollen des Hausherrn und der Hausfrau gruppierte. Daß einer allein über längere Zeit den Hof oder die Werkstatt führte, war nahezu unmöglich[26]. An diese Rollen waren nicht nur bestimmte Arbeitsvorgänge fest gebunden, die im Prinzip auch von anderen Personen hätten übernommen werden können, sondern sie enthielten zugleich Autoritäts- und Weisungsbefugnisse, »soziale Kompetenzen« gegenüber den anderen Haushaltsangehörigen und nach außen (Repräsentation des Hauses). Daher mußten diese beiden grundlegenden Rollen immer wieder ergänzt werden. Aus diesem Grunde sind Mehrfachverehelichungen im bäuerlichen und handwerklichen Bereich häufig vorgekommen, einschließlich der daraus resultierenden Probleme: großer Altersabstand zwischen den Ehepartnern, Stiefelternproblematik, große Altersabstände zwischen den Kindern.

Unter den genannten Bedingungen sind bei der Auswahl des Ehepartners sachliche und materielle Überlegungen entscheidend, wie der Text Shorters eindringlich belegt und die auch unter heutigen Bedingungen (noch) nicht völlig vernachlässigt werden können (Planck, S. 204ff.). Die künftige Bäuerin mußte selbst auf größeren Höfen sehr viel und schwere Arbeit leisten und daneben noch die Gewähr bieten, dem Hof Erben und Arbeitskräfte gebären zu können. Körperliche Kraft und Arbeitsfähigkeit waren daher wesentliche Auswahlkriterien. Hinzu kam, besonders bei mittel- und großbäuerlichen Haushalten, daß eine Eheschließung nicht zuletzt der Arrondierung des Landbesitzes und Vergrößerung des Viehbestandes diente. Auf eine gute Mitgift wurde großer Wert gelegt. Wenn solche Überlegungen auch im Vordergrund standen, so ist persönliche Zuneigung nicht prinzipiell ausgeschlossen. Sie ist allerdings nicht beherrschendes Motiv. Das ergibt sich schon allein daraus, daß die Anbahnung einer Ehebeziehung in einer Vielzahl von Fällen den Eltern der Brautleute oblag, gelegentlich auch einem Heiratsvermittler, und daher praktisch ein Vertrag zwischen den beiden Alt-Familien war. Die beiden künftigen »Lebensgefährten« kannten sich bei der Eheschließung häufig nur flüchtig. Aus der Tatsache des bestimmenden Einflusses der Elterngeneration darf aber nicht geschlossen werden, daß diese Kriterien den Kindern völlig fremd waren und ihnen oktroyiert wurden. Dieses System konnte funktionieren, weil die Ehebeziehungen primär sachlich fundiert waren und die die beiden Ehepartner verbindenden Elemente weniger persönliche Zuneigung und individuelle Glücksansprüche als vielmehr der gemeinsame Besitz und die gemeinsame Arbeit waren.

Ähnlich lagen die Verhältnisse beim Handwerk. Auch schon bevor die Zünfte sich abschließen, d. h. die Zahl der Meisterstellen »einfrieren«, besteht für den Handwerksgesellen der beste

Weg zu einer Meisterstelle in der Heirat der Meisterstochter oder -witwe. Denn die Einrichtung eines neuen Meisterbetriebes war mit hohen Kosten verbunden (Haus, Werkstatt, Einkauf in die Zunft). Auf jeden Fall war eine Mitgift, entweder in Form eines schon bestehenden Betriebes oder in Geld, eine angenehme Erleichterung bei der Erlangung der Meisterwürde, des Bürgerrechts und damit der Heiratsfähigkeit.

Die Sozialform des ganzen Hauses war weiter geprägt durch eine nahezu absolute *Dominanz des Hausvaters* nicht nur gegenüber den Kindern und dem Gesinde, sondern auch gegenüber der Ehefrau. Und dies, obwohl die Frau, wie besonders gut bei den Bauern erkennbar, für die Wirtschaft unentbehrliche Arbeitsleistungen vollbringt. Diese führen aber keinesfalls zu einer starken Stellung der Frau innerhalb des Hauses. Sie hat zwar eigenständige Arbeits- und Autoritätsbereiche. Diese werden aber von der überragenden Autoritätsposition des Mannes überlagert. Wie untergeordnet die Position der Frau ist, wird in Shorters Text erschreckend deutlich. Daß es sich bei den von ihm angeführten Beispielen nicht um Ausnahmen handelt, ist u. a. auch daran erkennbar, daß die zitierten französischen Sprichwörter nahezu wörtlich auch im niederdeutschen Sprichwortschatz zu finden sind[27].

Der Fall der Bauersfrau macht deutlich, daß aus der Arbeitsleistung und dem Beitrag zur Subsistenzsicherung nicht unmittelbar auf die soziale Position geschlossen werden kann. Andere, gesellschaftliche Faktoren spielen hier hinein, insbesondere die herausragende gesellschaftliche Stellung des Mannes und Hausvaters. Er ist in der Regel derjenige, der im Erbgang begünstigt wird und über die Produktionsmittel, d.h. die Basis der familialen Subsistenz, verfügt. Selbst da, wo wie im Handwerk der Erbgang mitunter über die Tochter verläuft, ist sie gleichsam nur Mittlerin zugunsten ihres Ehemannes. Denn Frauen können ein Gewerbe selbständig nur ausnahmsweise und über einen kurzen Zeitraum führen. Hinzu kommt, daß nur der Hausvater rechtlich und politisch handlungsfähig ist. Er vertritt die in dieser Hinsicht unselbständigen Hausgenossen, auch seine Frau, nach außen und ist für deren Verhalten der Obrigkeit verantwortlich. Ausfluß dessen ist die hausherrliche Gewalt mit ihrer extremen Ausbildung: dem körperlichen Züchtigungsrecht.

Kinder haben im bäuerlichen und Handwerker-Haushalt unterschiedliche ökonomische Bedeutung. Während auf dem Bauernhof der Arbeitskräftebedarf primär durch Familienangehörige, also auch Kinder, gedeckt und Gesinde nur ergänzend hinzugezogen wird, werden im Handwerk überwiegend fremde Arbeitskräfte (Lehrlinge, Gesellen) beschäftigt. Zwar kann im Prinzip der Sohn beim Vater in die Lehre gehen, aber die durch die Zunft festgelegte Beschränkung der Mitarbeiterzahlen macht das praktisch nur für einen möglich. Zudem herrscht im Gewerbe Wanderzwang, der den Sohn spätestens im Anschluß an die Lehre aus dem Hause treibt. Viele Kinder sind daher im Handwerk eher eine Belastung als in der bäuerlichen Ökonomie.

Innerhalb dieser Haushalte wuchs das Kind allmählich und ohne Brüche in die verschiedenen Rollen hinein und lernte sie durch Anschauung und Nachahmung. Eine bewußte Erziehung war daher nicht notwendig. Durch dies allmähliche Hineinwachsen in die traditionellen Rollen und das weitgehende Zusammenfallen von allgemeiner und beruflicher Sozialisation wird der einzelne in seinen Möglichkeiten stark determiniert. Er hat kaum Chancen, eigene Interessen und Bedürfnisse zu entwickeln.

Andererseits war der Anteil derjenigen Kinder, die in jungen Jahren (ab 10 Jahren) das Elternhaus verließen, um bei anderen Bauern Gesindedienst zu leisten oder im Handwerk eine Lehre zu absolvieren, sehr groß. Die Sozialisation verblieb zwar im Rahmen einer Familie, aber nicht in dem der eigenen. Dazu kommt, daß Kinder primär als Arbeitskraft betrachtet werden und ihre Wertschätzung von ihrer Arbeitsleistung abhängt. Die sachlichen und materiellen Zwänge, denen diese Haushalte unterlagen, waren so stark, daß sie keine intensive Beschäftigung mit dem Kind und Zuwendung zu ihm erlaubten. Shorter hat an anderer Stelle darauf hingewiesen, daß selbst für die Mütter unter diesen gesellschaftlichen Bedingungen das Wohlergehen des Kindes auf der Prioritätenliste nicht an erster Stelle stand[28]. Dies und das verbreitete frühe Verlassen der Eltern steht einer Intensivierung und Emotionalisierung der Eltern-Kind-Beziehung im Wege.

Zusammenfassend kann man festhalten: Die familialen Rollen sind durch arbeitsorganisatorische Aspekte der häuslichen Produktion geprägt und strukturiert. Eine notwendige Konsequenz dessen ist das Zurücktreten emotional-affektiver Orientierungen im »ganzen Haus«. Dies gilt sowohl für die Beziehungen der

Eheleute wie für die der Eltern zu den Kindern. Die Einheit von Produktion und Haushalt, die Dominanz von sachlich-ökonomischen und arbeitsorganisatorischen Aspekten im täglichen Leben, die Einbeziehung von Gesinde, Gesellen und Lehrlingen in diese Haushalte sowie die beschränkten Wohnverhältnisse stehen der Ausbildung einer Privatsphäre »Familie« entgegen. In die gleiche Richtung wirkt die durch die Gemeinde, Zünfte, Jugendgruppen und nicht zuletzt die Kirche ausgeübte soziale Kontrolle, die auf normgerechtes und angepaßtes Verhalten zielt.

Es erscheint aus diesen Gründen wenig sinnvoll, diesen Vergesellschaftungstypus ebenfalls unter den Allerweltsbegriff Familie zu subsumieren und damit die entscheidenden Unterschiede gegenüber den modernen, städtischen kleinfamiliären Formen einzuebnen. Statt dessen sollte zumindest für die historischen Untersuchungen der Begriff des »ganzen Hauses« wieder aufgenommen werden, mit dem in der Vergangenheit die durch die Verbindung von Haushalt und Betrieb, von Gefühl und Sachlichkeit geprägte Lebensform gekennzeichnet wurde. Ein Sprachgebrauch, der auch im Französischen üblich war.

Bei den Bauern sind bis in die Gegenwart Produktions- und Lebensprozeß eng miteinander verbunden. Die gemeinsame Arbeit, zu der alle Familienmitglieder je nach Fähigkeiten herangezogen werden, steht im Mittelpunkt des täglichen Lebens und prägt das gesamte Dasein. Auf dieser engen Verbindung von Produktion und Familienleben beruht, wie die Texte von Planck und Linde zeigen, die Sonderstellung, die die bäuerliche Familie auch gegenwärtig immer noch einnimmt. Es ist zu erwarten, daß mit dem zunehmenden Eindringen kapitalistischer Prinzipien in die landwirtschaftliche Produktion auch die Struktur der bäuerlichen Familie Wandlungen durchmachen wird, die sie dem Typus der »modernen Kleinfamilie« näherrücken. Planck hat an anderer Stelle darauf hingewiesen, daß »das Beispiel des amerikanischen Farmertums ... Entwicklungen möglich erscheinen (läßt), die auch die Bauernfamilie in einer Art neuer Erwerbsgemeinschaft aufspaltet in Angehörige verschiedener Berufe mit getrennten Arbeitsplätzen. Daß dies zu einer weiteren Angleichung der Stellung der Bauersfrau an die Stellung der Frau in der industriellen Familie beitragen würde, liegt auf der Hand.«[29]

Beim Handwerk ist durch die von Anfang an stärkere Marktorientierung der Produktion der traditionelle Handwerkerhaushalt und -betrieb nicht nur viel stärker in gesellschaftliche Bezüge integriert gewesen als der bäuerliche, sondern auch wesentlich früher von der kapitalistischen Entwicklung tangiert worden. Die Trennung zwischen Arbeits- und Wohnstätte setzt sich im 19. Jahrhundert weitgehend durch. Infolgedessen gehört dieser Typus bereits der Vergangenheit an.

Neben diesen Sozialformen des ganzen Hauses in Landwirtschaft und Handwerk sowie aristokratischen Haushalten und frühbürgerlichen Familienformen entsteht im 17. und 18. Jahrhundert ein neuer Familientypus. In dieser Zeit dehnt sich in West- und Mitteleuropa, wenn auch in unterschiedlicher Intensität, bedingt durch das Eindringen des Kapitals in die Produktion, die *Heimindustrie* aus[30]. Wegen des städtischen Zunftzwangs breitet sie sich vornehmlich auf dem Lande aus. Die Heimarbeiter rekrutieren sich zunächst besonders stark aus der weiblichen Bevölkerung; später übernehmen auch die Männer Heimarbeit, die häufig mit einer kleinen Landwirtschaft verbunden betrieben wird. Die hausindustrielle Produktion ist gekennzeichnet durch die Beibehaltung der Merkmale des Kleingewerbes und der handwerklichen Technik, wobei in vielen Gewerben Frau und Mann zusammen, gleichsam als »team« arbeiten. Neu ist die Trennung zwischen Produzent und Verkäufer, die Unterwerfung der Produzenten unter den Verleger bzw. das Verlagskapital. Die hausindustrielle Produktion bildet eine Übergangsstufe in der Entwicklung der kapitalistischen Produktionsweise, in der sich alte, handwerkliche mit neuen, kapitalistischen Produktionselementen verbinden. Diese Mischung aus alten und neuen Formen charakterisiert auch die auf ihrer Grundlage entstandene »Familien«-Form der Heimarbeiter. Ähnlich wie im ganzen Haus findet die Produktion im Hause statt und prägt grundlegend den Tageslauf. Dadurch und durch die gering entwickelte Produktionstechnik ergibt sich die Möglichkeit der gemeinsamen Arbeit aller Familienmitglieder, einschließlich der Kinder. Deren Erziehung und berufliche Ausbildung, zwei noch ungetrennte Bereiche, erfolgen wenig reflektiert »nebenbei«.

Durch die Heimarbeit löst sich die Eheschließung aus den sachlichen Zwängen, denen sie zuvor unterworfen war: die »ausreichende Nahrung« scheint durch den Verdienst aus Heimarbeit gesichert zu sein. In der Hoffnung auf kontinuierlichen Verdienst besteht das ökonomische Fundament der Heimarbeiter-Ehe. Die größere Unabhängigkeit von materiellen Erwägungen, von Rücksichtnahme auf Eltern und Dienstherren macht eine stärkere Individualisierung der Partnerwahl möglich. Allerdings dürfen diese Tendenzen auch nicht überschätzt werden. Die Untersuchung eines französischen Weberdorfs durch Segalen zeigt deutlich die hohe berufliche Endogamie bei der Partnerwahl. Zwischen 1853 und 1902, als die Hausweberei am stärksten verbreitet war, heirateten beinahe 82% der Weber Weberinnen[31]. Wenn Weber vorzugsweise Berufskolleginnen heiraten (und nicht landwirtschaftliche Tagelöhnerinnen), dann ist das ein Indiz dafür, daß praktische Erwägungen durchaus eine Rolle spielen. Mit einer Frau, die bereits eine einschlägige Berufserfahrung hat, kann man besser, d.h. effektiver zusammen arbeiten und den konjunkturellen Schwankungen begegnen als mit einer, für die das Gewerbe völlig neu ist. Wenn also der Zwang, den Lebensunterhalt zu sichern, auch von den Heimarbeitern nicht völlig vernachlässigt wird, so kann gleichwohl davon ausgegangen werden, daß individuellen Glücksansprüchen eine größere Bedeutung zukommt. Dies macht der Vergleich der Partnerwahl bei Bauern und Heimarbeitern deutlich. Während bei den Bauern die Strategie der Eheschließung im 19. Jahrhundert unverändert darauf abzielte, »die Verhältnisse zu harmonisieren« (harmoniser des états), spielten bei den hausindustriellen Webern weniger materielle Besitztümer als Arbeitsfähigkeit und -geschick eine Rolle. Insofern, so folgert Segalen, stelle die Ehe bei den Webern eine Zwischenstufe zwischen dem alten Ehetypus, wie er bei den Bauern dominiert und der modernen Ehe dar, die die ökonomische Unabhängigkeit mit der Volljährigkeit zusammenfallen läßt[32].

Die Möglichkeit, durch die Arbeit von Frau und Mann schon frühzeitig relativ viel Geld zu verdienen, erlaubt den Heimarbeitern die Eheschließung bereits in jungen Jahren: das Heiratsalter sinkt. Aus diesen Bemerkungen wird deutlich, daß m. E. die Ursache für die frühere Eheschließung nicht, wie in Medicks Beitrag (S. 285 ff.) unterstellt, in ökonomischen Erwägungen liegt. Die Heimarbeiter heiraten nicht deshalb so früh, weil sie in jungen Jahren das Maximum ihrer Arbeitsleistung erreichen, sondern weil die Heimarbeit eine frühe Eheschließung (und das heißt auch: ein sozial gebilligtes Sexualleben) erst möglich macht. Die Tatsache, daß bestimmte Verhaltensweisen ökonomisch funktional sind, heißt noch nicht zwingend, daß die Erkenntnis dieses

Zusammenhangs verbreitet und für das Verhalten tatsächlich ausschlaggebend war.

Sinkendes Heiratsalter führt zu einer Verlängerung der Phase der ehelichen Fruchtbarkeit der Frau. Unter der Bedingung fehlender, zumindest unzulänglicher Geburtenkontrolle bedeutet das eine höhere Geburtenzahl pro Ehe. D. h. Kinder sind nicht so sehr gewollt, als vielmehr unvermeidbar. Wenn sie dann wenigstens so früh wie möglich bei der Arbeit helfen können, ist das für die Eltern umso besser.

Dennoch scheint die ökonomische Belastung, die Kinder, besonders Kleinkinder, darstellen, größer zu sein, als die von ihrer Arbeitsleistung in späteren Jahren zu erwartende Verdienststeigerung. Kleinkinder halten Mütter von der kontinuierlichen Arbeit ab. Die Möglichkeit, die Arbeitsleistung in Geld zu quantifizieren, führt den Eltern die ökonomische Belastung eines Haushalts durch Kleinkinder deutlich vor Augen. Außerdem werden durch jedes neugeborene Kind die ohnehin beengten Wohnverhältnisse und – da die Wohnräume identisch mit der Arbeitsstätte sind – auch die Arbeitsbedingungen verschlechtert. Unter Berücksichtigung dessen scheinen Medicks Erklärungen für die große Kinderzahl bei Heimarbeiterfamilien ebenfalls nicht akzeptabel, vielmehr jene Beispiele einleuchtender, die Braun aus den heimindustriellen Verhältnissen des Zürcher Oberlandes berichtet und die drastisch vor Augen führen, wie unerwünscht Kinder sind[33].

Die einfachen Arbeitsverrichtungen ermöglichen eine frühe ökonomische Selbständigkeit der Kinder. Dadurch lockern sich die »Familien«-beziehungen. Die aus den Eltern und den jüngeren Kindern bestehende Kleinfamilie bildet sich aus. Die vollständige Absorbierung der weiblichen Arbeitskraft in der hausindustriellen Produktion läßt kaum Zeit für die Führung des Haushalts.

Medick weist zutreffend auf die Veränderungen in der Arbeitsteilung der Geschlechter hin, die in einigen Fällen bis zur völligen Umkehr der traditionellen Aufgabenteilung reicht. Es muß allerdings berücksichtigt werden, daß dies in den einzelnen Gewerben unterschiedlich ist. Infolge der weitgehenden Aufgabe der landwirtschaftlichen Produktion sind die Heimarbeiter nahezu vollständig von dem durch die Heimarbeit zu erzielenden Geldeinkommen abhängig – und damit vom Verleger und von konjunkturellen Schwankungen. Die tendenzielle Individualisierung der

Ehebeziehungen, die kleinfamiliäre Lebensform, die lebenslange ökonomische Abhängigkeit von unbeeinflußbaren Instanzen, die Monotonie der Arbeit sowie die insgesamt erbärmlichen Wohn- und Lebensbedingungen verbinden die »Familien«form der Heimarbeiter mit der proletarischen Familie.

Die *Arbeiterfamilie* entsteht in nennenswertem Ausmaß erst in der durch die Ausbreitung der Fabrikarbeit gekennzeichneten Phase der kapitalistischen Entwicklung. Mit der bürgerlichen Familie verbindet die Arbeiterfamilie eine strukturelle Gemeinsamkeit: die vollständige Trennung von Arbeits- und Wohnstätte. Dennoch differieren beide Familientypen außerordentlich stark. Diese Differenz ist in der zweiten Hälfte des 19. Jahrhunderts besonders stark ausgeprägt gewesen. Mit dem Begriff der proletarischen Familie ist die Arbeiterfamilie in diesem Zeitraum angesprochen. Im Gegensatz zur bürgerlichen Familie ist die Situation der proletarischen Familie durch eine Vielzahl von Abhängigkeiten gekennzeichnet. Ökonomisch sind die Arbeiter vollständig von dem in unselbständiger Arbeit erworbenen Geldeinkommen abhängig. Dessen reale Höhe richtet sich nach der konjunkturellen Situation und der Entwicklung des Preisniveaus. Unregelmäßigkeit der Entlohnung, stets drohende Arbeitslosigkeit und die Unmöglichkeit von Rücklagenbildung lassen den Proletarier und seine Angehörigen lebenslang in Unsicherheit leben. Selbst unter günstigen konjunkturellen Bedingungen ist der Verdienst des Arbeiters so gering, daß für die Sicherung des blanken Überlebens die Mitarbeit von Frau und Kindern unumgänglich ist (vgl. dazu Mehner, S. 309ff.). Dennoch kann wegen der getrennten Arbeitsplätze bei der proletarischen Familie von einer Produktionsgemeinschaft keine Rede sein. Auch als eine Lebensgemeinschaft kann man diesen Familientyp angesichts der Länge der täglichen Arbeitszeit eigentlich nicht bezeichnen. Durch die völlige Abhängigkeit des Lebensrhythmus der Familie von der Regelung der Arbeitszeiten, beschränkt sich die in der gemeinsamen Wohnung verbrachte Zeit auf die Morgen- und Abendmahlzeit und die Schlafenszeit. Im übrigen lassen die Schilderungen der Wohnverhältnisse deutlich werden, daß das »Heim«, selbst wenn mehr Zeit vorhanden gewesen wäre, kaum dazu anreizt, sich dort aufzuhalten. Durch die Möglichkeit, frühzeitig seinen Lebensunterhalt als Lohnarbeiter zu verdienen, *kann* die Wahl des Ehepartners unbelastet von Rücksichten auf die Familie, aus persönlicher Zuneigung erfolgen. Spätestens durch die Geburt von Kindern, die die volle Mitarbeit der Frau unmöglich machen oder Kosten für Pflegestellen mit sich bringen, verschlechtert sich die ökonomische Situation derart, daß über die Anstrengungen für die Sicherung der materiellen Existenz hinaus kaum noch Zeit und Energie für die Pflege und Intensivierung der persönlichen Beziehungen verbleibt – zumal die Wohnverhältnisse die dafür notwendige räumliche Absonderung nicht zulassen.

Die Eltern-Kind-Beziehung kann unter diesen Bedingungen ebenfalls nicht sehr intensiv entwickelt werden. Durch die Trennung von Haushalt und Betrieb ist bei Berufstätigkeit beider Ehegatten eine Erziehung der Kinder durch die Eltern außerordentlich erschwert. Sie werden deshalb häufig jahrelang außer Haus in Pflege gegeben. Aber selbst in den Fällen, in denen die Frau zu Hause bleibt, ist sie dort dermaßen mit Hausarbeit und Nebenbeschäftigungen eingedeckt, daß keine Zeit verbleibt, sich intensiv um die Kinder zu kümmern. Die vielfach keine besondere Qualifikation der Arbeitskraft erfordernde Fabrikarbeit ermöglicht die frühe ökonomische »Selbständigkeit« der Kinder. Sie verlassen entsprechend frühzeitig ihren Familienverband. Die aus Eltern und kleineren Kindern bestehende Kleinfamilie bildet sich auch im Proletariat aus.

Die durch die Tradition gestützte Autoritätsstellung des Vaters beruht in der proletarischen Familie nicht auf der Verfügung über ein vererbbares Eigentum. Sie basiert vielmehr auf der herausragenden Bedeutung des Vaters als Verdiener, denn er ist, solange die Kinder noch klein sind, der einzige, der kontinuierlich den Lebensunterhalt sichert, wohingegen die Frau, durch Schwangerschaften und kleine Kinder gehindert, meist unstetig und bei schlechterer Entlohnung arbeitet und sich dadurch in einer realen Abhängigkeitsposition befindet. Die trostlose ökonomische Situation der Proletarier, gelegentlich noch verschärft durch das Truck-System (vgl. Mehner, S. 310f.), die Erbärmlichkeit der Wohn-, Lebens- und Arbeitsbedingungen lassen die proletarische Familie geradezu zum Anti-Typ der bürgerlichen Familie werden.

Unter diesen Bedingungen kann sich im Gegensatz zur bürgerlichen Familie die Vorstellung vom Familienleben als einem von der Produktion abgesonderten, von ihr weitgehend unabhängigen

Bereich trotz der formalen Trennung nicht herausbilden. Für die Pflege und Entwicklung der Beziehungen zwischen den Familienangehörigen ist kaum Zeit vorhanden; die Kinder, ihre Erziehung und Ausbildung können nicht zum Zentrum des Familienlebens werden, weil die Sicherung der wirtschaftlichen Basis der Familie derart beherrschend ist, daß die grundlegende Prägung aller proletarischen Lebensumstände durch die gesellschaftlichen Verhältnisse, speziell im Bereich der Produktion, offen zutage tritt.

Demgegenüber sind die äußeren Existenzbedingungen der Arbeiterfamilie der Gegenwart, insbesondere durch kollektive Sicherungen, erkennbar verbessert – wenngleich bei dieser Diagnose nicht übersehen werden darf, daß auch die Lebensbedingungen der anderen Bevölkerungsgruppen sich positiv verändert haben. Unabhängig davon kann jedoch festgestellt werden, daß die Zeiten des, von Mehner (S. 309 ff.), Freudenthal (S. 342 ff.) und Schneider (S. 334 ff.) so eindrucksvoll geschilderten tagtäglichen Kampfes der proletarischen Familie um die schlichte biologische Existenz vorbei sind. Diese Erkenntnis darf aber nicht darüber hinwegtäuschen, daß im Vergleich zu anderen unselbständig Beschäftigten die Arbeiter im Durchschnitt über ein geringeres Einkommen verfügen, woraus sich auch die signifikant höhere Quote erwerbstätiger Ehefrauen in den Arbeiterfamilien erklärt. Geblieben sind also die im Vergleich zu anderen Bevölkerungsgruppen schlechtere ökonomische Situation, die Unmöglichkeit einer nennenswerten Rücklagenbildung für Notzeiten, die größere Unsicherheit des Arbeitsplatzes.

Der Text von Schlösser (S. 347 ff.) stellt den Einfluß dieser Faktoren sowie den von Arbeitszeit, Arbeitsinhalt und Arbeitsbelastungen für die Arbeiterfamilie und ihre Struktur sowie die Erfüllung ihrer Funktionen dar. Besonders an der Sozialisation der Kinder läßt sich der prägende Einfluß der beruflichen Situation erkennen. Zugleich wird spätestens bei der Erörterung dieses Problems deutlich, daß auch von der gegenwärtigen Arbeiterfamilie, und entsprechend von allen anderen Familientypen der Gegenwart, nicht gesagt werden kann, sie sei ein von der Arbeitswelt isolierter, allein privater Gestaltung unterliegender Bereich. Wenngleich dieses Bewußtsein von der Familie und der Häuslichkeit als gegen die »Öffentlichkeit« abgeschiedener Privatsphäre zweifellos dominiert, so ist dies Bewußtsein Ausdruck dafür, daß die kapitalistische Struktur dieser Gesellschaft es ihren Mitgliedern verwehrt, die objektiven Zusammenhänge zwischen dem Produktionsprozeß und ihrem eigenen Lebensbereich voll zu realisieren.

Die Entwicklung der *bürgerlichen Familie* ist mit der Entwicklung der kapitalistischen Produktionsweise eng verbunden. Ohne in diesem Zusammenhang eine exakte Begriffsbestimmung geben zu können, ist damit umrissen, daß hier im Gegensatz zu vielen Autoren von einem engen Begriff des Bürgertums ausgegangen wird. Mit ihm wird jene zahlenmäßig kleine Klasse bezeichnet, von deren Angehörigen der überwiegende Teil seinen Lebensunterhalt als Rente aus oder durch die direkte Verfügungsgewalt über ein beträchtliches Produktivvermögen (Kapital) gesichert bekommt. D.h. die materielle Basis dieser Klasse beruht auf der Ausbeutung der Arbeitskraft abhängig beschäftigter Personen. Der im Bürgertum entwickelte Familientypus ist zwar dem Umfang nach nie sehr verbreitet gewesen, hat aber gleichwohl eine wichtige Rolle als Vorbild gespielt. Entsprechend der langen Zeit, die die Herausbildung des Bürgertums benötigt hat, hat auch die bürgerliche Familie Veränderungen durchlaufen, die am besten aus den Ausführungen Freudenthals (S. 375 ff.) zu entnehmen sind.

Die bürgerliche Familie in ihrer entwickelten Form ist gekennzeichnet durch die vollständige Trennung von Wohn- und Arbeitsbereich sowie durch umfassende materielle Sicherheit, die es erlaubt, die Frauen und Kinder von Produktionsfunktionen freizustellen. Erst unter diesen Voraussetzungen *kann* die Familie zu jener gegen den Produktionsbereich weitgehend abgekapselten Privatsphäre werden, in der Intimität, Innerlichkeit und Gefühl ihren Platz haben.

Die Veränderung der Wohnformen, d.h. das Vorhandensein besonderer Zimmer für die einzelnen Familienmitglieder neben den Gemeinschaftsräumen begünstigt den Prozeß der Individuierung. Das Familienleben, das Heim wird zu einem eigenen Daseinsbereich, dessen Gestaltung und Pflege in den Händen der bürgerlichen Frau liegt. Zu Zeiten ausgedehnter Vorratswirtschaft wie in der zweiten Hälfte des 18. Jahrhunderts hat sie, wenn auch unterstützt von einer Vielzahl von Dienstboten und Handwerkern, noch einen Großhaushalt angeleitet und organisiert. Hundert Jahre später sind ihr – wie Freudenthal beschreibt – diese Aufgaben weitgehend abgenommen; es verbleiben integrierende und repräsentative Funktionen. Die Erziehung der Kinder kann erst unter diesen Bedingungen zum zentralen Aufgabenbereich und Interesse der Frau werden – wenngleich ein Großteil der Beaufsichtigung und Pflege der Kinder weiterhin in den Händen von Dienstboten liegt.

Aus dieser Situation der Frau in der bürgerlichen Familie erklärt sich die im 19. Jahrhundert beginnende und bis heute anhaltende Tendenz zur Verklärung des »Wesens« der Frau und des Familienlebens. Blochmann beschreibt treffend, daß »im 19. Jahrhundert in den esoterischen Wesenskräften der Frau die Garantie einer überzeitlich heilen Welt gesehen (wird), die mehr oder weniger bewußt als Gegenkraft gegen die Realität beschworen wird. Die bürgerliche Familie, deren ›Seele‹ die Frau ist, hat begonnen, als Oase des Friedens in einer unheimlicher werdenden Welt empfunden zu werden.«[34]

In bezug auf die Einstellung zur Ehe und Eheschließung lassen sich zwei Momente unterscheiden, die im Einzelfall von unterschiedlicher Wichtigkeit sein können. Einerseits ermöglicht die gesicherte materielle Lage dieser Familien eine primär unter persönlichen, privaten Aspekten erfolgende Wahl des Ehepartners. Andererseits gibt es aber eine Vielzahl von Belegen dafür, daß dort, wo die Familie Träger von Kapital ist, die Sorge um dessen Erhaltung und Vermehrung bei der Planung einer Ehe nicht ausgeschaltet ist, so daß in etlichen Fällen die Eheschließung vornehmlich den Zweck der Verbindung zweier Kapitalien verfolgt[35].

Unabhängig davon, welche dieser Überlegungen im konkreten Falle dominiert haben mögen, setzt das Gelingen einer Ehe die völlige Identifizierung der Frau mit den Aufgaben und Zielen des Mannes voraus. Nur so läßt sich das Fehlen eines eigenständigen Tätigkeitsbereichs psychisch kompensieren. Voraussetzung dafür ist eine Erziehung der Frau, bei der die Ausbildung ihres Verstandes und Charakters, ihrer intellektuellen und psychischen Eigenständigkeit systematisch vernachlässigt werden. Die Beiträge Hobsbawms (S. 404 ff.) und Hausens (S. 161 ff.) machen diesen Zusammenhang deutlich.

Vermittels des Rechtes auf freie Vererbung garantiert die bürgerliche Familie als ein genealogischer Zusammenhang die personelle Kontinuität für das im Unternehmen fungierende Kapital. Die Zeugung eines legitimen Erben bekommt dadurch ihren Stellenwert. Die Verfügung über das Kapital, mithin die ökonomische Existenz sichert dem Mann die dominierende Autoritätsstellung gegenüber Frau und Kindern zu. Dieser Zusammenhang und die die väterliche Autorität gegenüber den Kindern stärkende ambivalente Position der Frau kann aus den Ausführungen Horkheimers (S. 425 ff.) entnommen werden. Dort und in dem Text von Elias (S. 152 ff.) finden sich wichtige Hinweise auf den Zusammenhang von kleinfamiliärer Erziehung und Charakterformung. An diesem Typus der bürgerlichen Familie orientieren sich jene Soziologen, die die Familie als eine Gruppe betrachten, deren »wesentliches und unaufgebbares« Merkmal die Intimität und deren eigentliche Aufgabe »die Erziehung der Kinder in einer Sphäre persönlicher Vertrautheit und Fürsorge«[36] sei. Schon der bisherige Überblick dürfte hinreichend deutlich gemacht haben, daß diese Definitionselemente nicht für alle »Familien«typen zutreffen.

Die Texte über die *adelige »Familie«* in England und Frankreich lassen erkennen, daß es sich hierbei gleichsam um einen Anti-Typus von Familie handelt, einen Typus, der so fundamental anders strukturiert ist, daß Elias in seinem Beitrag über die höfische Eheform in Frankreich (S. 480 ff.) mit Recht bezweifelt, ob man ihn noch unter den Begriff Familie subsumieren darf.

Die allgemeine Überlegung, daß Struktur und Funktionen von »Familie« bestimmt sind durch die Stellung, die die Familie bzw. ihre Angehörigen im gesellschaftlichen Produktionsprozeß einnehmen, kann für die aristokratische »Familie« dahingehend konkretisiert werden, daß es sich hierbei um einen Familienverband handelt, dessen Angehörige Herrschaftsfunktionen in der Produktion und den anderen gesellschaftlichen Bereichen ausüben. Sie leben überwiegend von den Arbeitsleistungen der von ihnen abhängigen Bevölkerungsgruppen (Bauern, Pächter etc.). Die ökonomische Existenz ist dadurch gesichert. Das schließt intensives Bemühen um eine Vergrößerung des Besitzes nicht aus, sondern häufig geradezu ein, da Verfügung über größere Ländereien identisch ist mit der Verfügung über einen größeren Teil der Bevölkerung und des von ihm erzeugten Mehrprodukts, mithin auch über die Möglichkeit größerer politischer Macht.

Den Mittelpunkt des adeligen »Familien«lebens bildet daher die Ausübung der ökonomischen und politischen Herrschaft durch den Familienverband, ihre Sicherung und Ausdehnung. Dies erfordert die Repräsentation des Hauses und seines Einflusses durch die Organisierung und Pflege von Außenkontakten. Aus dieser Funktion erklärt sich u. a. der personelle Umfang des aristokratischen Haushalts, dessen Führung eine Vielzahl von Bedienten erfordert. Aus den Texten von Elias (S. 480ff.), Stone (S. 444ff.) und Pinchbeck/Hewitt (S. 495ff.) geht hervor, daß allein schon die Zahl der Personen die Entwicklung einer privaten Sphäre und intensiver persönlicher Beziehungen verhindert. Dies betrifft sowohl die Beziehung zwischen Ehepartnern als auch die zwischen Eltern und Kindern.

Die zentrale Aufgabe der Herrschaftsausübung und -sicherung durch den Familienverband hat weiter bedeutsame Folgen für die mit einer Eheschließung verbundenen Erwartungen. Die überaus sorgfältigen Untersuchungen Stones über die Eheverträge adeliger Familien und zeitgenössischer Äußerungen über Sinn und Zweck der Ehe lassen die beiden Hauptmotive erkennen, die für die Planung einer Eheschließung maßgebend sind: Fortführung des Adelsgeschlechts oder der Linie durch die Zeugung eines legitimen männlichen Erben sowie Sicherung und Vergrößerung des Besitzes und damit auch des politischen Einflusses des Familienverbandes. Diesen beiden beherrschenden Zielen wurden persönlich-private Interessen der Eheschließenden, soweit sie überhaupt entwickelt waren, weitgehend untergeordnet. Persönliche Zuneigung ist somit weder faktisch noch im Selbstverständnis der Beteiligten eine Voraussetzung für die Eheschließung. Sie ist nicht ausgeschlossen, aber auch nicht unbedingt notwendig für den Bestand der Ehe.

Dies hängt zweifellos damit zusammen, daß innerhalb dieses großen Haushaltsverbandes die Möglichkeit besteht, die beiderseitigen Kontakte gering und auf einer formellen Ebene zu belassen. In der von Elias geschilderten Form der adeligen Ehe im Frankreich des 18. Jahrhunderts ist eine fast vollständige Trennung der Verkehrskreise der Ehegatten möglich; beide bekommen dadurch einen großen Spielraum für ein Eigenleben. Lediglich die gesellschaftlichen, für die Repräsentation des eigenen Hauses notwendigen Verpflichtungen erfordern ein Minimum an Kontakt zwischen den Eheleuten. Einzig auf diesen Teil der Ehebeziehungen beschränkt sich die gesellschaftliche Kontrolle. Elias' Resümee, daß die Ehe beim Adel gerade nicht auf Familienbeziehungen, sondern auf die Repräsentation des Hauses und seine Fortführung gerichtet ist, wird von Stone für die englischen Verhältnisse bestätigt, wenn er schreibt: »Die Tudor-Familie war eine Institution zur Weitergabe von Leben, Name und Besitz ...« (S. 439). Dieser Familientypus ähnelt weniger dem uns vertrauten, durch persönliche Zuneigung begründeten und zusammengehaltenen Familienmodell als vielmehr einem Unternehmen, dessen Eigentümer ihre ganze Energie auf die Stärkung seiner ökonomischen und damit politischen Macht konzentrieren.

Der Eindruck der Andersartigkeit dieser »Familien«form wird gestützt durch die bei Pinchbeck/Hewitt und Stone hervorgehobene Tatsache, daß in diesem »Familien«typus eine Zentrierung der Eltern auf das Kind bzw. die Kinder sowie die Entwicklung enger, gefühlsmäßiger Beziehungen zwischen ihnen nicht vorhanden ist und auch kaum vorhanden sein kann. Denn abgesehen davon, daß auf dieser gesellschaftlichen Entwicklungsstufe, u. a. bedingt durch hohe Geburtenhäufigkeit und hohe Kindersterblichkeit, in allen Klassen und Schichten eine andere Einstellung zum Kind und zur Kindheit verbreitet war, ist für den adeligen »Familien«verband dieser Zeit die nahezu ausschließliche Übertragung der Sorge für die Aufzucht und Erziehung der Kinder an fremde Personen, erst Ammen, später Dienstboten und Erzieher charakteristisch[37]. Auch hinsichtlich der Beziehung zwischen Eltern und Kindern zeichnet sich diese »Familien«organisation durch eine weitreichende Trennung der Lebensbereiche aus. Die Erziehung der Kinder durch die beiden Eltern, von Soziologen als ein wesentliches Merkmal von Familie genannt, findet im adeligen Haushalt nicht statt. Dadurch und durch die anderen, vorstehend hervorgehobenen Strukturmerkmale des adeligen »Familien«verbandes wird sichtbar, daß es sich hierbei um einen Vergesellschaftungstypus handelt, der sich den gängigen Begriffsbestimmungen von Familie nicht fügt.

In seinem Beitrag zur gegenwärtigen Familiensituation von Arbeitern hat Schlösser auf die Problematik des Begriffs Arbeiterfamilie aufmerksam gemacht, da die Klassifizierung nach dem Beruf des Mannes vorgenommen wird und die berufliche Position der anderen Familienmitglieder nicht berücksichtigt. Desgleichen wird von den Differenzierungsprozessen innerhalb der Arbeiterschaft abgesehen. Damit ist zweifellos auf ein wichtiges Problem verwiesen. Jede der hier diskutierten Typisierungen von »Familie« enthält diese Problematik. Diese Fragestellung ist eingangs zum Teil schon im Zusammenhang mit der Frage nach dem für sinnvolle soziologische Begriffsbildungen notwendigen Abstraktionsgrad diskutiert worden. Speziell für jene Kategorisierungen wie Arbeiter- oder Angestelltenfamilie besteht jedoch ein zusätzliches Problem darin, daß ihnen in der Statistik übliche Kategorien zugrunde liegen, die dort nicht nach soziologischen, sondern sozialversicherungsrechtlichen Gesichtspunkten gebildet werden.

Selbst wenn man sich dieser Unzulänglichkeiten der Begriffsbildung bewußt ist, kommt man doch nicht aus dem Dilemma heraus, angesichts der von der familiensoziologischen Forschung in der Bundesrepublik weitgehend vernachlässigten Fragestellung nach den Zusammenhängen zwischen Familienstruktur und -funktionen und den materiellen Existenzbedingungen diese Grobkategorien übernehmen zu müssen. Sie können aber lediglich bei der ersten Annäherung in die Einsicht dieser Zusammenhänge helfen. Hier liegt für die familiensoziologische Forschung in der Bundesrepublik noch ein weites und lohnendes Betätigungsfeld. Gegenüber dem am Modell der bürgerlichen Familie gewonnenen Familienbegriff der meisten Soziologen erscheint aber selbst diese unzureichende Begriffsbildung als Fortschritt.

Anmerkungen

1 D. Claessens und F. W. Menne, Zur Dynamik der bürgerlichen Familie und ihrer möglichen Alternativen, in: G. Lüschen und E. Lupri (Hrsg.), Soziologie der Familie, Sonderheft 17 der Kölner Zeitschrift für Soziologie und Sozialpsychologie, Opladen 1970, S. 182.
2 Ebenda, S. 170.
3 Zu diesem Problemkomplex vgl. H. Rosenbaum, Familie als Gegenstruktur zur Gesellschaft. Kritik grundlegender theoretischer Ansätze der westdeutschen Familiensoziologie, Stuttgart 1973, insbes. S. 106ff.
4 H.-U. Wehler, Soziologie und Geschichte aus der Sicht des Sozialhistorikers, in: P. Ch. Ludz (Hg.), Soziologie und Sozialgeschichte, Sonderheft 16(1972) der KZfSS, S. 63.

5 Vgl. dazu H. Rosenbaum, Die Bedeutung historischer Forschung für die Erkenntnis der Gegenwart – dargestellt am Beispiel der Familiensoziologie, in: A. Lüdtke und H. Uhl (Hg.), Kooperation der Sozialwissenschaften, Teil 2, Stuttgart 1977, S. 178ff.

6 So auch R. König, Alte Probleme und neue Fragen in der Familiensoziologie, in: D. Claessens und P. Milhofer (Hg.), Familiensoziologie, Frankfurt 1973, S. 127.

7 Die nachstehenden methodologischen Überlegungen basieren zum großen Teil auf der Lektüre von und der Auseinandersetzung mit K. Korsch (Karl Marx, 3. Aufl., Frankfurt/M., Wien 1971) und L. Colletti (Marxismus als Soziologie [Internationale Marxistische Diskussion 31], Berlin 1973).

8 K. Marx, Einleitung zur Kritik der Politischen Ökonomie, in: MEW, Bd. 13, S. 618f.

9 Max Weber, Die »Objektivität« sozialwissenschaftlicher Erkenntnis, in: ders., Soziologie. Weltgeschichtliche Analysen. Politik. Stuttgart 1956, S. 222.

10 K. Marx, Randglossen zu Adolph Wagners »Lehrbuch der politischen Ökonomie«, in: MEW, Bd. 19, S. 375.

11 Vgl. Korsch, a. a. O., S. 45ff.

12 Max Weber, a. a. O., S. 234.

13 Ebenda, S. 235 (Hervorhebungen von mir – H. R.). Vgl. dazu auch Colletti, a. a. O., S. 37ff.

14 Max Weber, a. a. O., S. 236.

15 Vgl. ebenda, S. 194f.

16 Ebenda, S. 194.

17 Vgl. H. Möller, Die kleinbürgerliche Familie im 18. Jahrhundert, Berlin 1969, S. 115.

18 Zur unterschiedlichen Rekrutierung der Arbeitskräfte bei Bauern und Handwerkern vgl. den sehr fundierten Aufsatz Mitterauers (Vorindustrielle Familienformen. Zur Funktionsentlastung des »ganzen Hauses« im 17. und 18. Jahrhundert, in: Engel-Janosi, Klingenstein, Lutz (Hg.), Fürst, Bürger, Mensch, Wien 1975, S. 123ff.).

19 Vgl. zum folgenden Gedankengang Ch. Tilly, Clio und Minerva, in: Geschichte und Soziologie, hrsg. von H.-U. Wehler, Köln 1972, S. 97ff.

20 Tilly, a. a. O., S. 103.

21 Vgl. ebenda, S. 106.

22 I. Weber-Kellermann, Die Familie, in: A. Schenk und J. Weber-Kellermann, Interethnik und sozialer Wandel in einem mehrsprachigen Dorf des rumänischen Banats, Marburg 1973, S. 91ff., hier: S. 103.

23 Für die nicht-selbständigen Bauern, wie Pächter, Hintersassen etc., die einer Vielzahl zusätzlicher gesellschaftlicher Abhängigkeiten unterliegen, müßten die nachstehenden Ausführungen entsprechend differenziert werden.

24 Vgl. Mitterauer, Vorindustrielle Familienformen, a.a.O., S. 140ff.
25 Ebenda, S. 146.
26 Ebenda, S. 168ff.
27 Vgl. W. Kramer, Das Wort »Bauer« im niedersächsischen Sprachgebrauch, Vortrag gehalten auf der Mitgliederversammlung der Historischen Kommission für Niedersachsen und Bremen am 27.5.1976 in Cloppenburg (unveröffentlicht).
28 Shorter, Der Wandel der Mutter-Kind-Beziehungen zu Beginn der Moderne, in: Geschichte und Gesellschaft, 1. Jg. (1975), S. 256ff.
29 Planck, Die Landfamilie in der Bundesrepublik Deutschland, in: Soziologie der Familie, Sonderheft 14 (1970) der KZfSS, S. 403.
30 Vgl. zu dieser Entwicklung: M. Dobb, Entwicklung des Kapitalismus, Köln, Berlin 1970; E.J. Hobsbawm, Industrie und Empire. Britische Wirtschaftsgeschichte seit 1750, Bd. I, Frankfurt/M. 1969; J. Kulischer, Allgemeine Wirtschaftsgeschichte des Mittelalters und der Neuzeit, Bd. II: Die Neuzeit, 3. Aufl., München, Wien 1965.
31 Vgl. M. Segalen, Nuptualité et alliance. Le choix du conjoint dans une commune de l'Eure, Paris 1972, S. 106. Leider konnten Auszüge aus diesem Buch nicht in diesem Band aufgenommen werden.
32 Vgl. ebenda, S. 106, 122.
33 Vgl. R. Braun, Industrialisierung und Volksleben. Die Veränderungen der Lebensform in einem ländlichen Industriegebiet vor 1800 (Zürcher Oberland), Erlenbach-Zürich, Stuttgart 1960, S. 82.
34 E. Blochmann, Das »Frauenzimmer« und die »Gelehrsamkeit«, Heidelberg 1966, S. 67f.
35 Vgl. dazu die Untersuchungen von A. Daumard, La Bourgeoisie Parisienne. 1815-1848, Paris 1963.
36 H. Schelsky, Wandlungen der deutschen Familie in der Gegenwart, Stuttgart 1953, 5. unveränd. Aufl., Stuttgart 1967, S. 309.
37 Diese Praxis ist auch im wohlhabenden Bürgertum verbreitet. Vgl. dazu die in diesem Band abgedruckten Texte zur bürgerlichen Familie, insbesondere den Beitrag Engelsings, S. 413ff.

Auswahlbibliographie

Die ausgewählten Titel sollen dem Leser, dessen Interesse an der Thematik über die nachstehenden Texte hinausreicht, eine Hilfe für die weitere Arbeit sein. Eine wertvolle Ergänzung ist die Lektüre von – hier nicht aufgeführten – Autobiographien und Romanen.

Allgemeines und Vermischtes

Berg, J. H. van den, Metabletica. Über die Wandlungen des Menschen. Grundlagen einer historischen Psychologie, Göttingen 1960.

Conze, W. (Hrsg.), Sozialgeschichte der Familie in der Neuzeit Europas. Neue Forschungen, Stuttgart 1977.

Flandrin, J.-L., Familles. Parenté, maison, sexualité dans l'ancienne société, Paris 1976.

Gerhard, U., Verhältnisse und Verhinderungen. Frauenarbeit, Familie und Rechte der Frauen im 19. Jahrhundert. Mit Dokumenten, Frankfurt 1978.

Laslett, P., The World we have lost, 2. Aufl. London 1971.

Laslett, P. und R. Wall (Hrsg.), Household and Family in Past Time. Comparative Studies in the Size and Structure of the Domestic Group over the Last Three Centuries in England, France, Serbia, Japan and Colonial North America, Cambridge 1972.

Shorter, E., Illegitimacy, Sexual Revolution and Social Change in Modern Europe, in: Journal of Interdisciplinary History, 2 (1971), S. 237ff.

Shorter, E., Female Emancipation, Birth Control and Fertility, in: American Historical Review 78 (1973), S. 605ff.

Ussel, J. van, Sexualunterdrückung. Geschichte der Sexualfeindschaft, 2. Aufl. Gießen 1977 (Texte zu Sozialgeschichte und Alltagsleben)

Weber-Kellermann, I., Die deutsche Familie. Versuch einer Sozialgeschichte, Frankfurt 1974.

Weinstein, F. und G. M. Platt, The Wish to be Free: Society, Psyche and Value Change, Berkely 1969.

Kindheit

Ariès, Ph., Geschichte der Kindheit; München 1975.

Hunt, D. Parents and Children in History. The Psychology of Family Life in Early Modern France, New York 1970.

Mause, L. de (Hrsg.), Hört ihr die Kinder weinen. Eine psychogenetische Geschichte der Kindheit, Frankfurt 1977.

Quandt, S. (Hrsg.), Kinderarbeit und Kinderschutz in Deutschland 1783-1976 – Quellen und Anmerkungen, Paderborn 1977.

Shorter, E., Der Wandel der Mutter-Kind-Beziehungen zu Beginn der Moderne, in: Geschichte und Gesellschaft 1 (1975), S. 256ff.

Stone, L., The Educational Revolution in England, 1560-1640, in: Past and Present 28 (1964), S. 41ff.

Bauern und Handwerker

Berkner, L. K., The Stem Family and the Developmental Cycle of the Peasant Household: an Eighteenth Century Austrian Example, in: American Historical Review 77 (1972), S. 399ff.

Flandrin, J.-L., Les amours paysannes (XVI-XIX siècle), Paris 1975.

Khera, S., Social Stratification and Land Inheritance among Austrian Peasants, in: American Anthropologist, 75 (1973), S. 814ff.

Khera, S., Kin Ties and Social Interaction in an Austrian Peasant Village with Divided Land Inheritance, in: Behavior Science Notes, 7 (1972), S. 349ff.

Mitterauer, M., Vorindustrielle Familienformen. Zur Funktionsentlastung des »ganzen Hauses« im 17. und 18. Jahrhundert in: Engel-Janosi, Klingenstein, Lutz (Hg.), Fürst, Bürger, Mensch, Wien 1975, S. 123ff.

Möller, H., Die kleinbürgerliche Familie im 18. Jahrhundert. Verhalten und Gruppenkultur, Berlin 1969.

Sieder, R., Persönlichkeitsbildung in Haus und Familie. Studie zur Sozialisation in ländlich-bäuerlichen Hausgemeinschaften der vorindustriellen Zeit – an Beispielen aus dem Salzburger Raum, phil. Diss. Wien 1975.

Sieder, R., Strukturprobleme ländlicher Familien im 19. Jahrhundert, in: Zeitschrift für Bayerische Landeskunde 1978 Heft 1

Hausindustrie

Braun, R., Industrialisierung und Volksleben. Die Veränderung der Lebensform in einem ländlichen Industriegebiet um 1800 (Zürcher Oberland), Zürich, Stuttgart 1960.

Die deutsche Hausindustrie = Schriften des Vereins für Socialpolitik, Bd. 39-42 und 48, Leipzig 1889/1890.

Kriedte, Medick, Schlumbohm, Industrialisierung vor der Industrialisierung. Gewerbliche Warenproduktion auf dem Land in der Formationsperiode des Kapitalismus, Göttingen 1977 (Veröffentlichungen des Max-Planck-Instituts für Geschichte, 53).

Le Play, F., Les Ouvriers Européens, 6 Bde., 2. Aufl., Tours 1878/79 (1. Aufl. 1855).

Peuckert, W.-E., Volkskunde des Proletariats, Bd. 1: Aufgang der proletarischen Kultur. Frankfurt/M., 1931.

Sax, E., Die Hausindustrie in Thüringen, 3 Bde., 2. Aufl., Jena 1884/5/8.

Schnapper-Arndt, G., Fünf Dorfgemeinden auf dem Hohen Taunus. Eine socialstatistische Untersuchung über Kleinbauerntum, Hausindustrie und Volksleben. Leipzig 1883 (Schmollers Staats- und socialwissenschaftliche Forschungen, Bd. IV,2).

Segalen, M., Nuptualité et alliance. Le choix du conjoint dans une commune de l'Eure. (Mémoire d'anthropologie française, n 1), Paris 1972.

Smelser, N., Social Change in the Industrial Revolution, London 1959.

Sombart, W., Die Hausindustrie in Deutschland, in: Archiv für Soziale Gesetzgebung und Statistik, Bd. 4 (1891).

Thun, A., Die Industrie am Niederrhein und ihre Arbeiter, 2 Bde. Leipzig 1879 (= Schmollers Staats- und socialwissenschaftliche Forschungen, II, H. 2., 3).

Troeltsch, W., Die Calwer Zeughandelskompanie und ihre Arbeiter, Jena 1897.

Arbeiter

Anderson, M., Family Structure in Nineteenth Century Lancashire, Cambridge 1971.

Arbeiterbudgets, Frankfurter. Haushaltsrechnungen eines Arbeiters einer königlichen Staats-Eisenbahnwerkstätte, eines Arbeiters einer chemischen Fabrik und eines Aushilfsarbeiters. Veröffentlicht und erläutert von Mitgliedern der volkswirtschaftlichen Sektion des freien deutschen Hochstiftes, hrg. von F. Flesch. Frankurt/M. 1890.

Bernays, M., Auslese und Anpassung der Arbeiterschaft in der geschlossenen Großindustrie. Leipzig 1910 (= Schriften des Vereins für Socialpolitik, 133).

Conrad, E., Lebensführung von 22 Arbeiterfamilien Münchens, in: Einzelschriften des statistischen Amtes der Stadt München, Nr. 8, München 1909.

Fuerth, H., Die Fabrikarbeit verheirateter Frauen, Frankfurt/M. 1902 (= Schriften des sozialwissenschaftlichen Vereins in Berlin, 3).

Hewitt, M., Wives and Mothers in Victorian Industry, London 1958.

Jacobeit, W. und U. Mohrmann (Hg), Kultur- und Lebensweise des Proletariats. Kulturhistorische und volkskundliche Studien und Materialien, Berlin (Ost) 1973.

Kempf, R., Das Leben der jungen Fabrikmädchen in München. Die soziale und wirtschaftliche Lage ihrer Familie, ihr Berufsleben und ihre persönlichen Verhältnisse, Leipzig 1911 (= Schriften des Vereins für Socialpolitik, Bd. 135,2).

Niethammer, L., Wie wohnten die Arbeiter im Kaiserreich?, in: Archiv für Sozialgeschichte, Bd. XVI (1976), S. 61ff.

Otto, R., Über die Fabrikarbeit verheirateter Frauen, Stuttgart, Berlin 1910 (= Münchner volkswirtschaftliche Studien, 104).

Reck, S., Arbeiter nach der Arbeit. Sozialhistorische Studie zu den Wandlungen des Arbeiteralltags, Gießen 1977.

Rühle, O., Illustrierte Kultur- und Sittengeschichte des Proletariats, Bd. 1, Frankfurt 1970 (Erstauflage 1930) Bd. 2, Gießen 1977.

Schumann, Korff, Schumann, Sozialisation in Schule und Fabrik, Berlin 1976.

Bürgertum

Davidoff, L., The best Circles: Women and Society in Victorian England, Totowa N. J. 1973.

Duden, B., Das schöne Eigentum. Zur Herausbildung des bürgerlichen Frauenbildes an der Wende vom 18. zum 19. Jahrhundert, in: Kursbuch 47 (1977), S. 125ff.

George, M., From »Goodwife« to »Mistress«: The Transformation of the Female in Bourgeois Culture, in: Science and Society 37 (1973), S. 152ff.
Henning, H., Das westdeutsche Bürgertum in der Epoche der Hochindustrialisierung 1860-1914, Bd. 1, Wiesbaden 1973 (= Historische Forschungen 6).
Henry, L., Anciennes familles genevoises, Paris 1956 (= Cahier n° 26 de l' I.N.E.D).
Melchers, W., Die bürgerliche Familie als Erziehungs- und Bildungsfaktor, phil. Diss. Köln 1930.
Ottmüller, Uta, Die Dienstbotenfrage. Zur Sozialgeschichte der doppelten Ausnutzung des Dienstmädchens im deutschen Kaiserreich, Münster 1978.

Aristokratie

Forster, R., The Nobility of Toulouse in the Eighteenth Century, Baltimore 1960.
Meyer, J., La noblesse bretonne au XVIIIe siècle, 2 Bde., Paris 1966.
Mitterauer, M., Zur Frage des Heiratsverhaltens im österreichischen Adel, in: Fichtenau, Zöllner (Hg.), Beiträge zur neueren Geschichte Österreichs, Wien, Köln, Graz 1974, S. 176ff.
Reif, H. G., Vom Herrschaftsstand zur regionalen Elite. Sozial- und Bewußtseinsgeschichte des katholischen Adels in Westfalen 1770-1860. Dissertation der Fakultät für Geschichtswissenschaft, Bielefeld 1977.
Stekl, H., Österreichs Aristokratie im Vormärz. Herrschaftsstil und Lebensformen der Fürstenhäuser Liechtenstein und Schwarzenberg, München 1973.
Stone, L., Family and Fortune: Studies in Aristocratic Finance in the Sixteenth and Seventeenth Centuries, Oxford 1973.

Zeitschriften

Journal of Marriage and the Family, Spezialnummer: History of the Family, Bd. 35 (1973).
Geschichte und Gesellschaft, 1. Jg. (1975), H. 2/3: Historische Familienforschung und Demographie.
Annales E S C, Spezialnummer: Famille et Société, 27. Jg. (1972) Nr. 4-5.

I
Allgemeines

Max Weber
Die Familien- und Arbeitsgemeinschaften*

Zu den ältesten Verhältnissen, welche zur Bildung gemeinschaftlicher Vermögen mit dem Zwecke gemeinschaftlicher Erwerbstätigkeit führen mußten und rechtlich geregelt erscheinen, gehört die gemeinsame Familienwirtschaft des Familienvaters mit Frau und Kindern, der Familiengenossen nach dem Tode des Familienvaters im gemeinsamen Hause.

Die Schwierigkeit, in den mauerumschlossenen Städten zu selbständigem Anbau Terrain und Barmittel zu erlangen, verbunden mit der bekannten Abneigung gegen das Wohnen unter fremdem Dache gegen Zins, welches fast wie ein Aufgeben der persönlichen Freiheit erschien, ließ dem Haussohn und dem Miterben oft nur die Wahl zwischen Realteilung des gemeinsamen Hauses durch Zwischenwände[1] oder Fortsetzung der häuslichen Gemeinschaft. Ersteres hatte naturgemäß seine Grenzen, und so finden wir es in Italien, nicht nur in ländlichen Verhältnissen, wo uns derartiges natürlich scheint, sondern gerade in den Städten häufig, ja geradezu regelmäßig, daß einerseits auch die verheirateten Söhne im Hause des Vaters verbleiben und daß andererseits die Erben den gemeinsamen Haushalt dauernd und oft durch mehrere Generationen fortsetzen.

Die vermögensrechtliche Wirkung dieses Verhältnisses nun mußte eine species der germanischen Gütergemeinschaften sein; eine rein individualistische Konstruktion, als Individualvermögen des Hausherrn ohne jedes Anrecht der Kinder bzw. als communio der Miterben, lag dem mittelalterlichen Recht fern.

Der Hausvater, welcher mit seiner Deszendenz unabgeteilt lebt, verfügt über die Mittel der Gemeinschaft, allein der Unterschied vom römischen Recht ist, wie sich zeigen wird, daß während in dem letzteren die übrigen Hausgenossen neben dem Vater nicht als Mitberechtigte, sondern allenfalls nur als Destinatäre eines Teils der Einkünfte des als Individualvermögen des pater familias konstruierten Hausgutes in Betracht kommen, hier grundsätzlich

* Auszüge aus: Max Weber, Zur Geschichte der Handelsgesellschaften im Mittelalter, in: ders., Gesammelte Aufsätze zur Sozial- und Wirtschaftsgeschichte, Tübingen 1924, S. 312ff., hier: S. 344-353.

Anrechte aller Hausgenossen bestehen; dieselben werden durch die hausherrliche Gewalt zwar in wesentlichen, aber nicht in allen Beziehungen gebunden; auch Verfügungen des Haussohnes sind geeignet, das gemeinsame Vermögen zu belasten. Unter Miterben, welche die Gemeinschaft fortsetzen, ist an sich jeder zu Lasten des gemeinschaftlichen Vermögens zu verfügen berechtigt, das Vermögen dient allen einzelnen je nach Bedürfnis und ohne erkennbare prinzipielle Schranke. Der Gegensatz zur römischen communio liegt außer in dem letzteren Gedanken namentlich auch darin, daß die Anrechte der einzelnen nicht als ideelle Anteile zu selbständigen, des Verkehrs fähigen Objekten gestaltet sind; der Gedanke *quotenmäßiger* Mitrechte tritt während des Bestehens der Gemeinschaft überhaupt nicht als Maßstab für die Berechtigungen der einzelnen hervor; ihre Bedürfnisse werden vielmehr, seien sie groß oder klein, wie gesagt, aus der gemeinsamen Kasse ohne Anrechnung zu Lasten des einzelnen bestritten, in welche andererseits – was gleichfalls besonders charakteristisch ist –, der gesamte Erwerb des einzelnen, sei er groß oder gering, ohne irgendwelche Anrechnung zu seinen persönlichen Gunsten eingeworfen wird. Das letztere erscheint, näher besehen, fast noch erstaunlicher als jener Mangel einer Anrechnung der Ausgaben – in unseren heutigen Verhältnissen sind wir gleichfalls gewohnt, daß der Vater seinen Kindern die für sie während der Zeit ihrer Zugehörigkeit zum elterlichen Haushalt aufgewendeten Kosten in dubio, von besonderem Anlaß dazu abgesehen, nicht anrechnet, dagegen erscheint uns, zum Unterschiede vom römischen Recht, das Korrelat dazu, die *Erwerbsgemeinschaft*, nicht als das Naturgemäße, vielmehr umgekehrt – man kann vom prinzipiellen Standpunkt sehr wohl fragen: mit welchem Recht? – als mehr oder weniger selbstverständlich, daß der Sohn seinen eigenen Erwerb für sich behält. Der Mangel irgendwelcher Anrechnung erscheint nun dem alten Recht als naturale[2] der Gütergemeinschaft. Daß dies der Grundgedanke war, ersehen wir gerade aus den Beschränkungen, welche die Quellen, da die unbedingte Gemeinschaft alles Erwerbes und aller Ausgaben im Geschäftsleben zu unbilligen Resultaten führen mußte, schon früh normierten. Schon die älteste von dem Verhältnis handelnde Quellenstelle betrifft solche Einschränkungen:

Lex Langobardorum I. II Rubr. de successionibus: Rex Rothar: [. . .] Si fratres post mortem patris in casa communi remanserint, et unus ex ipsis in obsequio regis aut cum judice aliquas res acquisierit, habeat in antea absque portione fratrum, et que foris in exercitu acquisierit commune sit cum fratribus quos in communi casa dimiserit, et si quis alicui de suprascriptis fratribus garanthinx (*Boherius* = donatio) fecerit, habeat in antea ille cui factum fuerit, et si quis ex ipsis duxerit uxorem et de rebus communibus meta data fuerit: quando alter uxorem tulerit aut quando ad divisionem faciendam venerint, simili modo de communibus rebus ei refundat aliud tantum quantum ille alter frater in meta dederit. paterna autem vel materna substantia quod reliquum fuerit inter se equaliter dividant [. . .] Töchter, welche heiraten, erhalten, was ihr Mundwalt, Vater oder Brüder ihnen in die nuptiarum mitgeben, und sind damit abgefunden. Ferner werden Bestimmungen darüber getroffen, in welcher Weise die in die casa communis zurückkehrende Witwe ihre Aussteuer wieder einzuwerfen und mit welcher Quote sie eventuell später bei der etwaigen Teilung zu berücksichtigen ist[3].

Also nur das in obsequio regis und cum judice Erworbene fällt nicht in die Gemeinschaft, und nur die meta der Frau, welche ex communi gegeben wird, soll, wenn geteilt wird, angerechnet werden, sonst gehen alle Einnahmen, selbst Erwerb »in exercitu«, und alle Ausgaben auf gemeinsame Rechnung. Was die Gemeinschaft der Ausgaben anlangt, so war sie unter den einfachen Verhältnissen der älteren Zeit, in welcher sich dieselben auf die alltäglichen Bedürfnisse beschränkten und der Kredit noch keine Rolle spielte, nicht so bedenklich, als es scheinen möchte. Die Gemeinschaft der Einnahmen anlangend, so erschien, wie auch sonst hervortritt, gemeinsame Arbeit und Erwerbstätigkeit in gemeinsamer Behausung als das unter Familiengenossen naturgemäße Verhältnis, die Familie ist nach der Anschauung der Zeit noch in erster Linie eine, und zwar die natürlich gegebene, »*Produktions*gemeinschaft«, nicht nur, wie uns als Regel erscheint, eine bloße »Konsumtionsgemeinschaft«. Sie war insbesondere in den italienischen Städten die Basis weitgehender Vergesellschaftung[4].

Dabei ist nun festzuhalten, daß von Anfang an *nicht* das der Familiengemeinschaft mit zugrunde liegende *Verwandtschafts*verhältnis das wesentliche Moment sein konnte.

Die häusliche Gemeinschaft der Familie umfaßte an sich schon außer den Angehörigen der Familie noch andere Personen[5]: auch das häusliche Dienstpersonal galt von alters her als Hausgenosse und seine Handlungen haben für die Familie rechtliche Konsequenzen, auf welche wir gelegentlich noch zurückkommen werden. Für die vermögensrechtliche Seite konnte in der Zeit des beginnenden Großverkehrs nicht die Verwandtschaft an sich Bedeutung gewinnen, sondern die Gemeinschaft des Haushalts, das »stare ad unum panem et vinum«, wie die Quellen sie nennen, welche wesentlich charakterisiert wird durch die damit verknüpfte Gemeinschaft der *Arbeit*[6].

Wer nicht in dem gemeinsamen Hause mit lebt, wird von den Folgen der Gemeinschaft nicht ergriffen, – das geht schon aus der zitierten Stelle der Lombarda hervor und das Constit. Usus von Pisa[7] sagt ausdrücklich, daß eine absentia, durch welche ein anderes domicilium begründet werde, die Gemeinschaft aufhebe.

Das gemeinsame Haus in Verbindung mit der darin betriebenen gemeinsamen Erwerbstätigkeit ist also das für die vermögensrechtliche Seite Wesentliche, – und auf diese Seite kommt es uns in erster Linie an.

Der Gang der vermögensrechtlichen Entwicklung ist nun dadurch charakterisiert, daß, wie wir sahen, schon die lex Langobardorum Beschränkungen der unbedingten Vermögensgemeinschaft kennt: gewisse Einnahmen des Genossen fallen nicht in die Gemeinschaft, gewisse Ausgaben muß er sich anrechnen lassen. Mit dieser Anrechnung ist ein nicht unwesentlicher Schritt gemacht. Der Einzelne mußte nun in der Gemeinschaft der Berechnung halber eine Art – wenn auch nicht ein buchmäßiges – Konto erhalten, und fiel nicht mehr aller Erwerb in die Gemeinschaft, so lag die Tendenz zur weiteren Beschränkung nahe.

Aber auch für die juristische Betrachtung ergaben sich wichtige Konsequenzen. Sobald man einmal anfing zu rechnen und gewisse Einnahmen und Ausgaben als speziell einem Einzelnen zugute kommend bzw. seinen Anteil belastend anzusehen[8], – und sobald die Gemeinschaft in das eigentliche Geschäftsleben eintrat, war beides unvermeidlich, – mußte sogleich die prinzipielle Frage entstehen, wer von den Beteiligten überhaupt als selbständig anteilsberechtigt zu gelten habe – z. B. ob Haussöhne? –, es mußte überhaupt die Beteiligung des Einzelnen an der Gemeinschaft mehr unter den Begriff des *Anteils* gedacht werden und die Tendenz haben, sich wie eine Sozietätseinlage zu gestalten. Alsdann aber mußte auch die juristisch folgenreichste Frage zur Entscheidung gelangen: ob sich das Familienvermögen in eine communio mit Quotenrechten der Beteiligten auflösen, oder ob aktiv und passiv eine auch den Anteilsrechten der Genossen gegenüber durchgreifende Einheit des Vermögens gewahrt bleiben würde.

Nach der ersteren Richtung ist am weitgehendsten infolge nordischer Reminiszenzen[9] die Auffassung des süditalisch-sizilianischen Rechts[10], wonach das Familienvermögen quotenmäßig unter Vater und Kindern verteilt erscheint, der Vater inter vivos und mortis causa nur ebenso wie jedes Kind über eine bestimmte Quote verfügen kann.

Derartig ist die Rechtsauffassung im übrigen Italien nie gewesen[11]. Die *pekuniäre* Bedeutung des Verhältnisses für den Einzelnen trat auch hier naturgemäß mehr in den Vordergrund und deshalb mußte, nachdem die Gemeinschaften als solche im großen Geschäftsleben zu funktionieren begannen, sein Anrecht an dem gemeinsamen Vermögen in wichtigen Beziehungen als Einlage in ein gemeinsames Geschäft qualifiziert werden, – allein ein Zerfall des Familienvermögens in Idealquoten trat nicht in der Weise wie in Süditalien ein; die prinzipielle Einheit des Vermögens blieb gewahrt; die diesen Gemeinschaften eigentümlichen Grundsätze voller Erwerbsgemeinschaft und prinzipiell unbeschränkter Verfügungsmacht aller einzelnen Beteiligten über das gemeinsame Vermögen waren augenscheinlich in hohem Maße geeignet, der Gemeinschaft Aktionsfähigkeit im Geschäftsleben zu verleihen.

Aber eben aus diesem letzteren Grunde liegt keine Veranlassung vor, weshalb wir uns diese Grundsätze als zunächst auf die *Familien*angehörigen beschränkt zu denken haben sollten. Wie schon hervorgehoben, umfaßt auch die häusliche Gemeinschaft der Familie neben deren Angehörigen noch andere Personen, und da schon die Lombarda nicht wesentlich das verwandtschaftliche Element, sondern das Faktum der häuslichen Gemeinschaft als maßgebend betrachtet, waren die Rechtssätze, welche auf diese Gemeinschaft Anwendung fanden, ebenso anwendbar, wenn die gleichen Grundlagen: gemeinsamer Haushalt und gemeinsamer Erwerb durch Arbeit, unter Nichtverwandten vorhanden waren. Tatsächlich haben auch im mittelalterlichen Recht sich nirgends die Wirkungen der häuslichen Gemeinschaft auf Verwandte beschränkt. Es hat vielmehr auch außerhalb der Familie derartige Gemeinschaftsverhältnisse gegeben und sind diese völlig gleichartig behandelt worden. Und zwar in älterer Zeit zunächst auf dem Boden des *Handwerks.*

Daß in den Binnenstädten die Bedingungen für einen großen Fernhandel erst allmählich mit ihrem Erstarken nach außen sich einstellten, ist schon oben berührt und bemerkt, daß naturgemäß ihr Handel zunächst in dem Transport ihrer Produkte an den nächsten Marktplatz, evtl. Seehafen, bestand, welcher dann das weitere übernahm, also mehr im Absatz, als im Umsatz von Gütern, daß also gewerbliche Arbeit die Grundlage ihres Wohlstandes bilden mußte[12], wie denn gewerbepolizeiliche Vorschriften einen der umfangreichsten Bestandteile aller ihrer Statuten bilden. Die gewerbliche Arbeit aber ist zunächst Sache des Handwerks und demgemäß finden sich hier die Anfänge der Gesellschaftsbildung. Dabei war nun für die Bildung gemeinsamer Fonds durch Zusammenschluß von Kapitalien oder für eine Vergesellschaftung nach der Art der einseitigen Kommenda zunächst weniger Bedürfnis und Möglichkeit vorhanden[13]; tat sich der Handwerker mit einem Genossen zusammen, so geschah es zu gemeinsamer Arbeit, um mit ihm die Tätigkeit in der Werkstatt und im Verkaufsladen zu teilen; und da diese seine Tätigkeit sich wesentlich in seiner Behausung abspielte, welche prinzipaliter zugleich auch Laden und Werkstatt war, so wurde der Arbeitsgenosse von selber zum Hausgenossen und teilte Tisch und Haushalt, der unselbständige »Geselle« – famulus, factor, – so gut wie der selbständige »Genosse«, – socius –; das stare ad unum panem et vinum ist naturale dieser Arbeitsgesellschaft (um sie so zu nennen), und dies ist für die rechtliche Gestaltung des Verhältnisses von augenscheinlicher Bedeutung. Nur der Ursprung dieser Gesellschaftsformen im Handwerk[14] erklärt es, daß noch später bei der Großindustrie und den pekuniär weltbeherrschenden Handelssozietäten der gemeinschaftliche Haushalt zwar, wie wir sehen werden, nicht mehr ein notwendiges oder das wesentlichste, aber doch ein erhebliches Kriterium bildet[14].

Der Einfluß dieses Elements auf die ganze Struktur derartiger Gesellschaftsformen ist unverkennbar. Denn daß die Stellung eines solchen socius in eminent höherem Grade, als es bei der Sozietät ohnehin der Fall ist, ein Vertrauensverhältnis sein mußte, ist klar, sie verhält sich zu derjenigen eines Partizipanten etwa wie diejenige eines Dienstboten zu der eines ad hoc gemieteten Lohnarbeiters. Auch das Familienartige des Verhältnisses ist augenfällig, es ist, abgesehen von der Verwandtschaft, ganz der Tatbestand der Hausgemeinschaft der Familie vorhanden, und wenn wir deshalb Haussohn und famulus bzw. factor, socius und unabgeteilten Miterben in sehr wesentlichen Punkten gleich behandelt finden[15], so wird es dafür einer besonderen Erklärung nicht bedürfen; man wird auch nicht sagen können, es seien hier »familienrechtliche« Grundsätze auf andere Verhältnisse *übertragen*, sondern gleiche Grundlagen führten zu paralleler Rechtsbildung, da gerade die für das Vermögensrecht maßgebenden Verhältnisse bei beiden gleichartig vorlagen. Die Beziehungen der Arbeitsgenossen waren der Natur der Sache nach dem Verhältnis zwischen Gliedern eines Familienhaushalts ähnlich, und andererseits war der Familienhaushalt, wollte er zugleich Grundlage eines Gewerbebetriebes sein, genötigt, seine Buchführung, sein Auftreten nach außen, kurz: alle in vermögensrechtlicher Beziehung erheblichen Momente, nach Art einer Gewerbegesellschaft zu gestalten. So koinzidierten bei beiden die rechtlich relevanten Momente[16]. Nur daß bei der Familiengemeinschaft die Grundlage, der gemeinsame Haushalt, schon a priori besteht, welcher bei der Arbeitsgemeinschaft inter extraneos erst gewillkürt und geschaffen werden muß. Daher den Quellen die Familiengemeinschaft, wie es in gewisser Art auch zutreffend ist, als das primäre Institut erscheint, und deshalb da, wo beide gemeinsam behandelt werden, an der Spitze steht.

Anmerkungen

Die folgenden Anmerkungen wurden anhand der Quellenübersicht zu dem Aufsatz so weit wie möglich ergänzt.

1 In der Tat enthalten die älteren Statuten detaillierte Vorschriften über das bei derartigen Hausteilungen zu beobachtende Verfahren. Vgl. z. B. Breve Curiae Arbitrorum v. Pisa c. 4 (bei Bonaini, Statuti inediti della città di Pisa).

2 Noch Ansaldus de Ansaldis, Discursus legales de commuciis et cambio (Genua 1698), Disc. 49, in einem Rechtsgutachten in einem Teilungsprozesse in Florenz führt den Beweis für das Vorliegen einer societas omnium bonorum aus folgenden Symptomen, welche als »notissima illa societatis omnium bonocum requisita« bezeichnet werden: »communis habitatio, lucrorum communicatio et nunquam ratio reddita.« Ähnlich verwertet wird der Mangel der Ab- und Anrechnung in Disc. 50 eod. Zu vergleichen ist auch die Unterscheidung in Disc. 52 eod. zwischen societas particularis und universalis nach den gleichen Gesichtspunkten, indem nämlich die soc. universalis daran

zu erkennen sei, daß contractus activi et passivi, dispendia et emolumenta per consocios omnium bonorum facta et acquisata non curantur, sed habita dumtaxat contemplatione ad bona de tempore divisionis faciendae, partitio fieri debet aequaliter.

3 Die Stelle ist in die Lombarda gleichlautend übergegangen. Die Kommentatoren der letzteren aus dem 12. Jahrhundert, Ariprand und Albertus (ed. Anschütz, Die Lombardakommentare des Ariprand und Albertus, Heidelberg 1855) haben sie nicht kommentiert.

4 Vgl. den Zwang zu häuslicher Arbeit gegen den Haussohn im Breve Pisan. Comm. v. 1286 l. I c. 118, die Erlaubnis, durch häusliche Arbeit verdiente (bene servientes) Söhne letztwillig zu begünstigen in der Lombarda [Lex Langobardorum seu capitulare divini et sacratissimi Caroli magni imperatoris et Franciae regis ac novellae constitut. d^ni^ Justiniani imp. p. d^num^ Nic. Boherii.], Rubr. De eo quod pater filiis vel filiabus necesse habet relinquere. Es werden weiterhin noch mehrfache Symptome dieser Auffassung begegnen.

5 Dies ist für andere Verhältnisse bei Gierke, Genossenschaftsrecht I, Berlin 1868, S. 14f. bemerkt (vgl. besonders S. 23). – Wo Gierke das Verhältnis zwischen Sippe und Haushalt bespricht, findet er den Unterschied wesentlich in der im Gegensatz zu der Genossenschaft der Sippe »despotischen Organisation der häuslichen Gemeinschaft«; es ist aber zu bemerken, daß die häusliche Gemeinschaft auch da, wo nicht ein Hausvater an der Spitze steht, sondern wo sie von Gleichberechtigten gebildet wird, und hier sogar ganz vornehmlich, ihre eigenartigen Wirkungen übt; auch ist in Italien, wenigstens im langobardischen Recht, nicht, und noch weniger im süditalienischen, der Gedanke eines »despotischen« Eigenrechts des Vaters für die Organisation der Familie maßgebend.

6 Baldus [de Ubaldis] Consilia [Francofurti 1589] IV 472: »cohabitatio sola non facit societatem« in Verbindung mit Cons. II 74, wonach gleiche Teilung des durch die »industria« der fratres communiter habitantes Erworbenen eintreten sollte. Vgl. auch Cons. II 451; ferner III 30: das ererbte gemeinsame Vermögen soll nach Stämmen, das *erarbeitete* nach Köpfen geteilt werden. Cons. I 19 verlangt in strengerer Anlehnung an die romantistische Anschauung Nachweis des Abschlusses einer societas, welche sonst aus dem Zusammenwohnen in Verbindung mit gemeinsamer Arbeit präsumiert wird. II 260 macht denn auch die in I 19 getroffene Entscheidung dadurch wieder unschädlich, daß, wenn ein Teilhaber nicht nachweisen kann, *woher* er etwas erworben hat, angenommen werden soll, er habe es *ex* communi erworben, und damit die Gemeinsamkeit trotz des mangelnden Nachweises der Absicht, *für* die Gemeinschaft zu erwerben, gesichert bleibt.

7 Bonaini, Statuti inediti della città di Pisa, Vol. II, p 880.

8 Welche verwickelte Kasuistik die Konsequenz dieser Notwendigkeit zu rechnen bildete, geht aus den zahlreichen Entscheidungen des Baldus über die Frage, was bei gemeinsamem Haushalt zu kommunizieren sei, genügend hervor. S. darüber Cons. I 21, 97, 260, II 87, 347, IV 189, 239, 335, 461, V 40, 65, 234, 259, 284, 372 und sonst gelegentlich. Die schon in der Lombarda – vgl. obige Stelle – Veranlassung zu besonderer Bestimmung gebende Frage der Anrechnung der Mitgift von Ehefrauen bzw. der dos steht auch hier mit im Vordergrund.

9 Analogien finden sich im altfriesischen und im Recht der von der Ostsee gekommenen Burgunder. S. Brünneck, Siziliens mittelalterliche Stadtrechte; Pappenheim, Launegild und Garethinx stellt die Stelle c. 51, 1 lib. leg. Gundob. mit Westgötalagen I Arfbaer b. 9 pr. zusammen.

10 In Sorrento [Consuetudini della città di Sorrento, ed. Volpicella, Napoli 1869] (Consuetudines rubr. 43) erwirbt der Vater für sich nur den Verdienst aus eigener Arbeit, von dem ererbten Vermögen verwaltet er, solange die Kinder im gemeinsamen Hause wohnen, die Einkünfte zum gemeinsamen Unterhalt, nach Großjährigkeit der Kinder aber (rubr. 43 zit.) erfolgt, sobald dieselben nicht mehr mit ihm leben (rubr. 7, vgl. Consuet. v. Neapel r. 7), Teilung der Einkünfte unter Vater, Mutter und Kinder nach Virilportionen und können die Söhne (rubr. 43) auf Teilung klagen. Also communio der Familienglieder. Die Statuten von Catania v. 1345 (Tit. III Consuet. unica) drücken das gleiche Verhältnis so aus: die Güter der Familienmitglieder würden »unum corpus«. Die Statuten von Messina (aus der Hohenstaufenzeit), Caltagirone (v. 1299) und die Ordinaciones terrae Noti bestimmen die Anteilsquote des Vaters näher, und zwar zeigt sich, daß der Vater und jedes Familienglied nur über seine Quote, aber über diese auch ohne weiteres, zu verfügen berechtigt ist; das Statut von Messina c. 33 hält ausdrücklichen Ausschluß der Teilungsklage bei Lebzeiten der Eltern für nötig, wovon das Statut von Caltagirone die Ausnahme macht: »nisi pater emancipet eum vel eam«. Die, soviel bekannt, älteste gesetzliche Erwähnung derartiger Verhältnisse ist die Novella Rogerii vom Jahre 1150 (griechisch und lateinisch): [. . .] »si genitor in vita habuerit 3 liberos [. . .] consuetudo est ex omni substantia eorum ipsum obtinere duas partes, id est 8 uncias, filios autem terciam«.

Das Prinzip der part disponible des Code ist hier bereits auf die Verhältnisse inter vivos angewendet.

Das unvermittelte Nebeneinanderstehen des normannischen und byzantinischen Rechts in Sizilien, wo das Personalitätsprinzip erst in den Constitutiones Regni Siciliae K. Friedrichs II (l. II t. 17) aufgehoben wurde (noch 1286 kommt in Amalfi in einer Urkunde b. Volpicella, Consuet. d'Amalfi [Napoli 1849] die Deklaration »vivens lege

Romana« vor), mag die unmittelbare Übertragung des Begriffs der römischen communio auf das germanische Familieneigentum begünstigt haben.

S. die sizil. Statuten und über sie Brünneck l. cit.

11 Auch das langobardische Recht hat Neigung zur Ausgestaltung des Familienvermögens nach den Grundsätzen quotenmäßigen Anrechtes der Genossen gehabt, wie die Urkunden des Registrum Farfense (Il Regesto di Farfa pubbl. della Soc. rom. di stor. pat. vol. II, Rom 1879) deutlich zeigen (vgl. Brunner in den Mitt. des Instit. d. österr. Geschichtsforschung Bd. 2, S. 10f.). In den Städten ist diese Entwicklung aber, wie das Folgende zeigen soll, nur partiell mitgemacht worden.

12 Der Gegensatz zwischen Seehandels- und Industrieplätzen ist von Lastig klar betont (Entwicklungswege und Quellen des Handelsrechts [in: Zeitschrift für Handelsrecht, Bd. 34]). Einschränkend gegen zu scharfe Fassung des Gegensatzes und generalisierende Schlüsse Goldschmidt, Z. f. Handelsr. 23, S. 309ff. Lattes (Il diritto commerciale nella legisl. stat.) folgt Lastig, sieht aber mehr auf übersichtliche Zusammenstellung der sich findenden Rechtssätze, als auf historische Entwicklung und kommt sein als Einführung in das Statutarrecht vorzüglich brauchbares Buch für unsere rechtshistorischen Zwecke weniger in Betracht.

13 Auf die Verwertung der Kommenda als Rechtsform für das Verhältnis eines Hausindustriellen zum Arbeitgeber kommen wir in dem Kapitel über pisanisches Recht kurz zu sprechen.

14 Vgl. die bei Baldus, Consilia V 25, geschilderte »Sozietät« von Schlächtern, die an derselben banca stehen.

S. ferner folgende Stelle des Sachsenspiegels (B. I Art. 12): Swô brudere oder *andere lûte* ir gut zu samene habn, erhôen si daz mit irre kost oder irme dînste, der vrome ist ir aller gemeine, dazselbe ist der schade. Swaz aber ein man mit sîme wîbe nimt, das en teilt he mit sînen brûdern nicht (dazu vgl. die Stelle der I. Langob.). Verspilt aber ein man sîn gût oder verhûret erz oder verguftet erz mit gift oder mit kost, dâ sîne brûdere *oder die ir gût mit ime gemeine habn*, nicht zûphlicht en habn, der schade den her daran nimet, sol sînes eines sîn, und nicht sîner brûdere noch sîner *gewerken, die ir gût mit ime gemeine habn.* – Fast regelmäßig werden in den ital. Statuten die Handwerker mit zu den *mercatores* gerechnet und in den Statuten der letzteren ihre Verhältnisse mit geregelt.

15 Wir kommen bei Florenz darauf speziell zurück.

16 Vgl. die Sachsenspiegelstelle in Note 2, S. 352. Daß die Gewerke als solche in Gütergemeinschaft leben, versteht sich dem Sachsenspiegel hiernach von selbst.

Michael Mitterauer
Problematik des Begriffs »Familie« im 17. Jahrhundert*

Im Hinblick auf Literatur und Quellenlage kann zu der gewählten Thematik nur aufgrund exemplarischer Untersuchungen Stellung genommen werden. Ausgangspunkt dieser Studie sind lokale Aufzeichnungen von Daten über Familiengröße und -struktur. Sie sind einer ländlichen Region entnommen, also jenem Lebensraum, der in seinen sozialen Ordnungen für weitaus den größten Teil der Bevölkerung in vorindustrieller Zeit bestimmend war. Bei den erfaßten Personen handelt es sich überwiegend, aber keineswegs ausschließlich, um Bauern. Auf der Basis dieser Daten wird versucht, typische Familienformen zu erkennen und deren Beziehungen zu spezifischen Formen des generativen Verhaltens festzustellen. Vergleichsmaterial soll dann dazu dienen, die Frage allgemeiner Geltung der gewonnenen Ergebnisse zu überprüfen. Dabei geht es primär um quantitativ beschreibbare Erscheinungen, die natürlich nur partielle Aussagen ermöglichen, keineswegs aber ein umfassendes Bild historischer Familienstrukturen ergeben. Das ergänzend benützte Vergleichsmaterial ist auf das heutige Österreich als Untersuchungsbereich beschränkt. Zeitlich liegt das Schwergewicht auf dem 17. Jahrhundert, insbesondere dessen zweiter Hälfte.

Als Grundlage für die exemplarische Datenerhebung über Familiengröße und Familienstruktur dienen drei »Seelenbücher« aus Pfarren im Grenzgebiet der heutigen Bundesländer Salzburg und Oberösterreich. Zwei dieser Verzeichnisse stammen aus der Pfarre Dorfbeuern (heute Pfarrsitz in Michaelbeuern), das dritte aus der Nachbarpfarre Berndorf[1]. Die beiden Beschreibungen der Pfarre Dorfbeuern wurden 1648 bzw. 1671 angelegt, stellen also zwei Querschnitte dar, die einen Vergleich in zeitlicher Abfolge ermöglichen. Der »Liber status animarum« der Pfarre Berndorf entstand 1649, ist somit dem älteren Dorfbeuerner Verzeichnis

* Aus: M. Mitterauer, Zur Familienstruktur in ländlichen Gebieten Österreichs im 17. Jahrhundert, in: Beiträge zur Bevölkerungs- und Sozialgeschichte Österreichs, hrsg. von H. Helczmanovszki, Wien 1973. S. 172-179.

fast zeitgleich, so daß hier gut zwischen der Situation in zwei benachbarten Pfarrgebieten verglichen werden kann. Auch in Berndorf liegt ein jüngeres Seelenbuch vor, und zwar aus dem Jahre 1665, es muß jedoch wegen seiner lückenhaften Angaben außer Betracht bleiben.

Die Anlage solcher Seelenbücher hängt mit der Durchführung der Gegenreformation zusammen. Sie sollten die Grundlage für die Kontrolle des Sakramentenempfangs durch den Pfarrer schaffen. Es geht daher bei ihnen um eine gleichmäßige Erfassung aller innerhalb des Pfarrgebiets ansässigen Personen, nicht nur um ein Verzeichnis der Häuser. Die Religionspolizei des Bischofs bzw. des Landesfürsten greift in die Sphäre des Hauses hinein. Die Kommunikantenverzeichnisse gehen zwar auch nach einzelnen Häusern vor, sie zählen jedoch für jedes Haus die zugehörigen Personen auf und geben deren Stellung im Haus an. An solchen Rollen im Haus wird in den untersuchten Seelenbüchern unterschieden: der Hausherr (»pater familias«), dessen Gattin (»uxor«, mitunter »mater familias«), die Kinder (»filii«, »filiae«), Knechte und Mägde (»famuli«, »famulae«, »ancillae«), Inwohner (»inquilini«, »incolae«), Altenteiler (»austragman«, »austragweib«, »vidua mater mariti« etc.) sowie einige andere Positionsbeschreibungen, auf die noch einzugehen sein wird. Wesentlich ist, daß für alle diese Personen das Alter angegeben wird. Um die zum Sakramentenempfang Verpflichteten kontrollieren zu können, war ja gerade diese Angabe sehr wichtig. Es besteht so die Möglichkeit, für ein relativ großes geschlossenes Gebiet innerhalb jedes Hauses die einzelnen Rollenträger auch in ihrer Altersrelation zu erfassen.

Der Begriff »Familie« im 17. Jahrhundert

Bei diesen für die Untersuchung von Familienstrukturen so wertvollen Altersangaben muß freilich die Quellenkritik einsetzen. So gründlich und genau die drei untersuchten Seelenbücher insgesamt angelegt wurden – nur bei wenigen Häusern bzw. Personen fehlt die eine oder andere Angabe –, so erscheinen doch die Daten über das Lebensalter in mancher Hinsicht problematisch. Es läßt sich nachweisen, daß die in der Demographie bekannte Erscheinung der durch Abrundung entstandenen Fehler in der Altersererfassung auch hier gegeben sind [illegible] die Bevorzugung von

Zehnervielfachen von 30 aufwärts, aber auch von Zahlen des Duodezimalsystems.

Bevor an eine nähere Auswertung der in den drei Seelenbüchern enthaltenen Angaben im Hinblick auf Familiengrößen und Familienstrukturen gegangen werden kann, ist die Frage zu stellen, inwieweit wir es hier überhaupt jeweils mit Familien zu tun haben. Welche der angeführten Personen sind als zur Familie gehörig zu behandeln, welche als »familienfremd« auszuscheiden? Auf den ersten Blick erscheint die Frage leicht beantwortet. Die Beschreibung jedes Hauses beginnt mit der Nennung des Hausherren. Es folgen dessen Frau, dann die Söhne und die Töchter – ein scheinbar eindeutiges Bild von Kernfamilien. Auf diesen engeren Kreis hätte sich die Analyse zu beziehen. Die im Anschluß daran angeführten Hauptkategorien, Knechte, Mägde und Inleute, wären, da es sich um nicht in Verwandtschaftszusammenhang stehende »familienfremde« Personen handelt, in einer Familienuntersuchung auszuscheiden.

Eine solche aus dem Vorverständnis unserer Gegenwartserfahrung abgeleitete Vorgangsweise entspräche durchaus auch den Familiendefinitionen mancher Soziologen. Wenn etwa Friedhelm Neidhardt formuliert: »In Übereinstimmung mit der neueren familiensoziologischen Terminologie definieren wir Familie als eine Gruppe, in der ein Ehepaar mit seinen direkten Nachkommen, also den eigenen Kindern, zusammenlebt«, so liegt eine derartige Abgrenzung ganz auf dieser Linie: Abstammungszusammenhang und gemeinsamer Wohnsitz als maßgebliche Kriterien – die Familie im Überschneidungsbereich der beiden Kreise Verwandtschaft und Haushaltsgemeinschaft[2].

Die Frage, ob ein solcher Familienbegriff für die Soziologie als Gegenwartswissenschaft Geltung beanspruchen darf, hat hier nicht zu beschäftigen[3]. Daß er für eine sozialhistorische Untersuchung, zumal in vorindustrieller Zeit, nicht brauchbar ist, zeigt schon bald eine nähere Betrachtung unserer Quelle.

Beginnen wir mit der zunächst so problemlos scheinenden Gruppe der *Kinder*. Berechnet man die Altersunterschiede zwischen dem Hausherrn bzw. dessen Ehefrau einerseits, den als »filii« bzw. »filiae« Bezeichneten andererseits, so ergibt sich, daß in einigen Fällen keinesfalls an eine biologische Abstammung gedacht werden kann. Der Anschaulichkeit halber seien einzelne besonders deutliche Beispiele angeführt:

»pater familias«	»uxor«	»filii«	»filiae«
38	28	30 6 2	8
26	26	13 7 4 2	7
20	24	10	1
40	36	30 15	20
32	22		26 12
23	22	1	10 5 3
26	25	18	

In allen diesen Fällen kann eine biologische Elternschaft beider Ehegatten gegenüber dem jeweils ältesten Kind mit Sicherheit ausgeschlossen werden. Bei einer Reihe weiterer Fälle, in denen der Altersunterschied gegenüber dem Hausherrn unter 20, gegenüber dessen Frau unter 18 beträgt, ist im Hinblick auf das übliche Mindestheiratsalter eine direkte Abstammung der als »filii« bzw. »filiae« Bezeichneten sehr unwahrscheinlich. Wie solche Alterskonstellationen zu interpretieren sind, zeigen einige Eintragungen des jüngeren der beiden Dorfbeuerner Pfarrverzeichnisse, das überhaupt durch seine vielen präzisierenden Angaben über Verwandtschaftszusammenhänge von besonderem Wert ist. In einer der oben wiedergegebenen Reihen findet sich dort der Zusatz »privignus mariti« bzw. »privigna mariti«, der in dieser Quelle auch sonst vorkommt, und zwar bei Personen, die aufgrund der Altersverhältnisse durchaus als leibliche Kinder der Ehegatten angesehen werden könnten. Es handelt sich also um Kinder aus einer früheren Ehe der ersten Frau des Hausvaters, der nun gemeinsam mit seiner zweiten das betreffende Gut innehat. Ihre Einreihung unter die »filii« bzw. »filiae« ist offenbar nicht daraus zu erklären, daß sie im Hause den Kindern gleich gehalten und behandelt worden wären. Die sehr häufig genannten »Zuchtkinder« finden sich nie in der Kategorie der Söhne und Töchter. Der Grund dürfte vielmehr in der besonderen Rechtsstellung zu suchen sein. Die »privigni« und »privignae mariti« scheinen Erbansprüche auf das Gut besessen zu haben, das ja wohl durch ihre Mutter von ihrem leiblichen Vater an den jetzigen Besitzer übergegangen war. Den erbrechtlichen Prinzipien entsprechend finden sich die im jüngeren Seelenbuch von Dorfbeuern mitunter eigens ausgewiesenen, in vielen anderen Fällen nur aus den Altersverhältnissen erschließbaren »liberi uxoris«

stets unter den »filii« und »filiae«, nicht aber ein einmal genannter »privignus uxoris«. Obwohl überhaupt keine Blutsverwandtschaft besteht, werden die erbberechtigten Stiefkinder des Mannes ganz selbstverständlich ohne eine besondere Differenzierung in einer Reihe mit den leiblichen Kindern aufgezählt. »Kind des Hauses« ist eben eine rechtlich definierte Stellung. Soziale Faktoren sind dafür entscheidend, nicht biologische.

Haben die »privigni mariti« mit dem hausbesitzenden Ehepaar überhaupt keine Abstammungsgemeinschaft, so ist das Kriterium »Zusammenleben mit den direkten Nachkommen« auch in den sehr zahlreichen Fällen der Wiederverehelichung von einem leiblichen Elternteil nach dem Tode des anderen nicht gegeben. Kinder aus verschiedenen Ehen des Mannes werden in den behandelten Quellen überhaupt nie ausgewiesen. Das Altersverhältnis zwischen der Gattin und den ältesten Kindern läßt jedoch in vielen Fällen den Schluß zu, daß diese Konstellation gegeben war. In analoger Weise kann auch einige Male auf Kinder aus einer früheren Ehe der Frau geschlossen werden. Die aufgrund der Altersrelation eindeutigen Beispiele machen aber wohl nur einen Bruchteil der Gesamtheit aus. Mehrfachverehelichungen, Stiefeltern und halbbürtige Geschwister dürften allgemein für die Familienstruktur signifikant gewesen sein – ein Erscheinungskomplex, auf den noch einzugehen sein wird. Je mehr aber solchen Konfigurationen an Bedeutung zukommt, desto weniger kann die Blutsverwandtschaft als abgrenzendes Kriterium herangezogen werden.

Welche Schwierigkeiten entstehen, wenn man versucht, nach dem Gesichtspunkt Blutsverwandtschaft innerhalb der Hausgemeinschaft eine engere als »Familie« zu bezeichnende Gruppe abzugrenzen, wird auch in einem anderen Zusammenhang deutlich. Vergleicht man die Zunamen der Knechte, Mägde und Inleute, also der zunächst als »familienfremd« verstandenen Hausangehörigen, mit denen der Hausherren, so ergibt sich in vielen Fällen eine Übereinstimmung. Sie ist beim Gesinde besonders hoch, und zwar bei den Mägden höher als bei den Knechten. In der Pfarre Berndorf ist Namensgleichheit der Mägde mit dem Hausherrn in fast einem Viertel der Fälle gegeben. In der hier etwa gleichstarken Gruppe der Knechte tritt sie nur halb so häufig auf. Aber auch sehr viele Inleute tragen denselben Familiennamen wie das hausbesitzende Ehepaar. Bemerkenswert ist ferner die mitunter auftretende Namensgleichheit von Dienstboten bzw. Inleuten mit den »Austragern«, also den ehemaligen Inhabern des Gutes. In allen diesen Fällen ist wohl der Schluß auf verwandtschaftliche Beziehungen erlaubt. Der »Catalogus vivorum« der Pfarre Dorfbeuern von 1671 gibt diesbezüglich wiederum durch ergänzende Bemerkungen interessante Hinweise. So findet sich hier zweimal eine »soror mariti« als »inquilina«, einmal ein »cognatus mariti« als »famulus«. Ebensohäufig begegnen jedoch auch nächste Angehörige der Frau als Inleute oder in einem Dienstverhältnis. Die Zahl der im gemeinsamen Haushalt unter einem dieser beiden Rechtstitel lebenden Verwandten wird also insgesamt weit höher anzunehmen sein, als es durch die Namensgleichheit erkennbar ist. Wenn das jüngere Verzeichnis von Dorfbeuern eine große Zahl von Personen ausschließlich durch ihr Verwandtschaftsverhältnis zum Hausherrn oder dessen Frau charakterisiert, so darf man sie hinsichtlich ihrer Stellung im Haus wohl insgesamt einer dieser beiden Gruppen zurechnen.

Zu einer vollkommen willkürlichen Abgrenzung käme es, wollte man dem Gesinde und den Inleuten eine unterschiedliche Gruppenzugehörigkeit beimessen, je nachdem, ob sie mit dem Hausherrn oder dessen Frau verwandt waren oder nicht. Welcher Grad der Verwandtschaft sollte für die Zurechnung zu einer so verstandenen »Familie« maßgeblich sein? Hier weiterzudenken, hieße sich in sinnlose Spitzfindigkeiten verlieren. Die gestellte Ausgangsfrage läßt sich von diesem Ansatz her nicht beantworten. Die Übergänge zwischen verwandten und nicht verwandten Angehörigen der Hausgemeinschaft sind fließend. Eine exakt abgrenzbare soziale Einheit ist nur diese als ganze.

Das *»ganze Haus«* wird so Gegenstand einer Untersuchung sein müssen, die sich mit Familienstrukturen im 17. Jahrhundert beschäftigt[4]. Eine solche Auffassung steht auch durchaus in Einklang mit dem Sprachgebrauch unserer Quellen. Wenn hier in römischrechtlicher Terminologie vom »pater familias«, mitunter auch von der »mater familias« die Rede ist, so wird diese Bezeichnung nur für die Hausherren bzw. Hausfrauen verwendet, nicht aber für Inwohner oder Ausgedinger, die mit Frau und Kindern im Hause wohnen. Die »familia« im Sinn der Zeit meint die ganze Hausgemeinschaft. Ein eigener Terminus für den engeren Kreis von Mann, Frau und Kindern fehlt im Deutschen vor dem 18. Jahrhundert. Wenn auf diese Konfiguration von Rollenträgern im Haus Bezug genommen wird, so steht dafür nur die Umschreibung »NN mit weib und kind« zur Verfügung. Die biologische »Familie als Fortpflanzungsgemeinschaft« wird begrifflich gar nicht gesondert erfaßt. Sie ist als solche für sich allein genommen eben keine separierte soziale Einheit, keine Gruppe im Verständnis der Zeitgenossen. Das Wort Familie in unserer heutigen Bedeutung dringt erst im Laufe des 18. Jahrhunderts in die deutsche Umgangssprache ein. Gleichzeitig beginnt auch die alte Bezeichnung »Haus« ihren sozialen Wortsinn zu verlieren.

Nun ist der Schluß von gewandelten Bedeutungsfeldern von Begriffen bzw. aus einem Bezeichnungswechsel auf parallel verlaufende Strukturveränderungen des bezeichneten Inhalts noch nicht unbedingt zwingend. Im Falle der Familie trifft das jedoch durchaus zu. Die von uns als »Familie« erfaßte soziale Gruppe steht in einem direkten historischen Kontinuitätszusammenhang zu dem als »Haus« bzw. lateinisch als »familia« bezeichneten Sozialgebilde. Wenn man Knechte, Mägde und andere – verwandte oder nicht verwandte – in Hausgemeinschaft lebende Personen in historischen Rückblicken familiensoziologischer Arbeiten als »familienfremd« bezeichnet, so wird dabei von einem Vorverständnis des Begriffs Familie ausgegangen, das das Resultat einer späten historischen Entwicklung als stets vorgegeben annimmt, genauso wie das ja eigentlich auch bei dem wenig glücklichen Terminus der »erweiterten Familie« der Fall ist. Erst der im 18. Jahrhundert einsetzende Prozeß der Desintegration dieser Personen aus dem gruppenkonstituierenden Interaktions- und Bewußtseinszusammenhang des »ganzen Hauses« hat die Familie in einem begrifflich und inhaltlich verengten Sinne entstehen lassen. Um terminologische Schwierigkeiten zu vermeiden, die aus einem Mitschwingen unserer heutigen Wortbedeutung von Familie unweigerlich entstehen würden, wird es freilich mitunter zweckmäßig sein, für den gemeinten sozialen Sachverhalt andere Termini zu wählen wie etwa »Hausgemeinschaft« – eine Bezeichnung, die an das zeitgenössische »Haus« anklingt, jedoch das in der Bedeutungsentwicklung seither verlorengegangene Verständnis als Personenverband mit hineinnimmt.

Die begrifflichen Komplikationen, die durch die tiefgreifenden Veränderungen der Familienstruktur im 18. Jahrhundert bewirkt wurden, zeigen sich anschaulich im Zusammenhang mit den älteren Volkszählungen der mariatheresianischen Zeit. Eine Instruktion zur Bevölkerungskonskription von 1777 bestimmt die Familie[5]: »Zu einer Familie sollen alle diejenigen gerechnet und folglich auf dem nämlichen Familienbogen eingeschrieben werden, welche nicht für sich selbst kochen, sondern unter einem und dem nämlichen Hausvater oder Mutter am gemeinschaftlichen Tisch und Brot genährt werden, sie seien verheiratet oder nicht; mithin wird jeder, der andere bei sich zu nähren hat, als ein Familienoberhaupt angesehen.« Das Problem der Familienzugehörigkeit von Dienstboten und Domestiken wird so gelöst, daß sie, soweit sie ledig sind und im Haushalt ihres Dienstherrn leben, dessen Familie zuzuzählen sind. Verheiratete Dienstboten hingegen sollten in dem Hause, in dem sie als Inwohner leben, als selbständige Familienhäupter zu gelten haben. Haus und Familie erscheinen hier schon grundsätzlich getrennt. Noch immer aber ist die Familie ein lokal von der Haushaltsgemeinschaft, nicht von Verwandtschaftsbindungen her definierter Personenverband.

Versteht man das »ganze Haus« als jene Einheit, die bei einer Untersuchung von Familienstrukturen an Hand von Quellen des 17. Jahrhunderts im Vordergrund zu stehen hat, so führt eine solche Auffassung in die Nähe der Familiendefinitionen jener Soziologen, die eine Bestimmung von biologischen Kategorien her ablehnen. Wenn Emile Durkheim gewisse von der Gesellschaft sanktionierte Rechte und Pflichten als konstitutiv ansieht[6], wenn Ernest Burgess die Familie als »a unity of interacting personalities« faßt[7], wenn René König auf die Inhomogenität der Begriffe »Orientierungsfamilie« und »Zeugungsfamilie« hinweist und seinerseits die Interaktionsverhältnisse sowie die mit ihnen durch den Rollenbegriff vermittelt in Zusammenhang stehenden strukturell-funktionalen Gegebenheiten als einzig zulässige Grundlage einer Familientypologie ansieht[8], wenn William Goode hervorhebt, daß Familienformen und -strukturen vom Biologischen her gar nicht zu fassen sind, und von sich aus die Sozialisierung als zentrale Familienfunktion in den Mittelpunkt stellt[9], dann sind das alles Ansatzpunkte, um auch Familienstrukturen der vorindustriellen Zeit in adäquater Weise in den Griff zu bekommen. Gerade eine für das 16. Jahrhundert besonders charakteristische Quellengattung, die sogenannte »Hausväterliteratur«, ermöglicht sehr klare Aussagen über familiäre Rechte und Pflichten, über familiäre Rollenverteilungen, über familiäre Sozialisationsaufgaben[10]. Als sozialen Bezugsrahmen, innerhalb dessen die charakteristischen Familienfunktionen institutionell fixiert sind, kennt sie nur den Personenverband des Hauses, zu dem neben Hausvater, Hausmutter und Kindern das Gesinde und die übrigen im Haus lebenden Personen ohne grundsätzliche Differenzierung gezählt werden. Ein engerer Kreis der »Familie« innerhalb dieser Hausgemeinschaft ist den Quellen der Zeit unbekannt.

Freilich ist gerade bei einem Verständnis der vorindustriellen Familienformen von den Interaktionsbeziehungen zwischen den einzelnen Rollenträgern im Hause her auch die unterschiedliche Intensität dieser Handlungszusammenhänge zu bedenken. Durch die Verdichtung bzw. Lockerung solcher Beziehungen ergibt sich dann vor allem bei größeren Hausgemeinschaften eine gewisse Strukturierung. Ein im Ausgedinge lebendes Altbauernehepaar oder Inwohner mit ihren Frauen und Kindern werden untereinander in engerem Kontakt stehend anzunehmen sein als etwa jede dieser Teilgruppen für sich mit dem Hausvater oder der Hausmutter. Bei einer Strukturanalyse aus unserer Gegenwartsperspektive mag es vielleicht da mitunter angebracht erscheinen, mit einem doppelten Familienbegriff zu arbeiten, der einerseits die Gruppe insgesamt, andererseits die sich deutlich abzeichnenden Teilgruppen zu decken hat, wie ja auch die Soziologie Großfamilien aus Kernfamilien zusammengesetzt sieht. Am stärksten gelockert erscheinen von den angeführten Rollenträgern im Hausverband die Inleute, die ja dann auch im 18. Jahrhundert als erste innerhalb des Hauses als selbständige Familien Anerkennung finden. Grundsätzlich aber ist im 17. Jahrhundert noch das ganze Haus der maßgebliche Gruppenrahmen.

Diese Zusammensetzung größerer Hausgemeinschaften aus Teilgruppen ist gerade für die Beurteilung jener Frage von entscheidender Bedeutung, die in Entwicklungsmodellen historisch interessierter Familiensoziologen so sehr im Vordergrund steht, nämlich der Ausbildung engerer Familienformen aus weiteren bzw. deren Nebeneinander. Angaben über die Größenordnung von Familientypen vergangener Zeiten sagen ja – für sich allein genommen – über deren Struktur noch gar nichts aus. Der Begriff »Großfamilie«, der der heutigen »Kleinfamilie« gegenübergestellt wird, ist äußerst vage und wird dementsprechend auch für sehr unterschiedliche Familienkonfigurationen verwendet, die letztlich nicht mehr miteinander gemein haben, als daß sie im Vergleich zum Familienumfang unserer Zeit eine größere Personenzahl vereinigen. Quantitative Daten über die durchschnittliche Kopfzahl pro Haus bzw. pro Familie, wie sie vielfach in der Literatur zur Darstellung der Situation der Familie in einer bestimmten Epoche vorwiegend oder ausschließlich herangezogen werden, sind daher für den Versuch einer strukturalen Analyse sicher unzureichend. Sie können jedoch als ein wertvoller Indikator dienen, um auf erklärungsbedürftige Abweichungen oder Zusammenhänge hinzuweisen.

Anmerkungen

1 »Liber animarum parochiae Burensis« (1648) und »Catalogus Vivorum« (1671), Pfarrarchiv Michaelbeuern; »Liber status animarum oder Seelenbuch der Pfarre Berndorf« (1649), Pfarrarchiv Berndorf.
2 Friedhelm Neidhardt, Die Familie in Deutschland, Gesellschaftliche Stellung, Struktur und Funktionen. In: Deutsche Gesellschaft im Wandel 2 (1970) 15f.
3 Vgl. dazu etwa die Auseinandersetzung mit der biosoziologischen Interpretation der Familie bei König, Handbuch der empirischen Sozialforschung 2 (1969) 181.
4 Otto Brunner, Das »ganze Haus« und die alteuropäische Ökonomik. Zeitschrift für Nationalökonomie 13 (1950) 114ff. = Neue Wege der Sozialgeschichte (1956) 33ff. (Vgl. die Auszüge in diesem Band.)
5 Alfred Gürtler, Die Volkszählungen Maria Theresias und Josephs II. 1753-1790 (1909) 67f.
6 Emile Durkheim, Besprechung von J. Kohler, Zur Urgeschichte der Ehe. Annales Sociologique 1 (1896/97) 329.
7 Ernest Burgess, The Family as a unit of interacting personalities. The Family 7 (1926).
8 König, Soziologie der Familie, Handbuch der empirischen Sozialforschung 2, 182 und 209.
9 William J. Goode, Die Struktur der Familie (1966), 26; derselbe, Soziologie der Familie. Grundfragen der Familie 8 (1967) 44.
10 Brunner, Das »ganze Haus« 34ff.

Otto Brunner
Vom »ganzen Haus« zur »Familie«*

Die Ökonomik als Lehre vom Oikos umfaßt eben die Gesamtheit der menschlichen Beziehungen und Tätigkeiten im Hause, das Verhältnis von Mann und Frau, Eltern und Kindern, Hausherrn und Gesinde (Sklaven) und die Erfüllung der in Haus- und Landwirtschaft gestellten Aufgaben. Damit ist auch bereits die Einstellung zum Handel gegeben. Er ist notwendig und erlaubt, soweit er der Ergänzung der Autarkie des Hauses dient, er ist verwerflich, sobald er zum Selbstzweck wird, das heißt, auf Gelderwerb an sich zielt. Der Ökonomik tritt die »Chrematistik« gegenüber[1]. In der Chrematistik, nicht in der Ökonomik liegt die Vorgeschichte der Nationalökonomie beschlossen, und sie bleibt darum so kümmerlich, weil von ihr, als im Grunde verwerflich, keine Theorie entwickelt wird, weil man sie nur in der Ethik und in der Politik gelegentlich erwähnt, wenn die Grenzen ihrer Erlaubtheit erörtert werden[2].

So bleiben die Dinge bis ins Zeitalter des Merkantilismus. Die spätscholastischen Erörterungen über Münze, Rente und Zins, gerechten Preis seit Nicolaus von Orême, die die wichtigsten Fortschritte auf dem Wege zur Nationalökonomie enthalten, gehören noch durchaus in diesen Zusammenhang. »De contractibus licitis et illicitis« ist der charakteristische Titel des verbreiteten spätscholastischen Handbuches Konrad Summenhards über diese Dinge[3].

Es dürfte hier schon deutlich geworden sein, daß wir der »Ökonomik« nicht gerecht werden, wenn wir sie bloß mit der modernen Wirtschaftslehre konfrontieren. Man hat eben bis ins 18. Jahrhundert unter »Wirtschaft« etwas anderes verstanden, als dies seither der Fall ist. Die alteuropäische Ökonomik erscheint unter modernen Gesichtspunkten als ein Komplex von Lehren, die der Ethik, der Soziologie, der Pädagogik, der Medizin, den verschiedenen Techniken der Haus- und Landwirtschaft angehö-

* Auszüge aus: Otto Brunner, Das »Ganze Haus« und die alteuropäische »Ökonomik«, in: ders., Neue Wege der Verfassungs- und Sozialgeschichte, 2. vermehrte Aufl., Göttingen 1968, S. 103ff., hier: S. 105-111. Abdruck mit freundlicher Genehmigung des Verlags Vandenhoeck und Ruprecht.

ren. Sie ist weder Volkswirtschafts- noch Betriebswirtschaftslehre, noch auch bloße Lehre von der Haushaltung oder Konsumtion. Daß hinter ihr die innere Einheit des »Hauses« in der Gesamtheit seines Daseins steht, vermögen wir kaum mehr zu sehen. So konnte es geschehen, daß man solche Ökonomiken für eine Art Konversationslexikon gehalten hat. Aber diese Ökonomik entspricht offenbar einer älteren und noch heute einer bäuerlichen Denkweise. Wenn der Bauer von seiner »Wirtschaft« spricht, so meint er den Gesamtkomplex seiner haus- und landwirtschaftlichen Tätigkeit, den Oikos, der ohne die darin wohnenden Menschen, die Hausfrau, die mitarbeitenden Familienangehörigen, das Gesinde nicht denkbar ist. Dem läßt sich ein ebenfalls der außerwissenschaftlichen Alltagssprache angehöriger Begriff der Wirtschaft entgegenstellen, der alle städtischen Wirtschaftszweige, Gewerbe und Industrie, Handel und Kreditwesen ein-, aber die Landwirtschaft ausschließt. Hier stehen deutlich der ältere vom Haus und der jüngere vom Markt ausgehende Begriff der Wirtschaft einander gegenüber. Dem entspricht die neuere Tendenz, das Wort Handel weitgehend durch Wirtschaft zu ersetzen, etwa Handelsschulen, Handelskammern, Handelsministerien in Wirtschaftsschulen usw. umzubenennen, denen dann die jeweiligen landwirtschaftlichen Einrichtungen nicht zugehören.

Der Bedeutungswandel des Wortes Wirtschaft spiegelt sich in seiner Geschichte deutlich wider[4]. Wirtschaft gehört zu Wirt, das ursprünglich nicht nur den »planvollen Erzeuger und Verwender der Güter« bezeichnet, sondern soviel wie »Pfleger« heißt, ein Wort, das zu Pflicht, pflegen, sich für jemanden einsetzen, gehört, das den Schutz übenden, sorgenden Inhaber des Hauses, den Hausherrn, Hausvater bezeichnet. Der Hausherr ist als Wirt auch Besitzer des Hauses und des zugehörigen Grundes und Bodens. Die damit verbundene Tätigkeit als Verwalter und Pfleger der materiellen Güter tritt allmählich stärker hervor. Aber erst im 18. Jahrhundert wird in das Wort Wirt die Bedeutung des klugen Planens und rationellen Wirtschaftens hineingelegt. Ganz analog ist der Wandel des Wortes Wirtschaft. Auch hier tritt zuerst die Gesamtheit der Tätigkeit im Hause hervor, wird im 18. Jahrhundert Wirtschaft als »Haushaltung«, als selbständiger Organismus mit Hervorkehrung des planvollen, rationellen Arbeitens verstanden und von hier dann auf größere Gebilde, so auf die Volkswirtschaft, übertragen. Auch das Wort »wirtschaftlich« erhält erst im 18. Jahrhundert den Sinn von haushälterisch, sparsam; auch Wirtschaftlichkeit kommt erst um diese Zeit auf, erhält aber erst zu Beginn des 20. Jahrhunderts den Sinn von Rentabilität.

Der im 18. Jahrhundert auftretende Bedeutungswandel ist nun nicht etwa eine Folge der Entstehung der Nationalökonomie. Er ist schon bei den jüngeren Kameralisten, so in Zinckes Ökonomischem Wörterbuch von 1744 erkennbar. Sinnwandel des Wortes Wirtschaft in der Umgangssprache und Entstehung der neuen Wirtschaftswissenschaft scheinen auf denselben Wurzeln zu beruhen, nicht aber voneinander abhängig zu sein. Beide setzen die Entstehung der »Volkswirtschaft« im modernen Staat voraus.

Die alteuropäische Ökonomie ist die Lehre von der »Wirtschaft« im bäuerlichen Sinn, vom »ganzen Hause«. Was seit den Griechen im europäischen Denken theoretisch erfaßt wird, ist eine sehr viel weiter verbreitete Denkweise, die der Grundform aller Bauernkulturen entspricht: Das Haus, die Wirtschaft ist das grundlegende Sozialgebilde aller bäuerlichen und bäuerlich-adeligen Kulturen. Das Bauerntum bildete von seiner Entstehung im Neolithikum bis ins 19. Jahrhundert das Fundament der europäischen Sozialstruktur und wurde in diesen Jahrtausenden vom Strukturwandel der politischen Formen der Oberschichten in seiner Substanz wenig berührt.

Auch in der modernen hochentwickelten Verkehrswirtschaft besitzt die Bauernwirtschaft im Unterschied zu allen anderen Wirtschaftsformen die Fähigkeit, sich aus der Marktverflechtung weitgehend zurückzuziehen, allerdings nie völlig und nur für einen begrenzten Zeitraum. Doch genügte diese Fähigkeit oft, um Wirtschaftskrisen, eine typische Erscheinung der modernen Verkehrswirtschaft, zu überstehen. Dies beruht darauf, daß der Bauer seine »Wirtschaft« nicht bloß als Ertragsquelle betrachtet, die er abstößt, wenn sie nicht mehr rentabel ist, sondern auch als Arbeitsquelle. Der Bauer arbeitet auch dann weiter, wenn der Ertrag seiner Arbeit unter den ortsüblichen Arbeitslöhnen liegt, und er erhält sich damit seine Lebensgrundlage für die Zukunft. Auch heute noch, wenn auch in verschieden hohem Maße, dient die Bauernwirtschaft zuerst der Selbstversorgung. Erzeugung und Verbrauch passen sich hier einander an. Schließlich ist die Bauernwirtschaft Familienwirtschaft, sie beruht im Kern auf der lohnlosen Arbeit der Familienmitglieder. Bei ungünstigen Marktverhältnissen schränkt sie sich auf diese ganz ein. So erhält der Bauer in Krisenzeiten die Grundlage seiner Existenz durch Einschränkung des Konsums und gesteigerten Arbeitsaufwand der Familienmitglieder, durch vom Rentabilitätsstandpunkt »unwirtschaftliche« Opfer, die allerdings nur eine bestimmte Zeit getragen werden können[5]. Diese auch in der Gegenwart gültigen Grundsätze der bäuerlichen »Wirtschaft« (die allerdings von Jahrzehnt zu Jahrzehnt an Bedeutung verlieren) galten in älteren Jahrhunderten noch sehr viel stärker, da der verkehrswirtschaftlich gebundene Sektor der Bauernwirtschaft kleiner war. Setzen wir die bäuerliche Wirtschaft theoretisch als geschlossen an (was sie tatsächlich nie war, obwohl sie sich zeitweise der »Hauswirtschaft« im Sinne der Wirtschaftsstufentheorie Büchers weitgehend zu nähern vermochte), so ergibt sich in der Terminologie Walter Euckens[6] das Wirtschaftssystem der »einfachen zentralgeleiteten Wirtschaft«, in der der Wirtschaftsleiter über Erzeugung und Verbrauch bestimmt und den Wirtschaftsplan festlegt. Das setzt aber voraus, daß dieser Wirtschaftsleiter eben mehr ist als der Leiter einer Wirtschaft im modernen Sinne. Er muß Wirt, Hausherr, Pfleger im älteren Sinne sein, der über die hier vereinigten Menschen, Produktionsmittel, Verbrauchsgüter verfügen kann, der Produktion, Arbeitseinsatz und Konsumtion gleichzeitig zu regeln vermag. Die Bauernwirtschaft war ohne die lohnlose Arbeit der Familienmitglieder, ohne die »Herrschaft« des Wirtes, des Hausherrn über die Familie nicht denkbar, sie bestand notwendigerweise in der Sozialform des »ganzen Hauses«. Sie war stets eine auch die menschlichen Beziehungen im Hause miteinschließende »Wirtschaft« im älteren Sinne.

Im abendländischen Europa tritt dieser Charakter des Hauses besonders deutlich zutage. Das Haus ist im Mittelalter und darüber hinaus ein Grundelement der Verfassung im weiteren Sinne des Wortes; es ist eine »Freiung«, in der ein besonderer Friede, der Hausfriede, herrscht[7]. Nicht nur für den Bürger in der Stadt gilt der Satz »Domus sua pro munitione habetur«, auch der Bauer soll in seinem Haus »so sicher sein wie der Herzog in seiner Burg«, wie bäuerliche Dorfrechte sagen. In einer Welt, die ein mehr oder minder großes Maß von Eigenmacht, Selbsthilfe kennt, bedarf es einer Herrschaftsgewalt des Hausherrn, die die im Frieden des Hauses lebenden Leute schützt und für sie haftet. Daher besitzt der Hausherr, wie Stadt- und Dorfrechte zeigen, ein weitgehendes Züchtigungsrecht über seine Leute, auch über das Gesinde. Die selbständige Handlungsfähigkeit der im Hause lebenden Personen war im Bereich des Familien- und Sachenrechts eng begrenzt. Nur der Hausherr besaß politische Rechte. In Dorf- und Stadtgemeinde war der eigene Haushalt Voraussetzung für Ausübung der vollen politischen Rechte. Sie konnten daher nur von Männern besessen werden, in seltenen Ausnahmen auch von den ein Haus leitenden Witwen.

Halten wir uns vor Augen, daß diese Sozialform der »Wirtschaft«, des »ganzen Hauses« unter agrarischen Verhältnissen praktisch allein vorhanden war, da auch die adelige Daseinsform nur eine erweiterte großbäuerliche Wirtschaft darstellte. Auch nach Ausbildung des Städtewesens im hohen Mittelalter haben, abgesehen von ganz wenigen Landschaften, noch immer 70 bis 90 Prozent der Bevölkerung dem Bauerntum angehört. Nun ragte aber die Landwirtschaft tief in die Stadt hinein. Auch die im Handel und Gewerbe tätige Bevölkerung lebte zum guten Teil im »ganzen Hause«, kannte keine Trennung von Haushalt und Betrieb. Denn Handwerksgesellen und Handlungsdiener leben im Haushalt ihres »Brotherrn«, genauso wie das bäuerliche Gesinde. Daran ändern auch die kapitalistischen Wirtschaftsformen älterer Jahrhunderte nichts. Denn sie bedienen sich ganz überwiegend des Verlagssystems, beruhen also auf der Organisierung der »Hausindustrie« sowohl in der Stadt wie auf dem Lande, auf der Abhängigkeit von häuslichen Kleinbetrieben vom Kaufmann. Am stärksten ist wohl im Bergbau die Trennung vom Haushalt und Betrieb durchgedrungen, in Städten nur dort, wo eine größere Zahl verheirateter Handwerksgesellen beschäftigt wurde, die aber doch zum Teil im eigenen »Hause« arbeiteten. Alles in allem muß in Stadt und Land nur ein verschwindend kleiner Bruchteil diese Trennung von Haushalt und Betrieb gekannt haben. Es ist unter diesen Umständen ganz natürlich, daß die Kategorie des »ganzen Hauses«, der »Wirtschaft«, das Denken beherrschte, »Ökonomik« die Lehre von dieser Wirtschaft darstellte.

In der Gegenwart ist die Lage völlig anders. In der städtischen Wirtschaft ist die Trennung von Haushalt und Betrieb weitgehend durchgedrungen[8], und die städtische Bevölkerung, die einmal nur etwa 10 Prozent der Gesamtbevölkerung ausgemacht hat, hat in stark industrialisierten Ländern 80 Prozent der Bevölkerung und mehr erreicht. Die Landwirtschaft sehr großer Teile der

Erde wird heute von anderen Sozialformen bestimmt, vom Kolchosnik, vom Farmer amerikanischen Typs. Aber auch dort, wo ein Bauerntum älteren Stils besteht, verändert die zunehmende Mechanisierung auch des Mittel- und Kleinbetriebs sein Wesen. Hier ist ein innerer Strukturwandel eingetreten, der in seiner Tiefenwirkung kaum überschätzt werden kann. Die Kategorie des »ganzen Hauses« verschwindet.

Die hausherrliche Gewalt älterer Art hatte bis ins 18. Jahrhundert wenig verändert bestanden. Der absolute Staat, der Friedensschutz und Polizei in seiner Hand konzentrierte, griff bis zum Haus, in der älteren Verfassung die unterste Stufe originärer Gewalt, durch[9]. Sein Gegenpol, das moderne Naturrecht, suchte es daher als bereits vorstaatlich gegeben und daher »natürlich« vor dem Zugriff des Staates zu retten (S. Pufendorf). Schließlich fand der Hausfriede Aufnahme in die modernen Grundrechte, die »Menschen- und Bürgerrechte«, da der Staat und seine Polizeigewalt nur auf richterlichen Befehl in seine Sphäre eingreifen dürfen. Hier geht es um das Verhältnis des Hauses nach außen. Aber in den Rechtskodifikationen des aufgeklärten Absolutismus tritt bereits ein tiefgreifender Wandel im inneren Gefüge des Hauses zutage.

So konnte von der Gesetzgebung Josefs II. gesagt werden, sie habe die »väterliche, ehemännische und herrische Gewalt« (letztere über das Gesinde) wesentlich eingeschränkt und »zugleich auf die Freiheit des Individuums und die Erweiterung der Regierungsrechte« hingearbeitet[10]. Hier liegt ein wichtiger Ansatzpunkt für den beginnenden Zerfall des »ganzen Hauses«[11]. »Denn«, so hören wir, »die Verhältnisse in den Familien wurden gelockert, die strenge gottesfürchtige Erziehung der früheren Zeit kam ab. Was das Haus noch aufbauen konnte, zerstörte oft die Schule. Das Weib hatte ein fast unumschränktes Verfügungsrecht über ihr Vermögen. Das Gesetz kannte nur dem Namen nach eine väterliche Gewalt, und die Dienstboten standen gesetzlich außerhalb der Familie.« So beurteilte um die Mitte des 19. Jahrhunderts ein konservativer Mann, der im Vormärz lange Jahrzehnte als höherer Richter tätig gewesen war, die Folgen der Gesetzgebung des ausgehenden 18. Jahrhunderts[12]. Sie waren damals bereits deutlich sichtbar. Denn in denselben Jahren beschrieb W. H. Riehl das »ganze Haus« als gefährdetes Gebilde, erörterte Adalbert Stifter im »Nachsommer«, warum der Gutsbesitzer und seine im Haus lebenden Leute nicht mehr am selben Tische essen, schilderte Gustav Freytag in »Soll und Haben« den im Verschwinden begriffenen Typus des Kaufmannshauses, in dem die unverheirateten Handlungsdiener noch wohnten.

Dieser Vorgang machte sich nicht nur im Bedeutungswandel des Wortes Wirtschaft bemerkbar, sondern auch in dem Eindringen des Wortes Familie in die deutsche Umgangssprache. Es ist für unser Empfinden schon auffallend genug, daß die deutsche Sprache kein eigenes Wort für eine so selbstverständliche Sache wie die Familie besitzt. Man sprach eben vom Haus. Dasselbe hat ursprünglich das vom famulus abgeleitete familia bedeutet, und noch im mittelalterlichen Latein kann familia die Gesamtheit der von einem Haus, einer Burg, einem Schloß, einem Fürstenhof abhängigen Leute bezeichnen[13]. Erst im 18. Jahrhundert dringt das Wort Familie in die deutsche Umgangssprache ein und gewinnt jene eigentümliche Gefühlsbetontheit, die wir mit ihr verbinden. Voraussetzung ist offenbar die Herauslösung der engeren städtischen Kleinfamilie aus der Gesamtheit des Hauses. Im »ganzen Hause« wurden Ratio und Gefühl in immer wiederkehrenden, sicherlich oft schmerzlichen Spannungen gegeneinander ausgeglichen. Mit seiner Aufspaltung in Betrieb und Haushalt tritt der »Rationalität« des Betriebs die »Sentimentalität« der Familie gegenüber. Hier werden geistesgeschichtliche Zusammenhänge sichtbar, die namentlich seit dem 18. Jahrhundert von eminenter Bedeutung sind[14]. »Rationale« und »irrationale« Strömungen stehen in einer bisher unbekannten Weise gegeneinander. Die Geschichte der Nationalökonomie mit ihrer Problematik von »Theorie« und »Geschichte« weiß davon ein Lied zu singen. In dem die deutsche Soziologie seit Ferdinand Tönnies bestimmenden Begriffsgegensatz von »Gemeinschaft« und »Gesellschaft« ausgedrückt, ist der Betrieb »Gesellschaft«, die Familie »Gemeinschaft«. Die bäuerliche »Wirtschaft«, das »ganze Haus« überhaupt waren Gesellschaft und Gemeinschaft in einem[15].

Anmerkungen

1 J. Brake, Wirtschaften und Charakter in der antiken Bildung, Frankfurt 1935.

2 M. Salomon, Der Begriff der Gerechtigkeit bei Aristoteles, Leiden 1937, S. 145ff.

3 J. Höffner, Wirtschaftsethik und Monopole im 15. und 16. Jahrhundert, Jena 1941, S. 85ff.

4 J. u. W. Grimm, Deutsches Wörterbuch s. v. Wirt, Wirtschaft usw. H. L. Stoltenberg, Zur Geschichte des Wortes Wirtschaft. Jbb. f. Nationalökonomie und Statistik 148 (1938), S. 556ff.

5 A. Tschajanoff, Die Lehre von der bäuerlichen Wirtschaft, Berlin 1923. E. C. Sedlmayr, Die bäuerliche Landgutswirtschaft, Berlin 1930; M. Rumpf, Natürliche Selbstgenügsamkeit und Geld in der alten Bauernwirtschaft. Schmollers Jb. 51/2 (1935); ders., Deutsches Bauernleben (Das gemeine Volk I), Stuttgart 1936; Ch. v. Reichenau, Die Bäuerin. Jbb. f. Nationalökonomie und Statistik 153 (1943); J. Walleitner, Der Knecht. Volks- und Lebenskunde eines Berufsstandes im Oberpinzgau, Salzburg 1947. Es soll nicht übersehen werden, daß der eigentümliche Charakter der Bauernwirtschaft nicht von der ihr korrespondierenden alten Ökonomik, sondern nur mit den Begriffen der von der Tauschgesellschaft ausgehenden modernen Wirtschaftswissenschaften aufgedeckt werden konnte.

6 W. Eucken, Die Grundlagen der Nationalökonomie, 6. Aufl., Göttingen 1950; A. Rüstow, Zu den Grundlagen der Wirtschaftswissenschaft, in: Revue de la faculté de sciences économiques de l'université d'Istambul 2/1941, S. 136f.

7 E. Osenbrüggen, Der Hausfrieden, Erlangen 1857. Vgl. F. Kaufmann, Altdeutsche Genossenschaften, in: Wörter u. Sachen 2/1910, S. 26ff.

8 Zur gegenwärtigen Lage vgl. R. König, Soziologie der Familie, in: A. Gehlen u. H. Schelsky, Soziologie, Düsseldorf 1955, S. 119ff. und die Schilderung der Stellung der Familie in der amerikanischen Industriegesellschaft bei P. Drucker, Gesellschaft am Fließband, Frankfurt 1952, S. 27ff.; H.-R. Müller-Schwefe, Welt ohne Väter. Gedanken eines Christen zur Krise der Autorität, Hamburg 1962; W. Haas, Leben unter einem Dach. Die Familie damals und heute; Freiburg 1963; A. Mitscherlich, Auf dem Weg zur vaterlosen Gesellschaft. Ideen zur Sozialpsychologie, München 1963, 2. Aufl. 1967; Familie und Gesellschaft, hrsg. von F. Oeter, Tübingen 1966.

9 Vgl. O. Brunner, Die Freiheitsrechte in der altständischen Gesellschaft, in: ders.: Neue Wege zur Sozialgeschichte, 2. vermehrte Aufl., Göttingen 1968, S. 187ff.; H. Conrad, Individuum und Gemeinschaft in der Privatrechtsordnung des 18. und beginnenden 19. Jahrhunderts, Karlsruhe 1956; Fr. Wieacker, Das Sozialmodell der klassischen Privatrechtsgesetzbücher und die Entwicklung der modernen Gesellschaft, Karlsruhe 1953.

10 J. Beidtel, SB. d. Ak. d. Wissenschaften in Wien 7, 8/1854, S. 45ff.

11 Für Frankreich vgl. M. Reinhard, Histoire de la population mondiale,

Paris 1949, S. 64ff., 131ff. Über die beginnende Wandlung des Bauerntums seit dem 18. Jahrhundert vgl. G. L. C. Schmidt, Der schweizerische Bauer im Zeitalter des Frühkapitalismus, Zürich 1932. Vgl. auch C. Gebauer, Studien z. Geschichte d. bürgerlichen Sittenreform d. 18. Jahrhunderts. Die Reform der häuslichen Erziehung, in: Archiv für Kulturgeschichte 20/1930.

12 J. Beidtel, Geschichte der österr. Staatsverwaltung 1 (Innsbruck 1896), S. 396.

13 Über die Schule als »Haus« des Schulmeisters H. Lange, Schulbau und Schulverfassung der frühen Neuzeit, Weinheim 1967.

14 M. Wieser, Der sentimentale Mensch, Gotha 1924. Vgl. H. H. Muchow, Jugend und Zeitgeist, Hamburg 1962 (das Buch behandelt in der Hauptsache die Zeit von 1770 bis 1813).

15 Der die deutsche Gesellschaftslehre seit Adam Müller bestimmende Begriff der »Gemeinschaft« wurde von Fr. v. Gentz in seiner Übersetzung von E. Burkes »Reflections« geprägt, wo es das Wort »partnership« in romantischer Umprägung wiedergibt. Vgl. E. Lerch, »Gesellschaft« und »Gemeinschaft«, in: Vierteljahrschrift für Literaturwissenschaft und Geistesgeschichte 22/1944, 114ff. F. Toennies hat in seiner Selbstbiographie auf seine Beeinflussung durch Adam Müller selbst hingewiesen.

Erich Egner
Epochen im Wandel des Familienhaushalts*

I. Einleitung: Aufgabe und Methode der Untersuchung

Diese Arbeit möchte einen Beitrag zum Verständnis des historischen Wandels unserer Familienhaushalte liefern. Sie wurde aber von keinem Historiker, sondern von einem Nationalökonomen geschrieben und will deshalb nicht als eine historische, sondern als eine nationalökonomische verstanden werden. Die hier angeschnittene und für den Nationalökonomen wichtige Frage ist diejenige nach dem Gestaltwandel, den die Familienhaushalte mit dem Wandel der gesamten Wirtschaft im Zeitablauf durchgemacht haben. Natürlich kann sie nur auf Grund eines Wissens um die Wirklichkeit in Gegenwart und Vergangenheit beantwortet werden. Insofern setzen diese Betrachtungen die Kenntnis des historischen Materials voraus, das die Geschichtswissenschaft bereitgestellt hat.

Das nationalökonomische Problem liegt in der Frage, wie man aus den Tatsachen in Gegenwart und Vergangenheit zu einem Verständnis der jeweiligen Haushaltsgestalt gelangen kann. Bei der unübersehbaren Differenzierung der konkreten Erscheinungen könnte man an der Lösbarkeit dieser Aufgabe verzweifeln. Man kann sie nur bewältigen, wenn man sich von vornherein bescheidet und sich mit unvollkommenen Näherungswerten begnügt. Eine solche Beschränkung soll hier dadurch erfolgen, daß versucht wird, durch den Gang der Geschichte einige wenige Schnitte zu legen, um dann zu fragen, welches zu diesen verschiedenen Zeitpunkten die Hauptmerkmale der Haushalte gewesen sind. Da es nicht nur um die Heraushebung kurzlebiger, sondern möglichst längere Perioden kennzeichnender Merkmale geht, werden nicht Zeitpunkte, sondern Epochen von Haushaltsgestalten gegenübergestellt.

Um die Eigenart dieser Epochen, ihre jeweilige »Gestalt« einfangen zu können, bedient sich diese Darstellung eines erprobten

* Aus: F. Oeter (Hrsg.), Familie und Gesellschaft, Tübingen 1966, S. 57ff.

Hilfsmittels, der Typisierung. Sie zielt dabei nicht auf Idealtypen im Sinne Max Webers ab, die eine gedanklich übersteigerte Wirklichkeit zu zeichnen versuchen, sondern auf *Realtypen*. Sie möchte zeigen, welches die vorwiegenden Merkmale der Haushalte in einer Epoche gewesen sind. Sie vereinfacht ihr Vorhaben dabei noch dadurch, daß sie darauf verzichtet, in einer Epoche die Vielfalt der Haushaltsdifferenzierungen zu verfolgen. Sie begnügt sich in jeder Epoche mit der Heraushebung von je zwei besonders charakteristisch erscheinenden Haushaltstypen.

Es werden im folgenden drei Haushaltsepochen unterschieden, die so ausgewählt wurden, daß sie möglichst kontrastreich sind, nämlich das ausgehende Mittelalter des 15. Jahrhunderts, die Mitte des 18. Jahrhunderts und unsere Gegenwart der Mitte des 20. Jahrhunderts. Um aber anzudeuten, daß es hier nicht in erster Linie auf den Stellenwert im Kalender, sondern auf die verschiedenen sachlichen Konstellationen ankommt, werden diese drei Epochen sachlich nach ihrem Standort im ökonomischen Gestaltwandel benannt. Im Falle des 15. Jahrhunderts wird von der vorindustriellen Epoche der Familienhaushalte, im Falle des 18. Jahrhunderts von der industriellen Übergangsepoche der Familienhaushalte und im Falle des 20. Jahrhunderts von der industriellen Epoche der Familienhaushalte gesprochen.

Dementsprechend ist diese Arbeit aufgebaut. Vorweg ist noch zu bemerken, daß die Begriffe Hauswirtschaft, Haushalt und Familienhaushalt hier im gleichen Sinne gebraucht werden. Die Betrachtung wendet sich jetzt der vorindustriellen Phase zu[1].

II. Die vorindustrielle Epoche der Familienhaushalte

Die Familienwirtschaft ist in Gestalt oder Struktur, womit die ihre historische Eigenart prägenden Aufbauprinzipien bezeichnet werden sollen, zu jeder Zeit ein Spiegelbild von Gestalt und Struktur der gesamten Wirtschaftsverhältnisse einer Epoche ebenso wie von Gestalt und Struktur der in ihr bestehenden gesellschaftlichen Verhältnisse. Man kann deshalb sagen, ihre jeweilige Eigenart wird durch die sie umfangende Wirtschafts- und Sozialstruktur geprägt. Das Verständnis des mittelalterlichen Haushalts hängt so zum guten Teil von der Konzeption der mittelalterlichen Wirtschaft und Gesellschaft ab. Der Nichthistoriker muß auf diesem Felde die von den Wirtschafts- und Sozialhistorikern erarbeiteten Vorstellungen übernehmen. So kontrovers sie im einzelnen sein mögen, so können doch manche Grundvorstellungen als gesichert gelten. Es wird im folgenden auf sie abzustellen versucht. Dabei wird zunächst ein ländlicher, dann ein städtischer Haushaltstyp charakterisiert.

1. Der bäuerliche Haushalt

Der ländliche Haushalt war, wie man ohne Übertreibung sagen kann, das wichtigste und das tragende Wirtschafts- und Sozialgebilde der damaligen Zeit. Er stellte sich als das »ganze Haus« nach dem plastischen Ausdrucke von W. H. Riehl[2] dar. Er umspannte einmal die Generationskette aller lebenden Familienmitglieder, wozu auch blutsfremde Haushaltsmitglieder treten konnten, zum anderen fast die gesamte Aktivität der im Haushalt lebenden Menschen, besonders ihre Arbeit, aber auch ihre meiste Freizeit. Anders gesehen wurden Produktion und Konsumtion, wenn auch nicht allein im Hause vollzogen, so doch von ihm aus gelenkt und geordnet.

Das Bild dieses Haushalts darf man nicht nur in dem verengenden Sinne der durch die vier Wände des Einzelhauses oder der Mietwohnung abgegrenzten und isolierten Familiengruppe sehen. Die Einzelfamilie war auf dem Lande in überfamiliäre Zusammenhänge eingegliedert, die sich aus dem damaligen Herrschaftsgefüge und der ihm entsprechenden Wirtschaftsstruktur ergaben. Diese Welt war ständisch gegliedert und streng hierarchisch aufgebaut. Das drückte sich auf dem Lande besonders in der *Grundherrschaft* aus, die hier von besonderer Bedeutung ist, da sie starke haushaltsmäßige Züge hatte. Die konkrete Grundherrschaft war, wie man vielleicht sagen kann, ein Rahmenhaushalt, der eine ganze Anzahl von Einzelhaushalten in sich schloß.

An ihrer Spitze stand der Grundherr, der »adelige Hausvater«, wie Otto Brunner sagte, der die haushaltsmäßige Bedeutung dieses Sozialgebildes deutlich herausgearbeitet hat. Brunner schilderte die besondere Struktur des Haushalts und die Eigenart des haushaltsmäßigen Denkens in vorindustrieller Zeit noch durch Heranziehung eines Autors des ausgehenden 17. Jahrhunderts, des Wolf-Helmhard von Hoberg[3]. Dieser habe es als selbstverständlich unterstellt, daß der Grundherr als Hausvater die Wirtschaft auf seinem Besitz persönlich leitete, nur bei großem und zerstreutem Besitz sei ihm die Einsetzung eines Vertreters als möglich erschienen. Diese Auffassung habe vorausgesetzt, daß dieser Wirtschaftsleiter mehr war »als der Leiter einer Wirtschaft im modernen Sinn. Er muß Wirt, Hausherr, Pfleger im älteren Sinne sein, der über die hier vereinigten Menschen, Produktionsmittel, Verbrauchsgüter verfügen kann, der Produktion, Arbeitseinsatz und Konsumtion gleichzeitig zu regeln vermag«[4].

An anderer Stelle schreibt Brunner: »In der Grundherrschaft treten uns ja stets, wenn auch in ihrem Gewicht sehr wechselnd, die beiden Sphären der untertänigen Bauern und ihrer Einzelwirtschaften und der damit verflochtenen Eigenwirtschaft des Herrn entgegen.« Er zitiert Hoberg, der gesagt hat: »Diejenigen Güter und Herrschaften sind glückselig, die mit vielen, benebens auch guten, getreuen vermöglichen Untertanen, besonders wenn sie wohl hausen, versehen sind [. . .] Die Untertanen sind ein solcher vornehmer Teil der Güter, daß nach deren Vermögen und Anzahl der Wert derselben vergrößert oder verringert wird.«[5] Hier zeigt sich deutlich die Doppelstruktur dieses Gebildes als eines in sich *geschichteten Großhaushalts.* Einerseits hatte die ganze Grundherrschaft Haushaltscharakter, der durch die Herrenstellung und hausväterliche Funktion des Grundherrn geschaffen wurde. Andererseits umschloß dieser Rahmenhaushalt die Sonderhaushalte, zunächst denjenigen des Grundherrn selbst, dann diejenigen seiner »Leute«. Das waren vorwiegend die ihm untertänigen Bauern, die ihm abgaben- und dienstleistungspflichtig waren, aber unter Umständen auch nicht agrarische Arbeitskräfte, die einem etwaigen grundherrlichen Eigenbetrieb eingegliedert waren, soweit sie nicht zum Gesinde gehörten, und deshalb ein eigenes Haus führten.

Jetzt sei der Blick etwas näher dem *bäuerlichen Haushalt* zugewandt. Auch vom Bauern galt nach Brunner, daß er Wirt und Herr in seinem Hause, über Mensch und Tier war. Seine hausväterliche Gewalt war das organisierende Prinzip des Gebildes[6]. Im allgemeinen war die wirtschaftliche Lage der Bauernschaft recht ärmlich, wenn auch nach verschiedenen Gegenden unterschiedlich. Sie waren durch zahlreiche Abgabepflichten belastet, deren Buntheit und deren im Laufe der Zeit eingetretene Veränderungen es schwer machen, von ihnen und dem Grade des Lastendruckes ein deutliches und allgemeines Bild zu gewinnen[7]. Es gab außerdem Zeiten, in denen die wirtschaftliche Lage der Bauern relativ günstig, und andere, in denen sie relativ ungünstig war. Gerade die hier betrachtete Periode des Spätmittelalters war nach Abel die Zeit einer säkularen Depression, was vor allem mit dem Bevölkerungsrückgang in Europa als Folge des schwarzen Todes, der Beulenpest um die Mitte des 14. Jahrhunderts zusammenhing[8]. Sie brachte den Grundherren sinkende Einkommen und den Bauern wirtschaftliche Not.

»Die Lebenshaltung der Bauern«, so schreibt derselbe Autor, »ruhte ganz überwiegend auf den Erträgnissen der eigenen Wirtschaft. Das waren Lebensmittel und Rohstoffe, insbesondere solche für Kleidung, Schuhwerk, Bauten und hölzernes Gerät und Geld. Geld brauchte der Bauer zur Bezahlung von Geldabgaben, Geldlöhnen und sächlichen Betriebsmitteln, die, wie etwa das Eisen am Pflug, nicht im eigenen Hause hergestellt werden konnten. Geld diente zur Befriedigung persönlicher Bedürfnisse und auch als Mittel der Vermögensbildung.«[9] Hier zeigt sich, daß der Bauer des ausgehenden Mittelalters nicht mehr autark und auch nicht mehr naturalwirtschaftlich leben konnte. Soweit er Geld für Abgaben oder Markteinkäufe benötigte, konnte er es sich nur durch den Verkauf eines Überschußprodukts auf dem Markte beschaffen. So war er wenigstens am Rande seiner wirtschaftlichen Existenz auf den Markt angewiesen.

Ein Schriftsteller der Zeit, der Priester des Deutschen Ordens, Johannes Boemus, schrieb im Jahre 1520: »Landleute heißen, die das Land von Dorf zu Dorf und Hof zu Hof bewohnen und es bebauen, sie führen ein elendes und hartes Leben. Jeder von ihnen lebt demütig für sich, von anderen getrennt mit seiner Familie und seinem Vieh. Ihre Wohnungen sind aus Lehm und Holz errichtete, und mit Stroh bedeckte Hütten, die nur wenig über den Erdboden hervorragen.«[10] Mit Kulischer ist dem hinzuzufügen, daß auch nach Aufkommen des Ziegelbrennens Steinhäuser bei Bauern nur selten vorkamen. Dasselbe gilt für Glasfenster. Meist hatte man kleine viereckige Öffnungen in den Wänden, die mit Holzläden verschlossen wurden[11].

Die Innenausstattung des Hauses war sehr bescheiden. Das Mobiliar bestand meist nur aus Bank, Tisch und Truhe. Die Bank war zunächst ein fest eingebautes Möbelstück aus Stein oder Holz. Die frei bewegliche Bank aus Holz kam mit oder ohne Lehne vor. Stühle werden zur besprochenen Zeit nur selten erwähnt. Die Truhe war das wichtigste Möbelstück des Mittelalters, das Lieblingsmöbelstück der Hausfrau. Der Schrank entstand erst aus der Übereinandersetzung mehrerer Truhen. Die Betten waren immer zweischläfrig. Sie waren mit Strohsack, Kissen und Zudecke versehen. Bettwäsche war aber, so heißt es bei Kulischer, nicht immer vorhanden, obwohl sie dringend benötigt worden wäre, da man ganz unbekleidet zu schlafen pflegte. Derselbe Autor beschrieb Nahrung und Bekleidung der Bauern wie folgt:

»Die Nahrung der Bauern bestand aus Gersten- oder Roggenbrei, aus Brot (in England gebrauchten sie Weizenbrot), ferner aus gesalzenen Fischen (Fastenspeise), aus Gemüse, Käse, Eiern, Speck. Fleisch aß der Bauer dagegen nur an Feiertagen, die daher auch als Fleischtage bezeichnet wurden. Infolge der häufigen Viehseuchen war Fleisch selten. Die Kleidung bildete eine leinene Joppe oder eine Zwilchjacke, ein Hanfkittel, ein grauer Mantel, ein Paar Bundschuhe, ein Filzhut. Andererseits heißt es in manchen dichterischen Werken jener Zeit, die Bauern kleiden sich nach Ritterart. Sie ziehen mit roten Hosen zur Hochzeit. Sie übernehmen sich in Putz und Trunk. Bei ihren Hochzeiten, Kindtaufen und Kirchweihen geht es viel köstlicher zu als auf dem Schlosse. Sie sitzen im Wirtshaus und verzehren und verspielen mehr, als der Pflug gewähren kann. Beide Angaben, sowohl über das einfache Leben der Bauern als auch über die Üppigkeit in Essen und Trinken, über den Hang zum Putz, lassen sich miteinander in Einklang bringen. Ein hartes entbehrungsreiches Leben im allgemeinen und große Ausgaben für Speise und Trank, wie auch für Kleidung an Festtagen, bei Hochzeiten, Taufen, Kirchweihen passen recht wohl zusammen. Anläßlich solcher Festlichkeit wurde eine Unmenge von Speisen und Getränken verbraucht, alle Ersparnisse aufgezehrt. Man wandte die Getreidevorräte auf, schlachtete das Vieh ab. Es wurde eine unglaubliche Völlerei und Trunksucht entfaltet, worauf eine noch kärglichere Lebenshaltung als ehedem eintrat.«[12]

Diese Beobachtungen finden noch heute ihre Bestätigung, wenn man einen Blick auf die ländliche Bevölkerung unterentwickelter Länder wirft. So könnte die vorstehende Schilderung des Alltags- und Festtagsverhaltens spätmittelalterlicher Bauern in Mitteleuropa geradezu mit Bezug auf die südamerikanischen Indianer der Andenregion in unseren Tagen geschrieben sein[13]. Es drückt sich in der dargestellten bäuerlichen Lebensführung augenscheinlich mehr als ein einmaliges menschliches Geschehen aus, eher die Logik einer öfter zu beobachtenden historischen Konstellation. Die Vermutung spricht dafür, daß der Mensch auf einer relativ frühen Entwicklungsstufe seines Weltbildes und seines geistigen Horizonts, angesichts wirtschaftlicher Nöte und einer geringen sozialen Stellung in der angegebenen Weise reagiert. Das ist dann seine Selbsthilfe, mit der er sich in einer widrigen Welt zu behaupten sucht.

2. Der handwerkliche Haushalt

Wenden wir jetzt den Blick dem städtischen Haushalt zu. Dieser soll wie der ländliche nur in vereinfachter Weise dargestellt werden, indem unter Ausklammerung des Patriziertums nur auf die breite Schicht der Handwerker und der ihm in sozialer und wirtschaftlicher Hinsicht gleichgestellten Teile der Kaufmannschaft abgestellt wird. Der städtische Haushalt unterscheidet sich vom ländlichen dadurch, daß er auf anderen politischen und wirtschaftlichen Voraussetzungen aufbaute. Brachte doch der städtische Wohnsitz die persönliche Freiheit mit sich, deshalb auch die Selbständigkeit und den Zwang zur Selbstbehauptung des städtischen Familienhaushalts, zugleich aber auch die Abhängigkeit von einem gewerblichen oder händlerischen Erwerb. Das Wirtschaftsgeschehen war deshalb stärker auf den Geld- und auf den Markterwerb abgestellt als auf dem Lande.

Trotzdem darf man sich den Gegensatz zwischen städtischen und ländlichen Haushalten bei der Kleinheit der meisten Städte nicht zu groß vorstellen. Städte mit mehr als 10000 Einwohnern, von denen es im Spätmittelalter in Deutschland nur 12 bis 15 gab, sprach Bechtel schon als Großstädte an[14]. Der *agrarische Einschlag* reichte deshalb bis weit in die Stadt hinein. »Die mißlichen Zustände der Straßen«, so schrieb G. von Below, »waren zum großen Teil durch die landwirtschaftliche Atmosphäre hervorgerufen, die über der mittelalterlichen Stadt lagerte. Der Bürger des Mittelalters, auch der Handwerker und Kaufmann, legte Wert darauf, etwas Ackerbau oder wenigstens Viehzucht zu treiben. Zahlreiche Bürger besaßen Ackerhöfe in der städtischen Feldmark oder in den umliegenden Landgemeinden. Der Schlag des Dreschflegels wurde im 14. Jahrhundert in Städten wie Nürnberg, Augsburg, Ulm nahe an dem Rathaus gehört [. . .] Fast alle, auch die kleinen Bürger, hatten eine Kuh, oder wenigstens eine Ziege und mästeten ein oder mehrere Schweine.«[15]

Weiter war der städtische Haushalt, nicht anders als der ländliche, noch ein Großfamilienhaushalt. Er umschloß beim Handwerker nicht nur den Meister und die Meisterin mit ihren Kindern, sondern auch noch etwaige nicht mehr aktive Großelternteile, oft auch alleinstehende Frauen aus der näheren oder weiteren Verwandtschaft. Diese waren willkommene Hilfskräfte, weil der Arbeitsanfall wegen der vielen noch unmittelbar im Hause zu bewältigenden produktiven Tätigkeiten weit größer als heute war. Da es schon damals einen Frauenüberschuß gab und unverheiratete oder verwitwete Frauen, besonders wenn sie vermögenslos waren, sich nur schwer eine Existenz schaffen konnten, suchten sie gerne in Familien einen Unterschlupf, falls sie nicht in Klöster, Stifte gingen oder in Spitälern oder Beginenhäusern unterkamen[16]. Darüber hinaus gehörten zum Hause die Mitarbeiter des Meisters, seine Gesellen und Lehrlinge, schließlich das Gesinde.

Charakteristisch für diesen Großfamilienhaushalt, der ebenso wie der ländliche patriarchalisch geleitet wurde, war die *Einheit von Wohnung und Werkstätte.* Alle dem Hause eingegliederten Menschen bildeten eine Lebensgemeinschaft. Über sie hatte der Meister die unumschränkte Hausgewalt, aber auch die Verantwortung hinsichtlich ihres leiblichen und geistigen Wohles. Ihm zur Seite stand die Meisterin als Hausfrau und den blutsfremden Hausgenossen gegenüber auch als Herrin. Sie hatte für die Ernährung, die Schlafstätten aller Hausbewohner zu sorgen, auch ihre Kleidung zu waschen, sie durch Nähen und Flicken in Ordnung zu halten. Diese Sozialstruktur des Hauses hat augenscheinlich trotz mancher Beschwerden im einzelnen – so über schlechte Kost oder mangelhafte Unterbringung von Lehrlingen und Gesellen, wenn diese etwa »in einem Abschlag unter dem Dache des Hauses« erfolgte[17] – durch einige Jahrhunderte hindurch störungsfrei funktioniert. Erst gegen Ende des Mittelalters geriet sie über den sozialen Spannungen zwischen Meistern und Gesellen in eine Existenzkrise. Je mehr die Blüte der städtischen Wirtschaft, besonders des Handwerks, einer Erstarrung Platz machte, um so mehr weisen auch die von ihr entwickelten Sozialformen Zeichen des Verfalles auf.

Der Lebensgemeinschaft im Hause entsprach es, daß der Rhythmus im Hause sich allen Hausgenossen mitteilte. Man stand zeitig auf, die Arbeit begann im Sommer meist schon um 5 Uhr, im Winter um 6 Uhr und endete im Sommer um 7 Uhr und im Winter mit der Dunkelheit. Die Mahlzeiten vereinigten alle Hausgenossen am Tische, so morgens, mittags und abends. Die Hauptmahlzeit wurde vielfach erst abends eingenommen[18]. Daneben wurden Feierabend und Festtage zum großen Teil gemeinsam verbracht. Selbst die Arbeit war dank der relativ großen Personenzahl im Hause stets ein gemeinsames Geschehen, einerseits unter den Männern in der Werkstatt, andererseits der Frauen in Küche, Stall und Garten.

Der *Hausfrau* fiel in diesem Haushalt ein großer Pflichtenkreis zu. Ihr Leben wurde so gut wie ganz von der Sorge für ihn und die von ihm umschlossenen Menschen ausgefüllt. Sie hatte für die laufende Ernährung zu sorgen. Dieser diente eine umfangreiche *Vorratswirtschaft.* Beim Schweineschlachten hatte sie für das Einpökeln des Fleisches, das Räuchern der Speckseiten und Schinken zu sorgen. Aber auch Geflügel, selbst Hammel und Rinder wurden im Hause gelegentlich geschlachtet und verwertet. Gemüse und Obst wurde im Garten geerntet und zum großen Teil eingekocht. Bier wurde im Hause bereitet, dasselbe galt für Frucht- und Kräuterwein, für Säfte und Essig. Lichte wurden gegossen und gezogen, Seife gesotten, die feineren Sorten allerdings beim Händler gekauft[19]. Die Butter wurde vielfach von Zeit zu Zeit in großen Mengen eingekauft und in Salzlauge konserviert. Das Brot wurde bald im Hause gebacken, bald beim Bäcker gekauft. Das feinere Gebäck ließ die Hausfrau nach eigenen Rezepten im Hause herstellen. Lange hat das Spinnen von Wolle und Flachs im Hause eine Rolle gespielt, wurden daraus Tuche und Leinwand hergestellt und zu Männer- und Frauenkleidern verarbeitet. Allerdings hat sich in dieser Hinsicht schon früh eine Spezialisierung herausgebildet. Feinere Stoffe mußte man beim Gewandschneider kaufen, Gesellschaftsanzüge und -kleider wurden von Schneidern oder Schneiderinnen, die als »Störer« ins Haus kamen, angefertigt[20].

Trotzdem sind Näharbeiten und andere Textilarbeiten daneben eine wichtige weibliche Beschäftigung im Hause geblieben. Zur Haushaltsführung gehörte weiter die Sorge für die große Wäsche, die oft nur alle drei Monate unter Heranholung einer oder mehrerer Waschfrauen vor sich ging. Das konnte man sich bei den großen häuslichen Leinenvorräten gestatten. Schließlich galt es auf die laufende Instandhaltung von Haus und Hof samt allem Inventar bedacht zu sein, was durch Heranziehung zahlreicher Handwerker geschah.

Jetzt sei der Blick auf das Gehäuse des städtischen Haushalts, auf das *Bürgerhaus* geworfen. Die hier betrachtete Periode des Spätmittelalters war die »goldene Zeit« der Städte und auch des städtischen Bürgerhausbaues, deren Erzeugnisse wir noch heute bewundern[21]. Zweifellos hat in den aufblühenden Städten der eigene Hausbesitz eine erhebliche Rolle gespielt. Trotzdem kann man nach Kulischer nur rechnen, daß etwa die Hälfte aller Familien ein eigenes Haus besaß[22]. Langsam war das Holzhaus verdrängt worden, hatten die Häuser wenigstens steinerne Grundmauern. Noch lange aber herrschte das Fachwerkhaus vor, bei dem die Fächer der Holzkonstruktion durch Lehm ausgefüllt wurden. Das Steinhaus fand sich zunächst nur bei öffentlichen Gebäuden, war in privater Hand ein Zeichen besonderen Reichtums. Das Dach wurde bis ins Mittelalter hinein mit Stroh, Schilf oder Schindeln gedeckt. Wegen der damit verbundenen Feuersgefahr nahmen seit dem 14. Jahrhundert die Stadtverwaltungen zunehmend den Kampf dagegen auf, um Ziegel- oder Schieferdächer durchzusetzen[23]. Das Handwerkerhaus hatte meist zwei Stockwerke, dazu Giebelkammern. Es hatte einen schmalen, in die Tiefe reichenden Grundriß. Im Erdgeschoß befand sich die Werkstatt. Sonst gab es vielerlei Spielarten der Raumaufteilung. Manchmal füllte die Werkstatt das ganze Erdgeschoß aus, manchmal gab es daneben Flur oder Diele oder die Küche. Im Obergeschoß fanden sich einige Wohnräume, die aber für unsere Begriffe sehr klein und niedrig waren. Sie hatten Holzdielen. Überraschend ist bis ins tiefe Mittelalter hinein das Fehlen von Abtritten in den Häusern. Man benutzte den Hof oder Garten oder entleerte gar Kübel auf der Straße[24]. Im 14. Jahrhundert verbot man in Überlingen die Errichtung von Abtritten über fremden Grundstücken, in einzelnen Städten ihre Anlage an den Straßen[25]. Die Fenster waren winzig, sie wurden im Winter durch Holzläden, durch Pergament, Glimmer oder Horn verschlossen. Glas blieb bis ins 16. Jahrhundert ein sehr wertvolles Material, das sich nur die wohlhabendsten Kreise leisten konnten. Daß Luther auf der Wartburg ein mit Glasfenstern versehenes Gemach zugewiesen erhielt, wurde von Zeitgenossen als eine besondere Auszeichnung betrachtet[26].

Mit diesen Bedingungen des häuslichen Lebens verband sich für den Handwerker eine, wie man sagen kann, existentielle *Marktabhängigkeit.* Man kaufte für den handwerklichen Betrieb die Rohstoffe und die Werkzeuge im Markte ein und verkaufte seine Produkte auch wieder dort. Im Markte, das bedeutete vorwiegend im lokalen Markte. Die Lebenshaltung war im Vergleich zum Bauern bei wachsendem Geldeingang marktabhängiger geworden, die Eigenproduktion war im Vergleich zum Bauern geschrumpft, da man in der Stadt dafür weniger Materialien zur Verfügung hatte als auf dem Lande, sie etwa bei Bauten oder Anfertigungen von Möbeln von außen zukaufen mußte. Ferner kann man feststellen, daß man sich bei manchen Gütern nur die geringeren Qualitäten selbst im Hause beschaffte, während die feineren im Markte eingekauft wurden. Das war typisch etwa bei Textilien, aber auch bei manchen anderen Konsumgütern.

Wenn man ein gemeinsames Merkmal für die beiden mittelalterlichen Typen der bäuerlichen und handwerklichen Haushalte sucht, so kann man das auf die Formel bringen: Beide Haushalte waren nicht völlig gegen die Außenwelt abgeschlossen, sondern hatten eine gewisse Marktöffnung, stärker in der Stadt als auf dem Lande. Trotzdem waren aber beide relativ *lokal* oder, sagen wir, *regional gebunden.* Es hat im Mittelalter zwar einen Fernhandel gegeben, aber dieser erstreckte sich in der Hauptsache auf hochwertige Produkte, die dem Bauern und dem Handwerker im wesentlichen verschlossen blieben. Solche Güter waren eine Sache der Oberschicht.

III. Die industrielle Übergangsepoche der Familienhaushalte

Jetzt macht die Darstellung einen großen Sprung bis ins 18. Jahrhundert hinein. Damit wendet sie sich dem Ende der Periode zu, die Sombart als die frühkapitalistische bezeichnet hat. Sie wurde hier als die Übergangsperiode zum Industrialismus eingeführt. Ihr Übergangscharakter tritt deutlich dadurch hervor, daß in ihr bald mittelalterliche Zustände noch stark nachwirkten, bald sich aber schon moderne Strukturelemente des Wirtschaftslebens zeigten. Es sollen wieder ein ländlicher und ein städtischer Haushaltstyp gegenübergestellt werden. Doch soll als ländlicher Haushalt nicht wieder ein bäuerlicher Haushalt geschildert werden, sondern eine Neubildung, die sich seit dem Ende des Mittelalters vollzogen und im 18. Jahrhundert voll entfaltet hatte. Dabei handelt es sich um die Haushalte ländlicher Verlagsarbeiter oder, was dasselbe besagt, von Heimarbeitern, die als Spinner und Weber für textile Verlagsunternehmer in der Stadt arbeiteten. Es ist bekannt, daß die Entwicklung einer solchen Verlagsindustrie der Entstehung der Fabrikindustrie vorhergegangen ist. Die folgende Darstellung stützt sich auf eine schweizerische Quelle, die von Rudolf Braun aus dem Originalmaterial der damaligen Zeit erarbeitet worden ist[27].

1. Der Heimarbeiterhaushalt

Wenn nun dieser Abschnitt auf die Verlagsindustrie im Raume von Zürich zurückgreift, so ist das als ein Zufall zu betrachten. Es kann kaum bezweifelt werden, daß sich ähnliches auch aus anderen Gebieten der Verlagsindustrie derselben Zeitepoche berichten ließe. Wichtig ist, daß sich im 18. Jahrhundert Geldwirtschaft und Markt schon so weit ausgebreitet hatten, daß der Unternehmer mehr und mehr die Wirtschaft prägte. Wenn man die ländlichen Bezirke in dieser Zeit betrachtet, so stellt sich heraus, daß die Landbewohner bis dahin ihre wirtschaftliche Existenz dem Grundbesitz verdankten. Es konnte auf dem Lande keinen Haushalt geben, der nicht entweder selbst grundbesitzend war, also die Basis eines bäuerlichen Betriebes hatte oder der von Grundbesitzern abhängig war, von der Arbeit beim Bauern. Dies galt für die *grundbesitzlose bäuerliche Unterschicht* auf den Dörfern. Man sprach mit Bezug auf sie von den Hintersassen. Das waren Menschen, die kein eigenes Haus besaßen und deshalb keine Dorfgenossen waren.

Bei dieser Unterschicht vollzog sich ein großer wirtschaftlicher und sozialer Umbruch, der in diesem Zusammenhang wichtig ist. Der Wandel begann ansatzweise in der zweiten Hälfte des 17. Jahrhunderts, füllte dann aber besonders das 18. Jahrhundert aus. Es stellten sich zunächst auf Grund einer Bevölkerungsvermehrung Beschäftigungsnöte ein, da die Arbeit bei den Bauern nicht mehr ausreichte. So fing man an, sich auswärts Arbeit zu suchen. Der Bevölkerungsüberschuß wanderte teils vorübergehend, teils für die Dauer ab, bald in andere schweizerische Räume, bald nach Württemberg und Baden. Das hielt aber nur eine Weile an, da sich eines Tages wieder neue Arbeits- und Verdienstmöglichkeiten in der Heimat fanden.

Sie ergaben sich daraus, daß sich in Zürich Textilverleger auftaten, die durch ihre Mittelsmänner Aufträge an Arbeitssuchende auf den Dörfern vergaben. Spinnen und Weben konnte zu damaliger Zeit jedermann auf dem Lande von klein auf, da das ein Teil des allgemein üblichen Hausfleißes war. Darum aber ging es den Verlegern. So fand sich bald eine wachsende Zahl von Händen der unbemittelten Dorfbewohnerschaft, die sich auf diese neue Erwerbsquelle warf. Das ist das entscheidende Phänomen, um das es hier geht, da sich nämlich jetzt auch in bezug auf die Hauswirtschaft völlig neue Formen entwickelten. Es konnte nun zur Gründung eines *Hausstandes auf ganz vom Boden losgelöster Grundlage* kommen. Diese Tatsache hat schwerwiegende hauswirtschaftliche Folgen gehabt[28].

Es stellte sich nämlich als Folge dieser Heimarbeit eine Individualisierung der Ehen ein. Früher war die Ehe vorwiegend eine Sache des elterlichen Entschlusses gewesen, bei dem die Rücksicht auf den Besitzstand beider Brautleute eine wesentliche Rolle spielte. Nun wurden solche Rücksichten durch die subjektiven Wünsche zweier heiratswilliger Menschen verdrängt. Die Ehe wurde allein auf der Grundlage ihrer persönlichen Übereinkunft und der Aussicht auf Unterhaltsverdienst durch gemeinsame Heimarbeit für den Textilverleger geschlossen. So kam es zu einem neuen Stil der Eheschließung, zur Frühehe ohne materiellen Rückhalt durch Eigentum. Man verließ sich ganz auf die Chance eines laufenden Arbeitsverdienstes. Diese Entwicklung brachte zugleich eine Tendenz zur Kleinfamilie mit sich, da die junge Generation sich nun früh wirtschaftlich verselbständigen konnte und dadurch die Heiratsfähigkeit stieg[29].

Mit dieser Veränderung der Familiengründungen und der Gründung eines Hausstandes vollzog sich auch eine *Veränderung der Haushaltsführung.* Das ergab sich schon daraus, daß in der Heimarbeiterfamilie alle, selbst Kinder in frühem Alter von etwa drei bis vier Jahren, für die Erwerbsarbeit eingespannt wurden. Deshalb bedeutete für die Heimarbeiterfrau nun Zeit in hohem Maße Geld. Das führte oft dazu, daß sie, um möglichst wenig

Zeit für Erwerbsarbeit zu verlieren, die häusliche Ordnung vernachlässigte[30]. Das Kochen mußte möglichst rasch erledigt werden. Infolgedessen kaufte man Dinge ein, die man schnell genußfähig machen konnte. Die Töchter lernten nicht mehr das Kochen und andere Hausarbeit, da sie dazu über der Heimarbeit gar nicht mehr kamen und es an Unterweisung dafür fehlte.

Mit der geringschätzigen Haltung der Heimarbeiter gegenüber der Haushaltsführung ging auch eine Änderung ihres *Konsumstiles* im Vergleich zu demjenigen der Bauern einher. Früher war der bäuerliche Stil auf dem Dorfe allein tonangebend gewesen. Nun aber brachten die veränderten Existenzbedingungen die Heimarbeiter zur Entfaltung ihrer eigenen Lebensweise. Durch das nur in Geldform zufließende Einkommen hatte man über den Markt eine größere Freiheit der Konsumwahl als zur Zeit, da man einen beträchtlichen Teil des Einkommens in naturaler Form bezog. Damals befand man sich noch in der bäuerlichen Situation. Der Bauer konsumierte vorwiegend das, was er selbst in seinem Betrieb erzeugte. Den Heimarbeitern stand aber alles zur Verfügung, was der Markt nur heranschaffen konnte[31].

Dabei bevorzugten sie besonders das, was den Bauern kaum erreichbar war, nämlich Genußmittel wie Kaffee, Kakao, Tee, Zucker, aber auch Frischfleisch und Weißbrot. Wahrscheinlich hing die Neigung zu einem solchen den Gaumen anreizenden Konsum damit zusammen, daß die körperliche Belastung durch die Arbeit, die der Bauer zu tragen hatte, hier so gut wie ganz verschwunden war, während zugleich die Intensität der psychischen Konzentration bei der Akkordarbeit nach einem körperlichen Anreiz rief und so die Lust am »Naschwerk« auslöste.

Diese veränderte Haltung gegenüber der Ernährung mit ihrer Verdrängung des stoischen Grundsatzes der Kargheit und des sich Bescheidens durch das epikureische Prinzip einer Bejahung irdischer Freuden hatte weitere Konsequenzen. Dieselbe gewandelte Haltung der Heimarbeiter konnte man auch auf dem Gebiete der Kleidung beobachten. Dem wachsenden Genußmittelkonsum entsprach ein steigender Kleideraufwand[32]. Auch hier hatte der Wandel subjektive Voraussetzungen. Die Kleider brauchten nicht mehr wie früher gegen Witterungsunbilden zu schützen, da man als Heimarbeiter in seinem eigenen Hause arbeitete. Weil bei der Arbeit die Kleidung kaum strapaziert wurde, konnte man sich für den Alltag ein feineres Material als der Bauer beschaffen. Außerdem wurden die Kleidungsstücke nicht mehr im Hausfleiß angefertigt, sondern zum größten Teil gekauft. Damit einher ging das Streben, sich herauszuputzen. Ketten, Ringe und allerlei unedle Schmucksachen gewannen eine große Bedeutung. So griff der Wetteifer im Putz um sich, da man dadurch auf die Umwelt zu wirken suchte und sich insbesondere von der bäuerlichen Welt distanzieren wollte.

Alle diese Merkmale des Konsumstiles der Heimarbeiter mußten den konservativen Bevölkerungsteilen der damaligen Welt, als welche besonders die Pastoren und die Bauern auftraten, als höchst verwerflich erscheinen. So klagten sie über die Leichtfertigkeit und Lotterhaftigkeit der Heimarbeiter. Man warf der »Fabrikbevölkerung«, wie man sie nannte, mangelnde haushälterische Gesinnung und Verschwendungssucht vor. Man sagte, sie lebe »von der Hand ins Maul«. Solche Vorwürfe fand man besonders dadurch gerechtfertigt, daß bei den Arbeitern auch der Sinn für das Sparen entschwand. In der Tat konnte man beobachten, daß diese Menschen, deren Einkommen im Gegensatz zu früheren Haushalten völlig monetarisiert war, nur kurzfristig, nämlich von einer Lohnzahlungsperiode zur anderen disponierten, während die Bauern natürlich die langfristige Vorsorge und Vorratshaltung gewohnt waren.

Allerdings gaben sich die Heimarbeiter keine Rechenschaft von dem Risiko ihres kurzfristigen Disponierens. Erst nach einiger Zeit kam der Pferdefuß dieses Haushaltsverhaltens und dieses Konsumstils zum Vorschein. Es zeigte sich, daß dies Vorgehen der Heimarbeiter nur sinnvoll war, solange der Markt funktionierte. Es hat immer wieder Krisenzeiten gegeben, in denen das nicht der Fall war[33]. Dann brach das heulende Elend über die Arbeiter herein, dann mußten sie zu Kreuze kriechen und zu den bisher verachteten Bauern gehen, um zu betteln, daß man ihnen ein wenig Arbeit oder einige Lebensmittel gebe.

Das ist die eine Seite des Strukturwandels, der sich mit dem heraufkommenden Industrialismus im Rahmen der Verlagsindustrie vollzogen hat. Der Blick soll nun der Gegenseite zum bisher beschriebenen Heimarbeiterhaushalt, nämlich einem städtischen Haushaltstyp im 18. Jahrhundert zugewendet werden. Als solcher wird hier der großbürgerliche Haushalt, aus der Zeit nach der Mitte des Jahrhunderts, vorgeführt.

Auch dieser Haushaltstyp soll wie der Verlagsarbeiterhaushalt die Neubildungen des 18. Jahrhunderts möglichst hervortreten lassen. Dem Großbürgertum scheint es in dieser Periode wirtschaftlich nicht schlecht ergangen zu sein. Vielleicht geht es zu weit, wenn Sombart sagte: »Für unsere Betrachtung hat die größte Bedeutung [. . .] der ungeheure Ruck, den die europäischen Völker seit dem Beginne des 18. Jahrhunderts in der Richtung des ›Wohlstandes‹ und vor allem des Wohllebens vorwärts tun [. . .] Die entscheidende Wandlung bestand wohl eben darin, daß in jener Zeit, namentlich seit 1720, der Luxus immer weitere Kreise ergriff.«[34] Andere Autoren äußerten sich vorsichtiger, wenn auch in die gleiche Richtung weisend und nur auf die Oberschicht abzielend, so Bechtel, der von einer ausgewählten Behaglichkeit und einem gepflegten Lebensstil der reicheren Bürger sprach[35]. Zahlenmäßig hat es sich dabei wohl um recht kleine Personenkreise gehandelt.

Von hier aus muß man den Haushalt der bürgerlichen Oberschicht in der Übergangsphase zum Industrialismus sehen. Er war wie bei den Verlagsarbeitern überwiegend marktabhängig, aber im Unterschiede zu diesen auf rentierendes Eigentum, vorwiegend *Kapitaleigentum*, gegründet. Auch begannen Haushalt und Betrieb, besonders wo es sich um Unternehmer handelte, auseinanderzutreten. Mit diesen typisch modernen Merkmalen verbanden sich einige aus früherer Zeit stammende Strukturelemente. Dazu gehörte einmal die hohe Arbeitsintensität, die Ausstattung des Hauses mit zahlreichen, zum größten Teil familienfremden Arbeitskräften, zum anderen eine große im Haus betriebene Vorratswirtschaft. Beide Kriterien hingen eng miteinander zusammen, da man wegen der *Vorratswirtschaft* der zahlreichen Arbeitskräfte bedurfte. Die Eigenart der Vorratswirtschaft lag überraschenderweise darin, daß sie nicht mehr wie im Mittelalter auf einer häuslichen Eigenproduktion im Sinne einer marktlosen Selbstversorgung aufbaute, sondern auf dem Markteinkauf. Entweder man kaufte in großem Stil konsumfertige Güter wie Feuerholz, Kerzen, Essig, Öl, Zucker, Wein ein, oder man unterzog die eingekauften Güter noch einer Aufbereitung im Hause. Das geschah beim Einschlachten, beim Konservieren auf mancherlei Weise von Fleisch, Obst, Gemüse, Eiern, bei der häuslichen Verarbeitung von Leinen oder Tuchen. Diese Aufbereitung erfolgte zum großen Teil mit haushaltseigenen Arbeitskräften, zum anderen Teil, wie beim Schlachten oder Schneidern, durch Heranziehung von Handwerkern, die zum Hause in ständiger Verbindung zu stehen pflegten[36]. Ein anderer Aspekt der Vorratswirtschaft bestand darin, daß der Haushalt sich, wie an schnell verbrauchbaren Konsumgütern, so auch an Dauerkonsumgütern, mit einem Polster zu versehen bestrebt war. Das galt für das Mobiliar, die Küchenausstattung – wobei Kupfer- und Zinngerät der besondere Stolz der Hausfrau war –, für die Wäsche, die Kleidungsstücke und manches andere mehr.

Werfen wir jetzt einen Blick auf die *Lebenshaltung*, die in einem solchen Hause möglich war oder doch angestrebt wurde. Ihre Eigenart bestand darin, daß man sich gerne an den Fürstenhöfen und dem Adel als Vorbildern ausrichtete. Man war bestrebt, zu den Vertretern dieser traditionalen Oberschicht in Kontakt zu kommen[37]. Um dessen willen war man sogar bereit, sich mit solchen in gewagte Finanzgeschäfte einzulassen, wobei man des öfteren schwere Verluste hinnehmen mußte, wie P. E. Schramm berichtet[38]. Dem entspricht der Bericht von anderer Seite, daß verschiedentlich Angehörige des Adels infolge einer »unbeschwerten Lebenslust« in eine leichtsinnige, schwere Verschuldung hineingeraten sind[39]. In großbürgerlichen Kreisen wurde diese Neigung zur Prachtentfaltung und zu irdischen Genüssen vielfach nachgeahmt. Das galt besonders für die reiche Kaufmannschaft. Es vollzog sich zugleich eine gewisse Angleichung in der Kleidung von Aristokratie und bürgerlicher Oberschicht, worin sich ein beginnender Abbau der zwischen ihnen bisher bestehenden Trennwände ausdrückte, während beide sich scharf von der Kleidung des sonstigen Volkes unterschieden[40]. Die Hinwendung des Konsums zu den Sinnenfreuden und zur öffentlichen Darstellung des Wohlstandes war ein deutlicher Ausdruck des *barocken Lebensgefühls*, wie es aus den Werken der Barockkunst noch heute deutlich zu uns spricht. Die Aufwandsfreude als Merkmal der barocken Lebenshaltung äußerte sich in bezug auf die Hauswirtschaft nach drei Richtungen hin. In bezug auf Haus und Wohnung, in bezug auf die Kleidung und in bezug auf Speise und Trank.

Was die barocke Lebenshaltung hinsichtlich des *Hauses und der Wohnung* bedeutete, kann man daran erkennen, daß der reiche

Bürger seinen Wohlstand gern durch ein Haus im Stile seiner Zeit auszudrücken suchte. Dem entsprach es etwa, daß Herr Rat Goethe, der Vater des Dichters, bald nach dem Tode seiner Mutter im Jahre 1755 das bisher bescheidene Wohnhaus der Familie am Hirschgraben zu Frankfurt am Main umbaute, um ihm den uns bekannten Zuschnitt großbürgerlicher Würde und Kultur zu geben[41]. Ein anderes Beispiel mag der Frankfurter Großkaufmann Franz Behagel liefern, der 1746 für sich einen prächtigen Neubau errichtete. Dieser umfaßte vier Stockwerke, nämlich das Erdgeschoß, zwei Obergeschosse in einer Breite von je sieben Fenstern und darüber das Zwerchhaus, d. h. ein ausgebautes Dachgeschoß. Das Haus enthielt 14 Zimmer, dazu sechs Kammern, Gesindestuben, eine Kinderstube, zwei Küchen und zwei Vorplätze. Dies war jedoch nur das Vorderhaus, hinter dem sich noch ein Seitenflügel und ein mit dem Vorderhaus nicht zusammenhängender Hofbau befanden[42].

Das 17. und 18. Jahrhundert waren außerdem Zeiten eines außerordentlichen *Kleideraufwandes*. Die Jahre von 1650 bis 1750 waren nach Bechtel die Periode der üppigsten Kleiderpracht, und das ebenso bei den Männern wie bei den Frauen der Oberschicht. Die Kleidung war noch ein Ausdruck der Standeszugehörigkeit[43]. Samt und Seide, daneben Schmuckwerk aus Stickereien, Borten, kunstvollen Knöpfen bis zu Edelsteinen waren bevorzugte Materialien. »Der feine Stoff, die Knöpfe, die bescheidene Stickerei, die Wäsche verrieten nicht minder als die Perücke und Degen den Mann von Erziehung. Das war jedoch die Tracht vor Menschen, sie mußte eigens angelegt werden, wenn man ausging, und da sie unbequem war und wenigstens die Perücke ohne Hilfe anderer schwer aufzusetzen und zu pudern war, so wurde schon dadurch ein Gegensatz zwischen Häuslichkeit und Gesellschaft hervorgebracht, der den Verkehr des Tages in bestimmte Stunden bannte, ihn förmlich und weitläufig machte. Im Hause wurde der Schlafrock getragen, [. . .] die ›gute‹ Kleidung aber sorgfältig geschont.« So Gustav Freytag[44]. Es sei hier noch ein weiteres Zitat angefügt, das die für moderne Vorstellungen erstaunlich hohen Kleiderkosten hervortreten läßt. Bei den genannten Personen handelt es sich um Angehörige von Hamburger Großkaufmannsfamilien: »Verblüffend sind die Kosten, die selbst die Herrenkleidung verursachte: August Schwalb bezog für seine Hochzeit (1789) von seinem Schwiegervater Schramm ein drachengrünes Habit aus

Samt mit einer weißen, reich bordierten Weste und hatte ihm dafür 447 Courant-Mark zu vergüten – das war vermutlich noch ein Vorzugspreis; trotzdem belief er sich auf eine Summe, höher als der Jahresbarlohn eines Dienstmädchens, fast so hoch wie das Gehalt, was ein Hauslehrer ausbezahlt bekam, etwas weniger als Johann Hinrich Goßler junior zu Anfang seiner Ehe im Monat für den ganzen Haushalt ausgab. Das Hochzeitskleid seiner Braut, wiederum in der Schrammschen Handlung besorgt, kostete 250 Courant-Mark; mit Schmuck, Schuhwerk und was sonst noch dazu kam, muß sich auch bei ihr eine stattliche Summe ergeben haben.«[45]

Auch auf dem Gebiet von *Speise und Trank* suchte das Zeitalter des Barock irdische Freuden auszukosten. Es ist oft dargestellt worden, welche gewaltigen Mengen von beiden die Menschen der damaligen Zeit, besonders auf Festmahlen, zu verschlingen imstande waren. Dazu paßte gut das Schönheitsideal der Zeit, wie es etwa aus Bildern eines Rubens zu uns spricht. Das traf allerdings mehr auf das 17. als auf das 18. Jahrhundert zu, obwohl Ähnliches noch aus dem Erleben des Johann Sebastian Bach berichtet wird. Im 18. Jahrhundert vollzog sich aber mit dem Eindringen französischer Einflüsse in die oberen Schichten eine Abkehr vom Vielessen und eine Hinwendung zum feineren Geschmack. Entsprechend strebte man mehr und mehr delikate anstatt der massiven Genüsse an. Dadurch ist den kolonialen Genußmitteln, dem Kaffee, dem Tee und der Schokolade der Boden bereitet worden, breitete sich auch der Zucker- und der Tabakkonsum aus[46].

Zum Schluß dieses Abschnittes sei noch auf eine soziale Ausstrahlung der hier geschilderten Entwicklung hingewiesen. Das war die Entstehung des *Dienstbotenproblems*[47]. Ein solches gab es nicht, solange die Hausfrau vornehmlich dem Hause lebte und sich auch ihrer Bildung nach kaum von ihrem Gesinde unterschied. Solange war das Gesinde der Familiengemeinschaft eingegliedert, waren langjährige Dienstzeiten die Regel. Das änderte sich erst, als die Frau anfing, aus dem Hause herauszutreten, sich für das Geschehen in der Außenwelt zu interessieren und sozialen Geltungsdrang zu entwickeln. Unter dem Einfluß französischer Vorbilder ging damit eine Vernachlässigung ihres eigenen Hauswesens einher. Die Hausfrau überließ die Sorge dafür und die Beaufsichtigung der Kinder dem Gesinde oder anderen bezahlten Kräften. Bald waren daher viele Hausfrauen ohne Erfahrung in der Führung der Hauswirtschaft und der Besorgung der Küche. Sie hatten nun Muße in Fülle, suchten diese durch allerlei Zerstreuungen und Vergnügungen auszufüllen, durch die Lektüre von Romanen, durch Kartenspiel, Theaterbesuch, Kaffeekränzchen und dgl. Das Ergebnis war, daß sie damit sich innerlich nicht ausgefüllt und zugleich von ihren Dienstboten hintergangen und betrogen fühlten. Solche Klagen tauchten nach Finder in Hamburg zuerst um 1750, dann verstärkt um 1760 auf. Man beklagte sich über die Unmoral, Faulheit, Unehrlichkeit und Putzsucht der Mädchen. Hellsichtige Beobachter wie der Hamburger Nationalökonom J. G. Büsch erkannten aber schon damals, daß die Hauptgefahren »der dienenden Klasse aus den schlimmen sittlichen Anschauungen und dem Wohlleben der begüterten Volksschicht nach ihrer Verheiratung in Fortsetzung hergebrachter Lebensgewohnheiten für sich und ihren Nachwuchs entstehen«[48].

Zuletzt muß hier betont werden, daß die umschriebene barocke Lebenshaltung der unbeschwerten Lebenslust in der zweiten Hälfte des 18. Jahrhunderts schon abzubröckeln begann. Es war der Geist der Aufklärung, der sich davon abwandte und an die Stelle der Aufwandsfreude eine Haltung nüchterner Bescheidenheit und der Sparsamkeit treten ließ. Das war der Geist eines Lessing oder eines Adam Smith, der einer neuen Periode zuzuordnen ist.

IV. Die industrielle Epoche der Familienhaushalte

An dieser Stelle macht die Darstellung wieder einen großen Sprung, da sie nun zur Behandlung der dritten historischen Konstellation, nämlich der Hauswirtschaft in der industriellen Phase des 20. Jahrhunderts übergehen will. Auch diesmal soll ein ländlicher und ein städtischer Haushalt gegenübergestellt, sollen dabei möglichst charakteristische Züge der Zeit getroffen werden. Um dieses Zieles willen erschien es zweckmäßig, als ländlichen Haushalt denjenigen des Bauern von heute zu wählen, um dadurch die moderne bäuerliche Situation gegen die vorindustrielle kontrastieren zu können. Beim städtischen Haushalt lag es nahe, den Angestelltenhaushalt zu wählen, da er gegenüber der Vergangenheit als eine Neubildung des 20. Jahrhunderts bezeichnet werden kann und diesem in hohem Maße das Gepräge gibt.

Der große Wandel, der sich in der Hauswirtschaft gegenüber den Zuständen des 18. Jahrhunderts angebahnt hat, kann kaum besser als an Hand dieses modernen bäuerlichen Haushalts dargestellt werden. Es ist nicht übertrieben, wenn man von einer Revolution spricht, die sich an ihm seit dem Ende des 2. Weltkrieges vollzogen hat und noch weiterhin vollzieht. Der »Bauer von guter Art«, wie ihn W. H. Riehl vor hundert Jahren beschrieb[49], unterschied sich nicht wesentlich von demjenigen des Mittelalters, wenn er auch persönliche Freiheit gewonnen hatte und keinen herrschaftlichen Abgabe- und Dienstleistungsverpflichtungen mehr unterlag. Er war nach Beginn der industriellen Ära zunächst langsam und im 20. Jahrhundert beschleunigt in wirtschaftliche Schwierigkeiten geraten, die ihn immer mehr zu Umstellungen seiner Wirtschaftsführung gezwungen haben. Der moderne Bauer muß unter dem *Druck des Marktes* seinen Betrieb als Unternehmung führen und ihn auf die Marktchancen ausrichten. Nur so kann er ihn angesichts des Absatz- und Preisrisikos, auch des Zwanges zu Ertrags- und Qualitätsverbesserungen seiner Produkte lebensfähig erhalten.

Dabei muß er sich zugleich wegen der *Verknappung landwirtschaftlicher Arbeitskräfte* bei steigenden Löhnen auf einen gesindelosen Familienbetrieb einstellen. Man rechnet damit, daß der bäuerliche Betrieb künftig im allgemeinen mit zwei Vollarbeitskräften auskommen muß, die meist die bäuerliche Familie selbst zu stellen hat. Nur gelegentlich wird man die familieneigenen Arbeitskräfte durch die eine oder andere verheiratete Lohnarbeitskraft ergänzen können. Diese Begrenztheit der verfügbaren Arbeitskräfte zwingt zu einer wachsenden Kapitalausstattung und Technisierung des Betriebes. Damit geht eine Tendenz zur Erhöhung der optimalen Betriebsgröße einher, die großbäuerliche Betriebe zu Familienbetrieben werden läßt, während klein- und mittelbäuerliche Betriebe aufgestockt werden müssen, wenn sie nicht weit vom Optimum entfernt bleiben und deshalb existenzunfähig werden wollen[50].

Das sind die Voraussetzungen, unter denen der bäuerliche Haushalt der Gegenwart existiert. Dem entspricht eine gesunkene und weiter *sinkende Selbstversorgung* des Bauernhofes. Mit der steigenden Marktverflechtung geht ein vermehrter monetärer Anteil am Gesamteinkommen einher, wächst aber auch der Bedarf für vom Markte bezogene Güter, sowohl was Produktionsmittel des Betriebes als auch Konsumgüter des Haushalts anbetrifft. So wird die Hauswirtschaft mit diesen Wandlungen vor ganz neue Aufgaben gestellt. Sie wird zu einer Anpassung an diese veränderten Daten gezwungen. Gerade in dieser Hinsicht machen sich erhebliche Schwierigkeiten geltend. »In einer sich rapide verändernden Welt ist vielleicht der bäuerliche Haushalt ein letztes Bollwerk der Tradition«, so konnte Kötter mit Recht feststellen[51].

Es gibt mancherlei Anzeichen, die auf eine Zähflüssigkeit des Wandels im hauswirtschaftlichen Sektor hindeuten. Besonders erkennbar wird das an der eigentümlichen *Stellung der Bäuerin* auf dem Bauernhof. Sie hat von alters her auf diesem eine Doppelstellung wegen der Verflochtenheit von Haushalt und Betrieb gehabt. Einerseits ist sie schon immer die zentrale Instanz des Haushalts gewesen. Andererseits hatte sie stets auch betriebliche Aufgaben zu erfüllen. Noch heute sind neben anderen Funktionen, die von Betrieb zu Betrieb oder von Landschaft zu Landschaft verschieden sind, besonders oft die Kleintierzucht und der Garten ihrer Verantwortung überlassen, abgesehen von gelegentlicher Feldarbeit zur Zeit der Arbeitsspitzen. Aus der Doppelbelastung der Bäuerin haben sich für sie in neuerer Zeit mit qualitativ erhöhten Ansprüchen an ihre Arbeitsleistung, verbunden mit dem Mangel an verfügbaren Hilfskräften, große Schwierigkeiten ergeben. Während man für die Modernisierung des Betriebes in vielen Fällen die größten Anstrengungen macht, wird das für den hauswirtschaftlichen Bereich nicht für nötig gehalten. So kommt es zu einem Hinterherhinken in der Ausstattung der Hauswirtschaft hinter derjenigen des landwirtschaftlichen Betriebes. Der Hauptarbeitsbereich der Bäuerin bleibt gegenüber demjenigen des Bauern rückständig[52]. Paradoxerweise vollzieht sich diese Bevorzugung des Betriebes und Zurücksetzung des Haushaltes durchaus in Übereinstimmung mit dem Willen der Bäuerin, da diese in der Regel ebenso wie der Bauer das Wohl des Betriebes über alles andere auf dem Hof zu stellen geneigt ist[53].

Die Rückständigkeit der bäuerlichen Hauswirtschaft ist von Sachverständigen oft beklagt worden[54]. Man weist auf die Kluft zwischen der idealen Haushaltsausstattung, die in der Idee modernen Möglichkeiten und Anforderungen gerecht wird, und der

Wirklichkeit auf den meisten Bauernhöfen hin. So findet man, daß das Bauernhaus für die heutigen Verhältnisse und im Hinblick auf die wenigen verfügbaren Hilfskräfte zu groß ist, daß es außerdem oft eine unzweckmäßige Anlage hat. Nicht selten fehlt es an einer praktischen Gestaltung der Küche und der Waschküche, ist die Wasserversorgung mangelhaft, fehlt es an Zapfstellen oder an Einrichtungen für die Warmwasserbereitung. Gelegentlich sind die Bade- und Duscheinrichtungen unzureichend oder ist der Herd veraltet. Oft müssen täglich unnötig lange Wege zurückgelegt werden. Das gilt manchmal sogar für erst kürzlich neuerrichtete Hofgebäude. Seit Jahren liegen arbeitsphysiologische Untersuchungen über die einzelnen Arbeiten in Haus und Hof vor, die zeigen, wieviel Kraft und Zeit durch unsinnige Transportwege verschwendet werden. Trotzdem gibt es neue Höfe, in denen die Bäuerin schwerbeladen mit zwei Milchkannen verschiedene steile Treppen auf- und niedersteigen muß, um vom Kuhstall in die Kühlkammer am anderen Ende des Gebäudes zu gelangen, andere, in denen die Bäuerin sämtliche Lebensmittel, die im 100-Liter-Eisschrank keinen Platz finden, aus dem Keller holen muß, weil eine Speisekammer nicht vorgesehen ist[55].

Die Folge dieses Hinterherhinkens der Hauswirtschaft hinter der Modernisierung des landwirtschaftlichen Betriebes ist die Arbeitsüberlastung der Bauersfrau, die ein schon sprichwörtlich gewordenes Übel ist. Darunter leidet dann das Familienleben, die Erziehung der Kinder, nicht zuletzt der gesamte Betrieb und die Einstellung der Menschen zu ihrer Lebensaufgabe. Das führt schließlich dahin, daß der bäuerliche Nachwuchs keine geeigneten Mädchen mehr zur Frau gewinnen kann, weil das Schicksal der Bauersfrau auf die weibliche Jugend abschreckend wirkt[56]. Auf sie selbst wirkt solche Lage aber entmutigend. Es wird in ihr das Gefühl des Überfordertseins und der Unzufriedenheit ausgelöst[57].

Doch sollten hier eigentlich nicht Mißstände aufgedeckt, sondern Strukturwandlungen klargemacht werden. Unter diesem Gesichtswinkel kann man feststellen, daß der *Phasenverzug in der Umstellung der bäuerlichen Hauswirtschaft* nicht lange anhalten kann, wenn nicht auch der bäuerliche Betrieb darunter leiden soll. Bei Betrachtung der großen Entwicklungstendenz drängt sich der Eindruck auf, daß sich von solchen vorübergehenden Reibungswiderständen wie den geschilderten abgesehen in unseren Tagen der ländliche Haushalt dem städtischen mehr und mehr annähert. Das gilt schon für die Menschenzahl, für die der Haushalt hier und dort zu sorgen hat. Das betrifft auch die technischen Vorkehrungen, die dem städtischen wie dem ländlichen Haushalt zur Verfügung stehen. Das gilt sogar für die Marktnähe der Haushalte, die im Zeichen des Kraftwagens und des Selbstwähl-Fernsprechverkehrs, auch der Ausbreitung von Großhandelsketten und der Selbstbedienungsläden kaum noch Unterschiede aufweist.

Bäuerlicher Betrieb und bäuerlicher Haushalt haben dabei die Tendenz, allmählich stärker auseinanderzutreten. Wie der Bauernhof zur Unternehmung wurde, so wurde der Haushalt seines Nebenbetriebscharakters mehr und mehr entkleidet. Er hat an Eigengewicht gewonnen und ist mit eigenen Anforderungen als Familienwirtschaft neben die Erwerbswirtschaft getreten. Mit dieser Entwicklung holt der bäuerliche Haushalt etwas nach, was sich im städtischen Haushalt längst vollzogen hat, nämlich das Auseinandertreten von Haushalt und Betrieb als Gegensatz von Wohnsitz der Familie einerseits und Arbeitsplatz der erwerbstätigen Familienmitglieder andererseits. Bedeutet die *Verselbständigung des bäuerlichen Haushalts* unter diesem Gesichtspunkt nur die Aufholung eines bisherigen Phasenverzuges, so drückt sich nun doch zugleich darin auch die Größe des Wandels aus, den er in unseren Tagen durchmacht. Es gehört keine Prophetengabe zu der Feststellung, daß seine so bewirkte Modernisierung für das Überleben des Bauerntums in wirtschaftlicher und sozialer Hinsicht die unentbehrliche Voraussetzung ist.

2. Der Angestelltenhaushalt

Jetzt soll neben dies Bild des modernen bäuerlichen Haushalts ein anderer Haushalt des 20. Jahrhunderts, dieses Mal aus dem städtischen Bereich, gestellt werden. Als solcher wurde der Angestelltenhaushalt genannt. Er hat erst in diesem Jahrhundert mit dem schnellen Wachstum der Angestelltenschaft, das kurz vor der Jahrhundertwende einsetzte, seine große Bedeutung erlangt[58]. Man kann ihn deshalb geradezu als eine Neubildung des 20. Jahrhunderts bezeichnen, die für diese Zeit, wenigstens in den schon abgelaufenen Jahrzehnten, sehr charakteristisch ist.

Trotzdem bereitet seine Darstellung größere Schwierigkeiten

als bei allen anderen bisher behandelten Haushaltstypen. Vermutlich liegt das daran, daß das Bild der Angestelltenschaft noch nicht so feste Konturen gewonnen hat, wie derjenige der älteren Sozialfiguren. Ihre Spannungsbreite ist außerordentlich groß, sie reicht vom Generaldirektor bis zum letzten Kontoristen, vom hochqualifizierten technischen Spezialisten bis zum Routinebüroarbeiter. Dementsprechend ist auch die Einkommensskala sehr weit auseinandergezogen. Bei dieser Lage hat man neben der fachlichen Gliederung auch eine Schichtung nach betrieblichen Funktionen innerhalb der Angestelltenschaft aufdecken können, nämlich diejenige in eine Unter-, Mittel- und Oberschicht[59]. Der folgende Bericht hat vorwiegend die *Mittelschicht* im Auge.

Auch bei einer solchen Abgrenzung sind die Darstellungsschwierigkeiten noch groß genug. Einmal bleibt die Bestimmung der mittleren Angestelltenschicht ein Akt der Willkür, zum anderen liegt zwar einiges, wenn auch älteres Material über die Lebenshaltung der Angestellten vor, fehlt es aber an speziellen Untersuchungen über den Angestelltenhaushalt. Deshalb verfließt seine Schilderung leicht mit demjenigen des mittleren Bürgertums, besonders im mittel- und großstädtischen Milieu. Der Angestellte hat aber auch manches mit dem Arbeiter gemeinsam[60]. Beide sind Arbeitnehmer, die Einkommenslage ist bei großen Teilen der gehobenen Arbeiterschaft nicht schlechter als bei den hier ins Auge gefaßten Angestellten. Trotzdem heben sie sich von den Arbeitern deutlich ab; so konnte Croner sagen, die Angestellten seien durch einen typischen Bildungsstandard, typische Karrierechancen und eine typische Lebenshaltung gekennzeichnet[61]. Dem letzten Gesichtspunkt, der eng mit der wirtschaftlichen und sozialen Stellung der Angestellten zusammenhängt, gilt das besondere Interesse dieser Betrachtung.

Will man den Angestelltenhaushalt verstehen, so ist von der abhängigen Stellung der Angestellten auszugehen. Er unterhält sich in der Regel nur aus seinem *Arbeitseinkommen*, sein Haushalt ist, abgesehen von einem beschränkten Gebrauchsvermögen, eigentumslos. Darin liegt sein Existenzrisiko, das jedoch heute durch die Sozialversicherung in ihren verschiedenen Zweigen und etwaige private Zusatzversicherungen gemildert ist. Immerhin hat das Problem des älteren Angestellten, der bald durch jüngere Kräfte, bald durch Rationalisierungen im Betriebe freigesetzt wurde, oft von sich reden gemacht. Der Angestellte lebt normalerweise in einer *Kleinfamilie* ohne blutsfremde Haushaltsmitglieder, sein Haushalt ist kurzlebig, da er nicht die Generation der Haushaltsmitglieder überdauert.

Er wohnt in einer *Kleinwohnung* zur Miete, die von der Arbeitsstätte durch eine mehr oder weniger große Entfernung getrennt zu sein pflegt. Es spielt zwar auch das Eigenheim eine Rolle. Dadurch erwirbt der Haushalt Eigentum, wird in ihn zugleich ein konservatives Element getragen, das eine Verwandtschaft zu Strukturen der Vergangenheit schafft. Das für das 20. Jahrhundert Typische liegt nicht darin und in der damit normalerweise einhergehenden Bodenständigkeit des Haushalts, sondern in seiner Mobilität, sei es aus Gründen der Arbeitsplatzverlegung, sei es aus anderen familiären Rücksichten. Man erwartet von der Wohnung einen gewissen Mindestkomfort, so durch die Ausstattung mit Wasserleitung, WC, Gas, Elektrizität, Warmwasserbereiter, Zentralheizung, Bad. Gegenüber solchen Vorkehrungen haben Boden und Keller schrumpfende Tendenz. Dasselbe gilt für die früher unentbehrliche Speisekammer, die durch den Kühlschrank verdrängt wird. Die Einschränkung der Nebenräume geht mit der fast geschwundenen Vorratshaltung einher, die in ihren Resten sich mehr und mehr auf industriell gefertigte Lebensmittel im Halb- und Fertigstadium verlegte. Damit hängt auch die weitgehende Entleerung der Hauswirtschaft von produktiven Tätigkeiten und deren Übertragung auf die Marktwirtschaft zusammen. Man sucht die Herrichtung der Lebensmittel möglichst auf das letzte Bearbeitungsstadium zu beschränken. Nur wo der Garten, wie besonders in Verbindung mit dem Eigenheim, eine Rolle spielt, wird diese Schrumpfungstendenz der häuslichen Eigenproduktion aufgehalten. Im übrigen läuft mit der *Einschränkung produktiver Tätigkeiten* eine solche der häuslichen Dienstleistungen parallel. Kleider- und Wäschereinigung vollziehen sich vielfach in Reinigungsunternehmungen, soweit man sich nicht arbeitssparender Waschmaschinen im Hause bedient. Die Krankenpflege ist ebenso wie die Niederkunft der Mütter dem Krankenhause übertragen, die Kinderbetreuung durch Kindergärten, Ferienheime und ähnliche Einrichtungen erleichtert und die häusliche Geselligkeit auf wenig Arbeit beanspruchende Formen verkürzt worden.

Hinter dieser Entleerung des Haushalts von produktiven Funktionen und Dienstleistungen steht das *Hausarbeitsproblem* des

20. Jahrhunderts, nämlich der Mangel an häuslichen Arbeitskräften. In der Regel ist der Angestelltenhaushalt auf die Arbeitskräfte seiner Haushaltsmitglieder angewiesen. Da die Kinder meist entweder durch Schulbesuch oder durch eine Berufsausbildung beansprucht sind, ist in größeren Haushalten eine hohe Arbeitsbelastung der Hausfrau die Folge, in anderen, meist kinderlosen oder kinderarmen Haushalten ergibt sie sich aus einer außerhäuslichen Erwerbstätigkeit der Hausfrau, wodurch ihre für die Hausarbeit verfügbare Zeit sehr zusammengedrängt wird. Aus dieser Lage ist der Zwang zur häuslichen Arbeitseinsparung und zur größtmöglichen *Technisierung des Haushalts* erwachsen. Das bedeutet die Tendenz des Überganges vom arbeitsintensiven zum kapitalintensiven Haushalt in unserer Zeit. Alle die Apparaturen und Hilfsmittel, die für den Bedarf der Haushalte entwikkelt worden sind, bedeuten ihre Kapitalanreicherung, um dadurch die in ihnen aufzuwendende Arbeit möglichst zu beschränken. Allerdings vollzieht sich diese Umstellung der Haushaltsausstattung nur langsam, da besonders die Haushaltsmaschinen noch vielfach die Kaufkraft der Angestelltenhaushalte übersteigen.

Wenn nun versucht wird, die eigentümliche *Lebenshaltung* der mittleren Angestelltenschaft zu umschreiben, so gilt es dabei, ihre spezifischen Lebensbedingungen ins Auge zu fassen. Die Eigenart der Angestellten besteht darin, daß sie, auch bei gleicher Einkommenslage, ein anderes Haushalts- und Konsumverhalten als die ihnen sonst ihrer sozialen Lage nach verwandten Arbeiter bekunden. Arbeiter und Angestellte sind Arbeitnehmer, insofern unmittelbar vom Arbeitgeber, mittelbar vom Markte abhängig, von der Arbeitslosigkeit bei Marktstörungen oder technischen Umstellungen bedroht. Große Teile der Arbeiterschaft und Angestelltenschaft sind einkommensmäßig gleichgestellt, beide Male handelt es sich um Stadtmenschen, die überwiegend in Mittel- und Großstädten leben. Man kann allerdings auch auf einige Unterschiede zwischen beiden Gruppen verweisen. So hat die Einkommenspyramide der Arbeiter ihr Schwergewicht stärker im unteren Teil, während sie bei den Angestellten weiter nach oben reicht, besonders wenn man von den nur vorübergehend erwerbstätigen jungen weiblichen Angestellten absieht[62]. Weiter bringt die Arbeit des Arbeiters oft stärkere körperliche Belastungen oder Beschmutzungen mit sich als beim Angestellten, obwohl sonst die qualitativen Anforderungen an die Arbeitsleistungen vielfach auf gleicher Ebene liegen. Ferner haben die Angestellten günstigere Urlaubsbedingungen, günstigere Kündigungsfristen, manchmal auch günstigere Arbeitszeiten, genossen sie in der Vergangenheit auch gewisse Vergünstigungen im Rahmen der Sozialversicherung. Trotz dieser Unterschiede, von denen die zuletzt genannten als Ergebnis sozialpolitischer Entwicklungen betrachtet werden müssen, d. h. nicht in der Natur der Sache liegen, ist es überraschend, wie die Angestellten sich als soziale Gruppe von anderen Gruppen, so besonders von den Arbeitern abheben.

Dahingehende Beobachtungen über das Konsumverhalten der beiden Gruppen, sollen hier auf der Grundlage von zwei Untersuchungen der Zeit vor dem 2. Weltkriege geschildert werden. Die Untersuchung von Halbwachs baut auf der Erhebung des Deutschen Statistischen Reichsamtes von 1927 bis 1928 auf, diejenige von Delpech dagegen auf einer französischen Erhebung in Toulouse während der Jahre 1936 bis 1938[63]. Ähnliche Hinweise finden sich auch sonst in der Literatur[64]. In den Einzelheiten kann sich innerhalb von 3 bis 3½ Jahrzehnten manches verschoben haben, unwahrscheinlich ist das jedoch in bezug auf die Grundkonstellation.

Fragt man nach den Einzelheiten der Lebenshaltung von Angestellten, so stellt sich heraus, daß sie der Tendenz nach weniger für die Ernährung, mehr für die Wohnung und ungefähr ebensoviel für die Kleidung wie die Arbeiter ausgaben. Wenn man die Ernährungsausgaben aber analysiert, dann zeigt sich, daß die Angestellten trotz der geringeren Gesamtausgaben für diesen Posten höherwertige Produkte vor geringwertigen bevorzugten, die gerade bei den Arbeitern eine größere Rolle spielten, so Butter vor Margarine oder Schmalz, weiter frisches Kalb- und Rindfleisch vor frischem Schweinefleisch oder Gefrierfleisch, ferner Obst und Gemüse vor Teigwaren und Kartoffeln usw. Für die Wohnung gaben die Angestellten nicht nur bei gleichem Einkommen mehr als die Arbeiter aus, diese Ausgaben sanken bei steigendem Einkommen auch weniger als bei den Arbeitern ab. Hier konnte man auch ähnlich wie bei den Lebensmitteln feststellen, daß die Angestellten höhere Wohnraumqualitäten bevorzugten. Ihre Wohnungen waren geräumiger als die Arbeiterwohnungen, die Schlafräume beanspruchten bei den Arbeitern über die Hälfte, nämlich 52% des Wohnraumes, bei den Angestellten nur 42%. Sie waren in höherem Maße als bei den Arbeitern mit Badezimmern, mit WC, mit Elektrizität ausgestattet. Man hat gesagt, daß es geradezu – wenigstens in den Großstädten – zwei Wohnungsmärkte nebeneinander gebe, einen für Arbeiterwohnungen und einen anderen für die Wohnungen der Angestellten[65].

Selbst bei den Bekleidungsausgaben lassen sich ähnliche Unterschiede feststellen, obwohl die Gesamtausgaben bei Arbeitern und Angestellten sich hier ungefähr auf derselben Höhenlage bewegten. Die Mittelverwendung war aber bei Arbeitern und Angestellten im einzelnen eine verschiedene. So gaben die Angestellten etwas mehr für die Oberbekleidung, die Arbeiter dagegen relativ mehr für Wäsche und Schuhwerk aus. Der Vater beanspruchte sowohl bei den Angestellten als auch bei den Arbeitern die größten Bekleidungsausgaben, jedoch mit größerem Vorsprung bei den Angestellten. Bei wachsender Kinderzahl schränkten die Arbeiter ihre Bekleidungsausgaben für die Eltern stärker als die Angestellten ein.

Schließlich ist zu erwähnen, daß der statistische Sammelposten »verschiedene Ausgaben«, der Kulturausgaben, Vergnügungskosten, Verkehrsausgaben, aber auch Steuern, Versicherungen und Ersparnisse zusammenfaßt, bei den Angestellten in allen Einkommenslagen höhere Beträge als bei den Arbeitern auswies. In dieser Hinsicht zeigten sich die Angestellten sogar den Beamten überlegen, obwohl sie sonst meist eine Zwischenstellung zwischen Arbeitern und Beamten einnahmen.

Diese in die Einzelheiten gehenden Feststellungen sind alles andere als zufällig. Sie sind der deutliche Ausdruck für die eigentümliche wirtschaftliche und soziale Lage der Angestellten in der industriellen Gesellschaft. Das Konsumverhalten der Angestellten ähnelt in mancher Hinsicht dem Verhalten der Heimarbeiter im 18. Jahrhundert gegenüber den Bauern und Bürgern. Beide Male trachtete eine historisch jüngere Gruppe sich gegenüber den älteren ein Prestige zu schaffen. Man suchte sich deshalb von der einen Gruppe möglichst abzusetzen, um ja nicht in den Verdacht der Zugehörigkeit zu ihr zu geraten, während man sich an der anderen, deren soziale Geltung gesichert erschien, als Vorbild orientierte. So suchte man sich damals vom Bauerntum, in der jüngsten Vergangenheit von der Arbeiterschaft zu distanzieren, während das städtische Bürgertum beide Male als Orientierungsmaßstab diente. Dahinter kann man in beiden Fällen die Unkonsolidiertheit der eigenen sozialen Stellung erkennen.

Wie früher dem Bauern gegenüber, so ist man jetzt dem Arbeiter gegenüber bemüht, die geringere körperliche Belastung und Beschmutzung durch die Arbeit als einen Vorteil auszuspielen, der der eigenen Geltung zugute kommen muß. Die leichtere und höherwertige Kost ist heute wie früher Ausdruck der veränderten Arbeitsbedingungen. Daneben drückt sich aber das Streben nach sozialer Anerkennung in der gesamten Lebenshaltung aus, die den Angestellten des 20. Jahrhunderts kennzeichnet. »Die Aufrechterhaltung und Verbesserung des erreichten sozialen Standards nimmt einen hervorragenden Platz unter den sozialen Wertungen der Angestellten ein«, heißt es bei Croner[66]. Dem werden Bekleidung und Wohnung dienstbar gemacht. Für die Sicherung und Hebung der sozialen Stellung schlagen darüber hinaus die Ausgaben für kulturelle Zwecke, für die eigene Fortbildung und die Ausbildung der Kinder, für den gesellschaftlichen Verkehr, nicht zuletzt für Versicherungen und das Sparen zu Buche.

Der Angestelltenhaushalt ist ein typisches Produkt des 20. Jahrhunderts, geboren aus der Dynamik der Wirtschaft des Industrialismus ist er ihren Ungewißheiten ausgeliefert. Aus dieser Lage wird das Bemühen um die soziale Reputation der Haushaltsträger verständlich. Man erstrebt dadurch eine Festigung der eigenen Position im Rahmen der ganzen Gesellschaft. Der Angestelltenhaushalt hat aber auch teil an den Chancen des wachsenden Wohlstandes dieser modernen Wirtschaft. Man kann ihm deutlich die Stärken und Schwächen der Familienhaushalte dieses Zeitalters ablesen. Das wird daran erkennbar, daß er recht unsicher hinsichtlich der zweckmäßigen Verwendung der ihm als Folge der allgemeinen Wohlstandssteigerung zugefallenen frei verfügbaren Einkommensteile ist. Es fehlen ihm eigene Maßstäbe, so sehr man, wie das Aufstiegsstreben zeigt, um eine verantwortungsbewußte Konsumgestaltung bemüht ist. Daraus hat sich das Schielen nach den Konsumformen der schon arrivierten Teile des Bürgertums entwickelt. Diese Nöte der Angestelltenschaft sind aber näher betrachtet nicht auf diese allein begrenzt, sie sind typisch für die moderne Industriegesellschaft im allgemeinen. Insofern wird man vom Problem des Angestelltenhaushalts her mit dem modernen Haushaltsproblem überhaupt konfrontiert.

V. Schluß:
Lehren für die Gegenwart

Der Querschnitt, der hier durch die Wandlungen der familiären Hauswirtschaft im Verlaufe der letzten Jahrhunderte gelegt worden ist, hat zuletzt an die aktuellen Gegenwartsprobleme herangeführt. Darauf mußte diese Darstellung hinauslaufen, wenn auch die hauswirtschaftlichen Kernfragen unserer Tage hier nicht aufgelöst werden konnten. Der Sinn einer Beschäftigung mit den Epochen der Hauswirtschaft kann für den Volkswirt nur darin liegen, ein vertieftes Verständnis dieser Gegenwart zu ermöglichen, besonders, wenn hier nicht im eigentlichen Sinn Geschichtsforschung betrieben werden sollte. Auf Horizonterhellung mußte deshalb abgezielt werden, um die besondere Situation der Gegenwart vor dem Hintergrunde der Vergangenheit deutlicher hervortreten zu lassen.

Die Erwerbswirtschaft und der Markt haben durch die ganze hier betrachtete Periode hindurch den Familienhaushalten erhebliche Probleme aufgegeben. In jeder geschilderten Epoche wurden sie gezwungen, sich von neuem auf die veränderten Daten ihrer Umwelt einzustellen. Der Bewältigung dieser Aufgabe ist die Funktionsfähigkeit der Hauswirtschaft im Wandel der Zeiten bei sich ausweitender Lebenshaltung in den alten Industriestaaten schließlich zu danken gewesen. Man ist gewöhnlich geneigt, den wirtschaftlichen Fortschritt allein der Technik einschließlich der sie antreibenden naturwissenschaftlichen Forschung und der Erwerbswirtschaft zuzuschreiben. Man übersieht dabei allzu leicht den Anteil, den die familiäre Hauswirtschaft daran gehabt hat, indem sie *die erzielten Produktionserfolge erst für die Menschen nutzbar machen* mußte.

Die Darstellung zweier Haushaltstypen der Gegenwart ließ aber deutlich werden, daß diese Leistung der Hauswirtschaft für den Menschen keineswegs eine nur in der Vergangenheit erbrachte und damit abgeschlossene Sache ist. Sie stellt sich vielmehr jederzeit von neuem als die große Aufgabe, alle technischen und wirtschaftlichen Möglichkeiten in die Lebenshaltung innerhalb der Haushalte so umzusetzen, daß in ihnen mit ihrer häuslichen Existenz zufriedene und gleichzeitig für ihre Mitmenschen aufgeschlossene Menschen möglich werden.

So ist die Aufgabe einer *Neueinstellung der Hauswirtschaft auf die veränderten Daten von Technik und Erwerbswirtschaft* auch für die Menschen von heute wieder zu lösen. Man kann nicht sagen, daß man sich dessen schon jetzt in weiteren Kreisen bewußt wäre. Deshalb wird es noch erheblicher Anstrengungen bedürfen, um das zu erreichen und dadurch erst die Voraussetzung dafür zu schaffen, daß die materiellen Fortschritte der Gegenwart für die Lebenshaltung der Menschen in ihren Familien erschlossen werden.

Wenn es gelingt, das Verständnis für diese Aufgabe unserer Zeit zu wecken oder zu erweitern, so ist das Studium der Wandlungen, denen die familiäre Hauswirtschaft unterliegt, nicht umsonst gewesen.

Anmerkungen

1 Den Gegenstand dieses Aufsatzes hat der Verfasser erstmalig in einem Vortrag vor der Gesellschaft für Hauswirtschaft auf dessen Mitgliederversammlung zu Jugenheim im März 1963 unter dem Titel »Strukturwandlungen der Hauswirtschaft« behandelt. Dessen Niederschrift wurde in der Zeitschrift Hauswirtschaft und Wissenschaft, 11. Jahrgang (1963), Heft 1, S. 2-12, veröffentlicht. Außerdem liegt dieser Darstellung die unter dem Titel »Entwicklungsphasen der Hauswirtschaft« publizierte selbständige Abhandlung des Autors zugrunde, die als Heft 1 der »Göttinger Wirtschafts- und Sozialwissenschaftlichen Studien« 1964 erschienen ist.

2 Wilhelm Heinrich Riehl, Die Familie, Stuttgart 1855, S. 142ff. (Die Naturgeschichte des Volkes, 3. Band.)

3 Otto Brunner, Adliges Landleben und Europäischer Geist. Leben und Werk Wolf Helmhards von Hoberg 1612-1688, Salzburg 1949, S. 284.

4 Otto Brunner, Das »ganze« Haus und die alteuropäische »Ökonomik«, in: Zeitschrift für Nationalökonomie 13/1950; in diesem Band auszugsweise abgedruckt, S. 48ff.

5 Brunner, Adliges Landleben, a. a. O., S. 285.

6 Brunner, ebd., S. 247.

7 Wilhelm Abel, Geschichte der deutschen Landwirtschaft vom frühen Mittelalter bis zum 19. Jahrhundert, Stuttgart 1962, S. 24 (Deutsche Agrargeschichte, hrsg. von Günther Franz, Band II).

8 Abel, a. a. O., S. 107, 131. Der schwarze Tod verheerte Europa in den Jahren 1347-1350.

9 Ebd., S. 133.

10 Johannes Boemus hier zitiert nach Johannes Bühler, Bauern, Bürger und Hansa nach zeitgenössischen Quellen, Leipzig 1929, S. 56/57. Fast dieselben Formulierungen wie die hier wiedergegebenen finden sich bei Seb. Münster, Cosmographey, Basel 1592, hier zitiert nach Reichmann/Schneider/Hofstaetter, Ein Jahrtausend deutscher Kultur, Band I, Die äußeren Formen des deutschen Lebens, 3. Aufl. Leipzig 1925, S. 138.

11 Josef Kulischer, Allgemeine Wirtschaftsgeschichte des Mittelalters und der Neuzeit, 1. Band, Das Mittelalter, München 1928, S. 161 (Handbuch der mittelalterlichen und neueren Geschichte, Abteilung III: Verfassung, Recht, Wirtschaft).

12 Ebd., S. 161.

13 Vgl. dazu etwa den Abschnitt »Die Rolle des Haushalts in den wirtschaftlichen Entwicklungsgebieten«, in des Verfassers »Studien über Haushalt und Verbrauch«, Berlin 1963, S. 232.

14 Heinrich Bechtel, Deutsche Wirtschaftsgeschichte, 2. Aufl., 1. Bd., München 1951, S. 256.

15 Georg v. Below, Das ältere deutsche Städtewesen und Bürgertum, 2. Aufl., Bielefeld und Leipzig 1905, S. 38 (Monographien zur Weltgeschichte, Bd. VI).

16 Karl Bücher, Die Frauenfrage im Mittelalter, 2. Aufl., Tübingen 1910, S. 24ff. Zu den Beginenhäusern vgl. auch Ernst Hamm, Die deutsche Stadt im Mittelalter, Stuttgart 1935, S. 291/92, wo diese als halbklösterliche, weibliche Genossenschaften, als Sammelpunkte mittelloser unverheirateter Frauen beschrieben werden, die sich ihren Unterhalt durch Spinnen, Nähen, häusliche Krankenpflege, Totendienst und Unterricht von Schülerinnen selbst verdienten. Die Beginen konnten aus der Genossenschaft wieder austreten und sich sogar verheiraten, waren also durch den Orden nicht für die Dauer gebunden.

17 Ernst Maurer, Zunft und Handwerker der alten Zeit, ein volkssoziologischer Versuch, Nürnberg 1940, S. 34 (Nürnberger Beiträge zu den Wirtschafts- und Sozialwissenschaften, Heft 75/76).

18 Zum Vorstehenden vgl. Maurer, a. a. O., S. 41 ff. und Hamm, a. a. O., S. 287.

19 Vgl. hierzu Alwin Schultz, Das häusliche Leben der europäischen Kulturvölker vom Mittelalter bis zur 2. Hälfte des 18. Jahrhunderts, München 1903, S. 340/41; ferner Leonie v. Wilckens, Tageslauf im Puppenhaus, Bürgerliches Leben vor 300 Jahren, München 1956, S. 44.

20 Alwin Schultz, a. a. O., S. 341/42.

21 Friedrich Lütge, Das 14./15. Jahrhundert in der Sozial- und Wirtschaftsgeschichte, Jahrb. für Nationalökonomie und Statistik, 162. Bd. (1950), S. 190/91.

22 Josef Kulischer, a. a. O., Bd. I, S. 178.

23 Ernst Hamm, a. a. O., S. 106ff.
24 Friedrich Lütge, a. a. O., S. 175, ferner Josef Kulischer, a. a. O., Bd. II, S. 12.
25 Ernst Hamm, a. a. O., S. 114.
26 Josef Kulischer, a. a. O., Bd. I, S. 178.
27 Rudolf Braun, Industrialisierung und Volksleben, die Veränderungen der Lebensform in einem ländlichen Industriegebiet vor 1800 (Zürcher Oberland), Erlenbach-Zürich 1960.
28 Ebd., S. 61ff. Die erste Hochblüte der Zürcher Textilindustrie gibt der Autor mit der Zeit während und nach dem 7jährigen Kriege an (S. 207).
29 Ebd., S. 80ff.
30 Dies besagte ein zeitgenössischer Bericht, den R. Braun, ebd., S. 175, zitiert.
31 Ebd., S. 94ff.
32 Ebd., S. 104/105.
33 Ebd., S. 229ff.
34 Werner Sombart, Luxus und Kapitalismus, München 1913, S. 98.
35 Heinrich Bechtel, Wirtschaftsgeschichte Deutschlands, 2. Bd., München 1952, S. 228.
36 Margarete Freudenthal, Gestaltwandel der städtischen, bürgerlichen und proletarischen Hauswirtschaft. 1. (einziger) Teil, Frankfurt phil. Diss., Würzburg 1934. Auszugsweise in diesem Band abgedruckt, S. 342ff., 375ff.
37 Ernst Finder, Hamburgisches Bürgertum in der Vergangenheit, Hamburg 1930, S. 83/84.
38 Siehe Percy Ernst Schramm, Hamburger Kaufleute in der 2. Hälfte des 18. Jahrhunderts, in der Zeitschrift Tradition, 4. Jahrgang (1957), S. 322ff.
39 So Bechtel, a. a. O., II, S. 230.
40 Gustav Freytag, Neue Bilder aus dem Leben des deutschen Volkes, Leipzig 1862, S. 424/25.
41 Vgl. Heinrich Voelcker (Herausgeber), Die Stadt Goethes, Frankfurt am Main im XVIII. Jahrhundert, Frankfurt 1932, S. 377/79.
42 Ebd., S. 341/42.
43 Ebd., Bd. 2, S. 229.
44 Gustav Freytag, a. a. O., S. 275/76.
45 Percy Ernst Schramm, a. a. O., S. 318.
46 Ernst Finder, a. a. O., S. 120ff.
47 Ebd., S. 81.
48 Ebd., S. 82.
49 Wilhelm Heinrich Riehl, Die bürgerliche Gesellschaft, 2. Aufl., Stuttgart 1854, S. 41ff. (Die Naturgeschichte des Volkes, 2. Bd.)
50 Vgl. zum Vorstehenden Herbert Kötter, Die Betriebsgröße in der

Landwirtschaft als Funktion der gesamtwirtschaftlichen und gesamtgesellschaftlichen Entwicklung, Berichte über Landwirtschaft, Bd. 38 (1960), S. 460/61; ferner Walter Schaefer-Kehnert, Betriebsgröße und Arbeitswirtschaft unter dem Einfluß der Technik, in: Bayerisches landwirtschaftliches Jahrbuch, 39. Bd. (1962), Sonderheft 2, S. 26/28, und ders., Die Rolle der Technik im betriebswirtschaftlichen Anpassungsprozeß, in: Archiv der Deutschen Landwirtschaftsgesellschaft, 27/1961, S. 63 ff.

51 Herbert Kötter, Soziologische Faktoren in der hauswirtschaftlichen Beratung, Berichte über Landwirtschaft, 38. Bd. (1960), S. 624.

52 H. Kötter, Soziologische Faktoren, a. a. O., S. 628.

53 Vgl. dazu Hermann Schulz-Borck, Der Privathaushalt des landwirtschaftlichen Unternehmens in betriebswirtschaftlicher Betrachtung, Berlin 1963, S. 48. (Wirtschaftswissenschaftliche Abhandlungen, H. 19.)

54 Vgl. Aenne Sprengel, Der Einfluß der Hauswirtschaft auf den Betriebserfolg der Bauernwirtschaft und damit die Agrarerzeugung, in: Beratungsmethoden in der ländlichen Hauswirtschaft, Vorträge und Diskussionen der internationalen Tagung vom 21. bis 25. Juli 1952 in Bad Godesberg, hrsg. vom Bundesministerium für Ernährung, Landwirtschaft und Forsten, Hiltrup/Westf. 1952, S. 11 ff.

55 Maria v. Loesch, Die Bäuerin und die Technik, Beilage »Die Frau« der Frankfurter Allgemeinen Zeitung vom 9. März 1963.

56 Charlotte v. Reichenau, Die Bäuerin, ein methodischer Versuch, Jahrbücher für Nationalökonomie und Statistik, 153. Bd. (1941), S. 699.

57 Ingeborg v. Poser, Vergleichende Untersuchungen über die sozialen und wirtschaftlichen Verhältnisse in ausgewählten Land- und Stadtfamilien, Diss. agr., Hohenheim 1960, S. 286. Siehe auch Gerhardt Preuschen, Der Haushalt heute, Lebensform und Arbeitsweise im Haushalt auf dem Lande, Hamburg 1965, S. 15.

58 Über die sprunghafte Vermehrung der Zahl der Angestellten, die sich zwischen den Berufszählungen von 1895 und 1907 in Deutschland vollzogen hat, berichtet Ludwig Neundörfer, Die Angestellten, neuer Versuch einer Standortbestimmung, Stuttgart 1961, S. 41.

59 Vgl. dazu ebd., S. 95 mit der Modifikation, daß der Autor statt Unterschicht »Breitenschicht« sagt.

60 Früher habe ich einmal den Versuch gemacht, den Angestelltenhaushalt als einen gehobenen Arbeiterhaushalt aufzufassen, so in meinem »Haushalt« (1952), vgl. dort S. 232/33. Die vorliegende Arbeit ist ein Ausdruck meines Bestrebens von der damaligen Konstruktivität abzurücken und zu einer möglichst empirisch ausgerichteten Sicht zu gelangen.

61 Fritz Croner, Die Angestellten in der modernen Gesellschaft, eine sozialhistorische und soziologische Studie, Frankfurt/Main und Wien 1954, S. 192 (Sammlung »Die Universität«).

62 L. Neundörfer, a. a. O., S. 149ff.
63 Maurice Halbwachs, L'évolution des besoins dans les classes ouvrières, Paris 1933, und Henry Delpech, Recherches sur le niveau de vie et les habitudes de consommation (Toulouse 1936-1938), Paris 1938.
64 Vgl. S. J. Prais and H. S. Houtakker, The Analysis of Family Budgets, Cambridge (Engl.), 1955, S. 155ff.
65 Henry Delpech, a. a. O., S. 233.
66 Fritz Croner, a. a. O., S. 198.

Michael Mitterauer
Der Mythos von der vorindustriellen Großfamilie*

Soziologische Entwicklungsmodelle und ihr ideologischer Hintergrund

Unser heutiges Bild von der historischen Entwicklung der Familie stammt nicht primär aus der Forschungsarbeit der Geschichtswissenschaft. Viel stärker ist dabei der Einfluß der Soziologie. Die Historiker haben sich sehr wenig und, wenn überhaupt, so meist unter sehr einseitigen Aspekten mit diesem Thema beschäftigt. Erst in jüngster Zeit ist auch in der Geschichtswissenschaft ein breiteres Interesse für die historische Entwicklung der Familie entstanden. Für die Soziologie hingegen bildet die Familie schon seit der Mitte des 19. Jahrhunderts einen zentralen Untersuchungsgegenstand.

Bei allen Unterschieden im Ansatz ist den soziologischen Theorien über die Entwicklung der Familie eines gemeinsam: die Annahme einer generellen Grundtendenz von zahlenmäßig umfassenderen zu kleineren Familienformen. Als der für diese Veränderung entscheidende Faktor wird der Prozeß der Industrialisierung angesehen. Eine solche Dichotomie zwischen vorindustrieller Großfamilie und moderner Kleinfamilie beherrscht weithin die diesbezüglichen Darlegungen in soziologischen Handbüchern – und das keineswegs bloß im deutschsprachigen Raum. Dabei wird zumeist angenommen, daß der größere Umfang von Familienformen früherer Zeiten durch die Zahl der im Haushalt mitlebenden Verwandten, insbesondere die Großeltern, bedingt worden sei.

Sehr starke Wirkung ging hinsichtlich solcher Vorstellungen über die Entwicklung der Familie vom Begründer der empirischen Familiensoziologie, dem Franzosen Frédéric Le Play (1806 bis 1882) aus. Seine Auffassung von der sogenannten »Stammfamilie« (»famille souche«) als einer vorherrschenden Familienform

* Aus: M. Mitterauer und R. Sieder, Vom Patriarchat zur Partnerschaft. Zum Strukturwandel der Familie, München 1977 (BSR 158), S. 38-65 (überarbeitete Fassung).

älterer Zeiten hat weite Verbreitung gefunden. In dieser Stammfamilie werden drei Generationen miteinander lebend gedacht: die das Haus besitzenden Eltern, deren ältester Sohn, der das Erbe ungeteilt übernehmen soll, mit seiner Frau und seinen Kindern, sowie dessen jüngere noch unverheiratete Geschwister. Der Stammfamilie stellt Le Play die bloß aus Eltern und Kindern bestehende Kernfamilie – von ihm als »instabile Familie« bezeichnet – gegenüber. Er beschreibt sie als ein Produkt der Industrialisierung bzw. der durch diese geschaffenen gesellschaftlichen Veränderungen.

Le Play war nicht nur empirischer Sozialwissenschaftler, er war auch Sozialreformer. Dasselbe gilt für seinen Zeitgenossen Wilhelm Heinrich Riehl (1823 bis 1897), den Wegbereiter der Familiensoziologie in Deutschland. Ausgangspunkt für die Beschäftigung mit Familienformen der Vergangenheit bildet bei beiden die Kritik an der Gesellschaft der Gegenwart. Die auf die schädigenden Einflüsse von Industrialismus und Individualismus zurückgeführten Krisenerscheinungen des erlebten sozialen Umbruchs sollen durch die Wiederbelebung traditioneller Familienformen und ihres Wertsystems überwunden werden. Von der Wiederherstellung der väterlichen Autorität, der herkömmlichen familialen Bindungen und der in Verfall begriffenen überkommenen Sitten erhoffen sie sich eine Stabilisierung der Gesellschaft. Leitbilder der Neugestaltung aus alten Ordnungen fließen so mit der Analyse der Vergangenheit zusammen. Eigenes politisches Wollen empfängt aus der Geschichte seine Legitimität.

Nicht immer aus der gleichen restaurativen Einstellung, jedoch durchaus aus einem analogen kritischen Verhältnis zur jeweiligen gesellschaftlichen Situation erwachsend, haben auch späterhin vielfach Sozialwissenschaftler das Bild der Familie in der Vergangenheit gezeichnet. Dem Egoismus und Individualismus der modernen Kleinfamilie wird das Verantwortungsgefühl für hilfsbedürftige Angehörige in früherer Zeit gegenübergestellt, den kühlgeschäftlich-unpersönlichen Sozialbeziehungen der Gegenwart die einstmalige starke Bindung an Verwandte, dem Wunsch auf größtmögliche Entfaltung der Eigenpersönlichkeit die früher stärkere Bereitschaft, persönliche Gefühle dem gemeinsamen Wohlbefinden der Familie unterzuordnen, dem Autoritätsverlust die patriarchalische Familienhierarchie, der sexuellen Freizügigkeit die Bereitschaft zur Enthaltsamkeit bei spät heiratenden oder überhaupt ledig bleibenden Familienangehörigen. Zu allen diesen Gegensatzpaaren paßt gut die Vorstellung von komplex strukturierten familialen Großhaushalten der vorindustriellen Zeit, in denen das kinderreiche Ehepaar mit seinen alten Eltern und den unterstützungsbedürftigen Verwandten harmonisch zusammenlebte.

Das herrschende Bild von älteren historischen Familienformen ist aber keineswegs nur von sozialwissenschaftlichen Theorien und der in sie einfließenden Gesellschaftskritik geprägt. Schon vor dem Einsetzen familiensoziologischer Forschung ist in der Romantik und im Biedermeier eine außerordentlich breitenwirksame und dauerhafte Idealvorstellung der Familienordnung vergangener Zeiten entstanden. Künstlerischen Ausdruck fand sie etwa in den Familienbildern Ludwig Richters oder in der bekannten Ballade Gustav Schwabs »Das Gewitter«: »Urahne, Großmutter, Mutter und Kind im stillen Stübchen beisammen sind . . .«

Solche romantische Idyllen scheinen vordergründig harmlos. Die dahinterstehende Vorstellungswelt ist es vielfach nicht. Schon bei Le Play und Riehl wurde die Berufung auf die Autoritätsstrukturen historischer Großfamilienformen zur Untermauerung stark antidemokratischer Tendenzen benutzt. Weniger wissenschaftlich orientierte Zeitgenossen und Nachfolger haben sich dieses Mittels in nicht so differenzierter Weise bedient. Nicht zufällig ist die Forderung nach Stärkung der väterlichen Autorität ein stets wiederkehrender Programmpunkt autoritärer und faschistischer politischer Bewegungen. Die Verklärung der patriarchalischen Großfamilie und der mit ihr verbundenen Abhängigkeitsverhältnisse idealisiert dann im Gegenwartsinteresse als historisch geglaubte Vorbilder. In derartigen Familienleitbildern steckt eine Vielfalt gefährlicher Ansätze. Neben der latenten Demokratiefeindlichkeit sind es vor allem antiemanzipatorische Ideen hinsichtlich der Stellung der Frau. In der streng männerrechtlichen Ordnung der paternalistisch strukturierten Großfamilie kommt ihr nur ein minderberechtigter Platz zu. Die Stammfamilienkonzeption Le Play'scher Prägung verrät auch hinsichtlich der Stellung der Söhne durch die Bevorzugung des Erstgeborenen antiegalitäre Züge. Strukturelle Anknüpfungspunkte haben die Propagandisten historischer Großfamilienformen am ehesten in der Agrargesellschaft gefunden. Von traditionellen Ordnungen der bäuerlichen Familie erwarten sie daher eine Erneuerung. Das führt sie zu einer Aversion gegen städtisch-industrielle Lebensformen im allgemeinen. Recht häufig und keineswegs zufällig findet sich jenes Merkmalsyndrom: auf der einen Seite Klage über die von den städtischen Zentren ausgehende »Dekadenz«, Kulturpessimismus, grundsätzlich antimodernistische Einstellung: auf der anderen Glorifizierung vermeintlich historischer Familienformen mit starker Autoritätsabhängigkeit, deren Relikte man in ländlichen Rückzugsgebieten zu finden glaubt.

So hat das herrschende Bild der Familienorganisation vergangener Zeiten eine Menge möglicher ideologischer Implikationen. Sie können immer wieder reaktiviert und aktualisiert werden. Die allgemeine Tendenz, die Familie als eine naturhaft vorgegebene Ordnungsform zu sehen, die es daher in überkommenen Formen zu erhalten bzw. wiederherzustellen gilt, verstärkt solche Gefahren. Unter diesem Aspekt erscheint die Kenntnis der tatsächlichen Größenverhältnisse und Strukturen von Familienformen der Vergangenheit für das gesellschaftliche Bewußtsein der Gegenwart von nicht zu unterschätzender Bedeutung. War die Großfamilie als Lebensgemeinschaft mehrerer Generationen in vorindustrieller Zeit tatsächlich generell die dominante Form? War sie es unverändert bis weit zurück in frühe Zeiten der europäischen Gesellschaftsentwicklung – gleichsam als eine anthropologische Konstante? Oder handelt es sich um eine Verallgemeinerung partieller Erscheinungen, die aus jeweils spezifischen sozialen Bedingungen erklärbar sind – um einen Mythos, der Spezielles generalisiert und im Interesse sozialpolitischer Zielvorstellungen der Gegenwart idealisiert?

Ergebnisse historisch-statistischer Analysen

Die von der Familiensoziologie behauptete Reduktion von Großfamilien zu Kleinfamilien im Zuge der Industrialisierung ist ein statistisch überprüfbares Phänomen. Das beste Datenmaterial liegt diesbezüglich für das klassische Land frühindustrieller Entwicklung, nämlich für England vor. Bis zurück ins 16. Jahrhundert wurden hier auf der Basis von umfangreichen Stichproben – vor allem aus ländlichen Gemeinden – durchschnittliche Haushaltsgrößen berechnet. Nur von der Haus- bzw. Haushaltsgemeinschaft her ist die Familie eine abgrenzbare und damit quantitativ erfaßbare soziale Gruppe. Das Netz der darüber hinausgehenden Verwandtschaftsbeziehungen läßt sich nicht limitieren und wechselt von Bezugsperson zu Bezugsperson. Die für die vorindustrielle Zeit berechneten durchschnittlichen Haushaltsgrößen ergaben tatsächlich gewisse Differenzen gegenüber den heutigen; der Unterschied ist jedoch nicht besonders eindrucksvoll. Während im 16., 17. und 18. Jahrhundert die Mittelwerte ziemlich gleichbleibend 4,75 Personen ausmachten, beträgt der Durchschnitt für die Gegenwart 3,04. Von einer vorindustriellen Großfamilie läßt sich im Hinblick auf diese älteren Daten kaum sprechen. Ein anderer Gesichtspunkt erscheint jedoch noch viel wesentlicher: zu einer Verkleinerung der Familienhaushalte kam es keineswegs mit dem Einsetzen der Industrialisierung. Im Gegenteil, in einigen ländlichen Industriegebieten läßt sich sogar im Lauf des 19. Jahrhunderts eine gewisse Zunahme beobachten. Der starke Abfall der durchschnittlichen Haushaltsgrößen setzt erst zu Beginn des 20. Jahrhunderts ein. Er hängt wohl mit den verbesserten Wohnverhältnissen, der Zunahme von Einzelhaushalten und dem Rückgang der Kinderzahlen zusammen. Diese für England beobachtete Entwicklung ist keineswegs ein isoliert dastehendes Phänomen. Auch in Wien betrug beispielsweise die durchschnittliche Haushaltsgröße 1890 noch 4,68, 1900 4,4, 1910 4,11 und sank dann erst in den folgenden Jahrzehnten auf 2,9 im Jahre 1934, 2,38 im Jahre 1951 und 2,32 im Jahre 1961. Ein direkter Zusammenhang zwischen Industrialisierungsprozeß und Reduktion der in einem Haushalt zusammenwohnenden Personen läßt sich in keiner der westlichen Industrienationen beobachten.

Mittlere Haushaltsgrößen, wie wir sie heute in Westeuropa finden, lassen sich in größeren Städten hier schon in vorindustrieller Zeit nachweisen. So hatte Antwerpen 1755 denselben Durchschnittswert von 3,04 Personen wie England heute. Brüssel lag zur selben Zeit mit 3,2 etwas darüber. Der Unterschied zwischen Stadt und Land läßt sich diesbezüglich schon bis ins ausgehende Mittelalter zurückverfolgen. In Florenz lebten 1427 3,8 Personen in einem Haushalt zusammen, im Umland der Stadt 5,1. Stellt man städtische Durchschnittswerte des vorindustriellen Europa mit solchen unserer heutigen, weitgehend verstädterten Gesellschaft zusammen, so treten Differenzen noch stärker zurück. Stichproben aus ländlichen Gebieten bringen für das 17. und

18. Jahrhundert recht unterschiedliche Daten. Die Durchschnittswerte liegen in den meisten Regionen West- und Mitteleuropas zwischen 4 und 5,5, steigen aber in manchen Gegenden auch bedeutend darüber hinaus an. Auffallend hohe Mittelwerte zeigen Beispiele aus dem ost- und südosteuropäischen Raum.

Ein Vergleich durchschnittlicher Haushaltsgrößen beinhaltet freilich gewisse Unsicherheitsfaktoren. Nicht immer gehen Bearbeiter lokaler Bevölkerungsverzeichnisse hinsichtlich der Abgrenzung familialer Gruppen von analogen Kriterien aus. Und nicht immer läßt sich die Frage der Zugehörigkeit von Personen zu diesen Gruppen mit gleicher Eindeutigkeit beantworten. Über Eltern und Kinder hinaus werden Verwandte generell miteinbezogen. Auch an der Zurechnung von Gesinde besteht im allgemeinen kein Zweifel. Problematisch ist die Situation bei anderen nichtverwandten Mitbewohnern, vor allem wenn sie selbst verheiratet sind und Kinder haben. Für die Frage der Zurechnung müßten funktionale Kriterien entscheidend sein wie etwa Gemeinsamkeit der Produktion oder Konsumtion. Darüber ist aus Bevölkerungslisten selbst meist wenig zu erschließen. So bleiben Vergleiche durchschnittlicher Haushaltsgrößen immer etwas fragwürdig. Sie können für die hier interessierende Frage auch nur zu einer ersten Orientierung dienen. Viel wesentlicher ist dafür die innere Struktur der jeweils zusammenlebenden Gruppen.

Historische Großfamilienformen und ihre räumliche Verbreitung

Geht man von der Generationentiefe historischer Familienkonstellationen aus, so sind die diesbezüglich eindrucksvollsten Beispiele bisher aus Rußland überliefert. In einer Bevölkerungsliste aus der großrussischen Provinz Rjasan von 1814 finden sich nur 33,5% Ein- und Zweigenerationenfamilien, dafür 59,0% Familien, die sich über drei und 7,5%, die sich sogar über vier Generationen erstrecken. Letzteres ist ein Phänomen, das in Mittel- und Westeuropa zu den ganz seltenen Ausnahmen gehört. Dort erreichen vielfach die Dreigenerationenfamilien nicht einen Anteil, wie er sich hier für Viergenerationenfamilien ergibt. Die Hausgemeinschaften umfassen im Durchschnitt etwa 10 bis 11 Personen. Die meisten gruppieren sich um mehrere Ehepaare als Familienkerne. Dabei handelt es sich sowohl um Nachkommen als auch um Seitenverwandte des Familienoberhaupts. Ein wesentlicher Grund für die Entstehung dieser hochkomplexen Familienkonstellationen dürfte das in weiten Gebieten Rußlands übliche System der periodischen Umverteilung des Gemeindelands gewesen sein. Bei der Berechnung der Anteile wurde nämlich von der Anzahl der verheirateten Männer pro Haus ausgegangen.

Sehr umfangreiche Familienverbände mit komplexer Struktur sind für den osteuropäischen Raum auch aus dem Baltikum nachgewiesen. Zwei Beispiele aus Estland von 1683 und aus Litauen von 1797 zeigen einen Anteil von 41 bzw. 64% Familien, die um zwei oder mehr Ehepaare gruppiert sind. Dazu kommen je 11% um Verwandte erweiterte Familien. Ein Zusammenleben von Angehörigen dreier Generationen ist bei 26 bzw. 43% dieser Hausgemeinschaften gegeben. Auch hier spielt neben der linealen die laterale Erstreckung der Familien eine große Rolle. Besonders bemerkenswert erscheint die Häufigkeit verheirateter Knechte, die ein familiales Subsystem bilden. In sehr vielen Fällen handelt es sich bei ihnen wiederum um Verwandte des Hausherrn oder der Hausfrau.

Das wohl bekannteste und meist untersuchte Beispiel ländlicher Großfamilien ist die sogenannte Zadruga im Balkanraum. Sie kommt in Kroatien, Bosnien, Serbien, Montenegro, Albanien, Mazedonien und Bulgarien vor und stellte in historischen Zeiten in weiten Gebieten den vorherrschenden Familientypus dar. Bemerkenswert erscheint vor allem die ungewöhnliche Erweiterungsfähigkeit dieser Großfamilienform. Im 19. Jahrhundert wurden Zadrugas mit bis zu 80 Angehörigen beobachtet. Das war natürlich nicht der Regelfall. Hausgemeinschaften mit 20 bis 30 Mitgliedern aber kamen damals keineswegs selten vor. Nach einer Zählung von 1863 lebten in einer Reihe untersuchter Ortschaften 70-90% der Bevölkerung in Familien mit mehr als 6 Personen. Quantitative Daten über Zadrugas lassen sich bis zurück ins 14. Jahrhundert erheben. In einer Liste von 1330 finden sich in den typischen Großhaushalten 7 bis 11 erwachsene Männer, was etwa 16 bis 25 Familienmitgliedern entspricht. Die erwachsenen verheirateten Männer, um die sich die Großfamilie anordnete, gehörten prinzipiell zu einem patrilinearen Geschlechtsverband. Diese Rolle des Mannesstammes für die Familienzusammensetzung ist ein besonderes Strukturmerkmal der Zadruga und hat sicher mit dem ausgeprägten Ahnenbewußtsein zu tun, das sich bei den südslawischen Völkern findet.

Großfamilienformen waren auch in manchen Gebieten Ungarns stark verbreitet. Zwei Dörfer mit einem Anteil von 31 bzw. 32% an Dreigenerationenfamilien sowie 39 bzw. 36% an komplexen Familien mit mindestens zwei Kernen mögen dies für das ausgehende 18. und frühe 19. Jahrhundert illustrieren. Freilich finden sich im ungarischen Raum auch extreme Gegenbeispiele. Zwei Bevölkerungslisten aus der Mitte des 16. Jahrhunderts zeigen nur 2 bzw. 3% Dreigenerationenfamilien. Anderes Material aus späterer Zeit läßt ebenso auf sehr unterschiedliche Verhältnisse schließen.

Wenig Einheitlichkeit zeigt auch das bisher für Italien bearbeitete Material. Ländlichen Gemeinden mit nur 9 oder 11% komplexen Haushaltsgemeinschaften stehen drei Orte der Toskana mit den sehr hohen Werten von 44, 39 und 45% solcher Familienformen gegenüber. Diese Daten stammen aus dem 18. Jahrhundert. Nach dem »catasto« der Toskana von 1427 betrug der höchste Anteil an komplexen Familienformen in ländlichen Gebieten jedoch nur 20%.

Hinsichtlich der vorherrschenden Familienformen relativ gut dokumentiert ist der französische Raum. Es zeichnet sich hier immer deutlicher ab, daß in weiten ländlichen Gebieten Süd- und Mittelfrankreichs um Verwandte erweiterte bzw. komplexe Familientypen dominierten. Bei diesen handelt es sich keineswegs bloß um Dreigenerationenfamilien. Relativ häufig begegnet das Zusammenleben mehrerer verheirateter Brüder, die sogenannte »fréréche«. Hohe Anteile erreichen die komplexen Familien vor allem in Gebieten des Limousin, wo in manchen Gemeinden über 40% der Familien nicht mononuklear sind. Für die Entstehung von komplexen Familienformen in Süd- und Mittelfrankreich dürfte der grundherrschaftliche Einfluß sehr entscheidend gewesen sein. Auch das Vorherrschen des Einzelerbrechts wird als Erklärungsfaktor genannt.

Nördlich der Loire sind die Verhältnisse ganz anders. Hier dominiert eindeutig die Kernfamilie. So zeigen zwei Bevölkerungslisten aus dem 18. Jahrhundert 76 und 81% einfache Familienhaushalte ohne jede Erweiterung um Verwandte. Die komplexen Familienformen betragen nur 3 und 2%. Angehörige von drei Generationen leben bloß in 8 bzw. 5% der Familien zusammen.

Nordfrankreich gehört offenbar zu jener weiten Zone West- und Mitteleuropas, in der auch im ländlichen Raum bis weit zurück in vorindustrielle Zeit Mehrgenerationenfamilien eine relativ geringe Rolle gespielt haben. Am besten erforscht ist diesbezüglich England. In hundert Gemeinden, für die Bevölkerungslisten vom ausgehenden 16. bis ins 19. Jahrhundert untersucht wurden, stieg der Anteil der komplexen Familien nicht über 5%, der der erweiterten nicht über 20%. Für die Dreigenerationenfamilie wurde aus einem umfassenden Sample ein Durchschnittswert von 5,7% errechnet.

Für die Niederlande ergaben umfangreiche Untersuchungen ziemlich ähnliche Ergebnisse. Auch belgische Beispiele passen in dieses Bild. Für Deutschland liegen noch nicht sehr viele Analysen vor. Sie zeigen jedoch bisher keine grundsätzlich abweichenden Resultate. Daß die Zone, in der schon in vorindustrieller Zeit Mehrgenerationenfamilien relativ schwach vertreten waren, ganz Mitteleuropa durchzieht, wird durch die Verhältnisse in Österreich wahrscheinlich gemacht.

Das hier untersuchte Material ist ähnlich umfangreich wie das englische. Es reicht vom ausgehenden Mittelalter bis ins 20. Jahrhundert. Der Anteil von Familien, in denen Angehörige von drei Generationen zusammenleben, ist nach diesen Quellen ziemlich gering. Die höchsten Prozentsätze begegnen in Gebieten mit einer reichen Bauernschaft. Die Beobachtung, daß das Zusammenleben mit den alten Eltern bzw. mit Verwandten schichtspezifisch sehr unterschiedlich ist, trifft sich mit den Ergebnissen von Untersuchungen aus anderen Räumen. In ländlichen Unterschichten fehlen Dreigenerationenfamilien fast völlig. Ziemlich klar ergibt sich aus dem österreichischen Material, daß der Anteil von komplexen und erweiterten Familien mit zunehmender Zentralität einer Siedlung sinkt. In Städten ist er minimal. Auch dieser Stadt-Land-Unterschied ist eine generelle Erscheinung, die durch parallele Untersuchungen aus anderen Gebieten bestätigt wird. Trotz der relativ geringen Zahl komplexer und erweiterter Familien ergeben sich aus den österreichischen Quellen mitunter recht hohe durchschnittliche Personenzahlen pro Haus bzw. Haushalt. Das ist vor allem aus dem ziemlich hohen Gesindeanteil zu erklären.

Soweit die bisherigen Forschungen allgemeine Aussagen im europäischen Vergleich zulassen, kann gesagt werden, daß mehrgenerationale und sonstige um Verwandte erweiterte Familientypen schon in vorindustrieller Zeit in weiten Gebieten West- und Mitteleuropas relativ selten waren. Dies wird vor allem im Gegensatz zu den Verhältnissen in Ost- und Südosteuropa deutlich. Sicher ist es ein Problem, inwieweit Prozentsätze in Einzellisten über das Vorherrschen bestimmter Familienstrukturen Aufschluß geben können. Personenstandserhebungen stellen gleichsam Momentaufnahmen dar. Familienstrukturen werden aber erst im Ablauf des Familienzyklus voll sichtbar. Die Überlegung, daß Dominanz einer Familienstruktur nicht bedeuten könne, die gesamte Bevölkerung eines bestimmten Gebiets müsse zum Zeitpunkt der Personenstandserhebung in derartigen Familienkonstellationen leben, ist sicher richtig, ebenso der Hinweis, daß die Zusammensetzung aus Angehörigen von drei Generationen von den jeweiligen Phasen des Familienzyklus abhänge. So werden etwa in Familien von Jungbauern knapp nach der Hofübergabe viel häufiger Eltern oder Elternteile zugegen sein als in Familien von Bauern zwischen 50 und 60. Daraus den Schluß zu ziehen, daß auch bei geringem Anteil von Mehrgenerationenfamilien in Einzellisten für eine Population von Stammfamilienstruktur gesprochen werden könne, erscheint aber wohl auch nicht gerechtfertigt. Eine einzelne Personenstandserhebung zeigt eben in einem einigermaßen repräsentativen Querschnitt, wie zahlreich und damit auch wie dauerhaft in der betreffenden Bevölkerung Familienzyklusphasen auftreten, in denen Angehörige mehrerer Generationen zusammenleben. In Gesellschaften, in denen das Haus in der Familie weitergegeben wird, ist es an und für sich naheliegend, daß es zu einer gemeinsamen Lebensphase eines jungen Paares mit zumindest einem Elternteil kommt. Solche Konstellationen können sicher nicht bei sehr hohem und sehr niedrigem Anteil in gleicher Weise als Zeichen von Stammfamilienstruktur gewertet werden. In weiten Gebieten Mittel- und Westeuropas war in bäuerlichen Familien die Phase des Zusammenlebens der Generationen relativ kurz und relativ selten. Ein dauerhaftes Nebeneinander, wie wir es in anderen Räumen finden, wurde hier offenbar nicht angestrebt, wohl sogar bewußt vermieden. Das ist das entscheidende Strukturmerkmal, das es zu erklären gilt.

Von den Ablaufphasen des Familienzyklus her gesehen scheint hinsichtlich des Zusammenlebens von Angehörigen dreier Generationen noch eine andere Differenzierung angebracht. Um Stammfamilienformen im engeren Sinn handelt es sich, wenn in einer Mehrgenerationenfamilie die Autoritätsposition in der ersten Generation liegt. Die Angehörigen der zweiten und dritten unterstehen dann der hausherrlichen Gewalt des Patriarchen. Dies ist etwa bei linear erstreckten Formen der Zadruga der Fall, ebenso auch in manchen Gebieten Südfrankreichs. Eine andere Form der Dreigenerationenfamilie erscheint durch das bäuerliche Ausgedinge charakterisiert. Die Einrichtung des Ausgedinges findet sich in Mittel- und Westeuropa weit verbreitet – von Irland bis in die Sudetenländer, von Norwegen bis in den Alpenraum. Wo der Altbauer bzw. dessen Frau bereits im Ausgedinge lebt, liegt die familiale Autoritätsposition in der mittleren Generation. Das bedeutet aber gegenüber der eigentlichen Stammfamilienstruktur einen wesentlichen Unterschied, der in der Diskussion über historische Großfamilienformen häufig vernachlässigt wird. Von der Personenkonstellation her besteht etwa die markante Differenz, daß bei diesem Typus vielfach nur die überlebende Mutter die erste Generation bildet, während bei der Stammfamilienstruktur der Hausvater an der Spitze der Generationenfolge steht. Für die Art der innerfamilialen Beziehungen erscheint es besonders bedeutungsvoll, daß in der Stammfamilie der schon erwachsene und verheiratete Sohn der hausväterlichen Gewalt unterworfen ist, ebenso die Schwiegertochter. Bei den in Mittel- und Westeuropa hauptsächlich verbreiteten Formen der Dreigenerationenfamilie kommt es in der Regel nicht zu solchen Abhängigkeitsverhältnissen. Dafür kann bei ihnen das Zusammenleben mit den alten Eltern belastet sein. Die Situation der Altbauern im Ausgedinge ist ja keineswegs durchgehend so glücklich zu denken, wie das in idealisierenden Bildern von der Altenversorgung in der bäuerlichen Hausgemeinschaft vielfach dargestellt wird.

Den entscheidenden Unterschied zwischen den beiden Grundtypen der Mehrgenerationenfamilie bildet also die Möglichkeit, die Hausherrenposition noch zu Lebzeiten an den Nachfolger zu übergeben. Diese Ablöse ist vor allem für die bäuerliche Bevölkerung von Bedeutung. Die Einrichtung des Ausgedinges hat ursprünglich ökonomische Wurzeln. Sie soll die Wirtschaftsführung durch einen Hausherrn garantieren, der im Vollbesitz seiner körperlichen Kräfte ist. Das liegt vor allem im Interesse des Grundherrn. Er will im Hinblick auf die Abgabenleistung eine geordnete Wirtschaftsführung sichergestellt haben. Inwieweit sich Altenteilsregelungen in einem Gebiet durchsetzen, hängt freilich von vielfältigen Faktoren ab: Etwa von den lokalen Erbrechtsgewohnheiten: bei geschlossener Güterfolge ist das Ausgedinge viel häufiger als bei Freiteilbarkeit; von der Gutsgröße: bei Großbauern kann der Hof leichter und früher übergeben werden als bei mittleren und kleineren; von der lokalen Wirtschaftsweise, von der Agrarkonjunktur etc. Dadurch kommt es zu vielfachen Differenzierungen, die die Häufigkeit des Auftretens bäuerlicher Mehrgenerationenfamilien stark beeinflussen.

Die Einrichtung des Ausgedinges reicht in Mittel- und Westeuropa bis weit ins Mittelalter zurück. Durch den Industrialisierungsprozeß wurde sie in ihrer Bedeutung nicht im geringsten gemindert. Er war für sie ohne Einfluß. Das Schlagwort von der »vorindustriellen Großfamilie« könnte also bestenfalls so verstanden werden, daß – durch die Industrialisierung mitbedingt – der Anteil der Agrarbevölkerung und damit auch der für sie typischen Familienformen zurückging. Freilich läßt sich feststellen, daß gerade im Industrialisierungszeitalter der Anteil der Dreigenerationenfamilien anstieg. Die Ursache dieses Phänomens liegt allerdings nicht in Veränderungen der Erwerbsstruktur. Der bewirkende Faktor ist vielmehr die in dieser Zeit ansteigende Lebenserwartung. Sie hatte nicht nur in ländlichen Gegenden eine Zunahme der Ausgedingefamilien zur Folge, sondern ließ auch in manchen Städten und Industriegebieten den Anteil von Dreigenerationenfamilien anwachsen.

Demographische Bedingungen

Der Faktor Lebenserwartung führt uns zu der Frage, wieweit denn in vorindustrieller Zeit überhaupt von den demographischen Voraussetzungen her in West- und Mitteleuropa die Möglichkeit für ein längeres Zusammenleben in Dreigenerationenfamilien bestand. Die dafür entscheidenden Daten sind einerseits eben die durchschnittliche Lebenserwartung, andererseits der Generationenabstand gegenüber dem den Haushalt übernehmenden Kind. Für letzteren sind wiederum das durchschnittliche Heiratsalter, die Geburtenfolge, die Überlebenschancen der Kinder sowie die spezifischen Erbrechtsgewohnheiten maßgeblich.

Die durchschnittliche Lebenserwartung ist in Mitteleuropa im letzten Jahrhundert um 30 Jahre gestiegen, bei den Männern von 35 auf 65, bei den Frauen von 38 auf 68. Mit diesen Zahlen ist freilich in unserem Falle nichts anzufangen, da sie durch die hohe Kindersterblichkeit zustande kommen. Für die Frage eines möglichen Zusammenlebens von Angehörigen mehrerer Generationen ist nur das mittlere Sterbealter der Verheirateten von Interesse. Es lag beispielsweise in Frankreich im 16. und 17. Jahrhundert zwischen 55 und 60 Jahren. Das durchschnittliche Heiratsalter war gleichzeitig im Norden des Landes etwa 25-30 Jahre. Es lag bei Männern etwas höher als bei Frauen. Nähme man an, daß bereits nach einem Ehejahr ein Kind zur Welt kommt, dieses Kind ein Sohn ist, überlebt, als Erbe im väterlichen Haus bleibt und selbst wiederum nach einem Ehejahr Vater wird, so bestünde selbst in diesem Fall also nur für relativ kurze Zeit die statistische Möglichkeit, daß Großvater, Vater und Kind in einem gemeinsamen Haushalt wohnen. Eine solche Berechnung berücksichtigt allerdings nicht, daß eine Reihe zusätzlicher Faktoren die tatsächlichen Generationenabstände bedeutend erhöhen konnten. Zunächst ist die hohe Sterblichkeit von Kindern und Jugendlichen zu bedenken. In Frankreich erreichten damals nicht viel mehr als die Hälfte der Geborenen ihr 20. Lebensjahr. Meist überlebte also erst das zweite oder dritte Kind. Der Abstand zwischen den einzelnen Geburten ist jedoch in der Landbevölkerung ebenso wie in den städtischen Mittel- und Unterschichten mit etwa zwei Jahren anzunehmen. Auf die Gründe für eine schnellere Geburtenfolge in den Oberschichten wird noch zurückzukommen sein. Im Hinblick auf die höhere Säuglingssterblichkeit bei Knaben war die Chance, daß es sich beim ersten überlebenden Kind um einen Knaben handelte, unter 50 Prozent. Diese Verzögerungsfaktoren muß man nun bei der Frage nach der Möglichkeit eines Zustandekommens von Dreigenerationenfamilien dupliziert sehen. Dazu kommt noch, daß in vielen ländlichen Gegenden nicht der älteste, sondern der jüngste Sohn erbte. Bei einer solchen Minoratserbfolge ist dann der Generationenabstand auf den jüngsten Sohn einzukalkulieren. Gegenüber dem jüngsten Sohn ergab sich aber seitens des Vaters meist ein weit größerer Altersunterschied als heute. Der Abstand zwischen Erst- und Letztgeborenem betrug häufig bis zu 20 Jahren und darüber. Die Kinder stammten gerade im bäuerlichen Milieu vielfach aus mehreren Ehen des Vaters. Die Wiederverehelichung nach dem Tod der Frau war hier eine wirtschaftliche Notwendigkeit. Überhaupt haben Zweit- und Drittehen in der alteuropäischen Gesellschaft eine viel größere Rolle gespielt als heute – trotz des Fehlens der Scheidungsmöglichkeit. Das Motiv der bösen Stiefmutter in unseren Märchen hat in diesem Heiratsverhalten seine Grundlage. Gegenüber der zweiten oder dritten Frau bestand seitens des Mannes fast immer ein bedeutender Altersunterschied, so daß sie ihn in der Regel um einiges überlebte. Bei den in Dreigenerationenhaushalten mitlebenden Angehörigen der Großelterngeneration handelte es sich vielfach um solche Witwen nach einer Zweit- oder Drittheirat, die dann mit dem Hausherrn und seiner Familie mitunter gar nicht blutsverwandt waren.

Das europäische Heiratsverhalten

Die Überlegungen, die an Hand demographischer Daten zur Frage der Möglichkeit eines Zustandekommens von Mehrgenerationenfamilien angestellt wurden, sind einerseits von biologischen, andererseits von sozialen Voraussetzungen ausgegangen. Unter den letzteren ist das Heiratsalter die zentrale. Über das durchschnittliche Alter zum Zeitpunkt der ersten Eheschließung in der alteuropäischen Gesellschaft herrschen vielfach irrige Vorstellungen. Allzusehr ist unser diesbezügliches Bild von den Fürstenhochzeiten geprägt, bei denen freilich ganz andere Faktoren mitspielten als bei der Masse der Bevölkerung. Politische Allianzen wurden durch Eheverabredungen abgesichert, bei denen die Betroffenen vielfach noch Kinder waren. Auch die tatsächliche Eheschließung erfolgte unter diesem Aspekt oft schon sehr früh. Ökonomische Hindernisse standen ihr nicht entgegen. Die Sicherung des Fortbestandes der Dynastie stellte ein anderes Motiv für frühzeitige Verehelichung dar. Solche Motive aber spielten nur bei den Herrscherhäusern eine derart gewichtige Rolle. Bereits in der adeligen Oberschicht finden wir in der Regel ein ganz anderes Heiratsverhalten. Literarische Zeugnisse vermitteln hier manchmal ein ganz falsches Bild. Wenn in Shakespeares »Romeo und Julia« die Lady Capulet zu ihrer vierzehnjährigen Tochter sagt:

»Well, think of marriage now; younger than you, here in Verona, ladies of esteem, are made allready mothers: by my count I was your mother much upon these years that you are now a maid«, so handelte es sich dabei keineswegs um ein typisches Muster des Heiratsverhaltens in der vorindustriellen Welt. Die Bauern, Handwerker, Kaufleute, zu einem Großteil auch die Adeligen heirateten damals keineswegs im Durchschnitt früher als die Menschen der modernen Industriegesellschaft. Im Gegenteil, im großen und ganzen war ein bedeutend späterer Heiratstermin üblich. Das gilt jedenfalls für jene Gebiete Mittel- und Westeuropas, in denen die Mehrgenerationenfamilie selten auftritt. So ergab ein Sample ausgewählter englischer Gemeinden aus der Zeit zwischen dem ausgehenden 16. und dem ausgehenden 18. Jahrhundert, daß in der Altersgruppe der 20-24jährigen nur 16% der Männer und 18% der Frauen verheiratet waren. Für die Altersgruppe der 25-29jährigen betrugen die Vergleichswerte 46 und 50%. Eine Reihe österreichischer Beispiele aus dem 17. und 18. Jahrhundert zeigt für die Gruppe der Männer zwischen 20 und 24 Jahren nirgends mehr als 13% Verheiratete, meist unter 10%, für die gleichaltrigen Frauen in einem einzigen Fall 30%, sonst fast durchgehend unter 20%. Für Nordfrankreich ergaben Analysen der Pfarrmatrikeln ländlicher Gemeinden für die vorindustrielle Zeit Durchschnittswerte von etwa 25 Jahren für das Heiratsalter der Frauen, etwas darüberliegend für das der Männer. In Südfrankreich – einem Verbreitungsgebiet komplexer Familienformen – liegen die Vergleichswerte tiefer. Besonders auffallend ist jedoch der Kontrast zu Südost- und Osteuropa. In Belgrad waren 1733/4 in der Altersgruppe der 20-24jährigen bereits 33% der Männer und 92% der Frauen verheiratet. Auf jener Domäne in der großrussischen Provinz Rjasan, wo Familien mit so auffallender Generationentiefe anzutreffen waren, lag das Heiratsalter besonders tief. Von den Männern heiratete der höchste Prozentsatz schon mit 16, von den Frauen bereits mit 15 Jahren. Es kommt in diesen Zahlen ein grundlegender Unterschied im Heiratsverhalten zum Ausdruck, der sich bis in neuere Zeit zwischen den Ländern West- und Mitteleuropas einerseits, Ost- und Südosteuropas andererseits verfolgen läßt. Das west- und mitteleuropäische Heiratsmuster, vereinfachend »European marriage pattern« bezeichnet, ist weltweit einzig dastehend, das ost- und südosteuropäische hingegen entspricht viel stärker den außereuropäischen Verhältnissen. Mit dem ersteren korrespondiert ein Vorherrschen der Zweigenerationenfamilie, mit dem letzteren eine Tendenz zu größeren Familienverbänden unter Einschluß mehrerer verheirateter Paare.

Erweiterte Familienformen als Problem der Nahrungssicherung

Derartige Unterschiede im Heiratsalter lassen sich nun gewiß nicht durch differenzierte physiologische Entwicklung – früheres oder späteres Eintreten der Geschlechtsreife –, sondern nur durch soziale Faktoren erklären. Sicherlich gab und gibt es hinsichtlich des Eintretens in die Pubertätsphase starke regionale Altersunterschiede. Es läßt sich dabei jedoch keine Beziehung zu niedrigerem oder höherem Heiratsalter erkennen. Deutliche Zusammenhänge ergeben sich hingegen zwischen durchschnittlichem Heiratsalter und Generationentiefe der jeweils vorherrschenden Familienformen. Sie erwecken den Eindruck, daß in weiten Gebieten West- und Mitteleuropas durch hinaufgesetztes Heiratsalter ein Nebeneinander von Angehörigen dreier Generationen vermieden oder jedenfalls auf eine möglichst kurze Phase beschränkt werden sollte. Zwar bestand auch hier mit der Einrichtung des Ausgedinges ein struktureller Ansatzpunkt für Mehrgenerationenfamilien, solche Formen des Zusammenlebens aber waren keineswegs angestrebtes Ziel. Für die bäuerliche Wirtschaft bedeutete das Ausgedinge stets eine außerordentliche Belastung, die – wenn möglich – vermieden wurde. Das gilt jedenfalls für die Besitzer kleiner und mittlerer Güter. Die notwendige Folge eines solchen Verhaltens war ein relativ hohes Heiratsalter. Häufig mußte der Erbe mit der Eheschließung bis zum Tod des Altbauern warten. Der ursächliche Zusammenhang zwischen geringem Anteil von Dreigenerationenfamilien und hohem Heiratsalter ist also wohl so zu sehen, daß aus ökonomischen Gründen ein Zusammenleben von mehr als zwei Generationen unerwünscht oder unmöglich war und deshalb der Zeitpunkt der Eheschließung dementsprechend aufgeschoben wurde.

Wenn es zutrifft, daß das weitgehende Fehlen von Großfamilien – sowohl Dreigenerationenfamilien als auch komplexen Familien – in einer breiten Zone quer durch Mittel- und Westeuropa durch die begrenzte Belastbarkeit der Güter bedingt war, so sind Vermutungen über den Ursprung dieser spezifischen Situation erlaubt. Gewisse Grenzen des Nahrungsspielraums für die Einzelfamilie mußten in diesem Gebiet schon in jener Zeit entstanden sein, in der seine Agrarstruktur am nachhaltigsten geprägt wurde: nämlich der Phase der großen hochmittelalterlichen Kolonisationsbewegung. Sie ist wirtschaftlich durch einen Prozeß der »Vergetreidung«, in der Siedlungsweise durch einen Prozeß der »Verdorfung« charakterisiert. Abgesehen von den Gebirgsregionen kam es damals allgemein zu einer Intensivierung des Ackerbaus. Grundlegend dafür war die Verbreitung der Dreifelderwirtschaft. Sie ging zumeist Hand in Hand mit neuen Flurformen, nämlich den sogenannten Gewannfluren mit ihrer strengen Zuordnung bestimmter Parzellen zu den einzelnen Hofstellen des Dorfes. Planmäßige Dorfanlagen korrespondieren mit dieser Entwicklung. Durch die Siedlungsverdichtung kam es zu einem starken Bevölkerungszuwachs. Alle diese Gegebenheiten scheinen sich auf die Größe bäuerlicher Hausgemeinschaften ausgewirkt zu haben. Die zum Hof gehörigen Gründe konnten nur mehr einer beschränkten Personenzahl den Unterhalt sichern. Eine beliebige Erweiterung der von einer Besitzeinheit lebenden Gruppe war ausgeschlossen. Großfamilienverbände in einem Umfang, wie sie etwa in der Zadruga der südslawischen Völker vorkommen, waren jedenfalls bei dem eng begrenzten Nahrungsspielraum dieser intensiven Form des Ackerbaus völlig unmöglich. Nun ist es auffallend, daß die tiefgreifende Umwandlung der Agrarstruktur, wie sie durch die hochmittelalterliche Kolonisationsbewegung bewirkt wurde, gerade jenen Raum erfaßte, in dem sich das »European marriage pattern« und die ihm entsprechenden Familienformen ausbildeten. Die ländlichen Gebiete Ost- und Südosteuropas wurden von dieser Siedlungsbewegung nicht erfaßt. Hier kam es daher damals auch nicht zu einer derart einschneidenden Veränderung der ländlichen Lebensbedingungen. Ältere, weniger intensive Bewirtschaftungsformen blieben weiter erhalten.

Land und Stadt

Bisher war vornehmlich von den Entstehungsbedingungen mehrgenerationaler und komplexer Familienformen bei Bauern die Rede. Für eine Gesellschaft, in der der größte Teil der Bevölkerung von der Bodenbewirtschaftung lebt, kommt ihnen auch besondere Bedeutung zu. Freilich gab es in Agrargesellschaften auch unterbäuerliche Schichten, bei denen die Voraussetzungen der Familienstruktur ganz andere waren. Die Einrichtung des Ausgedinges fehlte bei ihnen. Weder die räumlichen Gegebenheiten noch die materiellen Ressourcen ließen in der Regel ein Zusammenleben von Angehörigen mehrerer Generationen zu. Zusätzliche Erwerbsquellen aus gewerblich-industriellen Tätigkeiten ermöglichten mitunter frühere Heirat und größere Familiengemeinschaften. Solche Sonderentwicklungen waren jedoch die Ausnahme. Im allgemeinen erweisen sich ländliche Unterschichten nicht als Verbreitungsgebiet von Großfamilienformen.

In der Stadtbevölkerung begegnen in vorindustrieller Zeit erweiterte Familienformen im wesentlichen nur in einer schmalen Oberschicht von Adeligen, Patriziern und reichen Kaufleuten. Und auch hier werden die im Durchschnitt größeren Haushaltgemeinschaften primär durch das Dienstpersonal bewirkt. In der breiten Masse der Gewerbetreibenden waren mehrgenerationale und komplexe Familienformen nur ganz schwach vertreten. Anders als im bäuerlichen Familienbetrieb gab es im handwerklichen die Einrichtung des Ausgedinges nicht. Eine Erweiterung der Kernfamiliengruppe erfolgte hier im wesentlichen durch Gesellen, Lehrlinge und Dienstboten, nicht aber durch mitlebende Verwandte. In städtischen Unterschichten fehlten auch solche Familienformen. Dafür spielte hier das Zusammenleben mit anderen nichtverwandten Personen eine größere Rolle.

Von einer Dominanz der Großfamilie als Lebensgemeinschaft mehrerer Generationen kann im Hinblick auf diese Situation für die vorindustrielle Zeit sicher nicht gesprochen werden. Auch unter Beschränkung auf das bäuerliche Milieu ist diese Vorstellung für weite Gebiete West- und Mitteleuropas unzutreffend. Wenn Bevölkerungslisten aus älterer Zeit mitunter größere Haushaltsgemeinschaften ausweisen, so handelt es sich dabei um eine Vielfalt verschiedener familialer Konstellationen – keineswegs nur solche mit Verwandten. Die einseitige Konzentration der Fachdebatte auf die Frage Stammfamilie oder Kernfamilie hat den Blick auf diese Formenvielfalt weitgehend verstellt. Im Zeitalter der Industrialisierung haben solche Formen des familialen Zusammenlebens wesentliche Veränderungen erfahren – freilich nicht nur durch den Prozeß der Industrialisierung selbst bedingt.

In vorindustrieller Zeit war die fast ausschließliche Produktionsgemeinschaft die Familie selbst. Das gilt in gleicher Weise für die Landwirtschaft wie für das Handwerk. Großbetriebliche Formen der Arbeitsorganisation gab es im wesentlichen nur im Montanwesen und im Baugewerbe. Als Familien ohne Produktionsfunktion sind freilich bis weit zurück in vorindustrielle Zeit die vielen ländlichen und städtischen Taglöhner zu bedenken. Durch die Entstehung industrieller Großbetriebe wurden Familien ohne Produktionsfunktion eine Massenerscheinung. In die gleiche Richtung wirkte auch die zunehmende Bürokratisierung. Die Familie als Produktionsgemeinschaft wurde von der Regel zur Ausnahme. Für ihre Zusammensetzung war diese Entwicklung von entscheidender Bedeutung. Die durch die Rollenverteilung in der gemeinsam geleisteten Arbeit gegebenen Bindungen fielen nun weg. Das betraf vor allem die Notwendigkeit der Heirat bei Übernahme des Haushalts bzw. der Wiederverehelichung nach dem Tod des Partners. Besonders im Bauernhaus, weitgehend aber auch im Handwerkerhaus, mußten die beiden zentralen Positionen des Hausherrn und der Hausfrau stets besetzt sein. Witwer und Witwen als Haupt der Familie waren selten. Witwenhaushalte finden sich hauptsächlich in Städten. Beachtenswert ist in diesem Zusammenhang der Unterschied zwischen den Inhabern des Hauses und den bei ihnen als Mieter oder in einem sonstigen Abhängigkeitsverhältnis lebenden Inwohnern, deren Zahl vor allem in den Städten hoch war. Solange man die Position des Hausherrn oder der Hausfrau innehatte, mußte man in der vorindustriellen Gesellschaft in der Regel verheiratet sein. Der Anteil von Zweit- und Drittehen in dieser Zeit erklärt sich daraus. Das verheiratete Paar als Kernstück – und damit ein Grundbestand von zwei Personen – war in den hausbesitzenden Familien der vorindustriellen Epoche im allgemeinen gegeben. Die heute so verbreiteten Einzelhaushalte fehlten weitgehend. Das dahinterstehende Phänomen des »Familienrests« war genauso wie die »unvollständige Familie« wenig verbreitet. Solche Formen beschränkten sich im wesentlichen auf die Gruppe der Inwohner. Nicht die Kernfamilie ist das Ergebnis der Industrialisierung bzw. parallel verlaufender Modernisierungsprozesse, sondern die zunehmende Möglichkeit der »unvollständigen Familie«, in der keine zwingende Notwendigkeit mehr besteht, die beiden zentralen Rollenträger immer wieder zu ersetzen. Die Entlastung der überwiegenden Mehrzahl der Familien von Produktionsfunktionen ist als Hintergrund dieser Entwicklung zu sehen.

Für familienwirtschaftliche Ordnungen – vor allem der Agrargesellschaft, zum Teil aber auch im städtischen Milieu – ist es charakteristisch, daß zumindest ein Kind als Erbe im Haus bleibt. Eltern-Kind-Gruppen erscheinen bei solchen Produktionsverhältnissen als die vorherrschende Familienkonstellation. Individuelle außerhäusliche Erwerbstätigkeit hat hingegen zur Folge, daß alle Kinder das Elternhaus verlassen – insbesondere dann, wenn entsprechende Möglichkeiten zu neolokaler Ansiedlung gegeben sind. Mit steigender Lebenserwartung verlängert sich für die Eltern die Phase des Zusammenlebens ohne Kinder. Auch die quantitative Zunahme solcher Ehepaare als »Restfamilien« ist ein bezeichnendes Charakteristikum der Familienentwicklung in neuerer Zeit, das u. a. auch mit dem Prozeß der Industrialisierung zusammenhängt.

Ein anderer Aspekt des Verlusts der Produktionsfunktionen ist der Rückgang bzw. Wegfall des Gesindes. Solange die Familie als Gemeinschaft bestimmte Arbeitsleistungen zu bewältigen hatte, war eine gewisse Konstanz der eingesetzten Arbeitskräfte erforderlich, die durch die Kinder des Hauses einerseits, die Knechte und Mägde andererseits sichergestellt wurde.

Gesinde und Familiengröße

Der Anteil des Gesindes an den einzelnen Hausgemeinschaften wie an der Gesamtbevölkerung war in vorindustrieller Zeit recht beträchtlich. Er machte im Durchschnitt meist etwa 7 bis 15 Prozent aus. Gegen Ende des 19. und zu Beginn des 20. Jahrhunderts nahm er allgemein stark ab. Die Reduktion des Gesindes ist ein wichtiges Moment für den Rückgang der durchschnittlichen Haushaltsgröße in neuerer Zeit.

Die Möglichkeit der Verehelichung gab es erst nach der Beendigung des Gesindestatus. Verheiratete Knechte und Mägde, die mit ihren Kindern in der Familie des Dienstgebers lebten, haben sich bei der Untersuchung neuzeitlicher Quellen aus Mittel- und Westeuropa nur ganz selten gefunden. Die Dauer des Gesindedienstes hängt also mit dem durchschnittlichen Heiratsalter zusammen. Einige diesbezüglich errechnete Daten scheinen wiederum auf wesentliche strukturelle Unterschiede zwischen Mittel- und Westeuropa einerseits, Osteuropa andererseits zu deuten. Das niedrigere Heiratsalter korreliert dort mit einer geringeren Zahl an Gesinde, vor allem an weiblichem Dienstpersonal. Dem charakteristischen europäischen Heiratsverhalten entspricht offenbar auch eine längere Phase des Gesindedienstes. Dienst aber ist in der alteuropäischen Gesellschaftsordnung stets zugleich auch Ausbildung. Die Auswirkungen des spezifischen »European marriage pattern« auf die Dauer von Dienst und Ausbildung könnten so in umfassendere soziokulturelle Zusammenhänge der gesamten west- und mitteleuropäischen Sonderentwicklung eingeordnet werden.

Großfamilie durch Kinderreichtum?

Zu Fehleinschätzungen der vorindustriellen Familiengröße kam es auch aufgrund irriger Klischeevorstellungen über den Kinderreichtum der Zeit. Bekannte Bilder aus dem Familienleben von Herrscherpersönlichkeiten – etwa Maria Theresia im Kreis ihrer Kinderschar – vermitteln diesbezüglich einen völlig falschen Eindruck. Ebenso täuschen die Geburtenfolgen von Stammtafeln und Genealogien – hier übrigens durchaus auch des bürgerlichen und bäuerlichen Milieus – über die Zahl der tatsächlich in der Familie lebenden Kinder. Die von Bildern so geläufigen Verhältnisse der Oberschicht sind insofern nicht repräsentativ, als statistische Untersuchungen zu dem erstaunlichen Resultat geführt haben, daß die Geburtenabstände in diesen Bevölkerungsgruppen bedeutend geringer waren als etwa bei Bauern und Handwerkern. Man bringt dieses Phänomen damit in Zusammenhang, daß es in den Oberschichten im 17. und 18. Jahrhundert nicht üblich war, die Kinder selbst zu stillen. Die Auswirkung der Ammenhaltung waren raschere Geburtenfolgen. Ob der durchschnittliche Geburtenabstand von etwa zwei Jahren in der breiten Masse der Bevölkerung dann durch geringere Empfängnisfähigkeit oder durch Enthaltsamkeit in der Laktationsperiode zu erklären ist, sei dahingestellt. Bedingt durch die verzögerte Geburtenfolge und durch das relativ hohe Heiratsalter brachte damals etwa eine Bauernfrau, wenn sie das Ende ihrer individuellen Fruchtbarkeitsperiode überhaupt erlebte, kaum mehr als acht Kinder zur Welt.

Bedenkt man die hohe Rate der Säuglings- und Kindersterblichkeit, so darf man vielleicht bei vier oder fünf mit dem Überleben rechnen. Bei einem frühen Tod der Frau kamen dann freilich noch die Kinder aus Zweit- oder Drittehen dazu. Die genealogische Kinderzahl entspricht aber auch in anderer Hinsicht nicht der sozialen. Söhne wurden oft schon mit 10 oder 12 Jahren, manchmal bereits noch früher aus dem Haus gegeben. Töchter traten zumeist erst etwas später in den Gesindedienst.

Zum Zeitpunkt der Geburt der jüngeren Kinder waren also die älteren vielfach gar nicht mehr im Haus. Unterschiede sind diesbezüglich zwischen Bauern und Handwerkern zu beachten. Während am Bauernhof der Arbeitskräftebedarf primär durch die eigenen Kinder gedeckt wurde, so daß es hier tatsächlich zu höheren Zahlen mit den Eltern zusammenlebender Kinder kam, war dies bei städtischen Gewerbetreibenden nicht der Fall. Überhaupt ist im städtischen Milieu bereits in vorindustrieller Zeit mit geringeren Kinderzahlen zu rechnen. Die zunehmende Verstädterung und der Rückgang des bäuerlichen Anteils an der Gesamtbevölkerung haben also sicher auch über die Verringerung der durchschnittlichen Kinderzahl auf die Reduktion der Familiengröße gewirkt – freilich nicht in dem Maße, wie das vielfach vermutet wird.

Die Vorstellung vom großen Kinderreichtum älterer Zeiten hat einen ähnlichen realen Hintergrund wie die Vorstellung von der generellen Altenversorgung im Rahmen von Mehrgenerationenfamilien. Genauso wie mit steigender Lebenserwartung im 19. Jahrhundert die Zahl der bäuerlichen Ausgedinge in manchen Gegenden sprunghaft angestiegen ist und dadurch diese Einrichtung auch quantitativ für die Altenversorgung größere Bedeutung gewann, genauso ist damals mit dem Rückgang der Kindersterblichkeit bei gleichbleibendem generativem Verhalten die Zahl der überlebenden Kinder stark angewachsen. Zugleich führten allgemeine Schulpflicht und verminderte Möglichkeiten des Gesindedienstes zu einem längeren Verbleiben im Elternhaus. Diese relativ großen Zahlen mit den Eltern zusammenlebender Kinder sind jedoch eine Übergangserscheinung. Für die gesamte vorindustrielle Zeit waren sie sicher nicht charakteristisch. Sich auf sie als »natürliche« Konstante des »gesunden« Familienlebens zu berufen und damit geringere Kinderfreudigkeit in der Gegenwart moralisch zu diskriminieren, ist genauso ideologisch wie die Ableitung sozialpolitischer Modelle der Altenversorgung im Familienverband aus der in vorindustrieller Zeit angeblich allgemein verbreiteten Großfamilie.

Tendenzen der Strukturveränderung

Überblickt man die skizzierten Wandlungsprozesse, so läßt sich sagen, daß es tatsächlich im Lauf der neueren historischen Entwicklung zu gewissen Veränderungen der Familiengröße gekommen ist, allerdings zu keinen besonders einschneidenden. Als Hintergrund dieser Veränderungen sind neben der Industrialisierung auch noch andere, zum Teil schon viel früher einsetzende Modernisierungsprozesse wie Urbanisierung und Bürokratisierung zu sehen. Das entscheidende Moment des Wandels wird freilich mit der rein quantitativen Erscheinung abnehmender Familiengröße völlig unbefriedigend erfaßt. Wesentlich ist vielmehr die Veränderung der personellen Zusammensetzung, hinter der wiederum Prozesse des Funktionswandels der Familie stehen. Von einer allgemeinen Entwicklung von der Großfamilie zur Kleinfamilie kann nicht gesprochen werden – schon gar nicht im Sinne familiensoziologischer Evolutionsmodelle, die eine generelle Abfolge von mehrgenerationalen Verwandtschaftsverbänden zur isolierten Kernfamilie annehmen. Einerseits sind die größeren Hausgemeinschaften älterer Zeiten durch andere Strukturmerkmale bestimmt, etwa durch das Zusammenleben mit dem Gesinde oder sonstigen nichtverwandten Mitbewohnern. Andererseits ist die »vollständige« Kernfamilie in der Gegenwart keineswegs die allein bestimmende Familienkonstellation. Zu bedenken sind neben ihr etwa die verschiedenen Formen der »unvollständigen« Familie, die Einzelhaushalte als Familienreste oder die unverheiratet zusammenlebenden Paare.

Insgesamt ist zur Gegenwart hin der Spielraum möglicher Formen des familialen Zusammenlebens weiter geworden. Durch die Abgabe verschiedener Familienfunktionen sind auch die durch sie bewirkten Bindungen hinsichtlich der Familienzusammensetzung weggefallen. Besonders wichtig ist diesbezüglich die Funktionsentlastung der Familie als Produktionsgemeinschaft. Die Werthaltungen der Gesellschaft haben freilich diesen Wandlungsprozessen weitgehend nicht entsprechend Rechnung getragen. Gerade von den in historischen Familienformen gegebenen Zwängen der Rollenergänzung wurde das gesellschaftliche Bewußtsein nachhaltig beeinflußt. Die Beurteilung unverheiratet oder kinderlos bleibender Personen ist beispielsweise unter diesem Aspekt zu sehen. In einer Welt, in der die Rolle des Hausherrn und der Hausfrau notwendig mit der Verehelichung verbunden war, ledige und verwitwete Personen hingegen im allgemeinen in einem Verhältnis der Abhängigkeit lebten, erscheint das höhere Prestige der Verheirateten verständlich. Solches Denken auf die Verhältnisse der Gegenwart zu übertragen und etwa die ledige berufstätige Frau danach einzuschätzen, ist völlig anachronistisch. Die hohe Bewertung der Fruchtbarkeit in einer dominant agrarischen Gesellschaft hat durchaus einen funktionalen Hintergrund. Ungewollte oder gewollte Kinderlosigkeit heute noch genauso zu beurteilen, geht an den inzwischen eingetretenen tiefgreifenden Veränderungen der Familienfunktionen vorbei. Auch die höhere Einschätzung von Söhnen wie überhaupt das bis in die Gegenwart hinein weit verbreitete Stammhalterdenken gehören zu derartigen Bewußtseinsrelikten. Solche traditionellen Wertmaßstäbe zu übernehmen und weiterzugeben, ist sicher problematisch: Es führt zur Verfestigung überkommener Ungleichheiten. Und es hindert daran, den durch die historische Entwicklung gewonnenen Spielraum an Möglichkeiten der persönlichen Lebensgestaltung wie an Formen des Zusammenlebens voll zu nützen.

Norbert Elias
Zum Zusammenhang von Triebkontrolle und Familienform bzw. Gesellschaftsstruktur*

Auch der Prozeß der Zivilisation, die Umformung und in gewisser Hinsicht der Fortschritt der Bindungen, denen das Affektleben der Menschen unterworfen ist, geht Hand in Hand mit Befreiungen mannigfachster Art. Die Form der Ehe an den absolutistischen Höfen, symbolisiert durch die gleiche Anlage der Wohn- und Schlafräume für Mann und Frau in den Schlössern der höfischen Aristokratie, ist eines der vielen Beispiele dafür. Die Frau war hier freier von äußeren Zwängen als in der ritterlichen Gesellschaft. Aber der innere Zwang, der Selbstzwang, den sie sich entsprechend der Integrationsform und dem Verhaltenscode der höfischen Gesellschaft auferlegen mußte, und der den gleichen Aufbaueigentümlichkeiten dieser Gesellschaft, wie ihre »Befreiung« entsprang, war für die Frau wie für den Mann im Verhältnis zur ritterlichen Gesellschaft gewachsen.

Und Ähnliches zeigt sich, wenn man die bürgerliche Eheform des 19. Jahrhunderts mit der höfisch-aristokratischen des 17. und 18. vergleicht.

Das Bürgertum als Ganzes ist in dieser Zeit von dem Druck der absolutistisch-ständischen Gesellschafts-Verfassung befreit. Sowohl der bürgerliche Mann, wie die bürgerliche Frau ist nun all der äußeren Zwänge, denen sie als zweitrangige Menschen in der ständischen Gesellschaft unterworfen waren, enthoben. Aber die Handels- und Geldverflechtung, deren Fortschritt ihnen die gesellschaftliche Stärke zur Befreiung gegeben hatte, ist gewachsen. In dieser Hinsicht ist auch die gesellschaftliche Gebundenheit des einzelnen stärker als zuvor. Das Schema der Selbstzwänge, das den Menschen der bürgerlichen Gesellschaft im Zusammenhang mit ihrer Berufsarbeit auferlegt wird, ist in mancher Hinsicht von dem Schema, nach dem die höfischen Funktionen den Triebhaus-

* Auszüge aus: Norbert Elias, Über den Prozeß der Zivilisation. Soziogenetische und psychogenetische Untersuchungen. 1. Bd.: Wandlungen des Verhaltens in den weltlichen Oberschichten des Abendlandes, Basel 1939 und Frankfurt 1976 (= suhrkamp taschenbuch wissenschaft 158) S. 254-263.

halt modellieren, verschieden. Aber für viele Seiten des Affekthaushalts ist jedenfalls der Selbstzwang, den die bürgerlichen Funktionen, den vor allem das Geschäftsleben verlangt und produziert, noch stärker als der, den die höfischen Funktionen erforderten. Warum der Stand der gesellschaftlichen Entwicklung, warum, genauer gesagt, die Berufsarbeit, die mit dem Aufstieg des Bürgertums zur allgemeinen Lebensform wird, gerade eine besonders strenge Disziplinierung der Sexualität notwendig machte, ist eine Frage für sich. Die Verbindungslinien zwischen der spezifischen Modellierung des Triebhaushalts und dem Gesellschaftsaufbau des 19. Jahrhunderts müssen hier beiseite bleiben. Jedenfalls erscheint vom Standard der bürgerlichen Gesellschaft die Regelung der Sexualität und die Eheform, wie sie in der höfischen Gesellschaft vorherrscht, als äußerst lax. Die gesellschaftliche Meinung verurteilt nun ganz streng jede außereheliche Beziehung der Geschlechter; allerdings ist hier zum Unterschied von der höfischen Gesellschaft zunächst wieder die gesellschaftliche Stärke des Mannes größer als die der Frau, und das Durchbrechen des Tabus der außerehelichen Beziehung durch den Mann wird daher meist nachsichtiger beurteilt als das entsprechende Vergehen der Frau. Beider Durchbrüche aber müssen aus dem offiziellen, gesellschaftlichen Leben nun völlig ferngehalten werden; sie müssen zum Unterschied von denen der höfischen Gesellschaft nun ganz streng hinter die Kulissen in den Bereich des geheim Gehaltenen verlegt werden. Und das ist ganz gewiß nur eines der vielen Beispiele für das Stärkerwerden der Zurückhaltung, der Selbstzwänge, die der einzelne sich nun aufzuerlegen hat.

Der Prozeß der Zivilisation vollzieht sich keineswegs geradlinig. Man kann, wie es hier zunächst geschieht, den allgemeinen Trend der Veränderung herausarbeiten. Im einzelnen gibt es auf dem Wege der Zivilisation die mannigfachsten Kreuz- und Querbewegungen, Schübe in dieser und jener Richtung. Betrachtet man die Bewegung über größere Zeiträume hin, dann sieht man recht klar, wie sich die Zwänge, die unmittelbar aus der Bedrohung mit der Waffe, mit kriegerischer und körperlicher Überwältigung stammen, allmählich verringern und wie sich die Formen der Angewiesenheit und Abhängigkeit verstärken, die zu einer Regelung oder Bewirtschaftung des Affektlebens in der Form von Selbstzucht, von »self control«, kurzum von Selbstzwängen führen. Am geradlinigsten tritt diese Veränderung hervor, wenn man sie an den Männern der jeweiligen Oberschicht beobachtet, also in der Schicht, die zunächst von Kriegern oder, wie wir sie nennen, von Rittern, dann von Höflingen, dann von Berufsbürgern gebildet wird. Betrachtet man das ganze vielschichtige Gewebe des historischen Geschehens, dann sieht man, daß die Bewegung unendlich viel komplizierter ist. Es gibt in jeder Phase mannigfache Schwankungen; sehr oft begegnet man einem Vor- oder Zurückfluten der inneren und äußeren Bindungen. Und die Beobachtung solcher Schwankungen, besonders in der Nahsicht der eigenen Zeit, trübt leicht den Blick für den allgemeinen Trend der Bewegung. Ein solches Schwanken der Bindungen, die dem Triebleben des einzelnen, auch den Beziehungen von Frau und Mann, auferlegt sind, ist heute z. B. in aller Erinnerung; man hat den Eindruck, daß in der Zeit, die dem Kriege folgte, verglichen mit der Vorkriegszeit, das eingetreten ist, was man eine »Lockerung der Sitten« nennt. Eine Reihe von Bindungen, die dem Verhalten vor dem Kriege auferlegt waren, sind schwächer geworden oder ganz verschwunden. Manche Dinge, die ehemals verboten waren, sind nun erlaubt. Und die Bewegung scheint so, von nahem betrachtet, eher in der umgekehrten Richtung weiterzugehen, als es hier gezeigt wurde; sie scheint zu einem Nachlassen der Zwänge zu führen, die dem einzelnen durch das gesellschaftliche Leben auferlegt werden.

Aber wenn man genauer zusieht, erkennt man unschwer, daß es sich nur um ein ganz leichtes Zurückfluten, um eine jener kleineren Bewegungen handelt, wie sie aus der Vielschichtigkeit der geschichtlichen Bewegungen innerhalb jeder Stufe des umfassenderen Prozesses immer von neuem entstehen.

Da sind, um ein Beispiel herauszugreifen, die Badesitten. Undenkbar in der Tat, daß im 19. Jahrhundert eine Frau in der Öffentlichkeit eines jener Badekostüme hätte tragen können, die heute gang und gäbe sind, ohne der gesellschaftlichen Feme zu verfallen. Aber diese Wandlung und mit ihr die gesamte Ausbreitung des Sports für Männer, wie für Frauen, alles das hat einen sehr hohen Standard der Triebgebundenheit zur Voraussetzung. Nur in einer Gesellschaft, in der ein hohes Maß von Zurückhaltung zur Selbstverständlichkeit geworden ist, und in der Frauen, wie Männer absolut sicher sind, daß starke Selbstzwänge und eine strikte Umgangsetikette jeden einzelnen im Zaume halten, können sich Bade- und Sportgebräuche von solcher Art, und – gemessen an vorangehenden Phasen – solcher Freiheit entfalten. Es ist eine Lockerung, die sich vollkommen im Rahmen eines bestimmten »zivilisierten« Standard-Verhaltens hält, d. h. im Rahmen einer automatischen, als Gewohnheit angezüchteten Bindung und Umformung der Affekte sehr hohen Grades.

Zugleich aber zeigen sich, ebenfalls in unserer eigenen Zeit, die Vorboten eines Schubes zur Züchtung neuer und strafferer Triebbindungen; in einer Reihe von Gesellschaften begegnen wir Versuchen zu einer gesellschaftlichen Regelung und Bewirtschaftung der Affekte von einer Stärke und Bewußtheit, die weit über den bisher vorherrschenden Standard hinauszuführen scheinen, und die, auch durch das Schema ihrer Modellierung, dem einzelnen Versagungen und Triebumbildungen von einem Ausmaß auferlegen, dessen Konsequenzen für den menschlichen Habitus noch ziemlich unübersehbar sind.

Wie sich also auch im einzelnen und in der Nahsicht dieses Kreuz und Quer, dieses Vor- und Zurückfluten, Bindung und Lockerung vollziehen mag, die Richtung der großen Bewegung – soweit sie sich bisher übersehen läßt – ist die gleiche, von welcher Art der Triebäußerung her man sie auch betrachtet. Die Zivilisationskurve des Geschlechtstriebs verläuft, im großen besehen, parallel zu den Kurven anderer Triebäußerungen, soviel soziogenetische Unterschiede im einzelnen immer vorhanden sein mögen. Auch hier wird, zunächst einmal gemessen an den Männern der jeweiligen Oberschicht, die Regelung immer strikter. Auch diese Triebform wird langsam aus dem öffentlichen Leben der Gesellschaft immer stärker zurückgedrängt. Auch die Zurückhaltung, die man ihr gegenüber im Sprechen zu üben hat, wächst[1]. Und diese, wie jede andere Zurückhaltung wird immer weniger durch unmittelbare äußere körperliche Gewalt erzwungen; sie wird durch den Aufbau des gesellschaftlichen Lebens, durch den Druck der gesellschaftlichen Institutionen im allgemeinen und im besonderen durch bestimmte gesellschaftliche Exekutionsorgane, vor allem durch die Familie, dem Einzelnen als Selbstzwang, als automatisch wirkende Gewohnheit von klein auf angezüchtet; die gesellschaftlichen Gebote und Verbote werden damit immer nachdrücklicher zu einem Teil eines Selbst, zu einem streng geregelten Über-Ich, gemacht.

Wie viele andere Triebäußerungen, so wird auch die der Sexualität, nicht nur für die Frau, sondern auch für den Mann, immer ausschließlicher auf eine bestimmte Enklave beschränkt, auf die gesellschaftlich legitimierte Ehe. Die halbe oder ganze Legitimierung anderer Beziehungen durch die gesellschaftliche Meinung, sei es für den Mann, sei es auch für die Frau, die früher keineswegs fehlte, wird – mit Rückschlägen – mehr und mehr zurückgedrängt. Jede Durchbrechung dieser Beschränkung und alles, was dazu dient, gehört dementsprechend in das Gebiet des Geheimzuhaltenden, dessen, wovon man nicht spricht und, ohne Prestigeverlust oder Verlust der sozialen Position, nicht sprechen darf.

Und wie derart die Kleinfamilie erst ganz allmählich mit solcher Ausschließlichkeit zur einzigen legitimen Enklave der Sexualität und der intimen Verrichtungen überhaupt für Mann und für Frau wird, so wird sie auch erst spät mit solcher Ausschließlichkeit über die ganze Gesellschaft hin zum primären Züchtungsorgan der gesellschaftlich geforderten Triebgewohnheiten und Verhaltensweisen für den Heranwachsenden. Solange das Maß der Zurückhaltung und Intimisierung noch nicht so groß ist und die Aussonderung des Trieblebens aus dem gesellschaftlichen Verkehr der Menschen noch nicht so streng, fällt auch die Aufgabe der ersten Konditionierung noch nicht so stark Vater und Mutter zu. Alle Menschen, mit denen das Kind in Berührung kommt, und das sind, wenn die Intimisierung noch nicht so weit fortgeschritten, wenn das Innere des Hauses noch nicht so abgeschlossen ist, oft eine ganze Menge, haben ihren Teil daran, ganz abgesehen davon, daß die Familie selbst und – in gehobenen Schichten – auch die Dienerschaft früher gewöhnlich größer ist. Man spricht ganz allgemein unverhüllter von den verschiedenen Seiten des Trieblebens, man gibt den eigenen Affekten im Sprechen, wie im Handeln offener nach. Die Schambelastung, auch der Sexualität, ist noch nicht so groß. Das ist es, was die oben zitierte Erziehungsschrift des Erasmus dem Pädagogen der späteren Phase so schwer verständlich macht[2]. Und so vollzieht sich auch die Reproduktion der gesellschaftlichen Gewohnheiten in dem Kind, die Konditionierung, noch nicht so ausschließlich in einem Sonderraum und gleichsam hinter verschlossenen Türen, sondern weit unmittelbarer im gesellschaftlichen Verkehr der Menschen. Man mag, um ein für die Oberschicht durchaus nicht untypisches Bild von dieser anderen Art der Konditionierung zu gewinnen, etwa das Journal des Arztes Jean Héroard lesen, in dem Tag für

Tag und fast Stunde für Stunde verzeichnet ist, wie Ludwig XIII. als Kind aufwächst, was er tut und sagt.

Es ist nicht ohne einen gewissen Beigeschmack von Paradoxie: Je größer die Umformung, die Regelung, die Zurück- und Geheimhaltung des Trieblebens ist, die das gesellschaftliche Leben von dem einzelnen verlangt, und je schwieriger dementsprechend die Konditionierung des Heranwachsenden wird, desto stärker konzentriert sich die Aufgabe der ersten Züchtung dieser gesellschaftlich notwendigen Triebgewohnheiten im intimen Zirkel der Kleinfamilie, also bei Vater und Mutter. Hier allerdings vollzieht sich die Konditionierung, was ihren Mechanismus angeht, im Grunde kaum anders als in früheren Zeiten, nämlich nicht eigentlich durch eine genauere Übersicht über die Aufgabe und eine bewußtere Planung, die den besonderen Gegebenheiten des Kindes und seiner Lage Rechnung trägt, sondern vorwiegend automatisch und gewissermaßen durch Reflexe: Die soziogenen Triebfiguren und Gewohnheiten der Eltern lösen Triebfiguren und Gewohnheiten bei dem Kinde aus, die – je nach dem – in der gleichen oder auch in einer ganz anderen Richtung liegen, als die Eltern es entsprechend ihrer Konditionierung wünschen oder voraussehen. Die Verflechtung von Gewohnheiten der Eltern und der Kinder, in der der Triebhaushalt des Kindes langsam seine Modellierung, seinen Charakter erhält, ist mit anderen Worten zum geringsten »rational« bestimmt. Verhaltensformen und Worte, die für die Eltern mit Scham- und Peinlichkeitsempfindungen belastet sind, belasten sich durch deren Unlustäußerungen, deren lauten oder leisen Druck sehr bald auch für die Kinder in irgendeiner Form, und auf diese Weise reproduziert sich allmählich der gesellschaftliche Standard des Scham- und Peinlichkeitsempfindens in den Kindern; aber ein solcher Standard bildet zugleich Basis und Rahmen für die verschiedenartigsten individuellen Triebgestaltungen; wie sich in dieser unablässigen gesellschaftlichen Verflechtung von elterlichen und kindlichen Affekten, Gewohnheiten und Reaktionen das Triebleben des Heranwachsenden im einzelnen gestaltet, ist gegenwärtig noch zu einem sehr großen Teil für die Eltern unübersehbar und unberechenbar.

Die Ausrichtung der Zivilisationsbewegung auf eine immer stärkere und vollkommenere Intimisierung aller körperlichen Funktionen, auf ihre Einklammerung in bestimmten Enklaven, ihre Verlegung »hinter verschlossene Türen« hat Konsequenzen sehr verschiedener Art. Eine der wichtigsten dieser Konsequenzen, die gelegentlich schon am Beispiel anderer Triebformen hervortrat, zeigt sich an der Zivilisationskurve der Geschlechtlichkeit besonders deutlich: das ist die eigentümliche Gespaltenheit des Menschen, die sich um so stärker abzeichnet, je entschiedener der Schnitt zwischen den Seiten des menschlichen Lebens wird, die öffentlich, nämlich im gesellschaftlichen Verkehr der Menschen, sichtbar werden dürfen, und jenen, die es nicht dürfen, die »intim« oder »geheim« bleiben müssen. Die Sexualität, wie alle anderen natürlichen Funktionen des Menschen, ist eine der Erscheinungen, von denen jeder weiß, und die zum Leben jedes Menschen gehören; man hat gesehen, wie sie alle sich allmählich derart mit soziogenen Scham- und Peinlichkeitsgefühlen beladen, daß selbst das bloße Sprechen von ihnen in Gesellschaft durch eine Fülle von Regelungen und Verboten immer stärker eingeengt wird; die Funktionen selbst, wie jede Erinnerung an sie, werden von den Menschen mehr und mehr voreinander verborgen gehalten. Wo das nicht möglich ist – man denke etwa an das Beispiel der Eheschließung, der Hochzeit –, werden Scham, Peinlichkeit, Angst und was immer an Erregungen sich mit diesen Triebkräften des menschlichen Lebens verbindet, durch ein genau ausgearbeitetes, gesellschaftliches Ritual und durch bestimmte verdeckende, den Schamstandard wahrende Sprechformeln bewältigt. Es scheiden sich mit anderen Worten im Leben der Menschen selbst mit der fortschreitenden Zivilisation immer stärker eine intime oder heimliche Sphäre und eine öffentliche Sphäre, ein heimliches Verhalten und ein öffentliches Verhalten voneinander. Und diese Spaltung wird den Menschen so selbstverständlich, sie wird ihnen dermaßen zur zwingenden Gewohnheit, daß sie ihnen selbst kaum noch zum Bewußtsein kommt.

Entsprechend dieser wachsenden Teilung des Verhaltens in ein öffentlich erlaubtes und ein öffentlich nicht erlaubtes baut sich auch das psychische Gefüge des Menschen um. Die durch gesellschaftliche Sanktionen gestützten Verbote werden dem Individuum als Selbstzwänge angezüchtet. Der Zwang der Zurückhaltung von Triebäußerungen, die soziogene Scham, die sie umgibt, werden ihm so zur Gewohnheit gemacht, daß er sich ihrer nicht einmal erwehren kann, wenn er allein, wenn er im intimen Raum ist. In ihm selbst kämpfen die lustversprechenden Triebäußerungen mit den unlustversprechenden Verboten und Einschränkungen, den soziogenen Scham- und Peinlichkeitsempfindungen. Dies ist, wie gesagt, offenbar der Sachverhalt, den Freud durch Begriffe wie »Über-ich« und »Unbewußtes« oder, wie es der »Volksmund« nicht unfruchtbar nennt, »Unterbewußtsein« zum Ausdruck zu bringen sucht. Aber wie immer man es ausdrückt, der gesellschaftliche Verhaltenscode prägt sich in dieser oder jener Form dem Menschen so ein, daß er gewissermaßen ein konstitutives Element des individuellen Selbst wird. Und dieses Element, das Über-ich, ebenso wie das psychische Gefüge und das individuelle Selbst als Ganzes, wandelt sich notwendigerweise in steter Korrespondenz mit dem gesellschaftlichen Verhaltenscode und mit dem Aufbau der Gesellschaft. Das relativ hohe Maß von Gespaltenheit des »Ich« oder des Bewußtseins, das für die Menschen in unserer Phase der Zivilisation charakteristisch ist, und das in solchen Begriffen, wie »Über-ich« und »Unterbewußtsein« zum Ausdruck kommt, korrespondiert der spezifischen Zwiespältigkeit des Verhaltens, zu der das Leben in dieser zivilisierten Gesellschaft zwingt. Es entspricht dem Maß von Regelung und Einklammerung, das den Triebäußerungen hier im Verkehr der Menschen auferlegt ist. Ansätze zu ihr mögen sich mit dem gesellschaftlichen Leben der Menschen in jeder Form, auch in jener, die wir »primitiv« nennen, herausbilden. Die Stärke, die diese Differenzierung hier erreicht, die Gestalt, in der sie hier auftritt, sind Spiegelungen einer bestimmten geschichtlichen Entwicklung, Ergebnisse eines Prozesses der Zivilisation.

Das ist es, was ausgedrückt werden soll, wenn hier von der beständigen Korrespondenz des Gesellschaftsaufbaus und des Aufbaus eines einzelnen »Ich« die Rede ist.

Anmerkungen

1 Siehe z. B. Peters, The institutionalized Sex-Taboo, in: Knight, Peters, Blanchard, Taboo and Genetics, S. 181.

»A study of 150 girls made by the writer in 1916/17 showed a taboo on thought and discussion among wellbred girls of the following subjects, which they characterize as ›indelicate‹, ›polluting‹ and ›things completely outside the knowledge of a lady‹.«

1. Things contrary to custom, often called »wicked« and »immoral«.
2. Things »disgusting« such as bodily functions, normal as well as pathological, and all the implications of uncleanliness.
3. Things uncanny, that »make your flesh creep«, and things souspicious.
4. Many forms of animal life, which it is a commonplace that girls will fear or which are considered unclean.
5. Sex differences.
6. Age differences.
7. All matters relating to the double standard of morality.
8. All matters connected with marriage, pregnancy, and childbirth.
9. Allusions to any part of the body except head and hands.
10. Politics.
11. Religion.

2\. In diesem Auszug nicht enthalten – H. R.

Karin Hausen
Die Polarisierung der »Geschlechtscharaktere«

Eine Spiegelung der Dissoziation von Erwerbs- und Familienleben*

Die variationsreichen Aussagen über »Geschlechtscharaktere« (in den Konversationslexika der ersten Hälfte des 19. Jahrhunderts[1] – H. R.) erweisen sich als ein Gemisch aus Biologie, Bestimmung und Wesen und zielen darauf ab, die »naturgegebenen«, wenngleich in ihrer Art durch Bildung zu vervollkommnenden Gattungsmerkmale von Mann und Frau festzulegen. Den als Kontrastprogramm konzipierten psychischen »Geschlechtseigentümlichkeiten« zufolge ist der Mann für den öffentlichen, die Frau für den häuslichen Bereich von der Natur prädestiniert. Bestimmung und zugleich Fähigkeiten des Mannes verweisen auf die gesellschaftliche Produktion, die der Frau auf die private Reproduktion. Als immer wiederkehrende zentrale Merkmale werden beim Manne die Aktivität und Rationalität, bei der Frau die Passivität und Emotionalität hervorgehoben, wobei sich das Begriffspaar Aktivität-Passivität vom Geschlechtsakt, Rationalität und Emotionalität vom sozialen Betätigungsfeld herleitet. Diese Hauptkategorien finden sich mit einer Vielzahl von Zusatzmerkmalen kombiniert, so daß jeweils eine Mischung traditioneller und moderner, physiologischer, psychischer und sozialer Eigenschaften das Wesen des männlichen und weiblichen Geschlechtes ausmachen.

...

Physis und Psyche der Frau werden primär nach dem Fortpflanzungs- bzw. Gattungszweck und der dazu sozial für optimal erachteten patriarchalischen monogamen Ehe bestimmt, die des Mannes hingegen nach dem Kulturzweck. Marianne Weber brachte diese Beobachtung auf die zutreffende Formel, die Frau werde als das Geschlechtswesen, der Mann als der zur Kulturarbeit Bestimmte definiert[2]. Derartige Charakterschemata, die erst in der zweiten Hälfte des 20. Jahrhunderts an Überzeugungskraft verlieren, werden im letzten Drittel des 18. Jahrhunderts »erfun-

* Aus: Sozialgeschichte der Familie in der Neuzeit Europas, Neue Forschungen, hrsg. von W. Conze, Stuttgart 1976, S. 367-393 (leicht gekürzt). Abdruck mit freundlicher Genehmigung des Ernst Klett Verlags.

den«. Im Verlauf des 19. Jahrhunderts bleiben die einmal eingeführten Zuordnungsprinzipien konstant und werden nicht zuletzt durch Medizin, Anthropologie, Psychologie und schließlich Psychoanalyse »wissenschaftlich« fundiert[3]. Die Vorstellungen von dem eigentlichen Wesen der Geschlechter werden zugleich offenbar so erfolgreich popularisiert, daß immer größere Kreise der Bevölkerung sie bis weit ins 20. Jahrhundert hinein als Maßstab für das jeweils Männlich-Angemessene und für das jeweils Weiblich-Angemessene akzeptieren[4].

Die bloße Tatsache der Kontrastierung von Mann und Frau ist historisch zunächst wenig aufschlußreich, waren doch in patriarchalischen Gesellschaften seit eh und je Aussagen über das »andere Geschlecht« gängige Muster der männlichen Selbstdefinition[5]. Auf eine historisch möglicherweise gewichtige Differenzierung verweist jedoch die Beobachtung, daß mit den »Geschlechtscharakteren« diese Kontrastierung im letzten Drittel des 18. Jahrhunderts eine spezifisch neue Qualität gewinnt. Der Geschlechtscharakter wird als eine Kombination von Biologie und Bestimmung aus der Natur abgeleitet und zugleich als Wesensmerkmal in das Innere der Menschen verlegt. Demgegenüber sind die älteren vor allem in der Hausväterliteratur und den Predigten überlieferten Aussagen über den Mann und die Frau Aussagen über den Stand, also über soziale Positionen und die diesen Positionen entsprechenden Tugenden[6]. Im ersten Drittel des 18. Jahrhunderts ordnet Chr. Wolff die Männer und Frauen jeweils der ehelichen, väterlichen und herrschaftlichen Gesellschaft zu und bestimmt danach die erforderlichen Tugenden der Herrschaft bzw. des Gehorsams und der Tüchtigkeit des Wirtschaftens bzw. Arbeitens[7]. Entsprechend heißt es 1735 im Zedler[8]: »Frau oder Weib ist eine verehelichte Person, so ihres Mannes Willen und Befehl unterworfen, die Haushaltung führet, und in selbiger ihrem Gesinde vorgesetzt ist . . .« Über das weibliche Geschlecht im allgemeinen wird gesagt: »Ihr Humeur, Geist, Eigenschafft, Inclination und Wesen scheinet nach jeder Landes-Art und Beschaffenheit von einander unterschieden zu seyn.« Auch Krünitz nennt 1778 unter dem Stichwort »Frau« nicht Charaktereigenschaften, sondern die Rechte, Pflichten und Verrichtungen der Hausfrau und spezifiziert seine Aussagen für die Handwerks- und Kaufmannsfrau[9]. Erst im Adelung von 1796/1801 ist der Hausstand nicht mehr das einzig verbindliche Bezugssystem. Im

Vergleich zu der 1815 im Brockhaus wuchernden Definition der »Geschlechtscharaktere« bleibt jedoch die Anmerkung »Das weibliche Geschlecht, welches bey Menschen auch das schöne Geschlecht, das schwächere Geschlecht und das andere Geschlecht genannt wird«[10] von spröder Spärlichkeit.

Neuartig ist an der Bestimmung der »Geschlechtscharaktere« also offenbar der Wechsel des für die Aussagen über den Mann und die Frau gewählten Bezugssystems. Seit dem ausgehenden 18. Jahrhundert treten an die Stelle der Standesdefinitionen Charakterdefinitionen. Damit aber wird ein partikulares durch ein universales Zuordnungsprinzip ersetzt: statt des Hausvaters und der Hausmutter wird jetzt das gesamte männliche und weibliche Geschlecht und statt der aus dem Hausstand abgeleiteten Pflichten werden jetzt allgemeine Eigenschaften der Personen angesprochen. Es liegt nahe, diesen Wechsel des Bezugssystems als historisch signifikantes Phänomen zu interpretieren, zumal der Wechsel mit einer Reihe anderer Entwicklungen korrespondiert. In erster Linie ist hier an den bislang vor allem ideengeschichtlich erfaßten Übergang vom »ganzen Haus« zur »bürgerlichen Familie« zu denken[11], der seit der Mitte des 18. Jahrhunderts seinen begriffsgeschichtlichen Niederschlag darin findet, daß aus dem Familienbegriff sowohl die Erwerbswirtschaft als auch die der Herrschaft unterstellten Hausbediensteten als Sinnkomponente verschwinden[12]. Vieles deutet darauf hin, daß im Deutschland des ausgehenden 18. Jahrhunderts diese Entwicklung insgesamt als tiefgreifende Veränderung des sozialen Orientierungsfeldes Familie erfahren wurde. Nach Schwab wurde offenbar das Infragestellen des alten Familienbegriffs zwischen 1780 und 1810 theoretisch so weit getrieben, daß die »soziale Rolle der Familie« überhaupt zurückgedrängt zu werden drohte[13]. Wenn es in der Folgezeit gelang, einen neuen, restaurativen Familienbegriff zu verfestigen, so dürfte dazu das Vehikel »Geschlechtscharaktere« von nicht unerheblichem Nutzen gewesen sein. Damit läßt sich das Interesse an der Herausbildung von »Geschlechtscharakteren« als Versuch interpretieren, ein die Verhältnisse stabilisierendes neues Orientierungsmuster an die Stelle des veralteten zu setzen. Eine solche Deutung gewinnt an Plausibilität, wenn man die »kritische« Situation zwischen 1780 und 1810 beleuchtet.

Man wird ausgehen müssen von dem seit Humanismus und Reformation immer lebhafter werdenden Interesse für das Individuum und dessen innere und äußere Autonomie. Dieses Interesse galt zunächst problemlos allein dem Mann bzw. dem Hausvater; Mensch und Mann waren in der Naturrechtsdiskussion eine selbstverständliche Gleichsetzung[14] und die Beanspruchung von Menschenrechten für den männlichen Menschen tangierte zunächst nicht die traditionelle, aus der Bibel legitimierte Position der herrschaftsunterworfenen Frau bzw. Hausfrau. Dieses änderte sich erst, als das gegen die theologische Legitimation staatlicher Herrschaft ins Feld geführte Modell des Gesellschaftsvertrages auch auf das System der Hausherrschaft angewandt wurde, was bei der traditionellen »Strukturanalogie von Staat und Familie«[15] durchaus nahe lag. Vertragsrechtliche Prinzipien auf die Familie anzuwenden, aber bedeutete nicht mehr wie in der katholischen und protestantischen Tradition allein die Eheschließung, sondern die Ehe insgesamt als Vertrag zu konzipieren. Eine solche Deutung stellte das bisherige institutionelle Gefüge der Familie als hausväterliches Regiment und damit vor allem die Herrschaft des Ehemannes und Vaters, aber auch das Sexualmonopol in der Ehe und die prinzipielle Unauflösbarkeit der Ehe unter Legitimationszwang. Gleichzeitig und in deutlich erkennbarem Zusammenhang mit dieser Entwicklung der theoretischen Diskussion, die mit ihrer individualrechtlichen Deutung der Familie deren »politische Entpflichtung«[16] einleitet, wird die Ehe, ehemals der Zusammenschluß von Mann und Frau zum Zwecke der Sexualität, der Kinderaufzucht, des Wirtschaftens und der gemeinsamen Religionsausübung, in der Epoche der Empfindsamkeit umgedeutet als die in der Liebe vollzogene, vor allem psychische Verschmelzung der Ehegatten. Wenn schließlich in der Romantik die Ehe primär in Liebe begründet und damit allein den einzelnen Mann und die einzelne Frau betreffend gedacht wird, lösen sich tendenziell Ehe und Familie als Institution auf[17].

Diese deutlich nicht mehr dem Orientierungsmuster des »ganzen Hauses« verpflichteten Vorstellungen hatten vor allem hinsichtlich der Neuinterpretation der sozialen und häuslichen Position der Frauen weiterreichende Konsequenzen. Die eine Konsequenz war die Forderung nach Emanzipation der Frauen aus dem ehemännlichen bzw. väterlichen Regiment und deren mit den Männern gleichberechtigte Integration in die bürgerliche Gesellschaft. Diese Forderung wurde im Zuge der Französischen Revolution erhoben und sogleich als Bedrohung der etablierten Ordnung und speziell der Familienverhältnisse eingeschätzt[18]. Die andere Konsequenz, die gleichzeitig als Bestandteil der neuen Liebesauffassung und als Reaktion gegen unerwünschte Emanzipationsforderungen wirksam wurde, war die Suche nach einer neuen Form der Legitimation für den traditionellerweise auf die Familie eingeschränkten und dem Ehemann untergeordneten Aktionsspielraum der Frau. Es ging darum, im Falle der Frauen die postulierte Entfaltung der vernünftigen Persönlichkeit auszusöhnen mit den für wünschenswert erachteten Ehe- und Familienverhältnissen. Das Interesse an »Geschlechtscharakteren« entwikkelte sich im Zusammenhang mit diesen Bestrebungen[19]. Das gesuchte Legitimations- und Orientierungsmuster geschaffen zu haben, ist die Leistung der deutschen Klassik, der es gelingt, die heterogenen Denkansätze bei gleichzeitiger Vergeistigung der ursprünglich praktisch revolutionierenden Elemente zu integrieren. Dieser um die Jahrhundertwende erfolgreich durchgeführte Prozeß der ideologischen Vergewisserung soll hier nicht im einzelnen nachgezeichnet werden. Es reicht darauf hinzuweisen, daß in dieser Zeit die Geschlechts-, Ehe- und Familienverhältnisse aufmerksam beobachtet werden und alle Deutungsversuche darauf hinauslaufen, in diesen den vernünftigen Plan und Zweck der Natur zu entziffern. Ziel ist es, den nach der göttlichen Weltordnung für Mann und Frau verschiedenen Naturzweck und die dementsprechend von der Natur eingerichteten verschiedenartigen Naturbegabungen herauszuarbeiten. In diesem Sinne wird von Fichte[20] 1796 die Diskussion über das Eherecht weitergeführt, indem er den Ehezweck als die »vollkommene Vereinigung zweier Personen« und die Ehe als ein durch Natur und Vernunft bestimmtes Verhältnis herleitet. Für den Mann sei die Befriedigung des Geschlechtstriebes im Zeugungsakt vernünftig, da aktiv, für die im Zeugungsakt passiv gedachte Frau sei hingegen der aktive und damit vernünftige Naturtrieb allein die Liebe, d. h. der Trieb, »einen Mann zu befriedigen«. Liebe ist nach Fichte die völlige Hingabe der Persönlichkeit und konsequenterweise auch die Abtretung allen Vermögens und aller Rechte an den einen und einzigen Mann, der seinerseits durch die völlige Auslieferung der Frau zur Großmut und ehelichen Zärtlichkeit moralisch in Pflicht genommen werde. Die direkt praxis-relevante, da auf Bildung abzielende Richtung der Argumentation liefert die in der pädagogischen Literatur auftauchende Formel von der »Bestimmung des

Weibes zur Gattin, Hausfrau und Mutter«[21]. Die in wenigen Jahren entworfene »polaristische Geschlechtsphilosophie«[22] leistet schließlich die theoretische Fundierung durch die Aufspaltung und zugleich Harmonisierung der von der Aufklärung als Ideal entworfenen vernünftigen Persönlichkeit in die unterschiedlich qualifizierte männliche und weibliche Persönlichkeit. Die Gleichrangig- und Gleichwertigkeit von Mann und Frau ausdrücklich betonend, wird folgenreich für die angemessene soziale Position die unterschiedliche Qualität der Geschlechter herausgearbeitet. Erst die Ergänzung der in der Frau zur Vollkommenheit entwickelten Weiblichkeit mit der im Mann zur Vollkommenheit entwickelten Männlichkeit soll die Annäherung an das Ideal der Menschheit ermöglichen.

Die Annahme, daß die aus verschiedenen Richtungen zusammenfließenden Denkströmungen tatsächlich ein neues Orientierungsmuster schaffen, wird bekräftigt durch die gleichzeitige Entwicklung der philosophischen Anthropologie und Psychologie[23]. Kant hält 1798 seine Vorlesungen über »Anthropologie in pragmatischer Hinsicht«, wobei dem »Charakter des Geschlechts« ein Teil seiner Ausführungen gilt und ihn das als pragmatisch interessiert, »was der Mensch als frei handelndes Wesen aus sich selber macht, machen kann und soll«[24]. Noch eindeutiger läuft Humboldts »Plan einer vergleichenden Anthropologie« von 1795 auf die Spezifizierung der »Geschlechtscharaktere« hinaus, die er ebenfalls mit dem Ziel betrieben wissen will, Kenntnis des Menschen, »wie er ist« und »wozu er sich entwickeln kann« zu gewinnen[25]. Insgesamt scheint die Entwicklung der Charakterologie und der Geschlechtspsychologie direkt mit dem akuten Orientierungsbedürfnis zusammengehangen zu haben. Schließlich läßt sich auch das aufkommende Interesse für die Sittengeschichte des weiblichen Geschlechts in diese Strömungen einbeziehen[26]. Diese Zuordnung wird zumindest in den Lexika des 19. Jahrhunderts eindeutig vorgenommen. Üblicherweise werden dort die Aussagen über den Geschlechtscharakter der Frau kombiniert mit einem Rückblick auf die Sittengeschichte des Weibes, um so auch geschichtlich nachzuweisen, daß der wahre und ursprüngliche Charakter des Weibes erst dann verwirklicht werden könne, wenn sich – wie bislang einzig in Deutschland seit dem ausgehenden 18. Jahrhundert – die »würdige« und »hohe« Auffassung vom Familienleben durchgesetzt habe[27].

Deutlich wird in allen diesen Argumentationen die Frau durch Ehe und Familie und Ehe und Familie wiederum durch die Frau definiert. Im Unterschied zu früher aber wird allein die Frau und nicht mehr der Mann durch die Familie definiert; und ebenfalls anders als früher stecken jetzt die Prinzipien bzw. Ergebnisse der Natur, Geschichte und Sittlichkeit zusammen den Rahmen ab, innerhalb dessen hohe Weiblichkeit sich auszubilden und bei Strafe der Unnatur den Übergang beider Charaktere ineinander zu vermeiden hat[28].

3. Wenn die bisher mitgeteilten Beobachtungen nicht trügen, so handelt es sich bei den Aussagen über »Geschlechtscharaktere« um ein auffallend einheitliches, erstaunlich langlebiges und offenbar auch weit verbreitetes Aussagesystem der neueren Zeit. Eine so geartete Bestandsaufnahme legt die weiterführende Frage nahe, welche gesellschaftliche Funktion ein solches Aussagesystem zu erfüllen vermochte, welche Interessen, welches Selbstverständnis oder welche Formen der Selbstverständigung in diesen Aussagen zum Ausdruck gekommen sein mögen.

Die Charakterbestimmungen dienten zweifellos zum einen der ideologischen Absicherung von patriarchalischer Herrschaft[29]. Für diese These liefert nicht nur der Entstehungszusammenhang des Aussagesystems gewichtige Argumente. Auch später wird deutlich ausgesprochen, daß die Herausbildung der »Geschlechtscharaktere« im Dienste der weiteren Sicherung der rechtlichen Privilegierung der Männer steht. Beispielhaft ist hierfür die von Carl Theodor Welcker im *Staatslexikon* unter dem Stichwort »Geschlechtsverhältnisse« vorgetragene Argumentation[30]. Welcker hält die durch das Menschenrecht begründete Gleichheit im bürgerlichen Recht im Hinblick auf die Frauen für problematisch; ist doch »so vielfache Ungleichheit zwischen dem Manne und der Frau, so große Verschiedenheit ihrer Lebensaufgaben und ihrer Kräfte, also auch ihrer Rechtsverhältnisse, schon durch die Natur selbst bestimmt«. Wohlwissend, daß die »Stimme der Natur nicht so ganz leicht verständlich für Alle spricht« und daß »die Gewohnheit bisheriger Zustände, Vorurtheile und die Interessen der Stärkeren hier, wie überall, bei despotischen und aristokratischen Verhältnissen das Urtheil auch der besten Forscher bestachen«, hält er es nur nach eingehender Prüfung für erlaubt, den Frauen die nach der naturrechtlichen

Staatstheorie geforderte Rechtsgleichheit vorzuenthalten. So bemüht er »die Geschichte und das übereinstimmende Urtheil aller achtbaren Stimmen«, um erstens den Zusammenhang zwischen dem Fortschritt der Zivilisation auf der einen und der »gerechtere(n), würdigere(n) Behandlung der Frauen« und den »würdigere(n) Familienverhältnisse(n)« auf der anderen Seite zu konstatieren[31], dann die Realisierung dieses Zusammenhanges in der christlichen Kultur aufzuzeigen und schließlich auf »die Natur der beiden Geschlechter und ihres Verhältnisses einzugehen«, um dann zu folgern, daß die in der christlichen Kultur geschaffene Stellung der Frau und Familie »selbst auf der höchsten Stufe vernünftiger Civilisation«[32] fortdauern müsse[33].

> »Kaum bedarf es nun wohl noch besonderer Beweisführungen, daß bei solchen Verschiedenheiten der Geschlechter, bei solcher Natur und Bestimmung ihrer Verbindung, eine völlige Gleichstellung der Frau mit dem Manne in den Familien- und in den öffentlichen Rechten und Pflichten, in der unmittelbaren Ausübung derselben, der menschlichen Bestimmung und Glückseligkeit widersprechen und ein würdiges Familienleben zerstören würde, daß dabei die Frauen ihrer hohen Bestimmung im häuslichen Kreise und für die Bildung der nachfolgenden Geschlechter, daß sie dem Schmucke und der Würde der Frauen, der wahren Weiblichkeit und ihrem schönsten Glücke entsagen und sich den größten Gefahren bloßstellen müßten ... Jene Theorien, die gleichgültig gegen die Rechte der Frauen dieselben despotisch als Mittel für die Männer und ihren Verein mißbrauchten, mußten auf das edelste Gut für die Männer und den Staat, auf ein häusliches oder Familienleben und sittliche Familienerziehung der Kinder, verzichten. Die, welche, bei einseitiger Verfolgung einer abstracten Gleichheitsregel die Gesetze und Schranken der Natur übersehend, für die Frauen mehr Rechte in Anspruch nahmen, als diese nach jenen Gesetzen und Schranken nur wollen können, zerstören diese heiligste, festeste Grundlage menschlicher und bürgerlicher Tugend und Glückseligkeit aufs Neue.«

Zu den Letztgenannten zählt Welcker ausdrücklich die Verfechter der Frauenemanzipation und die Sozialisten und Kommunisten.

Noch deutlicher tritt das Herrschaftselement im letzten Drittel des 19. Jahrhunderts zutage, als die natürliche Wesensbestimmung der Frauen mit großer Vehemenz gegen die konkreten Emanzipationsforderungen der jetzt organisierten Frauenbewegung ins Feld geführt wird. So wird beispielsweise die Forderung, Frauen zur Gymnasial- und Universitätsausbildung zuzulassen, als Gefährdung der Mutterschaft oder als Widersinn angesichts des »physiologischen Schwachsinns des Weibes«[34] bekämpft. Die Ende des 18. Jahrhunderts betonte Gleichwertigkeit von Mann und Frau tritt in derartigen Argumentationen völlig zurück. Das hohe Ideal der Weiblichkeit nimmt über der Heftigkeit solcher Verweigerungskämpfe deutlich Schaden und die in der Romantik stilisierte »Mütterlichkeit« bedeutet dann häufig nichts anderes als das durch Brutpflege definierte Geschlechtswesen[35].

Die Beispiele dafür, daß die »Geschlechtscharaktere« als Herrschaftsideologie entwickelt und benutzt wurden, lassen sich unschwer vermehren. Aber es wäre mißlich, die Analyse auf diesen einen Aspekt einzuengen und dabei zu übersehen, daß die Herrschaftsfunktion nur eine Komponente des sehr viel komplexeren Aussagesystems ist und daß gleichzeitig darin Verweise auf weitere und qualitativ andere Elemente der Gesellschafts- und Familienverhältnisse enthalten sind. Eine historisch stärker differenzierende Interpretation kann über den Grundtatbestand der patriarchalischen Herrschaft hinaus signifikante Veränderungen dieses Herrschaftsverhältnisses in Gesellschaft und Familie konstatieren. Interpretationswürdig ist in dieser Hinsicht vor allem, daß die Hauptkriterien der normativen Positionszuschreibung für die Geschlechter nicht länger die Befähigung zur Herrschaft auf der einen und die zur Unterordnung auf der anderen Seite sind. Vielmehr wird bei häufig ausdrücklicher Zurückweisung der Herrschaftsqualität mit den um die Merkmalsgruppen Aktivität-Rationalität für den Mann und Passivität-Emotionalität für die Frau gruppierten Eigenschaften der Mann eindeutig und explizit für die Welt und die Frau für das häusliche Leben qualifiziert. Damit wiederholt sich in den kontrastierten »Geschlechtscharakteren« die Polarisierung von »Heim« und »Welt«. Zugleich ist das Wesen von Mann und Frau so konzipiert, daß nur beide zusammen die Summe aller menschlichen Fähigkeiten und Bedürfnisse zu realisieren vermögen. Mann und Frau sind nach Natur und Bestimmung auf Ergänzung angelegt und demgemäß ist es einem einzelnen Menschen unmöglich, sich zur harmonischen Persönlichkeit zu entwickeln. Diese in der Literatur der Klassik und Romantik hochstilisierte Idee der Ergänzung verallgemeinert und steigert den in der Sexualität angelegten Gattungszweck zur psychischen Verschmelzung in der Seelengemeinschaft. Für die Polarisierung der Geschlechtscharaktere scheint die Idee der Ergänzung der Definitionsgrund gewesen zu sein. Um noch einmal Welcker zu zitieren[36]:

»Denn das Wesen und die Bestimmung, die Vollkommenheit der höheren Menschheit, stellen sich in beiden (Geschlechtern, K. H.) nicht etwa auf verschiedenen höheren oder niederen Stufen ..., sondern nur in verschiedenen einander ergänzenden Richtungen dar. Sie werden also nur durch die Gemeinschaft beider, nur durch die Behauptung ihrer Besonderheit und zugleich durch ihre gegenseitige Verbindung und Ergänzung verwirklicht.«

Da »die gegenseitige Ergänzung in der allgemeinen Naturbestimmung beider Geschlechter[37] angesiedelt und eben daraus die Chance zu höherer Humanität hergeleitet wird, erscheint es erstrebenswert, das unterschiedliche Wesen der Geschlechter als Voraussetzung für die erwünschte Ergänzung immer präziser herauszubilden.

Im Sinne dieser Ergänzung ist es konsequent, wenn unabhängig davon, ob nun die psychischen Geschlechtsunterschiede als natürliche oder durch Erziehung und soziale Position bedingte erachtet werden, die Vermischung der »Geschlechtscharaktere« zum »Männling« oder »Weibling« als Herabsinken der Humanität eingestuft wird[38]. »Vollendet ist in beiden Geschlechtern die Menschlichkeit, wenn sich die beiderlei Tugenden, die Männlichkeit und die Weiblichkeit miteinander vermählen, ohne dabei das Geschlecht zu verleugnen oder aufzuheben.«[39] Unter dem Regulativ der Ergänzung wirkt die Entgegensetzung der Geschlechter nicht antagonistisch, sondern komplementär. Die Gegensätze ergänzen sich zur harmonischen Einheit. Die Idee der Ergänzung aber hält mit den Geschlechtern zugleich die jeweils für den Mann und die Frau als wesensgemäß erachteten sozialen Betätigungsfelder Öffentlichkeit und Familie in Harmonie zusammen. So wird es mittels der an der »natürlichen« Weltordnung abgelesenen Definition der »Geschlechtscharaktere« möglich, die Dissoziation von Erwerbs- und Familienleben als gleichsam natürlich zu deklarieren und damit deren Gegensätzlichkeit nicht nur für notwendig, sondern für ideal zu erachten und zu harmonisieren.

Die Harmonisierung der Tätigkeitsbereiche ist um 1800 zunächst in der Definition der Geschlechtscharaktere nur implizit als Zuordnung charakteristischer Eigenschaften enthalten. Im Laufe der folgenden Jahrzehnte aber wird immer nachdrücklicher expliziert, daß die Ergänzung des vom Manne bestimmten öffentlichen Erwerbs- und Staatslebens durch das von der Frau gestaltete Ehe- und Familienleben unabdingbar ist, um den humanen Bedürfnissen Rechnung zu tragen. »Ohne Weib wäre für jede feinfühlende Seele das heutige Leben nicht zu ertragen« schreibt Gervinus 1853; denn es ist das Weib, »das in der neuen Zeit die poetische Seite der Gesellschaft bildet . . ., weil das Weib heute, wie einst der griechische Bürger, den gemeinen Berührungen des Lebens entzogen, weil es den Einwirkungen des Rangsinnes, den Verderbnissen durch niedrige Beschäftigung, der Unruhe und Gewissenlosigkeit der Erwerbssucht nicht ausgesetzt, und weil von Natur schon das Weib mehr als der Mann gemacht ist, mit der höchsten geselligen Ausbildung den Sinn für Natürlichkeit und die ursprüngliche Einfalt des Menschen zu vereinen«[40]. Das Bild des von des Tages Arbeit mühsam beladen heimkehrenden Mannes, der über die Schwelle des Hauses tretend von der Frau mit Liebe und Frieden bedacht wird, wie es u. a. L. von Stein benutzt[41], zeigt überdeutlich, wie mit der Haus-Ideologie eine Spaltung von feindlicher Welt und freundlichem Haus einhergeht. Trotz dieser zunehmend negativen Bewertung der Außenwelt hält man weiterhin daran fest, daß der »Geschlechtscharakter« des Mannes durch die Bestimmung für eben diese Welt definiert ist.

Allerdings wird die anfangs emphatisch beschworene Harmonie in der zweiten Hälfte des 19. Jahrhunderts zunehmend prekär, als das Ideal der mütterlichen und liebenden Frau im Frieden des Hauses und damit im Windschatten der Gesellschaft immer weniger gedeihen wollte, zugleich aber das von der Frau kultivierte Refugium erstrebenswerter denn je erschien und die Welt des Mannes zunehmend kulturkritisch in Frage gestellt wurde. Prototypisch für dieses Problembewußtsein ist die zuerst 1887 erschienene Analyse »Gemeinschaft und Gesellschaft« von Ferdinand Tönnies. Bezeichnenderweise fußen auch dessen Überlegungen auf den kontrastierten »Geschlechtscharakteren«, wenn er den weiblichen »Wesenswillen« eingehen läßt in die organische Gruppenverbindung der Kategorie Gemeinschaft und wenn er dieser die ideelle und mechanische Gruppenverbindung der Gesellschaft gegenüberstellt, die geprägt sein soll von der »Willkür« des Mannes. Für Tönnies verkörpert das Weib mit seinem unmittelbaren Verhältnis zu den Personen und Dingen den natürlichen, der Mann hingegen als der Berechnende den künstlichen Menschen, der in seiner fortgeschrittensten Ausprägung als Kaufmann selbst seine Mitmenschen wie Mittel und Werkzeuge zum Zwecke der Bereicherung einsetzt. Die von ihm diagnostizierte, im Zuge der Vergesellschaftung fortschreitende Zurückdrängung der Gemeinschaft bedroht jedoch auf lange Sicht die Familie und damit auch die fraulichen Qualitäten. Denn eine Frau, die wie eine Fabrikarbeiterin den Einflüssen der Gesellschaft direkt ausgesetzt ist, »wird aufgeklärt, wird herzenskalt, bewußt. Nichts ist ihrer ursprünglichen Natur fremdartiger, ja schadhafter«[42]. Offenbar war die Orientierung an einem auf der Geschlechterpolarität aufbauenden Gesellschaftsmodell, wie es Tönnies ausformuliert hat, weit verbreitet. Aufschlußreich und zugleich ein Indiz für die mögliche soziale Relevanz solcher Vorstellungen ist die Tatsache, daß selbst die bürgerliche Frauenbewegung am Ende des 19. Jahrhunderts diese Vorstellungen teilte. Ihre Forderungen nach bildungsmäßiger und politischer Gleichberechtigung begründeten diese Frauen seit Ende der siebziger Jahre damit, daß es die »Kulturaufgabe« der Frauen sei, in der inhumanen Männerwelt durch Weiblichkeit mehr Humanität zu verwirklichen. Ihres Erachtens hat das bislang allein im häuslichen Kreis der Familie wirkungsmächtige weibliche Wesen jetzt eine Mission in der menschenfeindlichen Welt zu erfüllen[43]. Heute ist dieser Glaube an eine Harmonisierung der menschlichen Verhältnisse durch die Ergänzung von Welt und Heim, von Mann und Frau ebenso verschwunden, wie der an die Möglichkeit, die gesellschaftlichen Verhältnisse qua Weiblichkeit entscheidend zu verbessern. Was allerdings geblieben ist, ist die Vorstellung, daß allein die Familie dem Individuum ein Refugium vor dem als feindlich erachteten Zugriff der Gesellschaft bereitstellen kann.

...

Ehe und Familie und die Frau als Personifizierung der speziellen familialen Qualitäten wurden in dem Augenblick anhand einer Reihe von erstrebenswerten Eigenschaften definiert, als in den sich herausbildenden außerfamilialen Gesellschaftsstrukturen und für den unter diesen Strukturen zum Reüssieren verpflichteten Mann eben diese Eigenschaften jeglichen Wert verloren und als Störfaktoren eliminiert wurden. Die exklusive Zuweisung der Eigenschaftskomplexe Rationalität-Aktivität für den Mann und Passivität-Emotionalität für die Frau ist demnach zu verstehen als

Reaktion auf und zugleich Anpassung an eine Gesellschaftsentwicklung, die dem in der Aufklärung ausgearbeiteten Ideal der autonomen, harmonisch entfalteten Persönlichkeit zunehmend den Wirklichkeitsgehalt entzieht[44].

4. Im letzten Abschnitt wurde von sozialen Vorstellungen auf die soziale Realität geschlossen. Eine solche im Sinne der traditionellen Geistesgeschichte vorgenommene Interpretation stößt mit Recht auf Skepsis, da einerseits die möglicherweise nur partielle soziale Geltung überlieferter Aussagen verallgemeinert wird und zum andern Bewußtsein oder auch Wirklichkeitsdeutung allzu direkt als Ausdruck von Sein oder Wirklichkeitserfahrung genommen wird. Um diesen Einwänden Rechnung zu tragen, ist es notwendig, nachdrücklicher als bisher die Frage nach dem Realitätsgehalt und der Realitätsrelevanz der normativen und ideologischen Aussagen über die »Geschlechtscharaktere« zu stellen. Hierbei können die deutliche Trennung zwischen öffentlich-beruflichem und privat-familiärem Lebensbereich sowie die jeweils den Mann und die Frau charakterisierenden Eigenschaften als Orientierungshilfen dienen. Zunächst einmal dürfte die Annahme kaum auf Zweifel stoßen, daß sich die allgemeinen Aussagen über den Mann und die Frau im 18. Jahrhundert schwerlich auf Bauern bezogen haben; denn deren Lebens- und Wirtschaftsverhältnisse wurden nach wie vor und noch auf lange Zeit mit der traditionellen Rollenzuschreibung adäquat erfaßt. Interessanterweise wird im Anschluß an Beobachtungen von Riehl in der zweiten Hälfte des 19. Jahrhunderts sogar ausdrücklich festgestellt, daß beim Landvolk »der Beruf in vieler Hinsicht derselbe ist . . ., daß Stimme, Gesichtszüge und Benehmen der beiden Geschlechter in dieser niederen Schicht sich sehr ähnlich sind, der charakteristische Unterschied also erst in der Atmosphäre der höheren Bildung sich auch schärfer ausprägt[45]. Weniger eindeutig läßt sich hypothetisch entscheiden, inwiefern die Charakterbestimmung der Geschlechter für die Lebensverhältnisse von Lohnarbeitern relevant werden konnten. Gewiß ist wohl, daß zu Zeiten des Hausgewerbes und im Übergang zur zentralisierten Industrieproduktion, als das Einkommen des Mannes allein nicht ausreichte, um den Familienbedarf zu decken, und deshalb weder Haus- noch Erwerbsarbeit geschlechtsexklusiv ausgeführt werden konnten, nicht nur die spezifische Kontrastierung der Ge-

schlechtscharaktere irrelevant war, sondern selbst die geschlechtsspezifische Arbeitsteilung sich der festen Normierung entzog[46]. Für eine eindeutigere Abgrenzung der Geschlechterrollen und damit für eine Rezeption der Wesensbestimmung von Mann und Frau waren die sozio-ökonomischen Voraussetzungen jedoch möglicherweise dann gegeben, als mit der Entwicklung des Industriekapitalismus die Industriearbeit räumlich und qualitativ eindeutig von der Hausarbeit getrennt und als zumindest im orientierenden Vorbild der Mann als Alleinverdiener der Familie betrachtet werden konnte. Einer Rezeption der Aussagen über »Geschlechtscharaktere« dürfte allerdings weiterhin entgegengestanden haben, daß immer auch Frauen und Töchter von Arbeitern Lohnarbeit, wenngleich eine von der Männerarbeit zunehmend unterschiedene Frauenarbeit, leisteten, und daß damit de facto von einer ausschließlichen Zuständigkeit der Frau für die Familie niemals die Rede sein konnte. Immerhin hat es im 19. Jahrhundert nicht an Versuchen gefehlt, auch bei den Arbeitern den »richtigen« Familiensinn zu pflegen und vor allem die Frauen des »niederen« Volkes auf ihre »Bestimmung als Gattin, Hausfrau und Mutter« durch eine entsprechende psychologische und praktische Ausbildung vorzubereiten. Da in der Restabilisierung der Familienverhältnisse ein sicherer Weg zur Lösung der »sozialen Frage« gesehen wurde, ist anzunehmen, daß man besonders intensiv versuchte, die Lehre von den »Geschlechtscharakteren« als Kernelement der Vorstellungen vom wahren Familienleben bei den Arbeitern zu popularisieren[47].

Mit Phänomenen der gesellschaftlichen Realität korrespondierte die Polarisierung der Geschlechter zunächst ganz offensichtlich einzig und allein dort, wo sie um die Wende zum 19. Jahrhundert entwickelt wurde, nämlich im gebildeten Bürgertum[48]. Geht man davon aus, daß dessen Berufsfeld vorwiegend die staatliche bzw. die ständische Verwaltung, das Bildungswesen und die Seelsorge war, so gibt es eine Reihe von Anhaltspunkten, um diese Hypothese zu stützen. Zunächst einmal beziehen sich die der Frau zugeschriebenen Qualitäten zu einem großen Teil auf deren Fürsorge für die Kinder. Mütterlichkeit in diesem Sinne kann sich aber nur dort entwickeln, wo dem Nachwuchs bereits der Sonderstatus der Kindheit eingeräumt worden ist. Vor allem im Bildungsbürgertum aber erhielt die Kindererziehung entsprechend der vom Vater vorgezeichneten Berufsperspektive großes

Gewicht[49]. Ein weiterer Anhaltspunkt ergibt sich daraus, daß im Aussagesystem der »Geschlechtscharaktere« Öffentlichkeit und Familie, Erwerbsarbeit und Hausarbeit als Kontrast angesprochen werden. Die Trennung beider Bereiche aber hat sich wohl zuerst und am intensivsten bei der Gruppe der Beamten angebahnt. Gewiß zählten zu dieser Gruppe nicht nur Vertreter des Bürgertums, sondern vor allem in gehobenen Positionen auch solche des Adels. Eine ins Detail gehende Untersuchung hätte die Unterschiede und Berührungspunkte in der Lebens- und Berufssituation von adeligen und bürgerlichen Beamten ebenso herauszuarbeiten, wie die je nach Stellung in der bürokratischen Hierarchie und Karriere zu verzeichnenden Besonderheiten[50]. Aber für die hier versuchte Argumentation ist die allmählich durchgesetzte Trennung von Privatleben und Berufsarbeit von größerem Interesse[51]. Diese Trennung wird um die Wende zum 19. Jahrhundert mit der verallgemeinerten Durchsetzung bürokratischer Prinzipien im Instanzenzug der Behördenorganisation und im Berufsbeamtentum erheblich beschleunigt. Neben der räumlichen Konzentration der Arbeit in der Behörde sind hier vor allem das Aufkommen fester Ausbildungs-, Prüfungs- und Laufbahnvorschriften und die Durchsetzung regelmäßiger, zunehmend ausschließlich in Geld ausgezahlter Einkommen und der Pensionsanspruch zu nennen[52]. Für den Beamtenhaushalt bedeutet diese Entfaltung des bürokratischen Systems u. a., daß im Unterschied zu bäuerlichen und gewerblichen Haushalten Konsum und Erwerb voneinander getrennt erscheinen und beim Gelderwerb das Zusammenwirken der Eheleute prinzipiell nicht mehr vorgesehen ist. Gewiß ist noch im gesamten 19. Jahrhundert das von der Frau in die Ehe eingebrachte Vermögen bzw. ihre sparsame Hauswirtschaft von nicht zu unterschätzender Bedeutung für das »standesgemäße Auskommen« der Familie. Doch mit seinem sicheren und im Laufe der Karriere steigenden Gehalt weist sich der Mann als »Ernährer der Familie« aus; denn Staatsdienst ist als Quelle für den Gelderwerb exklusiv dem Manne vorbehalten[53]. Eine weitere Beobachtung ist in diesem Zusammenhang interessant. Zur Kontrastierung von Erwerbs- und Familienleben in den »Geschlechtscharakteren« werden Aspekte der Kindererziehung und der Erwerbstätigkeit in Charaktereigenschaften umgesetzt, unberücksichtigt bleiben demgegenüber Aspekte der Hauswirtschaft, die immer ausschließlicher in den Zuständigkeitsbereich der Frau fällt. Eine mögliche Erklärung hierfür wäre, daß hauswirtschaftliche Arbeit in dem Moment nicht mehr als relevant erscheint, wie sie ihren direkten Zusammenhang mit der Erwerbsarbeit einbüßt. Eine daran anschließende Deutung, die stärker die im 19. Jahrhundert betonte Refugium-Funktion von Familie und Frau berücksichtigt, aber auch an explizierte Vorstellungen der deutschen Klassik anknüpfen kann, würde hervorheben, daß offenbar der Bereich der Arbeit mit seiner abverlangten Aktivität kontrastiert wird mit einem von Arbeit scheinbar freien Bereich des Lebens und dessen Entfaltung in Passivität.

Den letzten und zugleich entscheidenden Hinweis auf das gebildete Bürgertum liefert die Kontrastierung von Rationalität und Emotionalität in den »Geschlechtscharakteren«. Rationalität muß als spezifisch menschliches Leistungsvermögen ausgebildet sein und als Wert erachtet werden, bevor es sinnvoll ist, Emotionalität als konträre Verhaltensweise davon abzugrenzen. Diejenigen aber, die bis zum 19. Jahrhundert den Luxus und die Mühsal der formalen außerhäuslichen Bildung kennen und schätzen gelernt hatten, waren von Ausnahmen abgesehen Männer aus Adel und Bürgertum. Lateinschulen, Akademien und Universitäten blieben den Frauen verschlossen[54]. Mädchen wurden auch im 18. Jahrhundert weiterhin im Hause, in vermögenden Familien durch Hauslehrer und Gouvernanten, meistens aber durch sukzessive Übernahme häuslicher Aufgaben nach dem Vorbild der Mutter ausgebildet. Ziel und Ergebnis einer solchen Ausbildung konnte nicht »Rationalität« sein, wenn darunter das durch Schulung entwickelte Abstraktions- und Formalisierungsvermögen des Denkens und ein auf den Zweck hin kalkuliertes selbstbeherrschtes Verhalten zu verstehen ist. Die seit dem 16. Jahrhundert auf die Männer konzentrierten und speziell im Bürgertum als direkte Voraussetzung für die Berufsarbeit unternommenen Bildungsbemühungen haben mit größter Wahrscheinlichkeit dazu geführt, daß es im 18. Jahrhundert beim Bürgertum tatsächlich hinsichtlich der Rationalität zwischen Mann und Frau erhebliche, anerzogene Wesensunterschiede gab[55]. Die auf traditionelle Weise im Hause sozialisierten Frauen hatten offenbar Verhaltensweisen konserviert, die als irrational, emotional, spontan, unbeherrscht etc. von denen der formal ausgebildeten Männer abstachen und in dem Moment, wo der Rationalismus sich als allgemeines Prinzip durchzusetzen begann, nicht mehr als Selbstverständlichkeit hingenommen, sondern als bemerkenswertes Phänomen hervorgehoben wurden. Bezeichnenderweise wird es seit dem späten 18. Jahrhundert bei den Gebildeten üblich, das eigene Verhalten als Mann zum Maßstab für Verhalten von Erwachsenen überhaupt zu nehmen und daran gemessen die Verhaltensweisen der Frau mit denen von Kindern oder auch Naturmenschen gleichzusetzen[56]. Aber nicht nur aufgrund von Ausbildung, sondern auch durch ihre aktuellen Tätigkeitsbereiche entwickeln sich die Verhaltensweisen von Mann und Frau im 18. Jahrhundert deutlich auseinander. Charakteristisch für die in der Familie zentrierte generative und konsumtive Reproduktion ist die fortdauernde Vielseitigkeit der Arbeit und deren Konzentration auf die Bedürfnisbefriedigung der zu diesem Haushalt vereinigten Menschen. Demgegenüber wird dem Mann in der zunehmend spezialisierten Produktions-, Distributions- und Verwaltungstätigkeit ein immer nachdrücklicher durchgesetztes diszipliniertes und rationales Berufsverhalten »ohne Ansehen der Person« abverlangt. Die Verschiedenartigkeit der Betätigungsfelder für Mann und Frau dürften sich besonders scharf im Staatsdienst und dort vor allem in der Verwaltung ausgeprägt haben, wo die Rationalität des bürokratischen Prinzips seit dem ausgehenden 18. Jahrhundert verstärkt zum Zuge kommt und die Pflichterfüllung für ein größeres und damit abstrakteres Ganzes der Motor zu der in der Karriere honorierten Leistung wird. Ob zu diesem Zeitpunkt eine solche Kontrastierung der Arbeitsgebiete auch im gewerblichen und kaufmännischen Großbürgertum zutrifft, bleibt zu prüfen. Ein wichtiges in diese Richtung weisendes Indiz wäre es, wenn es zutrifft, daß mit der seit dem 14. Jahrhundert einsetzenden Trennung von Geschäfts- und Familienbudgets die Ehefrauen ihre Geschäftsfähigkeit und damit ihre Zuständigkeit für das am Markt orientierte Wirtschaften verloren haben[57]. Aber prinzipiell bleibt das Zusammenwirken der Eheleute im Geschäft möglich und im Kleinhandel und -gewerbe bis ins 20. Jahrhundert eine ökonomisch notwendige Realität. Wann und wie sich der für das späte 19. Jahrhundert bekannte »Luxus«, die Frau allein auf den Tätigkeitsbereich der Familie zu beschränken bzw. sie wie im Adel jeglicher Zuständigkeit für Arbeit zu entheben und auf Müßiggang und Luxuskonsum zu verpflichten, im Großbürgertum durchgesetzt hat, ist bislang ebensowenig untersucht wie das Vordringen eines solchen Prestigeverhaltens ins mittlere Bürgertum[58].

Wenn im Laufe des 19. Jahrhunderts die Polarisierung der »Geschlechtscharaktere« im Bürgertum eine immer größere Verbreiterung fand, so ist die Ursache hierfür nicht allein in den immer deutlicher ausgeprägten Unterschieden der häuslichen und außerhäuslichen Arbeitsbereiche zu suchen. Mindestens ebenso wichtig, wenn nicht wichtiger, ist der Umstand, daß gleichzeitig auch die Bildungspolitik darauf hinwirkte, die Unterschiede zwischen den Geschlechtern zu vertiefen[59]. Alles was zunächst offenbar unbewußt und planlos als verschiedenartige Verhaltensweisen von Mann und Frau zustande gekommen war, wird seit dem späten 18. Jahrhundert immer bewußter als Bildungsziel proklamiert. Die Definition der »Geschlechtscharaktere« ist zugleich die Formulierung eines Bildungsprogrammes. Als man daran ging, auch den Mädchen eine planvolle Ausbildung zukommen zu lassen, stand das Urteil über das »Wesen« der Frau bereits fest. Ausbildung zielte einzig und allein darauf ab, dieses Wesen eindeutiger herauszubilden und so die Frau besser ihrer Bestimmung zuzuführen. Für den Ausbau des Mädchenschulwesens, sofern es nicht um die notfalls auch koedukativen Volksschulen, sondern um die schulische Ausbildung der »höheren Töchter« ging, hatten diese Prämissen weitreichende Konsequenzen. Töchterbildung zielte darauf ab, zum einen die gesellschaftsfähige junge Dame mit Talent und Geschmack und zum andern, teilweise konkurrierend zu ersterem, die zu ihrem »natürlichen Beruf« bestimmte Frau mit den Qualitäten der »Häuslichkeit« und »Mütterlichkeit« auszubilden. Diese allein für den Ehe- und Familienzweck konzipierte Ausbildung galt als Familienangelegenheit ohne direktes öffentliches Interesse. Dementsprechend ließ die staatliche Institutionalisierung des höheren Schulwesens für Mädchen bis zum Ende des 19. Jahrhunderts auf sich warten. Die für Bürgertöchter vorhandenen Schulen entstanden durch Privatinitiative als Wirtschaftsunternehmen oder Selbsthilfeeinrichtungen interessierter Bürger und z. T. auch Kommunen. In der bildungspolitischen Diskussion erschienen selbst diese Einrichtungen bisweilen als suspekter Notbehelf, wenn nämlich die für Mädchen einzig angemessene Ausbildungsstätte an der Seite der Mutter in der Familie gesehen wurde[60]. Was die Bildungsinhalte anbelangt, so war die Meinung einhellig, daß von Mädchen strikt alles fernzuhalten sei, was der Emotionalität Abbruch tun könne. Unter dieses Verdikt fiel vor allem die Mathematik, da sie anstelle von

Gemüt die Rechenhaftigkeit des Geistes befördere[61]. Vermieden werden sollte außerdem jeglicher Anreiz für Leistungsstreben, was einer sicher nicht unwirksamen Vorkehrung zur Erhaltung »weiblicher Passivität« gleichkam[62]. Der tatsächliche Erfolg dieser planvollen Ausbildung des weiblichen »Geschlechtscharakters« läßt sich bei dem derzeitigen Stand der Forschung nicht abschätzen. Berücksichtigt man aber, daß im 19. Jahrhundert parallel zur Erziehung der »höheren Töchter« die staatlich organisierte formale Ausbildung der Bürgersöhne rapide intensiviert und gemäß den Erfordernissen der Berufswelt spezialisiert wurde, so spricht manches für die Vermutung, daß im Laufe des 19. Jahrhunderts die Verschiedenartigkeit der »Geschlechtscharaktere« zumindest als Verhaltenszumutung eher verstärkt als vermindert wurde. Die Disponierung der Frauen für die Funktion als Gattin, Hausfrau und Mutter, also für ihren Einsatz »zur Vervollkommnung des Privatlebens«[63] avancierte zum reflektierten Erziehungsprogramm, während bei der Ausbildung der Männer die spätere außerhäusliche Berufsfunktion immer perfekter die Funktion des Gatten, Hausherrn und Vaters überdeckte. Als Bekräftigung ebenso wie als Konsequenz dieser Kontrastierung von Mann und Frau dürfte es gewirkt haben, daß auf der einen Seite immer weniger Männer als häusliches Personal eingestellt wurden[64] und auf der anderen Seite im Ausnahmefall der ökonomischen Notwendigkeit bürgerliche Frauen außerhalb des Hauses nur in den für Frauen als wesensgemäß und familienähnlich erachteten erzieherischen und pflegerischen Bereichen berufstätig werden konnten. Problematisiert wurde diese Ausgrenzung eines »weiblichen« Berufsfeldes erst, als sich am Ende des 19. Jahrhunderts zwischen den als weiblich erachteten Berufen und der als unweiblich verpönten Industriearbeit auf dem Arbeitsmarkt der neue Beruf der Angestellten für unverheiratete bürgerliche Frauen offensichtlich als attraktiv erwies[65]. Nach dem bisher Gesagten war das Aussagesystem der »Geschlechtscharaktere« offensichtlich für bestimmte und wahrscheinlich im Laufe des 19. Jahrhunderts größer werdende Gruppen des Bürgertums von beträchtlichem Realitätsgehalt und von vermutlich zunehmender Realitätsrelevanz. Wie und mit welchem Erfolg diese sozialen Gruppen, deren Einfluß auf die Prägung, Durchsetzung und Verallgemeinerung gesellschaftlicher Normen gemeinhin als besonders hoch veranschlagt wird, eine Popularisierung des Orientierungsmusters in Gang gesetzt haben, ist eine sozialgeschichtlich wichtige Frage, der hier nicht nachgegangen werden soll.

5. In der bisherigen Analyse wurde für die Konstruktion der »Geschlechtscharaktere« die formale Bezeichnung »Aussagesystem« verwendet. Das machte es möglich, den einleitend angedeuteten Zusammenhang zwischen Aussagen über »Geschlechtscharaktere«, Definition von Geschlechterrollen und ideologischer Realitätsdeutung aufzuzeigen, eine weiterreichende Interpretation aber zunächst auszusparen. In diesem letzten Abschnitt soll nun versucht werden, diesen Zusammenhang im Hinblick auf das Verhältnis von Familie und Gesellschaft wenigstens in einigen Aspekten zu erläutern. Dabei geht es um die Frage, was es gesellschaftlich bedeutet, daß »Natur« und »Bestimmung« mit so großer Hartnäckigkeit ins Feld geführt werden, um mit Frau und Familie einen Bereich als Innenwelt auszugrenzen, der frei ist von den in der Außenwelt wirksamen und vom Mann verkörperten Prinzipien einer an Effizienz orientierten Rationalität und Aktivität.

Als Ausgangspunkt ist festzuhalten, daß das, was als »Geschlechtscharakter« gedeutet wird, sowohl die in der bürgerlichen Familie konstitutive prinzipielle Verschiedenartigkeit der geschlechtsspezifisch geteilten Arbeit, als auch die Dissoziation und Kontrastierung von Erwerbs- und Familienleben, von Öffentlichkeit und Privatheit bezeichnet. Diese Beobachtung gilt es jetzt auf die bürgerliche Familie als Typus zu beziehen. Deren kultivierte Intimität und Innerlichkeit wird meistens als das Spezifikum hervorgehoben, das die bürgerliche von den sozial offenen bäuerlichen und adeligen Familien unterscheidet. Man interpretiert die in Form der patriarchalischen Kleinfamilie entstehende bürgerliche Familie als »Ort einer psychischen Emanzipation«[66] oder als Reaktion auf den Verlust der »densité sociale«[67]. Ausgehend von den »Geschlechtscharakteren« liegt es nun nahe, die unterschiedliche Qualität der innerhalb und außerhalb der Familie geltenden Arbeitsformen hervorzuheben. Seit dem 18. Jahrhundert zeichnet sich die gesellschaftlich organisierte Arbeit gegenüber der innerhalb der Familie verausgabten Arbeit immer eindeutiger dadurch aus, daß über ihre Art, ihren Umfang, Zweck und Wert nicht direkt die mit der Arbeit erzielbare Befriedigung der Bedürfnisse bestimmter Menschen entscheidet. Während die dergestalt objektivierte gesellschaftliche Arbeit gemäß Rentabilitäts- und Effizienzkriterien fortschreitend rationalisiert und normiert wird, entzieht sich die direkt auf die Bedürfnisse der zur Familie gehörenden Menschen abzielende Arbeit innerhalb der Familie derartigen, mit gesellschaftlichem Prestige bedachten »Modernisierungs«-maßnahmen. Hausarbeit, zunehmend ausschließlich von Frauen ausgeführt, bleibt traditionell und erscheint im Vergleich zu der nach Arbeitszeit und Arbeitsentgelt gemessenen Arbeit als unökonomisch und daher als Beschäftigung, die ihren Charakter als Arbeit zunehmend einbüßt. Die Tatsache, daß die vielfältigen Leistungen, die zur generativen, konsumtiven und psychischen Reproduktion der gesellschaftlich arbeitenden Menschen erforderlich sind, die ältere Form des Arbeitseinsatzes beibehalten, kann hier nicht auf ihre objektiven und subjektiven Gründe hin untersucht werden. Wichtig ist aber, daß zumindest für das Bürgertum diese Leistungen auch im Prozeß der Verallgemeinerung von gesellschaftlich organisierter Arbeit dadurch sichergestellt werden, daß die Zuständigkeit für diese Arbeiten innerhalb der privat abgeschlossenen Familie und damit jenseits der gesellschaftlich herrschenden Zweckrationalität bei der Gattin, Hausfrau und Mutter festgeschrieben wird. Ideologisch wird diese spezifische Form der Aufteilung gesellschaftlich notwendiger Arbeit als natürliches Verhältnis interpretiert und die überantwortete Zuständigkeit für den einen oder anderen Leistungsbereich den Geschlechtern mit dem Natur-Argument gleich von Geburt her auf den Leib zugeschrieben. Das bedeutet zum einen, daß das Verhältnis der Geschlechter zueinander immunisiert wird gegen die gesellschaftlich verallgemeinerte Leistungskonkurrenz. Noch gewichtiger aber ist wohl zum andern, daß diese prinzipielle Zuständigkeit jeglicher individuellen Entscheidung enthoben und dementsprechend unter Vermeidung von Reibungsverlust »natürlich« tradierbar ist. Das Funktionieren dieser Form geschlechtsspezifischer Arbeitsteilung wird durch familiale Sozialisation dauerhaft sichergestellt und evtl. sogar perfektioniert.

Für die Binnenstruktur der Familie kann die Bedeutung der realen und zugleich ideologischen Polarisierung der Geschlechter nicht hoch genug veranschlagt werden. Was das Verhältnis der Gatten zueinander anbelangt, so ist entscheidend, daß die Ehe nicht mehr durch gemeinsame Wirtschaft, sondern durch Liebe konstituiert gedacht wird, und die gegenseitige Ergänzung der Ehegatten weniger an der Ergänzung der Arbeitsfunktionen als an den Kommunikations- und Verhaltensweisen festgemacht wird. Damit aber verklärt die Vorstellung von einer organischen Entfaltung des idealen Ehe- und Familienlebens dessen konkrete Realisierungschancen unter den Bedingungen des in den »Geschlechtscharakteren« gespiegelten, schwerlich harmonisierbaren Dualismus von Gesellschaft und Familie. Die Plazierung des mit seinen familieninadäquaten Männlichkeitsattributen aus der Welt in den ersehnten Hort der Familie heimkehrenden Mannes wirft gleichermaßen ideologische wie praktische Probleme auf.

Am folgenreichsten hat die Polarisierung der »Geschlechtscharaktere« bis in unsere Zeit für das Verhältnis der Eltern zu den Kindern und damit für die kindliche Sozialisation gewirkt. Die frühkindliche Sozialisation fällt immer ausschließlicher der Mutter zu. Einzig die Mutter, wesensgemäß als Gefühl definiert, soll imstande sein – und de facto gibt es in der Regel für sie keine Alternative – durch ihre Mutterliebe im Kinde die lebensnotwendigen Gefühlsbindungen zu erzeugen und damit die Existenz des Kindes zu stabilisieren. Die ausschließliche Verantwortung der Mutter für das Wohl der Kinder endet jedoch, sobald zumal für die Söhne das Training zur sozialen Durchsetzungsfähigkeit bzw. Realitätsgerechtigkeit auf dem Erziehungsplan steht. Jetzt tritt der Mann, wesensgemäß als Rationalität definiert, aktiv in die Vater-Funktion ein. An Stelle des mit der Mutter verbundenen Lustprinzips wirkt auf das Kind jetzt das mit dem Vater auftretende Realitätsprinzip ein. Dabei konzentriert sich die Aufmerksamkeit der väterlichen Autorität gemäß der zukünftigen Lebensaufgabe des Kindes stärker auf das männliche als auf das weibliche Kind. Die gesellschaftlich bedingte geschlechtsspezifische Arbeitsteilung zwischen Familie und Gesellschaft findet somit im familialen Erziehungsprozeß in der »natürlichen« Mutter- und Vaterfunktion ihre Entsprechung und damit eine effiziente Form der generationsweisen Durchsetzung. Die Psychoanalyse, mit Freuds Theorie im Ursprung selbst Prototyp der zeitgenössischen Geschlechtspolarisierung, eröffnet für diesen Problemkomplex historisch relevante Interpretationsmöglichkeiten[68]. Die zeitlich aufeinanderfolgende und als Kontrast konzipierte Einflußnahme zunächst der Mutter und dann des Vaters, ein von Parsons[69] in der zweiten Hälfte des 20. Jahrhunderts mit neuem

Vokabular als notwendiges Funktionselement moderner Gesellschaft positiv bewertetes Auseinanderreißen der »expressiven« und »instrumentellen« Funktion im Sozialisationsprozeß, hat offenbar das gesellschaftlich erwünschte Leistungsstreben der so erzogenen Männer stark gefördert. Legt man empirische Befunde der Gegenwart zugrunde, dann wohl nicht zuletzt deshalb, weil die von der Mutter ursprünglich vermittelte Emotionalität auf dem nur über das väterliche Vorbild erreichbaren Weg zu den gesellschaftlich anerkannten Werten zurückgedrängt wurde[70].

Unsere Ausführungen bezogen sich ausschließlich auf die in Deutschland beobachtbaren Phänomene. Nach dem zuletzt Gesagten aber ist mit den »Geschlechtscharakteren« ein für die bürgerliche Gesellschaft generell typisches Funktionselement angesprochen. Stimmt das, so müssen Aussagesysteme, die den deutschen »Geschlechtscharakteren« vergleichbar sind, auch in bürgerlichen Gesellschaften anderer Nationalität anzutreffen sein. Viola Klein[71] hat auf die am Ende des 19. Jahrhunderts im Zuge der Verwissenschaftlichung und damit Internationalisierung erreichte Allgemeinheit und Ähnlichkeit der Charakterisierung von Mann und Frau aufmerksam gemacht. Im Zusammenhang der hier versuchten Interpretation wäre es darüber hinaus interessant, die für die Entstehungsphase wahrscheinlichen zeitlichen und kulturellen Unterschiede der bürgerlichen Geschlechterideologien herauszuarbeiten[72]. Verwiesen wird man auf einen solchen Vergleich durch die Beobachtung, daß in Deutschland zu den Aussagen über ideale Weiblichkeit häufig vergleichende Bewertungen der Stellung der Frau in Frankreich und England gehören. Dabei schneidet immer die deutsche Frau wegen des zur höchsten Sittlichkeit emporgehobenen Familienlebens am besten ab, während die »galanten Damen« Frankreichs bis weit in das 19. Jahrhundert mit ausschließlich abfälligen Kommentaren bedacht werden. Um die keineswegs originelle Hypothese, daß Realität und Ideologie der bürgerlichen Familie ein Kernelement von bürgerlicher Gesellschaft sind, im Sinne unserer Analyse weiter fruchtbar zu machen, müßten die in der vorliegenden Untersuchung aufgeworfenen Fragen und häufig nur hypothetischen Antworten nicht nur detaillierter ausgearbeitet, sondern auch im Vergleich mit anderen Nationalitäten überprüft werden.

Für Anregungen und Hilfe danke ich
B. Duden, E. Furth und M. Winde.

1 Vgl. Conversations-Lexikon oder Handwörterbuch für die gebildeten Stände, Bd. 4, 3. Aufl., Leipzig/Altenburg 1815, S. 211, sowie J. Meyer, Das große Conversations-Lexikon, 1. Abt., 12. Bd., Hildburghausen 1848, S. 742.

2 Marianne Weber, Ehefrau und Mutter in der Rechtsentwicklung, Tübingen 1907, Neudr. Aalen 1971, S. 300f. Systematisch durchgeführt wurde diese Zuweisung von O. Weininger, Geschlecht und Charakter. Wien 1903 (25. Aufl. 1925).

3 Vgl. z. B. die vielzitierten Ausführungen des Mediziners K. F. v. Burdach, Der Mensch nach den verschiedenen Seiten seiner Natur. Anthropologie für das gebildete Publicum. Stuttgart 1837, S. 470-477; außerdem: V. Klein, The Feminine Character. History of an Ideology, 2. Aufl. London 1971; L. E. Tyler, Artikel »Sex Differences«. In: Int. Enc. of Soc. Sciences. Bd. 7. New York 1968, S. 207-213.

4 Vgl. R. Hofstätter, Männlich und weiblich. In: Wiener Archiv Psych., Psychatrie, Neurol. Bd. 6 (1956), S. 154-167, der die Verbreitung derartig stereotyper Vorstellungen in Polaritätsprofilen emprisch erfaßt. Noch Ende der fünfziger Jahre standen von 138 befragten Professoren und Dozenten 40% weiblichen Hochschullehrern bedingt negativ und 39% grundsätzlich ablehnend gegenüber, wobei zur Begründung am häufigsten der »Mangel an intellektuellen oder produktiv-schöpferischen Fähigkeiten« und der Satz »Der Beruf des Hochschullehrers widerspricht dem Wesen, der biologischen Bestimmung oder dem natürlichen Streben des Weibes« angeführt wurde, vgl. H. Anger, Probleme der deutschen Universität, Tübingen 1960, S. 23, S. 491.

5 Vgl. S. de Beauvoir, Das andere Geschlecht. Sitte und Sexus der Frau. Reinbek 1968.

6 Vgl. J. Hoffmann, Die »Hausväterliteratur« und die »Predigten über den christlichen Hausstand«. Weinheim/Berlin 1959.

7 Vgl. Chr. Frh. v. Wolff, Vernünfftige Gedancken von dem gesellschaftlichen Leben der Menschen und insonderheit dem gemeinen Wesen (...) 2. Aufl. Frankfurt/Leipzig 1725, 1. Th., 5. Kap. »Von dem Hause«.

8 J. H. Zedler, Großes vollständiges Universal-Lexikon, Bd. 9. Halle/Leipzig 1735, Sp. 1767, 1782.

9 J. G. Krünitz, Ökonomisch-technologische Encyklopädie oder allgemeines System der Staats-, Haus- und Landwirtschaft und der Kunst-Geschichte, Bd. 14. Berlin 1779, bes. S. 789-795.

10 J. Chr. Adelung, Versuch eines vollständigen grammatisch-kritischen Wörterbuchs der hochdeutschen Mundart. Bd. 2, 2. Aufl. Leipzig 1796, Sp. 10, vgl. auch Artikel »Weib«. Bd. 4, 1801.

11 Vgl. zum folgenden D. Schwab, Artikel »Familie« in: O. Brunner u. a.

(Hg.), Geschichtl. Grundbegriffe. Historisches Lexikon zur politisch-sozialen Sprache in Deutschland, Bd. 2. Stuttgart 1975, S. 253-301.

12 Ebd., S. 273.

13 Ebd., S. 271.

14 Diese selbstverständliche Gleichsetzung findet sich z. B. bei A. L. Schlözer, Allgemeines Statsrecht und Statsverfassungslehre. Göttingen 1793, S. 31. »Der Mensch war eher, als der Untertan ... und ehe er sich in eine Stats-Gesellschaft begab, oder hineingeriet, hatte er schon als Ehe-Mann, Vater, Haus-Herr, und Bürger, die Freuden und Leiden des geselligen Lebens gekostet.«

15 Schwab, S. 280.

16 Ebd., S. 284.

17 Vgl. P. Kluckhohn, Die Auffassung der Liebe in der Literatur des 18. Jahrhunderts und in der deutschen Romantik, 2. Aufl. Halle 1931.

18 1791/92 forderte A. Condorcet, Sur L'instruction publique, gleiche Bildung für beide Geschlechter. 1792 erschienen Th. G. v. Hippel, Über die bürgerliche Verbesserung der Weiber, und M. Wollstonecraft, A Vindication of the Rights of Women, deutsch 1793/94. Vgl. K. M. Grass, R. Koselleck, Artikel »Emanzipation«, in: Geschichtl. Grundbegriffe, Bd. 2, S. 153-197, Abschnitt »Frauenemanzipation« S. 185-191.

19 In der Terminologie von D. Riesman u. a., Die einsame Masse, Reinbek 1958, ging es darum, jetzt auch für den Sozialcharakter der Frauen die Innen-Lenkung gegenüber der Traditions-Lenkung zu verstärken, vgl. bes. Riesman, S. 56.

20 J. G. Fichte, Grundlagen des Naturrechts nach den Prinzipien der Wissenschaftslehre, 1. Anhang: Familienrecht (1796), in: Werke, Auswahl in 6 Bden., hg. v. F. Medicus, Bd. 2. Leipzig 1908, S. 319; vgl. dazu Marianne Weber, S. 306-312.

21 Zu den mit dieser 1789 von J. H. Campe verwendeten Formel bezeichneten Vorstellungen, die direkt anknüpfen an die von J. J. Rousseau 1762 im fünften Buch des »Emile« entwickelten Prinzipien für die Erziehung der Sophie, vgl. E. Blochmann, Das »Frauenzimmer« und die »Gelehrsamkeit«. Eine Studie über die Anfänge des Mädchenschulwesens in Deutschland. Heidelberg 1966, S. 29-41.

22 Ebd., S. 44, dazu insgesamt S. 42-48.

23 Vgl. hierzu M. Dessoir, Geschichte der neueren deutschen Psychologie. 2. Aufl., Berlin 1902, vor allem S. 116-356. ...

24 Kant's Ges. Schriften, Hg. Kgl. Preuß. Ak. d. Wiss., Bd. 7, Berlin 1907, S. 117.

25 W. v. Humboldt, Werke, Hg. A. Leitzmann, Bd. 1. Berlin 1903, S. 378; zur selben Zeit erschienen in Schillers »Horen« Humboldts Aufsätze »Über den Geschlechtsunterschied und dessen Einfluß auf

die organische Natur« und »Über die männliche und weibliche Form«.

26 Die erste Abhandlung dieser Art ist offenbar Ch. Meiners, Geschichte des weiblichen Geschlechts, 4 Bde. Hannover 1788-1800.

27 Besonders ausführlich fällt diese Argumentation aus in: J. S. Erschl/ J. G. Gruber, Allgemeine Encyclopaedie der Wissenschaften und Künste, 1. Sect., 63. Theil. Leipzig 1856, S. 30-44. . . .

28 So z. B. Ersch/Gruber, S. 40.

29 Diese in der jüngsten Zeit von der Frauenbewegung vorgebrachte Interpretation wurde u. a. ausgeführt von S. de Beauvoir (s. Anm. 5); Sh. Firestone, The Dialectic of Sex. New York 1970; K. Millett, Sexual Politics. New York 1970.

30 C. Welcker, Artikel »Geschlechtsverhältnisse«, in: K. Rotteck, C. Welcker (Hg.), Staatslexicon oder Encyclopädie der Staatswissenschaften Bd. 6, Altona 1838.

31 Alle vorstehenden Zitate ebd., S. 630–632.

32 Ebd., S. 635.

33 Ebd., S. 644f.

34 So P. Möbius, Über den physiologischen Schwachsinn des Weibes. Halle 1900. Die Diskussion über den »wahren« Beruf der Frau verschärfte sich seit den siebziger Jahren, wie vor allem das Pro und Contra zu der 1869 deutsch erschienenen Schrift von J. St. Mill, On the Subjection of Women, zeigt; vgl. M. Twellmann, Die Deutsche Frauenbewegung. Ihre Anfänge und erste Entwicklung 1843-1889, Bd. 1. Meisenheim 1972, S. 55-62. Der Zusammenhang zwischen dem seit 1890 insbesondere von der bürgerlichen Frauenbewegung intensivierten Kampf um Zulassung der Frauen zu Abitur und Studium auf der einen und der Verschärfung antifeministischer Polemik auf der anderen Seite wird angezeigt in der Bibliographie von H. Sveistrup, A. v. Zahn-Harnack, Die Frauenfrage in Deutschland. Burg b. M. 1934, S. 202-218, S. 470-479.

35 Besonders taten sich in der Verteidigung ihrer Domäne die Mediziner hervor; vgl. z. B. A. Ander (Dr. med.). Mutterschaft oder Emancipation. Eine Studie über die Stellung des Weibes in der Natur und im Menschenleben. Berlin 1913, bes. S. 28; 1899 wurden auf Beschluß des Bundesrates Frauen zur medizinischen und pharmazeutischen Staatsprüfung zugelassen.

36 Welcker S. 642.

37 Ersch/Gruber S. 39f.

38 Ebd., S. 40.

39 Kleineres Brockhaus'sches Conversations-Lexikon f. d. Handgebrauch, Bd. 2. Leipzig 1854, S. 557.

40 G. G. Gervinus, Geschichte der deutschen Dichtkunst, Bd. 1, 4. Aufl. Leipzig 1853, S. 302, zustimmend zit. in: Ersch/Gruber S. 36.

41 Besonders explizit in: L. v. Stein, Die Frau, ihre Bildung und Lebensaufgabe (1. Aufl. 1851), 3. Aufl. Dresden 1890, S. 1-5, S. 33-35, S. 51-56; ders., Die Frau auf dem Gebiete der Nationalökonomie, 6. Aufl. Stuttgart 1886, S. 93f. ...

42 F. Tönnies, Gemeinschaft und Gesellschaft. Grundbegriffe der reinen Soziologie, 2. Aufl. Berlin 1912, S. 197.

43 Vgl. u. a. H. Lange, Die Frauenbewegung in ihren modernen Problemen. Berlin 1907, S. 118, oder das Programm des Bundes deutscher Frauenvereine in der Neufassung von 1919, abgedr. in: Jahrbuch des Bundes Deutscher Frauenvereine, Bd. 12 (1928-1931), Leipzig 1932; dazu Twellmann, Bd. 1, S. 55-67. Noch 1928 wirbt G. Bäumer in ihrem Wahlaufruf für Ziele, »die aus dem Kulturideal der Frauen abgeleitet sind«, und damit für die Vertretung »objektiver Werte im sozialen Leben. Leben gegen Besitz – Menschentum gegen Sachgüter – Kultur, d. h. inneres Sein, gegen Zivilisation«, in: Die Frau Bd. 35 (1928), S. 193; vgl. zur Argumentationsfigur im 20. Jahrhundert J. Zinnecker, Sozialgeschichte der Mädchenbildung. Weinheim 1973, S. 123-127.

44 Das Ineinssetzen von Familie und Frau und die Furcht, mit einer Veränderung der gesellschaftlichen Position der Frauen die Möglichkeiten von humanen Beziehungen bzw. die realen Anhaltspunkte für so gerichtete Wunschphantasien überhaupt zu verlieren, wird seit der Wende zum 20. Jahrhundert deutlich ausgesprochen. 1902 bekräftigt der Preuß. Kultusminister Studt im Abgeordnetenhaus anläßlich des Vorhabens, Frauen zu Abitur und Studium zuzulassen: »Der deutschen Familie soll die eigenartig ideale Stellung der deutschen Frau nach Möglichkeit erhalten bleiben«, zit. nach Zinnecker, S. 88. Die deutsche Frau in der deutschen Familie als Kontrastprogramm zum »Arbeits- und Berufsmenschentum« in der »Rücksichtslosigkeit und Brutalität des wirtschaftlichen Konkurrenzkampfes« wird, wenngleich weniger optimistisch als vor 1914, auch in den zwanziger Jahren beschworen, vgl. z. B. G. Steinhausen, Geschichte der deutschen Kultur, Bd. 2, 2. Aufl. Leipzig/Wien 1913, S. 495 und ders., Deutsche Geistes- und Kulturgeschichte von 1870 bis zur Gegenwart. Halle 1931, S. 471-473.

45 K. A. Schmidt u. a. (Hg.), Encyclopädie des gesammten Erziehungs- und Unterrichtswesens, bearb. v. einer Anzahl Schulmänner und Gelehrten, Bd. 2, 2. Aufl. Gotha 1878, S. 1018.

46 Vgl. H. Medick in diesem Bd., S. 285ff.

47 Die »niederen Klassen« in diesem Sinne auszubilden empfiehlt z. B. L. v. Stein, Die Frau auf dem socialen Gebiet. Stuttgart 1880, S. 125-128; vgl. auch das Vorwort zu: Das häusliche Glück. Vollständiger Haushaltungsunterricht nebst Anleitung zum Kochen für Arbeiterfrauen, 11. Aufl. M.-Gladbach/Leipzig 1882, Neudruck München

1975. Eine unter dieser Fragestellung durchgeführte Analyse des Volksschulwesens im 19. Jahrhundert dürfte aufschlußreich sein für die Popularisierung der bürgerlichen Normen.

48 Diese grobschlächtige Kategorie wartet noch auf ihre sozialgeschichtliche Spezifizierung; zur Problematik vgl. H. Henning, Das westdeutsche Bürgertum in der Epoche der Hochindustrialisierung, 1860-1914, Teil I. Wiesbaden 1972, S. 5-38; Vgl. H. Möller, Die kleinbürgerliche Familie im 18. Jahrhundert. Göttingen 1969, S. 2-8. Immer noch sehr gut H. Gerth, Die sozialgeschichtliche Lage der bürgerlichen Intelligenz um die Wende des 18. Jahrhunderts. Diss. phil. Frankfurt 1935.

49 Den Zusammenhang zwischen der Ausgrenzung von Kindheit und dem Interesse an formalisierter Ausbildung hat Ph. Ariès, L'enfant et la vie familiale. Paris 1960 am französischen Beispiel herausgearbeitet. Zu der über Generationen durchgehaltenen Berufstradition der Akademiker und deren Verbürgerlichung vgl. H. Mitgau, Gemeinsames Leben, 1500-1770. Göttingen 1955, S. 66-75.

50 Vgl. für den immer noch am besten untersuchten Fall Preußen H. Rosenberg, Bureaucracy, Aristocracy and Autocracy, The Prussian Experience, 1660–1815. Boston 1966; R. Koselleck, Preußen zwischen Reform und Revolution. Stuttgart 1967, S. 78-115; zu sozio-kulturellen Aspekten vgl. N. Elias, Über den Prozeß der Zivilisation. Bern/München 1969, Bd. 1, S. 10-42.

51 So eine bei E. Weis, Montgelas, 1759-1799. Zwischen Revolution und Reform. München 1971. S. 180 zitierte Maxime von Montgelas: »strenge Trennung von Dienstlichem und Privatem«.

52 Zur Kategorie bürokratischer Verwaltung vgl. M. Weber, Wirtschaft und Gesellschaft. Tübingen 1922, S. 124-127, S. 650-678; zur Entwicklung vom ständischen zum Berufsbeamtentum siehe O. Hintze, Der Beamtenstand (1911). In: ders., Soziologie und Geschichte, 2. Aufl. Göttingen 1964, S. 66-125; materialreich auch S. Isaacsohn, Geschichte des preußischen Beamtentums, 3 Bde. Berlin 1874-1884; bes. für das 19. Jahrhundert: W. Bleek, Von der Kameralausbildung zum Juristenprivileg. Studium, Prüfung und Ausbildung der höheren Beamten des allgemeinen Verwaltungsdienstes im 18. und 19. Jahrhundert. Berlin 1972.

53 Zur möglichen Haushaltssituation vgl. M. Freudenthal, Gestaltwandel der städtischen bürgerlichen und proletarischen Hauswirtschaft unter besonderer Berücksichtigung des Typenwandels von Frau und Familie, I. (einziger) Teil: 1760-1910, phil. Diss. Frankfurt, Würzburg 1934; (Vgl. die Auszüge in diesem Band).

54 Vgl. F. Paulsen, Geschichte des Unterrichts auf den deutschen Schulen und Universitäten vom Ausgang des Mittelalters bis zur Gegenwart, 2 Bde. 2. Aufl. Leipzig 1896/97; F. Eulenburg, Die Frequenzen

der deutschen Universitäten bis zur Gegenwart. Leipzig 1904; W. Zorn, Hochschule und höhere Schule in der deutschen Sozialgeschichte der Neuzeit. In: K. Repgen, S. Skalweit (Hg.), Spiegel der Geschichte. Festgabe f. M. Braubach, Münster 1964, S. 321-339; W. Roessler, Die Entstehung des modernen Erziehungswesens in Deutschland. Stuttgart 1961. Wie Überlegungen zur planmäßigen Erziehung ausschließlich den Jungen galten, zeigt sich bei J. A. Comenius, Pampaedia (1676/77). Hg. v. D. Tschižewsky u. a. Heidelberg 1960, der einleitend zwar seine Pädagogik auf viri et føeminae bezieht, dann aber nur über das männliche Kind spricht. Interessant ist hier auch die Beobachtung von Ariès, S. 46, 54, daß der Kinderstatus zunächst allein den Jungen eingeräumt wurde.

55 Daß sich eine Verschiedenartigkeit von Mann und Frau in den sozialen Gruppen herausbildet, wo das seit der Renaissance zunehmend rationale Verhalten relevant wird, konstatieren auch Marianne Weber S. 281f., J. v. Ussel, Sexualunterdrückung. Geschichte der Sexualfeindschaft. Reinbek 1970, S. 50 und Firestone S. 200f., die von einer seit dem 16. Jahrhundert zum Zuge kommenden Aufspaltung der Kultursphäre in eine ästhetische (weibliche) und eine technologische (männliche) ausgeht.

56 Von der Kindnatur der Frau spricht u. a. 1821 G. W. F. Hegel, Grundlinien der Philosophie des Rechts, § 165, und 1851 A. Schopenhauer, Über die Weiber, 27. Kapitel von Parerga und Paralipomena, §§ 364, 366; A. Comte, Cours de Philosophie Positive, Bd. 4. 5. Aufl. Paris 1893, S. 456 hält 1839 »une sorte d'état d'enfance« deshalb für das entscheidende Charakteristikum der Frauen, weil sie nicht wie die Männer imstande seien, die »facultés intellectuelles« auf Kosten der »facultés affectives« auszubilden. Entsprechend heißt es bei dem Radikalen J. Fröbel, System der socialen Politik, 2. Aufl. Mannheim 1847, S. 226, wenngleich mit entgegengesetzten, nämlich emanzipatorischen Schlußfolgerungen: »Dem Manne, welcher eben erst den Weg der Reflexion und der reflectiven Lebenspraxis betreten hat, muß das auf dem Standpunkt der Natürlichkeit verharrende Weib als bloßes Mittel, eines der Güter des Lebens, als Besitz oder Eigenthum erscheinen . . .«. Firestone S. 99 verweist auf interessante Parallelen zwischen dem Mythos der Kindheit und dem der Weiblichkeit.

57 Hinweise bei E. Manheim, Beiträge zu einer Geschichte der autoritären Familie. In: E. Fromm u. a. Autorität und Familie, Paris 1936, Bd. 2, S. 566f.

58 Freudenthal S. 41f. rechnet erst nach 1860 mit einer durch den Warenmarkt ermöglichten erheblichen Arbeitsentlastung bei reichen bzw. kinderarmen Bürgerhaushalten. Informativ für die Situation der Frauen in großbürgerlichen Haushalten in der zweiten Hälfte des 19. Jahrhunderts ist die Memoirenliteratur der Frauenbewegung. Der

Erfolgsroman von J. Stinde, Die Familie Buchholz, dürfte zutreffend den im Mittelstand zwecks Vermehrung der Heiratschancen als Aufwandsnorm demonstrierten Luxus charakterisieren. Hierzu systematisch Th. Veblen, The Theory of the Leisure Class. New York 1899.

59 Einschlägig für folgendes: Blochmann und Zinnecker. Bemerkenswert ist, daß bis ca. 1740 die Moralischen Wochenschriften auch für die Frau den Umgang nicht nur mit den schönen, sondern auch mit den nützlichen Wissenschaften als erstrebenswert erachteten und daß sie das Lernen aus Erfahrung ergänzt wissen wollten um das durch Wissen, vgl. W. Martens, Die Botschaft der Tugend. Die Aufklärung im Spiegel der deutschen Moralischen Wochenschriften. Stuttgart 1968, S. 520-542.

60 Vgl. z. B. das Kapitel »Die Erziehung der Mädchen« bei K. v. Raumer, Geschichte der Pädagogik vom Wiederaufblühen klassischer Studien bis auf unsere Zeit, Bd. 3, 3. Aufl. Stuttgart 1857, S. 450-537.

61 Folgendes Stundenplan-Beispiel für eine höhere Mädchenschule gibt 1881 die »Encyclopädie für das gesammte Erziehungs- und Unterrichtswesen«, Bd. 4. S. 816:

		Mittelstufe		Oberstufe
Religion		2		2
Deutsch		6		4
Rechnen		2		2
Französisch		4		3
Englisch		–		3
Geographie, Geschichte, Naturkunde	je	2	je	2
Handarbeit		4		2
Zeichnen, Gesang	je	2	je	2
		28		26

Daß die Unvereinbarkeit von Weiblichkeit und Mathematik eine auch heute noch wirksame Annahme ist, zeigt die empirische Untersuchung von E. Schildkamp-Kündiger, Geschlechtervorstellungen und Mathematikleistung bei Mädchen. Diss. phil. Saarbrücken 1973.

62 Für die »höheren Töchter« endete die Schulbildung nach 8-10 Schuljahren im Alter von 14-16 Jahren; der Unterricht nach Jahrgangsklassen war nicht konsequent durchgesetzt und von dem für Jungenschulen maßgeblichen Berechtigungssystem waren die Mädchen bis zum Ende des 19. Jahrhunderts ohnehin ausgeschlossen.

63 So R. v. Mohl, Die deutsche Policeiwissenschaft nach den Grundsätzen des Rechtsstaats, Bd. 1, 2. Aufl. Tübingen 1844, S. 484.

64 Vgl. R. Engelsing, Das häusliche Personal in der Epoche der Industrialisierung. In: ders., Zur Sozialgeschichte deutscher Mittel- und Unterschichten. Göttingen 1973, S. 235.

65 Deutlich wird die Schwierigkeit, die weiblichen Angestellten in das Weiblichkeitsschema einzuordnen, in den von der Frauenbewegung publizierten Schriften über Frauenberufe, vgl. z. B. Levy-Rathenau, Die deutsche Frau im Beruf, 5. Aufl. Berlin 1917 (= Handbuch der Frauenbewegung, Hg. H. Lange, G. Bäumer, Teil 5).

66 So J. Habermas, Strukturwandel der Öffentlichkeit. Neuwied 1962, S. 60, vgl. insgesamt zur Ausgrenzung der Privatsphäre S. 58-65 und S. 169-177.

67 So Ariès S. 460.

68 Die von der Psychoanalyse entscheidend beeinflußte moderne Sozialisationsforschung müßte für die Analyse dieser Zusammenhänge ebenso sozialgeschichtlich fruchtbar gemacht werden, wie die von Freud vorgenommene Interpretation und theoretische Generalisierung klinischen Materials; höchst unterschiedliche Vorstöße in diese Richtung E. Fromm und M. Horkheimer, in: E. Fromm, Autorität und Familie, Paris 1936, Bd. 1; F. Weinstein, G. M. Platt, The Wish to be Free, Society, Psyche, and Value Change. Berkeley 1969, bes. S. 137-196; K. Millet S. 233-268, mit ihrer historisch-gesellschaftlichen Deutung der Sexualtheorie von Freud.

69 Vgl. T. Parsons, R. F. Bales, Family. Socialization and Interaction Process. London 1956, bes. S. 16f., S. 45-54, S. 81-83.

70 Hinweise in diese Richtung bei F. Neidhardt, Schichtspezifische Vater- und Mutterfunktionen im Sozialisationsprozeß. In: Soziale Welt 16 (1965), S. 338-348.

71 S. Anm. 3.

72 Interessant hierfür die Untersuchung englischer Verhältnisse von M. George, From »Goodwife« to »Mistress«. The Transformation of the Female in Bourgeois Culture. In: Science and Society 37 (1973), S. 152-177 und amerikanischer Ideologien von B. Welter, The Cult of True Womanhood, 1820-1860. In: American Quarterly 78 (1966), S. 151-174.

II
Bauern

Ulrich Planck
Die Eigenart der Bauernfamilie und die bäuerliche Familienverfassung*

1. Strukturelle Besonderheiten

Die Struktur der Bauernfamilie weist Elemente auf, die zwar nicht unmittelbar die Familienverfassung bestimmen, aber insofern doch bedeutsam sein können, als sie die Verwirklichung der verschiedenen Ordnungsprinzipien entweder fördern oder hemmen. Unter diesem Gesichtspunkt verdienen vor allem das Generationsgefüge, die Haushaltszusammensetzung und -größe, die Zahl und Stellung der Kinder sowie die Desorganisationserscheinungen Beachtung.

a) Generationsgefüge

Der Begriff der Generation wird in diesem Zusammenhang »unter dem Gesichtspunkt der Paaresreihe« (Eichler) im Sinne der »biologischen Generation« (Hellpach), d.h. genetisch gebraucht. Eine Generation stellt demnach ein Glied in der Abstammungsreihe dar und wird von sämtlichen unmittelbaren Abkömmlingen eines Elternpaares gebildet.

Mackenroth[1] hält die vaterrechtliche Zwei-Generationen-Kleinfamilie für die nicht nur in West- und Mitteleuropa seit Jahrtausenden herrschende, sondern auch dem Pflugbauerntum optimal angepaßte Form. Auch die »Leitbilder für bäuerliche Familienbetriebe«[2] bezeichnen die Zwei-Generationen-Familie als das Normale. Von Babo[3] begründet die Zweckmäßigkeit, ja die Zwangsläufigkeit des bigenerativen Familienaufbaus mit der Eigenart des bäuerlichen Familienbetriebs, einen allmählichen Generationswechsel ohne Störung des Betriebsablaufs zu vollziehen. Dies bedeute, daß im Durchschnitt gesehen stets zwei volle Generationen auf dem Betrieb leben und wirken; neben der zur Zeit

* Auszüge aus: Ulrich Planck, Der bäuerliche Familienbetrieb zwischen Patriarchat und Partnerschaft, Stuttgart 1964 (Soziologische Gegenwartsfragen, N.F. Heft 20), S. 48-49, 55-59, 62-71, 73-75.

wirtschaftenden wachse die nächste schon heran, während sich die ältere zurückziehe.

Typisch für den Familienzyklus einer bigenerativen Bauernfamilie ist das von Howald[4] in der »Schicksalskurve« verdeutlichte zweimalige Hoch, wenn Eltern und Kinder gleichzeitig arbeitsfähig sind, und das Tief, wenn das Betriebsleiterehepaar durch die Aufzucht kleiner Kinder, die Pflege betagter Altenteiler und die Abfindung weichender Erben zusätzlich belastet wird. Wie Binder[5] in einer instruktiven Modelldarstellung gezeigt hat, ist eine Abflachung der Schicksalskurve, d. h. ein arbeitswirtschaftlich störungsfreier Generationswechsel, nur möglich, wenn die bigenerative Phase möglichst kurz gehalten wird; sie setzt also die Drei-Generationen-Familie als Norm voraus. *Ipsen* hat aus der Arbeitsverfassung des bäuerlichen Familienbetriebs abgeleitet, daß die bäuerliche Lebensform nicht mono-, sondern trigenerativ sein müsse. Er schreibt: »Die Landfamilie (gemeint ist die Bauernfamilie – d. Verf.) ist der Versuch, die Art und Weise des Gattungsvorganges durch seine Prägung zur Geschlechterfolge mit dem Arbeitsbedarf der Ackernahrung so zu verbinden, daß ständige Arbeitsleistung gesichert und der nötige Arbeitsbesatz fortwährend reproduziert wird.«[6]

Aus diesen zwingenden betriebswirtschaftlichen Gründen umfaßt die vollständige Bauernfamilie mindestens zwei, »in der Regel drei Generationen«[7], während die moderne nichtbäuerliche Familie auch auf dem Lande mehr und mehr der Form der Gattenfamilie zustrebt, die nur noch aus den Ehegatten und den unmündigen Kindern besteht[8]. Eine Angleichung der Bauernfamilie an diese Entwicklungsrichtung zur »Gattenfamilie« ist kaum zu erwarten, da dies das Ende der bäuerlichen Arbeitsverfassung schlechthin bedeuten würde. [. . .]

b) Haushaltszusammensetzung und Haushaltsgröße

Zu dem Verband der »historischen Bauernfamilie« (Weippert) gehörten auch die ledigen Geschwister des Hofbauern und entferntere Verwandte, die auf dem Hof eine Heimstätte gefunden hatten, sowie die Gesindepersonen. Desgleichen wurde in den ersten Dorfuntersuchungen der Nachkriegszeit berichtet, daß in den reinen Bauerndörfern die Aufnahme von entfernteren Verwandten in den Familienverband eine größere Rolle spiele[9]. Die um entferntere Verwandte und Fremdbürtige erweiterte Bauernfamilie stellt jedoch neuerdings nicht mehr die Regel, sondern die Ausnahme dar. Immerhin ist rund ein Viertel der Familien selbständiger Landwirte solcherart erweitert gegenüber nur 3,5 v. H. der Familien nichtlandwirtschaftlicher Arbeitnehmer[10], so daß sich auch durch dieses Merkmal die Struktur der Bauernfamilie noch merklich von derjenigen der industriellen Familie unterscheidet.

Die Familienhaushalte der Jungbauern der vorliegenden Auswahl, die den Hof in Eigentum übernommen haben, zeigen folgende Zusammensetzung:

	insgesamt v. H.	durch entferntere Verwandte und Fremdbürtige erweiterte Jungbauernfamilien, v. H.
monogenerative (Ehepaar ohne Kinder)	2	1
bigenerativ (Eltern und ledige Kinder)	16	4
bigenerativ (Eltern und verheiratete Kinder ohne Enkel)	9	2
trigenerativ (Großeltern, Eltern, Kinder)	71	12
tetragenerativ (Großeltern, Eltern, Kinder, Enkel)	2	0
	100 (n = 328)	19

Zusätzlich zu den »erweiterten Familien« (19 v. H.) sind in 9 v. H. der Jungbauernfamilien noch Geschwister, Schwäger oder Schwägerinnen anzutreffen, von denen allerdings ein erheblicher Teil im Laufe der Zeit den Hof des Bruders oder Schwagers verlassen wird, um sich selbständig zu machen.

Nicht unerheblich für die Ausformung der Familienverfassung ist auch der *Umfang des Haushalts,* da eine größere Gemeinschaft, vor allem, wenn ihr Fremdbürtige zugehören, ein höheres

Maß an Ordnungsgewalt erfordert als eine kleinere, die durch engste verwandtschaftliche Beziehungen zusammengehalten wird. Von den Haushalten, denen die befragten Jungbauern angehören, umfassen

Personen[11]	v. H.
2	1
3	10
4	20
5	27
6	20
7	13
8	6
9 und mehr	3
	100 (n = 1115)

Am häufigsten tritt demnach der Fünf-Personen-Haushalt auf. Die durchschnittliche Haushaltsgröße beläuft sich auf 5,4 Personen[12]. Sie ist sowohl von der Betriebsgröße abhängig als auch von der Dynamik des Familienzyklus. In den einzelnen Betriebsgrößenklassen sieht die durchschnittliche Haushaltsgröße folgendermaßen aus:

Betriebsgrößenklasse ha LN	Personenzahl
5 - 7,5	5,04
7,5-10	5,10
10 -15	5,28
15 -20	5,29
20 -30	5,78
30 und darüber	6,34

Die Eheschließung der Jungbauern ergibt zunächst noch keine Veränderung des personalen Bestandes, da offenbar die Einheirat eines Gatten durch das Ausscheiden einer anderen Person aus dem Haushaltsverband ausgeglichen wird. Erst wenn der Haushalt durch eigene Nachkommenschaft vergrößert wird, erhöht sich die durchschnittliche Haushaltsgröße von 4,66 auf 5,97 Personen.

Die Bauernhaushalte sind durchschnittlich personenreicher als die Gesamtheit der westdeutschen Haushaltungen (3,4 Personen)[13], weisen jedoch gegenüber früher ebenfalls einen Personenverlust[14] auf. Der Personenverlust ist bei der städtischen Familie vor allem auf die Reduzierung der Kinderzahl und den Übergang von der mehrgenerativen zur mono- oder bigenerativen Familienstruktur zurückzuführen. Im Gegensatz dazu blieben die Bauernfamilien im großen und ganzen mehrschichtig. Die Bauernhaushalte wurden in erster Linie deshalb personenärmer, weil die Gesindearbeitskräfte abwanderten. Hinzu kam der Rückgang der bäuerlichen Geburtenziffern, der mehr und mehr auch im bäuerlichen Bereich zu Schrumpffamilien mit ein oder zwei Kindern geführt hat. Mit der Verkleinerung des Haushalts, insbesondere durch den Wegfall der Gesindearbeitskräfte, wurde in vielen Bauernfamilien einem strengen Hausregiment der Boden entzogen[15].

c) Zahl und Stellung der Kinder

Die biologischen Leitbilder des Ein- und Zweikindersystems sind auch von der Bauernbevölkerung übernommen worden[16], so daß es zwischen Stadt und Land keinen Gegensatz der Orientierung oder des Verhaltens im Bereich der intimen zwischengeschlechtlichen Beziehungen mehr gibt. Eine Umfrage des Allensbacher Instituts für Demoskopie[17] hat bestätigt, daß sich die Sexualordnung in den Dörfern in nahezu gleicher Weise verändert hat wie in den Großstädten: Über den Rückgang des Kinderreichtums in den Bauernfamilien kann auch die Tatsache nicht hinwegtäuschen, daß die Bauernfamilien mindestens gebietsweise noch kinderreicher sind als die übrigen Familien. In der Landjugenduntersuchung[18] konnte nachgewiesen werden, daß überdurchschnittliche Kinderzahlen keine berufstypischen Merkmale sind, sondern eher auf traditionale Haltungen, persönliche Einstellungen und vor allem religiöse Überzeugungen oder kirchliche Einflüsse zurückzuführen sind[19]. In einigen Hofbauerngebieten wurde schon früher die Kinderzahl auf den notwendigen männlichen Erben beschränkt[20].

Der Mikrozensus (Oktober 1957) ergab, daß in den Bauernfamilien durchschnittlich rund 0,5 ledige Kinder mehr mit dem Elternpaar zusammenleben als im Gesamtdurchschnitt der westdeutschen Familien und 0,35 Kinder mehr als in der vergleichbaren Gruppe der Selbständigen und mithelfenden Familienangehörigen in den übrigen Wirtschaftsbereichen. Im einzelnen betrug die durchschnittliche Zahl lediger Kinder, die mit den Eltern zusammenleben:

Wirtschaftsbereich und Berufsstellung der Ehemänner	Kinderzahl im Bundesdurchschnitt
Landwirtschaft	
Selbständige und mithelfende Familienangehörige	1,75
übrige Wirtschaftsbereiche	
Selbständige und mithelfende Familienangehörige	1,40
Beamte, Angestellte und Arbeiter	1,39
nicht erwerbstätige Ehemänner	0,55
insgesamt	1,28

Quelle: Geschätzt nach St. Jb. f. d. BRD 1960, S. 52, Tab. 18.

Die durchschnittlich größere Kinderzahl in den landwirtschaftlichen Familien kann auf höhere Fruchtbarkeit oder auf längeres Zurückhalten der Kinder im Bauernhaus zurückgeführt werden. Nach allem, was über die Fruchtbarkeit in Stadt und Land bekannt ist[21], spricht mehr für die zweite Interpretation. Damit wird auf die andersgeartete Stellung der Kinder in der Bauernfamilie hingewiesen. In der Bauernfamilie stellt jedes Mitglied, das zur Arbeit eingesetzt werden kann, ein Aktivum dar. Es wird im allgemeinen von allen Mitgliedern erwartet, daß sie zur Bestreitung des gemeinsamen Lebensunterhaltes beitragen. Die Wertschätzung der Familienglieder richtet sich weitgehend nach ihrer Beteiligung an der gemeinsamen Arbeit[22]. Das Eltern-Kind-Verhältnis wird sehr früh schon von einem Arbeitsverhältnis überdeckt. Es ist nun freilich nicht mehr durchgehend so, »daß der künftige Hoferbe und seine Brüder sich in nichts von dem Gehilfen, soziologisch gesehen, unterscheiden«[23]. Geblieben ist allerdings eine wenig reflektierte Einstellung gegenüber dem Kind. Selten nimmt das Kind in der Bauernfamilie eine zentrale Stellung ein[24]. In der Regel untersteht es starker elterlicher Verfügungsgewalt und wird als zusätzliche Erwerbskraft gewertet.

Der Personenverlust der Bauernfamilie hat jedoch den Wert des Kindes als Arbeitskraft erhöht; die moderne Technik hat die Produktivität des Kindes gesteigert und seine Einsatzmöglichkeiten erweitert. In zunehmendem Maße werden sich der Bauernsohn und die Bauerntochter auch ihres gestiegenen Wertes bewußt, und damit beginnt das Ringen um eine bessere soziale Stellung. Die Ausbildung selbständiger Verhaltensweisen, das Bewußtsein fachlicher Überlegenheit und gefestigtes Selbstvertrauen[25] machen die Jungen für begründete Forderungen zugänglicher als für Befehle. Sie treten den Eltern immer frühzeitiger mit dem Anspruch, gleichberechtigte Partner zu sein, gegenüber. [. . .]

2. Funktionelle Eigentümlichkeiten

a) Produktionsgemeinschaft

Der Wandel der binnenfamiliären Verfassung wird in der Regel mit dem Funktions- und Autonomieverlust der modernen Familie in Zusammenhang gebracht[26], der hauptsächlich zu Lasten der Stellung des Mannes und Vaters ging. Dem Verfall der väterlichen Autorität folgte die Zunahme des familiären Gewichts der Hausfrau und Mutter[27]. Zweifellos hat auch die Bauernfamilie eine Reihe von wichtigen Funktionen ganz oder teilweise eingebüßt. Ihr ist mit dem Übergang von der Selbstversorgerwirtschaft zur Marktwirtschaft ein erheblicher Teil ihrer wirtschaftlichen Autonomie, durch ihre Einbeziehung in übergeordnete wirtschaftliche und berufsständische Organisationen viel von ihrer sozialen Autonomie verloren gegangen. Dieser Prozeß führte aber nicht wie bei der Mehrzahl der nichtbäuerlichen Familien zu einer vollständigen Trennung des beruflichen und häuslichen Bereiches. Vielmehr blieb die Bauernfamilie – wenn auch eingeschränkt – sowohl eine Produktions-, Erwerbs-, Arbeits- und Besitzgemeinschaft als auch eine Verbrauchs-, Erziehungs- und Versorgungsgemeinschaft. Sie bringt damit, wie König[28], Michel[29] und andere betont haben, in hohem Maße die Voraussetzungen für die Ausbildung einer patriarchalischen Familienordnung mit. Schachtel schreibt dazu: »Die Familie [. . .] als Produktions- und Konsumtionsgemeinschaft fand in der feudal-konservativen Rechtsordnung ihren Ausdruck in einer patriarchalischen Organisation, die sich nicht nur auf das ›Privatleben‹ beschränkte, sondern den gesamten Lebensprozeß beherrschte. Die häusliche Produktion bringt auch heute noch rechtlich eine Verstärkung der patriarchalischen Organisation mit sich, stärkere Abhängigkeit vom Familienhaupt, die sich in der außerrechtlichen Sphäre sowohl aus seiner Rolle als Unternehmer dieses Familienbetriebs als auch aus der im Kleinbetrieb meist damit verbundenen Rolle des technischen Leiters ohne weiteres ergibt.«[30]

Noch deutlicher spricht Ogburn[31] diesen Tatbestand aus: »In an agricultural society [. . .] the family is a business organization. Like all businesses, the farm needs a head. Man generally assumes the leadership, since his services are more important.« Dieser scheinbar so zwingende patriarchalische bzw. autoritäre Aufbau, den auch von Blanckenburg[32] für gegeben hält, wird mindestens in der modernen, auf wenige Familienglieder reduzierten Bauernfamilie in Frage gestellt. Die Ansicht, nur einer allein müsse und könne auf einem Hofe bestimmen, wird durchaus nicht von allen befragten Jungbauern geteilt. Vielmehr meinen zwei Drittel, die Betriebsentscheidungen sollten gemeinsam getroffen werden. Diese Meinung wird vor allem von den ledigen, noch unselbständigen Jungbauern vertreten. Sie tritt zurück, je mehr die Betriebsleitung und die Betriebssubstanz an den Jungbauern übergeht. So wird das Gemeinschaftsprinzip von 73 v. H. der ledigen, abhängigen Jungbauern, dagegen von nur 51 v. H. der verheirateten jungen Betriebseigentümer befürwortet. Die ablehnenden Antworten sind aber weniger eine Folge prinzipieller Überlegungen, sondern in den Unzuträglichkeiten gestörter Vater-Sohn-Beziehungen zu suchen.

Mit dem Management kann also die Notwendigkeit einer patriarchalischen Verfassung nicht mehr hinreichend begründet werden. Es läßt sich sogar leicht nachweisen, daß alle jene Funktionen, die als Voraussetzungen einer patriarchalischen Verfassung aufgezählt werden, ebensogut Ansatzpunkte für eine partnerschaftliche Organisation bilden können. Die Bezeichnung Erzeugungs-, Erwerbs- und Arbeits*gemeinschaft* beinhaltet bereits den Kern einer Betriebspartnerschaft.

Die *Gattenbeziehungen* haben offenbar schon in der »historischen Bauernfamilie« neben patriarchalischen eine Reihe von partnerschaftlichen Strukturelementen enthalten. Plessen[33] geht aber vielleicht doch etwas zu weit, wenn er behauptet, das partnerschaftliche Verhältnis sei seit eh und je das Grundverhältnis der Ehegatten in der bäuerlichen Familie; die industrielle Familie hinke nach oder hole im Augenblick auf. Im älteren germanischen Recht hatte der Mann ein Eigentumsrecht an seiner Frau und eine uneingeschränkte Gewalt über seine Frau[34]. Erst im Laufe des Mittelalters wurde unter kirchlichem Einfluß sein Gewaltrecht stark eingeschränkt. Das noch im Sachsenspiegel bestätigte Muntrecht war ein Herrschaftsrecht des Hausherrn über die Angehörigen der Hausgemeinschaft einschließlich seiner Ehefrau[35]. Im 19. Jahrhundert scheinen die Gattenbeziehungen neben patriarchalischen auch partnerschaftliche Elemente enthalten zu haben, wie u. a. der Beschreibung von Riehl[36] zu entnehmen ist: »Die Familie steht unter der natürlichen Obervormundschaft der Eltern und speziell des Familienvaters.« An anderer Stelle bezeugt jedoch auch Riehl[37] die Unterordnung der Frau: »In der *Last der Arbeit* steht die Bäuerin dem Bauern gleich; in der *Zucht des Hauses* ist sie ihm am gründlichsten untertan.« Sering[38] wie auch Ipsen[39] nennen als einen Pfeiler, auf dem die Verfassung der bäuerlichen Familie ruht, die starke väterliche Gewalt. Sicher ist jedoch, daß jener die Vorstellung von der patriarchalischen Familie stark beeinflussende bürgerliche Familientyp, der die Frau auf den Haushalt beschränkt und den Mann als den alleinigen Ernährer der Familie erscheinen läßt – König[40] bezeichnet ihn mit Recht als einen Übergangstyp –, in der Bauernfamilie kaum verwirklicht wurde.

Der Autoritätsausgleich, als welcher der Übergang vom patriarchalischen zum partnerschaftlichen Gattenverhältnis von Schelsky[41] beschrieben wird, setzte jedenfalls in der Bauernfamilie schon relativ früh ein, vollzieht sich aber auch relativ langsam. Dies mag nicht zuletzt damit zusammenhängen, daß die »repräsentative Autorität« (Schelsky), die traditionell beim Manne, genauer gesagt beim Betriebsinhaber[42] liegt, in der Dorfgemeinschaft immer noch eine erhebliche Rolle spielt und deshalb retardierend wirkt.

In der modernen Familie spielt der Mann die Vermittlerrolle zwischen dem Familienkreis und der gesellschaftlichen Umwelt nicht mehr allein, wodurch er sicher beträchtlich an Autorität eingebüßt hat. Diese Entwicklung ist aber in der Bauernfamilie noch nicht so weit fortgeschritten, wie in der übrigen Gesellschaft. So wird beispielsweise der Behördenverkehr in den untersuchten Betrieben überwiegend vom Betriebsinhaber allein vorgenommen. Die weiblichen Familienangehörigen werden kaum damit betraut, die Familien- und Betriebsangelegenheiten nach außen hin zu vertreten. Mit zunehmendem Schriftwerk im Bauernbetrieb werden aber auch die Bäuerinnen in die Außenbeziehungen aktiver einbezogen, da offenbar viele Bauern es vorziehen, den Schriftverkehr von den Frauen erledigen zu lassen.

Eine Reihe von betriebswirtschaftlichen Veränderungen haben allerdings auch in der bäuerlichen Familie die autoritäre Stellung des Familienvaters in erheblichem Maße beeinträchtigt, so zum Beispiel der Wandel der Arbeitsverfassung[43], die Technisierung[44], die Abkehr von traditionellen Wirtschafts- und Arbeitsverfahren, der Übergang von der Selbstversorgung zur marktorientierten Produktion[45], die relative Minderung des Arbeitsertrages[46], der öffentliche Prestigeverlust des Bauern und anderes mehr. Beschleunigt wurde dieser Prozeß der Autoritätsverschiebung durch die Kriegsereignisse, in der viele Bauersfrauen und halbwüchsige Bauernkinder bewiesen haben, daß auch sie sehr wohl »ihren Mann stellen können«. Folgerichtig haben denn auch die Feldarbeiter bei den ersten Nachkriegsuntersuchungen der Forschungsgesellschaft für Agrarpolitik und Agrarsoziologie in den Bauernfamilien vornehmlich einen Übergangstyp angetroffen, der zwischen dem traditional-patriarchalischen Typ und dem Typ echter Partnerschaft liegt[47].

In der Bauernfamilie hat es jedoch immer selbständige Autoritätsbereiche der Frau gegeben, die vom Manne respektiert worden sind. Die notwendige Mitarbeit der Frau und die gelegentliche Vertretung des männlichen Betriebsleiters durch die Frau hat oft zu Arbeitspartnerschaften geführt[48]. In der Hierarchie der Gesindeverfassung stand die Bäuerin als gleichgeachtete Autoritätsperson neben dem Bauern. Unter Umständen wurde aber auch dem Großknecht und der Großmagd ein bestimmter Autoritätsbereich eingeräumt, wie überhaupt jedem Hofzugehörigen bis herab zum Hütebuben bestimmte Rechte und Pflichten zugewiesen wurden.

b) Besitzgemeinschaft

Der Besitz bildet nicht nur die wirtschaftliche Grundlage der Bauernfamilie, sondern verleiht der Bauernfamilie auch nach außen hin Ansehen. Er verstärkt innerhalb der Familie die Autorität des Trägers oder Treuhänders des Familienbesitzes. Der Besitz von eigenem Grund und Boden – oder wie es Schäfer formulierte, »auf diesem ewigen Boden zu stehen« – »macht das Selbstbewußtsein des Bauern aus, das in letzter Konsequenz zu einem buchstäblich patriarchalischen Selbstverständnis führt, indem der Bauer sich selbst in den Hofrhythmus in geradezu kultischer Handlung hineinbegibt«[49].

Der Besitz verknüpft aber auch die Familienglieder und die Generationen. Das tradierbare Eigentum bildete früher geradezu das Hauptmotiv für den Gehorsam des Hoferben[50], weil nur derjenige daran denken konnte, eine Familie zu gründen, der eine tragfähige Stelle erwerben konnte. Die Eigenart der Bauernfamilie, »daß Besitz, und zwar in der Regel der überlieferte, vererbte Land- und Hausbesitz praktisch die Grundlage der gesamten Existenz der [. . .] vom Arbeitsleben her verfaßten Familie bildet«[51], ist zwar unabänderlich. Jedoch wertet die Bauernjugend den Besitz bei weitem nicht mehr so hoch, seit ihr in der arbeitsteiligen Wirtschaft andere Existenzmöglichkeiten offenstehen[52]. Der Hof braucht den Erben mehr, um erhalten zu bleiben, als der Erbe den Hof, um eine Existenz gründen zu können. Die geringe Kinderzahl, die öffentliche Abwertung der Stellung des Hofbauern und die grundlegend geänderte Wirtschaftsstruktur haben dazu geführt, daß mitunter der Hoferbe sogar eine extrem starke Position gegenüber seinen Eltern einnimmt[53]. Von seiner Entscheidung hängt u. U. die Weiterführung des Familienbesitzes in der Geschlechterfolge ab; seine Berufseignung bestimmt den künftigen Betriebserfolg, der über die Höhe seines eigenen »level of living« und über die Altersversorgung der Altenteiler entscheidet.

Wie häufig der Hoferbe dank der Reduzierung der Kinderzahl geradezu eine Monopolstellung innehat, das geht ebenfalls aus dem vorliegenden Material hervor. Da in der Hoffolge die männlichen Nachkommen üblicherweise bevorzugt werden, bietet die männliche Nachkommenschaft zunächst einmal die Auswahlmöglichkeiten. Von hundert erfaßten Altbauernelternpaaren haben

15	keinen Sohn
40	einen Sohn
27	zwei Söhne
11	drei Söhne
4	vier Söhne
2	fünf Söhne
1	sechs und mehr Söhne
100	
(n = 1115)	

In mehr als der Hälfte der Bauernfamilien gibt es also bei der Wahl des Hoffolgers – einmal ganz abgesehen von dem örtlich noch lebendigen Ältesten- oder Jüngstenrecht, das die Auswahl noch stärker einschränkt – gar keine Alternative, weil kein oder nur ein Sohn vorhanden ist. Da davon abgesehen schätzungsweise 10 v.H. aller Bauernfamilien überhaupt keinen Hofnachfolger, auch keinen weiblichen, haben, sei es wegen Kinderlosigkeit oder aus anderen Gründen der Nachwuchslosigkeit[54], gilt es nur in wenig mehr als einem Drittel aller bäuerlichen Familienbetriebe, zwischen mehreren Söhnen den Anerben zu bestimmen.

Die existentielle Bedeutung des Familienbesitzes in der Bauernfamilie hat aber noch eine andere Seite, die dem Vater bzw. dem Mannesstamm ein erhebliches Übergewicht verleiht: den *Residenzzwang*. Der Hofübernehmer ist gezwungen, am Wohnsitz des Vaters zu bleiben und die zuziehende Frau dort aufzunehmen. Während die jungen Familien außerhalb des Bauernstandes in aller Regel neolokal sind, zumindest ziemlich freizügig in der Wahl ihres Wohnsitzes, sind die übernehmenden Bauernsöhne patrilokal. Bei Patrilokalität hat aber das junge Paar, insbesondere der einheiratende Teil, bedeutend ungünstigere Startbedingungen als bei Neolokalität, was die Entfaltung der eigenen Persönlichkeit und die Entwicklung eines eigenen Familienstils anbelangt[55]. Der zunächst zugewiesene Status wird nicht selten als der eines Knechtes oder einer Magd empfunden[56]. Eine angemessene Stellung muß oft erst mühsam errungen werden. Das nachrückende Paar tritt in einen in vieler Hinsicht vorgeformten Lebenskreis in einer überlieferten Welt und muß sich diesen Verhältnissen anpassen. Linde[57] hat diesen für die Bauernfamilie überaus charakteristischen Vorgang des Generationswechsels als »Perennität« bezeichnet. Er glaubt allerdings, der »Statusübernahme in der Generationenfolge« mehr Gewicht beimessen zu müssen, als der »Seßhaftigkeit«. Ein Blick in die Familien von Aussiedlern oder Neusiedlern lehrt jedoch, wie sehr ein Ortswechsel die Familienverhältnisse zugunsten der nachrückenden Generation auflokkert. Die Patrilokalität ist tatsächlich die bedeutendste Quelle des bäuerlichen Traditionalismus und begünstigt – nicht ohne Grund gebraucht man die Begriffe traditional und patriarchal in einem Atemzuge – patriarchalische Autoritätsstrukturen.

Das Gesagte gilt sinngemäß auch dann, wenn der Hoffolger eingeheiratet hat, also der Hof von seiten der Frau stammt[58]. Es konnte aus dem vorliegenden Material nicht bewiesen werden, daß in diesen Fällen die Ehefrau eine besonders starke Stellung innehätte. Vielmehr scheint in diesen Fällen die Autorität noch stärker bei den Altbesitzern konzentriert zu sein, als wenn der Haussohn der Übernehmer ist. Neolokalität kommt in weniger als 1 v. H. der erfaßten Fälle vor und beschränkt sich auf Aussiedlungen, Neusiedlungen Heimatvertriebener und Hofpachtungen. In diesen wenigen Fällen von Neolokalität sind die Eltern stets mitumgezogen.

c) Fürsorgegemeinschaft

Zu den Funktionen, die aus der modernen Familie weitgehend ausgegliedert worden sind, gehört die soziale Sicherung des Einzelnen innerhalb des gemeinsamen Familienverbandes. Dieser stellte für die Generationenfolge ein »geschlossenes Kreislaufsystem dar, in dem der gleiche Mensch, der als Kind die Fürsorge der anderen in Anspruch genommen hatte, als Erwachsener ebenso für die Aufzucht von Kindern wie für die Pflege der Alten und Gebrechlichen Sorge tragen mußte«[59]. Die Fürsorgepflicht bildete ein Kernstück der patriarchalischen Familienordnung. Im alten Patriarchalismus wurden Autoritäts- und Fürsorgezusammenhänge sogar zur Institution erhoben[60]. Die institutionalisierte Fürsorgepflicht bedeutete einerseits zwar eine wirtschaftliche Belastung, andererseits aber auch eine Quelle der Macht für denjenigen, der über die Subsistenzmittel der Familie jeweils verfügt.

In der Bauernfamilie ist man sich dieser Zusammenhänge wohl bewußt. Die Abgabe des Besitzes ist mit einem Verlust der Autorität innerhalb der Familie und mancherorts – der Umfrage zufolge in 3–10 v. H. der Fälle – auch mit einem Verlust des sozialen Prestiges im Dorf verbunden. »Übergeben – nimmer leben«, heißt ein böses Sprichwort. Die Furcht, im Alter der Willkür des Hofübernehmers preisgegeben zu sein, veranlaßt die meisten Altenteiler, im Übergabevertrag ihre Altersversorgung bis in alle Einzelheiten zu sichern, Immobilien als dingliche Sicherung zurückzubehalten oder die Übergabe überhaupt so lange wie möglich hinauszuzögern.

Solange die Bauernfamilie noch Produktions- und Besitzgemeinschaft ist, besteht die wirtschaftliche Motivation fort, für die erwerbsunfähigen und betagten Familienglieder zu sorgen. Die

Übergabeverträge bezeugen, wie selbstverständlich dieser Pflicht in den Bauernfamilien genügt wird. Trotzdem ist nicht zu übersehen, daß auch die Bauernfamilie wesentliche Teile der sozialen Sicherung ihrer Mitglieder auf die staatliche Bürokratie oder andere Großorganisationen übertragen hat[61]. Insbesondere das Altershilfegesetz für Landwirte vom 27. Juli 1957[62] bildet einen Markstein auf diesem Wege. Die Auswirkungen dieses Gesetzes haben in einzigartiger Weise bewiesen, wie sehr schon verhältnismäßig geringfügige Entlastungen von der Fürsorgepflicht traditional-patriarchalische Versteifungen zu lockern und das Generationsverhältnis zu entspannen vermögen. In zahlreichen Fällen löste die Einführung des Altershilfegesetzes die Hofübergabe aus oder gab Anlaß, auf dem Wege der Pacht ein mehr partnerschaftliches Verhältnis zwischen Altbauer und Jungbauer zu begründen[63].

[...]

d) Erziehungsgemeinschaft

Die Bauernfamilie ist nicht nur auf Grund ihrer mehrgenerativen Struktur, sondern auch auf Grund der Tatsache, daß in ihr Produktions- und Wohnstätte zu einer Einheit verschmelzen, erziehungsmächtiger als die städtische Familie. Der bäuerliche Vater wird nicht wie beispielsweise der Vater in einer Arbeiterfamilie durch die Trennung von Arbeitsplatz und Familienhaushalt an der Ausübung seiner pädagogischen Pflichten tagsüber behindert. Sein tägliches Vorbild bei der Arbeit, seine Leistungen und Anstrengungen für den Lebensunterhalt der Familie und sein im Berufsleben erworbenes Ansehen werden vom Kind unmittelbar erlebt[64]. Deshalb betrachtet das Bauernkind seinen Vater viel selbstverständlicher als etwa das Arbeiterkind als pädagogische Instanz, während in der Bauernfamilie der Mutter oft mehr die Rolle zukommt zu vermitteln. Außerdem empfindet das Bauernkind – wie Linde nachwies – »in viel stärkerem Maße die pädagogische Instanz als Autorität denn als Liebesobjekt«[65]. Linde kommt daher zu dem Schluß, daß »das Leben der ländlichen Familie (strukturbedingt) *vaterbestimmter*, vaterhafter als das der Nicht-Landfamilie« und »die häusliche Erziehung offenbar auch autoritärer«, d. h. »stärker elternbezogen« sei.

Eine weitere Stärkung der väterlichen Autorität auf pädagogischem Gebiet liegt darin begründet, daß die Bauernfamilie noch zu einem erheblichen Teil die Funktion wahrnimmt, den eigenen Nachwuchs in die Berufs- und Arbeitswelt einzuführen. In der Mehrzahl der bäuerlichen Familienbetriebe ist der Vater der »Lehrherr« seines Nachfolgers, wenn auch nicht mehr in der von Riehl gepriesenen Absolutheit[66]. Daran wird sich bis zu einem gewissen Grade auch künftig nichts ändern. Denn die Kenntnis der spezifischen Eigenart jedes Betriebes und seiner Böden beruht auf langjähriger Erfahrung und kann von niemandem besser als von dem alten Betriebsleiter tradiert werden. Andererseits muß die moderne auf den Erkenntnissen der Landbauwissenschaften fußende und mit technischen Hilfsmitteln betriebene Landwirtschaft wie jeder andere Beruf erlernt werden. Die rasch fortschreitende Entwicklung der Landbautechnik und die laufend notwendig werdenden betriebs- und agrarwirtschaftlichen Umstellungen haben den Altbauern gegenüber dem Jungbauern ins Hintertreffen geraten lassen, da seine Kenntnisse allzu oft hinter dem neuesten Stand zurückbleiben. Häufig mangelt dem Altbauern sogar die Grundausbildung für das tiefere Verständnis neuzeitlicher Verfahren und Hilfsmittel. Die Stellung des Jungbauern kann unter Umständen durch eine relativ bessere Fachausbildung aufgewertet werden, während die Autorität des Altbauern in betrieblichen Fragen – und damit überhaupt – Einbußen erleidet. [...]

Anmerkungen

1 G. Mackenroth, Bevölkerungslehre. Theorie, Soziologie und Statistik der Bevölkerung, Berlin, Göttingen, Heidelberg 1953, S. 360.
2 Bestimmungen zur Verbesserung der Agrarstruktur, hrsg. von der Landwirtschaftlichen Rentenbank, Frankfurt/M., Berlin, Bonn 1960.
3 Zitiert nach F. Gerl, Art. »Familienbetrieb« im Wörterbuch der Agrarpolitik, hrsg. v. B. Bauknecht, 2. neubearb. Aufl., Hamburg, Berlin 1961, S. 59.
4 O. Howald, Einführung in die Agrarpolitik. Bern 1946, S. 114f.
5 F. Binder, Die Besonderheiten der Hofübergabe und die Nachwuchslage in den Landwirtschaftsbetrieben des Landkreises Memmingen. Diss. Hohenheim 1952, S. 135.
6 G. Ipsen, Die Landfamilie in Wirtschaft und Gesellschaft. (Die Land-

familie, Schriftenreihe für ländliche Sozialfragen, H. 9.) Hannover 1953, S. 16.

7 P. von Blanckenburg, Einführung in die Agrarsoziologie, Stuttgart 1962, S. 96.

8 B. van Deenen, Die ländliche Familie unter dem Einfluß von Industrienähe und Industrieferne (Sozialpolitische Schriften, H. 13), Berlin 1961, S. 23.

9 Vgl. C. von Dietze, M. Rolfes und G. Weippert, Lebensverhältnisse in kleinbäuerlichen Dörfern, in: Berichte über Landwirtschaft N. F., SH. 157, Hamburg und Berlin 1953, S. 173.

10 Quelle: St. Jb. f. d. BRD 1960, S. 51.

11 Haushaltszugehörige wurden definiert als Personen, die regelmäßig an den Hauptmahlzeiten teilnehmen.

12 Vgl. zur Frage der durchschnittlichen Haushaltsgröße in Landwirtschaftsbetrieben verschiedener Größe: U. Planck: Grunddaten zur Struktur, sozialen Lage und Berufssituation der westdeutschen Landjugend (Die Lebenslage der westdeutschen Landjugend, hrsg. v. H. Wollenweber und U. Planck, Bd. I), München 1956, S. 146.

13 Errechnet nach: St. Jb. f. d. BRD 1960, S. 51, Tab. 12, ohne Einzelhaushalte.

14 Schon 1950 hat O. Howald darauf hingewiesen, daß namentlich in den westlichen Ländern auch die bäuerliche Familie dem »Kontraktionsgesetz« (Durkheim) unterliege. (Die sozialen Probleme der bäuerlichen Wirtschaft und ihre Bedeutung für die westliche Zivilisation, in: Agrarpolitische Revue, Zürich 6 [1950], S. 434).

15 Insbesondere H. Niehaus machte deutlich, daß mit dem Zuendegehen der traditionellen Gesindeverfassung auch der patriarchalischen-herrschaftlichen Arbeitsverfassung der Höfe der Boden entzogen werde (Die Chance des Landes in der modernen Gesellschaft, in: Berichte über Landwirtschaft N. F., SH. 168, Hamburg, Berlin 1957, S. 35).

16 Vgl. Planck, Grunddaten, a. a. O., S. 141 ff.

17 L. von Friedeburg, Die Umfrage in der Intimsphäre (Beiträge zur Sexualforschung, H. 4), Stuttgart 1953, S. 74.

18 Planck, Grunddaten, a. a. O., S. 137.

19 Vgl. H. Schmucker, Auswirkungen des generativen Verhaltens der Bevölkerung. (Die ökonomischen Grundlagen der Familie in ihrer gesellschaftlichen Bedeutung. Gutachten des Ausschusses für Familienfragen der Gesellschaft für Sozialen Fortschrift mit Vorschlägen zur Neuordnung des Familienlastenausgleichs in der BRD.) Berlin 1960, S. 136.

20 Vgl. H. Röhm, Die wirtschaftlichen und sozialen Auswirkungen des Reichserbhofgesetzes und die Frage einer Neugestaltung des Erbrechts in den westdeutschen Kleinbauerngebieten, in: Berichte über Landwirtschaft N. F. 31 (1953), S. 345 ff.

21 Vgl. P. von Blanckenburg, Einführung in die Agrarsoziologie, a. a. O., S. 84ff., wo sich auch weitere Literaturhinweise finden.

22 »In der alten Bauernfamilie war das Kind als Arbeitskraft geschätzt und als Erbe notwendig« (Renate Mayntz, Die moderne Familie. [Geschlechtsleben und Gesellschaft, Beiträge zur Sexualpädagogik, hrsg. v. H. Giese, H. 1.] Stuttgart 1955, S. 71).

23 H. Warner, Die Bauernfamilie und ihre Mitarbeiter im Dorf der Gegenwart (Archiv der DLG, Bd. 15) Frankfurt/M. 1955, S. 153.

24 Vgl. die Klassifikation von G. Wurzbacher (Leitbilder gegenwärtigen deutschen Familienlebens, Dortmund 1951, S. 163).

25 »Der aufkommende Glaube an den ›Fortschritt‹ von Generation zu Generation läßt die Jugend, die sich früher nur als ein Durchgangsstadium betrachtet hatte, als den eigentlichen Repräsentanten ›der Zeit‹ sich verstehen und als den Träger ›der Zukunft‹ sich fühlen« (A. von Martin, Soziologie. Die Hauptgebiete im Überblick, Berlin 1956, S. 38).

26 H. Schelsky, Die gegenwärtige Problemlage der Familiensoziologie (Soziologische Forschung in unserer Zeit, Leopold von Wiese zum 75. Geburtstag dargebracht), Köln, Opladen 1951, S. 283.

27 H. Begemann, Strukturwandel der Familie. Eine sozial-theologische Untersuchung über den Strukturwandel von der patriarchalischen zur partnerschaftlichen Familie, Hamburg 1960, S. 36.

28 R. König, Überorganisation der Familie als Gefährdung der seelischen Gesundheit (Die Psychohygiene, Grundlagen und Ziele, hrsg. v.M. Pfister-Ammende), Bern 1949, S. 136.

29 E. Michel nimmt an, daß im selbständigen Bauerntum »noch immer gewisse Voraussetzungen für den Patriarchalismus gegeben sind, nämlich ein gewisser Restbestand an Gemeinschaftsverbundenheit, die Familie, Besitz, Produktion, Erziehung, Religion und Kultur umfaßt« (Familie und Ehe in unserer Zeit [Die Frau in unserer Zeit], Oldenburg [Oldbg.], Hamburg 1954, S. 59).

30 E. Schachtel, Das Recht der Gegenwart und die Autorität in der Familie (Studien über Autorität und Familie, hrsg. v. M. Horkheimer) Paris 1936, S. 633.

31 W. F. Ogburn and M. F. Nimkoff, Sociology (War Department Education Manual, EM 260), 2. Vol., Washington, D. C., 1940, S. 717.

32 P. von Blanckenburg, Bäuerliche Wirtschaftsführung im Kraftfeld der sozialen Umwelt (Schriftenreihe für ländliche Sozialfragen, H. 26), Hannover 1960, S. 89.

33 W. Plessen, Die bäuerliche Jugend (Jugendarbeit auf dem Lande, Schriftenreihe für ländliche Sozialfragen, H. 12), Hannover 1955, S. 45.

34 O. Schulte-Beckhausen, Das Ehe- und Familienrecht im Sachsenspiegel, Diss. Bonn 1957, S. 156.

35 K. A. Eckhardt, Sachsenspiegel, Land- und Lehnrecht, 2 Bde., Hannover 1933, S. 65.

36 W. H. Riehl, Die Naturgeschichte des Volkes als Grundlage einer deutschen Sozialpolitik, Bd. 3, Die Familie, Stuttgart und Augsburg 1855, S. 116.

37 Ebda., S. 36.

38 M. Sering, Erbhofrecht und Entschuldung unter rechtsgeschichtlichen, volkswirtschaftlichen und biologischen Gesichtspunkten, als Manuskript gedruckt 1934, S. 39.

39 G. Ipsen, Das Landvolk, Hamburg 1933, S. 23.

40 R. König, Materialien zur Soziologie der Familie, Bern 1946, S. 176.

41 H. Schelsky, Wandlungen der deutschen Familie in der Gegenwart, 2. Aufl., Stuttgart 1954, S. 304; vgl. auch E. Hahn, Partnerschaft, ein Beitrag zum Problem der Gleichberechtigung von Mann und Frau (Theologische Berichte über die Vollversammlung des Luth. Weltbundes, Hannover 1952, Sektion VI – Frauen der Kirche), Nürnberg 1953, S. 17.

42 3 v. H. der Befragten gaben an, der Altbauer verlöre im Dorf an Ansehen, wenn er sich aufs Altenteil begibt; 7 v. H. ließen die Frage offen und 90 v. H. verneinten diese Frage.

43 Niehaus, a. a. O., S. 35 f.

44 Vgl. dazu Loomis: »As modern urban technology engulfs rural society, the mother and children may come to have more power and to play more important parts in decision-making in the family« (Ch. P. Loomis and J. A. Beegle, Rural Sociology. The Strategy of Change. Englewood Cliffs, N. J., Second Printing 1960 [1957], S. 94).

45 Vgl. die Bemerkung von F. W. Fuss: »Viele landbesitzende Familien vollziehen gleichzeitig mit dem Übergang von der traditionalen zur marktrationalen Betriebsführung [. . .] auch den Übergang von der ›traditional-patriarchalischen‹ zur ›Partnerschaftsfamilie‹« (Wandlungen von Struktur und Funktion der Landgemeinden [Wandlungen der ländl. Sozialverfassung, Referate und Diskussionsbeiträge des 2. Kongresses der Europ. Gesellschaft f. ländl. Soziologie. Vollebekk/Oslo 1.-6. Aug. 1961], Bonn 1961, S. 81 f.).

46 K. A. Wittfogel hat die bedeutsame Feststellung getroffen: »Gewiß gibt mit der Intensivierung der modernen Verkehrswirtschaft der bäuerliche Hof einen großen Teil der produktiven Funktionen an andere landwirtschaftliche oder an industrielle Betriebe ab. Allein die Autoritätsveränderung stammt nicht aus dieser Wurzel. Es ist die aus der allgemeinen agrikolen und industriellen Entwicklung herrührende Entwertung des bäuerlichen Einkommens, d. h.: die Verschärfung der Arbeit des einzelnen bei abnehmendem Arbeitsertrag, die dem bäuerlichen Familienangehörigen Leistung und Eigentum des Familienvorstandes in zunehmendem Maße als fragwürdig erscheinen läßt« (Wirt-

schaftsgeschichtliche Grundlagen der Entwicklung der Familienautorität [Studien über Autorität und Familie, hrsg. v. M. Horkheimer], Paris 1936, S. 521).

47 Von Dietze, Rolfes, Weippert, a. a. O., S. 175 ff.

48 Leclercq stellt fest, daß die Frau in der Landwirtschaft zu allen Zeiten die Mitarbeiterin des Mannes gewesen sei, und er zitiert M. Grimal, Direktor der Landwirtschaftlichen Schule von Blanquefort (Gironde), der sagte: »Man kann sich einen Bauernhof kaum vorstellen, an dessen Spitze nur ein Mann stünde« (J. Leclercq und J. David, Die Familie, 2. erw. Aufl., Freiburg 1958, S. 331). Vgl. auch H. Bussmann, Die Frau im landwirtschaftlichen Betrieb (Archiv der DLG Bd. 24), Frankfurt/M. 1960, S. 35-48.

49 M. Schäfer, Die Entwicklung der bäuerlichen Lebens- und Familienauffassung und ihre Bedeutung für die Pädagogik, dargestellt aufgrund von Romanliteratur, Diss. München 1955, S. 28.

50 Soziologische Exkurse nach Vorträgen und Diskussionen, Frankfurter Beiträge zur Soziologie, hrsg. v. Th. W. Adorno und W. Dirks, Bd. 4, Frankfurt 1956, S. 121 ff.

51 H. Linde, Persönlichkeitsbildung in der Landfamilie, in: Soziale Welt 10/1959, S. 301. In diesem Band abgedruckt S. 215 ff.

52 Planck, Grunddaten, a. a. O., S. 321.

53 Zu ähnlichen Feststellungen kam Weippert auf Grund von Dorfuntersuchungen (Kleinbäuerliche Lebensverhältnisse in soziologischer Sicht [Lebensverhältnisse in kleinbäuerlichen Dörfern. Vorträge und Verhandlungen der Arbeitstagung der Forschungsgesellschaft für Agrarpolitik und Agrarsoziologie e. V. in Bad Ems vom 14.-16. Oktober 1953], in: Berichte über Landwirtschaft, N. F. SH. 160, Hamburg, Berlin 1954, S. 28).

54 U. Planck, Nachwuchslose und auslaufende Betriebe. Untersuchungen zum Problem des Betriebsleiternachwuchses in den landwirtschaftlichen Betrieben des Landkreises Crailsheim, Diss. Hohenheim 1952.

55 »Wenn man einheiratet, muß man immer ein Auge zudrücken«, so kennzeichnet ein Befragter bei der Landjugenduntersuchung die Situation. Manche Bauernsöhne ziehen daraus die Konsequenz, die in folgender Äußerung zum Ausdruck kommt: »In nächster Zeit gedenke ich zu heiraten, aber ich beabsichtige, einen eigenen Betrieb zu gründen – denn kein Mensch ist gerne abhängig von seinen Eltern oder Schwiegereltern –, obwohl ich zu Hause den Hof übernehmen könnte.«

56 A. Klee vermutet allerdings, daß diese Zustände allmählich der Vergangenheit angehören, denn langsam aber sicher mindere sich die Zahl der Mädchen, die zum Antritt eines so wenig verlockenden Weges bereit seien; fast noch mehr gelte das von den jungen Männern. Die

Ursache dieser Wandlung liege in einer allgemeinen Werterhöhung der Jugend auf Grund der Vollbeschäftigung der Volkswirtschaft, der geburtenschwachen Jahrgänge, der beruflichen Alternativen, des überlegenen technischen Könnens und der gesteigerten Heiratsaussichten (Unterschätzte Gefahren des Generationswechsels in: Mitteilungen der DLG, 77/1962, S. 328).

57 Linde, a. a. O., S. 301 (in diesem Band S. 221).

58 Der Umfrage zufolge stammt der Hof in 16 v. H. der Fälle von seiten der Frau. Die Verhältnisse haben sich hier gegenüber der Elterngeneration nicht sonderlich verändert, wo in 18 v. H. der Fälle der Hof von der Frau in die Ehe gebracht wurde.

59 Fr. Oeter, Familienpolitik, Stuttgart 1954, S. 21.

60 L. von Wiese, System der Allgemeinen Soziologie als Lehre von den sozialen Prozessen und den sozialen Gebilden der Menschen (Beziehungslehre), 2. neubearb. Aufl., München und Leipzig 1933, S. 343.

61 Vgl. die Untersuchungen, die im Rahmen des Forschungsprogramms der Forschungsgesellschaft für Agrarpolitik und Agrarsoziologie über die soziale Sicherung in der Landwirtschaft durchgeführt wurden; ferner J. F. V. Deneke, Die Altersversorgung der bäuerlichen Familie (Soziale Sicherheit für das Landvolk, Schriftenreihe für ländl. Sozialfragen, H. 15), Hannover 1956, S. 18-52.

62 BGBl. I, S. 1063.

63 J. Lunze, Ergebnisse der Untersuchung über die Auswirkungen des Gesetzes über eine Altershilfe für Landwirte vom 27. Juli 1957, als Manuskript veröffentlicht v. d. Forschungsges. f. Agrarpolitik und Agrarsoziologie, Bonn 1958.

64 »Dort sehen wir die Eltern in einer großen, täglichen, von früh bis abend erlebten Vorbildbreite auf die Kinder wirken, und das Erlebnis der Eltern genügt als Erziehungsmacht für das weitere Leben, das sich in einem gleichen Kreis abspielt«, stellt Wurzbacher im Blick auf die vorindustrielle, umfassendere bäuerliche oder ackerbürgerliche Produktions- und Fürsorgegemeinschaft fest (Leistungen und Leistungsbehinderungen der Familie in der modernen Gesellschaft. [Die ökonomischen Grundlagen der Familie in ihrer gesellschaftlichen Bedeutung. Ein Gutachten des Ausschusses für Familienfragen der Ges. f. Sozialen Fortschritt mit Vorschlägen zur Neuordnung des Familienlastenausgleichs in der Bundesrepublik Deutschland] Berlin 1960, S. 91).

65 Linde, a. a. O., S. 306 (in diesem Band S. 227).

66 »Der ächte Bauer allein aber geht noch bei keinem andern auf die hohe Schule der Landwirtschaft als bei seinem eigenen Vater« (Riehl, Die Naturgeschichte, a. a. O., S. 125).

Hans Linde
Persönlichkeitsbildung in der Landfamilie*[1]

In der heute verbreiteten funktionalen Definition der Familie nimmt die Aufgabe der Erziehung und Prägung der »sozialkulturellen Persönlichkeit« der Nachkommen eine zentrale Stellung ein. In der Familie vollzieht sich über ein bis zwei Jahrzehnte hin die soziologische und kulturelle Grundformung der Persönlichkeit, die René König geradezu als »zweite Geburt« bezeichnet hat, in der Überzeugung, daß diese nirgends besser als hier vollzogen werden könne, ja, daß sie ohne Familienumwelt und ohne Familie überhaupt nicht möglich wäre[1a].

Diese *allgemeine Institution,* ohne die es nach geltender Auffassung überhaupt kein Menschsein auf dieser Erde gegeben hat, gibt und geben wird, zeigt über die Welt hin und durch die Zeiten hindurch *unzählige* verschiedenartige, kaum zu übersehende *Formen* und Verfassungen. Diese Formen und Verfassungen der menschlichen Familie variieren mit den jeweils gültigen Vorstellungen einzelner Kulturbereiche über das Verhältnis der Geschlechter zueinander, über die Institution der Ehe, den Bereich der Verwandtschaft, mit den Vorstellungen über das, was Eigentum ist, über Arbeitsordnung bzw. Arbeitsteilung zwischen Mann und Frau, über Elternrechte und Elternpflichten, Verwandtenrechte und Verwandtenpflichten, Kinderrechte und Kinderpflichten. Diese Vorstellungen wandeln sich selbst wieder mit den religiösen Anschauungen, mit den Machtkonstellationen in der Gesellschaft und nicht zuletzt mit der wirtschaftlichen Struktur, die dieser Gesellschaft das materielle Dasein sichert. Ich möchte hier eine Definition Schelskys anfügen:[2] »So müssen wir Ehe und Familie als eine zwar auf den Geschlechtsbeziehungen zwischen Mann und Frau aufbauende, primär jedoch der biologisch erforderlichen langdauernden Fürsorge für die Nachkommenschaft gewidmete, vorwiegend ökonomische Gemeinschaft verstehen, deren Dauer und Verpflichtung durch Religion, Sitte und Gesetz sozial geregelt und anerkannt sind. Keineswegs sind Ehe und Familie einfach, als Institutionalisierung der Ge-

* Aus: *Soziale Welt* 10/1959, S. 297ff., hier: S. 297-306 (um den Abschnitt III gekürzt).

schlechtsbeziehung zu deuten, vielmehr liegt in ihnen nur eine indirekte Regelung der Geschlechtsbeziehungen vor, die allerdings deshalb so hervorstechend und dauerhaft ist, weil in ihr der umfangreichste nichtsexuelle Tatbestand mit in die Institutionalisierung einbezogen ist. Alle Stabilität der Geschlechtsbeziehungen scheint also wesentlich aus nicht sexuellen Tatbeständen zu stammen und abgeleitet zu sein.«

Wir wollen an dieser Stelle die Erörterung des Familienproblems selbst nicht vertiefen und uns den Fragen zuwenden, die im letzten Jahrzehnt in verschiedenen Untersuchungen zur Familie und zur sozialen Ordnung des ländlichen Daseins aufgeworfen wurden und die uns auch heute vom Thema aufgegeben sind.

I. Bestehen in unserer gegenwärtigen Gesellschaft zwischen der »Landfamilie« und anderen Familienformen wirklich strukturelle und relativ beständige Unterschiede?

1. Der Begriff der Landfamilie

Die Vieldeutigkeit der Begriffe »Land« und »Dorf« ist uns allen bekannt. Man wird bei einer deskriptiven und abgrenzenden Definition immer auf Schwierigkeiten stoßen, die nur durch reine Ermessensentscheidung übersprungen werden können. Man vermeidet dieses schwierige und letztlich nicht befriedigende Kunststück denn auch gern und begnügt sich damit, den gedachten Gegensatz zu bezeichnen: das kann für »Land« oder »Dorf« z. B. die »Stadt« sein, es kann der wirtschaftliche Unterschied »landwirtschaftlich – nicht-landwirtschaftlich« allein ins Auge gefaßt werden oder das »Dorf« wird als Strukturelement der »Agrargesellschaft« den Gebilden der »Industriegesellschaft« global gegenübergestellt. Wir können hier auf diese für unsere Überlegungen nicht ganz bedeutungslosen Feinheiten nicht eingehen, sondern wollen uns darauf einigen, aus der wie immer gefaßten und ausgesprochenen Polarität die gegensätzlichsten, aber konkret faßbaren Elemente herauszuschälen:

Die *Landfamilie* möge zunächst durch die *bäuerliche Familie* repräsentiert sein, wobei wir uns darüber klar sein müssen, daß die Bauernfamilie heute im Dorf nur eine unter anderen Formen ist und sich häufig örtlich bereits in der Minderzahl befindet. Neben ihr ist überall die ländliche Arbeiterfamilie, d. h. die landsässige Arbeiterfamilie industrieller Prägung, deren Ernährer meist als Berufspendler arbeitstäglich den Wohnort verläßt und abends von seiner Arbeitsstätte zurückkehrt, verbreitet.

Auch die *Nicht-Landfamilie* wollen wir uns möglichst sinnfällig und konkret und zwar durch die *städtische Arbeitnehmerfamilie* repräsentieren: Die Arbeiter- und Angestelltenfamilie mittleren Einkommens in einer Mietwohnung im 2., 3. oder 4. Stock, rechts oder links. Auch diese Familie hat neben, unter und über sich andere Formen von Nicht-Landfamilien, etwa die bürgerliche Familie der gebildeten Stände, an die wir leicht zuerst denken, weil sie im 19. Jahrhundert die Familienvorstellung unserer Bildungswelt geprägt hat, neben der Handwerker-Ackerbürgerfamilie, aus der sich der Familientypus der gewerblich selbständigen Geschäftsleute entwickelt hat.

Wenn wir in diesem Sinne einerseits die Bauernfamilie und andererseits die städtische Arbeitnehmerfamilie stellvertretend ins Auge fassen, entfernen wir uns nicht wesentlich vom gängigen Sprachgebrauch und auch nicht in unzulässiger Weise von der erfahrbaren Wirklichkeit. Wir begeben uns aber mit diesem Ansatz unserer Überlegungen, der darauf hinzielt, an den ausgewählten typischen Formen relativ beständige Unterschiede der Familienverfassung in der ländlichen und industriellen Welt zu ermitteln, zu diskutieren und zu interpretieren, mit Sicherheit in einen Gegensatz zu der von der großen Mehrzahl unserer Soziologen vertretenen Auffassung in Sachen »Land« und »Landfamilie«.

2. Die »time-lag«-Interpretation

Namhafte Soziologen und Agrarwissenschaftler wie z. B. König, Schelsky und Wurzbacher, Abel, Kötter und Niehaus vertreten die Auffassung, daß der Unterschied von Stadt und Land, der für die Soziologie vor einer Generation (einige räumen ein: mit Recht) die Grundkategorie vieler ihrer Analysen und Überlegungen bildete, heute völlig überholt sei. Damals habe man unter Stadt und Land zwei fundamentale Gesellschaftsprinzipien verstanden, deren eines agrarische, bodenständige, traditionale, patriarchalische und die Autonomie der kleinen Gruppe bewahrende Züge getragen habe. Auf der anderen Seite hätten industrielle, mobilisierte, bürokratisch aufgebaute oder vermaßte Sozial- und Gesellschafts- oder Verhaltensformen dominiert. So wäre das vor einer Generation gewesen. Heute dagegen seien auch die ländlichen Sozial- und Verhaltensformen – darunter auch unsere Landfamilie – von der übergreifenden Struktur der industriell-bürokratischen Gesellschaft bestimmt und geprägt. Deren Normen gälten heute auch im ländlichen Bereich. Erst von dieser Basis aus könne man das ganze Problem überhaupt richtig ansehen. Es gäbe also keinen gültigen Gegensatz der Lebensordnung von Stadt und Land, sondern nur ein als zunehmend sich abschwächende Stufung beschreibbares Stadt-Land-Kontinuum. Diese noch erkennbaren Stufungen seien nichts anderes als das Ergebnis einer gewissen Verspätung der Anpassung der ländlichen Welt. Im Vergleich mit den anderen Bevölkerungsgruppen handele es sich also nur um eine Phasenverschiebung in einem identischen Prozeß. Man bezeichnet solche Phasenverschiebungen international mit dem englischen Begriff »time-lag«. Die bäuerliche Familie hinkt nach der Meinung der eben angeführten und anderer Soziologen am meisten nach. Wenn wir uns dieser Auffassung anschließen, so bedeutet das, daß wir, wenn wir uns mit den Eigenheiten der Landfamilie befassen, mit Rückständigkeiten, mit Anachronismen beschäftigen, die nur noch auf kürzere Zeit irgendwie da sind, über die sich praktisch aber nicht mehr zu sprechen lohnt. Allerdings ließe diese Auffassung heute und morgen in der ländlichen, insbesondere der bäuerlichen Familie, genau dieselben Anpassungsschwierigkeiten, die für die fortschrittliche Bevölkerung der Städte und industriellen Ballungen vor Jahrzehnten kennzeichnend waren, erwarten und zur Frage werden.

Für diese letzte Sorge wird von verschiedenen Soziologen für die anpassungsverspätete Landwirtschaft und insbesondere für die im Strukturwandel zurückgebliebene bäuerliche Familie ein eigenartiger Trost angeboten. Dieser liegt in der Vorstellung, daß sich der *Phasendurchlauf* durch das kritische Stadium hier beschleunige (= akzeleriere). Das hieße, daß für den rückständigsten ländlichen Teil der insgesamt industriellen Gesellschaft Anzeichen vorhanden wären, daß ihm und den in ihr entwickelten Verhaltensformen auf Grund der langsamer und später vollzogenen Entwicklung und dank der Einschmelzung eigener ländlicher

Traditionen ein schnelleres Anpassen, ein schnelleres Auspendeln und damit eine Verkürzung der Krise geschenkt würde. Die Landfamilie müßte also in kürzerer Zeit diesen neuen ausgeglichenen Zustand erreichen können, und es würden ihr dabei die Exzesse der Verhaltensänderungen, die mit der Herausbildung dieser neuen Strukturen verbunden waren, erspart bleiben[3].

Die ländliche Sozialforschung hat sich bei ihren Typisierungen ganz von dieser »Auch«- und »Später«-Vorstellung leiten lassen und bietet in all den Untersuchungen, die wir hier im Auge haben, stereotyp folgendes Schema der Wandlung der Familienstruktur an: Die nachhinkende Familie steht unter einem veralteten *patriarchalischen* Leitbild für das Verhältnis der Geschlechter und der Generationen zueinander, dessen Überwindung notwendig ist, zugunsten eines echt *partnerschaftlichen* Verhältnisses der Ehegatten zueinander und der Eltern zu den Kindern, wie es bereits von einigen fortschrittlichen Familien praktiziert wird. Zwischen beiden Typen liegt ein sehr breiter und differenzierter Übergangstyp, in dem sich die Verhältnisse in Richtung des partnerschaftlichen Typus entwickeln.

Ich möchte diese eingängige time-lag-story mit der Frage zur Diskussion stellen, ob die Beobachtungen, auf die sie sich in erster Linie stützt, überhaupt im soziologischen Sinne strukturrelevante Aussagen über die Landfamilie sind oder ob sie nicht vielmehr psychologisch begründbare und individuell verständliche Tönungen des Gattenverhältnisses zum Gegenstand haben, Tönungen und Variationen, die in unserer abendländischen Welt zu allen Zeiten und bei unterschiedlichen Strukturen beobachtbar waren und festgestellt sind, hier und heute aber einer offenbar ideologischen Überbewertung unterliegen und mit der Sache selbst verwechselt werden.

3. Strukturrelevante Eigenarten der bäuerlichen Familie

Unsere Sache selbst bleibt die zunächst von der bürgerlichen Familie repräsentierte Landfamilie als jene »primär der biologisch erforderlichen langdauernden Fürsorge für die Nachkommenschaft gewidmete, vorwiegend ökonomische Gemeinschaft« im Sinne der Definition Schelskys. Definitionen sind dazu da, daß man sie annimmt oder verwirft und daß man, wenn man sie angenommen hat, an ihnen festhält. Unsere Frage nach den strukturellen Eigenheiten der Landfamilie wird also zuerst auf die ökonomischen Eigenzüge dieser Gemeinschaft gerichtet sein.

Wir werden hier Einsichten rekapitulieren, die noch nie jemand ernstlich bestritten hat, die aber immer wieder übergangen bzw. vernachlässigt werden, entweder, weil es uns an Phantasie gebricht, uns ihre Konsequenzen zu vergegenwärtigen oder weil diese Konsequenzen bequeme Konzepte und intellektuelle Arrangements unerwünscht komplizieren oder ad absurdum führen.

a) Die Familie als Arbeits- und Besitzgemeinschaft. Die Feststellung, daß die bäuerliche Familie im Unterschied zu ihrem Gegenbild nicht nur eine Konsumgemeinschaft, sondern selbst organisatorische *Grundeinheit des Erwerbs- und Arbeitslebens* ist, darf als ein Beispiel für solche zwar allgemeinen aber vernachlässigten Einsichten gelten. Wenn sich heute das Gegenbild der städtischen Arbeitnehmerfamilie von der reinen Konsumgemeinschaft weg auf eine Erwerbsgemeinschaft hin umbildet, in der Mann und Frau getrennt ihren Berufen nachgehen und beiderseitig Erworbenes gemeinsam verwenden – sie stellt sich vor allem im Stadium der Haushaltsgründung und -einrichtung als Abzahlungsgemeinschaft dar – so ist das nicht etwa eine Annäherung beider Formen, sondern eine noch weitere Vertiefung der Unterschiede. Im Extrem führt diese Entwicklung zu einer Form der Ehe, die eine konkrete langdauernde Fürsorge der Eltern für die Nachkommenschaft – und damit Familie im Sinne der von uns adoptierten Definition Schelskys – überhaupt ausschließt. Darüber hinaus ist die Landfamilie noch *Besitz-* und *Eigentumsgemeinschaft.* Besitz und Eigentum haben andere Familien auch, aber hier ist doch kennzeichnend, daß der Besitz und zwar in der Regel der überlieferte, vererbte Land- und Hausbesitz praktisch die Grundlage der gesamten Existenz der im obigen Sinne vom Arbeitsleben her verfaßten Familie bildet.

Das Verhältnis von Besitz und Arbeit, das in der Struktur der Landfamilie verwirklicht ist, ist wie kein anderes in unserer wirtschaftlichen Welt dadurch gekennzeichnet, daß hier im Verhältnis zum Vermögenswert zur Realisierung seines Ertrages eine ungewöhnliche physische Arbeitsleistung aller Familienangehörigen gefordert wird.

b) Die Eheschließung als Vertrag zweier Altfamilien. Die Eheschließung im ländlichen Bereich ist in erster Linie und notwendig – und hieran ändert auch die persönliche Zuneigung der Ehepartner nichts (entgegen gegenteiligen Behauptungen möchte ich unterstellen, daß sie in der Regel nicht fehlt) – Veranlassung zur Ordnung der existenztragenden Eigentums- und Besitztitel zweier Altfamilien im Hinblick auf die Nachfolge. Die Eheschließung stellt sich praktisch als ein Vertrag (»Ehebeschreibung«) zwischen zwei bestehenden Altfamilien dar. Ebenso wie die Mitgift der einheiratenden Braut in einem durch das Herkommen bestimmten Verhältnis zur Abfindungssumme für die weichenden Erben gesehen wird und werden muß, soll ihre Arbeitskraft und Gesundheit den Erfordernissen des Hofes entsprechen. Abweichend von der Gegenbildfamilie des städtischen Arbeitnehmers steht die geforderte Arbeitsleistung nach Art und Ausmaß nahezu unverrückbar fest: Sie ist mit der Arbeitsleistung der Schwiegermutter identisch und auf keinen Fall beliebig und nach persönlichem Ermessen variierbar.

c) Die Perennität der Landfamilie in einer tradierten und erläuterten Welt. Der Begriff Perennität (lat. perennis = Jahre hindurch, fortdauernd, immerwährend) soll die Ablösung einer Familie durch die nachrückende Generation im Erbgang oder in der Nachfolge bezeichnen, insoweit die nachrückende Familie in einen in vieler Hinsicht vorgeformten Lebenskreis in einer überlieferten Welt eintritt und sich diesen Verhältnissen anpaßt.

Vielleicht ist dieser Begriff geeignet, die abgegriffenen Redewendungen von der Seßhaftigkeit der Landfamilie in einer kleinen überschaubaren Umwelt durch präzisere Vorstellungen zu ersetzen. Meines Erachtens macht bei dem unter *Seßhaftigkeit* der Landfamilie verstandenen Tatbestand nicht so sehr die Ortsverbundenheit den Sinn, sondern die *Statusübernahme in der Generationenfolge.* Der Anteil Ortsgebürtiger an der Einwohnerschaft ist übrigens in kleinen Gemeinden verständlicherweise als Funktion der Heiratskreise[4] geringer als in wesentlich größeren.

Auch kommt es bei der kleinen *überschaubaren* Umwelt nicht so sehr darauf an, daß sie optisch für zwei Augen überschaubar ist, als vielmehr, daß sie durch die tradierte und lebenslange Vertrautheit der Eltern mit dieser Welt praktisch eine in ihren Formen und Verhältnissen *erläuterte* darstellt.

d) Das mehrschichtige Generationsgefüge und der familienhafte Verkehrskreis der Landfamilie. Schließlich tritt zu allem noch die bekannte Erscheinung hinzu, daß die ländliche *Vollfamilie* meist nicht nur aus zwei Eltern und den Kindern besteht, sondern daß sie mehrschichtig ist, d.h. die Großeltern gehören ihr mit an. Seltener als in anderen Lebensbereichen finden wir das Gattenpaar ohne Kinder oder die Halbfamilie mit fehlendem Elternteil (Scheidung, Tod). Die ländlichen Lebensumstände bieten auch der Halbfamilie eine Sicherung durch das mehrschichtige Generationsgefüge wie auch dadurch, daß die ganze Familie überhaupt stärker in verwandtschaftlichen Bezügen lebt. Die weichenden Erben leben meist in der Umgegend verstreut, so daß die Verwandtschaft noch einen engen Verkehrskreis bildet, der heute, nachdem die nachbarschaftlichen Beziehungen einer starken Reduzierung unterliegen, sehr stark in Funktion bleibt. Vor allem bei Lebzeiten der Eltern zeigen die weichenden Erben die Tendenz zur Sammlung und Einkehr in das Vaterhaus nicht nur bei Familienfesten und an hohen Feiertagen.

Nachdem wir mit der Aufzählung (a-d) die Vorfrage nach der Eigenständigkeit der Landfamilie für die bäuerliche Familie eindeutig bejaht haben, wollen wir noch, ehe wir uns der Hauptfrage unseres Themas zuwenden, zwei Dinge ausdrücklich feststellen.

Erstens: Die aufgewiesenen Strukturzüge der bäuerlichen Familie kommen prinzipiell, wenn auch mit möglichen und unter Umständen bezeichnenden Abschwächungen ebenso der landsässigen, eigenbehausten Arbeiter- oder Angestelltenfamilie zu. Selbst die Arbeitsgemeinschaft der bäuerlichen Wirtschaft findet in dem Verhältnis der landsässigen Pendlerfamilie zu ihrer Nebenerwerbs- oder Feierabendwirtschaft durchaus eine (wenn auch reduzierte) Entsprechung, bzw. wird die bäuerliche Familie als Grundeinheit des Arbeitslebens immer wieder konkret erlebt, wenn diese Arbeiter und ihre Familienangehörigen zur Zeit der Arbeitsspitzen als Aushilfen zeitweilig in diesen Arbeitszusammenhang eintreten.

Zweitens: Die aufgezeigten Strukturzüge sind gegenüber den mehr »patriarchalischen« oder echt »partnerschaftlichen« Tönungen des Gattenverhältnisses völlig unempfindlich. Die Behauptungen über diesbezügliche Veränderungen, Anpassungsvorgänge und -prozesse mögen zutreffend sein oder nicht, sie berühren oder variieren unsere Feststellungen in keiner Weise.

II. Welche Bedeutung kommt diesen festgestellten eigenständigen Strukturzügen der bäuerlichen/ländlichen Familie im Hinblick auf ihre erziehenden Funktionen zu.

4. Der Sozialisierungsprozeß

Der sich über mehr als ein Jahrzehnt erstreckende Vorgang der Erziehung wird in der Psychologie als Sozialisierungsprozeß beschrieben[5], weil jede Gesellschaftsordnung (Kultur) durch die Erziehung versucht, die Kinder ihrer Angehörigen so aufzuziehen, daß sie dem kulturspezifischen bzw. gesellschafts- oder schichtenspezifischen Wunschbild der Erwachsenen möglichst nahekommen. Wir wollen nicht in die durch diese Auffassung nahegelegte Fragestellung eintreten, ob und wieweit die Leitbilder der ländlichen Lebensführung und Daseinsbewältigung von den nichtländlichen in der Tat abweichen, weil keine Untersuchungen bekannt sind, die dieser Frage methodisch nachgegangen wären, und wir nicht dazu verleiten möchten, nun festzustellen, daß den Struktureigenheiten der Landfamilie (a-d) ebensoviele Leitbilddifferenzen gegenüber der Nicht-Landbevölkerung entsprächen. Wir wollen uns vielmehr zunächst einige objektive Züge dieses Sozialisierungsprozesses selbst, allerdings im Hinblick auf die sich möglicherweise geltend machenden Eigenheiten der Landfamilie, vergegenwärtigen.

a) Die psychoanalytische Lehre Freuds legt bekanntlich entscheidende Ereignisse des Sozialisierungsprozesses in die ersten Lebensjahre und zwar betrachtet sie bereits die im Säuglingsalter und bei der Reinlichkeitsdressur gemachten Erfahrungen als charakterprägend. So sollen etwa Saugenttäuschungen zu einer pessimistischen und sarkastischen (»bissigen«) Grundhaltung führen oder ein übermäßig strenges und frühzeitiges Reinlichkeitstraining zur Ordnungsliebe (Pedanterie), zu Sparsamkeit (Geiz) und Hartnäckigkeit (Trotz) führen. Diese Hypothesen dürften sich jedoch kaum wissenschaftlich belegen lassen.

b) Weniger umstritten als die Bedeutung der Erziehung im Kleinstkindalter – man erinnere sich in diesem Zusammenhang auch an die von der Ethnologie und Volkskunde beschriebenen, in traditionsgeleiteten Kulturen mit dem Charakter von Selbstverständlichkeiten ausgezeichneten Rituale der Säuglingspflege – für den Sozialisierungsprozeß ist nach Hofstätter[6] dagegen

Freuds Hinweis auf die Neigung des Kindes, sich mit dem gleichgeschlechtlichen Elternteil zu identifizieren und so frühzeitig Grundzüge des väterlichen oder mütterlichen Lebensstils zu übernehmen und aus den elterlichen Geboten und Verboten »Die Stimme des Gewissens« bzw. das »Über-Ich« aufzubauen als jene selbstverständliche, naturgemäße, gottgewollte Instanz des Weltverständnisses der heranwachsenden und erwachsenen Menschen, die alle Anschauungen und Maximen kontrolliert.

c) Am tiefsten prägt schließlich mit Sicherheit den Heranwachsenden die Erlernung und Handhabung seiner Muttersprache. Die Sprache selbst ist ja in ihrem Wortschatz und ihrer Syntax ein Schema für die Ordnung der Sach- und Personenwelt und für die Bezüge und Verhältnisse beider zueinander. Die Aneignung der Muttersprache ist nicht möglich, ohne daß man gleichzeitig ein Grundwissen aufnimmt. Die Ausbildung des begrifflichen Denkens, der Grundformen der Logik, der Glaubens- und Wertvorstellungen, der sozialen Ideale wie Liebe, Rücksicht, Dienst, Opfer, Selbstwert und Eigenwert anderer Personen, ohne die überhaupt keine Gesellschaft bestehen kann, fällt mit der fortschreitenden Aneignung der Muttersprache zusammen. Übrigens ist schon die klassische Pädagogik – wir erinnern an J. H. Herbart (1776 bis 1841) – kaum anderer Meinung in der Bewertung der frühen Kindheit für die Persönlichkeitsbildung gewesen. Schon Herbart spricht davon, daß die *Gemütszustände* und das Gefüge der *Vorstellungsmassen* lange bei Kindern vorhanden sind, ehe sie beides in ihrer Sprache auszudrücken wissen. Damit wir uns die Tragweite dieser Ansicht recht vergegenwärtigen, sei hinzugefügt, daß er die *Bildsamkeit* eines jungen Menschen durch Unterricht nicht als von einem Verhältnis mehrerer *ursprünglich* verschiedener *Vermögen* abhängig glaubt, wohl aber von einem Verhältnis eben der schon durch Erfahrung und Umgang *erworbenen Vorstellungsmassen.*

Wenn diese wenigen illustrativen Erläuterungen des Sozialisierungsprozesses geeignet waren, uns wenn auch nur vage, so aber doch nachhaltig die Bedeutung der Familie als Faktor der Erziehung und Persönlichkeitsbildung ahnen zu lassen, einer Bedeutung, die *vor* jeder pädagogischen Überlegung, Absicht oder Maßnahme vollgültig und wirksam ist, können wir innehalten. Das So- und Anders-Sein einer Familienumwelt müßte demnach die Bildungsvoraussetzungen entscheidend beeinflussen und die persönlichkeitsbildenden Kräfte der typischen Landfamilie müssen sich in vieler Hinsicht von den entsprechenden Potenzen der typischen Nicht-Landfamilie unterscheiden. Es erscheint nach wie vor unverständlich, wie sich Soziologen dieser Hypothese (zuliebe irgendwelcher Vorstellungen über die Verwerflichkeit patriarchalischer Ordnungen oder über die Unaufhaltsamkeit der nivellierenden industriellen Weltdomestikation) einfach verschließen konnten, so daß wir bisher kaum Untersuchungen haben, die geeignet sind, die hier entwickelte Auffassung empirisch zu stützen oder zu verwerfen. So kann der Versuch einer partiellen Erhärtung unserer Darlegungen nur mit Hilfe noch unveröffentlichter Materialien unternommen werden.

5. Das Verhältnis des Kindes zur Arbeitswelt des Vaters und die Erzieherrolle der Eltern

Die Befunde einer eigenen industriesoziologischen Untersuchung in einer bergischen Kleinstadt zur Frage der Transparenz der industriellen Arbeitswelt bestätigen voll die Hypothese, daß diese Welt von außen praktisch nicht einzusehen und durchschaubar ist. Eine Folge dieser Eigenart ist, daß das im Betrieb erworbene Ansehen (Prestige, Achtung) nur hier gilt und – mit Ausnahme der im Arbeitsverdienst realisierten Einstufung – nicht in die Außengesellschaft, und auch nicht vollständig in die Familie, transferiert werden kann.

Die Bestätigung erhielten wir durch über 400 Aufsätze von Schülern und Schülerinnen des 4. und 8. Schuljahres und der Oberstufe der Berufsschule. Durch das Entgegenkommen der Schulleiter der vier Volksschulen des Ortes und des Direktors der Berufsschule war es möglich, in den ausgewählten Klassen unvorbereitet einen Aufsatz: »Der Arbeitstag meines Vaters« schreiben zu lassen. Ich möchte fünf typische Proben solcher Kinderaussagen über den Vater mitteilen und zwar drei aus Nicht-Landfamilien (1. Arbeiter, 2. Beamter, 3. leitender Beamter), von denen nur der erste aus dem achten Schuljahr, also dem Berufsfindungsjahr stammt, die beiden anderen wie auch die beiden folgenden von Kindern aus Bauernfamilien (4. Landwirt, 5. Bauer) aus dem 4. Schuljahr. Die Rechtschreibefehler sind nicht korrigiert, Orts- und Firmenangaben dagegen getilgt.

Aufsatz Nr. 1 (Industriearbeiter):

»Mein Vater ist Schlosser bei der Firma X in Y. Morgens um 5 Uhr steht er auf, macht sich fertig, und geht um 6 Uhr zur Arbeitsstelle, die nur 5 Minuten von unserem Haus entfernt liegt. In der Umkleidekabine zieht er sein Arbeitszeug an, und geht an seine Arbeitsstelle. Mittags um zwölf Uhr bringt meine Mutter ihm das Essen, dann hat er nämlich eine Stunde Mittagspause. Danach geht er wieder an seine Maschine und arbeitet weiter. Abends um 18.30 hat er Feierabend, zieht sich um, und ist um 18.45 zu Hause. Wir essen dann zusammen Abendbrot. Nach dem Essen liest mein Vater die Zeitung, und läßt sich das neuste vom Tage erzählen. Wenn er dann nichts besonderes mehr vor hat geht er schlafen.«

Aufsatz Nr. 2 (Beamter):

»Mein Vater ist Säckriter im Büro, er muß viel arbeiten, was im der Scheff vorlegt. Er fängt seine Arbeit um halb Acht an. Er arbeitet in einnem Büro. Er schreibt und schreibt, und geht hin und her, er muß Bücher hollen. Meisttens kommt er um halb sechs. Nach sechs macht er Holz, dann legt er sich auf die Kautsch.«

Aufsatz Nr. 3 (leitender Beamter):

»Mein Vater ist beim Gericht. Er beginnt um 1/2 10. Mein Vater hat keinen weiten Weg, drum geht er zu Fuß. Er arbeitet beim Gericht. Er guckt ob alles nachgesehen ist. Nachmittags kommt er um 2 Uhr nach Hause. Dann legt er sich hin.«

Aufsatz Nr. 4 (Landwirt):

»Mein Vater hat den landwirtschaftlichen Beruf erlernt. Des Morgens steht er schon früh auf. Zuerst werden die Kühe gemolken. Dann werden die Pferde und Schweine gefüttert. Wenn er alles versorgt hat, trinken wir Kaffee. Dann nimmt er die Pferde und geht auf das Feld. Gestern hat er das Kartoffelstück abgeeggt. Wenn ich früh aus der Schule komme, rufe ich ihn zum Mittagessen. Dann essen wir. Wenn er müde ist, legt er sich 5 Min. auf das Sofa. Hat er ausgeschlafen, wird weiter gearbeitet bis 5.00. Dann muß gemolken und gefüttert werden. Wenn er gegessen geht er ins Bett. Des Sonntags geht er mit uns spazieren.«

Aufsatz Nr. 5 (Bauer):

»Mein Vater ist Bauer. Des Morgens steht er schon um 6.00 Uhr auf. Zuerst werden die Kühe gemolken und gefüttert. Dann werden die Schweine und Kälber gefüttert. Wenn er fertig ist, trinkt er erst mal Kaffee. Er arbeitet auf dem Felde. Er muß pflügen, säen und streuen. Um vier Uhr wird ihm Kaffee gebracht. Dann kommt er abends um 6

Uhr nach Hause. Er melkt und füttert die Kühe. Wenn er fertig ist, ist er Abendbrot. Er spielt auch schon mal mit uns. Aber dann müssen wir ins Bett gehen.«

Das Vaterbild, das uns in diesen 5 Aufsätzen entgegentritt, variiert im Sinne der mitgeteilten Beispiele. Der Vater in der Landfamilie ist dem Kinde in einem doppelten Sinne gegenwärtig, nicht nur zeitlich über den Tageslauf hin, sondern auch mit seinem ganzen Verhalten und Handeln in der Arbeitswelt. Ein ähnliches Bild finden wir bei Kindern von selbständigen Gewerbetreibenden. Im Unterschied zu diesem gegenwärtigen und tätigen Vater tritt uns bei den Kindern der drei Arbeitnehmerfamilien ein über den Tageslauf hin abwesender Vater entgegen, dessen Arbeitsleben als Quantität (als »verkaufte« Zeit) überraschend exakt fixiert ist, dessen Qualität jedoch entweder völlig unbestimmt und unbegriffen bleibt oder in grotesker Verzerrung aufscheint. Wenn der Vater anwesend ist, dann liest er Zeitung, liegt auf der Couch, geht schlafen oder tut das, was das Kind, vor allem der Junge, sonst auch im Auftrag der Mutter tut, Holz oder Kohlen holen u. ä. oder – das, was das Kind will, das er tue: er spielt mit ihm. Dieser letzte Zug tritt in zahlreichen Aufsätzen weit stärker in den Vordergrund als in den wiedergegebenen.

Ehe wir die Bedeutung dieses Befundes abzuschätzen versuchen, möchte ich über einige Feststellungen berichten, die R. Schmitt (Münster) in einem unveröffentlichten Zwischenbericht seiner Untersuchung »Über Verlauf und Bedingungen der Entwicklung des moralischen Urteils bei Kindern vom Lande und aus der Stadt« zur Erzieherrolle der Eltern trifft. Die Erhebungen wurden im Herbst 1957 in katholischen Volksschulen der Stadt und des Raumes Münster durchgeführt. Den Kindern (nur Knaben im Alter von 6-13 Jahren) wurden in Einzelgesprächen von 20-30 Minuten Dauer kurze Geschichten von kindlichen Verfehlungen zur Beurteilung und Interpretation durch das Kind erzählt. Aus den Beurteilungen geht hervor, daß das Landkind erstens in weit stärkerem Maße als das Stadtkind den Vater als pädagogische Instanz betrachtet als die Mutter und zweitens überhaupt in viel stärkerem Maße die pädagogische Instanz als Autorität denn als Liebesobjekt empfindet.

Wenn wir diesen Befund mit unserer Analyse der Schulaufsätze zusammenführen, erscheint uns abschließend die Formulierung einiger Resultate unserer Bemühungen erlaubt.

Im Unterschied zum Gegenbild der städtischen Arbeitnehmerfamilie gilt:

a) Das Leben der ländlichen Familie ist (*strukturbedingt*) *vaterbestimmter*, vaterhafter als das der Nicht-Landfamilie.

b) Da die Landfamilie nicht nur eine Institution der persönlichen Lebensführung sondern durch und durch eine Institution der Arbeitswelt ist, bietet sie weniger Möglichkeiten zum Aufbau einer eigenständigen, aparten Kinderwelt des reinen Spiels. Die Familienumwelt des Landkindes ist *(strukturbedingt) sachhafter, gesellschaftsbezogener* und weniger privat. Das Kinderland der ländlichen Welt ist nichts anderes als ein dem Kinde zugänglicher (d.h. zugleich seiner Entwicklung angemessener) spezifischer Aspekt der ländlichen Arbeitswelt und der dieser Arbeitswelt zu- bzw. untergeordneten Häuslichkeit.

c) Die häusliche Erziehung ist offenbar auch autoritärer. Wir müssen es bis zur Publikation der Untersuchung von R. Schmitt offenlassen, was er unter dieser Bezeichnung genau verstanden wissen will. Mir will scheinen, daß der Terminus zunächst die Dimension »stärker elternbezogen« bzw. »weniger kindbezogen« aussprechen soll und ich neige dazu, diesen Zug eher in den Zusammenhang von b) als von a) zu stellen. Die starke Mutterbindung der Stadtjungen – erinnern wir uns, daß die Untersuchung Schmitts sich nur auf Knaben erstreckte – möchte ich als Folge der Isolierung des Kindes in einer deutlich ausgeprägten und in gewisser Weise gepflegten Kinderwelt des reinen Spiels und des oben belegten Verlustes entscheidender Dimensionen der Vaterrolle deuten.

Anmerkungen

1 Dieses Manuskript geht auf einen Vortrag zurück, den der Verfasser im Mai 1959 in der Evangelischen Landjugendakademie Haus Altenkirchen im Rahmen eines Studienganges für evangelische Elternarbeit auf dem Lande gehalten hat.

1a R. König, Soziologie der Familie, in: Gehlen-Schelsky, Soziologie, Düsseldorf 1955, S. 119ff.

2 H. Schelsky, Soziologie der Sexualität, Hamburg 1958, S. 29.

3 H. Schelsky, Die Gestalt der Landfamilie im gegenwärtigen Wandel der

Gesellschaft, in: Die Landfamilie. Schriftenreihe für ländliche Sozialfragen, Heft 9, Hannover 1953, S. 44.

4 H. Linde, Zur Volkskörperforschung, in: Archiv für Bevölkerungswissenschaft und Bevölkerungspolitik, Jg. 1938.

5 P.R. Hofstätter, Psychologie, in: Das Fischer-Lexikon, Bd. 6, S. 266ff.

6 P.R. Hofstätter, a.a.O., S. 267ff.

Ivy Pinchbeck

Der Einfluß der »agrarian revolution« auf Art und Umfang der produktiven Tätigkeit von Frauen verschiedener Bevölkerungsgruppen in der englischen Landwirtschaft zwischen 1750 und 1850*

1. Frauen in der Landwirtschaft im 18. Jahrhundert

1750 war England noch vorwiegend ein Agrarland, in dessen größtem Teil weiterhin die alte Agrarverfassung mit ihren open-field-Farmen[1] und Gemeindeländereien bestand. Während der nächsten 70 Jahre gingen tiefgreifende Veränderungen vor sich. Ebenso wie im industriellen Bereich große kommerzielle Unternehmen an die Stelle vieler Heimindustrien traten, so folgte in der Landwirtschaft der große, eingehegte Bauernhof auf die kleineren Besitzungen im offenen Dorf. In der Vergangenheit war die Landwirtschaft hauptsächlich zur Bestreitung des Lebensunterhalts und zur Befriedigung der Bedürfnisse der unmittelbaren Gemeinschaft betrieben worden; jetzt wurde sie eine kapitalistische Industrie, die darauf abzielte, ihre Produktion zu steigern, um die neuen Märkte in den immer größer werdenden Industriegebieten zu beliefern.

Diese ökonomischen Veränderungen hatten weitreichende gesellschaftliche Auswirkungen. Die alte dörfliche Organisation wurde zerstört, und eine neue soziale Struktur entwickelte sich. Für einige bedeuteten Einhegungen und Zusammenlegungen größeren Wohlstand und einen Aufstieg auf der Sozialskala; eine größere Zahl von Menschen verlor ihren Eigentumsanteil am Boden und damit ihre wirtschaftliche Unabhängigkeit. Die gesellschaftlichen Veränderungen, die diese Neuorganisation begleiteten, spiegeln sich wider im Leben der Frauen dieser Zeit, die

* Auszüge aus: Ivy Pinchbeck, Women Workers in the Industrial Revolution. London 1969, S. 7–11, 15, 19–21, 27–29, 33–37, 43–45, 51. Übersetzt von Christel Bussick. Abdruck mit freundlicher Genehmigung des Verlags Frank Cass & Co, Ltd.

damals mehr als heute zum Lebensunterhalt der Familie beitrugen. Die Veränderungen der landwirtschaftlichen Revolution wirkten sich nicht nur auf die Stellung ihrer Ehemänner aus, die die Frauen normalerweise teilten, sondern sie hatten auch bedeutsame Auswirkungen auf ihre eigene Produktionskapazität, und damit auf ihre eigene wirtschaftliche Unabhängigkeit. Die Hausfrau eines großen Bauernhofes, die sich zu Beginn des hier behandelten Zeitraums aktiv mit der Leitung und der produktiven Arbeit eines großen Haushaltes beschäftigte, war am Ende dieser Periode, infolge des gewachsenen Wohlstandes, in die Reihen der müßigen Klassen aufgestiegen. Die Frau des kleinen Freisassen oder Pächters, der sein Land verlor, wurde von ihrem Mann abhängig, weil ihr mit dem Land auch die Möglichkeit genommen wurde, zum Unterhalt der Familie beizutragen. Wenn sie schließlich Lohnarbeiterin wurde, so geschah das zu einem Gegenwert, mit dem sie sich selbst nicht ausreichend unterhalten, geschweige denn zur Unterstützung der Familie beitragen konnte. Auf den folgenden Seiten wird der Versuch unternommen, die Lebensbedingungen der Frauen am Vorabend der landwirtschaftlichen Revolution zu beschreiben, und zu zeigen, wie ihre Arbeit und ihre ökonomische Position von dieser Revolution betroffen wurden. [. . .]

Bauersfrauen

Im 18. Jahrhundert war es noch üblich, daß die Frau eines Großbauern sich aktiv an der Leitung des Haushaltes beteiligte, obgleich es einige Haushalte gab, in denen die Frau des Hauses die Hauptverantwortung bereits an eine Angestellte übergeben hatte[1a]. In solchen Fällen nahm die Frau eines wohlhabenden Bauern oft starken Anteil an der rein landwirtschaftlichen Seite des Betriebes. Marshall erwähnt 1782 einen Großgrundbesitzer mit £ 17000 Jahreseinkommen, der ohne einen Verwalter auskommen konnte, denn er hatte den Beistand »seiner Frau, die ihm die Bücher führt«;[2] und zwei Bauern, die sich Coke's landwirtschaftliche Versuche in Holkham ansehen wollten, gaben, nachdem sie mit Mrs. Coke durch das Gut geritten waren, ihrer »angenehmen Überraschung darüber (Ausdruck), eine liebenswürdige Dame aus höheren Kreisen zu treffen, die so gut über die Landwirtschaft Bescheid wußte und so leutselig war, zwei Bauern aus

Kent und Sussex einen ganzen Morgen lang zu begleiten und ihnen einige landwirtschaftliche Betriebe in Norfolk zu zeigen«[3].

In den Tagen, als fast die gesamten Nahrungsmittel und ein Großteil der Kleidung im Hause selbst produziert wurden, war die Haushaltsleitung eines großen Hofes keine leichte Aufgabe. Zusätzlich zu den rein häuslichen Aufgaben hatte die Frau des Bauern auch die Verantwortung für die Meierei – dazu gehörte auch die Versorgung der Kälber und Schweine – das Geflügel, den Garten und den Obstgarten und alle damit verbundenen finanziellen Geschäfte. Der Metzger, der reisende Händler und der Käsekommissionär, die auf den Hof kamen, um dort ihre Einkäufe zu tätigen, verhandelten in der Regel mit der Hausfrau [. . .] Die Fähigkeit für die Regelung geschäftlicher Angelegenheiten war für die Bauersfrau in ihrem Bereich ebenso wichtig wie für ihren Ehemann in dem seinen, und das Wohlergehen der Familie hing in nicht geringem Maße vom Geschäftstalent der Hausfrau ab.

Abgesehen von der Beaufsichtigung der Milchwirtschaft und des Viehbestandes verlangte die häusliche Leitung eines Bauernhofes ein beträchtliches Maß an Organisation. Auf einer großen Farm in Oxfordshire lebten 1768 17 Männer, 5 Jungen und 5 Mägde zusätzlich zur Familie[4]; ein Haushalt mit 20 Mitgliedern war das übliche, wobei auch Tagelöhner zuweilen teilweise verpflegt wurden. Auf solchen Höfen war allein eine Magd für die Brauerei und die Bäckerei nötig; eine weitere versah die Wäsche, und die restlichen teilten sich untereinander in die Arbeit der Meierei, des Melkens und der Versorgung des Viehs, der Hausarbeit und der Bevorratung für den Winter. An den Abenden mußten alle beim Nähen und beim Spinnen von Flachs und Wolle helfen, denn jeder Hof stellte sein eigenes Garn für Wäsche, Dekken und ein bestimmtes Maß an Kleidung für die Familienmitglieder her. All dies fiel unter die Aufsicht der Hausfrau, und ein nicht geringer Teil ihrer Zeit wurde auf die Ausbildung der Mägde für ihre jeweiligen Pflichten verwandt.

Auf einem kleineren Pachthof war die Bauersfrau, da sie weniger Hilfskräfte hatte, stärker mit manuellen Tätigkeiten beschäftigt. Auf vielen Höfen wurde die ganze Arbeit allein von den Familienmitgliedern ausgeführt, und wo dies der Fall war, fiel den Frauen ein Gutteil der Arbeit außer Haus zu. Ein North

Country Bauer spricht in einem Artikel in *The Farmer's Magazine* von 1801 in bezug auf den kleinen Hofbesitzer von der »Notwendigkeit, seine Frau oder Tochter im tiefsten Winter hinauszuschicken, um den Pflug zu führen«. Die Ehefrau war gezwungen, die Plackerei der Feldarbeit auf sich zu nehmen, denn »auf solchen Höfen hat man kaum Verwendung für Tagelöhner, außer ein oder zwei alten Frauen, die man während der Ernte beschäftigt«[5].

Im übrigen war die Arbeit der Frauen ähnlich der auf einem großen Hof, und da das Aufbringen der Jahresrente von den kleinen Pächtern äußersten Fleiß verlangte, gaben sie sich die größte Mühe, den bestmöglichen Ertrag aus ihrer Molkerei, ihrem Geflügel und ihren Eiern zu erwirtschaften. Auf einem großen Hof wurden die Molkereiprodukte häufig an den Aufkäufer oder reisenden Händler verkauft, der Eier, Geflügel und Butter auf dem Hof abholte; auf einem kleineren Hof war es üblich, daß die Frau oder Tochter des Bauern mit ihren Produkten auf den Markt ging und sie dort selbst verkaufte. Viele Hausfrauen und Milchmädchen ritten zu Pferde zum Markt, ihre Butter, Hühner und Eier sorgfältig in großen Körben verpackt; [. . .]

Auf vielen kleinen Höfen war es notwendig, sich mit irgendeiner Heimarbeit zu beschäftigen, um damit den Erlös aus der Landwirtschaft zu ergänzen. [. . .] Auch dort, wo kein Tuch in Heimarbeit zum Verkauf hergestellt wurde, war es doch in der Mitte des 18. Jahrhunderts im Norden üblich, einen »groben grauen Wollstoff aus einer Mischung von schwarzer und weißer Wolle für die Bekleidung des Bauern und seiner Familie« anzufertigen. Ein oder zwei schwarze Schafe wurden gehalten, um Wolle für die Strümpfe der Familie zu liefern, und während des Winters wurde Flachs für Laken, Tischtücher und Hemden gesponnen[6].

Beim Tode eines Bauern, der keinen Sohn als Nachfolger hatte, behielten seine Witwe oder seine Tochter gewöhnlich den Besitz und übernahmen die gesamte Verantwortung für seine Bewirtschaftung. Die Tatsache, daß die Ehefrau in der Regel die geschäftlichen Angelegenheiten gemeinsam mit ihrem Mann erledigte, und bereits Erfahrung im An- und Verkauf von Vieh besaß, ermöglichte es ihr, einen Hof mit größerer Leichtigkeit zu führen, als wenn sie nur mit den häuslichen Seiten des Betriebes befaßt gewesen wäre. [. . .] Die Auszeichnungen, die Frauen von den neuen landwirtschaftlichen Gesellschaften gegen Ende des 18. Jahrhunderts erhielten, als landwirtschaftliche Verbesserungen erstmals in größerem Umfang durchgeführt wurden, geben zahlreich Zeugnis vom Interesse und von den Experimenten einer sehr großen Zahl erfolgreicher weiblicher Landwirte.

Schweizerinnen (Dairy women)

Der wichtigste und produktivste Arbeitsbereich der Frauen in der Landwirtschaft des 18. Jahrhunderts war die Milchwirtschaft. Eine gewisse Menge an Butter und Käse, zumindest ausreichend für den Bedarf des eigenen Haushalts, wurde auf jedem Bauernhof hergestellt, und wahrscheinlich belieferten die meisten Höfe mit dem Überschuß den Markt. Hier war die Milchwirtschaft nur eine der vielen Arbeiten der Bauersfrau, dort aber, wo die Milchwirtschaft die Haupteinnahmequelle war, hingen Erfolg oder Mißerfolg des ganzen Unternehmens fast ausschließlich von den damit befaßten Frauen ab. So verantwortungsvoll war ihre Arbeit, daß, außer auf den allergrößten Höfen, die Hausfrau jedes Stadium der Herstellung beaufsichtigte und alle schwierigeren Arbeiten selbst ausführte. Wissenschaftliche Grundsätze waren in der Milchwirtschaft des 18. Jahrhunderts beinahe völlig unbekannt, und erfolgreiche Ergebnisse hingen ab von richtiger Beurteilung und Erfahrung, die aus täglicher Praxis und genauester Beobachtung gewonnen wurden; daher war es notwendig, daß die Hausfrau für den eigentlichen Prozeß der Käseherstellung selbst verantwortlich war. Ihre Mägde halfen ihr in einigen Stadien und waren in der Zwischenzeit damit beschäftigt, die bereits hergestellten Käse zu pressen, zu salzen, zu wenden, zu säubern und abzureiben[7]. Auf den reichsten Höfen, auf denen die Hausfrau dieser anstrengenden Arbeit enthoben sein wollte, verwandte man die größte Sorgfalt auf die Auswahl einer erfahrenen Schweizerin als Leiterin.

Die Schweizerin war nicht nur mit der eigentlichen Herstellung von Butter und Käse beschäftigt. Aus ihrer Kenntnis über den Viehbestand und die Qualität der produzierten Milch holte der Bauer häufig Rat über seine An- und Verkäufe ein. »Die Frau, die die Milchwirtschaft leitet«, sagt Mr. Poyser in »Adam Bede«, »bringt einen großen Teil der Pacht ein und darf daher wohl ihre eigene Meinung über den Viehbestand und seine Fütterung haben.« Die Aufzucht und Fütterung von Kälbern und Schweinen und in vielen Fällen auch die mit ihrem Verkauf verbundenen Vorkehrungen, waren ihr ebenfalls anvertraut. Außerdem brachte die Schweizerin häufig ihre Butter zum nächsten Markt und war verantwortlich für den Verkauf ihres Käses auf der jährlichen Käsemesse. Wenn große Mengen für weiter entfernte Märkte produziert wurden, verhandelte sie über ihren Verkauf mit den lokalen Kommissionären, die ihrerseits den Verkauf mit den Vertretern von Käsehändlern in London und anderen Städten abschlossen[8].

[...]

Der finanzielle Wert der Frauenarbeit war auf einer Milchfarm sehr viel größer als in irgendeinem anderen landwirtschaftlichen Zweig, da die Prosperität einer solchen Farm fast ausschließlich von ihren Ergebnissen abhing. Die Aussage, daß die Schweizerin in ganz beträchtlichem Maße zur Bezahlung der Pacht beitrug, wird von den Beispielen bestätigt, die Arthur Young zitiert. Auf einem kleinen, für £ 90 im Jahr gepachteten Hof wurden Butter und Käse der Saison für £ 140 verkauft, und auf einer größeren Farm mit £ 185 Jahrespacht brachten 121 Fäßchen Butter und 65 weys Käse £ 306 8s. ein[9].

[...]

Häuslerfrauen (Cottagers' Wives)

Diejenigen, die ihr Leben als Bedienstete in der Landwirtschaft begannen, wurden schließlich die Häusler und Siedler des alten offenen Dorfes. Wenngleich ihre Löhne niedrig waren, so hatten sie doch, während sie bei dem Bauern lebten, nur wenig Ausgaben, und die Aussicht darauf, ein Häuschen zu mieten und für ihre eigene Tasche zu arbeiten, war ein Anreiz zu Beständigkeit und Sparsamkeit. Nach wenigen Jahren konnten sie heiraten und, entsprechend ihren Mitteln, ihre eigene Haushaltung als Häusler oder Siedler beginnen. Für wenige Pfund konnten sich die Siedler am Rande des Gemeindelandes eine Hütte bauen, um die herum sie ein Stück des Ödlandes einfriedeten und kultivierten[10]. Die Häusler besaßen oder mieteten Häuser, die mit gewissen Nutzungsrechten am Gemeindebesitz (common rights) verbunden waren, wie dem Weiden bestimmter Tierarten und dem Recht, Torf aus dem Ödland zu stechen; in einigen Fällen wurden auch

Nutzungsrechte am Gemeindeackerland (common field rights) erworben. Es gab daher gewisse Unterschiede innerhalb der Schicht der Häusler. Diejenigen, die ein paar Streifen des im Gemeindebesitz befindlichen Ackerlandes besaßen oder gepachtet hatten, waren kaum von den Kleinbauern zu unterscheiden. Sie bewirtschafteten ihr eigenes Land und verdingten sich nur gelegentlich, etwa bei der Heumahd oder der Ernte, wenn die Bezahlung besser als gewöhnlich war, als Lohnarbeiter. Andere mit winzigen Landstücken oder lediglich einem vom Ödland abgetrennten Garten und gewissen Nutzungsrechten am Gemeindebesitz (rights of common) waren praktisch Tagelöhner und arbeiteten für Lohn, wann immer Arbeit vorhanden war, wobei sie die Bewirtschaftung ihres Viehs und ihrer Landparzelle völlig ihren Frauen und Kindern überließen. Die Ausbildung, die sowohl Männer wie Frauen als Arbeitskräfte in der Landwirtschaft erhielten, setzten sie in die Lage, in kleinerem Maßstab die Methoden und Gewohnheiten des Bauernhauses fortzusetzen, und dies, verbunden mit Fleiß und Sparsamkeit, sicherte ihnen ein einigermaßen bequemes Auskommen. Überdies wurden ihre Kinder bereits in sehr jungen Jahren an die Versorgung der Tiere gewöhnt und halfen bei der Meierei und im Garten, was für den Bauern von beträchtlichem Vorteil war, wenn die Kinder ihrerseits in den Dienst eintraten. Nach den Einhegungen (enclosures) waren die Klagen laut darüber, daß die Kinder von landlosen Arbeitern nur schlechte Bedienstete abgaben, da sie in den elementarsten landwirtschaftlichen Arbeiten ungeübt waren und vom Bauern die Ausbildung erhalten mußten, die sie sich in früheren Jahren zu Hause angeeignet hatten.

Art und Menge der von den Häuslern angebauten Feldfrüchte hingen davon ab, wieviel Land sie besaßen. Diejenigen, die Streifen vom Gemeindeackerland besaßen, mußten sich notwendigerweise nach dem dort üblichen Fruchtwechsel richten, während jene, die nur eine kleine eingefriedete Parzelle hatten, in der Regel ein wenig Weizen, Roggen und Gerste anbauten, kaum ausreichend für ihren Eigenverbrauch; außerdem Erbsen und Bohnen für ein Schwein, Heu für das Winterfutter der Kuh und Gemüse für die Familie[11]. Immer wenn der Ehemann hauptsächlich als Tagelöhner arbeitete, blieben die Feldfrüchte und das Vieh seiner Frau überlassen, die den größten Teil der Arbeit mit Hilfe in der Heu- und Erntezeit bewältigen konnte. Ein Autor der *Annals of*

Agriculture beschreibt die Häusler in seiner Nachbarschaft so: »Die Frauen und Töchter melken und versorgen die Kühe, mit gelegentlicher Hilfe von ihren Ehemännern; diese werden aber nicht daran gehindert, mit großer Regelmäßigkeit das ganze Jahr hindurch, mit Ausnahme etwa einer Woche während der Heumahd, für ihre Herren, die Bauern, zu arbeiten, oder ihrem Handwerk nachzugehen; dazu kommen einige wenige Tage im übrigen Jahr, wenn das Sammeln ihres Düngers oder irgendeine Arbeit, die die Frauen nicht ausführen können, ihre Aufmerksamkeit verlangt.«[12] Die Menge an Lebensmitteln, die die Frauen in ihren Gärten heranzogen, war in vielen Fällen ein sehr wesentlicher Beitrag zur Ernährung der Familie und genügte, zusammen mit den Produkten aus dem Viehbestand häufig, das eben Lebensnotwendige, das der Lohn allein eingebracht hätte, in eine reichliche Versorgung mit Lebensmitteln zu verwandeln. Die Frau eines Siedlers, der als Milizsoldat einberufen worden war, versicherte Arthur Young, daß sie und ihre Kinder umgekommen wären, wenn sie nicht ihr vom Ödland abgeteiltes Land besessen hätte, auf dem sie Weizen und Roggen angebaut und »auch Kohl, Kartoffeln und andere Dinge hatte«[13].
[...]

2. Die landwirtschaftliche Revolution

Die zweite Hälfte des 18. Jahrhunderts erlebte die Beschleunigung jener wirtschaftlichen Wandlungsprozesse, die die seit Jahrhunderten bestehende ländliche Organisation hinwegfegen und an ihrer Stelle das moderne System von großen Höfen und landlosen Arbeitern errichten sollte. Vor der Revolution war die Landwirtschaft vorwiegend zum Zwecke der Selbstversorgung betrieben worden, und obwohl London und ein oder zwei andere große Städte ihre Lebensmittel aus allen Teilen des Landes bezogen hatten, versorgte sich doch im großen und ganzen jeder Bezirk selbst und der einfache Bedarf an Nahrung, Getränken und Kleidung wurde im Hause hergestellt. Ökonomisch war dies nicht länger möglich. Die Neuorganisation der Industrie, begleitet von der Bevölkerungskonzentration in den neuen Städten und dem Anstieg der Bevölkerungszahlen, machte es dringend notwendig, das Nahrungsmittelangebot der Nation zu vergrößern, wenn die ständig wachsende Nachfrage der neuen Industriezentren befriedigt werden sollte. Darüber hinaus war der Anstieg des Kornpreises etwa in der Mitte des Jahrhunderts ein zusätzlicher Anreiz für die Bauern, mehr Getreide anzubauen und ihre Produktion zu steigern. Neue Methoden und Züchtungen waren bereits bekannt, aber bislang hatte man den Agrarautoren, die sie vertraten, wenig Aufmerksamkeit geschenkt, zum Teil deswegen, weil die guten Ernten während der ganzen ersten Hälfte des Jahrhunderts die Nachfrage befriedigten und der niedrige Kornpreis dic Investition von Kapital in Verbesserungen nicht zu rechtfertigen schien. Von 1765 bis zum Ende der napoleonischen Kriege gab es jedoch wenig wirklich gute Ernten, und in vielen Gegenden brachte das Land infolge der langen Vernachlässigung und der angewendeten unzureichenden Methoden immer weniger Erträge. Die hohen Preise, die durch die gestiegene Nachfrage nach einem abnehmenden Angebot an Weizen entstanden, wurden in der zweiten Hälfte des Jahrhunderts nicht nur auf diesem Niveau gehalten, sondern durch den Krieg und Napoleons Kontinentalsperre, die die für die gewachsene Bevölkerung nötige Einfuhr behinderte, noch höher geschraubt[14].

Unter diesen Umständen war es aus nationaler Sicht unmöglich, ein Agrarsystem fortzusetzen, das im wesentlichen nur lokal autark war, während vom Standpunkt des Landwirts aus jede Anstrengung unternommen werden mußte, mehr Korn anzubauen und von den gestiegenen Preisen zu profitieren. Angesichts der Aussicht auf große Gewinne waren viele bereit, Kapital zu investieren und das Land zu verbessern, aber es war unmöglich, die neuen Methoden und Züchtungen im alten System der »offenen Feldwirtschaft« zu erproben. Hackfrüchte konnten von den progressiveren Landwirten dort nicht eingeführt werden, wo über das Brach- und Ackerland von der Ernte bis zur Saat gemeinschaftliche Weiderechte bestanden[15]. Das alte dörfliche System der Bewirtschaftung kleiner, schmaler Feldstreifen (strip system) war bekanntermaßen unrentabel, während die Parzellierung den extensiven Kornanbau verhinderte, der jetzt das Ziel der wohlhabenderen Bauern geworden war. Landwirtschaftliche Großbetriebe waren die Voraussetzung für hohe Gewinne, und die Forderung nach flurbereinigten Höfen führte daher nicht nur zur Einhegung des Ackerlandes, sondern in der darauf folgenden Umorganisation veranlaßte die Aussicht auf höhere Pachtsummen von großen Kornbauern die Gutsherren dazu, ihre kleineren Pächter zu enteignen und ihre Ländereien zugunsten von Männern mit Kapital zusammenzulegen[16]. Diese »Zusammenlegung von Land« dauerte bis in die ersten Jahre des 19. Jahrhunderts hinein, und unter dem Druck des Krieges mußten die Kleineigentümer und Häusler nicht nur miterleben, wie ihre kleinen Landstücke in größeren Höfen aufgingen, sondern das gemeindliche Brachland wurde ebenfalls mit zunehmender Geschwindigkeit eingefriedet, um alles verfügbare Land mit den verbesserten Methoden zu kultivieren. Bei Ende des Krieges war die Neuorganisation beinahe abgeschlossen; das alte dörfliche System des Gemeindelandes war einzelnen Pachthöfen gewichen und die Landwirtschaft war zu einem kapitalisierten Gewerbe geworden.

Für Großbauern und Landbesitzer war dies eine Periode großer Prosperität. Die höheren Löhne der Handwerker in den wachsenden Industriestädten bedeuteten neue Märkte für landwirtschaftliche Produkte und das Ende des Jahrhunderts erlebte einen Anstieg der Pachtsummen, der das Zwei- bis Fünffache der 1770 gezahlten Beträge ausmachte[17]. Für andere Mitglieder der ländlichen Gemeinschaft kamen Verarmung und bittere Not, die sehr hätte gelindert werden können, wenn jene, die von den Einhegungen profitierten, nicht blind gewesen wären für die Rechte kleinerer Leute[18].

Die allgemeine Tendenz während dieser Periode des sozialen und ökonomischen Wandels war zunächst ein Absinken der produktiven Arbeit der Frauen. Die Frauen und Töchter von Landwirten, deren Wohlstand sich plötzlich vermehrt hatte[19], strebten nach einem bequemeren, müßigeren Leben und befaßten sich nicht länger mit landwirtschaftlichen Angelegenheiten, während die Entwicklungen in der Textilindustrie sie zugleich ihrer Verantwortung in diesem Bereich enthoben. Die Frauen von Pächtern und Häuslern, denen infolge der Einhegungen und Zusammenlegungen ihr Land genommen wurde, verloren die Möglichkeiten zu produktiver Arbeit, die sie in ihrem eigenen Heim gehabt hatten, und dies, verbunden mit dem Rückgang einiger Heimindustrien, zwang sie erstmalig in eine Position völliger wirtschaftlicher Abhängigkeit von ihren Ehemännern. Im Zuge der Zeit jedoch, als auf die Einhegungen neue Züchtungen und verbesserte Methoden folgten, ließ das Zusammenwirken verschiedener Kräfte eine neue Schicht weiblicher Lohnarbeiter in der Landwirtschaft aus dem Kreis der Frauen von Arbeitern entstehen, die alle anderen Möglichkeiten, ihren eigenen Lebensunterhalt zu verdienen, verloren hatten. Obgleich aber die Einhegungen auf diese Weise ein erhebliches Maß an Feldarbeit für Frauen mit sich brachten, wird doch bei genauerer Untersuchung deutlich werden, daß die Lohnarbeiterin gegenüber der Frau des Häuslers unter dem alten System finanziell erheblich im Nachteil war, denn die zu verdienenden Löhne reichten kaum aus, um auch nur die minimalsten Lebensbedürfnisse einer Einzelperson zu befriedigen.

Wenn man die Veränderungen betrachtet, die als Folge der Revolution im Leben der Landbevölkerung eintraten, so muß man dabei bedenken, daß sie sich stufenweise und nicht im ganzen Land gleichzeitig entwickelten. Die Einhegungsbewegung machte in den ersten Jahrzehnten des 18. Jahrhunderts nur langsame Fortschritte, und hatte in der Tat seit dem 16. Jahrhundert nie ganz aufgehört, aber die Periode ihrer größten Aktivität fiel ungefähr mit der Herrschaft von George III. (1760–1820) zusammen[20]. Die daraus entstehenden Veränderungen variierten nach Zahl und Art. Der allgemeine Trend der Ereignisse traf für die gesamte Landbevölkerung zu, setzte sich jedoch langsam und unterschiedlich durch, von Gebiet zu Gebiet, nach Zeit und Ort verschieden.

[...]

Sozialer Wandel im Bauernhaus

Während diejenigen Frauen, die sich für die neue Art der Landwirtschaft interessierten, ihre Aktivitäten in vielen Richtungen entfalteten, neigten auf der anderen Seite die Frauen der Landwirte, die während dieser Zeit reich wurden, mehr dazu, sich aus der aktiven Teilnahme an den Geschäften des Hofes zurückzuziehen. Während des 18. Jahrhunderts war der Standard an Komfort allmählich gestiegen, insbesondere in den oberen Klassen, und wir haben gesehen, daß es gegen Ende des Jahrhunderts für eine Dame immer unüblicher wurde, die persönliche Verantwortung für ihren Haushalt und die Meierei selbst zu übernehmen. Der Ehrgeiz der wohlhabenderen Bauersfrauen richtete sich jetzt darauf, das Beispiel der Oberklassenfrauen nachzuahmen und »Vornehmheit« dadurch zu erreichen, daß man »nichts zu tun« hatte.

Davies vertrat die Meinung, der zunehmende Luxus und die daraus folgende Notwendigkeit eines größeren Einkommens habe den Landbesitzer zuallererst dazu veranlaßt, seine kleinen Höfe zu einem zusammenzulegen, um höchstmögliche Pachten einzunehmen und die Kosten für Reparaturen zu umgehen. Analog riß der reiche Bauer so viele Höfe an sich, als er mit dem nötigen Material versehen konnte, und von den Gewinnen aus mehreren Farmen lebte er in größerem Wohlstand und Komfort, als es ihm sonst möglich gewesen wäre[21].

Der Übergang vom landwirtschaftlichen Klein- zum Großbetrieb entband die Frau des Landwirtes nicht nur von den unmittelbaren häuslichen Sorgen; in vielen Fällen hatte sie auch nicht länger eine Kontrolle über oder irgendein Interesse für die Betriebsführung und die finanziellen Angelegenheiten des Hofes. Der Großbauer beschäftigte sich vorwiegend mit dem Getreideanbau und legte in der Regel wenig Wert auf die bescheideneren Gewinne, die sich aus der Meierei und dem Viehbestand erwirtschaften ließen. Außerdem haben wir bereits gesehen, daß diese Tätigkeiten nur dann finanziell lohnend sein konnten, wenn die Hausfrau bereit war, ihnen die mühevolle Arbeit und Aufmerksamkeit zu widmen, die aus Interesse an der Betriebsleitung entsprang. Auf den neuen Höfen wurde die Milchwirtschaft daher nicht mehr als gewinnbringende Produktion betrieben, sondern lediglich noch beibehalten, um den Bedarf der Familie zu decken. Mit diesem Wandel trat eine entsprechende Reorganisation in der Verteilung und Vermarktung von Molkereiprodukten ein. Auf dem kleinen Bauernhof waren die Erträge aus der Meierei ein wichtiger Beitrag zur Pacht gewesen, und der unter dieser Bezeichnung bekannte Markt der Frauen (women's market) war daher immer reichlich mit Butter, Käse, Eiern und Geflügel versorgt gewesen. Jetzt begannen sich die Zeitgenossen bitter über die Knappheit dieser Lebensmittel und die Schwierigkeit ihrer Beschaffung, insbesondere in ländlichen Gebieten, zu beklagen. Die »Frauenmärkte« in den Landstädten starben praktisch aus, und die Position des »Zwischenhändlers« (middleman) wurde immer wichtiger. Auf den auf die Viehzucht spezialisierten Farmen, die nun zur Hauptquelle für die Versorgung mit Molkereiprodukten wurden, zog es der Bauer, dem Beispiel der Getreidezüchter folgend, vor, sein Geschäft mit dem Großeinkäufer abzuschließen, statt seine Waren am Ort zu verkaufen. Frauen, Töchter und Milchmädchen zogen nicht mehr in so großer Zahl zum Wochenmarkt; an ihrer Stelle finden wir Händler für Butter, Käse und Geflügel, die über mehrere Jahre hinweg die gesamte Produktion von Meiereien in Weidegebieten vertraglich übernahmen.

[...]

Unter dem neuen System gab es für die Frau des Landwirts nicht mehr den gleichen Anreiz, die Fähigkeit in geschäftlichen Dingen zu entwickeln, die früher so wesentlich gewesen war, und dies bedeutete in gewisser Hinsicht, zusammen mit ihrer Entlassung aus aller Verantwortung, einen eindeutigen Verlust. Der Markt und die vielseitigen Arbeiten im Haushalt hatten ausgezeichnete Gelegenheiten zur Entwicklung und Ausübung von praktischem Geschick und Geschäftssinn geboten, die kein Gegenstück in dem nun geführten müßigen Leben hatten. Die Übung in finanziellen Angelegenheiten und das Bewußtsein, daß sich das Familieneinkommen aus dem gemeinsamen Verdienst des Bauern und seiner Ehefrau zusammensetzte, gab dem Leben der Frauen nicht nur mehr Inhalt, sondern ermöglichte auch die Entwicklung von Unabhängigkeit und Eigeninitiative. Unglücklicherweise vermittelte die Art von Erziehung, die die Töchter reicher Bauern jetzt erstmals erhielten, keinen angemessenen Ersatz für die dadurch verlorengegangene Ausbildung und war häufig derart, daß sie bei den Mädchen eine äußerste Verachtung für alle Arten von häuslichen und geschäftlichen Fähigkeiten hervorrief. Größere Freiheit von dem nie endenden Trott der täglichen Arbeit war etwas sehr Wünschenswertes, und die gewonnene Muße wäre nur zum Besten der Frauen gewesen, wenn sie von einer wirklichen Erziehung und ausfüllenden Interessen begleitet gewesen wäre. Leider fehlten diese noch mehrere Jahrzehnte lang völlig; in vieler Hinsicht fiel daher der Vergleich des Lebens der neuen Generation mit dem der vorhergehenden negativ aus.

Die Veränderungen, die der Anstieg des Lebensstandards mit sich brachte, erregten heftige Kritik bei den Zeitgenossen, von denen viele glaubten, die neue Einstellung der Frauen sei dafür vor allem verantwortlich. Bis zu dieser Zeit war es Brauch gewesen, daß die Familie des Bauern in der großen Küche wohnte und in den meisten Fällen mit ihren Knechten und Mägden am gleichen Tisch saß. Mit dem Wunsch nach dem »besseren Leben« kam der getrennte Tisch und dann, eventuell mit dem Gedanken, nicht die Unzufriedenheit der Bediensteten zu erregen, das kleine Eßzimmer für die Familie, »mit direktem Zugang zur Küche und einer Glasscheibe in der Tür oder Wand, um darauf achten zu können, daß alles seinen geregelten Gang nahm«, während das Feuer im Wohnzimmer nur bei Anwesenheit von Gästen angezündet wurde[22]. Bis zum Ende des 18. Jahrhunderts waren zumindest die »törichten Bauern« schon weiter gegangen. »Manchmal sehe ich beispielsweise«, schrieb Arthur Young, »ein Klavier im Wohnzimmer eines Bauern, das ich am liebsten immer verbrannt sähe; manchmal findet man einen Diener in Livree und eine Kutsche, um die Töchter zu Versammlungen zu fahren; diese Damen werden zuweilen auf teuren Internatsschulen und die Söhne auf der Universität ausgebildet, um Pfarrer zu werden, aber all dies bedeutet eine Abweichung von der Linie, die die verschiedenen gesellschaftlichen Stände trennt; diese Dinge und die ganze Torheit, Affigkeit, Verschwendung und Sorge, die zu ihnen gehören, sollte man den Herren lassen. Ein kluger Bauer wird sie nicht beneiden.«[23]

[...]

Tatsache war, daß der Bauer nur versuchte, mit anderen Mitgliedern der Gesellschaft, deren Wohlstand zunahm, Schritt zu halten. Er sah, wie Fabrikanten, Ladenbesitzer und Kaufleute bessere Möbel und höheren Komfort in ihren Häusern einführten, und er wollte lediglich mit der Zeit gehen. Seine Gewinne waren infolge des hohen Kornpreises nicht nur groß, sondern, laut einem, der sich »An Honest Farmer« nannte, »maßlos«, und die großen Vermögen, die viele erwarben, erlaubten es ihnen, ein ganz anderes Leben als ihre Vorgänger zu führen. [...]

Als Folge dieser sozialen Veränderungen wurde eine kostspieligere Dienstbotenschicht allgemein üblich[24]. Bisher waren die weiblichen Hilfskräfte auf dem Bauernhof oft »Mädchen für alles« gewesen, und die mehr spezialisierten häuslichen Arbeiten waren entweder von der Hausfrau selbst oder unter ihrer unmittelbaren Aufsicht ausgeführt worden. Besser ausgebildete Bedienstete waren nötig, wenn der Frau des Hauses alle Verantwortung abgenommen werden sollte, und auf sehr viel mehr Höfen gibt es jetzt erstmals eine Köchin, eine Wäscherin, ein Kindermädchen und eine Näherin, deren Löhne bis zu 9 oder 10 Guineas pro Jahr betragen anstatt des alten Satzes von 4 oder 5 Guineas für die landwirtschaftlichen Bediensteten. Zur gleichen Zeit verschwand die männliche landwirtschaftliche Hilfskraft aus dem Bauernhaus.

Diese Veränderungen zeigten sich noch stärker in der nächsten Generation. Man konnte nicht erwarten, daß »das Geschlecht der affektierten und vornehmtuenden und ganz und gar lächerlichen Internatsfräuleins«, wie sie ein Zeitgenosse beschrieb, die gleichen Interessen haben würden wie ihre Mütter, die mit den Arbeiten in der Meierei und im Hause groß geworden waren, und es ging vielleicht auf ihren Einfluß zurück, daß die Familie nun ins Wohnzimmer übersiedelte. Zu der besseren Inneneinrichtung gehörten ein Teppich und ein »Klingelzug«, ein Mahagonitisch, zierliche Stühle, ein Sofa und »ein halbes Dutzend Drucke in Goldrahmen an der Wand; ein paar hängende Bücherregale mit Romanen und Traktaten darauf«[25]. John Robeys satirisches Spottgedicht bringt den Gegensatz treffend und amüsant auf eine einprägsame Formel:[26]

1743	*(Mann, an den Pflug,*
Man, to the Plough,	*Frau, zu den Kühen,*
Wife, to the Cow,	*Mädchen, ans Spinnrad,*
Girl, to the Yarn,	*Junge, in die Scheune,*
Boy, to the Barn,	*Und ihr werdet eure Pacht*
And your Rent will be netted.	*verdienen.*
1843	*Mann, Hallo,*
Man, Tally Ho,	*Fräulein, Piano,*
Miss, Piano,	*Frau, Samt und Seide,*
Wife, Silk and Satin,	*Sohn, Griechisch und Latein,*
Boy, Greek and Latin,	*Und ihr werdet alle in die*
And you'll all be Gazetted.	*Zeitung kommen.)*

[...]

Das Verschwinden des Kleinbauern

Ganz anders war die Lage der Frau des Kleinbauern, der im gleichen Zeitraum seinen Anspruch auf das Land verlor, und dem daher nur noch die Arbeit als Tagelöhner übrigblieb, wobei er mit Häuslern und Siedlern um Beschäftigung konkurrierte. Der Rückgang in der Zahl der Kleinbauern erstreckte sich über eine

Reihe von Jahren. Bei der Betrachtung dieser Schicht muß man unterscheiden zwischen dem Kleinbauern mit eigenem Land und dem kleinen Besitzer oder Pächter. Obwohl die Zusammenlegung kleiner Pachthöfe viele kleine Pächter um ihren Besitz brachte, verringerte die Einhegungsbewegung doch nicht zwangsläufig die Zahl der kleinen Besitzer oder brachte ihnen unmittelbare Not[27]. Lord Ernle hat gezeigt, daß es vielen von ihnen, mit Ausnahme der Fälle, wo »das Gebiet so klein war, daß es nicht einmal die Kosten der Einzäunung deckte«, gelang, die mit der Einhegung verbundenen Kosten zu verkraften und ihr Land noch eine Zeitlang zu behalten. Während des Krieges konnten sie auf Grund der hohen Preise mit ihren größeren Nachbarn konkurrieren, und die Erfolge brachten einige ohne Zweifel dazu, ihr Land zu verkaufen und ein Geschäft aufzumachen oder Pächter auf größeren Besitzungen zu werden. Erst in den Depressionsjahren der Landwirtschaft von 1814 bis 1835 litten die kleinen Eigentümer ernstliche Not. Zu dieser Zeit ruinierten die Notlage der Landwirtschaft, die Erhöhung der Steuern, die enorme Zunahme der Abgaben an die Armenkasse und der Verlust an Arbeitsplätzen auf Grund der industriellen Entwicklungen viele und zwangen sie, sich von ihrem Land zu trennen[28]. Die weit größere Klasse der Pächter litt dagegen schon früher[29]. Das Ziel vieler Einhegungen war der Zusammenschluß von Pachtgütern in den Händen einiger weniger Einzelpersonen, und wo dies der Fall war und Ländereien zusammengelegt wurden, gab es für die vorherigen Besitzer keine Möglichkeit, Land unter dem neuen System zu pachten. Die einzigen Wege, die ihnen offen standen, waren entweder, das Land ganz zu verlassen und in den Städten neue Beschäftigungen zu suchen, wie es viele taten, oder eine Anstellung als Arbeiter auf den neuen großen Höfen zu finden. In fast der gleichen Lage waren die Häusler mit Nutzungsrechten am Gemeindebesitz und die sehr kleinen Teilhaber an der »offenen Flur«. Für einige der letztgenannten waren die Kosten für Einhegung und Einzäunung zu hoch, und in solchen Fällen wurde das Land sofort, oft für einen lächerlich geringen Betrag, verkauft. Im Falle der Häusler ging das im Verlauf der Einhegung erhaltene kleine, zusammenhängende Stück Land häufig an den Gutsbesitzer über, wohingegen sie früher noch zusätzlich Nutzungsrechte am Gemeindeland besessen hatten; selbst dort, wo der Besitzer seine Hütte behielt, entschädigte das neue Stück

Land in vielen Fällen nicht für den Verlust der Gemeinderechte auf Acker- und Weideland[30]. Ohne diese konnte er nicht mehr so viel Vieh wie früher halten; kein Vieh bedeutete keinen Dünger, und ohne Dünger war sein Ackerland nutzlos. Er war daher gezwungen, sowohl sein Vieh als auch sein Land zu verkaufen. Siedler und Gewohnheitsnutzer des Gemeindelandes, die keine rechtlichen Ansprüche nachweisen konnten, erhielten nur selten irgendeine Entschädigung für ihre Verluste bei der Einhegung, obwohl die wenigen Ausnahmen, in denen ein rechtmäßiger Anspruch anerkannt wurde, zeigen, wie einfach dies in der Mehrzahl der Fälle hätte bewerkstelligt werden können[31].

Das Verschwinden des Kleinbauern war nicht allein auf die Einhegung zurückzuführen, obwohl von allen Seiten darüber geklagt wurde, daß die Flurbereinigung in der Hauptsache verantwortlich zu machen sei. Viele, die die frühen Stadien des Wandels überlebten, hatten weder das Kapital, um die notwendigen Verbesserungen einzuführen, noch die Fähigkeit, auf den neuen Märkten zu konkurrieren. Außerdem war es infolge der industriellen Entwicklung und der schließlichen Trennung von Landwirtschaft und Manufaktur für viele Kleinbauern unmöglich, weiter nach den alten Regeln zu wirtschaften. Die zeitgenössische Meinung über das weitverbreitete Aussterben des Kleinbauern übertrieb möglicherweise das Ausmaß dieses Wandels[32], aber es gibt keinen Zweifel daran, daß die allgemeine Tendenz der Zeit dahin ging, die Zahl der kleinen Bauernhöfe zu verringern und eine immer größere Zahl von Landwirten vollständig von Löhnen abhängig zu machen.

Soziale und wirtschaftliche Verhältnisse der Landarbeiter

In welcher Weise wurden die Frauen dieser Schichten von der veränderten Stellung ihrer Ehemänner betroffen? Zunächst, vom Standpunkt der Produktion aus gesehen, hat die Auswirkung auf das Leben dieser Frauen eine merkwürdige, wenn auch oberflächliche Ähnlichkeit mit der für die wohlhabenderen Frauen bereits beschriebenen. In beiden Fällen nahm, zumindest für eine gewisse Zeit, die produktive Arbeit der Frauen sehr stark ab; während dies aber auf der einen Seite freiwillig geschah, lag es auf der anderen Seite am Fehlen jeglicher Möglichkeit, diese Arbeit fortzusetzen. Wir haben gesehen, daß die Frau des kleinen Bauern oder Häuslers in ihrem eigenen Heim, mit der Versorgung und Bewirtschaftung von Vieh und Garten voll beschäftigt war und mit ihrem Verdienst wesentlich zum Wohlergehen der Familie beigetragen hatte. Mit dem Land und dem Vieh wurden der Frau jedoch auch ihre Verdienstmöglichkeiten genommen, und es war kaum noch von Belang, wie willig und bereit sie zur Arbeit war; sie konnte nicht länger zum Unterhalt der Familie beitragen, noch konnte sie ihre eigene wirtschaftliche Unabhängigkeit aufrechterhalten. Wie Davies aufzeigte, waren Frauen und Familien früher im Hause voll ausgelastet, jetzt aber, so sagt er, »sind nur wenige, außer während der Ernte, ständig beschäftigt, so daß beinahe die ganze Last des Unterhalts ihrer Familien auf den Männern ruht«[33]. Einige der glücklicheren Häusler durften ihre Gärten behalten oder erhielten eine kleine Parzelle Land als Gegenwert für die Rechte am Gemeindebesitz, und diese konnten, wie Davies berichtet, »ein paar Hühner halten und davon die Laken und Decken kaufen, die sie brauchen«; aber in vielen Fällen wurden die Hütten abgerissen, die Gärten den Höfen einverleibt und die Familien in alte Bauernhäuser ohne ein Stückchen Garten gezwängt, wo sie selten »ein Schwein oder ein Huhn halten« durften[34]. Zu den am schärfsten Betroffenen gehörten die Witwen und alleinstehenden Frauen, deren gemeindliche Rechte es ihnen gestattet hatten, für sich selbst zu sorgen. Für viele von ihnen gab es jetzt keine andere Möglichkeit als die Armenfürsorge. Einige wenige konnten ein bißchen Geld mit Spinnen oder anderen Heimarbeiten verdienen, aber auch diese Erwerbsmöglichkeiten gingen zur gleichen Zeit zurück. Anderen gelang es, ein wenig Tagelöhnerarbeit in der Landwirtschaft zu bekommen, aber bis zum frühen 19. Jahrhundert, als die neuen Züchtungen auf breiterer Basis angewandt wurden und als aus einer Vielzahl von Gründen eine neue Klasse weiblicher Tagelöhner entstand, gab es kaum Gelegenheiten für eine regelmäßige Tagelöhnerarbeit in der Landwirtschaft, gewiß keine, die die Frauen für die Beschäftigung, die ihnen genommen worden war, hätte entschädigen können. Die Autoren von Pamphletliteratur begannen sich zunehmend dieser Frage anzunehmen, und sie, besonders jene, die über das Armenrecht schrieben, betrachteten diesen Mangel an Beschäftigung für Frauen als einen der größten und noch zunehmenden Mißstände der Zeit.

Die ökonomische Position der Familie, die Land und Gemeinderechte und die Erträge aus der Frauenarbeit eingebüßt hatte, war nach der Einfriedung eine völlig andere. »Eine erschreckend große Zahl von Menschen«, sagte Davies, »ist aus einem bequemen Status der Unabhängigkeit in die unsichere Lage bloßer Mietlinge zurückgeworfen worden, die, wenn sie keine Arbeit haben, sofort der Gemeinde zur Last fallen.« Bisher waren die Tagelöhne für die meisten Kleinbauern und viele Häusler eine zusätzliche Einkommensquelle gewesen; jetzt aber wurden nicht nur die Männer, sondern auch Frauen und Kinder ganz und gar abhängig von einem System, das sie nicht nur bestenfalls unzulänglich entlohnte, sondern seine Opfer allen Launen eines übersättigten Arbeitsmarktes, saisonbedingter Arbeitslosigkeit und der Fluktuation der Preise unterwarf.

Für die Frauen dieser Schicht begann jetzt ein verzweifelter Kampf um das knappe Auskommen mit dem Familienbudget, und obgleich der Lebensstandard allmählich auf das Existenzminimum reduziert wurde, war es in vielen Fällen unmöglich, die Ausgaben durch das Einkommen zu decken.

[...]

Dem Wechsel in der materiellen Lage der arbeitenden Klassen folgte eine allgemeine Hoffnungslosigkeit und ein Zerfall der Moral, die in ihren Konsequenzen sehr viel ernsthafter waren. Jener Privilegien und Interessen beraubt, die durch die Aussicht auf einen sozialen Aufstieg zu Sparsamkeit angeregt und eine sorgfältige Handhabung der Mittel gefördert hatten, wurde der landlose Arbeiter in eine Lage zurückgeworfen, in der Unabhängigkeit selbst unmöglich war und folglich Selbstachtung und jeder Wunsch nach Verbesserung der eigenen Lage verschwanden. Der Niedergang der hauswirtschaftlichen Fähigkeiten, ursprünglich die Folge ökonomischer Ursachen, wurde verschlimmert durch einen allgemeinen sozialen Abstieg und geriet schließlich selbst zu einem Faktor in einer umfassenderen Demoralisierung. Da sie nicht mehr in der Lage war, ihrer Familie Wärme, Bequemlichkeit und eine einigermaßen abwechslungsreiche Kost zu geben, verlor die Hausfrau ihr Interesse an der Arbeit und die häuslichen Verhältnisse verschlechterten sich zusehends. In ihrer Verzweiflung suchten der Arbeiter Trost im Gasthaus und seine Frau beim Teetrinken mit ihren Nachbarinnen. [...]

1 open-fields oder sog. »offene Flur« sind uneingezäunte Felder, auf die nach der Ernte das Gemeindevieh getrieben wird. Die offene Flur macht den Flurzwang notwendig, d. h. sie bindet die Landwirte an ein festgesetztes, für alle gleiches Anbausystem und erfordert, daß die Landarbeit zu festgelegten Zeiten durchgeführt wird. Vgl. dazu J. Kulischer, Wirtschaftsgeschichte des Mittelalters und der Neuzeit, Bd. II: Die Neuzeit, 3. Aufl., München, Wien 1965, S. 61ff., bes. S. 67f. – H. R.

1a »Eine Magd, die die Brauerei, das Backen, die Küchenarbeit, die Meierei oder die Mälzerei übernimmt, die von einem Gentleman oder einem reichen Gutsbesitzer eingestellt wird (dessen Frau die Mühe und Verantwortung nicht auf sich nimmt), soll bei voller Verpflegung im Jahr nicht mehr als 40 s. bekommen« (»Justices Assessments of 1703«, in: Thorold Rogers, History of Agriculture and Prices, Bd. VII, S. 610).

2 W. Marshall, Rural Economy of Norfolk (1782), Bd. II, S. 201.

3 Annals of Agriculture, and other useful arts. Collected and published by Arthur Young (1784–1815), Bd. XX, S. 251.

4 A. Young, A Six Month's Tour through the North of England, 2. Aufl. (1771), Bd. III, S. 340.

5 Ebd., Bd. II, S. 310, 308.

6 East Riding, 2. Aufl., von H. Strickland (1812), S. 283–284.

7 Die Käse auf den Regalen der Molkerei mußten alle zwei oder drei Tage angehoben und gewendet werden, und nach einem letzten Abwaschen und Polieren wurden sie in die Käsekammer gebracht. Der Boden dieses Raumes wurde in regelmäßigen Abständen mit Bohnenkraut, Kartoffelstroh und frischen Kräutern eingerieben, »um eine blaue Rinde entstehen zu lassen« und dem Käse jenes »angenehme Aussehen (zu geben), das zugleich ein Anzeichen für seine Güte und für die Geschicklichkeit der Schweizerin ist«. Vertreter kauften in der Regel die gesamte Produktion großer Meiereien dreimal im Jahr auf, und wenn sich der Abtransport aus irgendeinem Grunde verzögerte, waren, wie W. Marshall berichtet, alle oberen Räume des Bauernhauses voll von Käsen (Rural Economy of Gloucestershire [1789], Bd. I, S. 286ff., 315).

8 Von Yorkshire wurden jährlich viele tausend Fäßchen bester Butter auf den Londoner Markt geschickt, eine schlechtere Qualität ging dagegen in die Wollgebiete. Große Mengen gesalzener Butter, »nicht so gut wie die aus Yorkshire«, kamen aus Suffolk und Cambridge, und »der mächtige Einfluß der Londoner Preise« lockte auch beträchtliche Mengen aus abgelegenen Höfen in Devon und Dorset an (W. Marshall, Rural Economy of Yorkshire [1788], Bd. I, S. 293; II., S. 196; Postlethwayts Dictionary: Artikel, Britain).

9 Annals, Bd. V, S. 206f. Ein »Fäßchen« enthält 56 (engl.) Pfund, und ein »wey« hat zwischen 2 und 3 Zentner.

10 Solche Niederlassungen waren tatsächlich Eingriffe in die Rechte anderer Benutzer des Gemeindelandes, und die Bauerlaubnis wurde daher manchmal verweigert. So hatten in Chattris die Siedler eine große Zahl von Hütten auf dem Ödland errichtet, und die Beschwerden der Gemeindebauern verhinderten schließlich eine weitere Bautätigkeit. »Die Leichtigkeit, mit der man dies früher tun konnte«, sagt Arthur Young, »war ein großer Anreiz zu Fleiß und guter Moral; denn ein junges Paar, das heiraten wollte, war bescheiden und sparsam, um genug Geld für eine Behausung zu sparen. Einige dieser Hütten kosteten sie nicht mehr als zwischen £ 10 und £ 15« (Annals, Bd. XXXVI, S. 548f.).

11 Stephen Addington, An Inquiry into the Reasons for and against Inclosing Open Fields (1772), S. 33.

12 A. a. O., Bd. XIV, S. 103.

13 Ebd., Bd. XXXVI, S. 589.

14 »Von 34 s. 11 d. in der Zeit von 1715 bis 1765 stieg der Weizenpreis auf 45 s. 7 d. in den Jahren 1760 bis 1790, und auf 55 s. 11 d. in den folgenden 10 Jahren. Von 1805 bis 1813 lag der jährliche Durchschnittspreis nie unter 73 s. und oft über 100 s. Im Jahre 1812 erreichte er eine Höhe von 122 s. 8 d.« (H. Levy, Large and Small Holdings [1911], S. 10, 11).

15 Bis 1773 war die Zustimmung aller Anteilseigner an dem gemeinschaftlichen Land nötig, um den Fruchtwechsel zu ändern oder neue Feldfrüchte einzuführen.

16 »In zahlreichen Dörfern wurden 20, 30 und sogar 40 oder 50 Höfe von einem oder zwei Großbauern übernommen und zu großen Pachthöfen zusammengelegt« (Levy, a. a. O., S. 16f.).

17 Ebd., S. 21.

18 Zur Einfriedungsbewegung vgl. E. C. K. Gonner, Common Land and Enclosure (1912); J. L. und B. Hammond, The Village Labourer (1911); A. H. Johnson, The Disappearence of the Small Landowner (1909).

19 »Die Gewinne, die durch die Veränderungen erzielt wurden, waren enorm. Es hieß, daß einzelne Bauern in kurzer Zeit Gewinne von bis zu £ 18000 und £ 20000 machten« (Levy, a. a. O., S. 14).

20 Während zwischen 1702 und 1760 etwa 400000 Morgen eingefriedet wurden, waren es zwischen 1760 und 1820 etwa 5686400 Morgen (Levy, a. a. O., S. 24; W. Hasbach, History of the English Agricultural Labourer [1908], S. 58).

21 D. Davies, The Case of Labourers in Husbandry (1795), S. 55.

22 Annals, Bd. XVII, S. 152.

23 Ebd., Bd. XVII, S. 156f.

24 A. General View of the Agriculture of Bedfordshire, 2. Aufl., von T. Batchelor (1808), S. 581.

25 W. Cobbett, Rural Rides (1830), S. 241, 245.

26 Zitiert von Lord Ernle, The Land and its People, S. 95.

27 Die Berichte des Board of Agriculture lassen auf eine Zunahme in der Zahl der Kleinbesitzer bis zum Jahre 1815 schließen. Vgl. auch E. Davies, The Small Landowner 1780–1832, in: *The Economic History Review,* Bd. I, Nr. 1, 1927. Gleichzeitig nahmen die verschiedenen Formen von Pachtbesitz auf Lebenszeit, die in den offenen Feldern der Midlands üblich waren, mit der Einfriedung wahrscheinlich ab. »Obwohl lebenslängliche Nutznießungsrechte an Land Grundbesitz darstellten und daher nicht von einem Einfriedungsgesetz außer Kraft gesetzt werden konnten, achteten doch die Förderer einer Einfriedung natürlich darauf, daß so viele dieser Rechte als möglich ausgelaufen, freigekauft oder ausgetauscht waren, bevor die Einfriedung unternommen wurde« (J.H. Clapham, Economic History of Modern Britain [1927], S. 100).

28 Prothero (Lord Ernle), English Farming, Past and Present, 3. Aufl. (1922), S. 298.

29 Laut E. Davies hatten um 1780–86 die ihr Land selbstbewirtschaftenden Eigentümer, »eingeschlossen die Freisassen, die Eigentümer von Zinsgütern und die Pächter auf Lebenszeit aufgehört, ein hervorstechendes Merkmal der englischen landwirtschaftlichen Struktur zu sein«. Die Grundsteuerveranlagungen in einigen Grafschaften der Midlands zeigten, daß zu dieser Zeit fast 90% des Landes im Besitz von Pächtern auf Widerruf oder solchen mit kurzem Pachtvertrag war (*Economic History Review,* Bd. I, Nr. 1, 1927, S. 112).

30 Gonner, Common Land and Inclosure, S. 262–265.

31 Clapham, Economic History, S. 116f.

32 Clapham, The Growth of an Agrarian Proletariat (1688–1832), in: *Cambridge Historical Journal,* 1923, Bd. I, Nr. 1, S. 92.

33 Davies, The Case of Labourers in Husbandry (1795), S. 56.

34 Ebd., S. 56, 16.

Edward Shorter
Bäuerliches Heiratsverhalten und Ehebeziehungen in der vorindustriellen Gesellschaft*

Eheanbahnung

Trotzdem glaube ich . . ., daß es im großen und ganzen, auch wenn man diese besondere Zeit und Kultur berücksichtigt, bei der *traditionellen* Brautwerbung kein romantisches Verhalten gegeben hat.

Unsere Quellen sind auf Frankreich beschränkt. Ziemlich wahrscheinlich machte eher ein Vermittler den Heiratsantrag als der junge Mann selbst. Prestige und Familienehre wurden von dem Ergebnis so stark berührt, daß ein Korb sehr schmerzlich gewesen wäre. Viel besser war es, jemand anderen zu haben, der die ersten Verhandlungen mit der Familie des Mädchens führte und die Vereinbarungen über die Mitgift in groben Umrissen ausarbeitete. Erst wenn im Prinzip eine Einigung erreicht war, erschienen die Eltern des Jungen und er selbst – im Schlepptau des Verhandlungsteams – auf der Bühne. Der Vermittler erhielt dann bei der Hochzeit einen Ehrenplatz, einen speziellen Krug Wein und vielleicht eine finanzielle Entschädigung[1].

Aber auch wenn der Junge selbst den Antrag machte, schaltete eine ganze Menge konventioneller Formeln für den Antrag und die Ablehnung jede Möglichkeit einer unmittelbaren emotionalen Beteiligung aus. Diese französischen Bauern scheinen – wenn sie sich Verschen aufsagen und brennende Holzscheite hierhin und dorthin wenden – um Lichtjahre von der Szenerie des zwanzigsten Jahrhunderts entfernt, wo die Partner sich ins Auge schauen und sagen: »Na, wann wollen wir heiraten?« Im Departement Gers der 1830er Jahre »kneift der junge Bauer das Mädchen in den Arm, und das ist sein Heiratsantrag. Nach einiger Zeit tätschelt ihm das Mädchen vertraulich sein Knie, und das ist dann die Annahme. Um weiterzukommen, ist die Zustimmung der

* Auszüge aus: E. Shorter, Die Geburt der modernen Familie, Reinbek 1977, S. 166–173; 72–78 (mit leichten Kürzungen).

Eltern erforderlich, besonders derjenigen des Jungen.«[2] Im Departement Charente ging alles sehr schnell vor sich, und es begann mit einem Tanz im Haus der Eltern des Mädchens, den diese für es veranstalteten. »Beim Tanzen kann sich ein junger Mann das Mädchen angeln. Es gelingt ihm, seine Absichten deutlich zu machen, indem er sie vertraulich auf seine Knie setzt, süße Nichtigkeiten und einen Liebesantrag flüstert und sie ein- oder zweimal umarmt. Der Erfolg ist gewährleistet, wenn ihr Vater ihn diskret bittet, hinterher zu einem Schlummertrunk zu bleiben.«[3]

Das Drehbuch für die Ablehnung lieferte die Tradition und nicht der Impuls. Nach der großen Unterredung mit den Großeltern (die das Haupt der Familie waren), brauchte der junge Verehrer im Morvan nur auf die Scheite im Feuer zu schauen, um die Antwort zu finden. Wenn sie zusammengelegt waren und hell brannten, hatte die Familie der Braut zugestimmt; wenn sie getrennt an den Enden des Herdes lagen und die Glut erstickt war, war er abgewiesen[4]. Zusammengerollte Schürzen, umgedrehtes Silbergeschirr, ein leerer Sack für den hoffnungsvollen Jungen oder eine Tasche voll Hafer – das alles bedeutete Ablehnung[5]. Das waren freundliche Wege, das Heiratsgeschäft zu erledigen, weil sie die Angelegenheit ohne viel Weinen und Schluchzen lösten. Aber das ist eben der Punkt: keinerlei Schauspielerei begleitete die Brautwerbung in der Welt, die uns verlorengegangen ist. Jauchzen und Verzweiflung mußten warten bis zum Aufbruch des Gefühls.

. . .

Natürlich hat die Zärtlichkeit im Leben der Bauern nicht vollständig gefehlt. Eine gewisse Zuneigung oder Liebe verbindet das junge Paar vor der Ehe, aber weder der Intensität noch der Form nach war es das, was die moderne Welt später »Romantik« nannte[6].

Eine letzte Prüfung der Entschlossenheit des Herzens ist seine Bereitschaft, alle Hindernisse zu überwinden. Und hier versagt das Herz des Bauern ganz entscheidend; wenn das junge Paar sich dem Hindernis einer Ablehnung der vorgesehenen Verbindung durch die Eltern gegenübersieht, verzichtet es aufeinander. Man muß das richtig verstehen: Die Eltern des Paares *mußten* ihre Zustimmung geben, denn dem elterlichen Willen zu trotzen war mit dem Risiko der Enterbung verbunden, und in einer Gesellschaft, wo das Kapital geerbt und nicht erworben wurde, bedeutete der Ausschluß vom väterlichen Erbe automatisch eine kümmerliche Existenz – ganz zu schweigen von der Qual der Mißbilligung durch die Gemeinschaft, wenn man ohne die ordnungsmäßige Billigung einen Haushalt gründete. Ein Paar konnte also nichts entscheiden, bevor der Junge die Eltern des Mädchens um dessen Hand gebeten hatte. »Der Höhepunkt war gekommen. Er zieht den Sonntagsanzug und seine Lederschuhe (sonst trägt er Holzpantinen) an, ergreift seinen Stock und findet sich, begleitet von seinem Vater, eines Abends im Haus seiner Liebsten ein. Die Feierlichkeit seines Benehmens kann nichts anderes bedeuten, als daß etwas Wichtiges im Gang ist. ›Einen guten Abend allerseits‹, sagen sie beim Eintreten, und der Gruß wird freundlich entgegengenommen. Dann werden sie entsprechend den lokalen Sitten der Gastfreundschaft eingeladen, am Abendessen der Familie teilzunehmen. Aber der Vater des Jungen lehnt ab: ›Wir sind nicht gekommen, um zu essen oder zu trinken, sondern um die Hand deiner Tochter zu bitten.‹ Und der junge Mann selbst, der sich bemüht, seine Liebe und die Reinheit seiner langen Verbindung mit ihr ins rechte Licht zu stellen, fügt eilig hinzu: ›Wir lieben uns schon eine lange Zeit, von morgens bis abends. Aber ich habe ihr nie etwas zugemutet, was ich nicht hätte tun dürfen.‹« Was sicher der Wahrheit entsprach, denn im Departement Cantal gab es eine besonders niedrige Illegitimitätsquote.

An diesem Abend kann jedoch noch nichts entschieden werden, denn der Vater des Mädchens muß zuerst den Besitz des Vaters des Jungen besichtigen. Und am folgenden Sonntag wandern beide Familien durch die Felder des letzteren und inspizieren genau die Erntevorräte, die Ställe, die Qualität des Viehs. »Er (der Vater des Mädchens) läßt nicht einmal den Dunghaufen aus, dessen Höhe ein sicherer Maßstab des bäuerlichen Wohlstands ist. Die Inspektion setzt sich dann im Hause fort, wo der Vater sich davon überzeugt, daß eine Menge Schinken und Speck an den Dachsparren hängt, daß die Truhen mit Leinen angefüllt sind, daß die Schränke reichliches Geschirr enthalten und schließlich, daß das Dachgeschoß gut mit Vorräten versehen ist. Aber eine solche Inspektion ist für niemand beleidigend. Das ist Geschäft, und im Cantal sind die Leute der Meinung, daß man das ernst nehmen muß.« Zu guter Letzt können die Eltern des Mädchens das Angebot derjenigen des Jungen annehmen, und es wird ein Ehevertrag aufgesetzt. Oder sie lehnen, beunruhigt durch die geringen Vorräte und den kleinen Besitz der zukünftigen Verwandten, vielleicht das Angebot ab und sagen die Verlobung ab. Das Herz des Mädchens würde natürlich brechen, »aber sein Stolz bliebe unangetastet, denn es sind ja geschäftliche Dinge, die an allem schuld sind«[7].

Diesem kleinen Bericht kann man zwei Beobachtungen entnehmen: erstens, daß das Paar selbst anerkennt, daß Familienangelegenheiten den Vorrang vor Herzensangelegenheiten haben; zweitens, daß diese Beziehungen einen bemerkenswert ritualistischen Charakter haben. Die Art und Weise des Kontakts zwischen einem jungen Mann und einer jungen Frau wird durch die Sitte bestimmt, der komplizierte Tanz des »Antrags« (wobei die Männer ihre festgelegten Sätze genau im Kopf haben), die Bekräftigung der Reinheit und Ergebenheit des Sohnes – all das ist feststehender Dialog, Verse aus einem alten Spiel, das alle Spieler lernen, wenn sie aufwachsen, und dann ihr Leben lang einander wiederholen. Der Spielraum für Spontaneität in den zwischenmenschlichen Beziehungen, der Bereich schöpferischer Beziehungen zwischen Individuen, ist auf ein absolutes Minimum beschränkt.

. . .

Sicher waren körperliche Reize verhältnismäßig unwichtig. Wie die badischen Bauern warnten: »Schau auf die Brieftasche, nicht auf das Gesicht.«[8] Dr. Charles Perron versichert uns, daß für seine Landsleute in der Franche-Comté Jugend und Schönheit entschieden »nebensächlich« waren, und wartet mit einigen passenden Sprichwörtern auf, um seine Meinung zu belegen:

– »Man kann Schönheit nicht mit dem Löffel essen.«

– »Es ist besser, wenn man sagen kann: ›He, du Ekel, was gibt's zum Essen?‹, als ›Sag mir, Süße, haben wir denn heute abend etwas zu essen?‹«

– »Wenn du eine hübsche Frau hast, hast du keine hübschen Schweine.« – »Wieso denn, Fred?« – »Weil die Schweine, statt zu fressen, die ganze Zeit die Frau anschauen!«[9]

Die Notwendigkeit, große, starke Frauen zu heiraten, die ihren vollen Anteil an der Arbeit auf die Schultern nehmen konnten, hat die Bauern blind gemacht gegenüber einer schönen Figur und feinen Gesichtszügen, die unserem modernen Ideal weiblicher Schönheit zugrunde liegen. (Dasselbe galt für die Bauern in den Augen der Frauen.)[10] Aber inwieweit durften Neigungen aller Art bei der Wahl des Partners rein wirtschaftliche und praktische

Gesichtspunkte umstoßen? Opferten diese Bauern überhaupt alle materiellen Vorteile, um Partner zu bekommen, zu denen sie sich hingezogen fühlten?

Wenn das Einkommen gegenüber der Neigung bei diesen wohlhabenden Bauern des traditionellen Frankreich möglicherweise gelegentlich den Kürzeren zog, dann berichten unsere Quellen nichts darüber. Kommentare aus weitverstreuten Distrikten lassen erkennen, daß der Reichtum allem voranging. In der Franche-Comté »wählte man natürlich die reichste Person, weil da zusammen mit dem Geld im allgemeinen auch Bescheidenheit, *savoir-faire* und gute Sitten zu finden waren. Daneben wurden auch die Moral und Gesundheit der Eltern berücksichtigt.« Das Fehlen von Krampfadern (für die Bauern ein Anzeichen guter Gesundheit) war wichtiger als gegenseitige Zuneigung[11]. Auch in der entgegengesetzten Ecke von Frankreich waren von jedermann die Bauernehen als »Vernunftehen«[12] anerkannt. Zuneigung spielte selten eine Rolle.

Dasselbe hat wohl auch für die deutschen Bauern gegolten. Im Kreis Griesbach – wo die Welt der Leidenschaften nicht nebensächlich war, wenn man nach den hohen Zahlen der Illegitimität und des Ehebruchs schließen darf, – »ist nichts komischer als das Verheiraten, und nichts zählt neben der Geldgier«[13]. Ob die Charaktere des Paares zueinander passen, ist unwesentlich, erklärte der Kreisarzt von Altdorf. Was allein zählt, ist, ob die Eltern nach ihrem Rundgang durch den Besitz der anderen Familie zufrieden sind. »Die Leute nehmen an, daß die Jungverheirateten sich nachher schon aneinander gewöhnen werden.«[14]

Was die finnische Gesellschaft angeht, so mußte sogar jeder, der gemeinsam ausgehen wollte, eine Anzahl von Prüfungen, die die Gemeinschaft angeordnet hatte, bestehen. Jungen mußten schwere Steine heben oder Pfähle anspitzen, um zu beweisen, daß sie eine Familie ernähren konnten, und Mädchen mußten Männerunterwäsche nähen oder »die Knie seiner Hosen ausbessern können«. »Hoffe nicht auf einen Mann, bevor du den Rücken eines Schafes scheren, die Enden eines Wollstoffs knüpfen und das Hemd eines Mannes nähen kannst«, warnten die Dorfbewohner[15]. Nirgends wird etwas über schlechte Haut, Sex appeal und gegenseitige Zuneigung gesagt, und wir können annehmen, daß die Finnen, wenn sie ihren Ehepartner auswählten, nicht viel über diese Dinge nachdachten.

Es wäre übertrieben zu sagen, daß Reichtum, üppige Mitgift und Zusammenlegung benachbarter Felder die entscheidenden Faktoren beim Zustandekommen der meisten ländlichen Ehen gewesen seien, weil viele Landbewohner praktisch kein Land besaßen und keine Mitgiften auszutauschen hatten. Was aber meiner Meinung nach für alle galt, war der Vorrang der Vernunft beim Zustandekommen von Ehen. Die Familien der Landarbeiter mußten genauso mit der Welt zurechtkommen wie diejenigen der bäuerlichen Aristokratie, und das bedeutete, daß eine Frau, die fähig war, die harten Bedingungen der Landarbeit zu ertragen, und die ihren Bereich reibungslos zu leiten imstande war, absolut unentbehrlich für das Überleben der Familie war. Darum »spielen bei den Bauern Nordfrankreichs die Leidenschaften eine geringe Rolle bei den Heiraten«. »Die Leute wünschen sich einfach Frauen, um Kinder zu bekommen und eine Haushälterin zu haben, die ein gutes Eintopfgericht kochen und etwas zum Essen auf das Feld hinaus bringen und Garn für die Hemden spinnen und Kleider flicken kann.«[16] Im Kampf um die Existenz mußten schließlich solche vernunftbetonten Überlegungen mehr als alle anderen zählen.

Ehebeziehungen

Alexandre Bouët macht uns in seiner klassischen Beschreibung der bäuerlichen Gesellschaft im frühen neunzehnten Jahrhundert darauf aufmerksam, daß etwas Ungewöhnliches vorgehe. Der Ehemann hatte in dieser Region in jeder Hinsicht das Sagen. Seine Frau hatte nichts zu bestimmen. »Meistens weiß sie nicht einmal, wieviel Geld im Hause ist. Und wenn es ihr gestattet ist, etwas zu kaufen oder zu verkaufen, so muß sie genaue Rechenschaft darüber ablegen. Sie muß nicht nur ihren Mann am Tisch, ohne selbst sitzen zu dürfen, bedienen und ihn mit Respekt anreden, als ob er eine übergeordnete Person sei, sondern sie ist sogar auch für ihre Söhne und die männlichen Landarbeiter nur die oberste der Dienstboten.« Und warum stand zur Erntezeit der Mann müßig daneben, während seine Frau das Heu auf den Wagen hinaufhob und aufhäufte? Deshalb, erklärt Bouët, weil der Mann, wenn er hinaufklettern würde, herunterfallen und einen »bedauerlichen Unfall« erleiden könnte. Wenn die Frau herunterstürzte, »würde es wenig ausmachen«[17].

Wir müssen uns fragen, was für emotionale Beziehungen in diesen frostigen Bauernhäusern und dumpfen Hütten herrschten. Wie vertrugen sich Ehemänner und ihre Frauen, umgeben von mürrischen Dienstboten und unordentlichen Kindern, wirklich? Waren sie vielleicht ein glückliches Ehepaar, Pächter eines kleinen Grundbesitzes, das mit fröhlichem Pfeifen seinen Arbeiten nachging und dann voller gegenseitiger Zuneigung mit Freunden um das abendliche Feuer saß? Oder sollten wir sie uns eher wie jene schwedischen Bauernpaare vorstellen, bei denen »der Mann vorangeht und die Frau ihm in einem gewissen Abstand folgt? So breit der Weg auch sein mag, die Frau geht nicht neben, sondern hinter ihrem Mann. So geht auch ein fünfzehnjähriger Dienerbursche vor einem Dienstmädchen, auch wenn dieses schon dreißig ist, und geht auch vor der Bauerntochter selbst. Ja, man kann sogar die Frau des Bauern hinter dem Burschen antreffen.«[18]

In diesem Kapitel werde ich zeigen, daß die Heirat beim einfachen Volk in früheren Jahrhunderten normalerweise keine Neigungsehe war, sondern durch Besitz- und Abstammungsgründe zusammengehalten wurde. Die emotionale Erstarrung sicherte die Vorkehrungen zur Erhaltung der Familie ab, indem sie das Risiko eines spontanen, unmittelbar menschlichen Austauschs zwischen Mann und Frau auf das absolute Mindestmaß reduzierte; und gleichzeitig wurde diese emotionale Erstarrung und Isolierung durch eine strikte Abgrenzung der Arbeitsteilung und der Rolle der Geschlechter vervollständigt. Während das moderne Paar übersprudelt von ausdrucksvollem Verhalten, Händefassen, In-die-Augen-Schauen, wenn es auf die Suche nach der gemeinsamen Innenwelt geht, waren dem traditionellen Ehemann und seiner Frau sehr enge Grenzen gesetzt: »Ich werde meine Rolle spielen, du die deine, wir werden beide den Erwartungen der Gemeinschaft entsprechen, und *voilà,* unser Leben wird sich ohne Unordnung entfalten.« Es wäre ihnen nie eingefallen zu fragen, ob sie glücklich sind.

Hier muß ich ein Geständnis machen. Während ich des höheren Zweckes dieses Buches wegen behaupten werde, daß dieser Mangel an Liebe für die meisten Paare in der traditionellen Gesellschaft (außer natürlich der Handvoll im Großbürgertum und beim Adel) charakteristisch war, kann ich meinen Standpunkt nur für eine verhältnismäßig kleine Gruppe eines Landes während einer relativ kurzen Zeitspanne dokumentieren: nämlich das landbesitzende Bauerntum in Frankreich während der Jahre 1750 bis 1850. Und diese Dokumentation wird einem kaum hörbaren Klopfen ähnlicher sein als dem Einhämmern unwiderlegbarer Daten. Das liegt in der Natur der Dinge, denn wir wollen ja das Intimleben einer nur halb gebildeten Bevölkerung von vor zwei Jahrhunderten nachprüfen, die nicht darüber sprach, was sie tat, und von der die gebildeten Schichten, auf deren Zeugnis wir uns verlassen müssen, nur ganz vage Vorstellungen hatten. Auf den folgenden Seiten will ich das Bestmögliche tun: Ich werde einiges von dem zur Verfügung stehenden Beweismaterial über die alltäglichen Beziehungen zwischen Männern und ihren Frauen in Frankreich präsentieren und darlegen – mit noch unzureichenderem Material –, daß vermutlich in anderen Ländern ähnliche Verhältnisse vorlagen, sowie den Leser an meine Überzeugung erinnern, daß dieser Mangel an Gefühlsausdruck bei den französischen Bauern durchaus typisch für die traditionelle Gesellschaft war.

Dr. Brieude gibt mit seiner Beschreibung des Lebenszyklus der Bauernfamilie in der Haute Auvergne im achtzehnten Jahrhundert den Grundton an: »Unsere jungen Bauernburschen, die darauf vertrauen, daß ihre Kraft und ihr Fleiß sie durchbringen werden, nehmen sich eine Ehefrau, um ihre sexuellen Bedürfnisse zu befriedigen. Aber das kühle Klima und das Ignorieren von Verhütungsmaßnahmen bescheren ihnen alsbald eine zahlreiche Familie. Sobald sie Angehörige der Gemeinschaft sind, werden ihnen Steuern aufgebürdet. Als junge Männer waren sie reich, als verheiratete arm, weil sie nach Bezahlung der Steuern eine Frau und die Kinder zu ernähren und zu bekleiden haben. Die Kinder siechen aus Mangel an Brot dahin; die Frau duldet still; der Ehemann, der so vielen Anforderungen nicht gewachsen ist, verfällt in Melancholie und Apathie. Man muß diese Ursachen der Landflucht gesehen haben, um sie zu verstehen.«[19] Nach der Meinung dieses intelligenten jungen Arztes des achtzehnten Jahrhunderts, der sich in seiner provinziellen Isolierung nach den Lichtern der Großstadt sehnte (so sagt er), rührte die Lieblosigkeit unter der Landbevölkerung von der erdrückenden Bürde des täglichen Lebens, von der Verrohung durch den Zwang der Verhältnisse.

Aber die systematische Unterdrückung der Frau durch den Bauern, die wir fast überall antreffen, hatte sicher tiefere Wurzeln als bloß die Not. Die Bretonen zum Beispiel, über die Abel Hugo schreibt, lebten nicht am Rand des Existenzminimums, aber von einer intimen Gefühlswelt konnte bei diesen Paaren kaum die Rede sein: »Die Ehefrauen sind die obersten Dienstboten im Haushalt: Sie pflügen den Boden, besorgen das Haus und essen nach dem Ehemann, der sie nur in barschem, knappem Ton, ja sogar mit einer gewissen Verachtung anredet. Wenn das Pferd und die Ehefrau gleichzeitig krank werden, eilt der niederbretonische Bauer zum Schmied, um dem Tier zu helfen, und überläßt der Natur die Heilung seiner Frau.«[20] Aber auch die Paare im Bourbonnais in der Mitte des französischen Sechsecks waren offenbar nicht glücklicher. Obwohl sein Zeugnis aus späterer Zeit stammt, wollen wir doch hören, was Dr. Bernard-Langlois zu sagen hat: »Es gibt hier glückliche Ehen. Aber für eine allzu große Zahl ist der Ehestand nur ein Joch ohne jeden Austausch von Freundlichkeiten, ohne Aufmerksamkeit oder Zärtlichkeit. Und es hat hier in jüngster Zeit böse Trennungen, höchst bedauerliche häusliche Streitigkeiten gegeben.«[21] Die Zeitgenossen berichten also weder von romantischer Liebe bei diesen Bauern – darauf müssen wir bis in eine viel spätere Zeit warten – noch von dem Gefühl für das Recht auf Intimität, die bei den städtischen Paaren des Mittelstands schon vorhanden war und die wir später als »Häuslichkeit« antreffen werden. Auf dem Bauernhof verkehrten Mann und Frau in stiller Feindschaft und Zurückgezogenheit.

Aber, mag der Leser einwenden, diese Leute wurden doch sicher durch den Tod erschüttert. Konnte nicht der Tod des Partners diese gefühllose Fassade niederreißen, um so vertraute moderne Gefühle wie Trauer und Verlassenheit zum Durchbruch kommen zu lassen? Gelegentlich konnte der Verlust des Partners tatsächlich den Schutzschild der Unbewegtheit erschüttern. Dr. Maret erzählt die folgende Geschichte[22]:

»Im Jahr 1760 wurde ich in das Dorf Ruffey – im Departement Côte d'Or – geschickt. Ein bösartiges, ekelhaftes Fieber war dort epidemisch aufgetreten. Bei meinen Krankenbesuchen brachte man mich zu einer Frau von vielleicht dreißig, deren Mann erst wenige Tage vorher gestorben war. Sie war von derselben Krankheit befallen worden. Ich war in der Begleitung des Dorfpfarrers und eines Wundarztes, aber unsere Ankunft schien die Frau kaum zu interessieren; sie bewahrte tiefstes Stillschweigen. Ich näherte mich ihr, fragte sie, versuchte ihr Mut zuzusprechen...

Schließlich gab sie meiner Beharrlichkeit nach, drehte sich um und sagte in einem Ton, der mir geradezu das Herz brach: ›Ich danke Euch gütigst, aber ich möchte Eure Medizin nicht. Mein Mann ist tot. Wir waren arm, aber wir hatten uns sehr lieb.‹ Danach sprach sie zu keiner Seele mehr, nahm weder Nahrung noch Medizin und starb an einem Morgen, sechs Tage nach dem Tod ihres Mannes.«

Aber ein so tief empfundener Verlust war nicht typisch. Die Aussicht auf den Tod erweckte offenbar keine tieferen Gefühle zwischen Eheleuten. Bei der Landbevölkerung im Osten von Paris, in Seine-et-Marne, wurden in einem Testament selten besondere Bestimmungen für den Ehegatten festgelegt[23]. Viel fester als gefühlsmäßige verbanden wirtschaftliche Gesichtspunkte das bäuerliche Paar. Wurde die Frau krank, sparte ihr Mann gewöhnlich die Ausgaben für den Arzt, obwohl er bereit war, »Gold über den Tierarzt zu schütten«, der kam, um nach einer kranken Kuh oder einem Bullen zu sehen[24]. Der Grund für dieses Verhalten lag darin, daß eine Kuh viel wertvoller war als eine Frau. Die Präfektur der Charente berichtet: »Der Verlust eines Stalltiers bekümmert den Bauern mehr als der Verlust seiner Frau. Das erste kann man nur durch Geld ersetzen; die zweite aber mit einer anderen Frau, die etwas Geld und Mobiliar mitbringt und die, anstatt den Haushalt ärmer zu machen, seinen Wohlstand vermehrt.«[25] Und wenn der Bauer schließlich den Arzt rief, weil ein Familienmitglied im Sterben lag, spielte sich wahrscheinlich das folgende Drama ab[26]:

»Der Bauer ist mehr an seiner Kuh interessiert als an seiner Frau; er könnte seine Kuh für ein paar glänzende Dukaten – *belles pistoles* – verkaufen. Aber bei seinem alten Vater oder seiner armen kranken Mutter wartet er ab; er rechnet; er fürchtet Ausgaben. Sie haben ihre Jahre gehabt, sagt er, wenn der Tod seine Ankunft hinauszögert; dann gibt er dem Drängen der Nachbarn und den Ermahnungen des Pfarrers nach; er geht in die Stadt, um den Arzt zu holen; aber dieser Besuch wird der einzige sein; niemand berichtet dem Arzt auch nur über den Fortgang der Krankheit. Wenn er ein Kind verliert, drückt der Bauer seinen Kummer in Zahlen über die entstandenen Ausgaben aus: ›Es würde nichts bedeuten‹, sagte ein Vater, den ich über den Verlust seines Sohnes trösten wollte, ›wenn ich nur die Kosten der Krankheit bezahlen müßte, aber Herr Doktor, im letzten Jahr mußte ich 1700 Franc für seinen Ersatzmann beim Militärdienst auslegen! Das ist es, was schmerzt und noch lange schmerzen wird.«

In einer Studie über Anjou im achtzehnten Jahrhundert stellt François Lebrun die Trauer der Männer der höheren Schichten über den Verlust ihrer Frauen der Gleichgültigkeit der Männer aus dem Volk gegenüber, die nicht das geringste am Tierarzt sparen würden, um kranken Viehbestand zu retten, »aber bei den Frauen ist es anders, heute eine verloren, morgen eine andere gefunden«[27].

Die Dauerhaftigkeit der Liebe des Bauern zu seinem Besitz und die Flüchtigkeit seiner Zuneigung zu menschlichem Leben enthüllt sich in vielen Sprichwörtern[28]:

»Reich ist der Mann, dessen Frau tot und dessen Pferd am Leben ist« (Bretagne).

»Die Trauer um die verstorbene Frau dauert bis zur Haustür« (Gascogne).

»Zwei schöne Tage hat der Mann auf Erden: wenn er seine Frau nimmt und wenn er sie begräbt« (Anjou).

Es ist eine der kleinen Ironien der Demographie, daß diese bäuerlichen Ehemänner, die ihre Kühe mehr schätzen als ihre Frauen, voraussichtlich die ersten waren, die starben, da die Sterbeziffern der Männer über vierzig beträchtlich höher waren als die der Frauen. Bei der Trauer zahlten die Witwen mit gleicher Münze heim, wenigstens nach dem Bericht eines Beobachters in der Provence im achtzehnten Jahrhundert: »Wenn eine Frau gerade ihren Ehemann verloren hat, stößt sie (bei der Trauerwache), vorausgesetzt, jemand kommt vorbei, Klagerufe aus, die Steine zum Weinen bringen könnten. Sie muß die Rolle der Frau spielen, *qui avait de l'amour.* Sie schlägt mit dem Kopf gegen die Wand und unterläßt nichts, um alle und jeden von der Unendlichkeit ihrer Trauer zu überzeugen; Tränen und Verrenkungen hören sofort auf, wenn niemand da ist, beginnen aber wieder, sobald der nächste kommt.«[29]

Die Rituale des täglichen Lebens sanktionierten die Unterordnung der Frau unter ihren Mann. Wir können zum Beispiel etwas über tiefere Formen der Wechselbeziehung erfahren, wenn wir beobachten, wie sich die Leute bei Tisch verhalten. Bei den Bauern des traditionellen Frankreichs nahm die Frau die Mahlzeiten nicht zusammen mit ihrem Mann ein. Sie stand neben ihm und bediente ihn und aß erst selbst, wenn er fertig war. Im Departement Deux-Sevres waren die Frauen mehr die obersten Dienstboten (*premières servantes*) als Gefährten (*compagnons*) ihrer Männer. Man muß beachten, daß dieser Bericht von subalternen Beamten des Mittelstands verfaßt wurde, denen allein der Gedanke überhaupt nur kommen konnte, daß die Frau ihrem Ehemann eine Gefährtin sein könnte. »Bevor sie es wagen kann, sich an den Tisch zu setzen, muß er es ihr erlauben.«[30] Es kam aber häufiger vor, daß die Bauersfrau überhaupt nicht am Tisch aß, wie im Departement Ain: »Zu den Mahlzeiten setzen sich die Herrin des Hauses, ihre Töchter und die Dienstmädchen nie und bleiben ständig auf den Beinen, den Kochlöffel in der Hand, um dafür zu sorgen, daß jede Person bedient wird, während der Herr und alle seine Landarbeiter bis zu den kleinen Hütejungen das Essen herunterschlingen.«[31]

Diese Bräuche hatten eine tiefere Bedeutung: Sie waren ritualisierte Zeichen der Unterordnung der Frau unter ihren Ehemann. Das entging den Zeitgenossen nicht. Dr. D. Monnier erklärt, nachdem er festgestellt hatte, daß im Jura die Frauen selten mit den Männern am Tisch saßen – nie, wenn Fremde anwesend waren –, daß »im allgemeinen die Bauern über das schöne Geschlecht anders denken als gebildete Leute; sie betrachten sie in gewissem Sinn als den unvollkommenen Teil der menschlichen Rasse, was so weit geht, daß sie sich entschuldigen, wenn sie von Frauen sprechen. Mehr als einmal habe ich Leute, wenn sie von Frauen sprachen, sagen hören: ›Ich bitte um Verzeihung‹ «[32] Das einzige andere Thema, bei dem die Bauern ihre Gesprächspartner aus dem Mittelstand um Nachsicht baten, waren die Hoftiere!

Und wenn wir einen Blick in die häusliche Atmosphäre der Leute tun, indem wir feststellen, wie sie sich nannten und wie sie genannt werden wollen, steht das bäuerliche Frankreich nicht gerade als Bollwerk der Kameradschaftsehe da. Ein Beispiel aus der Gebirgsgemeinde Saint-Romain-en-Gal – im Departement Rhône im Südosten Frankreichs –: »Die Frauen haben einen gewissen Respekt vor ihren Männern. Sie nennen sie *notre homme, notre maître, notre gros*, duzen sie nie und bleiben beim Essen hinter ihnen stehen.«[33] Andere Zeugnisse sind sich einig über die Seltenheit des Duzens bei den Bauern, so daß sogar Frauen, die vorher ihren Liebsten mit dem familiären *»tu«* angeredet haben, am Hochzeitstag zu dem höflichen *»vous«* übergehen[34].

Aber diese Art von Ethnologie stößt bald an ihre Grenzen. Wir können nicht in Erfahrung bringen, ob diese Bauernpaare sich am abendlichen Kaminfeuer die Hände hielten, ob sie sich zärtlich liebkosten, wenn der Abendwind von den Alpen herabwehte, oder ob sie sich an der gegenseitigen Entdeckung ihrer Verschiedenheiten erfreuten – eben das, was man an Ungezwungenheit und Einfühlungsvermögen von der romantischen Liebe erwarten würde. Aber es ist unwahrscheinlich. Die emotionale Distanz, die das Paar trennt, erscheint unüberbrückbar, und wenn mehr als nur ein paar wenige den eisernen Zellen entrinnen konnten, die ihre soziale und sexuelle Rolle ihnen aufzwang, dann berichten unsere Quellen nichts darüber.

Die Schattierungen dieser ehelichen Lieblosigkeit mögen zwischen den sozialen Schichten und vielleicht zwischen Stadt und Land variiert haben, aber die grundlegenden Züge des Gefühlslebens des Paares blieben in den Jahren vor 1800 konstant.

Anmerkungen

1 Beispiele für Vermittler bei Martine Segalen, Nuptialité et alliance (Paris: Maisonneuve 1972), S. 114; Van Gennep, Manuel de folklore français I (1), (Paris 1943), S. 269ff.; E. Bogros, A travers le Morvand (Château-Chinon 1883), S. 44 über »croque-avoine«.

2 Hugo, France pittoresque, 3 Bde., Paris 1835.

3 »Statistique de la Charante«, ms. von 1801, Archives nationales F 20 172.

4 Bogros, Morvand, S. 45.

5 Van Gennep, Manuel de folklore français I (1), S. 272f.

6 Ich bin im Zweifel, ob sogar dieses Zeugnis eine zuverlässige »traditionale« Orientierung darstellt, weil es so sehr dem 19. Jahrhundert entlehnt ist. Für die Zeit davor sind geeignete ethnographische Beschreibungen einfach nicht zu bekommen.

7 Déribier-du Chatelet, Dictionnaire statistique ou histoire Cantal, du département du Cantal, 5 Bde. (Aurillac 1852–1857), S. 134f.; für den Nachweis der Misthaufen-Inspektion in Deutschland, B'schau genannt, vgl. Meyer, Badisches Volksleben (Straßburg 1900), S. 256.

8 Meyer, Badisches Volksleben, S. 193.

9 Charles Peron, Les Franc-Comtois ... (Besançon 1892), S. 85.

10 Theodore Zeldin weist auf der Basis medizinischer Untersuchungen

für die Einberufung zum Militärdienst darauf hin, daß mehr als ein Drittel aller heiratsfähigen Männer in irgendeiner Weise physisch entstellt war, so daß auch die Frauen ein Auge zudrücken mußten. Zeldin, France, 1848–1945, Bd. 1: Ambition, Love and Politics (Oxford: Clarendon Press, 1973), S. 304.

11 Perron, Franc-Comtois, S. 84.

12 Hugo, France pittoresque, II, S. 82; Departement Ille-et-Vilaine.

13 Joseph Hazzi, Statistische Aufschlüsse über das Herzogthum Baiern, 11 Bde. (Nürnberg 1801–1808), III (3), S. 1130.

14 Bayerische Staatsbibliothek, Handschrift Cod. Germ. 6874 (2), Beilage 2, 1859.

15 Sarmela, Reciprocity Systems of the Rural Society in the Finnish-Karelian-Area ... (Helsinki 1969), S. 188ff.

16 Boniface Breton, Le village, histoire, morale, politique et pittoresque de Courrières [Pas-de-Calais] (Arras 1857), S. 410f.

17 Alexandre Bouët, Breiz Izel, ou vie des Bretons dans l'Armorique, 2. Aufl. (Quimper 1918, 1. Aufl. 1835), S. 278.

18 K. Rob. V. Wikman, Die Einleitung der Ehe (Abo: Abo Akademi 1937), S. 348.

19 Brieude, Topographie médicale de la Haute Auvergne, überarb. Aufl. (Aurillac 1821; zuerst veröffentlicht 1782–1783), S. 110f.

20 Hugo, France pittoresque, II, S. 29 für das Departement Finistère.

21 A. Bernard-Langlois, Etudes topographics ... sur le canton de Bourbon-Lancy (Moulins 1865), S. 123.

22 Hughes Maret, Mémoire dans lequel on cherche à déterminer quelle influence les moeurs des François (wahrscheinlich Français) ont sur leur santé (Amiens 1772), S. 149.

23 Micheline Baulant, »La famille en miettes«, Annales ESC (1972), S. 967.

24 Louis Texier-Olivier, Statistique générale de la France, département de la Haute-Vienne (Paris 1808), S. 99.

25 Archives nationales, F 20 172 ms. »Statistique de la Charente, an IX«.

26 Adrien Berénguier, Topographie physique, statistique et médicale du canton de Rabastens (Tarn) (Toulouse 1850), S. 101.

27 François Lebrun, Les hommes et la mort en Anjou aux 17e et 18e siècles (Paris: Mouton 1971), S. 428.

28 Martine Segalen (Hrsg.), Mari et femme dans la France rurale traditionelle [Ausstellungskatalog des Musée national des arts et traditions populaires, 22. September–19. November 1973] (Paris: Ministères des Affaires culturelles 1973), S. 73.

29 Anon., La Ciotat au XVIIIe siècle d'après un manuscrit de l'époque par Antisthène (La Ciotat 1877), S. 17.

30 C. Dupin, Mémoire statisque de département des Deux-Sevres (Paris 1804), S. 201.

31 Bossi, Statistique générale de la France: départemant de l'Ain (Paris 1808), S. 311.
32 D. Monnier, Moeurs et usages singuliers du peuple dans le Jura (Lons-le-Saunier 1832) S. 49.
33 E.-J. Savigné, Moeurs, coutumes habitudes (il y a plus d'un siècle) des habitants de Sainte Colombe ... (Vienne 1902), S. 11.
34 Hugo, France pittoresque, II, S. 203.

III
Heimarbeiter

Lothar Schneider
Arbeits- und Familienverhältnisse in der Hausindustrie (Heimarbeiterfamilie)*

1. Der neue Lebensstandard

Vor der Verbreitung der Verlagsindustrie auch auf dem Land war der spätere Heimarbeiter hier vom Grundbesitz abhängig, indem er entweder selbst Boden und Vieh besaß, die er nutzte und von denen er teilweise bzw. ganz lebte oder indem er sich beim Bauern als Tagelöhner verdingte. In beiden Fällen war er gezwungen, sich dem saisonalen Rhythmus der bäuerlichen Lebensweise anzupassen und ein sowohl aus Naturalien als auch in Geld bestehendes Einkommen zu akzeptieren. Dieses änderte sich für den späteren Heimarbeiter mit dem Aufkommen der Heimindustrie. Unter der Voraussetzung, daß der Verleger das ganze Jahr hindurch für Arbeit und somit Geldeinkommen sorgte – und das war im 18. Jahrhundert, wenn auch mit konjunkturellen Schwankungen, auf Grund der hohen Nachfrage nach Heimarbeiterprodukten im allgemeinen der Fall – konnte sich der Heimarbeiter mit seiner Familie vom ländlichen Arbeitsrhythmus lösen und seine gesamte Arbeitszeit mit Heimarbeit ausfüllen oder doch zumindest den Teil, den die Landwirtschaft nicht beanspruchte, und damit sein Einkommen gegenüber der Ausgangslage erhöhen. Um ein höheres Einkommen zu erreichen, war besonders der textile Heimarbeiter gezwungen, bis zu 12, später bis zu 16 Stunden täglich, selbst ohne Sonntagsruhe, bei seiner monotonen Arbeit zu verbringen, wobei die Familie noch mithelfen mußte. Im 19. Jahrhundert konnte er sein Zimmer kaum noch verlassen und mußte versuchen, »im Akkord« die Stückzahl seiner Produkte zu maximieren. Dabei darf jedoch nicht übersehen werden, daß der Heimarbeiter vor dieser neuen Erwerbsart bei gleichem Zeitaufwand weniger verdiente und durch die überwiegende Naturalentlohnung auch weniger Wahlmöglichkeiten in bezug auf seinen Konsum hatte.

* Auszüge aus: Lothar Schneider, Der Arbeiterhaushalt im 18. und 19. Jahrhundert. Dargestellt am Beispiel des Heim- und Fabrikarbeiters, Berlin 1967 (Beiträge zur Ökonomie von Haushalt und Verbrauch, Heft 4), S. 22-30, 32-33, 67-70.

Außerhalb der Heimarbeit anfallende schwere Arbeit, die Frau oder Kinder nicht verrichten konnten – wie pflügen usw. – wurde bei genügend hohem Verdienst aus Heimarbeit häufig Tagelöhnern übergeben, die dafür teils in Geld, teils natural entlohnt wurden. Der Grund war im allgemeinen, daß der Heimarbeiter in gleicher Zeit mit seiner ununterbrochenen Heimarbeit mehr verdiente, als der Tagelöhner für eben diese Zeit verlangte. War das nicht der Fall, so übernahm in manchen Fällen der Heimarbeiter schwere Arbeiten auch selbst.

So wird vom Instrumentebauer aus dem Erzgebirge um 1847 gesagt[1], daß er für schwere Feldarbeiten einen Tagelöhner verpflichtete, der dafür 0,53 Mk[2] an Nahrungsmitteln und dazu im Winter 0,26 Mk. und im Sommer 0,53 Mk. Geldlohn empfing, während der Heimarbeiter in der Woche 10,20 Mk. verdienen konnte. Der Weber aus Godesberg aus der gleichen Zeit mit seinem geringen Einkommen aus Heimarbeit verrichtete schwere Arbeiten wie Heuen usw. selbst[3].

Die neue Arbeitsmöglichkeit, verbunden mit im 18. Jahrhundert verhältnismäßig regelmäßigen Geldeinkommen aus Heimarbeit garantierten oft erstmalig eine gewisse Existenzsicherheit, so daß beim Heimarbeiter eine Besserung der wirtschaftlichen Situation und damit ein höherer Lebensstandard erreicht wurde. In dieser Zeit herrschte beim Heimarbeiter ein kurzfristiges Disponieren in seinem Haushaltsgebaren vor. Er sah dabei in seiner neuen ökonomischen Situation häufig keinen Anlaß, in Zeiten das Existenzminimum übersteigender Einkommen sparsam zu wirtschaften oder einen über das Lebensnotwendige hinausgehenden Besitz zu erwerben[4].

2. *Die leichtere Familiengründung*

Im Zusammenhang mit der Familiengründung ist von den vorwiegend bäuerlichen, handwerklichen und händlerischen Kreisen vom Mittelalter bis in die Neuzeit bekannt, daß hier, um der Erhaltung des Betriebes willen, nur ein bis zwei Kinder heiraten konnten, während die anderen entweder im Elternhaus, bei den verheirateten Geschwistern in einer bäuerlichen oder handwerklichen Haushaltsgemeinschaft oder den wenigen Sammelbecken Lediger (wie Heer und Kloster) unterkamen[5].

Besonders die Armenehen waren in vielen deutschen Ländern auch noch im 18. Jahrhundert verboten bzw. wurden nur gegen

Vorweisen einer bestimmten Summe Geldes oder den Besitz von Immobiliarvermögen gestattet. So heißt es in einem Mandat des Fuldaer Bischofs,

> »das nöthige Vermögen und die Ertheilung der Vermögensscheine bey den Verehelichungen der Unterthanen betreffend: So ändern Wir die in dem älteren Gesetz vom 15ten Junius 1715 auf dem Lande auf 200 fl.[6] und in den Städten auf 300 fl. festgesetzte Vermögenssumme dahin ab, daß für die Zukunft in unserer Residenzstadt [...] 350 fl., sodann in den beyden Vorstädten [...] so wie auch in allen Unseren Munizipalstädten 300 fl., und am Dorfe 250 fl. veranschlagt werden sollen[7].

Die stärkere Bevölkerungsvermehrung im 18. Jahrhundert auf der einen Seite wie auch die Verbreitung der Verlagsindustrie und die für viele Menschen daraus resultierende neue Einkommenssituation auf der anderen schufen eine neue Einstellung zu Ehe und Familie[8]. Hirzel schildert die sich mit der Verbreitung der Verlagsindustrie ändernde Denkweise der Bauern für die Schweiz des 18. Jahrhunderts[9].

> »Ein Bauer calculirte so: Mein Hof mag nicht mehr als einen, höchstens zwey Söhne ernähren, die andern mögen ledig bleyben, oder anderswo ihr Glück suchen.«

Mit der Heimarbeit änderte sich das Kalkül:

> »Ich habe drei-vier Söhne, jeder bekömmt etwas an Wieswachs, wenigstens zu einer Kuhe etwas Acker u. s. f. Dieses mag schon ein schönes zum Durchbringen der Haushaltung abwerfen, und die Bearbeitung dieses kleinen Gütgens läßt Zeit genug übrig, sich durch Fabrikverdienst[10] das übrige zu erwerben.«

Dies galt für den Heimarbeiter, der aus bäuerlichen Kreisen stammte und noch Land besaß, das er nebenbei bewirtschaftete. Anders jedoch bei den »Unterständischen« in Stadt und Land. Ihre Entlohnung als Tagelöhner oder armer Dorfhandwerker auf dem Land, als Handwerksgeselle – oder bei Nachlassen des Zunftzwanges –, Handwerksmeister ohne Aussicht auf einen eigenen Betrieb und »Gelegenheitsarbeiter« in der Stadt erfolgte weitgehend natural. Diese überwiegend zum ledigen Zustand verurteilten Menschen beiderlei Geschlechts waren gezwungen, in einem anderen Familienverband zu leben, da sie nur so in eine Fürsorgegemeinschaft eingefügt waren, die für sie in Notfällen (Krankheit und Alter) sorgte.

Viele dieser Menschen bekamen jetzt mit der Verlagsindustrie die Möglichkeit, ein Geldeinkommen zu erwerben, das, wenn die Frau mithalf, zur Gründung einer Familie selbst auf bodenlosgelöster Grundlage ausreichte, ohne daß von der Frau Haushaltskenntnisse, von beiden Ersparnisse oder eine lange Berufsausbildung verlangt wurden. Das Fundament der Ehe war allein die Hoffnung auf Fortdauer des Verdienstes aus Heimarbeit[11].

»Der Abschluß einer Ehe ist kein Vertrag mehr, der das Schicksal einer Lebens- und Wirtschaftsgemeinschaft bis ins einzelne bestimmt.« Der Ehekontrakt ist jetzt »ein Versprechen zweier Menschen, die mit ihm die Verwirklichung ihrer individuellen Glücksansprüche erhoffen.«[12]

Die Familiengröße war gegenüber den stationären Schichten des Volkes, bei denen auch die ledigen Familienmitglieder, ja selbst das Gesinde mit zur Familie zählten, und oft vier Generationen unter einem Dach in einem Haushalt von einem Betrieb lebten, stark gesunken. Heimarbeiterfamilien mit drei Generationen in einem Haushalt waren selten. Meist bestand die Familie nur noch aus Eltern und Kindern und sobald diese erwachsen waren, nur aus dem Ehepaar. Die Kinderzahl schwankte je nach Besitzstand, Wohnungsgröße, Heiratsalter und Region[13], nach Besitzstand und Wohnungsgröße jedoch nur dann, wenn man dem Heimarbeiter in seiner Familienplanung ein rationelles Verhalten unterstellt, und das war nur in den seltensten Fällen möglich.

Solange das Einkommen aus Heimarbeit relativ hoch war, landwirtschaftlicher Besitz die Mitarbeit der Kinder ermöglichte, diese sich damit praktisch ganz oder teilweise erhielten bzw. die Heimarbeit so geartet war, daß mit steigender Kinderzahl das Einkommen entsprechend stieg, weil die Kinder in der Heimarbeit mithalten, so schmälerte eine hohe Kinderzahl nicht unbedingt den Lebensstandard der Familie. Friedrich Schmidt[14] errechnete anhand einer Aufstellung, daß Kinder von Heimwebern, wenn sie zur gleichen Arbeit herangezogen werden, immerhin das Familieneinkommen verdoppeln können, das allerdings erst nach einer langen Anlernzeit, in der jedes Kind als Spuler nur etwa 10 v.H. des Weberlohnes verdiente.

Die drei Beispielfamilien bieten zu den verschiedenen Aspekten der Kinderfrage gutes Anschauungsmaterial, und zwar für die Zeit nach 1840, in der die Einkommen besonders der textilen Heimarbeit im allgemeinen schon sehr niedrig waren. Die Weberfamilie mit ihren drei Kindern lebte sehr bescheiden. Jedes weitere Kind konnte die landwirtschaftliche Produktion nicht steigern helfen, seltsamerweise auch nicht das Einkommen aus Heimarbeit, da die Kinder nicht dazu angehalten wurden[15]. Die Familie des Instrumentebauers aus dem Erzgebirge hatte sechs Kinder. Die jüngeren halfen der Mutter bei der Eigenproduktion, bei der Sicherstellung der naturalen Unterstützungen der Gemeinde (Laub, Holz sammeln, Gras und Heu holen etc.). Die älteren Söhne unterstützten den Vater beim Geigenbauen: Der Gewinn ihrer Arbeit außerhalb der gewöhnlichen Arbeitszeit gehörte ihnen. Sie arbeiteten deshalb oft bis ein oder zwei Uhr nachts. Bedenkt man, daß der Vater rund 525 Mark im Jahr verdiente, das Gesamteinkommen der Familie aus dieser Heimarbeit jedoch 1215 Mark ausmachte[16], so entfielen auf die älteren Söhne etwa 690 Mark[17].

Die Familie des Uhrschildmalers aus dem Schwarzwald mit sehr hohem Einkommen und Lebensstandard hatte nur zwei Kinder[18], was zum Teil auf das hohe Heiratsalter der Eltern (30 Jahre bei der Frau, 34 Jahre beim Mann) zurückgeführt werden kann. Vielleicht ist es auch ein Beweis für das rationale Verhalten des Kleinbürgertums, dem diese Familie in ihrem Lebensstil anzugehören scheint. Die Kinder konnten bei dieser komplizierten Heimarbeit erst mithelfen, wenn sie über 10 Jahre alt waren. Sie waren also lange Zeit ausschließlich eine finanzielle Belastung[19].

3. Die Lockerung der Familienbande

Die neuartige Arbeit und die mit ihr verbundenen Geldeinkommen auf der einen Seite, die Auflösung der patriarchalischen Großfamilie auf der anderen hatten weitreichende Konsequenzen für die Familie.

Mit der unter dem Einfluß der Geldeinkommen veränderten Einstellung zur Eheschließung wandelte sich die gegenseitige Haltung der Partner während der Ehe. Aus kleinsten Anfängen baute sich das junge Paar eine eigene Existenz auf, ohne ein anderes Kapital einsetzen zu können als ihre Arbeitskraft. Von den Eltern seit frühester Kindheit zur (Heim-)Arbeit angehalten, blieb wenig Zeit für schulische Bildung oder das Erlernen eines anderen Berufes als den der Eltern. Die Mädchen hatten wenig hauswirtschaftliche Kenntnisse und wenn, so bot sich unter dem Zeitdruck des Verdienenwollens und später -müssens oft nicht einmal die Gelegenheit, sie anzuwenden. Die jungen Leute hatten vor der Ehe im allgemeinen im Hause der Eltern gearbeitet und Teile ihres Verdienstes dort abgegeben. Sie waren auf Mitgift angewiesen, die aber meist kärglich ausfiel, da kein Bargeld vorhanden war. In den kurzen Zeiten hoher Einkommen (18. Jahrhundert) wurde im Vertrauen auf den Fortbestand der günstigen Absatzlage kaum von Eltern und Kindern gespart. Auch war der angeschaffte Besitz der Eltern und Kinder – wie noch zu zeigen sein wird – meist kurzlebig und auf den persönlichen Genuß abgestellt. Im 19. Jahrhundert verschlechterte sich tendenziell die ökonomische Situation. Konnten im 18. Jahrhundert die Eltern den Kindern kaum Mitgift geben, da sie über keine Ersparnisse oder wenig übertragbaren Besitz verfügten, so wurde im 19. Jahrhundert die Mitgift auf Grund der allgemeinen Armut beim Heimarbeiter noch seltener.

Für die siebziger Jahre des 19. Jahrhunderts galt im Taunus[20]:

»Die Tochter erhält das Hochzeitskleid und das Bettwerk, dem Sohne wird zu einer Bettlade verholfen.« Wie aber weiter? »Besitzt der Vater der Frau ein Häuschen, in welchem er eine Stube vermiethet hat, so kündigt er seinem Miethsmann und läßt die jungen Leute einziehen, denen er keinen Zins abnimmt und auch die Kost einige Monate umsonst giebt.« Andernfalls mußte sich das Paar selbst einmieten oder noch getrennt bei den jeweiligen Eltern leben.

Durch die Zusammendrängung von Haushalt und Betrieb[21] auf engstem Raum, oft in einem Zimmer, war es schwer, Mann und Frau klar getrennte Arbeits- und Aufgabenbereiche zuzuordnen. Die Frau verrichtete mit den jüngeren Kindern die Hausarbeit und – falls vorhanden – die kleine Landwirtschaft. Der Mann und die älteren Kinder widmeten sich der Heimarbeit. Hier bestand noch eine klare Scheidung von häuslichem Herd (Aufgabe der Frau) und Sicherung des (vorwiegend monetären) Lebensunterhaltes (Aufgabe des Mannes). Mit sinkendem Wohlstand und abnehmender Verdienstmöglichkeit aus Heimarbeit war die Frau immer stärker gezwungen, an der Erwerbsarbeit des Mannes teilzunehmen[22].

Neben der hieraus resultierenden weitgehenden Emanzipation der Frau warf die unter dem Einfluß der Geldeinkommen entstehende Emanzipation der Kinder neue Probleme auf. Die alten Bande zwischen Eltern und Kindern, in denen die Eltern über das Schicksal ihrer Kinder bestimmten, lockerten sich mehr und mehr, da die heranwachsenden Kinder häufig ebensoviel verdienen konnten wie ihre Eltern[23]. Solange sie noch im Elternhaus waren und selbst schon verdienten, zahlten sie den Eltern ein Kostgeld, was als eine Art von Freikauf von der elterlichen Autorität betrachtet wurde. Sie lebten auch hier schon ihr eigenes Leben und entfalteten ihren eigenen Konsumstil[24]. Wenn dies auch mehr für das 18. Jahrhundert mit seinen mancherorts hohen Realeinkommen galt, so blieb diese Emanzipation der Kinder auch in Zeiten zunehmender Armut bestehen.

Eine gute Seite an dieser entstehenden Unabhängigkeit war die früh geschaffene Einsicht, für sich selbst sorgen zu müssen und verantwortlich zu sein. Mädchen wie Jungen halfen – falls vorhanden – in der kleinen Landwirtschaft und lernten die sie betreffenden Tätigkeiten. Die Mädchen halfen im Haushalt, lernten kochen und flicken (falls die Mutter diese Künste beherrschte)[25]. Sie entlasteten die Mutter und lernten dabei die wichtigsten Aufgaben für ihre spätere Rolle als Hausfrau und Mutter. Alle Kinder wurden schließlich in der gleichen Art von Heimarbeit ausgebildet, wie sie die Eltern verrichteten[26].

4. Die Rolle des Besitzes und das veränderte Besitzdenken

Mit der Verbreitung der Verlagsindustrie auf dem Land im 18. Jahrhundert widmeten sich ihr Familien mit unterschiedlichem Besitzstand. Am günstigsten gestellt waren die Familien mit kleinem landwirtschaftlichem Nebenerwerb, da sie Haus und Grundbesitz hatten und auch meist das Arbeitsgerät für die bereits vertraute textile Heimarbeit besaßen. Diese Familien stellten jedoch einen geringen Anteil an der Gesamtzahl der Heimarbeiter. Die Mehrheit der Heimarbeiter griff zu dieser Erwerbsmöglichkeit ohne jeden eigenen Besitz.

Der Heimarbeiter hatte in Zeiten regelmäßiger Einkommen theoretisch drei Möglichkeiten, mittels Besitzerwerb eine gewisse Unabhängigkeit von Verleger und Einkommen aus Heimarbeit zu erlangen.

(1) Den Hauskauf, um von den Mietausgaben unabhängig zu werden und eventuell selbst zu vermieten und damit zusätzliche Einkommensteile zu verdienen.

(2) Den Erwerb von Land und Vieh, um durch Eigenverbrauch

bzw. Verkauf selbstproduzierter landwirtschaftlicher Produkte zusätzliche Natural- oder Geldeinnahmen zu beschaffen.

(3) Den Erwerb der für die Heimarbeit benötigten Produktionsmittel, wie Werkzeug, Spinnrad, Webstuhl etc. Solange sie Eigentum der Heimarbeiterfamilie waren, blieb eine gewisse Unabhängigkeit vom Arbeitgeber, dem Verleger, gewahrt, und zwar um so stärker je kapitalintensiver das Produktionsmittel war, da die Möglichkeit bestand, den Verleger zu wechseln. Sobald jedoch hier das kurzsichtige Erwerbsinteresse vorherrschte, das Arbeitsgerät gemietet[27] und die Rohstoffe auf Vorschuß bezogen wurde(n), war der Heimarbeiter kein gleichwertiger Verhandlungspartner, sondern gezwungen, den vom Verleger diktierten Abnahmepreis für die Ware wie auch die neuen Aufträge, und seien sie noch so gering, zu akzeptieren.

Der Besitzstand der Heimarbeiterfamilien war besonders wichtig, da aus ihm eine unterschiedliche Krisenanfälligkeit resultierte. Am anfälligsten war ein Heimarbeiterhaushalt, wenn er keinen Haus- und Grundbesitz bzw. kein Eigentum an Produktionsmitteln hatte, da er keinerlei Rückhalt in einkommensschwachen oder -losen Zeiten hatte[28]. Relativ gut gestellt schienen Familien mit kleiner landwirtschaftlicher Nebentätigkeit, da sie nie ausschließlich von den Einkünften aus Heimarbeit abhingen, diese aber wegen ihrer Landwirtschaft auch oft nicht in eine Höhe treiben konnten, daß die Familie davon allein hätte leben können[29].

Die erwähnte Lockerung der Familienbande und die mit ihr verbundene Emanzipation der Kinder blieb auch auf die Schaffung von Besitz nicht ohne Einfluß. Solange das Familieneinkommen überwiegend natural war und aus ihm Besitz gebildet wurde, gehörte dieser der ganzen (Groß-)Familie, ohne daß es möglich war, den genauen Anteil des Einzelgliedes zu bestimmen. Das Besitzdenken bestimmte den Bauernhaushalt, Generationen hatten zum Besitz beigetragen. Unter dem Einfluß des Geldeinkommens gewöhnten sich die Heimarbeiter, obwohl sie in der bäuerlichen Umgebung lebten, an ein kurzfristiges Disponieren in ihrer Haushaltsgebarung und sahen in ihrer neuen ökonomischen Situation wenig Anlaß, Besitz anzuschaffen[30]. Die Kinder der Heimarbeiter verbrauchten ihre Einkommen – abzüglich des Kostgeldes – nach eigenem Gutdünken vorwiegend für kurzlebige Konsumgüter.

Bücher[31] klagt: »Das ist ja der Fluch der Hausindustrie, daß sie, indem sie Bewohner armer Landbezirke vom Ackerbau unabhängig macht, die Entstehung einer dichten Bevölkerung befördert, die mehr und mehr die Landwirtschaft aufgibt und die frühere Nebenbeschäftigung zu ihrem alleinigen Nahrungszweige macht.«

[...]

5. Die Verkümmerung der hauswirtschaftlichen Fähigkeiten

War im bäuerlichen und bürgerlichen Haushalt die Hauptaufgabe der Frau, die Hauswirtschaft ordentlich zu führen, so änderte sich das jetzt unter dem Einfluß der Heimarbeit. Die Enge der Wohnung wie die Mitarbeit der Frau im Erwerbsbereich erschwerten das ordnungsgemäße Führen des Haushalts.

Der Fall der landwirtschaftlichen Nebentätigkeit war für Familie wie auch Haushalt günstig. Die Frau handelte im Grunde nicht anders als die Bäuerin; sie hielt ein wenig Vieh, säte und erntete in Garten und Feld. Da die Produkte geballt anfielen, war sie gezwungen, Vorratswirtschaft zu treiben, falls nötig, die tierischen Produkte zu verarbeiten und das Gewonnene einzuteilen[32]. Von dieser Frau ging ein Verharrungsmoment in zweifacher Hinsicht aus: Sie schuf einen naturalen Gegenpol gegen das schwankende Geldeinkommen und sorgte mit ihrem traditionellen Haushalt bei aller eventuellen Armut für den Familienzusammenhalt[33].

Sobald die Landwirtschaft fehlte, half die Frau bei der Heimarbeit des Mannes (oder sie übernahm eine eigene zum Teil andersartige Arbeit). Jetzt war auch sie in das erwerbswirtschaftliche Denken eingespannt. Wie für den Mann wurde für sie die Zeit knapp, wurde von ihr die Zeit in Geld bewertet. Darunter mußte zwangsläufig der Haushalt leiden. Kochen wurde nebenbei erledigt, ein Übergang zu schnell bereitbaren Speisen bahnte sich an. Von den hauswirtschaftlichen Funktionen der Frau blieben nur Kochen und eventuell noch Waschen und Flicken übrig: alles andere wurde vernachlässigt bzw. vom Markt gegen Entgelt übernommen.

Unter dem Einfluß der Maschine (des Heimarbeiters im 19. Jahrhundert) »schrumpfte die Hauswirthschaft des Armen mehr und mehr zusammen. Sein Zimmer wurde zur Werkstatt, wo bald die ganze Familie, Groß und Klein, Alt und Jung, Mann und Weib, um kärglichen Lohn arbeitete. Von der Hauswirthschaft blieb nichts übrig als der Herd mit der rasch zusammengekochten, elenden Mahlzeit, und der Waschtrog, in dem die arme Mutter nächtlicher Weile in aller Hast die paar Lumpen, die die Familie besaß, auszuwaschen pflegte.«[34]

6. *Ökonomische Abhängigkeiten*

Lohn und allgemeine wirtschaftliche Situation der Heimarbeiter hingen im wesentlichen von den folgenden sechs Faktoren ab:
(a) von der Art der Heimarbeit,
(b) von der wirtschaftlichen Lage des jeweiligen Gewerbes,
(c) vom Arbeitsmarkt,
(d) vom Besitzstand und damit vom ökonomischen Rückhalt der Heimarbeiterfamilie,
(e) vom Standort des Heimarbeiters und
(f) von den Lebenshaltungskosten.
[...]

7. *Wohnverhältnisse*

Die Ausgaben für Wohnung nahmen im Budget vieler Heimarbeiter neben denen für Ernährung den wichtigsten Rang ein. Sie schwankten im allgemeinen zwischen 5 und 20 Prozent der Jahreseinnahmen. Sie hingen einmal davon ab, ob das Haus Eigentum des Heimarbeiters war, zum anderen jedoch, falls Miete zu zahlen war, von der allgemeinen Nachfrage nach Wohnungen, von der Gemeindegröße und von der Höhe der Entlohnung. Die Größe der Familie dagegen war von untergeordneter Bedeutung.

Mit dem Aufkommen der Verlagsindustrie wurden völlig andere Anforderungen an die Wohnung gestellt als beim Bauern, ja sogar als beim städtischen Handwerker, bei dem zwar ebenfalls Einheit von Haushalt und Betrieb[35] bestand, beides jedoch verschiedenen Räumen zugeordnet blieb. Teilt man die Heimarbeiter in zwei Gruppen, so umfaßt die erste diejenigen, die neben der Heimarbeit ein wenig Landwirtschaft betrieben. Hier konnte sich der Raumbedarf nicht ausschließlich auf Wohnräume konzentrieren, sondern mußte Nebengebäude wie Ställe und Scheune einschließen. Diese Gruppe von Heimarbeitern stellte in ihrem Raumbedarf ein Übergangsstadium zum nicht mehr bodenständigen Heimarbeiterhaushalt der zweiten Gruppe dar, der ohne

Land- und Viehbesitz in seinem Standort weniger gebunden und auch besser in der Lage war, sich mit weniger Raum zu begnügen[36].

Im 18. Jahrhundert war es vielen Heimarbeitern (und das gilt für ländliche wie städtische gleichermaßen) wegen der bestehenden Gemeindegesetze, die einerseits die Baubewilligungen beschränkten, andererseits aber das Nutzungsrecht der Gemeindegüter (-wiesen, -wald) an den Besitz eines Hauses knüpften, nicht möglich, Eigentum an Immobilien und Vieh zu erwerben, selbst wenn der Wille dazu vorhanden war[37]. Als Folge mußten die Heimarbeiter dieser Gemeinden in den vorhandenen Häusern zusammenziehen, so daß sich in einzelnen Zimmern zwei bis drei, ja sogar vier Haushaltungen, z. T. mit Kindern, befanden, eine Ursache der sozialen Mißstände.

> »Denn hieraus« (aus den Bauverboten durch Beschränkung der Öfen, Herde oder Stuben) »entspringt die unangenehme Folge, daß in den meisten Dörfern fast in jedem Hause zwey bis drey Stuben, und in jeder derselben drey bis vier Haushaltungen sind.« – »Man stelle sich einmal ein Haus vor, in welchem auch nur zwo Stuben nebeneinander sind, die nur einen Feuerheerd oder Heerdplatte zum Kochen haben, und bedenke dann, ob es wohl möglich sey, sich allezeit fründschaftlich Platz zu machen, etc.« – »Man stelle sich nun weiter eine ziemlich kleine Stube vor, wo neben der Thüre der Ofen, vornen gegen den Ofen über vier oder fünf Fenster, in beyden Ecken ein kleines Tischchen, das man auf- und niederlassen kann, sich befindet. Neben der Wand dem Fenster gegenüber stehen noch zwey kleine Tischchen, so daß jedes Ehepaar sein eigenes hat. Nun kommen noch, wie ich mit eigenen Augen gesehen habe, auf jedes Ehepaar zwey oder drey Kinder. Welches Geschrey, welcher Lärmen muß nicht da entstehen! [. . .]«[38]

Dieses Beispiel dient nur der Veranschaulichung einer Extremsituation der Lebensbedingungen vieler Heimarbeiter, solange sich die Gemeinden noch nicht den neuen – mit der Verlagsindustrie heraufkommenden – Umständen angepaßt hatten. Frühe Ehen, mehr Ehen, größerer Kinderreichtum verursachten einen stetig wachsenden Wohnraumbedarf.

Andere Dörfer, die weniger strenge Gesetze hatten, wuchsen durch die Heimarbeiter sehr rasch an Einwohnern und Häusern, breiteten sich vor allem auch in unwirtlichen – bisher vernachlässigten – Gebieten aus, da die Häuser der Heimarbeiter ihre Lage nicht mehr nach der Entfernung der Felder oder Bonität des zum Haus gehörenden Gartenbodens bestimmten[39/40].

Die Häuser der Heimarbeiter hatten aus Zweckmäßigkeitsgründen ein anderes Aussehen und eine andere Gestaltung als die der Bauern; so bestand das Erdgeschoß innen meist nur aus einer kleinen Diele, dem Wohn- und gleichzeitig Arbeitsraum und einer bis drei Schlaf- bzw. Abstellkammern unter dem Dach. Waren die Häuser geräumiger, so daß sie im Erdgeschoß zwei größere Räume enthielten, so wurde dieser zweite im allgemeinen gleich wieder vermietet.

An dem geringen Wohnbedarf der einzelnen Heimarbeiterfamilie, für den nicht nur die Bau- und Mietkosten verantwortlich waren, läßt sich ein Trend zur Kleinfamilie ablesen[41].

Der Wohnraum des Heimarbeiters war als Arbeits-, Wohn-, Koch- und Schlafraum oft nicht größer als das Wohnzimmer im Bauernhaus, obwohl dort allen ebengenannten Funktionen des menschlichen Lebens ein Raum bzw. mehrere eigene Räume zugewiesen waren. In diesem einen Raum des Heimarbeiters spielten sich also sowohl der Arbeitsprozeß als auch das Familienleben ab, zwei Funktionen, die bei diesen Familien völlig ineinander übergingen, da Feierabend, selbst Sonntagsruhe durchaus keine Selbstverständlichkeit mehr waren.

Anmerkungen

1 Vgl. Ferdinand Le Play, Les Ouvriers européens, 2. Aufl., Tours 1877, 6 Bde., hier Bd. 4, S. 111.

2 Da Le Play seine Wertangaben in franc macht, soll ein Wertverhältnis zwischen dem franc von 1850 und der Mark etwa jener Zeit hergestellt werden. Die Mark hatte einen Silbergehalt von 5,57 Gramm (seit 1857 ergibt ein Pfund Silber 30 Thaler – pro Thaler also 16,7 g). Da drei Mark gleich einem Thaler sind, hat die Mark einen Silbergehalt von einem Drittel von 16,7 g, d. h. von 5,57 g. Vgl. Enzyklopädisches Lexikon für das Geld-, Bank- und Börsenwesen, Band 2, 1957, S. 1183, Spalte 1). Der franc hatte seit 1795 einen Silbergehalt von 4,5 g. Diese Relation wurde auch nach der Einführung des Bimetallismus (1805) beibehalten. (Vgl. op. cit., S. 595, Sp. 1.) Vergleicht man den Silbergehalt von Mark und franc, so ergibt sich unter Ausschaltung aller Wertveränderungen beider Münzen im Zeitverlauf – ein Kaufkraftvergleich ist hier nicht möglich –: 1 Mark entspricht rund 1,26 franc oder 1 franc entspricht 0,81 Mark.

Durch die Lateinische Münzunion von 1865 wurde in einzelnen europäischen Staaten nach dem Vorbild des römischen Denar eine Münze geprägt, die die Funktion einer internationalen Basiswährung in Europa wahrnehmen sollte. Der Wert dieser Münze betrug 80 bis 81 Pfennig. Der Union trat Frankreich mit dem franc bei. Im folgenden werden alle franc-Beträge nach Le Play in der genannten Weise in Mark umgerechnet, so daß im Text nur noch Markbeträge erscheinen.

3 So Le Play, a. a. O., S. 63.

4 Hierbei darf nicht übersehen werden, daß regelmäßige Geldeinkommen im 18. Jahrhundert und auch schon früher bei vielen Bauernhaushalten und Haushalten von Landarbeitern bestanden. Vgl. Wilhelm Abel, Agrarkrisen und Agrarkonjunktur. Eine Geschichte der Land- und Ernährungswirtschaft Mitteleuropas seit dem hohen Mittelalter, 2. Aufl., Hamburg und Berlin 1966, S. 176, 185; ders., Geschichte der deutschen Landwirtschaft vom frühen Mittelalter bis ins 19. Jahrhundert, Stuttgart 1962, S. 196.

5 Johann Peter Süßmilch (Die göttliche Ordnung in den Veränderungen des menschlichen Geschlechts, Berlin 1742, S. 43f.) schätzt die heiratsfähigen Ledigen, die allein in Kirchendiensten stehen, für Deutschland im 17. Jahrhundert auf 200000 (= 1 v. H. der Bevölkerung).

6 fl. = Gulden.

7 So Journal von und für Deutschland, 1789, II, S. 268f., zitiert nach Helmut Möller, Die kleinbürgerliche Familie im 18. Jahrhundert, Göttingen 1969, S. 78f.

8 Vgl. Werner Conze, Vom »Pöbel« zum Proletariat, in: Vierteljahresschrift für Sozial- und Wirtschaftsgeschichte 41/1954, S. 337ff.

9 Joh. C. Hirzel, Beantwortung der Frage: Ist die Handelsschaft, wie solche bey uns beschaffen unserem Lande schädlich oder nützlich, in Absicht auf den Feldbau und die Sitten des Volkes, Zürich 1772, S. 129f.

10 Hier Heimarbeit gemeint für den Verleger.

11 Vgl. Rudolf Braun, Industrialisierung und Volksleben. Die Veränderungen der Lebensform in einem ländlichen Industriegebiet vor 1800 (Zürcher Oberland), Erlenbach-Zürich, Stuttgart 1960, S. 65. Vgl. zu den sozialen Folgen Gerhard Mackenroth, Bevölkerungslehre, Berlin, Göttingen, Heidelberg 1954, S. 363ff.

12 So R. Braun, ebd.

13 So wird für das Sachsen des 19. Jahrhunderts von einer Kinderzahl von vier bis acht gesprochen. Vgl. Le Play, a. a. O., Bd. 4, S. 108: »Les familles saxonnes sont assez fécondes, habituellement on compte 4 ou 5 enfants, par ménage, il n'est pas rare d'en voir 7 ou 8.«

14 Untersuchungen über Bevölkerung, Arbeitslohn und Pauperism in ihrem gegenseitigen Zusammenhange, Leipzig 1836, S. 297ff.

15 Vgl. Le Play, a. a. O., Bd. 5, S. 60ff., besonders S. 65f.
16 Ohne Sondergewinne der Söhne, diese gingen nicht in das Familienbudget ein.
17 Vgl. Le Play, a. a. O., Bd. 4, S. 107ff., bes. die Seiten 111, 114f.
18 Ein drittes starb im Alter von 5 Jahren.
19 Vgl. Gottlieb Schnapper, Beschreibung der Wirthschaft und Statistik der Wirthschaftsrechnungen der Familie eines Uhrschildmalers im badischen Schwarzwald, in: Zeitschrift für die gesamte Staatswissenschaft 36/1880, S. 133ff.
20 So Gottlieb Schnapper-Arndt: Fünf Dorfgemeinden auf dem hohen Taunus, Leipzig 1883, S. 167 (Staats- und socialwiss. Forschungen, 4, 2).
21 Beim Heimarbeiter herrschte – äußerlich betrachtet – eine Einheit von Haushalt und Betrieb. Doch hatte hier bereits eine innere Trennung eingesetzt: Der Betrieb war voll am anonymen Markt (der erwerbswirtschaftlichen Produktion) orientiert, der Haushalt zum Teil oder ganz marktabhängig (vom Markt für Güter des lebensnotwendigen Bedarfs). Vgl. Helmut Begemann, Strukturwandel der Familie, Hamburg 1960, S. 26f.; Otto Brunner, Neue Wege der Sozialgeschichte, Vorträge und Aufsätze, Göttingen 1956, S. 46, sowie Erich Egner, Das Spannungsfeld zwischen Betrieb und Haushalt, in: Studien über Haushalt und Verbrauch, Berlin 1963 (Beiträge zur Ökonomie von Haushalt und Verbrauch, 1), S. 75ff.; hier S. 75.
22 Siehe hierzu Rose Otto (Über Fabrikarbeit verheirateter Frauen, Stuttgart und Berlin 1910 [Münchener Volkswirt. Studien, 104, S. 3-5]), die unter Verwendung von Daniel Defoe (A Tour Thro' the Whole Island of Great Britain . . . a. a. O., besonders Bd. 3, S. 97ff.) einen für den Heimarbeiter des beginnenden 18. Jh. besonders günstigen Zustand des Zusammenhanges von Geld- und Naturaleinkommen und der Arbeitsteilung zwischen Mann und Frau schildert.
23 Falls nicht auch die Heimarbeit, wie beim Weber, eine lange schwere Ausbildung erforderte, um besser bezahlte Stoffe zu weben, aber selbst dann konnten die Kinder schon frühzeitig zuarbeiten.
24 Vgl. Hirzel, a. a. O., S. 145f.
25 Voraussetzung war, daß die Grundlagen für eine Ausbildung in dieser Richtung gegeben waren. So negiert etwa Ivy Pinchbeck (Women Workers in the Industrial Revolution 1750-1850, London 1930, S. 310) diese Grundlagen für England, da die Ausstattung der Küche und die Zusammenstellung der Mahlzeiten zu wünschen übrig ließ (». . . food in many homes was limited to oatmeal porridge, milk, bread, cheese and potatoes, with meat as a rare luxury«). Vgl. die Kapitel »Wohnungsverhältnisse« sowie »Ernährung« bei Schneider.
26 Zu den hieraus entstehenden Problemen der Inflexibilität vgl. Schneider.

27 So berichtet Robert Wilbrandt (Die Weber in der Gegenwart, Jena 1906, S. 17) von schlesischen Webern aus dem Jahre 1812, die kein Kapital für einen Webstuhl hatten und deshalb für einen Webstuhl jährlich 4 Taler Miete zahlen mußten, der neu nur 6 Taler kostete.

28 Zur Frage der Ersparnisse und Versicherung als weitere Momente ökonomischer Rückhalte siehe die Seiten 82ff. der Arbeit Schneiders.

29 R. Braun (a. a. O., S. 235) spricht von ihren materiellen und seelischen Sicherungen. Vgl. auch Ludwig Röder, Heimarbeit und Landwirtschaft, Jena 1925 (Heimarbeit und Verlag in der Neuzeit, 6), S. 18.

30 Haus- und Bodenerwerb entstand manchmal, wenn Zuzugs-, Wohnrechte oder das Recht auf naturale kommunale Unterstützung in einer Gemeinde an diesen Besitz geknüpft waren. Vgl. z. B. die Bestimmungen für Hannover (im 17. und 18. Jh.) bei Hans Mauersberg, Wirtschafts- und Sozialgeschichte zentraleuropäischer Städte in neuerer Zeit, Göttingen 1960, S. 148f.

31 a. a. O., S. 175.

32 Natürlich konnte sie auch den Überschuß über den Eigenbedarf am örtlichen Markt verkaufen und so das Geldeinkommen der Familie erhöhen. Vgl. die Weberfamilie bei Le Play, a. a. O., Bd. 5, S. 60ff., bes. S. 73, Section IV.

33 Auch wenn sie aus Mangel an finanziellen Mitteln niemals die Vorratswirtschaft der idealen Hausfrau des 18. Jh., geschildert von Justus Möser in seinen »Patriotischen Phantasien«, Leipzig 1871, S. 16ff., erreichen konnte.

34 So Lily Braun: Frauenarbeit und Hauswirthschaft, Berlin 1901, S. 9. Vgl. auch einen Bericht aus dem 18. Jahrhundert, den R. Braun, a. a. O., auf S. 175 zitiert.

35 Hier gemeint: Betrieb auf eigene Rechnung.

36 Natürlich gab es noch Familien, die nur einen Garten besaßen, sie waren nicht völlig bodenlosgelöst, benötigten aber weder Stall noch Scheune.

37 Vgl. C. Meiners, Briefe über die Schweiz, 3. Theil, Berlin 1790, S. 61.

38 Joh. Conrad Nüscheler: Beobachtungen eines redlichen Schweizers, 1786, S. 190, zitiert nach R. Braun, a. a. O., S. 169f.

39 Vgl. R. Braun, a. a. O., S. 156.

40 Meiners, a. a. O., S. 66/67, führt als Beispiel für den Einfluß der Verlagsindustrie auf die Größe der Gemeinden die Entwicklung zweier Gemeinden mit unterschiedlichen Prozentsätzen an Heimarbeitern zwischen 1467 und 1773 an (Wädenschweil um 1780 mit über 20% Heimarbeitern, Regensperg mit nur 5%):

Jahr	Gesamteinwohnerzahl Wädenschweil	Regensperg
1467	431	599
1529	1526	2890
1610	4039	4290
1634	2829	2840
1700	3997	4280
1748	5931	3609
1762	6474	5031
1771	7675	4057
1773	7415	3949

41 »So wie sich mit der Heimindustrie der ländliche Familienverband in wirtschaftlich selbständige und seelisch isolierte Zellen aufspaltet, so kapselt sich auch die ländliche Wohn- und Hausgemeinschaft in räumlich getrennte Einfamilienhäuschen ab.« So R. Braun, a. a. O., S. 162.

Hans Medick
Haushalts- und Familienstruktur als Momente des Produktions- und Reproduktionsprozesses*

Die Kernfamilie ohne Bedienstete stellte den vorherrschenden Typus des Haushalts der ländlichen Gewerbetreibenden dar. Eine solche kernfamiliale Haushaltsform ist zwar nicht als Spezifikum anzusehen, das die proto-industriellen Haushalte während der Dekompositionsphase der alten Agrargesellschaft von den anderen ländlichen Bevölkerungsgruppen schied; sie bildete vielmehr das gemeinsame Merkmal des überwiegenden Teils unterbäuerlicher und landarmer Schichten[1]. Doch zeigt ein schichtspezifischer Vergleich, daß die durchschnittliche Haushaltsgröße bei ländlichen Gewerbetreibenden signifikant höher liegt als bei Landarbeiterfamilien[2]. Nach den bisher vorliegenden Analysen dürfte der dafür ausschlaggebende Faktor die erhöhte Zahl koresidierender Kinder sein[3]. Diese scheint weniger durch eine erhöhte innereheliche Fertilität der gewerbetreibenden Familie bedingt zu sein. Auch die Annahme reduzierter Kindersterblichkeit erweist sich als unzutreffend[4]. Die höhere durchschnittliche Kinderzahl ist vielmehr auf das frühere Heiratsalter und möglicherweise auf ein verändertes Muster altersspezifischer Mobilität in proto-industriellen Regionen zurückzuführen. R. Schofield, D. Levine und L. Berkner[5] jedenfalls haben nachgewiesen, daß der traditionelle Gesindestatus als eine altersspezifische Durchgangsphase für Angehörige bäuerlicher Bevölkerungen bei ländlichen Gewerbetreibenden seine Bedeutung weitgehend verliert. Kinder ländlicher Gewerbetreibender blieben länger im elterlichen Haus und heirateten trotzdem früher als Angehörige bäuerlicher und unterbäuerlicher Schichten. Die Arbeit im Produktionszusammenhang der eigenen Familie trat für die jugendlichen Weber,

* Auszüge aus: H. Medick, Zur strukturellen Funktion von Haushalt und Familie im Übergang von der traditionellen Agrargesellschaft zum industriellen Kapitalismus: die proto-industrielle Familienwirtschaft, in: Sozialgeschichte der Familie in der Neuzeit Europas, Neue Forschungen, hrsg. von W. Conze, Stuttgart 1976, S. 265 ff. Abdruck mit freundlicher Genehmigung des Ernst Klett Verlags.

Spinner und Wirker häufig an die Stelle des Gesindedienstes in einem anderen Haushalt. Doch war diese »Alternative« nicht frei gewählt. Kinderarbeit, die in ihrer Intensität wie in ihrer Dauer im Lebensabschnitt des heranwachsenden Jugendlichen weit über die dementsprechende Praxis des bäuerlichen Haushalts hinausging, bedeutete für die gewerbetreibende Familie auf dem Lande eine Lebensnotwendigkeit[6]. In welchem Ausmaße die Reproduktion des materiellen Lebens der Familie an die kindliche Arbeitskraft als das »Kapital des armen Mannes« gebunden war, wird nicht zuletzt in den Fällen deutlich, in denen Kinder keinen unmittelbaren Beitrag zum »Arbeitseinkommen« der Familie leisteten. Falls sie »außer Haus« gingen, wurden Kinder häufig als bereits angelernte Arbeitskräfte »vermiethet« oder durch ein Zahlungs- bzw. »Rastverhältnis« an die Familie gebunden[7].

Heiratsverhalten

Das Verweilen der Jugendlichen im elterlichen Haus wirkte sich trotz ihres durch das niedrige Heiratsalter bedingten, relativ frühzeitigen Ausscheidens in einer Erhöhung der durchschnittlichen Haushaltsgröße bei ländlichen Gewerbetreibenden aus. Doch wurde die Familienstruktur durch die starke Integration der Heranwachsenden in den familialen Arbeitsprozeß, durch ihre längere häusliche Sozialisationsphase und die frühe Heirat nicht dahingehend beeinflußt, daß sie einen engeren Konnex zwischen den Generationen im Sinn eines besonderen Anreizes zur Bildung umfassender trigenerativer Familienverbände bewirkt hätten, etwa nach dem Muster der vollbäuerlichen Stamm- und Anerbenfamilie. Im Gegenteil: die zunehmende Ablösung von der agrarischen Basis und der Übergang zu einer gewerblichen Produktionsweise unter marktwirtschaftlichen Bedingungen setzte eben diejenigen Ursachen außer Kraft, die in bäuerlichen Schichten Haushalts- und Familiengründung bestimmten.

Bei bäuerlichen Bevölkerungen war die notwendige Bindung der Haushaltsgründung an prinzipiell knappe und nur im Erbgang verfügbare Ressourcen die entscheidende strukturelle Determinante, durch welche ein restriktives Heiratsverhalten[8] ebenso erzwungen wurde wie das Zusammenleben der Generationen im »ganzen Haus«[9]. Die eiserne »Kette von Reproduktion und Erbschaft« (Ch. Tilly und R. Tilly)[10] war hier immer zugleich auch eine von Reproduktion und Herrschaft. Die ältere Generation kontrollierte mit dem Zugang zu Landbesitz als der einzig vollwertigen Subsistenzquelle nicht nur die Voraussetzungen der Familiengründung durch die jüngere Generation, sondern mit der Erbfolge auch den strukturellen Zusammenhang der Familie über den individuellen Familienzyklus hinaus[11].

Für Haushaltsgründung und Familienstruktur der ländlichen Gewerbetreibenden galten hingegen grundlegend andere Voraussetzungen. Ererbter Besitz als die »sachhafte« Determinante von Haushaltsgründung und Familienstruktur trat hier zurück gegenüber der Bedeutung des familialen Arbeitszusammenhangs. Die Begründung und dauerhafte Existenz einer familialen Produktions- und Konsumtionseinheit war nicht mehr notwendig an die Transmission von Eigentum im Erbgang gebunden. An ihre Stelle trat die Möglichkeit der Familiengründung primär als einer Arbeitseinheit. Dies relativierte nicht nur die elterliche Kontrolle über das Heiratsverhalten der Jüngeren, sondern lockerte zugleich auch den strukturellen Zusammenhang der Generationen, soweit er durch Besitz und Herrschaft vermittelt war. Die Eltern waren zwar verstärkt auf die kindliche Arbeitskraft angewiesen, doch verfügten sie in der Adoleszenzphase der Kinder über kein Sanktionsmittel gegen deren Ausscheiden aus dem Haus und die Gründung einer neuen kernfamilialen Einheit. Heirat und Familiengründung entglitten somit dem Zusammenhang patriarchalischer Herrschaft; sie verloren ihre »sachhafte« Bestimmung durch die Besitzverhältnisse, nicht jedoch ihre »sachliche« Fundierung im Produktionsprozeß[12].

Die von Zeitgenossen häufig kritisierten »Bettelhochzeiten« zwischen Ehepartnern ohne größeren Heiratsfonds und Erbteil, »Leuten, die zwar zwey Spinnräder, aber kein Bett zusammenbringen«[13], verweisen auf die neuen Konstitutionsbedingungen von Haushalt und Familie. Diese gründeten auf der Notwendigkeit einer gesteigerten Verwertung der *gesamten* familialen Arbeitskraft. Wie die von Martine Segalen festgestellte außerordentlich hohe Rate professioneller Endogamie unter Webern[14] in entwickelten proto-industriellen Regionen zeigt, war für die Haushaltsgründung ländlicher Gewerbetreibender eine möglichst hohe Arbeitskapazität *beider* Ehepartner ausschlaggebend. Die bereits vor der Ehe praktizierte gewerbliche Tätigkeit der Frau bestimmte ihre Eignung zur Ehepartnerin mehr als ihre Herkunft, wie sie z. B. am Beruf, Besitz oder sozialen Status ihres Vaters ablesbar war[15]. »Je besser ... die Webermädchen weben, desto eher kommen sie unter die Haube« (J. N. v. Schwerz)[16]. Die neuen Verwertungsbedingungen der familialen Arbeitskraft im ländlichen Gewerbe bestimmten nicht nur den zugleich individuellen und sachlich-arbeitstechnisch ausgerichteten Charakter der Partnerwahl, sondern auch das relativ niedrige Heiratsalter der ländlichen Gewerbetreibenden[17]. Sie erforderten die Etablierung einer familienwirtschaftlichen Einheit zu einem möglichst frühen Zeitpunkt im Lebenszyklus des heranwachsenden Jugendlichen. Denn maximale Einkommenschancen basierten auf der maximalen Arbeitskapazität *beider* Ehepartner, und diese erreichte ihr Optimum in relativ jungen Alter.

Hiermit fielen nicht nur die restriktiven Bedingungen fort, die im vollbäuerlichen Familien- und Generationenzyklus die Gründung neuer Haushalte beschränkt hatten. Die gewerblich-familienwirtschaftliche Produktionsweise und ihre spezifischen, durch die Markt- und Absatzverhältnisse einerseits, durch die Armut der ländlichen Produzenten andererseits bestimmten Realisierungsbedingungen schufen neue Voraussetzungen. Diese prägten nicht nur den Prozeß der Familiengründung der ländlichen Gewerbetreibenden, sondern, als Determinanten des gesamten Lebenszyklus der Familie, auch die Familienstruktur[18].

*(Kinderzahl)**

Mit der Konstitution der familienwirtschaftlichen Einheit primär als eines Arbeitszusammenhangs waren zugleich auch spezifische Bedingungen ihrer generativen Reproduktion gesetzt. Der Zwang zur maximalen Ausnutzung der familialen Arbeitskraft erforderte nicht nur ein frühes Heiratsalter und die Teamarbeit von Mann und Frau, er begünstigte auch eine Form generativen Verhaltens, welches durch die »(Er)-zeugung« einer möglichst hohen Zahl von kindlichen Arbeitskräften die Produktionsfähigkeit und damit auch die Überlebensmöglichkeit der Familie über jene Armutsschwelle hinaushob, an deren Rand sie oft von Anfang an existierte. Das demo-ökonomische Paradox des proto-industriellen Systems[19] erscheint insofern vor allem auch als Konsequenz

* In (...) gesetzte Zwischenüberschriften stammen von der Herausgeberin.

der hausindustriellen, familienwirtschaftlich gebundenen Produktionsweise. Die für die Proto-Industrialisierung spezifische ungleichgewichtige Entwicklung von fluktuierendem wirtschaftlichen Wachstumsprozeß und verhältnismäßig konstanter demographischer Expansion hat ihre Basis in einem zentralen Moment der »sozialen« Produktionsverhältnisse: daß diejenigen, die von ihren materiellen Voraussetzungen in ererbtem Besitz und Eigentum her am wenigsten im Stande sind, zahlreiche Kinder zu ernähren, doch zugleich auch die meisten Kinder zeugen, ist nur aus den spezifischen Verwertungsbedingungen zu erklären, unter welche die *gesamte* familiale Arbeitskraft im ländlichen Gewerbe gestellt war[20]. Der Antrieb zu Frühheirat und intensiver generativer Reproduktion erfolgte hierbei – innerhalb gewisser Grenzen – relativ unabhängig von der konjunkturell bestimmten Nachfrage nach Arbeitskraft; auch bei sich verschlechternder Konjunktur stellte die Rückkehr zu einem restriktiven, bäuerlichen Heiratsverhalten und einem entsprechenden generativen Muster für die ländlichen Gewerbetreibenden keine gangbare Alternative dar. Der erwachsene Gewerbetreibende war als Individuum nicht existenzfähig; gerade unter sich verschlechternden »äußeren Reproduktionsbedingungen« war er in verstärktem Maße auf die Mitarbeit der gesamten Familie verwiesen: »no single-handed man can live; he must have a whole family at work, because a single handed man is so badly paid he can scarce provide the necessaries of life . . . As soon as they (the children) are big enough to handle an awl, they are obliged to come downstairs and work« (Ein hausindustrieller Schuhmacher aus Northampton)[21].

Das spezifische Muster generativer Reproduktion der gewerbetreibenden Familie wirkte als strukturierendes, die Haushaltsgröße wie die Arbeitsbeziehungen beeinflussendes Moment jedoch nicht nur einseitig, i. S. einer von den »äußeren Reproduktionsbedingungen« abhängigen Variable. Reproduktion, Produktion und Konsumtion standen innerhalb des proto-industriellen Haushalts in einem engen und spezifischen Wechselverhältnis[22], in welchem das generative Verhalten durchaus als eigenständiger Faktor wirkte. Funktionszusammenhang wie strukturelle Konfiguration der gewerbetreibenden Familie waren vor allem dadurch an den generativen Prozeß rückgebunden, daß dieser – über die verschiedenen Phasen des Lebenszyklus der Familie hinweg – das jeweilige Stärkeverhältnis von Arbeitskräften und abhängigen

Konsumenten innerhalb des Haushalts entscheidend prägte. Das anfängliche, mit der Familiengründung gegebene, innerfamiliale Gleichgewicht von Arbeitskräften und Konsumenten wurde durch die generative Reproduktion gefährdet, bevor es gefördert wurde. Bevor die Kinder den Nutzen des Haushalts »mehren« konnten, belasteten sie als Kostenfaktor die Produktionsfähigkeit wie Konsumtionsmöglichkeit der Familie. Sukzessive Geburten minderten die Arbeitskapazität der Frau ebenso wie die Subsistenzmarge beider Eltern. Gerade durch diese spezifisch »ungleichzeitige« Wechselwirkung von Produktion und Reproduktion innerhalb der proto-industriellen Familie waren die ländlichen Gewerbetreibenden oft zwischen der Scylla der »primären Verelendung« (wie sie aus den Bedingungen des proto-industriellen Systems entsprang) und der Carybdis »sekundärer Armut« (wie sie sich auf der Ebene des familiären Lebenszyklus selbst erzeugte) gefangen: »Bei schlechten Konjunkturen genügt selbst die längste Arbeitszeit nicht; die Weber mit zwei bis vier unerwachsenen Kindern geraten in Schulden und müssen regelmäßig die Armenpflege in Anspruch nehmen. Erst wenn zwei bis drei Kinder am Webstuhl sitzen, können die Schulden getilgt und Ersparnisse gemacht werden; wenn dann die Familie oder die Geschwister zusammenbleiben und eine ordentliche Wirtschaft führen, so ist das die Periode, wo ein Eigentum erspart werden kann. Es springt in die Augen, wie wichtig es für die Eltern ist, ihre Kinder so früh als möglich zum Verdienst zu bringen, denn lange bleiben sie doch nicht bei ihnen; die Söhne heiraten oft mit 22-23 Jahren, Mädchen von 18-19 Jahren; beiden verlassen ihre Eltern und überliefern sie samt ihren jüngeren Geschwistern wiederum der Noth. *Mit der Geburt der Kinder werden die Eltern arm, mit ihrem Heranwachsen reich, mit ihrer Verheiratung verfallen sie wieder der Dürftigkeit«* (A. Thun)[23].

Dieses familienzyklische Dilemma akzentuierte sich in voller Schärfe vor allem unter widrigen konjunkturellen Bedingungen. Doch waren die ländlichen Gewerbetreibenden den ambivalenten Wirkungen des generativen Prozesses keineswegs nur in einer marginalen Einkommenssituation ausgesetzt. Auch bei klein- und mittelbäuerlichen (noch nicht permanent proto-industriell situierten) Haushaltungen erweist der temporäre Übergang zum ländlichen Gewerbe gerade in denjenigen Phasen des familiären Lebenszyklus, in welchen infolge einer hohen Quote von kindlichen Abhängigen die agrarische Subsistenz der Familie nicht gesichert war[24], die eigenständige Dynamik innerfamilialer »demographischer Differenzierung« (Čajanov).

(Gegenstrategien)

Der strukturelle Charakter des Dilemmas, dem sich die ländlichen Gewerbetreibenden unter marginalen Existenzbedingungen – im Spannungsfeld von begrenzter familialer Produktionsfähigkeit und den durch die »innere Reproduktion« bestimmten Konsumerfordernissen – ausgesetzt sahen, tritt vor allem an der Ausbildung erweiterter Haushaltsformen zutage. Erweiterte Haushaltsformen sind hier als ein Versuch zu werten, der »primären«, durch die Produktionsverhältnisse bedingten »Verelendung« und der im Familienzyklus erzeugten »sekundären Armut« auf derjenigen Ebene entgegenzusteuern, auf welcher dies den ländlichen Gewerbetreibenden einzig und allein möglich war (wenigstens bei schwacher Ausbildung gewerkschaftlicher Organisationsformen und der Unmöglichkeit wirkungsvollen Lohnkampfs), auf der Ebene von Haushalt und Familie:

Über die Kernfamilie hinaus erweiterte komplexe Haushaltsformen kommen in den Haushaltungen ländlicher Gewerbetreibender durchaus vor. Je nach Branche, Produktionsstufe und Besitzverhältnissen finden sich häufiger oder weniger häufig Haushalte mit Lehrlingen und Gesinde. Diese sind entweder Haushaltungen hausindustrieller, z.T. zünftig organisierter »Handwerker«[25] oder grundbesitzender, in gewerblicher Produktion und Vertrieb zugleich engagierter »Kleinunternehmer«[26], oder aber gewerbetreibender »Kulaken«[27]. Die Übergänge dieser erweiterten Haushaltsformen zu einem wichtigen Sondertypus des ländlichen Arbeits- und Siedlungsverbands sind fließend: in diesem Sondertypus sind – gewissermaßen als proto-industrieller Puffer einer bäuerlichen Arbeitsverfassung mit ihrem saisonalen Arbeitskräftebedarf – unterbäuerliche gewerblich produzierende Satellitenhaushalte als Zeitpächter (Heuerlinge) um eine vollbäuerliche Stelle gruppiert[28]. Als spezifische Varianten oder Mutationen der vollbäuerlichen oder Handwerkerfamilie sind diese Haushalts- und Siedlungsformen jedoch vom Haupttypus der »extended family« zu unterscheiden, wie er sich bei den landlosen oder landarmen Produzenten findet. Er rekrutiert seine zusätzlichen Haushaltsmitglieder vor allem aus der engeren Verwandtschaft oder aus dem Reservoir nichtverwandter, zahlender oder mitarbeitender Inwohner[29]. Insofern ist durchaus eine gewisse Parallelität zu erweiterten Haushaltsformen vollbäuerlicher Schichten gegeben. Doch unterscheiden sich beide Typen der »erweiterten Familie« grundlegend in ihren ökonomischen und sozialen Konstitutionsbedingungen wie in ihren rechtlich-institutionellen Determinanten. Die »extended family« bildete sich bei den ländlichen Gewerbetreibenden als eine Folgeerscheinung zunehmender Verelendung, wachsenden Bevölkerungsdrucks, begrenzter und beengter Wohnverhältnisse sowie vor allem auch familienzyklisch bedingter »sekundärer Armut«. Dagegen entstand die klassische Stammfamilie als notwendige Folge der Konservierung bäuerlichen Familieneigentums[30]. In vergleichender Perspektive ist die erweiterte Familie der ländlichen Gewerbetreibenden sehr viel eher als Vorläufer der entsprechenden proletarischen Haushaltskonfiguration[31], denn als eine Abart der bäuerlichen Stammfamilie anzusehen. Sie fungierte nicht, wie in vollbäuerlichen Haushalten, als Instrument zur Erhaltung von Besitz und Wohlstand und der Versorgung von Altenteilern, sondern als eine hauptsächlich über das Familien- und Verwandtschaftssystem gesteuerte »private« Instanz zur Umverteilung der Armut der Kernfamilie. Eine solche Notlage konnte sich entweder nur vorübergehend in einer kritischen Lebenssituation des Familienzyklus ergeben, oder zur permanenten Existenzbedingung der proto-industriellen Familienwirtschaft werden wie besonders in ihrem Endstadium während der sogenannten De-Industrialisierungsphase.

Die spärlichen Daten, die bisher erhoben worden sind, lassen bereits für die Aufschwungsphase des ländlichen Gewerbes im 18. Jahrhundert erkennen, daß die klassische trigenerative Stammfamilienkonstellation, bestehend aus Großeltern, Eltern und deren Kindern nicht in signifikantem Umfange vorkommt[32]. Dennoch zeigt sich eine starke Integrationskraft des Familien- und Verwandtschaftssystems in anderer Richtung. Kernfamilienhaushalte, in denen zusätzlich Witwen, unverheiratete Geschwister, Nichten und Neffen des Ehepaars wohnten, erscheinen relativ häufig.

Einen Hinweis auf die Ursachen der Ausbildung solcher erweiterter Familienformen geben die Bedingungen, unter denen verheiratete Ehepaare in anderen Haushalten ländlicher Gewerbetreibender ko-residierten bzw. diese wieder verließen: Ehepaare, die in einem anderen Haushalt wohnten – sei es als Verwandte oder als Inwohner – schieden aus diesem aus, sobald bei ihnen mit der Geburt der ersten Kinder der Prozeß der »demographischen Differenzierung« einsetzte[33]. Auch in ihrem familialen Subsystem verschlechterte sich hierdurch das Stärkeverhältnis von Arbeitskräften und Konsumenten. Mit der jetzt durch die große Zahl der »Esser« bedingten Verarmung fielen eben diejenigen Ursachen fort, welche die Koresidenz der Familie im »Gasthaushalt« ursprünglich ermöglicht hatten. Denn für diesen zählten die »Gäste« vor allem als Arbeitskräfte oder zahlende Inwohner, welche die Belastungen und ökonomischen Risiken der Wirtsfamilie verringerten.

Die erweiterte Haushaltsform bei ländlichen Gewerbetreibenden diente demnach primär dazu, ein ungünstiges Verhältnis von Arbeitskräften und Konsumenten auszugleichen. Durch Rückgriff auf das Verwandtschaftssystem oder durch Rekrutierung »beisteuernder« Inwohner wurde ein partieller Ersatz für diejenigen Funktionen geschaffen, welche im traditionellen bäuerlichen Haushalt durch Gesinde wahrgenommen worden waren. Erweiterte Haushaltsformen scheinen also in erster Linie durch primäre Verelendung oder sekundäre Armut herbeigeführt worden zu sein. Diese Konstitutionsbedingungen unterscheiden sich jedoch grundsätzlich von denen erweiterter Familien in bäuerlichen Haushalten, in denen die eine Determinante der Erweiterung die an Familieneigentum und Herrschaft gekettete Versorgungsfunktion für Altenteiler und Verwandte war, die andere Determinante, die Rekrutierung von Gesinde, zwar der Aufrechterhaltung der Produktionsfunktion im Familienzyklus diente, aber ebenfalls entscheidend auf der Voraussetzung von Besitz und Eigentum basierte.

Die strukturellen Bedingungen und Konsequenzen des spezifischen Zusammenhangs von Produktion und Reproduktion, aus welchem die gewerbetreibende Familie auf dem Lande entstand, erschließen sich aus der Zusammensetzung des häuslichen Personenverbands und seinen Änderungen nur unvollkommen; dies nicht nur, weil marginale Existenzbedingungen die Möglichkeiten, das Überleben der Familie auf dieser Ebene zu steuern, normalerweise außerordentlich begrenzten (die proto-industrielle Familie war in der Rekrutierung zusätzlicher Arbeitskräfte keineswegs so frei wie der besitzende bäuerliche Haushalt), sondern auch deshalb, weil sich die Anpassung des Haushalts an die spezifischen Reproduktionsbedingungen, die mit der Proto-Industrialisierung gesetzt waren, vor allem in einem Wandel der Arbeitsorganisation der kernfamilialen Einheit niederschlug. Die Reichweite und Durchschlagskraft dieses von der Arbeitsorganisation ausgehenden »inneren Strukturwandels« (R. Braun)[34] der proto-industriellen Familie zeigte sich in der Veränderung der Arbeitsteilung der Geschlechter, der familialen Rollenkonfiguration und des Sozialcharakters.

Als ein Vorgang »struktureller Differenzierung« (N. J. Smelser) und »Rollensegmentierung«, als eine bloße Vorstufe zur Auflösung des »ganzen Hauses« ist dieser »innere Strukturwandel« freilich nicht zureichend zu erfassen[35]. Die Geschichte der proto-industriellen Familienwirtschaft ist in die lange Nachgeschichte der bäuerlichen Gesellschaft ebenso einbezogen wie in die Vorgeschichte des industriellen Kapitalismus. Sie ist in ihrer historischen Bedeutung – für einen bestimmten schichtspezifischen Familientypus – deshalb auch kaum auf die eines ersten Schritts zu jenem säkularen »Funktionsverlust« (T. Parsons)[36] der Familie zu reduzieren, wie er in verkürzender Perspektive zu oft am Kriterium der »Herausdifferenzierung der Berufsrollen aus ihrer Einbettung in Verwandtschaftsstrukturen«[37] festgemacht und als unmittelbare Folge aus Urbanisierung und Industrialisierung abgeleitet wird. Die proto-industrielle Familienwirtschaft war zwar in einen fortschreitenden Prozeß gesellschaftlicher Arbeitsteilung einbezogen. Er führte auf der Ebene der familienwirtschaftlichen Einheit zur Ausgliederung einzelner Produktionsfunktionen und damit zur Spezialisierung des Produktionsverbandes im Ganzen. Als strukturelle Arbeitseinheit jedoch erwies sich die Familie während der Proto-Industrialisierung in hohem Maße als resistent. Sie war in dieser Hinsicht keineswegs einem Zerfallsprozeß unterworfen. Im Gegenteil: Die Notwendigkeiten gemeinsamer Arbeit unter widrigen Bedingungen bewirkten ein höheres Maß an funktionaler Integration – und damit auch an strukturellem Zusammenhalt – als dies bei Bauernfamilien notwendig war: »Von 2 bis 3 Bauernfamilien kann im Falle der Noth eine einen Mann zum Schutz des Vaterlandes stellen, ohne daß der Ackerbau liegen darf. Dieses kann schwerlich von Familien geschehen, die Zeuge (i. e. Wollstoffe) weben. Die Fabriken sind eine aus vielen Rädern bestehende Maschine, die man nicht rühren darf« (J. P. Süßmilch)[38].

(Arbeitsteilung)

Selbst wenn die innere Arbeitsorganisation der Familie im Verlauf der Proto-Industrialisierung erheblichen Veränderungen unterworfen war und von dieser Existenzbasis der Arbeit her auch die Rollenkonfiguration und das Rollenverhalten der Familienmitglieder außerhalb des unmittelbaren Arbeitsprozesses erfaßt wurden, so verblieben die Veränderungen doch im Rahmen des »ganzen Hauses«. Die restriktiven Bedingungen, unter denen das Überleben der Familienwirtschaft im ländlichen Gewerbe stand, nötigten zu einem »Höchstmaß an . . . familialer Kooperation« (K. Hausen)[39]. Diese mußte durch die optimale Verteilung, Umverteilung und Ausbalancierung der knappen Arbeitskraft der einzelnen Familienmitglieder bewältigt werden. Ökonomische Notwendigkeit zwang je nach den Vorgegebenheiten von Konjunktur und Branche zur Überschreitung der tradierten Arbeitsteilung der Geschlechter und Altersklassen. Der hauswirtschaftliche Produktionsprozeß im ländlichen Gewerbe war deshalb durch eine flexiblere Praxis der Rollenverantwortlichkeiten der Familienmitglieder charakterisiert als dies für bäuerliche, aber auch klein- und unterbäuerliche Schichten üblich war. Insbesondere fehlte diejenige Trennung von Männerarbeit und Frauenarbeit, die im bäuerlichen Haushalt – ohne rigide Abschottung der einzelnen Sphären – dem Manne in der Regel die außerhäusliche Arbeit in Feld und Flur, der Frau aber die Arbeit in der »Haushaltung« zugewiesen hatte, einschließlich Hausgewerbe für den persönlichen Bedarf, Gartenbau, Milchwirtschaft, Kleinviehhaltung und Vermarktung der hauswirtschaftlichen Überschüsse[40]. Auch wenn sich diese geschlechtsspezifische Arbeitsteilung bei denjenigen klein- und unterbäuerlichen Schichten, die noch überwiegend in der Agrarproduktion tätig waren, verwischte, verblieb der Mann auch hier, ob als Tagelöhner, Wanderarbeiter oder Kötter, im allgemeinen außerhalb der Sphäre der Hausarbeit. Der Bereich der Frauenarbeit dagegen weitete sich bei dieser Schicht aus und wurde von zunehmender Bedeutung. Ob die Frau als Spinnerin in der gewerblichen Warenproduktion für den Markt aktiv wurde oder die Grenzerträge der agrarischen Eigenwirtschaft durch Intensivkultur oder Viehhaltung auf der Gemeinweide erhöhte, oft war nur durch ihre Tätigkeit die lebenswichtige Marge familienwirtschaftlicher Subsistenz garantiert[41]: »A woman cannot get her living honestly with spinning on the distaff, but it stoppeth a gap.«[42]

Im proto-industriellen Haushalt wurde diese unterbäuerliche Konstellation fortgesetzt und zugleich dadurch verändert, daß der Mann gewissermaßen ins Haus zurückkehrte. Zumindest im Textilgewerbe rückte er in eine Arbeitssituation ein, die traditionell von der Frau präformiert war, ohne daß er jedoch gleichzeitig – wenigstens bei Weiterbestehen der partiellen agrarischen Basis – seine außerhäusliche Tätigkeit ganz aufgab[43]. In diesem historischen Sinne erscheint es berechtigt, von den Frauen als der »Kerntruppe der bäuerlichen Hausindustrie« (K. A. Wittfogel)[44] zu sprechen. Dies galt besonders dort, wo die Hausindustrie auf partieller agrarischer Basis betrieben wurde. Generell aber war die hausindustrielle Situation durch eine starke Angleichung der Produktionsfunktionen von Mann und Frau bestimmt. Die Frau als Messer- und Nagelschmied[45] sowie als Organisatorin des außerhäuslichen Vertriebs der gewerblichen Produkte[46] kam ebenso vor wie der Mann als Spitzenklöppler[47] oder Handspinner[48]. Zumindest im Grenzfall führte die Anpassung der familiären Arbeitsorganisation an die Überlebensbedingungen noch über das Verschwinden der traditionellen Arbeitsteilung der Geschlechter hinaus, zu ihrer Umkehr, zu ihrer Austauschbarkeit: falls die Produktionsbedingungen die »Vernachlässigung«[49] der hauswirtschaftlichen Tätigkeit durch die Frau erzwangen, konnte dieser »Funktionsverlust« vom Mann durch die Übernahme der traditionell weiblichen Rolle kompensiert werden. Das, was zeitgenössischen Beobachtern der Mittel- und Oberschicht allzu schnell als Umkehrung der »natürlichen« Verhältnisse erschien, bedeutete für Weber – und mehr noch für spezialisierte Spinnerhaushalte – keineswegs ein »Rollenproblem«: daß die »Männer . . . kochen, fegen und melken, um das gute fleißige Weib in seiner Arbeit ja nicht zu stören« (J. N. v. Schwerz)[50].

Die Organisation der Familienarbeit über die Grenzen der Arbeitsteilung der Geschlechter und Altersklassen hinweg bestimmte das Verhalten der Familienmitglieder nicht nur im Bereich der Produktion. Auch soziale Verhaltensweisen und zwar insbesondere das Konsum- und das Sexualverhalten wurden durch die jeweilige Form der Zusammenarbeit von Mann und Frau und deren äußere Realisierungsbedingungen mitgeprägt. Sie waren als »Rollen«-funktionen nicht vom Arbeitsprozeß abgespalten, auch wenn sie in ihrer symbolischen, sozial-kulturellen Bedeutung keineswegs in ihm aufgingen.

Obwohl genauere Untersuchungen fehlen, deutet manches darauf hin, daß das Rollenverhalten der Geschlechter im Konsum bei ländlichen Gewerbetreibenden keineswegs durchgängig einer Form der Arbeitsteilung verhaftet war, in welcher der Mann als privilegierter Konsument fungierte und in »Symbolisierung der Rolle des Hauptverdieners« (N. J. Smelser) mit der Wahrnehmung des Statuskonsums nach außen betraut war, während die Frau auf die »Haushaltung«, den Erwerb und Verbrauch des Lebensnotwendigen beschränkt blieb[51]. Gerade im Statuskonsum ländlicher Gewerbetreibender scheint sich eine »gleichberechtigte« Rolle beider Geschlechter zu »symbolisieren«. Ob dies innerhalb des Hauses oder im außerhäuslichen Siedlungsverband geschah: in der das Haus und die Produktionssphäre umgreifenden »plebejischen Öffentlichkeit« des ländlichen Gewerbes realisierten beide Geschlechter häufig gemeinsam ihre in Trinken und Rauchen zum Ausdruck kommenden Bedürfnisse[52]. Ihre Gemeinsamkeit manifestierte sich jedoch nicht nur im passiven Konsumieren, sie zeigte sich auch bei der aktiven Verteidigung traditioneller Konsumstandards. Bei Hungerrevolten und Aktionen gegen Preistreiberei scheuten Frauen keineswegs das Licht der Öffentlichkeit[53]. Oft waren sie es, die in »öffentlichen Tumulten am entschiedensten bei der Anwendung von Gewalt und militanter Praxis sind«[54].

Auch im unmittelbaren Verhalten der Geschlechter zueinander führten die Produktionsbedingungen im ländlichen Gewerbe zu einem Wandel der sozialen Textur. Die Lösung von dinglichen Bindungen und patriarchalischen Kontrollen, wie sie sich aus den speziellen Voraussetzungen der Familiengründung (s. oben) ergab, hatte nicht nur eine Personalisierung und Individualisierung der Partnerwahl und der Eheeinleitung zur Folge, sondern auch eine »Wandlung der erotischen Gefühlswelt«[55]. Erotik aktualisierte sich jedoch nicht in einer separaten Sphäre jenseits des Arbeitsprozesses. Sie war in spezifischer Weise an die hausindustrielle Produktion rückgebunden: »Wo die Leute beiderlei Geschlechts immer beisammen in der Stubenwärme und im Sommer am Schatten eine so wenig Kopf und Herz erheischende Arbeit treiben«, da verkürzen sie die Zeit mit Gesprächen, »die sich insgemein um das Wohlleben, um Geilheit, um Betrug und Diebstahl drehen«, und wer die »schmutzigsten Einfälle auskramt, bedünke sich und den andern ein Held«[56].

Die – nicht nur auf der symbolischen Ebene – vermehrte Bedeutung der Sexualität im Alltagsleben der ländlichen Gewerbetreibenden veränderte die Position der Geschlechter und Altersklassen in doppelter Hinsicht. Sie führte zur Senkung des Adoleszenzalters[57] ebenso wie zur Angleichung der sexuellen Aktivität und Verhaltensweisen von Mann und Frau. Die von Mittelschichtbeobachtern gerade in Abhebung vom bäuerlichen Verhalten oft gerügte »Sittenlosigkeit« und »schamlose Unbefangenheit der Geschlechter« im ländlichen Gewerbe[58] war Kritik vor allem auch am geschlechtsspezifischen Rollenverhalten. In der durch eigene Verhaltensstandards der Oberschicht gebrochenen Wahrnehmung mußte die Angleichung der Verhaltensweisen von Mann und Frau freilich als ein ungleichgewichtiges Verhältnis erscheinen: »unter dieser Classe von Menschen ist das männliche Geschlecht das spröde, und das weibliche geht auf die Freyte ... das gemeine Mädchen versteht die Kunst zu kokettieren in seiner Art vollkommen so gut als die Dame, entblößt ebenso unverschämt den Busen, und gewisse andere Reize so halb und halb, weil es mehr hilft als ganz. Bleibt der Jüngling noch spröde, so hilft es seinen Sinnen durch Branntwein nach, und erscheint der Jüngling nicht auf seine Einladung in seinem Bette, so besucht es ihn in dem seinigen. Dies ist gewöhnlich der ganze Roman von hinten gespielt« (J. M. Schwager)[59].

Anmerkungen

1 Schichtenspezifische quantitative Untersuchungen der Haushalts- und Familienstruktur für Regionen ländlichen Gewerbes liegen bisher nur vereinzelt vor, vgl. die Angaben in: L. K. Berkner, Family, Social Structure and Rural Industry: A Comparative Study of the Waldviertel und the Pays de Caux in the 18th Century. PhD Harvard University 1973, S. 294-346, hier bes. S. 307-309 und Tabellen S. 310, S. 329, S. 347ff.; D. Levine, The Demographic Implications of Rural In-

dustrialisation. A Family Reconstitution Study of Two Leicestershire Villages 1600-1851. PhD Cambridge 1974, S. 66-97; M. Mitterauer, Zur Familienstruktur in ländlichen Gebieten Österreichs. In: Beiträge zur Bevölkerungs- und Sozialgeschichte Österreichs, Hg. v. H. Helczmanovszki. Wien 1973, S. 168-222, S. 181, S. 190f.; ders., Vorindustrielle Familienformen. Zur Funktionsentlastung des »ganzen Hauses« im 17. und 18. Jahrhundert. In: F. Engel-Janosi u.a. (Hg.) Fürst, Bürger, Mensch. Untersuchungen zu politischen und soziokulturellen Wandlungsprozessen im vorrevolutionären Europa. Wien 1975, S. 133, S. 157, S. 160ff.; vgl. auch R. Braun, Industrialisierung und Volksleben, Veränderungen der Lebensformen unter Einwirkung der verlagsindustriellen Heimarbeit in einem ländlichen Industriegebiet (Zürcher Oberland) vor 1800. Winterthur 1960, S. 59-89, hier S. 89; S. 155-180, hier S. 162ff.

2 Levine, Demographic Implications, S. 74ff.; auf den gleichen Befund verweist ein Vergleich der Daten bei R. Wall, Mean Household-Size in England from Printed Sources. In: P. Laslett, R. Wall (Hg.), Household and Family in Past Time. Cambridge 1972, S. 159-203, wo die durchschnittlichen Haushaltsgrößen für Siedlungen im intensiv gewerblich durchsetzten Teil von Lancashire (Region um Manchester) von den ebd. aufgeführten Haushaltsgrößen für Siedlungen in agrarischen Regionen deutlich nach oben abweichen (s. ebd. S. 178f. und S. 180f.); vgl. ferner E. J. Walter, Zur Soziologie der Alten Eidgenossenschaft. Eine Analyse der Sozial- und Berufsstruktur von der Reformation bis zur Französischen Revolution. Bern 1966, S. 78-82.

3 S. Levine, Demographic Implications, S. 69.

4 S. Levine, Demographic Implications, S. 129f.

5 R. Schofield, Age Specific Mobility in an Eighteenth Century Rural English Parish. In: Annales de Démographie Historique 1970, S. 261-274, S. 264, S. 266f., S. 273; Levine, Demographic Implications, S. 72; Berkner, Family, Social Structure, S. 200, S. 323-347, bes. S. 331ff.

6 Hierzu I. Pinchbeck, Women Workers and the Industrial Revolution 1750-1850. London ²1969, S. 122, S. 160, S. 168, S. 179, S. 232ff., S. 272ff. (vgl. die Auszüge in diesem Band – H. R.) E. P. Thompson, The Making of the English Working Class. Harmondsworth 1970, S. 366ff.; A. Thun, Die Industrie am Niederrhein und ihre Arbeiter. 2 Bde. Leipzig 1879, Bd. 1, S. 109, S. 150; Braun, Industrialisierung, S. 24ff., S. 183, S. 192ff.

7 Präzise Schilderung bei Braun, Industrialisierung, S. 83ff.; vgl. auch J. N. v. Schwerz, Beschreibung der Landwirtschaft in Westfalen und Rheinpreußen. 2 Bde. Stuttgart 1836, Bd. 1, S. 111; Pinchbeck, Women Workers, S. 273, S. 278, S. 279.

8 Zum Heiratsverhalten: J. Hajnal, European Marriage Patterns in Perspective. In: D. V. Glass und D. E. C. Eversley (Hg.), Population in

History. Essays in Historical Demography. London 1965, S. 101-146; J. D. Chambers, Population, Economy and Society in Pre-industrial England. London 1972, S. 34-50; Braun, Industrialisierung, S. 60f., S. 155ff.; G. Mackenroth, Bevölkerungslehre. Berlin 1953, S. 421ff.

9 Zum Zusammenhang von Erbgang, bäuerlichen Besitzverhältnissen und Familienstruktur aus der Perspektive einer prozessualen Betrachtungsweise s. die exemplarische Studie von L. K. Berkner, The Stem Family and the Developmental Cycle of the Peasant Household: An Eighteenth Century Austrian Example. In: American Historical Review 77 (1972), S. 398-417; s. auch M. Anderson, Family Structure in Nineteenth Century Lancashire. Cambridge 1971, S. 79ff.; Mitterauer, Zur Familienstruktur, S. 197ff.; ders., Vorindustrielle Familienformen, S. 134ff.; ders., Familiengröße – Familientypen – Familienzyklus, in: Geschichte und Gesellschaft, 1. Jg. (1975), S. 243ff.

10 Ch. und R. Tilly, Agenda for European Economic History, S. 189.

11 Berkner, Stem Family, S. 400ff.; Anderson, Family Structure, S. 81ff.; M. Segalen, Nuptialité et alliance. Le choix du conjoint dans une commune de l'Eure. Paris 1972, S. 99ff.

12 Den Übergangscharakter des Heiratsverhaltens der ländlichen Gewerbetreibenden, das zwischen dem durch die Besitzverhältnisse determinierten »sachhaften« Verhalten der Bauern und dem der modernen individuellen »Paarehe« steht, betont Segalen, Nuptialité et alliance, S. 106 (vgl. die Auszüge in diesem Band – H. R.) Braun, Industrialisierung, S. 64ff., geht m. E. zu einseitig von der »Entsachlichung« und »Intimisierung« der »Eheeinleitung« und »Eheschließung« der ländlichen Gewerbetreibenden aus.

13 Joh. Hirzel, Rede über den physischen, ökonomischen und sittlich religiösen Zustand der östlichen Berggemeinden des Kanton Zürich, Synodialrede 1816. Zürich 1816, S. 16, zit. bei Braun, Industrialisierung, S. 66.

14 Segalen, Nuptialité et alliance, S. 75ff.

15 Segalen, Nuptialité et alliance, S. 99ff.

16 J. N. v. Schwerz, Beschreibung der Landwirtschaft in Westfalen und Rheinpreußen (1816) Bd. 1, Stuttgart 1836, S. 111.

17 Hierzu Levine, Demographic Implications, S. 104-116; Chambers, Population, Economy and Society, S. 49f.; ders., The Vale of Trent, 1670-1800: A Regional Study of Economic Change (Economic History Review, Supplement 3). Cambridge 1958, S. 51-53; W. Troeltsch, Die Calwer Zeughandlungskompagnie und ihre Arbeiter, Studien zur Gewerbe- und Sozialgeschichte Altwürttembergs. Jena 1897, S. 405; Braun, Industrialisierung, S. 59-80.

18 Die Zusammenhänge von Familienzyklus und Familienstruktur systematisch erörtert bei: M. Fortes, Introduction zu: J. Goody (Hg.), The Developmental Cycle in Domestic Groups. Cambridge 1958, S. 1-14

(wieder abgedr. u. d. T. The Developmental Cycle in Domestic Groups. In: J. Goody (Hg.), Kinship. Harmondsworth 1971, S. 85-98); Fortes Ansatz – in kritischer Wendung gegen Lasletts »verengten Strukturbegriff« – auf die Analyse bäuerlicher Haushaltungen angewendet bei Berkner, Stem Family, S. 405 ff.; vgl. auch die allgemeinen Perspektiven bei Mitterauer, Familiengröße – Familientypen – Familienzyklus, S. 243 ff.

19 Vgl. dazu P. Kriedte, H. Medick, J. Schlumbohm, Industrialisierung vor der Industrialisierung, Göttingen 1977. Dort auch weitere Literaturangaben.

20 Dieser Aspekt allgemein hervorgehoben in der zu wenig betrachteten Arbeit: S. Coontz, Population Theories and the Economic Interpretation. London 1957, Kap. VII, S. 145 ff.: The Evolution in the Economic Function of the Family, bes. S. 150ff.; vgl. J. M. Stycos und R. Weller, Female Working Roles and Fertility. In: Demography 4 (197), S. 210-217.

21 Statement of a Working Man. In: Ingestre (Hg.), Meliora. London 1852, S. 226f., zit. bei J. Foster, Class Struggle and the Industrial Revolution. Early Industrial Capitalism in Three English Towns. London 1974, S. 94.

22 Dies übersieht bei richtiger kategorialer Einschätzung des Problems im Hinblick auf die proto-industriellen Verhältnisse Hausen, Familie als Gegenstand Historischer Sozialwissenschaft, in: Geschichte und Gesellschaft, 1. Jg. (1975), S. 200f.

23 Thun, Die Industrie am Niederrhein, Bd. 1, S. 150.

24 S. E. R. R. Green, The Cotton Hand-Loom Weavers in the North-East of Ireland. In: Ulster Journal of Archaeology 7 (1944), S. 30-41, S. 35; vgl. die Bemerkungen zur altersspezifischen Partizipation von Frauen am gewerblichen Produktionsprozeß bei D. Levine, Demographic Implications, S. 47; vgl. J. Knodel und V. Prachuabmoh, The Fertility of Thai Women. Results of the First Rural and Urban Rounds of the Longitudinal Study of Social, Demographic and Economic Change in Thailand (Institute of Population Studies, Chulalongkorn University). Bangkok 1973, S. 49.

25 Vgl. die Verhältnisse in der bergischen Kleineisenindustrie (Remscheid) bei A. Thun, Die Industrie am Niederrhein Bd. 2, S. 148 ff., bes. S. 150f.; v. Schwerz, Beschreibung der Landwirtschaft Bd. 1, S. 110f. (Feinleinenweberei in der Grafschaft Ravensberg); eine der Wirkungen »hausindustrieller« Produktion auf zünftige Organisationsformen des Gewerbes auf dem Lande scheint darin bestanden zu haben, daß die eigenen Kinder in zunehmendem Maße als »Lehrlinge« im Haushalt verblieben und das traditionelle »handwerkliche« Wanderungsverhalten tendenziell verschwand, vgl. hierzu Troeltsch, Die Calwer Zeughandlungskompagnie und ihre Arbeiter, S. 208 ff.; Berk-

ner, Family, Social Structure, S. 200; besonders ausgeprägt war die »handwerkliche« erweiterte Haushaltsform mit Lehrlingen und Gesinde von den qualitativen Arbeitserfordernissen her in der Endverarbeitungs- bzw. Veredelungsstufe der Textilgewerbe.

26 Das Musterbeispiel ist der im Wollgewerbe tätige »clothier« im West-Riding von Yorkshire; vgl. zu den Haushaltsformen H. Heaton, The Yorkshire Woollen and Worsted Industries. Oxford 1920, S. 295 f.; s. auch E. Lipson, The Economic History of England. Bd. 2, London 1931, S. 69ff.

27 Vgl. für die Leinenproduktion die vollbäuerlichen Kolonen- und Meierhaushaltungen Nordwestdeutschlands mit kommerziell webenden und spinnenden Mägden bzw. Knechten, so bei v. Schwerz, Beschreibung der Landwirtschaft Bd. 1, S. 128; eine Parallele hierzu stellen die bäuerlichen »manufacturers« im nordirischen Leinengewerbe dar, vgl. A. Young, A Tour of Ireland. 2 Bde. London [2]1780, Bd. 1, S. 149f.; zur Unternehmerfunktion dieser sozialen Schicht auch C. Gill, The Rise of the Irish Linen Industry. Oxford 1925, S. 145 ff.; zu den hausindustriellen »Kulakenbetrieben« vgl. Wittfogel, Wirtschaft und Gesellschaft Chinas, Leipzig, 1931, S. 652f.

28 Zu diesem in den nordwestdeutschen Leinenproduktionsgebieten stark verbreiteten »Heuerlingssystem« s. H. Riepenhausen, Die Entwicklung der bäuerlichen Kulturlandschaft in Ravensberg (Diss. mat. nat. Göttingen 1936). Münster 1938, S. 107ff.; H. Wrasmann, Das Heuerlingswesen im Fürstentume Osnabrück, in: Mitteilungen des Vereins für Geschichte und Landeskunde von Osnabrück 42, 1919, S. 53-171; ebda. 44, 1921, S. 1-154, hier bes. 42, 1919, S. 72ff.; A. Gladen, Der Kreis Tecklenburg an der Schwelle des Zeitalters der Industrialisierung. Münster 1970, S. 129ff. Parallelen finden sich in den Leinenproduktionsgebieten Nordirlands, vgl. W.H. Crawford, Economy and Society in South Ulster in the Eighteenth Century, in: Clayton Record 1973, S. 253 und in dem Masure-System der Normandie, vgl. Berkner, Family, Social Structure. S. 238ff.

29 Zur numerischen Datengrundlage, nicht jedoch unbedingt zur Interpretation vgl. im folgenden vor allem Levine, Demographic Implications, S. 66-97 und Berkner, Family, Social Structure, S. 294-346.

30 Vgl. die allgemeinen Bemerkungen oben S. 259. (Hier nicht abgedruckt – H. R.)

31 Hierzu besonders Foster, Class Struggle, S. 91 ff. und Anderson, Family Structure, S. 79ff., S. 111 ff.

32 Levine, Demographic Implications, S. 85 ff., bes. S. 93 und Berkner, Family, Social Structure, S. 296ff., bes. S. 298, S. 307ff.

33 Dies in Anlehnung an Anderson herausgestellt bei Levine, Demographic Implications, S. 93 ff.; vgl. Anderson, Family Structure, S. 50ff. und Foster, Class Struggle, S. 91 ff. . . .

34 Braun, Industrialisierung, S. 83.

35 Dies die problematische, zu historischer Kritik anregende These der Arbeiten N. J. Smelsers. Sie gehen – in der Paßform des Ansatzes der strukturell-funktionalen Theorie (»empty theoretical boxes«, »filling the boxes«, »refilling the boxes«) zu schnell von einer gewissermaßen vorgängigen Konvergenz von Familienwirtschaft und industriellem Kapitalismus in der Proto-Industrialisierungsphase aus: N. J. Smelser, Social Change and the Industrial Revolution. An Application of Theory to the Lancashire Cotton Industry 1770-1840. London 1959, bes. S. 50-60, S. 129-143, S. 158-179, S. 180-212; ders., Sociological History: The Industrial Revolution and the British Working Class Family. In: M.W. Flinn und T.C. Smout (Hg.), Essays in Social History. Oxford 1974, S. 23-38; kritisch zu Smelsers Auffassung von der »gelungenen« Anpassungsleistung der familiären Arbeitsorganisation an die Bedingungen des Industriebetriebs in den Anfängen der Maschinenspinnerei: M.M. Edwards und R. Lloyd-Jones, N. J. Smelser and the Cotton Factory Family: A Reassessment. In: N.B. Harte und K.G. Ponting (Hg.), Textile History and Economic History. Essays in Honour of J. de Lacy Mann. Manchester 1973, S. 304-319.

36 T. Parsons, The American Family: Its Relations to Personality and the Social Structure. In: Ders. und R.F. Bales, Family Socialization and Interaction Process. London 1956, S. 3-33, hier S. 16.

37 T. Parsons, Das Problem des Strukturwandels: eine theoretische Skizze. In: W. Zapf (Hg.), Theorien des sozialen Wandels. Köln-Berlin [3]1971, S. 35-74, hier S. 48; P. beruft sich in diesem Zusammenhang ausdrücklich auf Smelsers Modellstudie.

38 J.P. Süßmilch, Die göttliche Ordnung in den Veränderungen des menschlichen Geschlechts, aus der Geburt, dem Tode und der Fortpflanzung desselben erwiesen. 2 Bde. Berlin [3]1765, Bd. 2, S. 67.

39 Hausen, Familie als Gegenstand Historischer Sozialwissenschaft, S. 200.

40 Pinchbeck, Women Workers, S. 7ff.; J. Scott und L. Tilly, Women's Work and the Family in Nineteenth-Century Europe. In: Comparative Studies in Society and History 17 (1975), S. 36-64, hier S. 43ff., bes. S. 44f. Anm. 26; R.H. Hilton, Women in the Village. In: ders., The English Peasantry in the Later Middle Ages. Oxford 1975, S. 95-110.

41 Pinchbeck, Women Workers, S. 19ff.; vgl., jedoch ohne ausreichende Berücksichtigung schichtspezifischer Unterschiede: E. Richards, Women in the British Economy since about 1700: An Interpretation. In: History 59 (1974), S. 337-357, hier S. 342ff.; zur essentiellen Grenzleistung der Frauenarbeit s. Pinchbeck, Women Workers, S. 20f.; für eine Spätphase vgl. die interessanten Befunde bei J. Kitteringham, Country Work Girls in Nineteenth Century England. In: R. Samuel

(Hg.), Village Life and Labour (History Workshop Series). London 1975, S. 73-138, hier S. 113ff.

42 J. Fitzherbert, The Book of Husbandry (1534). Hg. v. W. W. Skeat, London 1882, S. 96, zit. bei Lipson, Economic History, Bd. 2, S. 50.

43 Zur Arbeitsteilung in Haushalten ländlichen Gewerbes s. Pinchbeck, Women Workers, S. 111ff. (Baumwollgewerbe), S. 129ff. (Spinner), S. 157ff. (Weber), S. 202ff. (kleinere Hausindustrien), S. 270ff. (Kleineisenindustrie); Lipson, Economic History, Bd. 2, S. 50f. (Wollgewerbe); auch im Textilgewerbe weicht die häusliche Arbeitsteilung je nach dem Entwicklungsstadium der Produktion, konjunktureller Lage und speziellem Gewerbezweig häufig von dem »klassischen« Normalmodell (s. etwa Smelser, Social Change, S. 54f., S. 183) ab, demzufolge der Mann mit der Weberei, die Frau mit dem Spinnen, die Kinder mit der Zurüstung des Materials und mit Hilfsarbeiten beschäftigt sind; vgl. etwa die Varianten bei Braun, Industrialisierung, S. 210 und Thun, Industrie am Niederrhein, Bd. 1, S. 108f., S. 148; eine besonders wichtige Form häuslicher Arbeitsteilung beobachtet – als Auswirkung der Kombination einer teilweisen agrarischen Subsistenzgewinnung und gewerblicher Produktion – treffend C. H. Bitter: »Wenn man in die Wohnungen der Landbewohner tritt, welche nicht dem größeren Grundbesitz angehören, und welche sich eben durch Spinnen ihre dürftige Subsistenz erwerben, so findet man oft die ganze Familie am Spinnrade. Nicht selten sieht man Großmutter, Mutter und Enkelin mit Spinnen beschäftigt, während der Vater und der erwachsene Sohn auf dem Felde arbeiten oder andere häusliche Arbeit verrichten, die Mahlzeit vorbereiten, Rüben putzen oder Kartoffeln schälen, wenn und solange sie deren haben. In den Weberwohnungen ist der Vater mit der Bereitung des Garns beschäftigt, wenn er nicht ausgezogen ist, um Garn zu kaufen oder fertige Leinewand zu verkaufen, oder wenn er nicht mit dem erwachsenen Sohne den Acker bestellt. Die Mutter ist am Herde beschäftigt oder wartet des Viehs. Die größern Töchter sitzen auf dem Webestuhle und die kleinen noch schulpflichtigen Kinder müssen in den freien Stunden das Garn auf Spulen winden«, ders., Bericht über den Notstand in der Senne zwischen Bielefeld und Paderborn (1853). In: 64. Jahresbericht des Historischen Vereins für die Grafschaft Ravensberg. Jg. 1964/65. Bielefeld 1966, S. 1-108, hier S. 22; vgl. die entsprechenden allgemeinen Bemerkungen bei Pinchbeck, Women Workers, S. 159.

44 Wittfogel, Wirtschaft und Gesellschaft Chinas, S. 656.

45 Pinchbeck, Women Workers, S. 270ff.; W. H. B. Court, The Rise of the Midland Industries 1600-1838. Oxford [2]1953, S. 100f.

46 S. Chr. L. Ziegler, Nachricht von der Verfertigung der Spitzen im Erzgebirge. In: Joh. Beckmann, Beyträge zur Ökonomie, Technologie, Polizey und Cameralwissenschaft 1. Göttingen 1779, S. 108-114,

hier S. 110f. und Scott und Tilly, Women's Work, S. 47; Thun, Industrie am Niederrhein, Bd. 2, S. 154 (Bergische Kleineisenindustrie).

47 S. die zahlreichen Belege bei Ziegler, Nachricht, bes. S. 108f., S. 114.

48 Süßmilch, Die göttliche Ordnung (1765), Bd. 2, S. 47 (Baumwollspinner); Bitter, Bericht, S. 27 (Männer als Spinner von gröberem, Frauen von feinerem Leinengarn); v. Schwerz, Beschreibung der Landwirtschaft, Bd. 1, S. 228f. (Löwendlinnenfabrikation in der Heuerlingswirtschaft Tecklenburgs unter Bedingungen einer teilweisen Tätigkeit des Mannes in der Landwirtschaft: »Weben ... ist ... das eigentliche Geschäft der Frauen. Das Spinnen gegentheils geht die Männer mit an, und es ist seltsam, daß diese gerade das feinste Garn spinnen, und Weiber und Kinder sich mehr mit der Hede (d. h. dem groben Garn) abgeben«, ebd., S. 128f.).

49 Braun, Industrialisierung, S. 97, S. 175, S. 195f.; E. Sax, Die Hausindustrie in Thüringen. 3 Bde. Jena 1884-1888, Bd. 3, S. 58, Anm. 2.

50 v. Schwerz, Beschreibung der Landwirtschaft, Bd. 1, S. 111.

51 So bei Smelser, Social Change, S. 161f., S. 342ff., bes. S. 345.

52 Vgl. Anon. (G. W. Chr. Consbruch), Medicinische Ephemeriden, nebst einer medicinischen Topographie der Grafschaft Ravensberg. Chemnitz 1793, S. 44f.; Pinchbeck, Women Workers, S. 273.

53 Vgl. E. P. Thompson, The Moral Economy of the English Crowd in the Eighteenth Century. In: Past and Present 50 (1971), S. 76-136, hier S. 115ff.; zur sozialen Rekrutierungsbasis des Protests vgl. ebd. S. 108 und bes. ders., Rez. zu: J. W. Shelton, English Hunger and Industrial Disorders: A Study of Regional Conflict during the First Decade of George IIIs Reign. London 1973. In: Economic History Review 27 (1974), S. 480-484, hier S. 483.

54 R. Southey, Letters from England (1807). London 1814, Bd. II, S. 47, zit. nach Thompson, Moral Economy, S. 116.

55 Braun, Industrialisierung, S. 68.

56 Joh. Schulthess, Beherzigung des vor der Zürcher Synode gehaltenen Vortrags. Zürich 1818, S. 54, zit. nach Braun, Industrialisierung, S. 131.

57 Braun, Industrialisierung, S. 68ff., S. 119ff., bes. S. 123.

58 Hier Joh. Mor. Schwager, Über den Ravensberger Bauer. In: Westfälisches Magazin zur Geographie, Historie und Statistik, 2 (1786), Heft V, S. 49-74, hier S. 56f.; vgl. Anon. (G. W. Chr. Consbruch), Medicinische Ephemeriden, S. 44f.; Braun, Industrialisierung, S. 65ff.

59 Schwager, Über den Ravensberger Bauer, S. 56f.

IV
Arbeiter

H. Mehner
Der Haushalt und die Lebenshaltung einer Leipziger Arbeiterfamilie*[1]

Motto: »Auch in der Sozialwissenschaft tut Cellular-Physiologie und -Pathologie noth.«

Rodbertus

Die wichtige Stellung, welche jetzt in den nationalökonomischen Erörterungen die Arbeiterfrage einnimmt, veranlaßte mich zu dem Bemühen, die Lage der bei der Verarbeitung der tierischen Abfälle in der chemischen Fabrik zu Eutritzsch bei Leipzig beschäftigten Arbeiter noch genauer kennen zu lernen, als es geschieht, wenn man die Höhe des bezogenen Lohnes erforscht. Die Angabe z. B., daß ein gewöhnlicher dieser Arbeiter täglich 2 Mark 20 Pf. verdient, ist an sich so abstrakt und wenig besagend, daß man durch dieselbe keineswegs eine Vorstellung davon bekommt, wie er lebt und inwieweit er an unserer Kultur als Mensch beteiligt ist. Diese bestimmte Vorstellung ist nur zu erlangen, wenn man ihn in dem Dasein selbst beobachtet, zu dessen Führung die 2 Mark 20 Pf. die gesellschaftliche Anweisung oder Erlaubnis sind.

Bei der Ermittlung des Grades seiner Beteiligung an unserer Kultur hat man natürlich mit den materiellen Grundlagen derselben zu beginnen, den Verbrauch an Nahrung, Kleidung usw. zu untersuchen. Leider ist man, nachdem dies geschehen, auch schon in der Hauptsache fertig, die mangelhafte Befriedigung der leiblichen Bedürfnisse läßt geistige überhaupt kaum entstehen.

Es wäre wünschenswert, als Material für verschiedene volkswirtschaftliche Zwecke zahlenmäßig genau den Haushalt des Arbeiters in der üblichen Form des Budgets festzustellen. Das war mir aber nicht möglich und ist zur Erkenntnis der Lage des Arbeiters weder nötig, noch genügend. Denn man erhält auch keine konkrete Vorstellung von der Lebensweise einer Arbeiterfamilie, wenn man weiß, dieselbe braucht jährlich für 183 Mark Brot aber

* Aus: Jahrbuch für Gesetzgebung, Verwaltung und Volkswirtschaft, N. F. 11. Jg. (1887), S. 301 ff., hier: S. 301-309, 312-314, 316, 319-320, 326-328, 330-334.

für 50 Mark Wurst. Diese Mitteilung erweckt nicht annähernd den Eindruck, welchen man bekommt, wenn man die Familie wohnen und essen sieht, und deshalb soll es im folgenden versucht werden, nicht mit abstrakten Zahlen, sondern mit Worten zu schildern, was ich bei der Untersuchung eines mittleren Arbeiterhaushaltes vorfand. Der Befund soll sodann in einer Haushaltsrechnung zusammengestellt werden: aber mit dem Vorbehalt, daß diese Rechnung nur ungefähr richtig ist. Da die Arbeiter bei ihrer einfachen Wirtschaft zweckmäßigerweise kein Haushaltsbuch führen und ihre Haupt- und Nebeneinnahmen sehr unregelmäßig sind, auch die größeren Ausgaben sich als Konsumtion schlecht oder gar nicht auf die einzelnen Jahre verteilen lassen, kann ich eine größere Schärfe nicht erreichen.[2]

Ich teile im folgenden mit, was ich bei einem Arbeiter mit Frau und 3 Kindern, einem Mädchen von 11 Jahren, einem Jungen von 8 und einem Jungen von 4 Jahren gefunden habe.

(1. Ökonomische Situation)

Die Mittel, aus denen der Haushalt dieser Familie bestritten wird, werden von allen Mitgliedern derselben gemeinsam beschafft, trotzdem sind dieselben äußerst beschränkte. Der Mann ist in der Knochenstampfe in der von mir eingehend untersuchten eutritzscher Kunstdüngerfabrik beschäftigt und bekommt täglich bei normaler Arbeitszeit 2,20 Mark Lohn; die Frau sortiert die alten Knochen und erhält für den Tag 1,20 Mark. Die *Kinder* suchen durch kleine Gelegenheitsdienste auch schon Geld ins Haus zu schaffen oder führen dem Haushalt Naturalien zu. Die Wohnung ist im Hintergebäude einer Schankwirtschaft mit Kegelschub; dadurch hat der älteste Knabe Gelegenheit, an Sonntagen und an Abenden der Woche durch Kegelaufsetzen einige Pfennige oder ein paar Dreierbrote mit Wurst zu verdienen. Seine Schwester hilft ihm bisweilen bei der Arbeit auf der Kegelbahn. Die Eltern schätzen die jährliche Kegelgeldeinnahme auf 4-5 Mark. In der Regel sammelt die Tochter in ihrer schulfreien Zeit im Sommer Kamillen (nur für den Haushalt), läuft Wege für die Schänkwirtin im Vorderhause, geht Ähren lesen und Kartoffeln »stoppeln«. Dieses Kartoffelnstoppeln, das Hervorsuchen einzelner zurückgebliebener Kartoffeln auf dem abgeernteten Felde, und das Ährenlesen ist zwar verboten, es geschieht aber trotzdem. Bei der so geringen Einnahme der Arbeiterfamilie wird man darin kein sehr schweres Unrecht erblicken, denn im Volksbewußtsein lebt offenbar noch der alte, noch nicht lange verdrängte Zustand, wo das Absuchen des Feldes nach der Ernte frei war. Diese Folgen der Armut bilden einen neuen Antrieb zur Bekämpfung derselben. Denn nur aus Not betritt das Mädchen fremde Felder, das sieht man aus den den Kindern wohlbekannten Folgen, hat es doch dabei schon einmal der Besitzer erwischt und mit der Peitsche gezüchtigt.

Die *Einnahme des Mannes* von 2,20 Mark täglich wird zuweilen etwas vermehrt durch Überstunden, welche aber nicht in jeder Woche vorkommen. Der Lohn für dieselben ist 20 Pfennig die Stunde, gegen 18 1/3 Pfennig für die gewöhnliche Arbeitsstunde. Es läßt sich durchaus nicht angeben, wieviel Überstunden der Arbeiter im Jahre macht, weil zu den Überstunden, zu denen in der Fabrik das Bedürfnis an sich schon zu den verschiedenen Zeiten in verschiedenem Maße eintritt, nicht alle Arbeiter gebraucht werden und es von dem Willen des Fabrikleiters abhängt, wem er die Gunst längerer Beschäftigung zuwenden will. Als Gunst faßt der Arbeiter die Erlaubnis länger arbeiten zu dürfen auf. Er würde froh sein, wenn es recht häufig Überstunden (und die später zu erwähnenden Nachtschichten) gäbe, so lange irgend der Körper aushält; er drängt sich zu denselben. Ihm ist die Theorie unbekannt, daß in dem Maße, wie die Überstunden regelmäßiger und häufiger werden, dieselben nur eine Verlängerung des gewöhnlichen Arbeitstages bedeuten und den Lohn für die einzelne Tagesstunde entsprechend herabdrücken, so daß er schließlich nur länger für dasselbe Geld arbeitet; aus denselben Gründen, aus denen die Verkürzung des Arbeitstages erfahrungsmäßig, z. B. in der Schweiz, keine Lohnverminderung hervorgebracht hat. Außer den Überstunden leistet der Mann noch vereinzelte, aber in der letzten Zeit vor Beginn dieser Untersuchung (Sommer 1883) seltene Nachtschichten von 8 Uhr abends bis 4 Uhr morgens zu 2 Mark. Ferner arbeitet er zuweilen, er meint im Durchschnitt alle 3 Wochen einmal, sonntags einen halben Tag zum gewöhnlichen Lohne. Da zu jener Zeit der normale Verdienst von 13,20 Mark wöchentlich etwas vermindert war (der Arbeiter klagt, daß er zuweilen nur 11 Mark in der Woche verdiene) und nach seiner Angabe jedes Jahr im Sommer etwa 4 bis 5 Wochen lang wegen matten Geschäftsganges wöchentlich 1 bis 2

Tage ausfallen, so kommt man wohl der Wahrheit ziemlich nahe, wenn man annimmt, der Mann verdiene im Jahre den Lohn von 300 normalen Arbeitstagen = 660 Mark. Er hatte sich jährlich 663 Mark berechnet.

Der Verdienst der Frau ist gleichmäßiger, sobald sie in der Fabrik arbeitet; sie hat dann wöchentlich sechsmal 1,20 Mark = 7,20 Mark. Aber sie arbeitet nicht immer dort, gegenwärtig ist sie in der Fabrik seit 14 Tagen vor Ostern beschäftigt, aber sie hat die Absicht, so bald als möglich die Arbeit in der Fabrik mit der im Hause wieder zu vertauschen, weil sie mit Bedauern wahrnimmt, wie ihre häusliche Wirtschaft durch ihre unnatürliche Abwesenheit zu Grunde geht, ohne daß sie etwas dagegen tun kann. Im vorigen Jahre um diese Zeit hat sie Kamillen für den Verkauf gepflückt und damit einige Wochen hindurch wöchentlich 5 Mark verdient. Den Verdienst der Frau auf das Jahr zu berechnen, wäre die reine Willkür. Um einigermaßen einen Überblick zu gewinnen, wird es am besten sein, ihn mit dem Verdienste des Mannes zu vereinigen und mit Rücksicht auf die zufälligen Einnahmen der Kinder zu sagen, die Familie habe eine Wocheneinnahme von etwa 20 Mark[3]. Wenn Nachtschichten gemacht werden, und zugleich die Frau voll arbeitet, dürfte der Wochenverdienst 22 bis 24 Mark betragen.

(2. Tageslauf und Ernährung)

Sehen wir jetzt, welche Konsumtion dem dargelegten Lohne entspricht. Das werden wir erfahren, wenn wir die Arbeiterfamilie eine Zeit hindurch gleichsam auf Schritt und Tritt begleiten.

Ich weiß, daß die folgende Untersuchung ermüdend sein wird, indessen sie ist nötig. Und ich bitte den Leser dieselbe, auch wo ihre Ergebnisse kleinlich und lächerlich erscheinen, hier auf dem Papiere in Geduld durchzuführen, wo sie so viel leichter ist als in der Wirklichkeit. Er wird den wesentlichen Nutzen davon haben, eine eingehendere Kenntnis von der Lage der Arbeiter zu erhalten, als irgendeine andere Art der Darstellung gewähren kann. Ich versichere das aus Erfahrung, denn ich habe schon seit Jahren die Verhältnisse der Arbeiter studiert und für beklagenswert gehalten, aber daß die wahre Gestalt ihres Elends so wäre, wie ich es hier fand, habe ich vor Beginn dieser Ermittlungen nicht geglaubt.

Ich verzichte in der folgenden Darstellung auf jeden Versuch einer anziehenden Schilderung. Eine wissenschaftliche Untersuchung ist kein Kulturroman. Und was ich gesehen habe bei meinen fortgesetzten Besuchen der dumpfen Proletarierwohnung, ist so niederschlagend, daß es jeden Schwung lähmt; es erdrückt selbst die zunächst entstehende Bitterkeit.

Ich schildere schlicht die Tatsachen.

Die Frau erhebt sich um 4 oder $^{1}/_{4}5$ Uhr von dem später zu beschreibenden Nachtlager; mit ihr stehen zugleich die beiden größeren Kinder auf. Sie macht zunächst Feuer an, um das erste Frühstück zu bereiten, und kleidet sich an. Später weckt sie den kleinsten Jungen auf, um ihn zu waschen, zu kämmen und anzuziehen. Der Mann steht eine halbe Stunde später auf als die Frau. Zu den wichtigsten Morgengeschäften der Frau gehört es, für das Leben auf der Fabrik den Tag über den gemahlenen Kaffee, etwas Wurst und das nötige Brot einzupacken, das Hauptnahrungsmittel neben den Kartoffeln. Sie muß auch den Kindern das für den Tag bedurfte Brot abschneiden. Auf das Schwarzbrot, welches also nicht etwa dem Kaffeebrötchen der Reichen entspricht, sondern die Tagesnahrung außer Kartoffeln darstellt, gibt es Butter, bei den Kindern weiter nichts als Butter. Die Familie braucht wöchentlich 4 Brote zu je 8 Pfund im Preise von 88 Pfennigen, das heißt das Doppelte, wie begüterte Familien von gleicher Kopfzahl verzehren. Semmel oder Weißbrot wird wochentags nicht zum ersten Frühstück genossen, sondern Schwarzbrot, niemals gibt es zum Kaffee Zucker oder Milch. Vor dem Gange nach der Fabrik wird der Kaffee eingenommen. Der Kaffeegenuß kehrt täglich noch dreimal wieder. Das ist derjenige Genuß, welchen der wässerige Aufguß von wöchentlich $^{1}/_{4}$ Pfund Kaffee zu 30 Pf und 1 Liter Gerste zu 20 Pf gewähren kann.

Der Mann verzehrt statt des Kaffees eine Mehlsuppe mit etwas Butter und einer Kleinigkeit Zucker; zuweilen, aber nicht oft, mit einem Ei. Derselbe sagte bei der Vernehmung zu seiner Frau: »Das ist wunderselten, daß ich ein Ei kriege!« Die von der Familie verwendete Butter ist »Faßbutter«, das Pfund zu 1 Mark. Es werden davon wöchentlich 2 Pfund gebraucht. Diese Butter, welche in dem später zu beschreibenden Vorraum der Wohnung, dem luftigsten Teil derselben, gestanden hatte, war an dem Tage meines Besuches abends $^{1}/_{2}7$ Uhr zum Teil flüssig wie dünnes Öl. Frische Butter schmilzt bei etwa 31-31,5° C., Faßbutter bei 32-

37°. Auf der Sternwarte war an diesem Tage die Temperatur nachmittags 2 Uhr +26,8° C., abends 8 Uhr +21° C. Diese Butter enthielt also möglicherweise statt des vielfach verwendeten Buttersurrogates Margarin (aus Talg) eines der in der Seifenindustrie geschätzten Talgsurrogate, nämlich Palm-, Palmkern-, Kokos-Öl. Die Beschaffenheit der Butter im übrigen ist so, daß die Frau aussagt, sie äße oft wenig oder gar keine Butter zum Brot, nicht um zu sparen, sondern weil der Geschmack so unangenehm wäre. In der Fabrik müssen die Leute das Brot gestrichen essen, weil die Arbeiter gegenseitig ihre Lebenshaltung kritisieren. Zum ersten Frühstück wird Weißbrot nur sonntags gegessen (ohne Butter), für etwa 20, selten für 30 Pfennige.

Nachdem die Eltern nach der Fabrik gegangen sind, sind die Kinder außer der Schulzeit sich selbst überlassen. Damit der vierjährige Junge während der Schulzeit der beiden Geschwister nicht ganz allein ist, wird er zu Anfang derselben von seiner Schwester in die Wohnung eines anderen Arbeiters gebracht, welcher nur 1 Kind hat und mit seiner bei ihm wohnenden Mutter auf derselben Fabrik arbeitet, so daß seine Frau daheim bleiben kann. Nach der Schule wird der Junge wieder abgeholt. Er wird dort nur beaufsichtigt, zu essen erhält er nichts. Die Kosten dieser Aufsicht betragen wöchentlich 1 Mark, während der Untersuchung wurde die Summe auf 50 Pf ermäßigt.

Die Nahrung der Kinder besteht während der Abwesenheit der Eltern wie erwähnt hauptsächlich in Brot mit Faßbutter; manchmal kocht das Mädchen mittags Kartoffeln, zuweilen auch nur eine Wassersuppe. Nur wenn die Schänkwirtin dem Mädchen für kleine Dienste etwas übriggebliebenes Mittagessen geschenkt, oder wenn die beiden ältesten Kinder von einer splendiden Kegelgesellschaft einen kleinen Imbiß bekommen haben (gewöhnlich ein Brötchen mit einem Groschenstückchen Blutwurst), wird hierdurch am Tage darauf die Mittagsmahlzeit der Kinder durch eine Fleischzulage verbessert.

Zum zweiten Frühstück genießen die Arbeitsleute Butterbrot mit Käse oder Wurst. Sie bringen sich zu ihrem gemeinsamen Verbrauch für 10 Pf davon mit oder kaufen sie in der Fabrikschänke und essen davon die Hälfte. Als Getränk dient Kaffee; derselbe ist ihnen unentbehrlich: »sonst brächten wir das Brot nicht hinter«. Sie bereiten sich denselben auf sehr kunstlose Weise: sie bringen sich das erwähnte Gersten- und Kaffeegemisch als Pulver mit und übergießen dasselbe mit siedendem Wasser. Dieses Wasser liefert ein von der Fabrik aufgestellter Kessel, welchen man als Wohlfahrtseinrichtung aufführt[4]. Nachdem sich das Pulver einigermaßen gesetzt hat, gießen sie sich je die Hälfte des Kaffees in ihre Gefäße über. Der so bereitete Kaffee enthält noch so viel Satz, daß die Leute denselben oft vom eingetauchten Brote abstreichen müssen. Die Frau hat zum Frühstück eine halbe Stunde Pause, der Mann muß bei der Arbeit und dem entsetzlichen Staube der Knochenstampfe essen.

Zum Mittagessen haben Mann und Frau eine Stunde freie Zeit. Dasselbe besteht aus Brot und Butter und der anderen Hälfte der für die 10 Pf erhaltenen Mengen Käse oder Wurst. Dazu spendet der erwähnte Kessel wieder Wasser zu einem Topfe Kaffee. Da der Ausdruck »10-Pfennig-Wurst« zu unbestimmt ist, um dem Manne in der Studierstube eine bestimmte Vorstellung von der Tagesration des Mannes in der Knochenstampfe zu geben, habe ich dieselbe durch gewissenhafte Durchschnittsermittlung gewogen und gemessen (letzteres durch Wasserverdrängung im Meßglas). Ich fand das Gewicht des 10 Pfennigstückchens, welches die Leute teilen, zu 63 Gramm, ein Achtel Pfund, das Volumen zu 60 bis 61 Kubikzentimeter, oder in populärem Maße ausgedrückt: das täglich vom Manne verzehrte Stück Wurst ist noch nicht so groß wie drei Viertel von einer Jönköpings-Streichholz-Schachtel ($1{,}9 \times 3{,}8 \times 6 = 43$ Kubikzentimeter). Davon macht er zwei Mahlzeiten.

Zum Vesper darf der Mann nicht von der Stampfe gehen. Er nimmt den Schwamm vom Munde, um zwischen dem Aufschütten der Knochen hindurch ein paar Bissen Butterbrot und zuweilen für 6 Pf Braunbier zu genießen. Sein Bedarf an Getränken ist ein weit größerer, besonders im Sommer, er deckt das mehr durch Wasser oder kalten Kaffee (auch im Winter), welchen er vom Mittag her aufgehoben hat. Die Frau hat eine halbe Stunde Zeit zum Essen, sie verzehrt Brot mit Butter und trinkt dazu ebenfalls Wasser oder kalten Kaffee vom Mittag her, denn zum Vesper versagt die Wohlfahrtseinrichtung ihren Dienst. Früher hatten die Arbeiter zu jeder Mahlzeit warmen Kaffee, sie stellten sich denselben am Feuer der Knochendarre her, was freilich dort durch Störung des Zuges zu Wärmeverlusten führte. Jetzt müssen sie im Winter den wärmenden Trank oft schwer entbehren. Sie befinden sich meist im ungeheizten Raume, die Weiber stehen auf eisigem

Pflaster und arbeiten mit den Händen in den nassen kalten Knochen umher, zum Teil im Zugwinde. Oft zittern und beben sie am ganzen Leibe. Als einmal eine Anzahl Weiber zum Vesper in der früheren Weise warmen Kaffee machen wollte, verfielen sie in empfindliche Geldstrafe. Als die Düngerfabrik noch im Privatbesitz war, hatten die Arbeiter eine Stube mit einem Ofen, wo sie sowohl ihren frostdurchschauerten Leib, als auch etwas Essen, wenn sie solches, etwa einen Rest vom Sonntag, hatten, erwärmen konnten. Jetzt ist der Ofen durch die genannte Wohlfahrtseinrichtung ersetzt worden und daher beides nicht mehr möglich. – Es kommt vor – die Leute sagen, »wenn das Brot gar nicht kriechen will« –, daß zum Vesper auch noch Zubrot genossen wird; dasselbe besteht für Mann und Frau zusammen aus einer Gurke für 6 Pf oder der Hälfte eines gesalzenen Herings zu 10 Pf. Wenn sich dieselben die ausnahmsweise Verbesserung ihrer Kost gönnen, was in einer Woche höchstens einmal geschieht, so bringen sie, falls dieselbe in dem halben Hering besteht, die andere Hälfte davon ihren Kindern für den Verzehr am nächsten Mittag mit nach Hause.

Für den Fall, daß der Mann zum Vesper kein Braunbier getrunken hat, trinkt er noch ein Glas (1/2 Liter) zu 6 Pf beim Weggehen. Er muß etwas zu trinken haben, weil er trotz des Schwammes vor dem Munde bei der Arbeit den Hals ganz voll Staub bekommt. Er verzehrt noch an Getränken vormittags für 5 Pf Schnaps und nachmittags für 5 Pf, er erklärt diesen Schnaps zur Erregung der Arbeitskraft zu bedürfen. Ein paar Mal in der Woche trinkt er statt des Braunbieres für 6 Pf einen Schnaps für 5 Pf beim Weggehen. Er zieht zwar wegen des trockenen Halses das Bier vor, sieht sich aber veranlaßt, mit Rücksicht auf den um 1 Pfennig niedrigeren Preis, sich oft mit Schnaps zu begnügen. Die Frau verzehrt nach der Arbeit nichts in der Fabrikschänke, sie sagt: »sonst könnten wir zu Hause gar nichts mehr essen«.

Es kommt vor, daß die Leute statt Wurst oder Käse als Zubrot für zweites Frühstück und Mittag fettes Schweinefleisch nehmen; besonders fett wählen sie es, weil, wie sie meinen, nach dem Genusse desselben der Mann nicht so furchtbar von dem Staube im Halse belästigt wird. Sie kaufen ein halbes Pfund zu 35 Pf, welches für beide *drei* Tage lang zureichen soll, während das Fleisch zu einem normalen mittelgroßen Kotelett 25 bis 30 Pf kostet. Da sie in diesem Falle des Fleischgenusses nicht ein unüberschreitbares Maß als einzelnes abgemessenes Stück vor sich haben, wie bei der Wurst, gelingt ihnen das beabsichtigte Entsagungskunststück gewöhnlich nicht und sie kaufen am dritten Tage mitunter noch eine Gurke zu 6 bis 8 Pf oder einen kleinen Käse zu 6 Pf.

Das Abendbrot im Hause ist bei den Leuten die warme Hauptmahlzeit, sie soll das Mittagbrot ersetzen. Sie besteht in der Hauptsache aus mit der Schale gekochten Kartoffeln; sie glauben, daß sie die Woche »drei Metzen gut« davon gebrauchen. In den letzten drei Wochen haben sie 1 Zentner aufgegessen, also wöchentlich dem Gewichte nach ungefähr so viel als Brot. Als Zuspeise dazu genießen sie zweimal in der Woche je einen Hering zu 10 Pf; einmal kaufen sie für 10 Pf Quark, der von ihnen auf $^{1}/_{4}$ Pfund geschätzt wird. Gewöhnlich einmal in der Woche essen sie zu diesen Kartoffeln »geröstet Salz«, welches in folgender Weise bereitet wird: man nimmt eine Hand voll Salz, etwas Talg und Mehl und läßt es durch Braten in der Pfanne braun werden. Einmal in der Woche (außer sonntags) ißt die Familie statt der Kartoffeln Graupen oder Reis. Sie verbraucht zu einer Mahlzeit 1 Pfund, dazu $^{1}/_{2}$ Pfund Rindfleisch zu 30 Pf und für einige Pfennige Zwiebel. Sonnabend abends wird gar nicht gekocht; die Leute essen Wurst und Brot und trinken 2, auch wohl 3 Glas Lagerbier dazu, zu 13 Pf das Glas. Für diesen Abend werden drei solche Groschenstückchen Wurst gekauft, wie oben erwähnt wurden. Das erste bekommt der Mann, doch nimmt die Frau etwas von demselben weg. Sie ißt noch einen Teil von dem zweiten, aus dem Rest des zweiten und einem Teil vom dritten Stückchen macht sie drei Stückchen für die Kinder, der Rest des dritten Stückchens liefert das Frühstück des Mannes am Sonntagfrüh. Jeden Abend eine so reichliche Abendmahlzeit herzustellen, hält die Frau für verschwenderisch: »das ist schon teuer, das kann man nicht egal ausführen«. Zuweilen gibt es auch braune Zwiebel zu den Kartoffeln, bisweilen auch gar nichts: »wie oft, daß wir abends nur ein bissel Kartoffeln, Butter und Salz haben«. Die Frau berechnet die Kosten der Zutat zu den Kartoffeln auf 15 Pf für den Abend.

Am Sonntag wird zum ersten Frühstück Semmel genossen, das zweite besteht aus Butterbrot, bei dem Manne mit obengenannter Wurst. Die Hauptmahlzeit ist mittags und besteht aus $^{1}/_{2}$ Pfund Rindfleisch für 30 Pf und dazu einer Schüssel voll Reis, Graupen,

Klöße, überhaupt einer Speise, welche nicht zu viel Arbeit bei der Herstellung macht. Möhren z. B. macht die Frau selten, wegen des mühsamen Zuputzens. Das Vesper fällt sonntags weg, weil spät Mittag gegessen wird, statt dessen halten sie um 1/2 6 oder 6 Uhr schon das Abendbrot; dasselbe besteht aus Kaffee und Brot. Auch an den übrigen Tagen wird nach der Abendmahlzeit noch Kaffee und Brot genossen. Als besonderen Sonntagsgenuß gönnt sich die Familie noch 2 Glas Bier (zu 13 Pf), zum Teil aus Rücksicht auf die Haus- und Schänkwirtin.

In der ganzen Woche kommen insgesamt noch auf den Haushalt etwa 1 Pfund Mehl zu 22 Pf, für 20 Pf Rindertalg (das Pfund 50 Pf), welcher 10pfennigweise gekauft wird, 1 Pfund Salz zu 10 Pf und zur Verbesserung der Kost einige Eier. Die Frau schätzt die Zahl auf vier, eine weitere Anzahl nimmt sie nur ausnahmsweise und unter wirtschaftlichen Bedenken, nur wenn sie »einmal will lüderlich sein«. Im Sommer, besonders zur Salatzeit, werden öfter Eier genossen an der Stelle von Fleisch. In einer Woche hatte die Frau z. B. dreimal Salat gegeben, zweimal Ei dazu, einmal gar nichts.

Es ist noch hinzuzufügen, daß die Frau nicht alles ißt, was hier auf sie gerechnet wurde. Oft denkt sie bei ihrem kärglichen Mahle an ihre Kinder daheim; dann packt sie etwas ein, heimlich, »daß der Mann nichts merkt«, denn dieser will das nicht dulden. Wenn ihr Tun bemerkt wird, sagt sie, sie wäre satt. Abends erwartet sie ihr kleiner blauäugiger Junge schon am Tore und fragt: »Mutter, hast du mir etwas mitgebracht?« Da gibt sie ihm denn eine Spur Wurst oder »einen Käseringel« eines Quarkkäses. »Die Kinder müssen doch auch Liebe behalten zu einem.«

Zu diesen Ausgaben kommen noch unregelmäßig diejenigen hinzu, welche entstehen, wenn die Leute sonntags nachmittags ausgehen, oder wenn sie es versäumen, früh zur rechten Zeit aufzustehen. Die Ausgänge sonntags sind sehr selten, ebensosehr wegen Geld- als wegen Zeitmangel infolge vieler häuslicher Geschäfte. Die Frau meint, sie müsse sonntags erst recht arbeiten. »Einen Sonntag flick' ich, einen Sonntag wasch' ich. Vormittags reneviert (renoviert) man, da macht man ein bißchen Wirtschaft.«

Sie wohnen zur Zeit der Untersuchung 8 Wochen in Eutritzsch und sind während dieser Zeit *einmal* ausgegangen, nämlich zu Pfingsten nach Gohlis. In diesem Vergnügungsort haben sie 2 Glas Bier getrunken und sind im übrigen »bloß durchgegangen«.

Ehe die Untersuchung zu Ende geführt war (Mitte August), gingen sie noch einmal, nämlich wegen eines Geschäfts, zu einem Verwandten.

Wenn sie morgens zu spät aufstehen, was ihnen gewiß zu verzeihen ist, weil sie bisweilen erst um 11 oder 1/2 12 Uhr ins Bett kommen, so eilt die Frau, daß sie wenigstens dem Mann etwas Warmes in den Leib schafft, und kocht etwas Kaffee auf einem Spiritusapparat. Dreimal Kochen kostet 10 Pfennige.

Als Genußmittel verbraucht der Mann noch wöchentlich 6 Zigarren zu 4 Pf das Stück, außerdem sonntags 3-4 Stück und 1/4 Pfund Tabak zu der Pfeife, welche er abends raucht, zu 12 Pfennige.

[...]

(3. Wohnverhältnisse)

Zur Beurteilung der *Wohnung* mache ich zunächst einige Angaben über die Größe, welche die Hygiene dafür fordert.

Das für die Militärgesundheitspflege maßgebende Handbuch von Roth und Lex verlangt in den Kasernen für den Kopf 13 Kubikmeter Luftkubus im Wohnraum und 18 Kubikmeter im Schlafraum und sagt (Bd. 2, S. 165): »Für Kadettenhäuser muß für das Wohnzimmer der Studienzwecke wegen ein höherer kubischer Raum gefordert werden, auch für den Schlafraum ist wegen der hohen Bedeutung frischer Luft in der Entwicklungsperiode eine Steigerung auf 20 Kubikmeter nicht zu hoch gegriffen, es würden dann 20 Kubikmeter der normale kubische Raum für jeden Kadetten im Wohnzimmer und Schlafzimmer sein.« In Lichterfelde bei Berlin hat jeder Kadett sogar 25 Kubikmeter. Diese Zumessungen sind aber nur Notbehelfe: Kompromisse einer in den Geldmitteln beschränkten Praxis mit den Forderungen der Theorie. Es ist ferner dabei zu berücksichtigen, daß in der Kaserne für die luftverschlechternden Arbeiten, Kochen, Waschen usw., besondere Räume existieren und daß die Wohnräume freiliegen, z. B. nicht in winkligen engen Höfen.

Pettenkofer verlangt über 30 Kubikmeter Luftkubus für den Kopf bei dreimaliger gänzlicher Auswechslung der Luft in der Stunde. Die besseren Wohnzimmer haben dementsprechend mehr als 30 Kubikmeter, meine zweifenstrige Wohnung hat $5{,}30 \times 3{,}70 \times 2{,}85 = 56$ Kubikmeter.

Für die oben genannten 72 Mark per Jahr erhält die Arbeiterfamilie eine Wohnstube, eine Kammer, einen Vorraum, einen »Stall«, das ist ein Vorratsraum für Holz, Kohlen und Gefäße, und die Berechtigung zum Gebrauch eines Verschlages im Keller. Die Wohnung ist im Erdgeschoß, wie schon erwähnt, in einem Hinterhause. Dieses Haus ist sehr leicht gebaut, die Wände sind im Vorraum (Flur), welcher von außen eine dem Hause angesetzte Bude darstellt, aus Fachwerk und so dünn, daß neben der Haustür durch das bloße Zuschlagen ein mehr als fingerbreiter Spalt entstanden ist, die Mauern des eigentlichen Gebäudes sind auch viel zu schwach. Die Leute klagen trotz der ziemlich hohen und freien Lage des Hauses sehr über Nässe. Die Rückwand des Schlafzimmers ist bis oben hinauf verschimmelt. Die Nässe entsteht offenbar durch das Niederschlagen des in dem viel zu kleinen Raume erzeugten reichlichen Wasserdampfes an und in den durchkälteten Steinen, ähnlich wie der Fensterschweiß am kalten Glase, und bewirkt eine schädliche Herabsetzung der so wichtigen Ventilation durch die poröse Wand.

Das Wohnzimmer hat folgende Ausdehnung:

Höhe	2,55 Meter,
Länge	3,40 Meter,
Tiefe	2,90 Meter,
	24,14 Kubikmeter.

Zur Erzeugung einer konkreten Vorstellung möge der Leser einen solchen Raum aus seinem Zimmer herausmessen oder wenigstens ausschreiten.

Dieses Zimmer dient zugleich als Küche und Waschhaus, die beiden ältesten Kinder fertigen darin ihre Schularbeiten. Die Beleuchtung desselben für diesen Zweck ist mangelhaft, es ist nur 1 Fenster neben der Tür vorhanden. Hinter den Anforderungen der Gesundheitspflege (Kadettenhäuser) bleibt es um mindestens 70 Kubikmeter zurück, wenn man den gesamten Raum des Zimmers der Rechnung zu Grunde legt. Nach strenger hygienischer Auffassung vermehrt sich die Differenz noch um ein paar Kubikmeter, nämlich um das Volumen von einem Kleiderschrank, einer großen Truhe, einer Schublade, einem Glasspinde, einem Tisch, mehreren Stühlen und kleineren Hausgeräten, einem Kachelofen und 5 Menschen. Im Sommer, wo ich meine Besuche dort machte, stand die Wohnstube durch Vermittlung des Vorraumes gewöhnlich nach dem Hofe hin gänzlich offen. Trotzdem war darin eine Hitze und ein Dunst, daß ich selten länger als 2 Stunden dort arbeiten konnte. Wie die Luft an einem Wintersonntag darin beschaffen ist, wenn alle Bewohner den ganzen Tag zu Hause sind und jedes Luftloch nach Kräften verschließen, außerdem viele Stunden Licht brennen, vermag ich nicht anzugeben.

Die Kammer, welche als Schlafzimmer dient, hat folgende Abmessungen:

Höhe	2,55 Meter,
Länge	2,20 Meter,
Tiefe	2,90 Meter,
	16,27 Kubikmeter.

Es stehen darin zwei Betten und ein kleiner viereckiger Tisch; wenn das dritte Deckbette nicht versetzt ist, drei Betten ohne den Tisch. Der Luftkubus dürfte mit Rücksicht auf Betten und die fünf Menschen während der Nacht auf höchstens 15 Kubikmeter zu veranschlagen sein. Die Hygiene beansprucht für einen einzigen Erwachsenen allein etwa 18 Kubikmeter, für einen Unerwachsenen (Kadetten) 20 Kubikmeter; für das Bedürfnis der ganzen Familie fehlen wieder etwa 70 Kubikmeter.

Wenn man aber den hier vorhandenen Luftkubus nach dem von der Wissenschaft angegebenen Verhältnis verteilt, so kommen auf einen Erwachsenen 2,81 Kubikmeter, auf ein Kind »wegen der hohen Bedeutung frischer Luft in der Entwicklungsperiode« 3,13 Kubikmeter. – Dieser verderbliche Luftmangel wird dadurch gemindert, daß in der Nacht die Türe nach dem Wohnzimmer eine Spanne weit offen gelassen wird, sowohl im Sommer als im Winter, im Sommer außerdem die Tür vom Wohnzimmer nach dem Vorraum offen bleibt.

Der Vorraum hat die

Höhe	von 2,30 Meter,
Breite	von 1,35 Meter,
Tiefe	von 1,55 Meter,
einen Inhalt von etwa 4,81 Kubikmeter.	

Der fingerbreite Spalt in der Wand neben der Tür und ein handbreiter Spalt zwischen Tür und Pfosten verbinden ihn mit der freien Luft. Nur durch die Verbindung mit dem Vorraum wird die enge Wohnung offenbar erst für die fünf Menschen nutzbar, es wird durch dieselbe besonders im Sommer bei der größeren Temperaturdifferenz gegen Morgen eine, wenn auch recht unvollkommene Ventilation bewirkt. Ob im Winter bei der geschlossenen Tür nach dem Vorraum trotz des bedeutenden Wärmeunterschiedes der Luftwechsel durch die nasse Wand auch nur das ganz ungenügende Maß desjenigen im Sommer erreicht, scheint zweifelhaft.

Der Vorratsraum, Stall genannt, hat eine

Tiefe von	1,70 Meter,
Breite von	1,30 Meter,
Höhe von	2,30 Meter,
einen Inhalt von	5,08 Kubikmeter.

Dieser Stall macht den Eindruck eines Schuppens, er ist nur unvollkommen geschlossen: der Wind, zum Teil auch der Regen, haben freien Zutritt. Der Zweck ist oben genannt. – Ein Verschlag im Keller steht eigentlich der Familie zur Verfügung, derselbe ist jetzt von der Wirtin eingenommen, und die Leute möchten nicht gern die Bitte aussprechen, denselben zu räumen. Sie entbehren ihn übrigens bis jetzt nicht: »wir haben ja nichts hineinzutun«.

Wie die Leute schlafen, wird weiter unten bei Aufzählung des Hausrates dargelegt. –

(4. Kleidung)

Wieviel jährlich für die *Kleidung* der Arbeiterfamilie verwendet wird, läßt sich sehr schwer feststellen. Die unbrauchbar gewordenen Kleidungsstücke werden nur zum Teil in ziemlich regelmäßigen Zwischenräumen durch andere ersetzt, so daß sich ihre Dauer einigermaßen bestimmt angeben läßt, für andere kann dieselbe nur Schätzungen unterworfen werden. Ich teile mit, was ich über den Bekleidungszustand der Familie im einzelnen vorfand, es wird sich ergeben, daß dadurch der Konsum nach Beschaffenheit und Größe ganz gut gekennzeichnet wird, auch ohne die genaue Angabe des Aufwandes in Geld.

Es ist klar, daß bei der angestrengten körperlichen Arbeit und dem Knochenstaube bei der Arbeit die Kleider des Mannes sehr leiden. Deshalb braucht der Arbeiter wesentlich mehr, als man nach der Kenntnisnahme seiner Ernährungsweise erwarten sollte.

Er hat ein Vierteljahr vor der Zeit der Untersuchung ein Paar Hosen gekauft für 5,60 Mark, dieselben sind jetzt schon durchgerissen und geflickt. Am Ende der Untersuchung erwarb er durch Gelegenheitskauf ein Paar fast neue Hosen zu 5,50 Mark. Er schätzt seinen Bedarf an Hosen auf zwei Paar jährlich, etwa 11,60 Mark per Jahr. Die Weste langt drei Vierteljahr, wenn sie so lange als möglich geflickt wird. Dieselbe hat 50 Pf gekostet und ist bei einem Lumpenhändler gekauft worden. Vom Trödler können diese Leute nach ihrer Erklärung nicht immer ihre Sachen nehmen.

[...]

Die *Stiefel* werden *immer* alt gekauft, die letzten sind vor reichlich einem Jahre für 4 Mark angeschafft worden. Für das Flicken der Stiefel braucht der Arbeiter keinen Schuhmacher, sondern er hilft sich selbst, so gut es gehen will. Er berechnet, daß er durch das Schuhflicken für sich und seine Familie ziemlich viel erspart. Für die nationalökonomische Beurteilung ist solche Tätigkeit gegenüber der arbeitsteiligen Produktion natürlich Verschwendung. Bei seiner Schusterei sitzt der Mann von Zeit zu Zeit sonntags und wochentags an den Abenden bis tief in die späte Nacht hinein, zuweilen macht er deshalb eine förmliche Nachtschicht nach der Anstrengung des Tages. Er kann sich dabei manchmal, trotz des besten Willens, nicht aufrechterhalten, so ist er z. B. zur Zeit der Untersuchung einmal über ein Paar Schuhen seines Mädchens bei der Lampe eingeschlafen und mußte deshalb für deren Wiederherstellung zum zweiten Male einen Teil seiner Nachtruhe opfern. Zum Ausbessern der Stiefel hat er für 1,75 Mark Ausschnittleder in einem Leipziger Geschäft gekauft; das genügt, um außer den Sohlen noch Absätze, Flecken und Spitzen herzustellen. Ein Paar Sohlen hält ein Vierteljahr. Außer dem einen Paar Stiefel hat der Mann noch ein Paar Schuhe, dieselben sind vor etwa drei Vierteljahren alt gekauft und jetzt zum zweiten Male besohlt. Sie haben ungefähr 2 Mark gekostet. Bei der Arbeit nutzt der Mann nach seiner Angabe jährlich 6 Paar Holzpantoffeln ab, welche er mit Leder aus den Lumpen flickt. Preis je 1 Mark.

Der Mann besitzt nur zwei Paar wollene und zwei Paar baumwollene *Strümpfe*. Die Strümpfe strickt die Frau aus Garn, zu 80-90 Pf das Viertelpfund Wollgarn. Für baumwollenes Garn zahlt die Frau 50 Pf für das Viertelpfund. Ein Paar genügt 3-4 Wochen, dann wird es angestrickt mit einem halben Viertel Garn und nach

3-4 Wochen abermals. Außerdem ist es nötig, dasselbe in der Zeit von etwa 14 Tagen tüchtig zu stopfen. Die Garnmenge dazu ist nicht bestimmt anzugeben. Für die Familie ist im Winter ein halbes Viertel in 3 Wochen erforderlich. Zuweilen sind auf das Paar noch 50 Pf Strickerlohn zu verwenden, denn die Frau ist nicht im Stande, alles zu stricken, was für die Familie nötig ist; obgleich sie in jeder freien Minute sonntags und sogar auf der Fabrik in der Mittagsstunde strickt. [. . .]

In dem Bekleidungszustand der Kinder zeigt sich ein für die Lebenshaltung der Arbeiter sehr wohltätiger volkswirtschaftlicher Einfluß der *Schule,* von welchem diese selbst allerdings wohl kaum eine Ahnung haben dürfte. In dem Streben, die Kinder an Ordnung und Reinlichkeit zu gewöhnen, zwingt sie dieselben, nicht in unsauberer und zerrissener Kleidung zu erscheinen, gestattet auch nur in den wärmsten Sommermonaten, daß die Kinder barfuß gehen. Sie geht darin mit lobenswerter Energie vor, so wurde einmal die Tochter der Arbeitsleute nach Hause geschickt, weil sie keine Schürze umgebunden hatte. Infolgedessen ging am anderen Tage die Mutter nach Leipzig, um 2 Stück für zusammen 12 Ngr. zu kaufen, obgleich sie dabei einen halben Arbeitstag verlor. Da dieser Zwang gegen das Herabsinken auf eine größere Bedürfnislosigkeit nicht nur gegen einzelne Arbeiter*individuen,* sondern gegen die *gesamte Arbeiterschaft* geübt wird, so folgt daraus eine ähnliche Wirkung, wie sie die staatliche Festsetzung eines Minimallohnes haben würde. Freilich wird dieses Ziel vielfach auf schmerzlichem Wege und in sehr beschränktem Maße erreicht.

[. . .]

(5. Haushaltsausstattung)

(Küchengerät und Tischgeschirr sind nur unzureichend, teilweise in schlechter Ausführung vorhanden.) Die *übrigen Hausgeräte* können auch nur kurz aufgezählt werden, der jährliche Bedarf ist ohne Willkürlichkeiten nicht anzugeben. Ihre Beschaffenheit und Herkunft ist aber eine gute Unterlage zur Beurteilung der Wirtschaft.

1. 1 Kleiderschrank von Fichtenholz, alt für 9 Mark gekauft, gestrichen, aber nicht poliert. Er ist durchaus morsch von Wurmstichen.

2. 1 Truhe, ein hölzerner Koffer von Fichtenholz, gestrichen, derselbe ist als Pfandstück für ein gewährtes Darlehen zurückgeblieben aus besseren Zeiten.

3. Ein kleiner ovaler, wackelnder Tisch als Speise- und Arbeitstisch, alt gekauft für 5 Mark. Er hat auf der Platte ein Fournier von Mahagoni oder einem anderen dunklen Holze.

4. 5 Stühle, einige mit Brettsitz, neu, je für 2,50 Mark, gestrichen gewesen, ein Rohrstuhl für 3,50 Mark, zwei Polsterstühle vom Vater.

5. Eine hölzerne Fußbank vom Vater.

6. Eine Kommode v. V., sie hat denselben Mark 15 gekostet.

7. Eine sogenannte Waschtisch-Kommode vom Vater.

8. Ein altes Glasschränkchen, innen mit dunkel gewordener Tapete aus einer Auktion. (Darin stehen die erwähnten Zinngefäße nebst anderem alten und trümmerhaft aussehenden Zeuge.)

9. Ein alter grünlackierter Gartensessel von Holz ohne Lehne. Er wurde an die Frau als wertlos verschenkt.

10. Ein gewöhnlicher Küchenschrank vom Vater.

11. Ein kleiner viereckiger Tisch, als neu in der Auktion für 3 Mark gekauft.

12. 3 Betten, eins neu, eins alt gekauft, eins vom Vater.

Zwei dieser Betten sind jetzt aufgestellt; in dem einen, welches 1 1/2schläfrig ist, schläft der ältere Knabe mit dem Mädchen von 11 Jahren, in dem andern, einschläfrigen, schläft der Mann mit der Frau. Das neue (einschläfrige) Bett kostete 6 Mark, die Matratze (alt) davon 5 Mark, im anderen Bette ist nur ein Strohsack, ein solcher gehört auch in das dritte. Zwischen den beiden Bettstellen ist nur ein schmaler Gang, derselbe ist zur Hälfte verbaut mit einer Bank und einem Stuhle, worauf auf einem Strohsack in einem kleinen Federbett der kleine Knabe schläft. Die Leute schlafen in Federbetten, das Federbett für den Mann ist aber jetzt auf dem Leihhause (wegen eines Darlehens von 9 Mark). Deshalb ist auch die dritte Bettstelle nicht aufgeschlagen. Der Mann wikkelt sich in eine Wattdecke, welche aus Frankreich herrührt. Er hat sie bei St. Privat erbeutet und dann während des ganzen Feldzuges mit sich geführt. Die Frau hat sie dann neu überzogen.

Wenn alle 3 Bettstellen stehen, muß der unter 11) erwähnte Tisch aus dem Schlafzimmer, und auch dann noch ist es so eng darin, daß die Türe nur zum Teil sich öffnen läßt, das Zimmer ist dann vollständig gefüllt.

13. Eine hölzerne Waschwanne zu 3,50 Mark.

14. Ein hölzernes Waschfaß.

15. Ein Zinkwaschfaß 2,50 Mark.

16. Eine gewöhnliche Hängelampe, wie in Fabriken und Werkstätten üblich, alt für 2,50 Mark.

17. An der Wand eine verhältnismäßig große Anzahl von alten fleckigen Bildern.

18. An dem Fenster des Wohnzimmers Blumentöpfe. Darunter eine hübsch gezogene Myrte, welche die Frau mit liebender Sorgfalt pflegt.

19. Ein Laubfrosch treibt in dem dunstigen Zimmer die niedere Jagd und kehrt zuweilen in sein trübes, angebrochenes Wasserglas am Fenster zurück.

Der Hausrat trägt durchaus die Merkmale größter Dürftigkeit, leider können dieselben nicht bei allen Stücken dargelegt werden, weil das die Weitschweifigkeit oder Kleinlichkeit dieses Teiles der Abhandlung gar zu sehr vermehren würde; indessen die Teller aus brauem Ton, die Messer aus den Knochen, die Möbel, welche bei Begründung der Wirtschaft meistens schon gebraucht waren, und andere wirtschaftliche Erscheinungen sprechen deutlich genug für meine Behauptung, ebenso der Umstand, daß die Leute nicht einmal das so gewöhnliche Sofa aufzuweisen haben. Dasselbe war so wurmstichig, daß es zerfallen ist. Sie haben jetzt die unter 2) genannte Truhe an den Tisch gerückt. Auf deren gewölbtem Deckel sitzt die Frau oder hocken die Kinder beim Essen oder bei Arbeiten, die am Tische vorgenommen werden.

Ich verzichte darauf, das übrige zu nennen, was die Leute *nicht* haben. Mit wissenschaftlicher Vollständigkeit ließe sich das nur durchführen, wenn eine Darstellung eines mittleren bürgerlichen Haushaltes vorläge. Ich möchte hier die Nationalökonomen anregen, bei günstiger Gelegenheit eine solche zu liefern. Sie würde nach meiner Darstellungsweise ein dicker Band werden.

(6. Teilhabe am kulturellen Leben)

Die *geistigen Genüsse* der Leute sind äußerst bescheidener Natur, zur Zeit der Untersuchung gleich Null. Eine Zeitung liest der Mann nur, wenn er einmal in eine Restauration geht; ich habe mitgeteilt, wie selten dies der Fall ist. Früher, noch im vorigen Jahre, hielten die Leute »billige Monatsschriften«, das heißt, sie lasen einen Kolportage-Roman. Zur Begründung dieser Ausgabe geben sie an: »Fortkommen tut man nicht und eine Unterhaltung muß man haben.«

Zur geistigen Unterhaltung ist wohl auch der Besuch der Kirche zu rechnen. Die Arbeitsleute kommen natürlich selten in die Kirche, es ist mehrfach Gelegenheit gewesen, über ihre Tätigkeit am Sonntage Angaben zu machen – es fehlt ihnen vor allem an der Zeit. Der Mann, lutherisch, steht nicht ganz auf dem Boden seines nominellen Bekenntnisses. Er geht zuweilen in die lutherische Kirche, zuweilen in das Bethaus einer Leipziger Sekte. Die Frau bedauert, daß sie nicht im Stande ist, so oft, als sie möchte, die Kirche zu besuchen. Sie behandelt das ganz als geistigen Genuß: »ich kann sagen, Kirche ist mein einziges Vergnügen«. Vergnügen ist hier im eigentlichen Sinne zu nehmen. Die Leute halten trotz der schweren Entbehrungen, welche ihnen ihr geringer Lohn auferlegt, auf Standesehre und rechnen sich auf der Fabrik zur besseren Gesellschaft. Sie wissen ganz genau, daß ihnen ihr täglicher mühseliger sozialer Kampf niemals zu besseren Verhältnissen verhelfen kann. Sie bleiben trotzdem ehrlich und äußerten gelegentlich: »wenn man nur nicht maust und hält sich reell«, und brauchten andere Wendungen ähnlichen Inhalts.

Daß außer derjenigen Bildung, welche die Kinder in der Schule erhalten, nichts weiter geboten wird, ist klar, auch auf die Erziehung können die Eltern nur sehr wenig Zeit verwenden (Geld, etwa in veredelnden Jugendschriften, gar nicht). Auf begangene schwere Fehler der Kinder erfolgt Prügel oder Einsperrung in den erwähnten Stall, weil dies das kürzeste ist; ein auf dauernde Belehrung oder Leitung angelegtes Erziehungssystem würde für diese Verhältnisse undurchführbar sein. »Man kann die Kinder ja nicht anweisen!« Leider bereitet ein an diese extensive Pädagogik gewöhntes Kind der intensiveren Behandlung in der Schule, wo oft die erforderliche Mehrarbeit aufgewendet werden könnte, große Schwierigkeiten. Es erinnert dies an die Notwendigkeit, die verschiedenen Zweige einer Landwirtschaft gleich intensiv zu halten.

[...]

(7. Zusammenfassung)

(Die Zusammenstellung der regelmäßigen Ausgaben der Familie zeigt einen Überschuß über die Einnahmen.) Nach dieser Auf-

stellung würde also die Ausgabe die Einnahme schon beträchtlich übersteigen, ohne daß eine Amortisation der Hausgeräte darin aufgenommen ist, und ohne die unumgänglich nötige Rücksicht darauf, daß in jeder Familie außerordentliche Ausgaben eintreten, z. B. für Krankheit. Bei den Arbeitern sind die Kosten einer Krankheit gegen den gewöhnlichen Lebensunterhalt ganz unverhältnismäßig hoch und außerdem häufig mit einem Lohnausfall verknüpft. In der Familie, welche diese Untersuchung behandelt, sind einige Zeit nach Beendigung derselben Kinderkrankheiten vorgekommen; dieselbe geriet infolgedessen sofort in tiefe Verschuldung.

Es wäre verfehlt gewesen, wenn ich am Schlusse der Arbeit zur Herstellung einer richtigen Bilanz auf dem Papiere an den verschiedenen Posten herumrevidiert hätte, bis mir die Leute zugegeben hätten, sie wären niedriger. Ich habe mich bei der ganzen Untersuchung streng gehütet, die Angaben und Schätzungen der Leute durch eine Anleitung von mir zu beeinflussen. Meine Arbeit ist auch ohne diese Bilanz brauchbar. Sie lehrt, wie in einem Dorfe vor Leipzig das Naturaleinkommen einer fünfköpfigen Familie beschaffen sein würde, welche unausgesetzt 21 bis 22 Mark Geldeinkommen wöchentlich hätte.

Der Widerspruch zwischen Ausgaben und Einnahmen erklärt sich aus der mehrfach beobachteten und berichteten Neigung der Leute, die Dauer der Kleider zu kurz zu schätzen. Sie tragen die Kleider länger, oft viel länger, als sie selbst es für möglich halten. Zum Teil löst sich der Widerspruch möglicherweise auch dadurch, daß der Mann einige Nachtschichten mehr bekommt, als er angegeben hat. Für den Herbst und das Frühjahr mag dies anzunehmen sein. Zieht man diese Umstände in Rechnung, so dürfte das Defizit verschwinden für den Fall, daß die Frau, wie angenommen, das ganze Jahr mit um Lohn arbeitet. Das ist aber nicht so. Die Frau beurteilt ihren Hausstand nach dem Maßstabe eines geordneten Familienlebens, welcher ihr noch nicht abhanden gekommen ist. Bemerkungen wie: »man muß lüderlich wirtschaften« (nämlich jetzt), bei Schilderung der früher in Wiederitzsch für 30 Taler gemieteten größeren Wohnung (jetzt in Eutritzsch, näher bei der Stadt, 24) und die oft wiederkehrenden Klagen über die jetzt unvermeidbare »polsche Wirtschaft« beweisen das. Wenn der Hausstand, nach diesem Maße gemessen, nicht ganz zu Grunde gehen soll, so muß die Frau, wie sie erklärt, nach einiger Zeit wieder zu Hause bleiben. Im Winter ist ihr das auch wegen der größeren Feuersgefahr wünschenswert. Wenn sie das tut, so wird, nach ihrer Meinung, die Familie noch wesentlich elender leben müssen als jetzt, wie sie es auch früher schon getan hat. Die Aufnahme des Nahrungsaufwandes hatte mir das schon eher gezeigt, als ich es von der Frau selbst erfuhr. Der jetzige Zustand erscheint dieser als recht gut: »wenn ich egal mit fortginge, da ging's« – »glücklicher wollten wir uns gar nicht wünschen«.

Vor der Einkommensvermehrung durch die Arbeit der Frau kann derselbe in der Tat nicht ganz so glücklich gewesen sein, denn die sehr ordentlichen Leute waren die Wiederitzscher Miete schuldig geblieben und hatten ein nötiges Stück Mobiliar nach dem anderen auf das Leihhaus geschafft, wie bereits mitgeteilt, sogar eines von den ohnedies unzureichenden Betten.

Zum Abschlusse der Darlegung des Haushalts sei noch bemerkt, daß derselbe sich im Laufe der Untersuchung und infolge derselben etwas geändert hat. Die Leute kaufen jetzt am Ende derselben nichts mehr zehnpfennigweise in der Fabrikschänke ein, was sie früher mit Rücksicht darauf taten, daß der Budiker derselbe Mann ist, welcher die Nachtschichten austeilt. Sie hoffen, infolge meiner Vorstellungen, daß sie keine Benachteiligungen erfahren, wenn sie ihre Wurst gleich im ganzen einkaufen, am Sonnabend gleich für den Bedarf der ganzen Woche.

Diese Hoffnung scheint sich nach mir später zugegangenen Nachrichten nicht erfüllt zu haben. Sie sind wegen einer, nach ihrer Meinung ohne Grund, ihnen auferlegten Geldstrafe mit dem Beamten in Differenzen geraten und haben die Fabrik verlassen. Sie urteilen sehr abfällig über den Kleinhandel mit Lebensmitteln durch den Beamten: »Wer den dritten Teil des Lohnes nicht draußen läßt, den schafft er sich vom Halse.«

Sie gebrauchen auch keine Faßbutter mehr und haben sich vorgenommen, künftighin mit ihrem Bürgen einen Anzug bei einem gewöhnlichen Schneider auf Abzahlung zu entnehmen, statt in einem Bazar, – ob das möglich sein wird, bleibt dahingestellt. –

Die Ermittlung der Lage dieser Arbeiterfamilie hat allerdings eine große Ausführlichkeit erfordert; ich glaube aber, daß durch diese Art der speziellsten Untersuchung ein Material in die Wissenschaft eingeführt wird, an dem es bis jetzt noch sehr fehlt. Zeigt die gelieferte Beschreibung auch nur einen speziellen Fall, so tritt doch aus demselben allein schon das Typische deutlich genug hervor; noch besser wird es sich ergeben, wenn noch mehr derartige Arbeiten vorliegen, welche nicht nur die einzelnen Einkommensgüter anführen, sondern auch deren Beschaffenheit[5]. Schon jetzt verhilft sie zu einer besseren Beurteilung der zahlreich in der nationalökonomischen Literatur verstreuten Lohnstatistiken. Sie lehrt z. B., daß es nicht die vielgenannte Bedürfnislosigkeit der Arbeiter ist, welche die meistens sehr niedrigen Löhne bestimmt. Wenn die Arbeiterfamilie mancherlei von ihren Kleidungsstücken und selbst Tischgeräte aus Abfällen entnimmt, so zeigt sich, daß bei der angeführten Lohnhöhe von 20 Mark noch mancherlei ganz berechtigte Bedürfnisse unbefriedigt bleiben, welche so äußerst intensiv wirken, daß sie lieber denselben aus den Abfällen Genüge zu leisten suchen, so gut es geht, als ihrer Befriedigung ganz entsagen.

Zur vollkommeneren Unterlage solcher vergleichender Kritik der Arbeiterverhältnisse ist zu beachten, daß die Familie keineswegs in der schlimmsten Lage sich befindet, besonders gegenwärtig, sowohl im Vergleich zu den Arbeitern der Düngerfabrik als zu den Arbeitern überhaupt. Schon der angeführte Ausdruck der Zufriedenheit spricht dafür. Es ist auf genannter Fabrik eine größere Zahl Arbeiter, welche sich besser befindet, etwa die Hälfte der angestellten. Dieselben haben entweder höheren Lohn, 2,50 Mark statt 2,20 Mark, oder ein Häuschen mit etwas Landwirtschaft, teilweise beides. Diese schlachten sich ein Schweinchen und haben etwas Kartoffelland. Auch die hier behandelte Familie hat in diesem Jahre von der Fabrik ein Feldstückchen von 3 Ruten als Kartoffelland gepachtet, welches sie durch Sonntags- und Abend- oder Früharbeit bestellt. Ich habe es bisher nicht erwähnt, weil die Ernte davon während der Untersuchung noch nicht im Haushalt war. Die später geernteten Kartoffeln waren ganz schliffig.

Der dritte Teil der Leute ist etwa in derselben Lage wie die von mir geschilderte Familie, der Rest befindet sich schlechter, zum Teil wegen größerer Kinderzahl.

Daß die untersuchte Familie besser lebt als große Bevölkerungsschichten in andern Erwerbszweigen, lehrt jeder Blick in eine Lohnstatistik, welche durch Einzelbeschreibungen, wie die vorliegende, erst Leben gewinnt, besonders wenn man die arbeitslose Zeit berücksichtigt, und nicht einfach zur Herstellung des Jahresbudgets den Wochenlohn mit 52 multipliziert. Man vergleiche etwa Frief, »Fabrikarbeiter in Schlesien«. Auch aus beschreibenden Arbeiten findet meine Behauptung Bestätigung. Man lese Sax, »Hausindustrie in Thüringen«.

»Die Arbeitsstube, zugleich Küche und Wohnstube, wo sich die Kinder drängen und wo der Meister sein Werk verrichtet, ist gewöhnlich licht, ihre Fenster gehen auf die Gasse; dagegen die Kammer ist selten ventilierbar und noch seltener ventiliert. Sie enthält gerade Raum genug für 2 oder 3 Betten, die so nahe beisammen stehen, daß zwischen ihnen kein Durchgang frei bleibt; man steigt dann oder wälzt sich von einem Bett in das andere. Nachts dient jedes Bett 2 Personen zur Lagerstätte, oft schlafen 3, nicht selten 4 Personen beisammen in einem Bett, 2 mit dem Kopfe nach aufwärts und 2 nach abwärts. Man schaudert zurück vor dem Elend, das einem hier begegnet.«

Seite 39 sagt der Bezirksvorstand: »Wenn ich mit dem Exekutor komme, dann finde ich öfters die Mutter den Kindern die Wäsche machen, während die Kleinen sich nackend auf dem Boden wälzen, sie haben eben nur *ein* Hemd, das gerade für den Sonntag rein gewaschen wird; die Alten sind schon besser daran, die haben zwei Hemden, eins auf dem Leibe und eins auf dem Zaun.«

Dann folgt eine Schilderung der Nahrung, die fast ganz aus Kartoffeln besteht, welche schon am Morgen zum Zichorienaufguß genossen werden.

Oder man schlage Thun nach »Industrie am Niederrhein«, Bd. 1, wo Blumen an den Fenstern, wie ich sie vorgefunden habe, und *nur zwei Stuben* als Zeichen ausnahmsweisen Wohlstandes unter den Arbeitern angeführt werden (S. 62).

Für englische Verhältnisse und über die *allgemeinen* volkswirtschaftlichen Ursachen der berichteten Zustände lese man das Werk von Max Schippel: »Das moderne Elend und die moderne Übervölkerung«, welches die älteren Angaben von Marx bis auf die neueste Zeit fortführt.

Nach der Kenntnisnahme dieser neueren Untersuchungen über den Volkswohlstand wird man es nicht mehr so sehr erstaunlich finden, daß sich Arbeiter in der von mir geschilderten Lage glücklich schätzen.

Jemand, welcher selbst dem Arbeiterstande (in seinen höheren Schichten) angehört, und von dem von mir im obigen dargestellten Arbeiterhaushalte gründliche Einsicht genommen hat, versicherte mir, daß die Lebensweise der Familie durchaus nicht den dafür aufgewandten Geldmitteln entspräche. Er glaubt nach den Erfahrungen in seiner Wirtschaft zu der Behauptung berechtigt zu sein, daß die Leute mit einem wöchentlichen Haushaltsgelde von 10 Mark bei verständiger Wirtschaft besser hätten leben müssen, als sie mit etwa 13 Mark taten. Bei der Begründung, zu welcher ich ihn veranlaßte, gab er an, daß die geschilderte Ernährungsweise mit kaltem und ungekochtem Essen verhältnismäßig sehr teuer zu stehen komme und daß eine Hauptmahlzeit *abends* erfahrungsmäßig nicht im Stande sei, die Hauptmahlzeit mittags zu ersetzen; er bezeichnete überhaupt den Haushalt mit starken Ausdrücken als einen völlig unwirtschaftlichen.

Mein Hinweis, daß *seine* Frau zu Hause wirtschafte, *während die Frau des behandelten Haushaltes von früh bis Abend in der Fabrik stehe,* führte zu der übereinstimmenden Meinung, *daß dieses die Ursache der anomalen Kostbarkeit der Wirtschaft sei.* Durch diese ergänzenden Nachforschungen gewannen für mich die berichteten wiederholten Klagen der Frau über »polsche Wirtschaft« bedeutend an Inhalt und Gewicht, sie zeigen, daß die häusliche Tätigkeit der Frauen ein bedeutender Teil der Nationalproduktion ist, und daß die bloße Rückgabe der Hausfrau für ihren eigentlichen Beruf ohne weiteres eine ganz gewaltige Lohnerhöhung bedeuten würde, wenn dem Arbeiter die Möglichkeit geschafft würde, die bewirkte Erhöhung der Lebenshaltung zu bewahren. Die Arbeit verheirateter Frauen in den Fabriken raubt dem Arbeiterstande das Familienglück, außerdem raubt sie einen Teil von dem Sachlohn, auf welchen der Geldlohn des Mannes ohne sie die Anweisung wäre.

Anmerkungen

1 Hiermit erscheint im Anschluß an die Abhandlung über die Leipziger Düngemittelindustrie im 3. Heft des X. Jahrgangs dieses Jahrbuches der zweite Teil einer Arbeit, welche in ihrem ursprünglichen Plane die

ökonomische Beschreibung der ganzen chemischen Industrie von Leipzig umfassen sollte. – Die Untersuchung wurde nur bei einem Zweige derselben vollendet, bei dem andern, der so wichtigen Fabrikation ätherischer Öle, für die Leipzig der Hauptplatz ist, blieb nur Zeit, die geschichtlichen Anfänge und das Verhältnis zur Landwirtschaft zu ermitteln. Dieses handschriftliche Material würde einem Nachfolger auf diesem Gebiete gern übergeben werden.

Als Quellen zur Arbeit dienten außer den Leipziger Ratsakten nur persönliche Befragung und eigener Augenschein. Allen, welche dazu verholfen haben, sei herzlich gedankt, insbesondere den Herren Fabrikanten und Arbeitern, welche viele Wochen hindurch wiederholte stundenlange nationalökonomische Sitzungen mit großer Gefälligkeit über sich ergehen ließen, zum Teil nach des Tages Last und Hitze.

Es muß hier mitgeteilt werden, daß ich einige mir bekannte Tatsachen nicht berichtet, mehrere von Erheblichkeit – beispielsweise den Reingewinn und die Kreditverhältnisse der Fabriken, nach denen zu fragen nur schadet – nicht ermittelt habe. Ich konnte einiges nicht veröffentlichen, was mir von Fabrikanten zur eigenen Orientierung unter der Bedingung der Verschwiegenheit anvertraut wurde, oder was mich Arbeiter aus Scheu vor der Kennzeichnung ihrer mißlichen Lage zu unterdrücken baten. Einige erwiderten auf Anfragen: Wir lassen uns nicht in den Magen gucken. – Von diesen einfachen Weglassungen abgesehen, ist meine Arbeit durchaus der Sachlage getreu.

2 Es ist mir bei dieser Untersuchung wahrscheinlich geworden, daß dieser Vorbehalt bei allen bis jetzt aufgestellten Arbeiterbudgets gilt.

3 Die wirtschaftliche Bedeutung dieses anscheinend hohen Lohnes erhellt aus dem Nachtrag.

4 Vgl. Dr. Fränkel, Die Wohlfahrtseinrichtungen im Leipziger Handelskammerbezirk.

5 Gegen Ende dieser Untersuchung erhielt ich das Werk von Schnapper-Arndt, »Fünf Taunusgemeinden« (Fünf Dorfgemeinden auf dem hohen Taunus, Leipzig 1883). Dasselbe enthält ebenfalls derartig genau durchgeführte Arbeiterbudgets, welche ich nachzusehen empfehle.

Lothar Schneider
Charakteristika des Haushalts der Fabrikarbeiter*

[1. . . .]

2. Trennung von Haushalt und Betrieb

Im Mittelpunkt des Interesses der Fabrikarbeiterfamilie stand wie schon beim Heimarbeiter der Verdienst aus der Arbeit des Mannes, und wenn dieser nicht zum Lebensunterhalt ausreichte, auch der Frau und oftmals der Kinder, ohne daß die Familienglieder die Arbeit des einzelnen noch *aktiv* miterlebten. Haushalt und Betrieb waren jetzt auch äußerlich getrennt[1]. Einkommensentstehung und -verwendung waren damit zwei verschiedenen, voneinander auch örtlich völlig unabhängigen Bereichen zugeordnet. Der Frau oblag der Hauptteil der Einkommensverwendung[2]. Sie hatte für die Ernährung der Familie zu sorgen und wohl oft auch für den Kauf der nötigen Kleidung. Von ihr war weiterhin die Kindererziehung abhängig, da der Vater sich wegen seiner langen Arbeitszeit kaum um die Kinder kümmern konnte.

Beim Heimarbeiter richtete sich der Tagesrhythmus der Familie nach der Arbeit des Mannes, die im Mittelpunkt des Haushalts stand und die in der Wohnung vor sich ging, z. T. unter Mithilfe einzelner Familienglieder. Arbeit und Freizeit, Haushaltsführung, Ehe und Kindererziehung bildeten eine Einheit, auch wenn der Erwerbsbereich schon ganz nach außen, zum anonymen Markt hin orientiert war.

Beim Fabrikarbeiter fehlte diese Einheit völlig. Für ihn waren Haushalt und Familie nur der Ort der Erholung und der wegen der langen Arbeitszeit bedingten kurzen Freizeit und ihrer Gestaltung. Dies setzte jedoch voraus, daß der Lohn des Mannes zum Lebensunterhalt der Familie ausreichte, da die Mitarbeit der Frau – wie noch zu zeigen sein wird, sie soll hier vorerst unberücksichtigt bleiben – Haushaltsgebarung und Familienleben

* Auszüge aus: Lothar Schneider, Der Arbeiterhaushalt im 18. und 19. Jahrhundert. Dargestellt am Beispiel des Heim- und Fabrikarbeiters, Berlin 1967 (Beiträge zur Ökonomie von Haushalt und Verbrauch, Heft 4), S. 96-100, 109-110.

störte, und daß die Wohnung so beschaffen war, daß sie ein echtes Familienleben und Erholung ermöglichte. Die Fabrikarbeit zwang dem Arbeiter ihren eigenen Rhythmus auf; der Arbeiter konnte nicht länger Arbeitszeit und -tempo nach eigenem Gutdünken bestimmen. Beginn der Arbeit und Pausen waren vorgeschrieben, und diese Zeitplanung strahlte auf den Haushalt aus, der sich auf Arbeitsbeginn und -beendigung des Mannes einzustellen hatte. Am Arbeitsplatz galt es, sich der organisierten Arbeitsteilung zu unterwerfen und mit höchster Konzentration mit weitgehender Kontaktarmut den 10- bis 14-Stundentag abzuleisten. Jetzt war es nicht mehr möglich, wie z. T. beim Heimarbeiter im 18. Jahrhundert, Arbeitszeit und Freizeit je nach dem Höherschätzen von Verdienst oder Verdienstausfall gegeneinander abzuwägen. Man arbeitete die vorgeschriebenen Stunden, da man andernfalls Gefahr lief, arbeitslos zu werden. Zusätzlicher Verdienst war eventuell durch Überstunden möglich. Allerdings nur solange, als die Überstunden nicht regelmäßiger und häufiger wurden und damit eine bloße Verlängerung des gewöhnlichen Arbeitstages bedeuteten. Der Lohn für die Tagesstunde wurde dadurch herabgedrückt, »so daß er (der Arbeiter) schließlich nur länger für dasselbe Geld arbeitet(e)«. Daneben konnte die Möglichkeit, Überstunden zu machen, sogar an den Kauf der wichtigsten Lebensmittel in der Fabrik gebunden sein (Trucksystem)[3].

Die Lage der Wohnung bestimmte sich oftmals nach dem Standort des Betriebes. Je größer die Entfernung zwischen Arbeitsplatz und Wohnung war, um so länger wurde der Arbeitstag, da der Weg von und zur Arbeitsstätte hinzugerechnet werden muß. So war der Arbeiter bereit, mit einer schlechteren Wohnung[4] in größerer Nähe seines Betriebes vorliebzunehmen.

In der Stadt verlor die Arbeiterfamilie ihre vom Land selbst bei größter Armut gewohnten »community ties« (Smelser). Das hatte zur Folge, daß man für seinen Lebensunterhalt völlig vom eigenen Einkommensbezug abhängig war, da in Krisenzeiten die Stadtgemeinde nicht in gleicher Weise Unterstützung bot wie die ländlichen Gemeinden. Daneben fielen verwandtschaftliche Bindungen fort, die durch das Abwandern in die Städte zerrissen, wofür die neuen nachbarlichen Kontakte oder die unter Arbeitskollegen kein gleichwertiger Ersatz waren. Noch krasser als beim Heimarbeiter ist der Hang zur Kleinfamilie und zum Leben in abgekapselten Wohnungen. »Das [...] Phänomen der Durchteilung des Lebens in den Bereich der Arbeit und den der Familie, in Betrieb und Privatleben, ist hier in den räumlichen Gegebenheiten verankert. Man denkt nicht mehr ›in Häusern‹, sondern ›in Wohnungen‹.«[5]

3. Die Erwerbstätigkeit von Arbeiterfrauen

Spätestens im Alter von fünfzehn Jahren[6] mußten Mädchen ebenso wie Jungen aus Arbeiterfamilien eine Erwerbstätigkeit ausüben, um das Familienbudget zu entlasten. Die unverheirateten Mädchen mußten ihren Verdienst den Eltern abliefern, um sich selbst und die ganze Familie erhalten zu helfen, und hatten daher bei der Heirat keinerlei Rücklagen für die Aussteuer. Diese wurde nur selten von den Eltern zur Verfügung gestellt. Das Paar kaufte sich die wichtigsten Haushaltsgegenstände auf »Borg«. Um Zinsen und Tilgungsraten aufzubringen, war die Frau in den ersten Jahren gezwungen mitzuarbeiten, selbst wenn Kinder kamen[7]. Das Kind oder die Kinder wurden in diesem Fall gegen ein Entgelt, das oft den größten Teil des mütterlichen Lohnes bereits aufzehrte, zu Verwandten oder Bekannten gegeben.

Mit 14 Jahren haben die Arbeiterkinder »die Fabrikarbeit in vollem Umfang aufgenommen, ohne nach der Verheiratung irgendeine Unterbrechung zu machen«. »Gespart hatte man vor der Heirat nichts, da die Eltern zu unterstützen waren. Einige mußten die Einrichtung auf Abzahlung nehmen und dafür mußte die Frau arbeiten. Als das erste Kind zur Welt kam, konnte der Verdienst der Frau gar nicht mehr entbehrt werden, so wurde das Kind zu Großeltern, oder anderen Verwandten getan und 4 Mk. wöchentlich dafür bezahlt. Nach Hause kommen diese Kinder in den ersten Lebensjahren kaum, auch sonntags nicht, da die Frauen meist der Ansicht sind, daß die Ungleichmäßigkeit der Verpflegung den Kindern schadet. Vielleicht sind sie auch selbst der Kinderpflege zu sehr entwöhnt. Als das zweite Kind kam, wurde auch dieses fortgegeben. Nun werden 7 Mk. pro Woche für beide Kinder gezahlt« (vom Einkommen der Mutter in Höhe von 9 bis 10 Mk. wöchentlich). »Wenn mehr Kinder kommen, wird die Fabrikarbeit meist ›der Not gehorchend‹ aufgegeben.«[8]

Außer diesen Gründen für die Mitarbeit der Frau war ein weiterer wichtiger Faktor der geringe Lohn des Mannes, besonders bei den ungelernten Arbeitern. Dieser ungelernte Arbeiter, der in den

Fabriken des frühen Industrialismus das größte Kontingent stellte, hatte selbst kaum die Möglichkeit, seinen Lohn durch Mehrarbeit oder Übergang zu anderen, besser bezahlten Arbeitsplätzen zu steigern. Nach einer Zusammenstellung von Haushaltsrechnungen verschiedener Quellen zwischen 1876 und 1913[9] war die Mitarbeit der Frauen in rund 50 Prozent der untersuchten Fälle erforderlich. Noch nach der Reichserhebung von 1909[10] schwankten die Nebeneinnahmen im Arbeiterhaushalt (u. a. durch Mitarbeit der Frau) durchschnittlich zwischen 24,5 beim ungelernten und 16,8 Prozent beim gelernten gewerblichen Arbeiter[11]. So verdiente z. B. die Frau eines Arbeiters in einer Seifenfabrik Leipzigs[12] durch ihre Mitarbeit in der gleichen Fabrik (wenn auch nicht gleichmäßig das ganze Jahr hindurch) immerhin rund ein Drittel des Familieneinkommens.

Geht man von einer am Existenzminimum orientierten Konsumnorm für den Arbeiterhaushalt aus[13], so reichte das Einkommen des ungelernten Fabrikarbeiters im allgemeinen nicht aus, die Familie, besonders wenn Kinder vorhanden waren, zu unterhalten. Im Verlauf des Industrialismus ging zwar auch der Arbeiter dazu über, seine Familiengröße rational zu bestimmen[14], doch wurde in der zweiten Hälfte des 19. Jahrhunderts die Kinderzahl als noch nicht rational bestimmt betrachtet. Die Frau nahm in dieser Zeit jede bezahlte Tätigkeit an, die sich ihr bot, besonders in Fällen, in denen sie selbst nichts gelernt hatte oder ihr Mann arbeitslos war[15].

Die Fabrikarbeiterin ging oft davon aus, daß sie mit dem gleichen Zeitaufwand in der Fabrik mehr verdienen würde, als sie durch Eigenproduktion einsparen könnte. Hierbei kam der Arbeiterfamilie zugute, daß sich viele Produkte des lebensnotwendigen Bedarfs infolge fortschreitender Industrialisierung verbilligten (wie etwa Stoffe, Haushaltsgeräte u. a. m.).

Alle genannten Ursachen der Mitarbeit der Frau entstanden meist aus der Not der Arbeiterfamilie. Daneben soll aber ein wichtiges Argument für die Fabrikarbeit der Frau nicht unerwähnt bleiben, obwohl es bereits sehr modern klingt: die Flucht der Frau aus der materiellen und autoritären Abhängigkeit vom Mann. In der patriarchalischen Familienstruktur war nur dem Mann die Außenwelt zugänglich, in der er häufig hohe Einkommensteile ausgab, der Frau jedoch nur das Haushaltsgeld aushändigte, was er für richtig hielt[16]. Die Arbeiterin war diese Abhängigkeit nicht gewohnt, solange sie ledig war. Sie wollte jetzt nicht mehr auf die eigene Freiheit, die oft nur in dem Kontakt zur Außenwelt am Arbeitsplatz bestand, verzichten.

[. . .]

4. Kinderarbeit und Schulbildung

Wie beim Heimarbeiter so waren auch die Kinder[17] vieler Fabrikarbeiter gezwungen mitzuverdienen, um das Familieneinkommen zu steigern und sich damit erhalten zu helfen. Solange kein Schulzwang bestanden hatte und die Zahl der Analphabeten groß war, galt es als selbstverständlich, daß die Kinder von Bauern, Handwerkern und Heimarbeitern im Betrieb der Eltern mitarbeiteten. Problematisch wurde die Fabrikarbeit von Kindern aus zwei Gründen[18].

Die ganztägige Fabrikarbeit von Kindern war nur auf Kosten der schulischen Ausbildung möglich. Allerdings schränkten die strenge behördliche Handhabung des Schulzwanges wie auch Schutzgesetze gegen den Mißbrauch von Kinderarbeit in Fabriken[19], sobald deren Einhaltung von Fabrikinspektoren gewissenhaft überwacht wurde, das Ausmaß der Kinderarbeit ein[20].

Auch das »Abwechselsystem«[21] stellte nur einen Kompromiß dar zwischen der Ausbildung und dem Zwang zu verdienen, sofern die Fabrikbesitzer diese Regelung akzeptierten[22]. Dennoch gelang es nicht, die Fabrikarbeit von Kindern auszurotten, auch wenn sie im allgemeinen nur in Fällen äußerster Not auftrat, wenn sich die Familie »vor einen Scheideweg gestellt (findet), welcher nur die grausame Wahl zwischen zwei Übeln für ihre Kinder läßt, dort harte Leiden, wohl gar der Tod, – hier die Arbeit«.[23] Die Kinderarbeit in Fabriken war am häufigsten in Gegenden, »in denen Hausindustrie die Kinderarbeit schon eingebürgert hatte, namentlich Sachsen, Thüringen und Rheinland«[24]. Die Kinder waren daher das Arbeiten von klein auf gewohnt und entlasteten oft die Mutter, indem sie im Gelderwerb an ihre Stelle traten[25].

Die Armut vieler Arbeiterfamilien zwang die folgende Generation erneut zu einem Leben in Armut, da die besser bezahlte Fabrikarbeit den schulisch wie gewerblich (in Form der Lehre) besser Ausgebildeten vorbehalten blieb, wozu die von Kind auf in Fabriken beschäftigten Arbeiterkinder nicht in der Lage waren.

Diese Kinder waren wie ihre Eltern der Trennung von Haushalt und Betrieb unterworfen, wodurch ihre Erziehung erschwert, wenn nicht unmöglich war. Während beim Heimarbeiter, Bauern und Handwerker die Eltern ihre Kinder zur Arbeit anleiteten und ihren Tageslauf überwachen konnten, waren die Kinder im Alter von zwölf Jahren und darunter den Eltern nunmehr entfremdet. Sie verbrachten ihre Tage in der fremden Umgebung von Fabriken und waren vielen schädlichen – auch unmoralischen – Einflüssen ausgesetzt[26]. Die Kinder wurden vorzeitig selbständig und waren immer weniger bereit, sich der elterlichen Autorität zu beugen. Dieser Zustand setzte sich natürlich gesteigert bei den schulentlassenen jugendlichen Arbeitern fort.

[. . .]

Anmerkungen

1 Vgl. hierzu insbesondere Rudolf Braun, Sozialer und kultureller Wandel in einem ländlichen Industriegebiet im 19. und 20. Jahrhundert, Erlenbach-Zürich u. Stuttgart 1965, S. 191 ff.

2 Die Frau »is the financier of the family group«. »She is the manager and dispenser of the household income, and provided that income is of average size and fairly steady, the comfort of the entire family depends upon her character and ability.« So Louise B. More, The Cost of Living for a Wage-Earner's Family in New York City, in: The Cost of Living, Philadelphia 1913, S. 104 ff. (The Annals of the American Academy of Political Science, Vol. 40, 1913).

3 H. Mehner, Der Haushalt und die Lebenshaltung einer Leipziger Arbeiterfamilie, in: Jahrbuch für Gesetzgebung, Verwaltung und Volkswirtschaft im Deutschen Reich 11/1887, S. 301 ff., hier S. 303, 331; in diesem Band S. 309 ff.

4 Zur Beschaffenheit der Wohnungen siehe Teil 2, III, C (hier nicht abgedruckt).

5 So Wilhelm Brepohl, Industrievolk im Wandel von der agraren zur industriellen Daseinsform, dargestellt am Ruhrgebiet, Tübingen 1957, S. 218 (Soz. Forschung und Praxis, Bd. 18).

6 Nach Absolvieren der vom Staat vorgeschriebenen Schulzeit. In einem späteren Abschnitt dieser Arbeit wird bei der Erörterung der Kinderarbeit jedoch gezeigt, daß speziell Arbeiterkinder gezwungen waren und wurden, oft unter Umgehung Kinderarbeit verbietender oder einschränkender Gesetze, schon im Alter von acht Jahren mindestens

halbtägig, sehr oft ganztägig in Fabriken zu arbeiten. Vgl. den Abschnitt »Kinderarbeit und Schulbildung«.

7 Die Gründe für fehlende Ersparnisse beim Mann sollen an späterer Stelle gezeigt werden. Vgl. S. 119 der vorliegenden Arbeit (hier nicht abgedruckt).

8 So R. Wilbrandt, Die Weber in der Gegenwart, Jena 1906, S. 142.

9 Vgl. die sechs bei Gerhard Albrecht (Das Einnahmebudget des Arbeiterhaushalts, in: Zeitschrift für die ges. Staatswiss., Jg. 70 (1914), S. 371ff., hier auf S. 376f.) zitierten und ausgewerteten Quellen. Albrecht (a. a. O.) nennt an anderen Möglichkeiten des Nebenerwerbs: Kinderarbeit, Nebenverdienst des Mannes, Aftervermietung, Zuschüsse vom Arbeitgeber, Naturaleinnahmen, Verkauf von Inventar, u. a. m.

10 Erhebung von Wirtschaftsrechnungen minderbemittelter Familien im Deutschen Reiche, Berlin 1909, S. 44f. (2. Sonderheft zum Reichs-Arbeitsblatte).

11 Die Mitarbeit verheirateter Fabrikarbeiterfrauen war bei gelernten Arbeitern sowohl wegen des höheren Lohnes als auch bereits aus Prestigegründen niedriger, vgl. F. Wörishoffer, Die sociale Lage der Fabrikarbeiter in Mannheim und dessen nächster Umgebung, Karlsruhe 1891, S. 74.

12 Vgl. Mehner, a. a. O.

13 Vgl. den 2. Teil, III C, auf den Seiten 133ff. der Arbeit (hier nicht abgedruckt).

14 Durch die innereheliche Fruchtbarkeit »stimmt sich der einzelne ab auf die Gefahren und Bedrohungen seiner ›Stelle‹, hält sich beweglich gegenüber der Unsicherheit seines Einkommensbezugs und verteidigt damit seine [...] Konsumnorm gegen alle Belastungen und Einbrüche«. So G. Mackenroth, Bevölkerungslehre, in: Soziologie. Ein Lehr- und Handbuch zur modernen Gesellschaftskunde, Düsseldorf, Köln 1955, S. 44ff., hier S. 79.
So wandelte sich etwa die Familiengröße in England, wo dieser Umschwung schon wesentlich früher zu beobachten war, von 6,16 Personen (1861-69) über 5,27 (1881), 4,13 (1890-99) bis zu 3,30 Personen in den Jahren 1900-09. Vgl. die Tabelle bei Ronald Fletcher, Britain in the Sixties: The Family and Marriage, London 1962, S. 113 (Penguin Books), sowie die Anmerkung 39 auf S. 214 ebd.

15 Siehe die Beispiele bei Ivy Pinchbeck (Women Workers in the Industrial Revolution 1750-1850, London 1930, S. 2) sowie die zitierten Literaturstellen bei Fletcher, a. a. O., auf den Seiten 98-104.

16 Vgl. Erich Egner, Entwicklungsphasen der Hauswirtschaft, Göttingen 1964, S. 67f. (Göttinger Wirtschafts- und Sozialwissenschaftliche Studien, 1).

17 Gemeint sind Kinder unter 15 Jahren.

18 Dabei sollen die Probleme, die sich aus frühester Mitarbeit der Heimarbeiterkinder ergaben, keinesfalls verniedlicht werden, sie lagen dort jedoch anders. Vgl. den Abschnitt: 1. Teil IV, D der Arbeit (hier nicht abgedruckt).

19 In Preußen durften nach einem Gesetz von 1839 nur Kinder ab 9 Jahren in Fabriken beschäftigt werden. Nach weiteren Gesetzen von 1853ff. wurde die untere Altersgrenze auf 12 Jahre hinaufgesetzt. Darüber hinaus durften die Kinder unter 14 nur 6 (statt 10) Stunden täglich beschäftigt werden. Vgl. Documents relatifs au travail des enfants et des femmes dans les manufactures, les mines, etc., Bruxelles 1871, S. 120f., 124.

20 Ein Bericht (Reports from her Majesty's diplomatic and consular agents abroad, respecting the condition of the industrial classes in foreign countries. London 1870-72) aus der Zeit um 1870 gab für Preußen die Zahl der völlig in der Schule fehlenden schulpflichtigen Kinder mit 14% an. In dieser Zahl waren die in Fabriken arbeitenden Kinder enthalten (a. a. O., S. 95).

1882 gab es in Deutschland rund 524000 jugendliche Arbeiter unter 15 Jahren, von denen etwa 140000 auf Industrie und Bergbau entfielen (vgl. K. Oldenberg, Statistik der jugendlichen Fabrikarbeiter, in: Jahrbuch für Gesetzgebung, Verwaltung und Volkswirtschaft im Deutschen Reiche 18/1894, S. 969ff., hier S. 988). Das Verhältnis von Kinder- zu der Arbeit von Erwachsenen war um 1890 wie 1:10 (vgl. Royal Commission on Labour, a. a. O., S. 43f.). Nach einer anderen Quelle für 1877 war das Verhältnis weniger kraß; es schwankte zwischen 1:40 und 1:18 entsprechend der Gegend (vgl. Oldenberg, a. a. O., S. 996), dabei überwog von 1854 an der Anteil der über 12jährigen Kinder an der gesamten Kinderarbeit in Fabriken immer stärker.

21 Vormittags Schule, nachmittags Arbeit oder umgekehrt.

22 Vgl. Ettore Friedländer, Die Frage der Frauen- und Kinderarbeit, Forbach 1887, S. 33ff.

23 So ders., a. a. O., S. 23f.

24 So Oldenberg, a. a. O., S. 987.

25 Vgl. G. Albrecht, a. a. O., S. 409.

26 Diese Umstellungen erfuhren dann einen Aufschub, wenn die Heimarbeiter in Fabriken übernommen wurden und die Arbeiter ihre Kinder als Assistenten bei sich beschäftigen konnten. Das hatte den Vorteil, daß sie unter ihrer Aufsicht standen und das Einkommen in der Familie blieb, da Arbeiter ihre Assistenten selbst bezahlen mußten. Solches berichten Neil J. Smelser (Social Change in the Industrial Revolution – An Application of Theory to the Lancashire Cotton Industry 1770-1840, London 1959, S. 189ff., für die Textilindustrie Englands und Wolfram Fischer (Der Staat und die Anfänge der Industrialisierung in Baden 1800-1850, Berlin 1962, S. 347) für die Badens.

Margarete Freudenthal
Strukturelle Merkmale proletarischen Familienlebens zwischen 1880 und 1900*

Für die Zeit zwischen 1880 und 1900 stellt Freudenthal an Hand von Budgetstudien über drei deutsche und zehn schweizerische Proletarierhaushalte folgende strukturellen Besonderheiten des proletarischen Familienlebens fest:

1. Fast alle Arbeiter, die uns begegnet sind, stammen von Vätern ab, die Handwerker waren. Sie selbst sind zum Teil auch noch durch eine Lehre gegangen, mußten aber den Handwerkerberuf mit einem Lohnarbeiter- oder Tagelöhnerberuf vertauschen.

2. Die Unsicherheit begleitet das Leben des Arbeiters. Sobald Arbeitslosigkeit eintritt, erfolgt stets das gleiche stufenweise Herabsinken. Es fängt an mit den Mietrückständen, die zu Wohnungswechsel und Pfändung durch den Hauswirt führen; die Armenfürsorge greift ein. Wechselnde Berufe, Hilfsarbeiterstellungen leiten allmählich wieder in geordnete Stellungen über. Es erfolgt ein neuer Aufbau, dem nach einigen Jahren sehr oft wieder derselbe Abbau folgt.

3. In den meisten Fällen werden mittellose Frauen geheiratet (Arbeiterinnen, Hausangestellte). Viele Schwangerschaften machen es der Frau in zahlreichen Fällen unmöglich, zum Verdienst beizutragen. Viele der geborenen Kinder sterben wieder. Die Frauen sind durch die Schwangerschaften so geschwächt, daß sie meist auch später, wenn die Kinder groß sind, keinem geregelten Verdienst mehr nachgehen können.

4. Selbst bei einer geordneten Stellung des Ehemannes ist die Bezahlungsart in den seltensten Fällen eine ganz regelmäßige. Kombinationen von Akkord- und Zeitlohn, von Normalarbeitszeit, Überstunden, Nacht- und Sonntagsarbeit, sowie teils 14-tägige, 8tägige und monatliche Bezahlung haben zur Folge, daß der Arbeiter selten mit einer bestimmten Summe zu bestimmter

* Auszüge aus: Margarete Freudenthal, Gestaltwandel der städtischen bürgerlichen und proletarischen Hauswirtschaft unter besonderer Berücksichtigung des Typenwandels von Frau und Familie, vornehmlich in Südwest-Deutschland von 1760-1933, 1. Teil (einziger): von 1760-1910. Phil. Diss. Frankfurt/M. 1933, Würzburg 1934, S. 123-126, 129-130.

Zeit rechnen kann. Dadurch sind zwischenzeitliche Schulden, obgleich sie im allgemeinen vermieden werden, häufig unabwendbar. Im Rahmen dieser Unregelmäßigkeiten in der Bezahlungsart sind die Arbeiterlöhne einander sehr ähnlich; sie variieren zwischen Mk. 1000.– und Mk. 1600.– pro Jahr.

5. Ersparnisse werden kaum gemacht.

6. Substanz und Fundierung des Haushalts sind kaum vorhanden; trotzdem gehören Anschaffungen zu den Unmöglichkeiten.

7. Eine Verbesserung der Stellung ist in den wenigsten Fällen möglich; die Familien sind sich der Aussichtslosigkeit eines Aufstiegs meist bewußt.

8. Eine häusliche Hilfe wird nicht gehalten; nur während der Wochenbetten kommt eine Hilfe, sehr oft durch Verwandtschaft oder Nachbarschaft, für den Haushalt in Betracht.

9. Sozialversicherungen wurden in jener Zeit erst eingeführt, die Beitragszahlungen waren noch höchst ungeordnet. Zum Teil bestanden gar keine Versicherungen, zum Teil wurden sie vom Arbeitgeber getragen.

10. Für die Arbeitszeit ist charakteristisch, daß sie sehr früh, meist um 7 Uhr, beginnt und des weiten Weges halber über Tisch, d.h. bis 4 oder 6 Uhr am Nachmittag ausgedehnt wurde.

11. Die Wohnungen zeigen fast alle ein außerordentlich ärmliches, unhygienisches und unpraktisches Gepräge. Durchschnittlich bestehen sie aus ein bis zwei Zimmern und einer Küche oder einer Kochgelegenheit. Die Licht- und Lüftungsverhältnisse sind sehr schlecht. Der Abort ist meist für mehrere Familien gemeinsam auf der Treppe. Die Zimmer, meist jedenfalls die Küche, haben keine direkte Lüftung ins Freie. Dazu sind die Preise dieser Wohnungen außerordentlich hoch.

12. Untervermietung, Schlafgänger und Kostgänger sollen den Verdienst erhöhen. Es ist aber ein sehr unsicherer Verdienst.

13. Das Mobiliar dieser Wohnungen besteht nur aus dem Allernotwendigsten. Es ist zum Teil geerbt, zum Teil auf Abschlag erstanden, zum Teil gebraucht gekauft, zum Teil selbst gezimmert, zum Teil gemietet. Es finden sich stets sehr viel weniger Betten als Menschen in der Wohnung. Ein paar Bilder an der Wand, oder eine Schwarzwälder Uhr, oder einige Blumenstöcke finden sich fast in jeder Familie.

14. Ob in der Küche gegessen wird hängt von den Wohn-, den Licht- und den Heizverhältnissen ab.

15. Ebenso mangelhaft wie das Mobiliar ist die Kleidung. Auch sie wird auf Abschlag bezahlt. Die Schuhe nehmen darunter den Hauptposten ein. Eine Nähmaschine ist selten vorhanden. Die Leibwäsche wird wöchentlich gewechselt, die Bettwäsche alle vier bis sechs Wochen. Daß die Frauen mit bloßem Kopf gehen, im Winter ein Kopftuch umnehmen, daß Handschuhe selten getragen werden, und daß die Kinder im Sommer barfuß gehen, war allgemein üblich.

16. Die Kleidung wird oft durch Geschenke ergänzt. Neben Kohlen und Kartoffeln sind Kleidung und Wäsche die Hauptposten für die private Wohltätigkeit.

17. Für die Lebensmittelversorgung ist charakteristisch, daß keinerlei Vorräte gekauft werden können. Auch bei Kohlen und Kartoffeln ist dies nicht möglich. Wenn der Mann des Mittags nicht zu Hause ist, verteuert sich das Essen durch die mitgenommene kalte Mahlzeit. Wurst wird nicht nach Gewicht, sondern nach Preis gekauft. Es besteht also im Ganzen eine Verteuerung der Lebenshaltung in bezug auf Kleidung, Mobiliar, (Abschlagzahlung) und Nahrung dadurch, daß von der Hand in den Mund gelebt wird und auswärts gegessen werden muß. Bei Fleisch handelt es sich in der Regel um billiges, zum Teil minderwertiges Fleisch. Unter dem Posten Fette ist Butter nur in kleinen Quantitäten und Ersatzstoffe und Schmalz in größeren Quantitäten.

18. Bei der Einteilung der Lebensmittel kommt auf den Mann eine größere und bessere Portion als auf Frau und Kinder.

19. Der Hauptposten für Geistiges und Freizeitgestaltung besteht aus den Ausgaben für die Schule der Kinder. Die sonstigen Vergnügungen erschöpfen sich in einem Sonntagsspaziergang mit der Familie, bei dem hie und da eingekehrt wird, in der Zugehörigkeit zu einem Verein und im Halten einer Zeitung. Die beiden letzteren Faktoren sind aber nur teilweise zu beobachten.

20. Die Mitarbeit der Frau ist in allen den Fällen vorhanden, in denen der Verdienst des Mannes zum Lebensunterhalt nicht ausreicht und dauernde Schwangerschaften es nicht unmöglich machen. (Vgl. 3.) Trotzdem die Frau sich bewußt ist, daß ihr Haushalt darunter leidet, geht sie dem Verdienst nach, weil ihre Lebenshaltung ohne diesen Verdienst noch ärmlicher sein müßte, als sie es schon ohnehin ist. In allen Fällen, in denen eine außerhäusliche Mitarbeit der Frau besteht, zeigen sich folgende Symptome in den Haushaltungen:

a) Die Frau muß früh morgens, abends nach Rückkehr von der Arbeit und am Sonntag ihren Haushalt in Ordnung bringen. Sehr frühes Aufstehen, spätes zu Bett gehen und außerordentliche Anspannungen aller Kräfte sind für diese Leistungen erforderlich.

b) Kinder, die noch nicht in die Schule gehen, müssen meist einer Aufsicht übergeben werden, falls nicht eine Verwandte innerhalb der Familie dies übernehmen kann.

c) Mann und Frau nehmen das Essen mit, die Kinder kochen sich selbst oder essen auswärts, die Hauptmahlzeit findet am Abend statt. Es werden schnell kochbare Gerichte bevorzugt. Gemüse kann es z. B. selten geben, weil es zu lang aufhält.

d) Die beiden letzteren Umstände, d. h. b) und c) verteuern die Lebenshaltung in der gleichen Richtung, aber in noch höherem Maße, als wir sie schon beobachtet haben. Trotzdem lohnt sich der Verdienst der Frau, weil der Verdienst die Mehrkosten übersteigt.

21. [. . .]

Typus des proletarischen städtischen Haushalts zwischen 1880 und 1900

[. . .]

Auf dem Hintergrund einer ungesicherten und aussichtslosen Existenz hebt sich ein Haushalt ab, der auf einem knappen Geldeinkommen, ohne Rückhalt durch Naturaleinkommen und eigenen Besitz beruht. Ansätze zu staatlicher Versicherung und privaten Hilfsmaßnahmen sind vorhanden. Das Einkommen in Verbindung mit der Kinderzahl ist die Voraussetzung für die Lebensweise der Familie. Verschiebungen von Einkommen und Kinderzahl ergeben Verschiebungen in der Ausgabenverteilung, gekennzeichnet durch das Engel'sche und das Schwabe'sche Gesetz in ihren verschiedenen Variationen. Innerhalb der durch Einkommen und Kinderzahl gezogenen Verteilungsgrenze sind die Funktionen der Warenbeschaffung (durch Kauf und Umwandlung noch nicht konsumreifer Güter in konsumreife Güter), der Haushaltsverrichtungen und Kindererziehung in allen proletarischen Haushaltungen stark reduziert. Der Haushalt stellt im wesentlichen nur noch eine Konsumwirtschaft und Schlafgemeinschaft dar, wobei der Konsum nicht immer im Hause vollzogen wird und der Schlaf auch noch haushaltsfremde Menschen einbezieht. Die Konsumwirtschaft wird dadurch charakterisiert, daß Haushalt-Fonds und Vorräte überhaupt nicht vorhanden sind und sowohl der Konsum außerhalb des Hauses, als auch die Zubereitungsweise im Haus, verteuernd auf die Lebenshaltung wirken.

Diese Verteuerung tritt um so stärker hervor, als das Geldeinkommen des Mannes durch die Mitarbeit von Frau und Kindern ergänzt wird.

Das Geldeinkommen wird außerdem durch Untervermietung und Kostgängerwesen ergänzt.

Typus der proletarischen städtischen Frau und der proletarischen städtischen Familie zwischen 1880 und 1900

Der so beschaffene Arbeiterhaushalt hat folgenden Typus der Frau herausgebildet:

Die verheiratete Proletarierfrau bewältigt eine doppelte Aufgabe. Einerseits bewältigt sie ihren kinderreichen zur Konsumwirtschaft und Schlafgemeinschaft zusammengeschrumpften Haushalt, indem sie sowohl organisatorische (Disposition über das Geldeinkommen) als auch körperliche Arbeit leistet. Andererseits leistet sie, soweit Kinderzahl und Gesundheit es erlauben, eine körperliche, teils häusliche, teils außerhäusliche Erwerbsarbeit. Diese Erwerbsarbeit tritt ergänzend zu dem Geldverdienst des Mannes und ist trotz der Mehrausgaben des Haushalts und der Kindererziehung lohnend.

Die Frau wird manchmal von Hilfen durch fremde Einzelpersonen oder Kollektiveinrichtungen, manchmal durch die Hilfe der Kinder und von Verwandten unterstützt. Trotz einer ärmlichen Wohnung und mancherlei gesundheitlicher und moralischer Schäden ist ein Familienzusammenhalt vorhanden. Der Maßstab eines geordneten Familienlebens ist den Frauen trotz ihrer Erwerbsarbeit nicht abhanden gekommen, sie lieben ihre Kinder, es werden sonntägliche Spaziergänge gemacht, die Kirche ist nicht ganz vergessen, und es wird als ganz selbstverständlich angesehen, daß der Mann, gegenüber den andern Familienmitgliedern, gewisse Vorrechte und Bevorzugungen genießt.

Neben die Familie aber tritt das proletarische Kollektivbewußtsein, das sich in der Zugehörigkeit beider Geschlechter zu Arbeiterorganisationen ausdrückt. Auch sonst tritt die Frau, namentlich die verdienende Frau, in zahlreiche Beziehungen zur Umwelt.

Manfred Schlösser
Die Familiensituation der Arbeiter*

Wie die Struktur und Funktion der Familie überhaupt, so ist auch die der Arbeiterfamilie Ausdruck und Resultat eines historischen Prozesses, in dessen Folge mit dem Wandel der Produktionsweise die produktiven Funktionen der Familie teilweise ausgelagert, die Wohnung weitgehend von der Arbeitsstätte getrennt und die Sozialisation der Kinder partiell staatlichen Institutionen überantwortet wurde. Der Familie, die sich in vielen Fällen von der 3-Generationen- zur 2-Generationen-Familie wandelte, blieb vornehmlich die Funktion der Reproduktion: und zwar als Reproduktion der Arbeitskraft und als Reproduktion der Familie selbst durch Zeugung und Aufzucht der Kinder.

Obgleich auch die Arbeiterfamilie diese Entwicklung teilt, weist sie dennoch Eigenheiten auf, die sie z. B. von der Angestelltenfamilie unterscheidet und in denen sich die besondere, durch die Stellung im Produktionsprozeß geprägte sozio-ökonomische Situation der Arbeiter widerspiegelt. Arbeitslohn, Arbeitszeit und Arbeitsinhalt, sowie vor allem Arbeitsbelastungen, durch die in erster Linie die Vermittlung von Produktion und Reproduktion stattfindet, »konkretisieren sowohl die materielle Bewertung des Arbeitsprozesses als auch die objektiven Bedingungen des Spielraumes, in dem sich die Reproduktion gestalten kann«[1].

Das Einkommen stellt dabei für die Reproduktionsbedingungen die entscheidende Basis dar. Da sie bei Arbeitern in der Regel schmaler ist als bei Angestellten, wird sie durch Mitarbeit der Ehefrau verbreitert, um die Existenz zu sichern, aber auch um die historisch gewandelten, nicht selten manipulativ durch Werbung verstärkten Konsumbedürfnisse befriedigen zu können. Die in Arbeiterfamilien sehr viel häufigere Berufstätigkeit der Mutter hat jedoch Konsequenzen für die Arbeitsteilung in der Familie und die Sozialisation der Kinder. Aber auch Überstunden, »Schwarzarbeit« oder das Betreiben von Nebenerwerbslandwirtschaft des Ehemannes, mit deren Erträgen meist das Einkommen

* Aus: Materialien zur Lebens- und Arbeitssituation der Industriearbeiter in der BRD. Ein Forschungsbericht von Martin Osterland u. a. (Studienreihe des Soziologischen Forschungsinstituts Göttingen), Frankfurt/Main 1973, S. 190-214.

verbessert werden soll, sind oft mit zusätzlicher Belastung und Verzicht auf Teilnahme am Familienleben verbunden. Durch sie wird die Zeit, in der man von der Familie abwesend ist, über den eigentlichen Arbeitstag hinaus zusätzlich verlängert. Und auch die physische und psychische Belastung während der Arbeit, die weitgehend das Maß der Aktivität oder Passivität innerhalb der Familie bestimmt, kann noch zusätzlich dadurch verstärkt werden. Um die Reproduktionsbedingungen zu verbessern, werden sie mithin zugleich verschlechtert.

Mittelbar wirkt sich freilich auch der Arbeitsinhalt auf die Familiensituation aus. Von ihm hängt wesentlich ab, ob Arbeit als Selbstzweck interpretiert und mit ihr ein Bedürfnis befriedigt wird, das subjektive Identifikation mit ihr erlaubt, oder ob man ihr gleichgültig gegenübersteht, weil man sie lediglich als Verausgabung austauschbarer und unspezifischer Arbeitskraft betrachtet. Diese unterschiedliche Einstellung zur Arbeit, die bei abnehmender Identifikation offenbar zu stärkerer Konzentration auf das Familienleben führt, um dort zu kompensieren, was in der Arbeit selbst versagt bleibt, ist jedoch zugleich ein wichtiges Element gesellschaftlichen Bewußtseins, durch das die Familiensituation ebenso bestimmt wird wie durch die materiellen Existenzbedingungen selbst. Die Rollenteilung der Ehepartner, die Handhabung der Sozialisation der Kinder und die Form außerfamiliarer Beziehungen, an denen im folgenden exemplarisch der spezifischen Familiensituation der Arbeiter nachgegangen werden soll, sind nämlich keineswegs allein von den materiellen Bedingungen abhängig: sie orientieren sich auch an einem Kanon von internalisierten, gesellschaftlich vermittelten Werten und Normen, die sowohl auf der lebensgeschichtlichen Erfahrung der sich in jenen materiellen Bedingungen offenbarenden Unterprivilegierung wie auf der diese historische Erfahrung tradierenden eigenen Sozialisation beruhen. Ihnen haftet freilich auch ein Moment geschichtlicher Tradition und oftmals regional oder konfessionell gefärbter kultureller Überlieferung an, das anscheinend nicht nur schnellem Wandel widersteht und Veränderungen in der Produktionsweise nur zögernd folgt, sondern auch eine subjektiv-individuelle, in ihren objektiven Ursachen nicht mehr restlos auszumachende Dimension hat, die nur noch als individualpsychologische zu bestimmen ist.

Die doppelte Reproduktionsfunktion der Familie für die Arbeitskraft und die Familie selbst erweist sich somit in doppelter Weise als widersprüchlich: Indem sie die materielle Benachteiligung entweder auf Kosten der Reproduktion der Arbeitskraft oder auf Kosten der Reproduktion der Familie kompensiert und indem sie zugleich durch die Sozialisation der Kinder als Vermittlungsagentur von Normen und Werten einer Gesellschaft fungiert – und sie damit verfestigt –, der diese Widersprüche selbst historisch immanent sind.

Allerdings ist bislang dieser komplexe Zusammenhang zwischen materiellen Existenzbedingungen und kollektiven und individuellen Verhaltensweisen weder hinreichend erforscht worden, noch tritt er in »Daten« zutage. Insofern muß hier, wo die konkrete Erfahrung materieller Unterprivilegierung sich in spezifische Verhaltensweisen umsetzt, auch die Auswertung von Daten verlassen werden und einer Literaturanalyse Platz machen. Sie wird jedoch erschwert durch einen eher problematischen Begriff der »Arbeiterfamilie«, der die Vorstellung nahelegt, als handele es sich hier um etwas Einheitliches, geprägt durch die Gleichförmigkeit der Erfahrungen des Arbeiterdaseins. Arbeiterfamilie kann aber zunächst einmal nur bedeuten, daß der Haushaltsvorstand als Arbeiter berufstätig ist. Über die Stellung seiner Angehörigen im Beruf sagt das indes noch nichts aus. Sie können beispielsweise als Angestellte beschäftigt sein, so daß die »Arbeiterfamilie«, oberflächlich nach der beruflichen Stellung ihrer Angehörigen betrachtet, heterogen sein kann[2]. Die verschiedenen Erfahrungen, die in die Arbeiterfamilie auf Grund solcher unterschiedlichen beruflichen Stellung und Tätigkeiten hineingetragen werden können, modifizieren aber auch den komplexen Zusammenhang zwischen Produktion und Reproduktion, der darüber hinaus durch die zunehmende Differenzierung innerhalb der Arbeiterschaft selbst keineswegs mehr eindeutig aufzudecken ist. Wenn also im folgenden von der Arbeiterfamilie die Rede ist – und im Vergleich dazu von der »Mittelschichtfamilie«, zu der überwiegend Angestellte gehören –, so handelt es sich um eine Familie mit gleichsam idealtypischem Charakter, die – wie die »Mittelschichtfamilie« – in der familiensoziologischen Literatur diesen Namen trägt[3] und in ihrer Stilisierung nur recht pauschale Differenzen kenntlich macht.

Die traditionelle Arbeitsteilung weist in den industrialisierten Gesellschaften dem Mann in der Regel die materielle Versorgung der Familie zu, der Frau dagegen die Führung des Haushalts und die Pflege bzw. Erziehung der Kinder. Diese Rollendifferenzierung wird freilich immer problematischer, nicht zuletzt, weil auch Frauen in zunehmendem Maße erwerbstätig sind und damit ebenfalls zur materiellen Versorgung der Familie beitragen.

In der Bundesrepublik hat sich die Erwerbstätigkeit verheirateter Frauen nach 1950 verdreifacht: Nimmt man das Jahr 1950 als Basis (100%), so stieg die Zahl der erwerbstätigen Frauen 1957 auf 199%, bis 1965 auf 321% an[4]. Diese Entwicklung hat bei den Angestellten- und Arbeiterfamilien allerdings einen unterschiedlichen Verlauf genommen, obgleich sich bei beiden die Erwerbstätigkeit der Ehefrauen verdoppelt hat. Ein Vergleich zwischen ihnen zeigt, daß sich von 1950 bis 1966 der Anteil erwerbstätiger Ehefrauen bei den Angestellten von 11,4% auf 27,3% und bei den Arbeitern dagegen von 15,5% auf 35% erhöht hat. Sind in den Familien Kinder, verändert sich dieses Bild noch einmal: 31,2% der Ehefrauen aus Arbeiterfamilien mit Kindern waren 1966 berufstätig (1957:23%), während dies lediglich für 20% von Müttern aus Angestelltenfamilien zutraf (1957:14,8%). Ehefrauen von Arbeitern ohne Kinder gingen 1966 zu 42% einer Erwerbstätigkeit nach (1957:34,8%), doch nur 37,5% der kinderlosen Angestelltenfrauen (1957:31,4%)[5]. Mit steigender Kinderzahl sinkt sowohl bei den Angestellten wie auch bei den Arbeitern die Berufstätigkeit der Mütter, aber mit unterschiedlicher Intensität; bei steigender Kinderzahl sehen Angestelltenfrauen schneller von einer Berufstätigkeit ab als Arbeiterfrauen[6].

Der Zusammenhang zwischen materieller Lage und der Entscheidung für die Berufs- oder die Familienrolle wird hier bereits deutlich. Arbeiterfrauen sind offenbar eher gezwungen zu arbeiten – auch wenn sie Kinder haben – als Angestelltenfrauen. Allerdings spielt dabei auch die Einschätzung des Berufs selbst eine Rolle. Mit nachlassender Notwendigkeit zur Arbeit steigt anscheinend die Identifikation mit ihr: auf ihr lastet dann nicht mehr der Zwang, die materiellen Existenzbedingungen der Familie sichern oder verbessern zu müssen, sondern sie gewinnt den Charakter des Selbstzwecks. Es zeigt sich: »[. . .] die finanziellen

Gründe wiegen in der Arbeiterschicht vor (52%) und werden – je höher die soziale Schicht – immer seltener (bis 7%) genannt; statt dessen steigt der Anteil derjenigen Frauen, die den Eigenwert des Berufes bzw. seinen »relativen« Wert nennen, bis er in der obersten Schicht [. . .] das Gewicht einer selbstverständlichen Motivation (90%) bekommt.«[7] Dieser »Eigenwert« der Arbeit gilt für die Arbeiterin jedoch nicht nur deshalb weniger, weil für sie Arbeit aus materiellen Gründen eher Notwendigkeit und Zwang bedeutet; sie muß auch in der Regel schlecht bezahlte, unqualifizierte und repetitive Arbeiten verrichten, die wenig Anlaß zur Identifikation bieten[8]. Das wiederum wirkt zurück auf ihre Ansichten über den Einfluß, den sie dem Beruf auf die Ehe zuschreibt: »Deutlich abgetreppt erweist sich der günstige Einfluß der Berufstätigkeit auf die Ehe [. . .] bei den leitenden und gehobenen Angestellten (24%), bei den sonstigen Beamtinnen und Angestellten (15%) und den Fach- und angelernten Arbeiterinnen (9%) und den Ungelernten (4%).«[9] Der negativen Einstellung zu Beruf und Arbeit, die durch die Notwendigkeit, sie ausüben zu müssen, bedingt und verstärkt wird, entspricht eine Wertschätzung von Ehe und Familie, weil sie zu erlauben scheinen, sich dem Zwang der Arbeit zu entziehen. Nach einer neueren Untersuchung aus dem Jahre 1972 würden es z. B. 41% der Arbeiterinnen vorziehen, sich ausschließlich der Familie und dem Haushalt zu widmen, als einen Beruf auszuüben. Von den weiblichen Angestellten äußerten aber nur 13% diesen Wunsch. Dagegen räumten sie zu 81% der Erwerbsarbeit den Vorzug gegenüber der Hausarbeit ein, während lediglich die Hälfte der befragten Arbeiterinnen diese Ansicht teilten[10]. Die »in der Arbeiterschaft weiter verbreitete konservative Auffassung von den Geschlechtsrollen, also der Überzeugung, die Frau gehöre ins Haus und der Mann müsse imstande sein, sie ohne ihre entlohnte Mithilfe ganz zu ernähren«[11], führt offenbar zu einer starken Identifizierung mit der Rolle der Hausfrau und Mutter.

Ein Indiz für die stärkere Ausrichtung auf die Familie könnte sowohl das niedrige Heiratsalter von Arbeitern sein, das deutlich unter dem anderer sozialer Gruppen liegt[12], als auch die Tatsache, daß Arbeiter im Durchschnitt mehr Kinder als Angestellte haben[13], wobei freilich für diesen Sachverhalt die mangelnde sexuelle Aufklärung ebenfalls von Bedeutung ist. Auch die Frauen der Arbeiter sind bei ihrer Heirat jünger als die Angehörigen anderer

Gruppen. 1962 heirateten z. B. 26% von ihnen vor dem 21. Lebensjahr, und 70,4% vor dem 25. Lebensjahr. Die Angestelltenfrauen waren dagegen nur zu 14,7% jünger als 21 Jahre und zu 59,9% jünger als 25 Jahre bei ihrer Heirat[14]. Das niedrigere Heiratsalter in der Arbeiterschaft ist gewiß auch auf die im Vergleich zu anderen sozialen Gruppen kürzere Ausbildungszeit und auf das deshalb schon in den frühen Erwerbsjahren für sie erreichbare Einkommen zurückzuführen, aber es spricht sich darin wohl auch das Verlangen aus, sich frühzeitig in die scheinbar geschützte Privatheit von Ehe und Familie zurückziehen zu können. Mit anderen Worten: Die Arbeiterfrau erlebt den Widerspruch, trotz geringerer Motivation stärker zur Arbeit gezwungen zu sein – und damit den Widerspruch zwischen Beruf und Familie –, besonders kraß.

Fraglos gilt das auch für die Angestelltenfrau, doch ihre nicht selten bessere materielle Ausgangsposition und eine partiell stärkere Identifikation mit der höher bewerteten Arbeit können diesen Widerspruch subjektiv mildern. Dies mag auch zu ihrer etwas anderen Lebens- und Berufsperspektive beitragen: Die Heirat erfolgt bei Angestellten später als bei Arbeitern, was erkennen läßt, daß anscheinend »festumrissene Vorstellungen darüber wirksam sind, welchen wirtschaftlichen und sozialen Mindestanforderungen die berufliche Position des Mannes genügen muß, um eine ausreichende Basis für die Familiengründung abgeben zu können [. . .]«[15].

Das zwar langsamer, dann aber über das der Arbeiter steigende Einkommen der Angestellten und der bei ihnen eher erreichbare berufliche Aufstieg – oft freilich mit einer sehr viel längeren Ausbildung verbunden – erfordert und ermöglicht nicht nur eine längerfristige Planung, sondern hat wiederum auch Konsequenzen für die Einstellung des Mannes zur Berufstätigkeit seiner Frau, die er weniger widerwillig akzeptiert als der Arbeiter.

E. Pfeil hat besonders bei den Arbeitern starke Vorbehalte festgestellt, »sich aus der traditionellen Rollenauffassung als alleiniger Ernährer«[16] der Familie zu lösen. Sieben Zehntel der Arbeiter lehnen die Berufstätigkeit ihrer Ehefrau ab oder dulden sie nur mit dem Hinweis auf eine Notlage. Hingegen sind Akademiker und Selbständige am häufigsten mit der Erwerbstätigkeit ihrer Ehefrauen einverstanden, während die unteren Angestellten ebenfalls eine mehr duldende Haltung einnehmen.

Diese Zurückhaltung gegenüber der Erwerbstätigkeit von Frauen vor allem dann, wenn sie Kinder haben, ist sicher auch zum Teil historisch bedingt. Frauenarbeit war in früheren Generationen gebunden an existenzielle Not, an die Tatsache, daß der Arbeiter auf Grund eines geringen Lohnes oder Arbeitslosigkeit nicht in der Lage war, seine Familie allein zu ernähren. »Sofern bei der Arbeiterschaft im Generationsgedächtnis die böse Erfahrung des Pauperismus noch vorhanden ist: daß der Verdienst zu klein sein könnte, um für die Familie auszureichen und er also gezwungen sein könne, seine Frau in die Fabrik zu schicken; es war der Stolz des gelernten Arbeiters, daß er dies nicht nötig habe, dadurch setzte er sich bewußt ab von Hilfs- und Gelegenheitsarbeitern.«[17]

Diese traditionelle Einstellung zur Mitarbeit der Frau, von der gleichzeitig deren eigene Einstellung zur Arbeit beeinflußt wird, scheint auch heute noch zu bestehen, wenngleich hierbei das Alter eine Rolle spielen dürfte. Trotzdem erwarten auch heute viele junge Arbeiterinnen, nach der Heirat den als Last empfundenen Beruf aufgeben zu können und allenfalls bis zum 1. Kind mitarbeiten zu müssen[18], um sich danach vom Ehemann ernähren zu lassen – eine Erwartung, die sich freilich, obschon seit Ende der 50er Jahre wahrscheinlich weniger aus Existenznot, sondern wohl eher auf Grund gestiegener Konsumbedürfnisse, nur zum Teil erfüllt. Eine ähnliche Erwartung kann auch bei vielen weiblichen Angestellten vorherrschen, doch läßt sie sich, weil – nicht zuletzt– auf Grund späterer Heirat günstigere Bedingungen dafür da sind, eher erfüllen. Vermutlich ist dabei auch die Entscheidung für die Übernahme der Mutterrolle weniger mit dem Desinteresse am Beruf motiviert, als eher von einer bestimmten Vorstellung über die Notwendigkeiten der Kindererziehung geleitet.

Es spricht einiges dafür, daß viele Frauen, gleichviel ob Arbeiterinnen oder Angestellte, später, nachdem die Kinder erwachsen sind, wieder in den Beruf zurückkehren[19]. Obwohl hierbei gleichfalls unterschiedliche Motive den Ausschlag geben können, ist dies aber auch ein Indiz für die gewandelte gesellschaftliche Einstellung zur Erwerbstätigkeit der Frau überhaupt. Diese gewandelte Einstellung, deren Bedeutung freilich im einzelnen nicht auszumachen ist und die nur oberflächlich an den gestiegenen Erwerbsquoten erkennbar wird, wirkt sich jedoch auch auf die Rollendifferenzierung innerhalb der Familie aus.

Auf Grund der Doppelbelastung der Frau übernimmt der Mann bestimmte Funktionen im Haushalt und in der Familie, die sonst vorwiegend von der Ehefrau erfüllt wurden: »Die Regel: ›Wer verdient wird bedient‹ ist dann hinfällig geworden«[20], wenn die Ehefrau arbeitet. Allerdings: »Es [. . .] kann keine Rede davon sein, daß Mann und Frau die Last des Haushaltes wie der Erwerbstätigkeit zu gleichen Teilen auf sich nehmen.«[21] Die Mithilfe des Ehemannes geht gewöhnlich nicht über eine Stunde täglich hinaus. Den Frauen in Angestelltenpositionen wird von ihren Ehemännern zwar häufiger als bei Arbeitern geholfen, aber auch hier kann nur von einer begrenzten Mithilfe gesprochen werden[22]. Die Differenz liegt eher im Betätigungsfeld, das beim Arbeiter vorwiegend im Bereich der handwerklichen Tätigkeiten liegt. Arbeiter üben sie zu 38% »immer selbst« aus und zu 42% »manchmal selbst«, während dies bei den Angestellten nur 18% bzw. 42% von sich behaupten[23]. Nach den Untersuchungen von R. Wald gelten zudem bei Arbeitern verschiedene Handreichungen im Haushalt »als Männerangelegenheit von jeher«: »Feuerung holen, Abfälle wegbringen, im Keller und um das Haus herum Ordnung halten, je nachdem bei schwereren Hausarbeiten wie Teppichklopfen und Waschen mittun [. . .] Mehr heranziehen ließen sich die Männer teilweise noch in Familien mit kleinen Kindern – in jeder zweiten sprang der Vater im Hause täglich 1-2 Stunden mit ein –, bzw. mit einer wegen Berufstätigkeit oder Krankheit nicht voll einsatzfähigen Frau.«[24] Das kann allerdings auch für Angestelltenhaushalte – vor allem in den unteren Einkommensgruppen – zutreffen.

Deutlicher unterscheiden sie sich dagegen in dem Einfluß, den die Frau in der Arbeiterfamilie auf die Verwaltung und Einteilung des Geldes hat. »Häufiger als in anderen Berufsgruppen verfügt sie allein über das Geld.«[25] Dabei ist dieser Einfluß unabhängig von der Höhe des Einkommens, während er mit steigendem Einkommen in der Angestelltenfamilie sinkt. Auch die Berufstätigkeit einer Arbeiterfrau ist offenbar ohne Bedeutung für diese spezifische Funktion bei der Verwaltung des Geldes – im Gegensatz zu den Angestellten, wo ihre Einflußmöglichkeiten durch die Berufstätigkeit anscheinend steigen.

Die Tatsache des relativ großen Einflusses der Arbeiterfrau auf das Haushaltsbudget ist im Zusammenhang mit den niedrigeren Arbeiterlöhnen in der Vergangenheit zu sehen, als das Einkommen kaum ausreichte, um die Reproduktionskosten zu bestreiten, und die Frau, die für die Lebensmittelbeschaffung zuständig war, die Rolle der Geldverwalterin übernahm. Daß es so auch heute noch weitgehend gehandhabt wird, kann bedeuten, »daß sich solche zunächst durch reale wirtschaftliche Gegebenheiten bedingten Verhältnisse verselbständigt«[26] haben, aber auch, daß diese »wirtschaftlichen Gegebenheiten« oftmals im wesentlichen unverändert geblieben sind. Allerdings scheint sich mit wachsendem Einkommen – und damit größeren Konsummöglichkeiten – allgemein eine Rollentrennung einzuspielen, nach der im Falle des »häuslichen Ergänzungsbedarfs« (Möbel, Betten, Teppiche usw.) und der Anschaffung von Haushaltsgeräten (Kühlschränke, Waschmaschine usw.) der Einfluß der Frau überwiegt, während bei der Anschaffung von »Gütern des gehobenen Bedarfs« (Fernsehgerät, Fotoapparat, Auto usw.), die auch oft den Interessen des Mannes entsprechen, die Entscheidung weitgehend bei dem Mann liegt[27]. Entscheidender als dieses unterschiedliche Rollenverhalten von Ehemann und Ehefrau ist jedoch ihr Verhalten bei der Sozialisation der Kinder und die Differenzen, die dabei im Vergleich zwischen Arbeitern und Angestellten zu beobachten sind.

2. Eltern-Kind-Beziehungen

Historisch gesehen hat die Familie im Vergleich zur vor- und frühindustriellen Zeit wesentliche Teile ihrer Sozialisationsfunktion an andere Institutionen abgegeben. Obwohl Kindergarten, Schule und Betrieb, aber auch z. B. die Massenmedien einen erheblichen Einfluß auf die Entwicklung der Kinder haben, bleibt die Familie nach wie vor für die Sozialisation der Kinder die wichtigste Instanz: Sie besitzt ein Erziehungsmonopol für die frühkindliche Phase, in der sich die Grundstrukturierung der Persönlichkeit vollzieht.

Die unterschiedlichen Lebens- und Arbeitsbedingungen schlagen sich freilich in unterschiedlichen Erziehungsstilen und -einstellungen nieder. In sie gehen traditionelle, über die Sozialisation der Eltern selbst bereits vermittelte Elemente ebenso ein wie aktuelle, mit denen die Eltern die historisch gewandelte, konkret erfahrbare Wirklichkeit der Lebens- und Arbeitssituation zu interpretieren suchen.

Der *kognitive Aspekt,* auf Grund dessen bestimmte Realitätsausschnitte dem Kind als relevant vermittelt und mit verbindlichen Interpretationen dargestellt werden, ist dabei für die schichtspezifische Sozialisation[28] von besonderer Bedeutung. Eltern vermitteln ihren Kindern primär diejenigen Verhaltensorientierungen, die ihnen nach ihrem eigenen, vor allem von der beruflichen Sphäre geprägten Erfahrungshorizont besonders wichtig erscheinen. Damit sind zugleich Prioritäten in dem komplizierten und vielfältigen Bedingungsgeflecht schichtspezifischer Sozialisation gesetzt, welche die in der Stellung im Produktionsprozeß begründete Ungleichheit sozialer »Schichten« stabilisiert. Daß sich dabei zu der herausragenden Erfahrung der Arbeitssphäre andere nur partiell schichtspezifische Erfahrungsbereiche wie z. B. konfessionelle Bindungen, bestimmte kulturelle Überlieferungen usw. gesellen, liegt auf der Hand. Aber sie modifizieren anscheinend nur den Sozialisationsprozeß, heben aber seinen schichtspezifischen, von der Arbeit bestimmten Charakter kaum auf.

Zu diesem Ergebnis kommt zumindest M. L. Kohn[29], der nachweist, daß die Schichtzugehörigkeit vor allen anderen Einflußgrößen – wie z. B. der Religion – den größten Einfluß auf die Wertorientierungen der Eltern im Erziehungsprozeß hat, wobei in einer Art Rangfolge den Arbeitsbedingungen und Arbeitsinhalten, dann erst dem Einkommen das größte Gewicht zukommt.

Allerdings werden hierbei gerade die zunehmenden konkreten Differenzen innerhalb der Angestellten- und Arbeitertätigkeiten unterschlagen. Der an sich plausible Zusammenhang zwischen Arbeitssituation und Erziehungsverhalten verschwimmt so in pauschalen Unterscheidungen, welche die traditionelle Teilung in manuelle und geistige Arbeit unausgesprochen wieder aufnehmen und zum verhaltensrelevanten »Umgang mit Dingen« und geringer Arbeitsautonomie einerseits, »Umgang mit Ideen und Symbolen« und größerer Autonomie andererseits stilisieren.

Entsprechend pauschal und wenig aussagekräftig ist dann auch die Rangfolge der Werte, an denen sich die Erziehung jeweils orientiert: Danach soll in Arbeiterfamilien eher ein »außengeleitetes«, konformes Verhalten eingeübt werden, das auf der Einhaltung von Regeln und dem Gehorsam gegenüber Vorschriften beruht und sich in der hohen Bewertung von »Ordnung« und »Sauberkeit« äußert, während in Mittelschichtfamilien eine Einstellungs- und Haltungskonformität vermittelt wird, die Tugenden wie »Selbstkontrolle« und »Bedachtsamkeit« Priorität einräumt[30].

Ähnlich allgemein und grobschlächtig differenziert wird der *affektive Aspekt* behandelt, d. h. die affektive Einstellung der Eltern zu ihren Kindern: Auf Grund von Identifikations- und Lernvorgängen vollzieht sich die Verinnerlichung von Normen und Werten, welche das Kind als vermittelte Realitätsinterpretationen akzeptiert. Die in der Literatur beschriebenen schichtspezifischen Unterschiede in der affektiven Dimension elterlichen Erziehungsverhaltens lassen sich folgendermaßen zusammenfassen: In der sog. Mittelschichtfamilie überwiegt offfenbar eher eine affektive Einstellung gegenüber Kindern, die sich in Verhaltensweisen wie Eingehen auf die Bedürfnisse des Kindes nach Kommunikation und Zärtlichkeit – einer Interaktion, die Anerkennung und Verständnis verlangt – zeigt. Der affektive Kontext der Sozialisation in der sog. Unterschicht wird dagegen als eher indifferent beschrieben[31], weil weniger kindzentrierte, auf die Bedürfnisse und den Entwicklungsstand des Kindes eingehende Verhaltensweisen den Erziehungsprozeß bestimmen.

Ein geringer finanzieller Spielraum auf Grund eines knappen Einkommens, beengte Wohnverhältnisse[32], eine zum Teil große psychische und physische Beanspruchung durch die berufliche Situation mögen zu einer solchen Einstellung beitragen, die weniger zusätzliche Anstrengungen erfordert. Dies bedeutet allerdings nicht, daß Arbeitereltern ihren Kindern weniger zugeneigt sind als Eltern der »Mittelschicht«. So beschreibt R. Wald die Vater-Kind-Beziehung gerade in der affektiven Dimension: »Bemerkenswert vor allem anderen war, in welchem Maße Kinder von ihren Vätern als eine Bereicherung und Erhöhung des eigenen Lebens aufgefaßt wurden.«[33]

Die affektiven Einstellungen setzen sich in *Verhaltenserwartungen* um, denen wiederum ein spezifisches *Kontrollverhalten* entspricht. Bernstein unterscheidet in diesem Zusammenhang den »statusorientierten« Familientyp der Unterschicht und den »personenorientierten« Typ der Mittelschicht. Statusorientiert meint, daß sich Machtbefugnisse, Kompetenzen und Verhaltenserwartungen stärker an Statusrollen orientieren, die an das Alter und das Geschlecht gebunden sind (Vater, Mutter, Kind): Das Verhalten des Kindes wird im Hinblick auf »Alter, Geschlecht und

Altersbeziehung« kontrolliert. Verhaltensappelle nehmen Formen an wie »Du benimmst dich nicht, wie man es in einem Bus tut«, »Sprich nicht so mit deinem Vater, Lehrer, Fürsorger usw.«. Das, was mit diesen Appellen an das Verhalten des Kindes erreicht werden soll, ist, »[. . .] die Kultur oder die lokale Tradition so weiterzugeben, daß die Ähnlichkeit zwischen dem Regulierten und seiner Gruppe zunimmt.«[34]

Hingegen wird Kontrolle in Mittelschichtfamilien eher ausgeübt, indem die Eltern ihre durch das Verhalten des Kindes ausgelösten Gefühle verbalisieren und indem die Konsequenzen des kindlichen Handelns genannt werden. Verhalten wird hier in erster Linie auf Grund von subjektiven Intentionen bewertet. Das Individuum gilt – grob vereinfacht – nicht so sehr als Repräsentant einer Gruppe, als Teil eines kollektiven Zusammenhangs wie in der Arbeiterfamilie, sondern als autonome Persönlichkeit, vereinzeltes Subjekt. Arbeitereltern kritisieren darum auch besonders oft die »zu früh, zu unüberlegt und leichtsinnig erhobenen Forderungen der Jugendlichen nach Unabhängigkeit in Interessen und Ansprüchen [. . .].«[35] Die affektive Loslösung des Heranwachsenden wird anscheinend weniger als notwendiger Vorgang individueller Entwicklung gesehen, sondern mehr als Gefahr für den familialen Zusammenhalt, obwohl gleichzeitig die ökonomische Unabhängigkeit des Heranwachsenden auf Grund der materiellen Situation forciert wird.

In diesem Zusammenhang gewinnen auch die *Identifikationsmöglichkeiten* und *-schwierigkeiten* mit jenen Personen an Bedeutung, die als Modell akzeptiert und verinnerlicht werden. Für das Kleinkind ist Voraussetzung der Identifikation mit den Eltern eine befriedigende emotionale Basis ihrer Beziehung. Doch spätestens in der Schule wird dem Arbeiterkind die Kluft zwischen sich und dem Kind aus der »Mittelschicht« bewußt: in Leistungs-, Sprach- und Verhaltensunterschieden und nicht zuletzt auch in der Unterschiedlichkeit materiellen Wohlstands. Es erlebt seine Situation als unterprivilegiert und erfährt das »Gefühl des Ausgestoßenseins, der Minderwertigkeit infolge einer anderen sozialen Zugehörigkeit.«[36] Die Identifikation des Arbeiterkindes und später auch des Jugendlichen mit dem Vater oder der Mutter wird dadurch erschwert, daß ihm als »erfolgreich« und damit identifikationswürdig das eigene Elternhaus zumindest nur sehr begrenzt erscheinen kann. Diesem Konflikt wäre wohl nur dann entgegenzutreten, wenn dem Kind die Arbeiterexistenz und damit auch die der Eltern »als soziales Gesamtphänomen« (Negt) vermittelt würde. In der Tatsache, daß dies jedoch anscheinend immer weniger geschieht, könnte die Sozialisationsschwäche der Unterschichteltern liegen. Der Unterschichtvater selbst begreift nämlich oft seine Unterprivilegiertheit nicht als Folge von gesellschaftlichen Strukturbedingungen, sondern als Resultat individueller Fehlschläge. Ohne ein klassenspezifisches Selbstbewußtsein bleibt darum für das Arbeiterkind meist als Ausweg aus der kollektiven Benachteiligung nur das, was den Eltern nicht gelungen ist: der individuelle Aufstieg. Damit ist freilich zumeist die Distanzierung von seiner Herkunftsfamilie und die Möglichkeit der Zerstörung der solidarischen Familienbindungen, deren Vermittlung ein wesentlicher Inhalt der traditionellen Arbeitersozialisation ist, verbunden. Nur wenn von den Eltern selbst der Wunsch nach Aufstieg – für die eigene Person als unrealisierbar erkannt – auf das Kind übertragen wird, entsteht statt einer Distanzierung so etwas wie ein Gruppenkonsensus gegenüber dem »Aufsteiger«, was zwar den Entfremdungsprozeß zwischen dem aufsteigenden Kind und seiner Herkunftsfamilie nicht beseitigen muß, doch immerhin qualitativ verändern kann.

Für die überwiegende Mehrzahl der Arbeiterkinder wird sich aber schließlich wohl das Gefühl »nicht mehr Arbeiter sein zu wollen« mit dem »es immer bleiben zu müssen« verbinden, verstärkt durch ein Gefühl von Ohnmacht, das den Rückzug in familiale Gruppenbindungen nahelegt und darum oft zur frühzeitigen Heirat führt.

Zur Frage der Identifikation gesellt sich darüber hinaus ein unterschiedliches *Sanktionsverhalten*: In der Arbeiterfamilie scheint man mehr »machtorientierte« Sanktionsmuster in der Erziehung anzutreffen. Befehlen, die oft ohne Begründung als allgemeine Verhaltensregeln gegeben werden, wird Nachdruck verliehen, wenn ihnen nicht von seiten des Kindes entsprochen wird. Die Sanktionen als Mittel der Kontrolle tragen nicht selten den Charakter körperlicher Strafen oder zumindest deren Androhung[37].

Hingegen sollen in der Mittelschicht eher induktive Sanktionsmuster vorherrschen, die öfter mit Tadel, Kritik, Anerkennung bzw. Mißbilligung operieren, seltener die Form von körperlicher Züchtigung annehmen. »Auf diese Weise hat das Kind Zugang zu dem Regulierenden als Person, und es hat Zugang zu den Bedeutungen seiner eigenen Handlungen, da sie sich als Konsequenzen auf es beziehen.«[38] Diese »liebesorientierten« Sanktionsmuster stützen sich vor allem auf die Angst der Kinder, ihnen werde die positive elterliche Affektion entzogen. Die Gewaltförmigkeit der Erziehung in der Mittelschicht nimmt damit freilich nur andere, subtilere Formen an, indem die Abhängigkeit emotionaler Sicherheit der Kinder von der elterlichen Liebe benutzt wird, um sie zu disziplinieren.

Außerdem ist es zweifelhaft, ob sich schichtspezifisches Sanktionsverhalten an der Anwendung bzw. dem Fehlen von physischen Strafen zeigen kann: Nach einer Repräsentativumfrage des »Spiegel« halten 75% aller Familien in der Bundesrepublik Schlagen für ein angemessenes Erziehungsmittel, wobei allerdings Befragte mit Abitur zu 40% angaben, sich eine Erziehung ohne Prügelstrafe vorstellen zu können[39].

Wichtiger ist ohnedies weniger die Art der Strafe, sondern vielmehr der Grund dafür. In Familien der Arbeiter sanktioniert man anscheinend eher das Ergebnis, nicht die Intention einer Handlung. Wird z. B. ein Gegenstand zerstört – gleichviel ob beabsichtigt oder versehentlich – greifen die Eltern vor allem strafend ein, wenn ein Schaden entsteht, was wahrscheinlich nicht zuletzt auch auf die materiellen Konsequenzen zurückzuführen ist. Folge dieses Sanktionsverhaltens ist aber, daß gleiche Handlungen des Kindes nach den jeweiligen Resultaten unterschiedlich beurteilt und bestraft werden, was das Sanktionsverhalten der Eltern für das Kind teilweise sprunghaft, unkalkulierbar und willkürlich macht. Im Gegensatz zu diesem Sanktionsverhalten der »Unterschicht« strafen Eltern der »Mittelschicht« angeblich eher auf Grund von Interpretationen der dem Verhalten des Kindes zugrundeliegenden Intentionen. Nicht die äußere Konsequenz, wie die Zerstörung von Gegenständen, sondern z. B. der Verlust der Selbstkontrolle ist dann Anlaß der Disziplinierung[40].

Ein entscheidender Aspekt der Erziehung in »Unterschicht« und »Mittelschicht« ist schließlich die Unterschiedlichkeit der mit ihnen verbundenen verbalen Interaktionsmuster, der *Sprache.* Bernstein spricht hier von linguistischen Codes, die unterschieden werden müssen von der »Schriftsprache des Kulturzusammenhanges«: Die Eigenschaften einer Sozialbeziehung, die ihrerseits von der umfassenden Sozialstruktur abhängt, schlügen sich in jenen »linguistischen Codes« nieder. Mit dem Erlernen von

Sprache verinnerliche das Individuum Bewußtseins- und Verhaltensschemata der es umgebenden sozialen Subkultur: »Indem das Kind seine Sprachweise, oder in unserer Terminologie den spezifischen Code, der seine verbalen Handlungen regelt, erlernt, erlernt es gleichzeitig die Erfordernisse seiner sozialen Struktur.«[41] Der Sprache kommt mithin eine eigene verhaltenssteuernde Bedeutung zu, weil sie individuelle Handlungs- und Verhaltensmöglichkeiten determiniert, »die kognitive Relevanz von Personen und Objekten konstituiert und allgemein den Erfahrungshorizont bestimmt[42]«. Sprache als wichtiger Regulator von Verhalten und Bewußtsein wird selbst durch Regulierung von Verhalten und Bewußtsein im Erziehungsprozeß geprägt.

Die Erziehung in der Mittelschicht zielt – nach Ansicht der Sozialisationstheorie – darauf ab, dem Kind die Fähigkeit zu geben, zwischen Absicht, Tat und Folgen zu unterscheiden und den dazwischen bestehenden Zusammenhang zu erkennen: die Eltern unterstützen diesen Lernprozeß des Kindes, indem sie durch rationale Argumente das Verhalten des Kindes zu steuern suchen, was ein Klima differenzierter verbaler Kommunikation voraussetzt. Hingegen soll es sich bei den Arbeitern um eine Form der Kommunikation handeln, in der die unmittelbare Erfahrung der affektiven Zusammengehörigkeit im Vordergrund steht und die Verbalisierung individueller Absichten zurücktritt, da die Intentionen im familialen Rollensystem der Arbeiter, das sich primär an dem Status des einzelnen orientiert, angeblich weitgehend vergeben sind. Die »typische« Arbeitersprache stützt sich auf »kollektiv standardisierte Interpretationen der Sozialbeziehungen[43]«, worin sich auch die Art ihrer sozialen Kontakte am Arbeitsplatz ausdrücken kann, die auf Grund äußerer Bedingungen (Lärm) oder isolierter Arbeit mitunter nicht gerade kommunikationsfördernd sind.

Beiden Kommunikationsformen ordnet Bernstein einen Codetyp zu: der »Mittelschicht« einen »elaborierten Code« und der »Unterschicht« einen »restringierten Code«. Wenn man auch diesen Codes einen gewissen analytischen Wert nicht absprechen kann, so ist doch die Zuordnung des »restringierten Codes« zur Arbeiterschaft allerdings nicht so zu verstehen, daß es sich hier um eine spezifische Arbeitersprache handelt[44]. Der »restringierte Code« ist in seiner extremen Form stark ritualisiert und tritt dort auf, wo Sozialbeziehungen schematisiert, relativ festgelegt sind und zwischen den Individuen ein hoher Grad der Übereinstimmung bezüglich der Definition der sozialen Stellung besteht. Dies ist aber nicht nur bei Arbeitern zu finden, wenn auch bei ihnen die Bedingungen, die den »restringierten« Sprachgebrauch ermöglichen, in einem besonders ausgeprägten Maß aufzutreten scheinen. Während jedoch nach Bernstein das Kind aus der »Mittelschicht« auf Grund seiner Sozialisation beide Sprachmodi erlernt, steht dem Arbeiterkind angeblich nur der »restringierte« Sprachgebrauch zur Verfügung[45].

Aus der Vielzahl der Unterscheidungsmerkmale beider Sprachformen wird in der einschlägigen Literatur das differenzierte Vokabular und die Fähigkeit zu komplexen Satzkonstruktionen der »Mittelschicht« hervorgehoben, während die »Unterschichtsprache« nur über ein begrenztes Vokabular und relativ festgelegte sprachliche Konstruktionsmittel verfügt. Entsprechend sind die Wahrnehmungs- und Lernbereiche durch die jeweiligen Sprachformen determiniert: der »restringierte« Sprachgebrauch ist danach verbunden mit der Tendenz zur Konkretheit, weniger zur Analyse und Abstraktion. Interaktionen im »restringierten Code« sind also vornehmlich auf situativ gebundene, konkrete Sachverhalte bezogen, während der »elaborierte Code« auch eine Kommunikation über Abstraktes ermöglichen soll. Zum einen wird hier jedoch – ähnlich wie die Begriffe »autonome Persönlichkeit«, »Individuum« usw. – auch der Begriff der »Abstraktionsfähigkeit« als ein »emphatisch hochstilisiertes Positives« angesehen, »worin das Streben des Bildungsbürgertums nachklingt, die Realität als Banalität zu kennzeichnen, um so von ihr absehen zu können«[46]. Zum anderen kann nicht behauptet werden: Sachverhalte auf einem relativ abstrakten Niveau blieben den Arbeitern generell verschlossen[47]. In ihrer Studie über »Das Gesellschaftsbild des Arbeiters« stellen Popitz/Bahrdt u. a. z. B. auf Grund von Äußerungen befragter Arbeiter zu wirtschaftspolitischen Fragen fest: »Erstaunlich, mit welcher Selbstverständlichkeit im Ausdruck hier ziemlich verwickelte wirtschaftspolitische Verhältnisse wiedergegeben werden.«[48]

Wenn es richtig ist, daß der einzelne Arbeiter seine Identität eher auf Grund der Zugehörigkeit zu seiner sozialen Gruppe, z. B. der Familie bzw. der Arbeiterschaft als ganzer bestimmt, dann dient ihm Sprache aber auch dazu, sich des Rückhalts der eigenen Gruppe zu versichern. Arbeiter neigen deshalb dazu, ihre

Gefühle in gesellschaftliche Regeln und Formen der Etikette zu artikulieren, welche die soziale Verbundenheit, die Solidarität betonen, was dem Gebrauch von Stereotypen im besonderen Maße entgegenkommt. So betonen Popitz/Bahrdt u. a. »daß die Vorstellungen der Arbeiter größtenteils eine Gleichförmigkeit aufweisen, die bis in die Formulierungen hineinreicht.«[49] Diese Stereotypik »deutet auf einen allgemeinen, relativ fest umrissenen Bestand von Vorstellungen, Gesichtspunkten und Thesen, der den Arbeitern gemeinsam zur Verfügung steht und auf den sie bei ihren Antworten zurückgreifen können« hin[50].

Da jedoch auch Traditionen in und durch die Sprache überliefert und kollektive Erfahrungen durch sie tradiert werden, kann sie sich bei den Arbeitern in einem »sprachbedingten Konservatismus« äußern. Dieser Konservatismus aber kommt einer »Verdinglichung des Denkens« entgegen, welche einer richtigen Beurteilung der eigenen gesellschaftlichen Lage im Wege steht[51].

3. Die sozialen Beziehungen außerhalb der Familie

Die sozialen Differenzen zwischen Arbeitern und Angestellten, die sich in ihren familialen Lebensbedingungen, Gewohnheiten und Wertvorstellungen zeigen, sind gleichzeitig Verkehrs- und Geselligkeitsschranken, die beide Gruppen auch außerhalb des Betriebes voneinander trennen. Der sog. »Verkehrskreis« ist freilich nicht nur ein Indiz für soziale Schranken, sondern in der Intensität und Vielfalt der sozialen Kontakte drückt sich auch der Grad sozialer Isolation oder solidarischen Zusammenhalts aus. Er umfaßt deshalb sowohl Freunde und Bekannte als auch Verwandte, die so unterschiedliche Funktionen wie »Belebung, Anregung, Austausch, Erheiterung, Entlastung, Rat, Hilfe in Notfällen, Bestätigung der eigenen Wertwelt und Verhaltensstützung«[52] erfüllen.

Soweit zu dieser Frage der außerfamilialen Kontakte überhaupt brauchbare Forschungsergebnisse vorliegen, lassen sie erkennen, daß sich geselliger Verkehr nach dem Prinzip der sozialen Homogenität vollzieht: »Gleiches verkehrt mit Gleichem.«[53]

So verkehren anscheinend die ungelernten Arbeiter in erster Linie mit ihresgleichen und erst in zweiter Linie mit Facharbeitern bzw. Facharbeiterfamilien. Sieht man von den wenigen ab, die außerdem mit einfachen Angestellten und Beamten Kontakt haben, sind die ungelernten Arbeiter weitgehend von den übrigen Gruppen isoliert[54]. Die Facharbeiter grenzen sich offenbar ihrerseits in ihren privaten Kontakten von den ungelernten Arbeitern ab. Sie verkehren dafür stärker mit einfachen Angestellten, Beamten und auch gelegentlich mit Selbständigen.

Damit sind allerdings für die Facharbeiter die sozialen Schranken zu den Angestellten nicht gefallen. Denn von seiten der Angestellten und Beamten werden die Facharbeiter sehr viel seltener als umgekehrt genannt, wenn man sie nach den Personen fragt, mit denen sie Verkehr haben. Das deutet darauf hin, daß man sich eher zu Personen mit höherem Status bekennt – gewissermaßen um den eigenen Status damit aufzuwerten – als zu solchen, die man in einer niedrigeren Position glaubt.

Für die Angestellten und Beamten in mittlerer Position scheint dies jedoch nur zum Teil zu gelten: Sie gehören zu der Gruppe, die den weitestgestreuten Kontakt zu anderen sozialen Gruppen pflegt; insbesondere auch zu ranghöheren Gruppen, so daß sie »nach oben hin kaum an klar erkennbare soziale Schranken in ihrem privaten geselligen Verkehr«[55] stoßen.

Gleichwohl ist insgesamt festzustellen, daß freundschaftliche Kontakte des einzelnen weitgehend auf Personen seines eigenen Status' beschränkt bleiben. Hinzu kommt, daß Arbeiter sich durch relativ ausgeprägte regionale Immobilität auszeichnen und Seßhaftigkeit an einem Ort oft zu einer gewissen Dauerhaftigkeit von Schul- und Jugendfreundschaften, aber auch von nachbarschaftlichen Kontakten führt, wobei die soziale Homogenität der Wohngegend sicherlich ebenso eine Rolle spielt wie die Tatsache, ob jemand z. B. in einer Klein- oder in einer Großstadt lebt.

Die größere Seßhaftigkeit mag auch mit ein Grund dafür sein, weshalb Arbeiter relativ häufiger als Angestellte Gesprächskontakte mit Nachbarn haben[56]. Dieses Ergebnis paßt in das Bild einer Orientierung auf den näheren Lebensumkreis, das auch dadurch an Konturen gewinnt, daß von Arbeitern das Zusammensein mit Freunden deutlich seltener genannt wird als von Angestellten[57], und daß Arbeiter weniger oft Besuch haben als Angestellte[58]. Dagegen ist die Intensität des Verwandtenverkehrs unter Arbeitern offenbar stärker als in anderen Gruppen. Besonders die leichte Erreichbarkeit von Eltern und Schwiegereltern bringt nicht selten die Übernahme von Entlastungsfunktionen mit sich: z. B. in Notfällen und im Falle der Berufstätigkeit der Mutter, die oft überhaupt nur möglich ist, wenn Verwandte Aufgaben übernehmen, die wegen der Berufstätigkeit der Mutter in Haushalt und Familie nicht ausgefüllt werden können[59].

Dieser vergleichsweise enge Familienkontakt führt indes nicht nur dazu, daß beispielsweise »in der finanziell und auch räumlich stärker eingeschränkten Berufsgruppe der ungelernten Arbeiter, bei der außerdem besonders große Haushalte zu finden sind, die Möglichkeiten für und Bedürfnisse nach privatem Verkehr außerhalb der eigenen Familie geringer sind als in den anderen Berufsgruppen«[60], sondern auch zu einer weniger starken Isolierung der älteren, die ihrerseits in Notfällen auf die Hilfe ihrer erwachsenen Kinder zurückgreifen können.

Die überwiegende Familienform der aus Eltern und Kind bestehenden Zwei-Generationen-Familie als isolierte Kleinfamilie zu beschreiben, geht insofern an der Tatsache des relativ großen verwandtschaftlichen Zusammenhalts vorbei, von dem zu vermuten ist, daß er insgesamt bei den Arbeitern auf Grund ihrer ökonomischen und sozialen Situation größer ist als in den anderen sozialen Gruppen.

Anmerkungen

1 F. Deppe, Das Bewußtsein der Arbeiter, Köln 1971, S. 168.

2 1957 waren z. B. ca. 80% der Arbeiter mit Arbeiterinnen verheiratet. Dieser Anteil verminderte sich in den Jahren 1964-1966 auf ca. 63%, während immerhin 20% mit Angestellten verheiratet waren. Männliche Angestellte waren im gleichen Zeitraum zu ca. 60% mit Frauen verheiratet, die in Angestelltenpositionen arbeiteten. Auffallend ist dabei: Sind in Angestelltenfamilien Kinder, dann sind die Angestellten zu ca. 48% mit Angestellten verheiratet und zu ca. 33% mit Arbeiterinnen, während in Angestelltenfamilien ohne Kinder die Verhältniszahlen ca. 65% zu ca. 25% sind. Vgl. Tab. 162 im Anhang (hier nicht abgedruckt – H. R.); neuere Zahlen liegen u. W. nicht vor.

3 Das gilt besonders für die Sozialisationsforschung. Sozialisationsforschung, soweit sie überhaupt gesellschaftliche Ungleichheit berücksichtigt und sich nicht darauf beschränkt, die Konsequenzen unterschiedlicher Pflege- und Disziplinierungstechniken zu erforschen, abgehoben von der unterschiedlichen Klassenlage der Erziehenden, zeichnet sich zuerst durch Grobheit bezüglich der Bildung sozialer Gruppen aus. Die Verwendung des Schichtbegriffs impliziert eine

speziell in diesem Zusammenhang bedenkliche Verwischung sozioökonomischer und kultureller Vielfalt in den jeweils einer Schicht zugeordneten Gruppen. Proletariat und Lumpenproletariat werden zur »Unterschicht« vereinigt und in der Vergleichsgruppe der »Mittelschicht« finden sich Angestellte in unteren und gehobenen Positionen, Selbständige des Handwerks usw. Wenn hier dennoch versucht wird, mit Aussagen über die Schichtspezifität von Sozialisation der Sozialisation in Arbeiterfamilien nachzugehen, so liegt das daran, daß die relevante Literatur keine andere Möglichkeit bietet, der Arbeitersozialisation näherzukommen. Weiterhin ist auf die Problematik des Zustandekommens der meisten Ergebnisse in der Sozialisationsforschung aufmerksam zu machen, insbesondere was die individualen Einstellungen und Werte betrifft. Zumeist wird mit Interviews und den von Schäfer und Bell entwickelten Skalen des PARI (Parental Attitude Research Instrument) gearbeitet. Es ist fraglich, ob dieses Instrument die tatsächlichen Einstellungen der Eltern mißt. Die Form der »Items« beeinflußt offenbar stark die Antworten: je höher das Ausbildungsniveau der Eltern, um so stärker die Ablehnung von undifferenzierten und extremen Aussagen; andererseits neigen besonders Mütter aus der Unterschicht dazu, moralisch gehaltene Aussagen unabhängig von ihrem Inhalt zu befürworten. Vgl. K. P. Johnsen u. G. Leslie, Methodological Notes on Research in Child-Rearing and Social Class, in: Merrill-Palmer Quart. 10/1965, S. 265-275.

4 Bericht über die Lage der Familien in der BRD, Hrsg.: Der Bundesminister für Familie und Jugend, Bad Godesberg 1968, S. 61.

5 Vgl. Tab. 161 im Anhang (hier nicht abgedruckt – H. R.).

6 1962/63 war der Prozentsatz der Ehefrauen von Arbeitern bzw. von Angestellten, die keine Kinder hatten und einer Erwerbstätigkeit nachgingen, mit 34% bzw. 32% fast gleich hoch. Dieses Bild verändert sich jedoch im Falle der Müttererwerbstätigkeit zugunsten der Angestelltenfamilien. Frauen von Angestellten, die ein Kind zu versorgen hatten, waren zu 16% berufstätig, dagegen 25% der Arbeiterfrauen. Angestelltenfrauen mit 2 Kindern bzw. 3 Kindern sind nur noch zu 8,1% bzw. 7,3% erwerbstätig, während 18,6% der Arbeiterfrauen mit 2 Kindern und 14,1% der mit 3 Kindern arbeiteten. Vgl. Statistisches Amt der europäischen Gemeinschaft, Wirtschaftrechnungen 1962/63 (Deutschland), Statistischer Anhang, S. 18, 70, 72.

7 E. M. Kaetsch, Langfristige Bestimmungsgründe für die Erwerbstätigkeit verheirateter Frauen, Köln/Opladen 1965, S. 63.

8 Nach den Mitteilungen aus der Arbeitsmarkt- und Berufsforschung übten 94% aller Arbeiterinnen lediglich eine un- bzw. angelernte Tätigkeit aus. Die Zahlen beziehen sich allerdings nur auf das verarbeitende Gewerbe (IV. Jg. 1971, 3, S. 340). Vgl. auch Kap. 3.2 (hier nicht abgedruckt – H. R.).

9 Elisabeth Pfeil, Die Berufstätigkeit von Müttern, Tübingen 1961, S. 373.

10 Vgl. Helge Pross, Bericht über eine Untersuchung zur Situation erwerbstätiger Frauen in der Bundesrepublik (Erste vorläufige Auswertung April 1972), S. 87.

11 Ebd., S. 88.

12 Genaue Daten über das durchschnittliche Heiratsalter von Arbeitern sind u. W. nicht verfügbar. Rückschlüsse darauf lassen sich aus folgenden Daten schließen: 1957 waren 88,5% der Haushalte mit einem Haushaltsvorstand unter 25 Jahren Arbeiterhaushalte, während dies nur auf 6,5% der Angestellten zutraf. (Eigene Berechnungen aus: Bevölkerung und Kultur, Reihe 5, Haushalte und Familien, 1957, S. 48.) Hamilton gibt entsprechend eigenen Untersuchungsdaten an, daß von den männlichen 20jährigen Arbeitern 9% verheiratet waren gegenüber nur einem Prozent der Mittelschicht. Vgl. Der neue Arbeiter, hrsg. v. K. H. Hörning, Frankfurt 1971, S. 71, Anm. 8. Vom »Heiraten um jeden Preis« bei jungen Arbeiterinnen spricht z. B. auch H. v. Recum, Die junge Arbeiterin, Vergangenheit und Gegenwart, in: G. Wurzbacher u. a., Die junge Arbeiterin, München 1960, S. 376. Über den Rückgang von schichtspezifischem Intranubium kann dagegen nichts ausgesagt werden. Die Heirat zwischen qualifizierten Facharbeitern einerseits und unteren Angestellten andererseits dürfte indes häufiger geworden sein. Ein Hinweis darauf findet sich bei R. Mayntz, Soziale Schichtung und sozialer Wandel in einer Industriegemeinde, Stuttgart, 1958, S. 106f., deren Angaben aber kaum repräsentativ sind. Vgl. auch Anm. 2.

13 1962 kamen auf 1000 Arbeiterehen 1762 Kinder und auf 1000 Angestelltenehen 1500 Kinder. 1939 lag die Vergleichszahl für die Arbeiter bei 2054 Kindern je 1000 Ehen und für die Angestellten bei 1300 Kindern. Aus: Bevölkerung und Kultur, Reihe 2, Sonderbeitrag: Kinderzahl der Ehen, 1962, S. 17-19. Hrsg. Statistisches Bundesamt, Fachserie A.

Aus einer Repräsentativumfrage im Auftrag des Bundesministeriums für Jugend, Familie und Gesundheit geht hervor, daß je niedriger die Sozialschicht, um so weniger Familienplanung betrieben wird. 27% der Unterschicht hatten ihre gegenwärtige Schwangerschaft geplant, dagegen aber 33% der Mittelschicht und 50% der Oberschicht. Allerdings sind in der pauschalen Kategorie der Unterschicht Arbeiter und untere Angestellte vereinigt, so daß Aussagen über Differenzen zwischen ihnen nicht möglich sind.

Vgl. Bundeszentrale für gesundheitliche Aufklärung, Die Situation der werdenden Mütter; Bericht über eine Repräsentativstudie in der Bundesrepublik Deutschland, durchgeführt von der Gesellschaft für Grundlagenforschung mbH (GfG), München 1970, S. 104.

14 Statistisches Bundesamt, Fachserie A, Bevölkerung und Kultur, Reihe 2, Sonderbeitrag: Kinderzahl der Ehen, 1962, S. 10, Tab. 5.
15 E. Pfeil, Die 23jährigen, Tübingen 1968, S. 39.
16 E. Pfeil, Die Berufstätigkeit . . ., a. a. O., S. 240.
17 Ebd., S. 240.
18 Vgl. z. B. W. Jaide, Selbstzeugnisse jugendlicher Industriearbeiterinnen, in: G. Wurzbacher u. a., a. a. O., S. 105 ff.
19 Nach einer Untersuchung von F. Weltz arbeiteten 90% der Frauen bis zum 1. Kind, dann nur noch 27% und, nachdem die Kinder versorgt waren, wieder 43%. Vgl. F. Weltz, Bestimmungsgrößen der Frauenerwerbstätigkeit (vervielfältigter Forschungsbericht), München 1970, S. 7.
20 E. Pfeil, Die Berufstätigkeit . . ., a. a. O., S. 379.
21 Ebd., S. 305.
22 E. Pfeil, Die Berufstätigkeit . . ., a. a. O., S. 312. Auch in der späteren Studie von Pfeil (Die 23jährigen) zeigt sich ein ähnliches Bild. »Am geringsten ist die Beteiligung der Ehemänner bei den ungelernten Arbeitern, etwas höher bei den Facharbeitern, deutlich höher bei den Angestellten, entsprechend einem steigenden Verständnis der Ehemänner für den Eigenwert der weiblichen Berufsausübung« (S. 83). Nach einer Untersuchung des »Spiegel« bejahten dagegen die Frage nach der Mithilfe des Mannes bei der Hausarbeit immerhin 70% der Arbeiter und Angestellten. Die Daten lassen aber keine Rückschlüsse auf die Häufigkeit und den Intensitätsgrad der Beteiligung des Arbeiters bzw. des Angestellten an der Hausarbeit zu. 22% der befragten Arbeiter und 17% der befragten Angestellten bejahten aber die Frage nach der Haushaltshilfe »am letzten Wochenende«. Vgl. Der Spiegel: Die Rolle des Mannes beim Kaufentscheid, Hamburg 1963/64, Tab. 3. Nach R. Wald arbeiteten die von ihr befragten Arbeiter zu 63% eine Stunde täglich, 49% sogar noch länger im Haus. Vgl. R. Wald, Industriearbeiter privat, Stuttgart 1966, S. 51. Vgl. auch Tab. 175 im Anhang (hier nicht abgedr. – H. R.) aus der hervorgeht, daß sowohl bei Arbeitern wie auch Angestellten mit steigender Qualifikation die Hilfe im Haushalt abnimmt.
23 DIVO: Der westdeutsche Markt in Zahlen, 1969, S. 316.
24 R. Wald, a. a. O., S. 51.
25 Hör-Zu: Eine Untersuchung zur Situation der deutschen Familie der Gegenwart, München 1964, S. 41.
26 Ebd., S. 64.
27 Ebd., S. 84. Dies wird auch in der Spiegel-Untersuchung bestätigt, nach der »es keine gravierenden Differenzierungen des durchschnittlichen Anteils des verheirateten Mannes am Kaufentscheid nach den Strukturmerkmalen gibt«, worunter auch die Schichtzugehörigkeit zählt. Vgl. Der Spiegel, a. a. O., S. 64.

28 Vgl. Anm. 2.

29 Vgl. M. L. Kohn, Class and Conformity. A Study in Values, Homewood-Georgetown, 1969.

30 Die Unterschiedlichkeit der Erziehungsleitbilder bei Arbeitern und Angestellten wird durch die Beantwortung der Frage offenbar, auf welche Eigenschaften die Erziehung der Kinder vor allem hinzielen sollte:

	Gehorsam und Unterordnung	Ordnungsliebe und Fleiß	Selbständigkeit und freier Wille
Arbeiter (einschl. Landarb.)	27	46	29
Angestellte	23	41	40
Beamte (Behördenangeh.)	21	40	38

Dabei zeigen sich die größten Differenzen in der Erziehung zur »Selbständigkeit«, während in der Beurteilung des »Gehorsams« bzw. der »Ordnungsliebe« und des »Fleißes« als Erziehungswert sich Arbeiter von Angestellten und Beamten weniger deutlich unterscheiden.

Quelle: EMNID-Information, Nr. 42/1964, zit. nach G. Stelly, Die Dummen und die Klugen, München 1972, S. 280.

31 Vgl. W. Gottschalch u. a., Sozialisationsforschung, Frankfurt 1971, S. 97.

32 E. Littmann u. a. weisen z. B. auf den Einfluß beengter Wohnverhältnisse besonders bei Kinderreichtum hin, die einen autoritären und vernachlässigenden Erziehungsstil zur Folge haben. Was darunter zu verstehen ist, bleibt jedoch undurchsichtig. Es liegt nahe, daß aufgrund beengter Wohnverhältnisse Kinder tagsüber häufig in Gruppen Gleichaltriger auf der Straße spielen, was allerdings kaum mit Vernachlässigung durch die Eltern zu beschreiben ist. Vgl. E. Littmann u. a., Zur Diagnostik elterlichen Erziehungsverhaltens, in: Probleme und Ergebnisse der Psychologie, Beiheft 2, 1970, Berlin (DDR). Zitiert bei W. Gottschalch u. a., a. a. O., S. 97.

33 R. Wald, a. a. O., S. 62. Zu den geringen schichtspezifischen Differenzen hinsichtlich affektiven Verhaltens vgl. auch B. Caesar, Autorität in der Familie, Hamburg 1972, S. 56, Anm. 37.

34 B. Bernstein, Soziale Schicht, System des Sprachgebrauchs und Psychotherapie, in: B. Bernstein, Soziale Struktur, Sozialisation und Sprachverhalten (Aufsätze 1958-1970), Amsterdam 1970, S. 91.

35 R. Wald, a. a. O., S. 65.

36 O. Rühle, Zur Psychologie des proletarischen Kindes, Frankfurt, o. J., S. 25.
37 B. Bernstein, a. a. O., S. 93.
38 Ebd., S. 92.
39 Der Spiegel 47/1970, S. 103 ff. Brückner interpretiert die hohe Zahl der Kindesmißhandlungen auch nicht als schichtspezifisches Phänomen, sondern als »Spitzenleistung auf einem Gebiete, auf dem entsprechende, wenngleich bescheidenere und nicht sensationsreife Fähigkeiten, Fertigkeiten und Interessen ›vermaßt‹ sind; Spitzenleistungen, die ihre breite Basis im durchschnittlichen Leistungsniveau der Gesamtpopulation haben, der sich das Spitzenresultat auch mitverdankt« (P. Brückner, Zur Sozialpsychologie des Kapitalismus, Frankfurt 1972, S. 72).
40 Vgl. W. Gottschalch u. a., a. a. O., S. 100.
41 B. Bernstein, Elaborierte und restringierte Codes, in: B. Bernstein, Soziale Struktur . . ., a. a. O., S. 101.
42 U. Oevermann, Soziale Schichtung und Begabung, in: B. Bernstein u. a.: Lernen und soziale Struktur, Amsterdam 1970, S. 124.
43 K. Ehlich u. a., Spätkapitalismus – Soziolinguistik – Kompensatorische Spracherziehung, in: Kursbuch 24/1971, S. 49.
44 Die »Codes« sind als analytische Kategorien mit deskriptivem Charakter zu verstehen, die nur begrenzt die Wirklichkeit wiedergeben. Jedoch haben sie sich in der soziolinguistischen Literatur oftmals in einem Maße verselbständigt, daß sie als jene Wirklichkeit angesehen werden, die sie nur zu erklären versuchen. Überdies erlauben die zahlenmäßige Basis der Untersuchungen wie auch ihre z. T. noch unzulänglichen Methoden bislang kaum mehr als Annahmen und Vermutungen über die unterschiedliche Struktur und Funktion der Sprache einzelner sozialer Gruppen.
45 Vgl. B. Bernstein, Lernen und soziale Struktur, in: B. Bernstein u. a., a. a. O., S. 29 f. Bernstein beschränkt allerdings die Gruppe, die nur über den »restringierten Code« verfügt, auf die »lower working class«.
46 K. Ehlich u. a., a. a. O., S. 55.
47 Wichtig in diesem Zusammenhang ist, daß es hier um Sprachstrukturen, verbale Ausdrucksmittel, nicht um Intelligenz des einzelnen geht. Während Mittelschichtkinder bei verbalen und averbalen Intelligenztests kaum differieren, zeigt sich bei den Kindern aus der Unterschicht, daß ihre Intelligenz gemessen an am Mittelschichtstandard orientierten verbalen Intelligenztests bedeutend niedriger ist als bei averbalen Intelligenztests, die Intelligenz unabhängig von der sprachlichen Organisation messen. Zweifelsohne aber bestimmt die Intelligenz die Beherrschung der Sprache in den von den Codes vorgegebenen Möglichkeiten. Vgl. U. Oevermann, Schichtspezifische Formen

des Sprachverhaltens und ihr Einfluß auf die kognitiven Prozesse; in: B. Bernstein u.a., a.a.O., Amsterdam 1970, S. 150ff.

48 H. Popitz, H.P. Bahrdt, E.A. Jüres, H. Kesting, Das Gesellschaftsbild des Arbeiters, Tübingen 1957, S. 103.

49 Ebd., S. 82.

50 Ebd.

51 O. Negt, Soziologische Phantasie und exemplarisches Lernen, Frankfurt 1971, S. 65f.

52 E. Pfeil, Die Familie im Gefüge der Großstadt, Hamburg 1965, S. 47.

53 R. Mackensen u.a., Daseinsformen der Großstadt, Tübingen 1959, S. 216. E. Pfeil bestätigt, daß geselliger Kontakt durch soziale Schranken determiniert ist. »Man verkehrt vorzugsweise unter sich, Akademiker, Freiberufliche und Selbständige verkehren zu 64% mit Angehörigen der gleichen Berufe, die Arbeiter zu 80%.« Aus diesen Zahlen geht hervor, daß den Arbeitern in besonderem Maße freundschaftliche Kontakte jenseits der eigenen Gruppe verschlossen bleiben. Auch hier ist wieder zwischen den Arbeiterfraktionen zu unterscheiden. Betrachtet man die Facharbeiter isoliert, so verkehren sie zu 47% wieder mit Facharbeitern. Sie nahmen damit eine ähnliche Zwischenstellung ein wie die Angestellten und Beamten ohne Hochschulabschluß. Diese pflegten zu 46% privaten Kontakt mit Angehörigen ihrer Berufsgruppe, zu 35% mit höherrangigen Personen und 16% mit Personen, die in der sozialen Skala unter ihnen standen. Nach oben hin waren sie also offener als nach unten. Vgl. E. Pfeil, a.a.O., S. 50.

54 Dies und die folgenden Ergebnisse entstammen den Untersuchungen von E. Pfeil, R. Mackensen u.a., sowie R. Mayntz, Soziale Schichtung und sozialer Wandel, Stuttgart 1958; und A. Schneider, Expressive Verkehrskreise, Diss. Köln 1969. Dabei ist ihr regionaler Charakter zu berücksichtigen. Für das Verkehrsverhalten der Arbeiter insgesamt geben sie uns nur Tendenzen an. Vor allem kann aufgrund der schlechten Materiallage nicht nach den für das Verkehrsverhalten relevanten Wohnbedingungen wie Stadt-Land, Arbeitersiedlung, gruppeninhomogene Wohngegend usw. differenziert werden.

55 R. Mayntz, a.a.O., S. 226.

56 Es unterhalten sich mit Nachbarn ... (in %)

	nie/selten		manchmal/öfter		oft/sehr oft	
	I[a]	II[b]	I	II	I	II
Arbeiter[c]	34	37,0	52	55,7	14	6,2
Angestellte	51	45,4	38	48,4	10	4,8

a) aus: EMNID, Freizeit und Privatleben, Bielefeld 1969
b) aus: EMNID, Freizeit im Ruhrgebiet, Bielefeld-Essen 1971

c) in I auch Landarbeiter

Zusammengestellt und berechnet aus: EMNID, Freizeit und Privatleben, a. a. O., Tab. 36, S. 55; und EMNID, Freizeit im Ruhrgebiet, a. a. O., 2. Bd., Tab. 18, S. 36.

57 EMNID, Freizeit im Ruhrgebiet, a. a. O., 2. Bd., S. 16. 21,7% der Angestellten behaupten, »oft« oder »sehr oft« mit Freunden zusammenzusein (Arbeiter: 15,5%).

58 Besuch von Freunden und Bekannten je Monat in . . . von 100 Haushalten

<table>
<tr><th></th><th colspan="2">nie</th><th colspan="2">einmal und seltener</th><th colspan="2">2-4mal</th><th colspan="2">5-8mal</th><th colspan="2">9mal u. öfter</th></tr>
<tr><td>Jahr</td><td>65</td><td>69</td><td>65</td><td>69</td><td>65</td><td>69</td><td>65</td><td>69</td><td>65</td><td>69</td></tr>
<tr><td>sonst. Beamte u. Angestellte</td><td>14</td><td>3</td><td>17</td><td>18</td><td>47</td><td>48</td><td>10</td><td>21</td><td>12</td><td>11</td></tr>
<tr><td>Facharbeiter</td><td>17</td><td rowspan="2">5</td><td>17</td><td rowspan="2">24</td><td>44</td><td rowspan="2">43</td><td>13</td><td rowspan="2">17</td><td>9</td><td rowspan="2">11</td></tr>
<tr><td>sonst. Arbeiter</td><td>21</td><td>21</td><td>41</td><td>11</td><td>6</td></tr>
</table>

zusammengestellt aus: DIVO, Westdeutscher Markt in Zahlen 1965, a. a. O., S. 248; DIVO, Westdeutscher Markt in Zahlen 1969, a. a. O., S. 330f.

59 Das geht z. B. auch aus der Untersuchung von R. Wald hervor. Vgl. R. Wald, a. a. O., S. 68. Daten, die diesen Sachverhalt betreffen, sind sonst jedoch kaum vorhanden. In englischen Untersuchungen wird der Zusammenhang zwischen verwandtschaftlicher Hilfe und nachbarschaftlichem Wohnen für die Arbeiter bestätigt. Vgl. z. B. P. Townsend, The Family Life of Old People, Harmondsworth 1963; M. Young, P. Willmott, Family and Kinship in East London, Harmondsworth 1962.

60 R. Mayntz, a. a. O., S. 225.

V
Bürgertum

Margarete Freudenthal
Bürgerlicher Haushalt und bürgerliche Familie vom Ende des 18. bis zum Ende des 19. Jahrhunderts*

1. Typus des Haushalts, der Frau und der Familie am Ende des 18. Jahrhunderts.

Die folgende Beschreibung des Haushalts der Familie Goethe durch Freudenthal basiert auf dem Haushaltsbuch des Rat Goethe, des Vaters Johann Wolfgang Goethes, das für die Zeit von 1753 bis 1779 vorliegt (vgl. Friedrich Bothe, Wirtschaft und Kultur in Goethes Vaterhause, in: Archiv für Frankfurts Geschichte und Kunst, hrsg. von Dr. Otto Ruppersberg, Frankfurt/M. 1932). Es handelt sich um einen großbürgerlichen Haushalt in der zweiten Hälfte des 18. Jahrhunderts, der sich einerseits durch materiellen Wohlstand auszeichnet, andererseits durch die Her- bzw. Fertigstellung eines großen Teils der benötigten Lebensmittel im Haushalt selbst. Von anderen bürgerlichen Haushalten unterscheidet er sich dadurch, daß der Rat Goethe von den Zinsen seines Vermögens lebt, die Einbeziehung der beruflichen Sphäre in den Haushalt also fehlt.

Bei der Einordnung der nachstehenden Auszüge muß berücksichtigt werden, daß Frankfurt/M. damals eine reiche Handels- und Messestadt war, deren Bürger teilweise über große Vermögen verfügten. – H. R.

Johann Caspar Goethe hatte in seiner Jugend zum Doktor juris promoviert und ausgedehnte Sprachstudien und Auslandsreisen gemacht. Er lebte als Rentner mit dem Titel eines Kaiserlichen Rates ohne Beruf. Sein ererbtes Vermögen betrug ungefähr 3/4 Millionen Mark. Er war verheiratet mit einer höheren Beamtentochter, der Tochter des Frankfurter Stadtschultheißen, die im

* Auszüge aus: Margarete Freudenthal, Gestaltwandel der städtischen bürgerlichen und proletarischen Hauswirtschaft unter besonderer Berücksichtigung des Typenwandels von Frau und Familie, vornehmlich in Südwest-Deutschland zwischen 1760 und 1933, 1. Teil (einziger): von 1760 bis 1910, Phil. Diss. Frankfurt/M. 1933, Würzburg 1934, S. 5-16, 39-45, 91-93.

Elternhaus eine sehr einfache, stark religiös gefärbte Erziehung genossen hatte. Sie war bei ihrer Eheschließung 17 Jahre alt und 21 Jahre jünger als ihr Mann.[1]

In die Zeit der Haushaltführung fiel die Geburt von 6 Kindern, von denen neben Johann Wolfgang nur eines, Cornelia, am Leben blieb.

Wirkraum

1. Einnahmen: Die Zinsen des Vermögens betrugen 20000 Mark pro Jahr, d.i. auf den Monat umgerechnet, ein Zinseinkommen von Mk. 1666,–. Das Kapital war in Hypotheken, fürstlichen Anleihen, Darlehen und Wechseln angelegt. Dazu besaß Rat Goethe ein ausgedehntes, nicht zinstragendes Vermögen in zwei Häusern, Wiesen, Äckern, Gärten, barem Schatz, Wein, Mobiliar, Gemälden, Silber und Pretiosen.

2. Ausgaben: Über die *einzelnen* Ausgaben dieses Haushaltes sind wir nur ungenau unterrichtet. Denn neben dem überlieferten Haushaltungsbuch des Herrn Rat bestand noch ein gesondertes Ausgabenbuch der Frau Rat, »Zur Bestreitung der Ökonomie«, von dem wir nur die Gesamtausgabe von 5500,– bis 6000,– Mark wissen. Außerdem sind besondere Ausgaben, wie der Hausumbau, das Begräbnis der Mutter, das Studium des Sohnes, die Ausstattung der Tochter, die Aufwendungen für Wiesen und Gärten, große Anschaffungen (Klavier) nicht aus dem Laufenden bestritten worden. Dazu wurden das Kapital, der bare Schatz oder andere Vermögenswerte herangezogen. Wir wissen nur so viel, daß im allgemeinen Einnahmen und Ausgaben sich die Waage hielten.

Auch über die Verteilung der Ausgaben auf die einzelnen Posten, d.h. wie sich die Ausgaben für Lebensmittel z.B. zu denen für Kleidung oder Freizeitgestaltung oder die einzelnen Posten der Lebensmittel zueinander verhielten, ist uns nichts bekannt.

Um den Zuschnitt des Haushalts zu kennzeichnen, seien ein paar Summen angegeben: Der Weinkeller des Rat Goethe besaß einen Wert von 60000,– Mark; die beiden Kinder erhielten ausschließlich Privatunterricht in den verschiedensten Fächern und von besonders qualifizierten Lehrkräften; Johann Wolfgang hatte auf der Universität in Leipzig einen Monatswechsel von 750,– Mark, in Straßburg von 690,– Mark. Cornelia bekam eine Mitgift von 75000,– Mark. Die Bibliothek des Hauses umfaßte beim Tode des Herrn Rat 1693 Werke, neben der künstlerisch wertvollen Gemäldesammlung bestand eine Marmor-, eine Muschel-, eine Naturalien- und eine Münzsammlung. Eine mit Pelz besetzte Tunika für Cornelia kostete 1766 360,– Mark, ein seidenes pelzbesetztes Kleid 1758 etwa 770,– Mark.

In der Richtung der Ausgaben können wir fixe Kosten für Brand, Mietzins, Steuer, Gehälter, Zeitungen, Licht, Wasser, Kehricht, Brandschutz, Wohltätigkeit und Geschenke (ausgedrückt durch Beiträge an das Latrinenamt, Laternenamt, die Brunnengemeinde, die Beteiligung an einer Feuerspritze und an Kollekten) unterscheiden. Zu den fixen Kosten gehörte im Goethe'schen Haushalt auch der feste Sold für die im Hause beschäftigten Handwerksleute. Die wechselnden Kosten erstrecken sich auf Lebensmittel, Kleidung, Wäsche, Erziehung und Freizeitgestaltung.

3. Wohnung: Wir stehen in der zweiten Hälfte des 18. Jahrhunderts, wirtschaftsgeschichtlich gesehen, unter der Herrschaft der Zunftverfassung. Die Städte hatten ihren mittelalterlichen Charakter mit eng aneinander gerückten, um das Rathaus gruppierten, schmalen, hohen Häusern, umgeben von Wällen, Gräben und Festungstoren. Außerhalb des Festungsgürtels lagen Gärten und Grünflächen. Die Zunftverfassung schloß die enge Verknüpfung von privatem Leben und beruflicher Sphäre in sich ein: Beruf und Wohnen vollzogen sich im selben Hause, unter dem selben Dach. Auch die Mitarbeiter des Berufs, ob sie Lehrlinge, Schreiber oder Arbeiter waren, gehörten räumlich und wirtschaftlich zum Haus.

Das Haus der Familie Goethe stand im Mittelpunkt der Stadt in der Nähe der Hauptwache. Es nahm nur insofern eine Ausnahmestellung ein, als es sich hier um das Haus eines Rentners handelte, für den berufliches Wirken und beruflicher Angestelltenkreis nicht in Frage kamen.

Das Haus hatte einen großen Flur, eine breite wuchtige Treppe, zahlreiche schöne Zimmer, mehrere Repräsentationsräume, eine mit viel Zinn und Kupfer ausgestattete Küche, eine Wachstuchtapete nach Entwürfen eines Malers, in Neuwied nach englischem und französischem Geschmack bestellte Möbel, mit Brokat überzogene Sessel, mehrere Uhren. Hinter dem Hause war ein kleiner

Hof, kein Garten, dagegen lagen große Obstgärten, Äcker, Wiesen, Weingärten, Erdbeerpflanzungen, Spargelbeete vor dem Tor. Die Nebenräume, Keller, Hof, Kammern und Speicher des Goethe'schen Hauses waren sehr reichhaltig.

So viel von dem Charakter der Einnahmen, Ausgaben, der Wohnung und des im Hause beschäftigten Personenkreises. Schon bei oberflächlicher Betrachtung scheinen uns diese Faktoren sehr verschieden von denen eines modernen Haushalts in ähnlicher Vermögenslage zu sein.

Vor allem fällt uns der große Besitz an Immobilien und an nicht zinsentragenden Werten auf, im Gegensatz zu heute, wo nur in seltenen Fällen eine reiche Familie neben dem Stadthaus noch ein Gut auf dem Lande besitzt. Statt privater Gemäldesammlungen gibt es heute Museen, statt in den Privatunterricht gehen die Kinder heute in die Schule. Wir staunen über die hohen Einzelausgaben für Essen, Kleidung und Studienzwecke. Zu den fixen Kosten gehörte der feste Sold für die Handwerker, während wir heute einen bestimmten Betrag für Kassen und Versicherungen einsetzen müssen. Namentlich scheint uns das Goethe'sche Haus mit seinen Repräsentations- und Vorratsräumen und seiner Zimmerflucht viel großzügiger zu sein, als das Haus eines Großbürgers mit 20000,– RM Einkommen um 1930. Wir werden sofort die Gründe dieser Verschiedenheiten erkennen, wenn wir im folgenden Abschnitt einen Blick auf die häusliche Tätigkeit, auf die Funktionen der Hausfrau und auf die Freizeitgestaltung werfen.

4. Häusliche Tätigkeit. Betrachten wir zuerst die Art der Warenbeschaffung. Nur Weniges kaufte Frau Rat in einem Laden: Essig, Öl, Tee, Kaffee, Zucker und Gewürze wurden bei den Materialwarenhändlern erstanden und dabei jede Ware bei einem anderen Händler. Sonst gab es nur einige Handwerker, wie den Bäcker, den Metzger und den Schneider, bei denen man einschlägige Waren kaufen konnte. Die Haupteinkaufsmöglichkeit war in Frankfurt die Messe oder der Markt, auf denen Stoffe, Haushaltsgeräte, Geschirr und Bücher eingekauft wurden. Spezialitäten wurden aus der näheren Umgebung bezogen, so der Wein vom Rhein, die Wurst aus Göttingen, der Schmuck aus Hanau; bei Mineralwasser, bei Wild und Fischen war man ebenso auf die nähere Umgebung angewiesen.

Viele Güter wurden gar nicht gekauft, sondern im Urzustand

oder halbfertigen Zustand in oder außer dem Hause verarbeitet. Im Herbst wurde im Hause ein Schwein geschlachtet und Gänse und Rindfleisch geräuchert und eingepökelt. Wein aus dem eigenen Garten wurde gekeltert, Obst, Sauerkraut, Bohnen eingemacht. Frau Rat berichtet, als sie von ihren oft drückenden Hausfrauenpflichten spricht, daß in den »fatalsten« Monaten im Frühjahr, in denen sie vor Arbeit »aus ihrem Geschick und Gerick komme«, nicht bloß Holz eingekauft, Molken gekocht, die große Wäsche besorgt, sondern auch »vor das ganze Jahr Butter zentnerweise eingemacht« wurde. Herr Rat ließ auf der Mühle zu Niederursel Korn mahlen und das Mehl beim Bäcker für sich verbacken. Er ließ Leinwand besonders für sich weben; ob Leinengarn im Hause gesponnen wurde, geht nicht aus dem Haushaltsbuch hervor, es ist aber – entsprechend den Gewohnheiten anderer Haushaltungen jener Zeit – anzunehmen. Das Tuch zum Kleide wurde vom Tuchscherer erst zurecht gemacht, dann stellte der Diener die Männerkleidung zu Hause her oder sie wurde beim Schneider angefertigt. Für die Frauenkleidung kam die Schneiderin ins Haus. Schuhe wurden im Hause gesohlt und gefleckt. Als Herr Rat sein Haus umbauen ließ, kaufte er das Material dafür ein und ließ es von den Handwerkern verarbeiten.

Dies alles reichte aber für den Konsum nicht aus. Wir hören, daß neben dem selbst geräucherten Fleisch Frankfurter Schwartemagen und Göttinger Wurst gekauft wurden. Ebenso wurden Wein und Obst in großen Quantitäten gekauft, ja, Herr Rat ließ selbstgekelterten Wein verkaufen, um anderen dafür zu erstehen. Neben dem vom Bäcker aus eigenem Mehlvorrat gebackenen Backwerk wurden Kuchen zu Hause gebacken und Konfekt, Süßigkeiten, Brenten usw. vom Zuckerbäcker gekauft. Auch elegante Frauenkleidung wurde gekauft und manchmal von auswärts bestellt.

Wir haben es also hier mit einem Haushalt zu tun, der zwar aus dem Zustand der vollen hauswirtschaftlichen Autarkie längst herausgetreten und nur noch in wenigen Punkten eine Selbstversorgung war – und auch in diesen nur im Verein mit der Warenbeschaffung durch andere gewerbliche Betriebsformen –, der aber in voller Reinheit die folgenden charakteristischen Merkmale der Güterbeschaffung des 18. Jahrhunderts zeigt: Einmal spielt der Kauf nur eine geringe Rolle, während Eigenproduktion und Eigenverarbeitung im Haushalt im Vordergrund stehen. Zweitens erfolgt die Güterbeschaffung in großen Quantitäten und auf lange Sicht. Alles, was dieser Haushalt produzierte, verarbeitete oder kaufte, geschah unter dem Gesichtspunkt der Vorratswirtschaft.

Damit hängt aufs engste der Personenkreis zusammen, der diesem Haushalt zur Verfügung stand. Da die im Hause bis zu ihrem Tode mitlebende alte Mutter des Rat Goethe *nicht mehr*, die heranwachsende Tochter *noch nicht* für die Mitarbeit im Haushalt in Betracht kamen, waren es vorwiegend fremde Kräfte, die in der Hauswirtschaft halfen. Auch durch den etwaigen beruflichen Angestelltenkreis wurde in diesem Falle, wie wir gesehen haben, der Haushalt nicht erweitert. Zu den ständig im Haushalt beschäftigten Personen gehörten eine Köchin, zwei Hausmädchen und ein Diener. Darüber hinaus gab es einen Kreis nicht ständig beschäftigter Personen, die aber trotzdem in dauerndem Zusammenhang mit dem Haushalt blieben und in festem Sold standen: Die Waschfrau, die Reinemachfrau, die Näherin, der Schuster, der Schneider, die Schneiderin, der Fleischer, der Polsterer, der Ofensetzer, der Ofenkehrer, der Böttger, der Schmied, der Dachdecker, der Schornsteinfeger, ja, der Barbier und der Zahnarzt wurden zu den dem Haushalt zugehörigen Kräften gezählt.

Es war ein großer Apparat, gleichsam eine Magazinverwaltung, die Frau Rat zu bewältigen hatte. Sie überwachte den Einkauf und den Produktions- und Verarbeitungsprozeß im Haushalt, d. h. die Umwandlung der produzierten und der in halbfertigem oder fertigem Zustand gekauften Güter in konsumreife Güter wurde von ihr geleitet. Sie gab Rechenschaft über die Ausgaben, denn sie führte ein Haushaltungsbuch. Mit dieser organisierenden und disponierenden Tätigkeit scheint körperliche Arbeit im Haushalt kaum verbunden gewesen zu sein. Im gelegentlichen Backen und Kochen von Leckerbissen und in der Anfertigung von Handarbeiten erschöpfte sich die eigentliche körperliche Hausarbeit. Die Kunst des Kochens scheint Frau Rat nicht bekannt oder nicht sympathisch gewesen zu sein; als ihre Köchin einmal krank war, mußte sie auswärts essen, da sie »nichts Ordentliches bei sich zu essen hatten«.[2]

5. Freizeitgestaltung: Wie füllte Frau Rat die ihr zur Verfügung stehende freie Zeit aus? Sie spielte Klavier, sie sang, sie lernte italienisch und trieb französische Studien, als die französische

Besatzung im Hause war. An dem geistigen Leben ihres Mannes, ihrer Kinder und ihrer Freunde nahm sie reichen Anteil. Es herrschte im Hause Goethe eine rege Geselligkeit. Einladungen zu den Mahlzeiten und Logierbesuch waren häufig. Mit verschiedenen Familien fanden regelmäßige freundschaftliche Zusammenkünfte statt. Frau Rat hielt ihr monatliches Kränzchen und hatte mit jungen Mädchen, ihren »Samstagsmädeln«, fröhliche Nachmittage. Auch die häuslichen Feste, Geburts- und Namenstage wurden mit Geschenken und Einladungen gefeiert. Beim Schweineschlachten pflegte man die Bekannten zur Wurstsuppe einzuladen. Man ging zu den Sensationen der Stadt, Konzert- und Theateraufführungen, Schützenfesten und karnevalistischen Veranstaltungen. Ausflüge wurden mit dem gemieteten Wagen in die Umgegend gemacht, nach Wiesbaden, Worms und Heidelberg, mit dem Schiff bis nach Rüdesheim. Dazwischen gab es in manchen Jahren eine Badereise nach Wiesbaden oder Langenschwalbach. Spazierritte und Schlittenfahrten vergnügten die Familienmitglieder.

Typus des Haushalts zwischen 1760 und 1830

Was läßt sich aus dem eben dargestellten Tätigkeitsbereich des Haushalts für den Charakter von Einnahmen, Ausgaben, Wohnweise und Personenkreis schließen? Wird ersichtlich, warum diese Faktoren im 18. Jahrhundert ein so anderes Gepräge haben, als im 20. Jahrhundert? Und können wir aus der Relation, die sich hier ergibt, zu der typischen Struktur des Haushalts einer reichen, städtischen, bürgerlichen Familie des 18. Jahrhunderts überhaupt vorstoßen?

Zuerst müssen wir unterscheiden zwischen der individuellen Lagerung dieser Familie und der typischen Struktur dieses Haushalts.

Manches mag aus dem besonderen Lebensraum erklärbar sein: Der Stil der reichen Handelsstadt dürfte auf diesen Haushalt abgefärbt haben, der quantitativ und qualitativ hochwertige Einkauf auf Messen gehörte ebenfalls zu den Besonderheiten dieser Stadt. Der Sohn des Gasthofbesitzers und Weinhändlers, die sehr junge und lebenslustige Frau werden gutem Essen und Trinken und fröhlichem genießerischem Lebenswandel nicht abgeneigt gewesen sein. Die handwerkliche Herkunft (der Großvater war ja ursprünglich Schneider) in Verbindung mit ererbtem Vermögen mag in Rat Goethe den Wunsch, es den Reichen seiner Stadt gleich zu tun, den Wunsch nach Hebung seines sozialen und kulturellen Niveaus gestärkt haben. Daß Rat Goethe Rentner war, also über viel freie Zeit verfügte, mag für die Stetigkeit seiner Einkaufspolitik, die Genauigkeit seiner Haushaltsführung und die gut durchgebildete Organisation seines Haushalts sprechen. Die außerordentliche Begabung des Sohnes und sein anregender Freundeskreis mögen auf die geistige Haltung des Hauses von besonderem Einfluß gewesen sein.

Über diese besondere Lagerung hinaus zeigen sich aber folgende typische Merkmale:

1. Der doppelte Charakter der geschilderten Vorratswirtschaft als Güterbeschaffung durch Eigenproduktion und Eigenverarbeitung (weniger durch Kauf) und als Güterbeschaffung auf lange Sicht mußte als Voraussetzung einerseits den Besitz an Immobilien haben, andererseits zu relativ großen, aber selten wiederkehrenden Ausgaben führen. Es erklärt sich daraus also der Besitz von Wiesen, Äckern und Gärten zur Produktion, der Besitz an barem Geld, das für den Einkauf rasch greifbar war, und die Anlage von Sammlungen jeder Art, die eine Thesaurierung und in Notzeiten (Kriege, Seuchen) eine Rückendeckung boten. Es erklären sich die auffallend hohen Ausgaben für Nahrung und Kleidung, die in großen Quantitäten und guten Qualitäten bei seltenen Gelegenheiten, auf Messen, Märkten, bei herumreisenden Händlern erstanden wurden. Es lassen sich weiter aus der Vorratswirtschaft Folgerungen für die Bauart des Goethe'schen Hauses und für den Charakter des in ihm beschäftigten Personenkreises ziehen. Die Weiträumigkeit des Hauses mit vielen Vorrats- und Nebenräumen, die große Schar der in festem Sold stehenden Hilfskräfte waren für einen Haushalt notwendig, dem Produktions-, Verarbeitungs- und Verwaltungsprozesse eigen waren, die im 20. Jahrhundert verloren gegangen sind.

2. Wir sahen weiterhin in Frau Rat Goethe eine Frau, die neben der Organisation und Disposition ihres großen häuslichen Apparates ausgedehnte gesellige und repräsentative Funktionen hatte. Und zwar Funktionen der Freizeitgestaltung, die ebenso sehr hier zu den häuslichen Funktionen zu rechnen sind, wie die Bildungsaufgaben (Privatunterricht der Kinder), da sie sich vorwiegend im Hause abspielten. Es erklärt sich aus dieser Tatsache in Verbin-

dung mit der vorhin in anderem Zusammenhang beobachteten Eigentümlichkeit des Hausherrn, kostbare Sammlungen zu beherbergen, der Reichtum des Goethe'schen Hauses an vornehm ausgestatteten Repräsentations- und Besuchsräumen, an Arbeits- und Sammlungszimmern.

Hier, im Repräsentativen und Geselligen, liegt die Hauptangleichung der großbürgerlichen Lebens- und Wohnweise an das französische Vorbild. Die Anordnung der Repräsentationsräume und der Stil der Einrichtung wurden dem Französischen entlehnt, vor allem in Südwestdeutschland, wo rheinische Künstler und Handwerker in französischem Geschmack aufgewachsen waren. Nur sind alle Maße verringert, alles ist näher aneinander gerückt, gemäß der Tatsache, daß hier ja Repräsentation nur ein Ausdruck der familiären Freizeitgestaltung, nicht aber, wie in Frankreich, gleichbedeutend mit Beruf und ständischem Prestige war[3].

3. Während wir also hier eine enge Beziehung zwischen der Art der Haushaltsführung (wobei Haushaltsführung immer im weitesten Sinne einschließlich der Bildungsaufgaben und der Freizeitgestaltung verstanden wird) und der wesentlichen Struktur von Einnahmen, Ausgaben, Wohnung und Personenkreis feststellen können, sehen wir in gleicher Weise, wie diese Faktoren in die allgemeine volkswirtschaftliche Entwicklung verflochten sind. Die Zeit um 1760[4], durch Zunftverfassung und staatlichen Protektionismus gekennzeichnet, kannte weder die billige Massenproduktion durch die Maschine, noch die Ausweitung von Handel und Verkehr, noch die Finanzierung durch Kreditinstitute. D. h. die Funktionen der Produktion, der Verarbeitung, der Finanzierung, der Aufbewahrung, der Konservierung und der Verteilung, die in der modernen Welt außerhalb des Hauses vollzogen werden, waren damals noch wesentliche Bestandteile des Haushalts selbst. Und der Personenkreis, der 1930 zu den Angestellten von Landwirtschaft und Industrie, von Verkehrs- und Bankinstituten, von Handel und Handwerk zu rechnen ist, gehörte noch 1760 zu den Funktionären des Haushalts selbst. Während er heute nicht nur von jenen Organen bezahlt, sondern auch durch staatliche Sozialpolitik gegen Unfall, Krankheit und Arbeitslosigkeit versichert wird, stand er damals in festem Sold des Haushalts und war auf patriarchalische Fürsorge angewiesen. Und während im 20. Jahrhundert die öffentlichen Bildungs- und Kunstinstitute, die öffentlichen Vergnügungs- und Erholungs-

stätten, die geistige Entwicklung des modernen Menschen, seine Geselligkeit und seine Entspannung, weitgehend außerhalb des Hauses liegen, mußte der Mensch des 18. Jahrhunderts, wenn er an diesen Dingen teilhaben wollte, durch große geistige, materielle, räumliche und zeitliche Anstrengungen sich selbst, in seinem Hause, diese Genüsse verschaffen. Mit anderen Worten: Der Stand der allgemeinen ökonomischen Verhältnisse des 18. Jahrhunderts bedingte den Charakter der Einnahmen, der Ausgaben, der Wohnweise und des Personenkreises der hauswirtschaftenden Menschen jener Zeit. Und es liegt an dieser Parallele, daß wir im Haushalt dieselben gewerblichen Betriebsformen als häusliche Betriebsformen wiederfinden wie im wirtschaftlichen Leben jener Zeit. Nicht nur, daß die Bedürfnisbefriedigung nebeneinander alle gewerblichen Betriebsformen zeigt, von der Eigenproduktion über die handwerkliche Produktion zum Kauf, sondern, daß auch die Eigenproduktion und Verarbeitung durch die Hausfrau selber – gleichsam die Art, wie sie als Unternehmerin ihren Betrieb leitet – die verschiedenen Merkmale der gewerblichen Betriebssysteme jener Zeit aufweist, fällt ins Auge. Wir finden Beispiele für die Störarbeit[4a] wenn die Schneiderin wochenlang mit Sack und Pack im Hause Aufenthalt nimmt, und Beispiele für das Heimwerk, wenn gegen Lohnzahlung Getreide in die Mühle zum Mahlen gegeben wird. Und wir finden weiterhin Beispiele für das Lohnwerk, wenn Rat Goethe das Material für den Hausbau selber einkauft und von den Handwerksleuten verarbeiten läßt. Wie viele verschiedene Vorgänge z. B. gehören in einem städtischen Haushalt, in dem Flachs nicht mehr selbst angebaut, sondern gekauft wird, zur Fertigstellung von Leinwand: Zuerst ein Kauf, dann kommt eine Frau auf Störarbeit ins Haus zum Hecheln des Flachses, dann wird das Werg zum Spinnen als Lohnwerk aus dem Haus gegeben, dann spinnen die Frauen im Hause das Linnengarn, und dieses wieder wandert zum Weben im Heimwerk aus dem Haus. Eine Handlung also, die in der Jetztzeit lediglich in dem Kauf eines fertigen Stück Leinwands besteht, war um 1800 (als ein den allgemeinen wirtschaftlichen Verhältnissen analoger Vorgang) in fünf einzelne häusliche Vorgänge zerlegt, Vorgänge, die ihrerseits wiederum eine spezifische Art der Haushaltsführung im Gefolge hatten, während umgekehrt die Art der Haushaltsführung wieder einer ganz bestimmten ökonomischen Entwicklungsstufe in bezug auf Einnahmen, Ausgaben, Wohnung und Personenkreis bedurfte. Man sieht hier deutlich, wie der Gestaltwandel im Haushalt im Zusammenhang mit dem Gesamtorganismus eines Volks- und Gesellschaftskörpers steht, und wie alles, was wir von der Produktionsseite her beobachten, seinen Niederschlag in der Konsumtionsseite – und umgekehrt – finden muß.

4. Wollen wir also zusammenfassend das Typische der großbürgerlichen Haushaltsführung des 18. Jahrhunderts, wie sie uns beispielhaft im Goethe'schen Haushalt entgegentritt, im Vergleich mit moderner Haushaltsführung herausarbeiten, so scheint es nach dem Gesagten das Folgende zu sein:

Der Inbegriff von Tätigkeiten im Haushalt, dargestellt durch eine spezifische Art der Geld- und Warenbeschaffung, der Wohnweise, des im Haushalt beschäftigten Personenkreises und der Freizeitgestaltung, vollzieht sich im Haus, durch das Haus und für das Haus und hat eine starke Ausweitung des häuslichen, privaten und patriarchalischen Apparates zur Folge.

Im Gegensatz hierzu hat in der modernen Welt die außerhäusliche und öffentliche Sphäre die genannten Funktionen übernommen und eine zunehmende Funktionsverarmung des Haushalts zu Gunsten der Ausweitung des außerhäuslichen Apparates herbeigeführt.

(Es wird die Aufgabe dieser Arbeit sein, die einzelnen Etappen dieses Gestaltwandels des Haushalts vom 18. Jahrhundert bis in die Gegenwart hinein zu zeigen.)

Typus der Frau zwischen 1760 und 1830

Gehen wir nun einen Schritt weiter und fragen uns: Welcher Typus der bürgerlichen Frau läßt sich aus dem eben entwickelten Typus des bürgerlichen städtischen Haushalts des 18. Jahrhunderts folgern?

Wenn wir Frau Rat Goethe mit einer modernen vermögenden bürgerlichen Frau vergleichen, so ergeben sich auf den ersten Blick keine allzu großen Unterschiede. Beide stehen einem reichen und großen Hauswesen vor. Sie werden dabei von mehreren Personen unterstützt. Wir hörten, daß Frau Rat mit der Köchin zusammen den Einkauf besorgte, daß sie ein Haushaltungsbuch führte, daß sie den ganzen Betrieb leitete und überwachte, daß sie sich mit Handarbeiten beschäftigte, daß sie hie und da einen Lekkerbissen selbst gekocht oder gebacken habe. Wir hörten weiter, daß sie repräsentierte, daß sie für ihre Weiterbildung sorgte und daß sie am geistigen und geselligen Leben der Familie und der Stadt teilnahm. Wenn wir Spitzen klöppeln, Strümpfe stricken und Garn spinnen ersetzen durch seidene Wäsche waschen und Pullover häkeln, oder wenn wir die »Samstagsmädeln« mit einem Bridge-Nachmittag auswechseln, so ergeben sich zwischen der großbürgerlichen Frau von damals und von heute keine großen Unterschiede. Beide Frauen haben im Haushalt nicht viel selbst angepackt, und nur wenige nichtschmutzende oder sehr individuelle Arbeit wurde von ihnen persönlich getan. Ihre häusliche Tätigkeit erstreckte sich vorwiegend auf die geistige Leitung des Haushalts, auf seine Organisation und Disposition.

Aber in der Art der Organisation scheint ein Unterschied zu liegen.

Die Frau von 1760 organisierte in der Hauptsache einen Produktions- und Verarbeitungsbetrieb, eine Magazinverwaltung; die Frau von 1930 organisiert dagegen im wesentlichen eine Konsumtionswirtschaft mit wenigen verarbeitenden Funktionen. Dies bedingt nicht nur eine verschiedene geistige Leistung – Wissen um den Produktionsprozeß, Materialkenntnis, Materialsparsamkeit, langsame Überlegung auf der einen Seite – Wissen um die Gebrauchsfähigkeit für den Konsum, Arbeits-, Zeit-, Raum- und Geldeinteilung, rasche Disposition auf der anderen Seite –, sondern auch einen ganz verschiedenen Lebensinhalt für die beiden Frauentypen.

Während nämlich die Frau des 18. Jahrhunderts durch ihre Organisation und Disposition voll ausgefüllt war, weil eben wirklich alle Arbeitsvorgänge, wie wir gesehen haben, im Haus sich abspielten, ist die moderne großbürgerliche Frau, selbst bei Leitung eines komplizierten Hauswesens, nicht mehr voll ausgefüllt, weil sie nur die letzte, in der Hauptsache konsumierende Station eines großen Prozesses ist, der im wesentlichen außerhalb des Hauses sich vollzieht.

Und im selben Maße, wie die Funktionen der Frau des 18. Jahrhunderts vorwiegend zu den häuslichen und privaten gehörten, war ihre Bewegungsfreiheit, ihr geistiger Horizont eng und begrenzt. War ihr Wirkraum vorwiegend das Haus, fing ihr Arbeitsprozeß im Haus an und hörte im Hause auf, so war auch ihr Wirkradius, d.h. die Reichweite ihrer Persönlichkeit kurz und auf den häuslichen Umkreis beschränkt. Dem gegenüber hat die Frau von 1930, als letzte Konsumentin eines Arbeitsvorganges, von dem sie weder den Ursprung noch den Weg kennt, einen räumlich und zeitlich stark vergrößerten Wirkradius.

Wir können also zusammenfassend den Typus der großbürgerlichen städtischen Frau des 18. Jahrhunderts im Gegensatz zur großbürgerlichen städtischen Frau des 20. Jahrhunderts in folgender Weise kennzeichnen:

Beide Frauen gehören zu den lediglich organisierenden, nicht körperlich arbeitenden Typen. Aber während die eine Frau eine noch stark produktive Vorratswirtschaft leitet und in dieser Arbeit bei beschränktem Wirkradius voll ausgefüllt ist, organisiert die andere Frau eine zusammengeschrumpfte Konsumtionswirtschaft, die ihr bei unbegrenztem Wirkradius nicht mehr volle Zeit- und Kraftausfüllung bietet.

[...]

Typus der Familie zwischen 1760 und 1830

Es ist schwer, von dem Goethe'schen Haushalt her zum Typus der Familie des 18. Jahrhunderts vorzustoßen. Denn er bildet in mehr als einer Hinsicht einen Ausnahmefall. Wir sehen in ihm weder die Großfamilie (es blieben nur zwei Kinder am Leben; die alte Mutter starb schon nach mehreren Ehejahren), noch die Funktionstrennung von Mann und Frau durch berufliche und hausfrauliche Pflichten, da Rat Goethe Rentner war. Lediglich die reichen Geschenke, die Rat Goethe zur Messezeit seiner Frau machte, und der Vermerk »wegen besonderen Fleißes« lassen in den Seiten des Haushaltsbuches einen Schluß auf das Verhältnis der Ehegatten zueinander ziehen.

[...]

Da die Vorratswirtschaft nicht nur die Hausfrau, sondern auch die fremden Personen, die zum Haushalt gehörten, voll ausfüllte, bestand auch für die engere und weitere Familie genügend Arbeit, um sie voll zu beschäftigen. Ja, man kann sagen, daß ein gewisser Zwang zur Familienbildung, zum harmonischen Familienleben, von den Bedürfnissen des Haushalts her herrschte. Der Haushalt als Produktionsstätte führte zur Großfamilie, d. h. nicht nur zur großen Kinderzahl, sondern auch zum Zusammenwohnen mehrerer Familien und zum Zusammenleben mit befreundeten Menschen; und nicht nur für die heranwachsenden Menschen, sondern auch für die unverheirateten älteren Kinder und Geschwister war in den dementsprechenden großen Häusern Platz und Arbeit vorhanden.

In demselben Maße, in dem die Aufgabe im Haushalt für die Frau, bzw. für die Frauen des 18. Jahrhunderts, fest umrissen und umfassend gewesen ist, war ihre Stellung innerhalb der Familie gesichert und bedeutungsvoll[5]. Denn sie kompensierte mit ihrer Hausfrauenarbeit aufs glücklichste für die berufliche Leistung des Mannes. Dies zeigt sich schon in den äußeren Symbolen, die auch heute noch als juristische Formen in unserer Gesetzgebung vorhanden sind, z. B. in dem Begriff der Schlüsselgewalt.

Als Ausdruck dessen, daß die Frau an der Spitze der häuslichen Vorratswirtschaft stand, trug sie am Gürtel den Schlüsselhaken, an welchem die Schlüssel für Schränke und Behälter, in einen eisernen Ring gefaßt, hingen.

[...]

Mit der zunehmenden Funktionsverarmung im Haushalt schwand das Bedürfnis zur Familienbildung, und die Großfamilie wich der Kleinfamilie. Gleichzeitig begann die Frau in ihrem verkleinerten und zerstückelten hauswirtschaftlichen Aufgabenkreis immer schlechter für die berufliche Leistung des Mannes zu kompensieren. Mit diesem Mißverhältnis schwand die wahre Wertschätzung ihrer Persönlichkeit innerhalb der Familie und damit auch die Harmonie und die Ausgeglichenheit der Familie.

2. Typus des Haushalts, der Frau und der Familie um 1860

(Nahezu hundert Jahre später haben sich einschneidende Veränderungen vollzogen. Durch die kapitalistische Entwicklung der Wirtschaft löst sich die ehemals vorhandene enge Verbindung von Produktion bzw. Handel und Gewerbe mit dem familiären Leben zunehmend auf. Arbeits- und Familienleben werden getrennte Bereiche. Zugleich nimmt infolge des differenzierteren und preiswerteren Warenangebots die Eigenproduktion im Haushalt ab.

Anhand der Untersuchung von fünf städtischen bürgerlichen Haushalten gelangt Freudenthal zu folgender Charakterisierung:)

1. Das Wohnhaus in der Außenstadt wird durch die Ausgliederung von beruflichen, produktiven und geselligen Funktionen erst in Wahrheit ein Wohnhaus. Dabei aber nicht etwa durch den Wegfall anderer Räumlichkeiten ein üppiges und großes Wohnhaus, sondern ein in Zeiten stetig steigender Bevölkerung nur auf das Notwendigste beschränktes Wohnhaus. Etagenwohnungen in der Außenstadt werden aus den gleichen Gründen üblich. Das erstarkte Bürgertum schuf sich zwischen 1820 und 1850 einen eigenen den neuen Bedürfnissen entsprechenden, nun nicht mehr dem Französischen entlehnten Stil – einfach und zweckmäßig, klare etwas schwerfällige Möbel in nicht mehr überfüllten Räumen – das Biedermeier.

2. Die in der Außenstadt gelegenen Äcker, Wiesen und Gärten, einstmals zur Produktion nötig, verschwinden.

3. Der bare Schatz, die Thesaurierung von Geldmitteln in wertvollen Sammlungen und Kostbarkeiten werden aufgegeben und von außerhalb des Hauses liegenden Organen übernommen.

4. Zwar werden noch nicht alle Waren ausschließlich im Laden gekauft, sondern teils beim Handwerker bestellt, teils auf der Messe erstanden. Aber auf alle Fälle ist es ein Kauf an Stelle der früheren Selbstproduktion oder Selbstverarbeitung und, was die Lebensmittel anbetrifft, ein Kauf von frischen Waren und nicht mehr, wie früher, ein Hinlegen von für den Dauerzustand präparierten Gütern. Man hatte die Möglichkeit, sie zu konservieren und sie für den Winter bereit zu stellen. Und dieser Einkauf von frischen und täglich wieder erhältlichen Waren machte die Versorgung des Haushalts mit großen Quantitäten hinfällig. Langsam erstreckte sich diese Transformation auch auf nicht zu den Lebensmitteln gehörige Waren, wie Stoffe und Kleidungsstücke, Möbel und Haushaltungsgegenstände, für die nicht mehr allein der Qualitätsstandpunkt maßgebend war.

5. Neben der neuartigen Warenbeschaffung entstand auch die Produktion ganz neuer Güter außerhalb des Hauses und damit zusammenhängend das Wachsen eines *neuen* Bedarfs und *neuer* Funktionen. Zum Teil wurden auch alte Waren durch neue ersetzt und so die betreffenden Funktionen umgewandelt.

6. Die Handwerksarbeit löste sich vom Haushalt. Sie wurde teils durch das Fertigfabrikat des Ladens ersetzt, teils wandelte sie sich ausschließlich in das auf Bestellung in der eigenen Werkstatt gearbeitete Fertigfabrikat um, während die Anfertigung im Hause

mehr und mehr verschwand. Statt des festen Soldes, in dem die Handwerker früher im Dienste des Hauses standen, trat die stundenweise Bezahlung; statt der Geschenke, die die Handwerker in der patriarchalischen Ordnung des 18. Jahrhunderts zu bestimmten Gelegenheiten bekamen, erhielten jetzt die Laufburschen der Geschäfte, die Metzger- und Bäckerjungen und der Briefträger ihre Trinkgelder.

7. Denn der Weg zwischen Konsumtion und Produktion war zwar länger geworden, aber der Hausfrau entstand dadurch keine wesentliche Mehrbelastung. Die Belieferung durch die Ausläufer der Geschäfte nahm ihr zum Teil die Mühe des Einkaufens ab.

8. Obgleich wir noch Reste der Naturalentlohnung des Hauspersonals finden, sehen wir auch zugleich leise Ansätze einer Sozialversicherung. Im großen und ganzen aber ist der Zustand noch so, daß zwar die Öffentlichkeit die meisten Funktionen der Hauswirtschaft übernommen und ihre Unternehmungen in ihren Dienst gestellt hat, daß sie sich aber noch nicht für die Erhaltung und Versorgung der in ihnen beschäftigten Arbeitskräfte verantwortlich fühlt.

9. Die geistigen und geselligen Aufgaben lösen sich vom Haus. Aus häuslichen Funktionen werden sie Funktionen des öffentlichen Lebens, für jeden sichtbar, für jeden ähnlich, eine Massenorganisation außerhalb des Hauses – die stärkste Manifestation des demokratischen Gedankens und des Liberalismus, der stärkste Ausdruck des sich festigenden Bürgertums, das seine Macht und Bedeutung überall sichtbar im Lichte der Öffentlichkeit zur Schau trägt. Dieser Vorgang durchdringt alle Gebiete, ob es Bildung, Kunst und Freizeitgestaltung, ob es Fragen der Mode oder der Liebe sind – es ist der gleiche Ausdruck des gleichen Geschehens, wenn wir von dem Aufkommen des »Du« zwischen Eltern und Kindern und dem Fallen der Perücke hören, vom aufblühenden Vereinsleben und der Verbreitung der Fotografie lesen, die französische Freilichtmalerei betrachten und die Wunder des Eisenbahnbaus oder einer Weltausstellung uns vor Augen führen.

10. Daß die Funktionsverarmung und -verschiebung im Haushalt der Frau eine Erweiterung oder Umgestaltung der Freizeit gab, lag prinzipiell auf der Hand. Trotzdem war die Wirkung von ganz verschiedener Natur für die vermögende, kinderarme oder für die unvermögende, kinderreiche Frau. Es soll deshalb scharf zwischen den beiden Spielarten geschieden werden und im Fol-

genden zuerst die auf die vermögende Frau beobachtete Wirkung geschildert werden:

a) Der außerhäusliche Apparat, der für die Bedürfnisbefriedigung im Haushalt in Bewegung gesetzt wurde, beraubte zwar einerseits die Hausfrau eines großen Teiles ihres bisherigen Aufgabenkreises, brachte sie aber gleichzeitig in Kontakt mit der Außenwelt, mit der Ferne. Dieser Umlagerung in ihrem Wesen durch Freizeit und Fernkontakt kam die neue Industrie zur Hilfe. Sie schuf ihr die Möglichkeiten, durch neue Formen der Beschäftigung und der Geselligkeit ihre Freizeit im Haus und außerhalb des Hauses auszufüllen und ihren Horizont zu »erweitern«. Wir sehen also hier, wie sich zwei Bewegungen derselben Entwicklung, nämlich die Industrie, die der Frau die Freizeit schafft und die sie gleichzeitig ausfüllt, einander begegnen.

Da aber die Frau, aufgewachsen in der alten Familienverfassung und in der alten Ideologie, diese Gesellschaft und diese Ideale als Ganzes bejaht, ergibt sich eine Disproportionalität zwischen ihrer Realsituation und ihrer Ideologie. Während ihre Realsituation sich schon aus der häuslichen und privaten Sphäre entfernt und der öffentlichen Sphäre (durch Freizeit und Fernkontakt) genähert hatte, verbot ihr ihre Ideologie noch jedes öffentliche Wirken. Diese Ideologie, ursprünglich, wie wir gesehen haben, aus den Notwendigkeiten des Haushalts gleichermaßen von Mann und Frau geprägt, war im Begriff, von der Mitte des Jahrhunderts ab vorwiegend vom Manne festgehalten zu werden. Noch aber wurde sie auch von der Frau bejaht, die mit der Sitte, sich der Tradition zu fügen, voll einverstanden war.

Es wäre natürlich falsch, sich vorzustellen, daß diese Disproportionalität mit der Klarheit, mit der wir sie heute sehen, der Frau damals zum Bewußtsein gekommen wäre. Und es ist weiterhin anzunehmen, daß in einem späteren Zeitpunkt, als die Frau zum Bewußtsein ihrer Situation gekommen war, sie dieses Bewußtsein leugnete, weil sie sich in der überkommenen Ideologie geborgen fühlte. Wir werden zu untersuchen haben, durch welche Stufen hindurch die Frau diese Disproportionalität bewältigte.

Für den Augenblick genügt es, nochmals zu betonen, daß wir auf der ersten Stufe der Bewältigung dieser Disproportionalität einen ähnlichen Sachverhalt haben, wie im Rhythmus der großen politischen Veränderungen: Die Frau ist zwar real durch Freizeit und Fernkontakt schon in mehr oder weniger neuen Situationen, aber sie lebt noch in einer Familienverfassung und einer Ideologie, die ihr nicht erlauben, ihren Wirkraum ihrer Realsituation anzupassen. So schuf ihr die neue Industrie vorerst nur eine spielerische und nicht notwendige Freizeitgestaltung, und sie war, wenigstens von den Aufgaben des Haushalts her gesehen, vielfach dazu verurteilt, weder innerhalb noch außerhalb des Hauses eine befriedigende Beschäftigung zu finden. Es scheint demnach die Auffassung der Frauenbewegung nicht richtig zu sein, daß die Emanzipation der Frau in dem Moment beginne, in dem sie Freizeit bekommt. Sicher liegen hier die Wurzeln der Frauenemanzipation; aber es ist noch ein langer Weg, der zu ihr führt.

b) Von viel schwächerer Wirkung als auf die vermögende Frau der guten Bürgerkreise war die Funktionsverarmung und -verschiebung im Haushalt auf die, trotz hohen Lebensstandards, zu äußerster Sparsamkeit gezwungene unvermögende bürgerliche Frau mit großer Kinderzahl – eine Spielart, die beispielsweise bei den meisten höheren Beamtenfamilien (Lehrer, Professoren, Pfarrer, Richter) [. . .] zutrifft.

Während bei dem ersten Frauentyp Wirkraum und Realsituation auseinanderklaffen und eine Schein-Ideologie, die nur dem alten Wirkraum, nicht aber der neuen Realsituation entsprach, entstanden war, war beim letzten Frauentyp eine ganz andere konkrete Grundlage gegeben. Wohl waren die stark fortgeschrittene Konsumtionswirtschaft, der Fernkontakt, die Erweiterung der öffentlichen Sphäre vorhanden, aber was nützte es, sie mit Händen greifen zu können, wenn das Einkommen nicht langte, um sich ihrer zu bedienen!

Zwar lebte die Frau natürlich nicht mehr in einer Produktionswirtschaft alten Sinnes, aber Teile davon mußte sie in ihrer bedrängten Lage aus Ersparnisgründen beibehalten, und namentlich war sie durch die Erziehung einer vielköpfigen Kinderschar, durch Hausarbeit, als Gefährtin ihres Mannes und als diejenige, die trotz Einschränkungen das Lebensniveau aufrecht zu erhalten wußte (ja, in diesen Jahren des Aufstiegs zu *steigern* vermochte), aufs Stärkste angespannt und ausgefüllt. Vor allem kam gerade bei diesem Typ der Beamtenfrau hinzu, daß sie nach einem festgefügten Lebensplane, oft auf einer festverankerten religiösen Grundlage, jedenfalls mit äußerster Pflichterfüllung handelte, und wir sehen mit Deutlichkeit, wie in diesen Kreisen andere Kräfte als die der Haushalt-Erfordernisse – religiöse und ethische Mächte – die Frau geformt haben.

Hier war also in der Tat die alte Ideologie nicht eine Schein-Ideologie, der die Wirklichkeit nicht mehr entsprach, sondern sie fiel noch buchstäblich mit dem Wirkraum der Frau zusammen [...]

Fragen wir uns nun, ob diese städtischen bürgerlichen Haushaltungen um 1850 eine andere Struktur aufweisen als die städtischen bürgerlichen Haushaltungen um die Jahrhundertwende, oder ob sie auch wieder wie jene, nur eine neue Spielart des städtischen bürgerlichen Haushalts von 1760 mit anderer Akzentverlagerung sind, so entscheiden wir uns in positivem Sinn für die erstere Behauptung. Wir haben es hier, verglichen mit den bisherigen Haushaltungen, zum ersten Mal mit einem neuen Typus zu tun [...]

Alle fünf Fälle sind durch einen Zustand gekennzeichnet, in dem die Warenbeschaffung überhaupt nicht mehr durch Eigenproduktion und selten durch Selbstverarbeitung geschieht. Sie erfolgt nicht mehr auf Quantität und Qualität, d. h. in großen Mengen und auf die Dauer, und die Vorratswirtschaft löst sich dadurch auf. Die Bedürfnisbefriedigung wird durch einen großen Apparat geleitet, der nicht mehr innerhalb der häuslichen Sphäre liegt. Die Produktion, der größte Teil der Verarbeitung, die Finanzierung, die Aufbewahrung, die Konservierung, die Verteilung sind von diesem außerhäuslichen Apparat übernommen worden. Und die im Haushalt früher beschäftigten Menschen werden von diesem Apparat bezahlt, wenn er sich auch noch nicht für die Erhaltung ihrer Arbeitskraft verantwortlich fühlt. Die häusliche Sphäre umfaßt noch kleine Teile der Verarbeitung, zum Teil in der Form von Arbeitsverschiebung und die Überführung des gekauften halb-konsumreifen Gutes in ein konsumreifes. In demselben Maße beginnt dieser außerhäusliche Apparat das geistige Leben und die Freizeitgestaltung zu übernehmen. Geselligkeit, Vergnügen, Bildung und Kunstgenuß haben ihren Platz außerhalb des Hauses und werden von dort an die Familie herangebracht.

Der Typus des städtischen bürgerlichen Haushalts um 1860, also genau 100 Jahre nach dem Goethe'schen Haushalt, wird gekennzeichnet durch eine spezifische Form der Warenbeschaffung und der Freizeitgestaltung, die beide das Ziel der Bedürfnisbefriedigung fast ausschließlich auf dem Wege über die stark ausgeweitete außerhäusliche und öffentliche Sphäre erreichen. Oder mit anderen Worten gesagt: Die außerhäusliche Wirtschaft produziert für den Haushalt – der Haushalt dagegen konsumiert im wesentlichen.

Wir haben also hier einen strukturellen Gegensatz im Vergleich zum Haushalt des 18. Jahrhunderts und eine starke Annäherung zur Struktur des Haushalts im 20. Jahrhundert.

Dementsprechend sehen wir vor uns in der bürgerlichen städtischen Familie um 1860 den Typus einer Frau, die ohne körperlich im Haushalt stark in Anspruch genommen zu sein, eine zusammengeschrumpfte Konsumtionswirtschaft organisiert und trotz Freizeit und Fernkontakt geistig in die engen Grenzen ihres Haushalts gebunden bleibt.

Der Typus dieser Frau ist von der bürgerlichen städtischen Frau des 18. Jahrhunderts ebenso verschieden wie von der bürgerlichen städtischen Frau des 20. Jahrhunderts. Er ist von jener durch die Beschränkung auf Konsumtionswirtschaft geschieden, und er ist von dieser durch die Enge ihres Wirkraums getrennt.

Typus der Familie um 1860

Über den Typus der Familie um 1860 etwas auszusagen, ist deshalb schwer, weil aus den Blättern eines Haushaltungsbuches naturgemäß kein Aufschluß über seelische Freuden und Leiden der Familienmitglieder, über Zufriedenheit oder Unzufriedenheit von Mann und Frau zu erhalten ist. Wir können nur aus einigen wenigen Symptomen schließen, welche Stellung die Frau damals in den Augen der Männer einnahm, in welcher Situation sie sich innerhalb der Familie befand. So, wenn Bähr[6] von dem Verhältnis der »Firlefanz« treibenden Hausfrau zu ihrem Dienstmädchen spricht, oder wenn der Oberbaurat L.[7] Haushaltungsgeld und Reisegeld seiner reichen Frau gegenüber fest in der Hand hält, oder wenn wir hören, daß Frau L. ihre Kinder nicht selbst gestillt hat, wenn Ausgaben für die Kochfrau, für Badereisen und Zeichenstunden verzeichnet sind. Auch hier sollten wir zwischen den zwei Typen unterscheiden, dem der vermögenden, kinderarmen und der unvermögenden kinderreichen Familie.

Es ist anzunehmen, daß bei der erstgenannten Spielart bürgerlicher Haushaltungen das Selbstwertbewußtsein der Frau aus der

Situation ihres nicht mehr voll ausgefüllten Wirkraums heraus eine schwankende und empfindliche Note erhielt, ebenso wie die Stellung der heranwachsenden Tochter, des jungen Mädchens, innerhalb der Familie in ihren Grundfesten erschüttert war: Beide schienen für die berufliche Leistung des Mannes oder der Brüder schlecht zu kompensieren und ihrem Idealbild nicht mehr zu genügen. Andererseits findet der Mann, durch den Zeitenwandel in einen neuen, aufregenden und täglich wechselnden außerhäuslichen Wirkraum gestellt, an der Frau keine Gefährtin mehr, die für diesen neuen Wirkraum Verständnis hätte, da sie ja den ihrigen, das Haus, noch nicht verlassen hat. So entsteht in jenen Jahrzehnten auf der einen Seite der bis in unsere Tage hinein bekannte Typus der »nie rastenden Hausfrau«, die sich da Hausarbeit macht, wo eigentlich keine ist. Und auf der anderen Seite liegen hier die Gründe für die häufig zu beobachtende Tatsache, daß der Mann seine Abende lieber in einer Restauration oder im Wirtshaus verbringt, anstatt sich zu Hause mit einem unfruchtbaren Gespräch zu belasten, das beide Ehegatten an ihrer *wahren* Interessensphäre vorbeiführt. Es liegen hier die Wurzeln für die Disharmonie des Familienlebens, für den Wandel des Frauenideals (vom Manne her gesehen), für die »doppelte Moral«, und die Problematik der Heiratsfrage in bürgerlichen Kreisen, die uns gegen Ende des Jahrhunderts bei weiterer Betrachtung bürgerlicher Haushaltungen nochmals begegnen werden.

[...]

(Rund zwanzig Jahre später hat sich diese Situation noch klarer herausgebildet.)

Der wirtschaftliche Aufschwung der Zeit nach dem Krieg von 1870/71 mit dem zunehmenden Reichtum der Bürgerkreise, mit dem am militärisch-politischen Aufstieg Deutschlands geschulten Interesse für Geschichte, Kunstgeschichte – überhaupt für Bildungsfragen –, mit der neu erstandenen Möglichkeit, große Reisen zu machen, mit dem unerhörten und schier unbegrenzten Siegeszug der Technik, traf die bürgerliche Frau in einem Augenblick, in dem sie zwar durch Freizeit und Fernkontakt aufgelokkert, aber noch tief in der alten Familientradition befangen war. Nichts zeigt deutlicher das Eigentümliche dieser Situation an, als die bürgerliche Wohnung des letzten Viertels des 19. Jahrhunderts, deren Stilarten wir noch heute als Reste in unserem Bewußtsein und in unseren Einrichtungen herumschleppen. Schon

Otto Bähr[8] ließ Anfang der achtziger Jahre in seinem Buche durchblicken, »daß man 30 Jahre früher noch keine Vorstellung davon hatte, wie sich in dem Hausgerät ein Kunstsinn erweisen könne«. Wenn wir die bürgerliche Wohnung in den Jahrzehnten nach der Reichsgründung mit der eben erwähnten Schilderung vergleichen, die uns Otto Bähr von seinem Elternhaus gegeben hat, so fragen wir uns: Wie konnte es kommen, daß der ruhige, behäbige, der veränderten unproduktiven und unrepräsentativen Haushaltführung entsprechende Biedermeierstil sich sobald in die unzweckmäßige und richtungslose Imitation von Stilarten aus der zweiten Hälfte des 19. Jahrhunderts verwandelte, die wir noch alle als Makart- und Jugendstil in Erinnerung haben? Die Antwort kann nur dahin lauten: Das in den siebziger Jahren auf Weltausstellungen konkurrierende Kunstgewerbe mit seiner Technik, der keine Nachahmung und kein Ersatzmittel unerreichbar war, hätte diese seltsame Wohnweise mit Bildern, Spiegeln, Decken und Deckchen, mit Vorhängen über Vorhängen, Kissen über Kissen, Teppichen, Vorlegern, Uhren, aufgestellten Fotos und Souvenirs, Nippes über Nippes, auf Etageren und Konsolen nicht schaffen können, wenn es nicht auch zugleich die Frau gefunden hätte, die sich in ihren vielen leeren Stunden zu einer Sklavin des Abwaschens, Putzens und Reinigens ihrer Wohnung gemacht hätte. Nicht etwa, daß sie selbst körperlich im Haushalt tätig gewesen wäre – dazu stand ihr meist Personal zur Verfügung –, aber die Arbeit wurde von ihr überwacht und sollte und mußte für sie den Inhalt ihres Lebens bedeuten. Jene, auch uns noch allzu bekannten Etagenwohnungen, die in den siebziger und achtziger Jahren (Gründerjahre) wie Pilze aus der Erde schossen, waren sich in Anordnung und Einrichtung so ähnlich, wie ein Ei dem andern: Dieselben nach Norden gelegenen Schlaf- und Kinderzimmer, sehr beengt im Vergleich zu den Wohnräumen, dieselben unpraktischen und unhygienischen Küchen und Badezimmer, die gleichen unzureichenden und unheizbaren Mädchenzimmer, der Salon mit »üblichem Mobiliar« (Plüschsofa, 6 Stühle, Tisch, Damenschreibtischchen, Stehspiegel, Glasspind, Vertikow, Klavier mit Notenständer), dasselbe eichene Eßzimmer, dasselbe eichene Schlafzimmer. Unsere Großmütter wissen sich noch sehr genau daran zu erinnern, daß in jenen Jahren durch Zeitungsannoncen »junge Mädchen aus besserer Familie« zum Staub-Wischen und -pinseln gesucht wurden.

Gleichzeitig mußte diese Wohnung den Hintergrund abgeben für die Repräsentationssucht und den gesellschaftlichen Ehrgeiz der Zeit, in der das gemütliche, häusliche Beisammensein im Freundeskreise ersetzt wird durch »Abfütterungen« großen Stiles, durch Bälle und Soupers, die wesentlich der Karriere, nicht mehr dem Kennenlernen der Menschen dienten. In jenen Jahrzehnten, die für den Kaufmann und den Fabrikanten, den Offizier und den Beamten tausendfache Möglichkeiten zur Entwicklung und Entfaltung boten, zog eine Geselligkeit in die überladenen Salons ein, deren Zweck zum großen Teil vom Manne her bestimmt war, als eines seiner wichtigsten und durchschlagendsten Mittel für Konkurrenz und Karriere. Auch Frau und Töchter mußten sich oft diesem Zweck des Mannes, der Söhne und der Brüder unterordnen; ihr Wert, bzw. ihre Heiratsaussichten stiegen und fielen je nach Einfluß oder Vermögen, und sie mußten beiseite stehen und Opfer bringen, während dem Manne und den Brüdern die Welt und jede Art der Ausbildung offen standen.

Wir haben hier einen wesentlichen Punkt, von dem aus sich das Eheproblem und die Frauenfrage des ausgehenden 19. Jahrhunderts aufrollen läßt: Auf der einen Seite stand der Mann, der für seine vielfachen Unternehmungen Geld und Repräsentation brauchte, also oft nur auf überhöhtem Lebensstandard – in nicht mehr jungen Jahren – Ehe und Familie aufzubauen wagte. Auf der anderen Seite stand die Frau, festgehalten in der zusammengeschrumpften Häuslichkeit und in der alten Familienverfassung, trotzdem aber – oder gerade deswegen – dem vorwärtsstrebenden Manne keine Gefährtin im innerlichen Sinne, auch sie von dem Lebensstandard des Elternhauses verwöhnt und zu Ansprüchen erzogen. So gaben der spät und oft nicht nach den Bedürfnissen der Liebe heiratende Mann einerseits, das spät oder gar nicht zur Heirat gelangende Mädchen und die unausgefüllte verheiratete Frau andererseits, sowohl der illegalen Liebe als auch den Gedanken der Frauenbewegung Vorschub und Auftrieb.

[. . .]

1 Karl Heinemann, Goethes Mutter, Leipzig 1892.
2 Briefe von Goethes Eltern, Deutsche Bibliothek Berlin, ausgewählt von Karl Schuddekopf, 1912.
3 Norbert Elias, Der höfische Mensch, 1933 (Manuskript); vgl. auch S. 148.
4 Wirtschaftsgeschichte von Below, Kulischer und Brinkmann.
4[a] Störarbeit ist Handwerksarbeit im Haus des Kunden für Kost und Tagelohn. – H. R.
5 Otto Bähr, Eine Deutsche Stadt vor 60 Jahren, Leipzig 1884.
6 Ebd.
7 Haushaltsbuch von Oberbaurat Dr. L., Darmstadt 1853-1865 (unveröffentlicht).
8 Otto Bähr, a. a. O.

Robert Boudet
Die bürgerliche Familie*

[...]

Um sowohl die Veränderungen, die sich innerhalb der bürgerlichen Familie vollzogen haben, als auch die Bedeutung ihrer Entwicklung zu untersuchen, scheint es nützlich zu sein, auf ihr traditionelles und fast stereotyp gewordenes Bild zurückzugreifen: denn dieses Bild hat nicht nur den Humor der Komiker und das Beschwörungstalent der Romanciers angeregt; es hat zahlreichen Bürgern und, mehr oder weniger bewußt, denen, die im Innern ihres Wesens Bürgerliche werden wollten und es selbst heute noch wollen, als Modell und Leitbild gedient. Es ist das Bild einer soliden, fest verankerten Familie, die durch ihre materielle Unabhängigkeit über Sicherheit, durch die Autorität des Familienoberhaupts über Ordnung verfügt und Kontinuität erlangt durch die Vererbung des Vermögens, über das der Vater wachen und das er vergrößern oder zumindest aufrechterhalten muß. Der Beweis hierfür ist die sehr bürgerliche Maxime: »Sein Kapital darf man nicht antasten!« Es ist zudem eine Familie, deren Organisation intakt und ausgeglichen ist durch die der Frau zugefallene Rolle im Hause als eifersüchtige Herrin über das Familienleben und durch die – zumindest äußerliche – Unterwerfung der Kinder; es ist schließlich eine Familie, die gekennzeichnet ist durch die Achtbarkeit des Verhaltens ihrer Mitglieder, durch ihre Kleidung, durch ihren täglichen Lebenszusammenhang, das Schamgefühl und die Behütung der Mädchen bis zu ihrer Hochzeit, auf die sie alles hinführt und alles vorbereitet und die nicht nur ihre Angelegenheit, sondern sehr viel mehr eine »Familienangelegenheit« ist.

Und wenn auch all dies begleitet ist von je nach Bedarf vorgesehenen und organisierten Seitensprüngen im Gefühlsleben des Ehemannes – übrigens sehr viel weniger geduldet und sogar als skandalös verurteilt bei Ehefrauen –; und wenn es auch verbun-

* Auszüge aus: Robert Boudet, La famille bourgeoise, in: Sociologie de la famille contemporaine, hrsg. von M. Sorre (Colloques Internationaux du Centre National de la Recherche Scientifique), Paris 1955, S. 141-144. Übersetzt von Thomas Hartmann und Barbara Schoen.

den ist mit mehr oder weniger genauen Berechnungen zur Bestimmung der Kinderzahl, die von den Eltern in der Hoffnung auf einen planmäßig vorgesehenen sozialen Aufstieg gezeugt werden; und wenn schließlich auch strenge Sparsamkeit bis hin zur Askese und zum Geiz dazugehört – so bleibt das Bild trotzdem bestehen und behält seine Kraft in den Augen von vielen, die es als das Sinnbild der Unabhängigkeit, des Privilegs der bürgerlichen Unabhängigkeit betrachten.

Zu diesem Bild muß man noch hinzufügen, was eine erhebliche Anzahl von Bürgern selbst denkt, was sie von der Familie erwartet. Sie ist der Kern eines Privatlebens, das sie nicht gern vor den Blicken der anderen ausbreiten; wie viele Bürger in den Provinzen – einschließlich der kleinen Provinzen, die Paris enthält – öffnen Fremden selbst heute noch ihre Türe nur halb? (Und unter den Begriff »Fremder« kann sehr viel fallen). Vor allem aber ist die Familie für sie das wesentliche Element, das das gewissermaßen biologische Fortbestehen der Zivilisation sichert; sie vermeidet jeden Konflikt in der notwendigen Vermittlung zwischen Vergangenheit und Zukunft; sie nehmen die Verschränkung wahr, die sich durch die Familie von einer Generation zur anderen vollzieht. Deshalb betrifft alles, was nach ihrer Meinung die Familie zu bedrohen scheint, sie so unmittelbar; zweifellos deshalb findet man sie bei der Entstehung vieler Familienvereine, selbst wenn es völlig ungenau wäre, zu glauben, daß die Familienvereine nur Bürger zusammenschließen.

So ergibt sich die offensichtliche Spannung zwischen den Elementen der Beständigkeit und den Elementen der Veränderung der bürgerlichen Familien ohne Zweifel – was schon oft gesagt worden ist – daraus, daß der einzelne mehr von dem abhängt, was er *hat* und von dem, was er selbst *macht,* als von dem, was er *ist* als Mitglied einer Familie und eines sozialen Milieus. Diese Spannung geht aus der Veränderung einer Gesellschaft hervor, der sich selbst die traditionellsten bürgerlichen Familien nicht entziehen können und die deren materielle Unabhängigkeit, vor allem in der Form des Genusses ihres Vermögens, ebenso tangiert wie deren kulturelle und moralische Unabhängigkeit. Die bürgerlichen Familien spüren, daß ihnen ihre Schutzfunktion mehr und mehr verlorengeht, daß sie ohne zahlreiche Hilfsmittel ihre Erziehungsfunktion nicht mehr sicherstellen können; sie spüren, daß ihre Töchter – von den Söhnen ganz zu schweigen – sich lange vor der Hochzeit emanzipieren und daß ihre Stärke also mehr und mehr auf einem Gleichgewicht beruht, auf einer Harmonie innerer Art, der persönlichen und affektiven Ebene, und immer weniger auf einer Autorität, auf Lebenszusammenhängen und auf einer Lebensweise, die die Kriege, vor allem der letzte, außerordentlich verändert haben.

Nach diesem Bild ist es unserer Meinung nach notwendig, sich eine Periode vor Augen zu führen, auf die wir uns beziehen: das Bürgertum des beginnenden 20. Jahrhunderts, dasjenige des »Frankreich des Herrn Falières«, so wie es Jacques Chastenet nicht ohne Humor in seinem kürzlich erschienenen Buch beschreibt; dieses Bürgertum, das gleichermaßen durch sein Lebensniveau und durch seine Lebensweise gekennzeichnet war, wobei das eine und das andere auf Grund der Anhäufung von Ersparnissen und der Geldstabilität wesentlich enger als heute miteinander verbunden waren. Betrachten wir zum Beispiel den Jahreshaushalt einer kleinbürgerlichen Familie aus der Provinz im Jahre 1912, wie es bei Chastenet zitiert wird. Der Ehemann verdient als Buchhalter 4000 Frs. im Jahr; die Frau hat als Mitgift ein Einkommen von 1000 Frs. mitgebracht; zur Familie gehören 2 Kinder im Alter von 5 und 7 Jahren. Diesen Einnahmen von 5000 Frs. stehen als Hauptausgaben gegenüber: Nahrung 1080 Frs., Miete 600 Frs., Lohn für ein Hausmädchen 360 Frs. und endlich der Posten, der heute durch seine relative Wichtigkeit beinahe unglaublich erscheint: die »Ausgaben für Unvorhergesehenes, Vergnügungen, Ersparnisse« belaufen sich auf 910 Frs. Ein anderes bezeichnendes Beispiel, das wir herausfinden konnten, ist das eines im Jahre 1908 gegründeten Haushalts, der über 11 000 Frs. jährlich verfügte; der Ehemann war ein junger Offizier, der ungefähr 2500 Frs. verdiente; der Rest des Einkommens stammte aus dem Vermögen jedes der Ehegatten, die zwei Dienstboten, eine angenehme Villa, eine Pferdekutsche besaßen und die in einer Provinzstadt, deren soziales Leben sehr belebt und prächtig war, ein ziemlich behagliches Leben führten.

Muß man nicht, um die Familie des französischen Bürgertums zu kennen, zuerst die bürgerliche Frau kennen? Das jedenfalls fordert mit Nachdruck Louis Delzons in seinem, 1913 erschienenen, Buch über »Die französische Familie und ihre Entwicklung«, in dem ein wichtiges Kapitel dementsprechend der »bürgerlichen Frau« gewidmet ist. Er meint schon damals, daß »die mächtige Beamtenklasse, Elite des alten Bürgertums«, verschwunden und nicht ersetzt worden ist. Es existieren damit keine Mittel mehr, »den außerordentlichen Einfluß dieser alten Gesellschaft« fortzusetzen, »der auf der Religion, der Gesinnung und der Keuschheit der Frau beruhte«. In seinen Augen zeigt diese bürgerliche Familie seit dem Ende des 19. Jahrhunderts und noch mehr in der Epoche, in der er schreibt, eine tiefgehende Veränderung: »Sie ist eine auf Grund eines Einverständnisses zwischen gleichen Vertragspartnern gegründete Vereinigung, deren freier Wille die einzige echte Garantie für ihr Fortbestehen darstellt; sie findet ihre Daseinsberechtigung, ihre Stütze und ihre Kraft in den Kindern; und schließlich lebt und handelt sie doch für sich selbst, wenn sie auch eine lebende und handelnde Zelle des sozialen Organismus bleibt, aber beinahe ohne sich um ihn zu kümmern, so als ob sie sich kaum an ihn gebunden fühlte.« Einige Beispiele präzisieren die Bedeutung dieser Entwicklung, insbesondere die sehr weitgehende Veränderung der Rolle der Großeltern zwischen 1800 und 1900.

[...]

Existieren (andererseits) nicht Unterschiede und Abweichungen zwischen den »traditionellen« bürgerlichen Familien oder solchen, die sich dafür halten, und »neureichen« bürgerlichen Familien? – zwischen Familien der höheren und selbst der mittleren Beamten und den Familien von Ingenieuren, Kaufleuten, Industriellen und freien Berufen? – und schließlich den Familien der Aristokratie, deren Schicksal, ob sie es wollen oder nicht, mit dem des Bürgertums verbunden scheint?

Haben diese Milieus nicht dennoch einige grundlegende Eigenschaften gemeinsam, die sie kennzeichnen und die sie gegenseitig annähern? Eigenschaften, die zum einen im Besitz von Rücklagen und zum anderen in der Neigung nach Stabilität und Kontinuität, in einer bestimmten Ordnungsvorstellung und sogar in einer geistigen Kulturtradition bestehen einschließlich der Konsequenzen, die daraus für das Familienleben und insbesondere für die Erziehung der Kinder resultieren? Wie klein die Rücklagen auch sein mögen, so ermöglichen sie es doch, daß nicht ganz und gar von der Hand in den Mund gelebt werden muß, wozu der Proletarier gezwungen ist. In Ermangelung religiöser Werte üben die Meinung, die man von sich selbst hat und die man von den anderen erwartet, sowie das Ansehen, das man zu erlangen sucht, einen

Einfluß auf das berufliche, aber auch auf das familiäre Verhalten aus. Die Kontinuität bewahrt in den Augen der alten Bürger ihren Wert und gewinnt ihn fortschreitend für die neuen Bürger, die ihre »materielle Lebensgrundlage« festigen, dauerhaft machen und weitergeben wollen.

Eric J. Hobsbawm
Zum Zusammenhang von Erwerbsleben und bürgerlicher Familienstruktur*

I

Dieser Bourgeoiswelt müssen wir uns nun zuwenden. Die oberflächlichsten Erscheinungen lassen oftmals am tiefsten blicken. Beginnen wir daher unsere Untersuchung dieser Gesellschaftsschicht, die in jener Epoche im Zenit ihrer Entwicklung stand, beim Aussehen der Kleider, die ihre Mitglieder trugen, bei der Gestalt der Interieurs, in denen sie lebten. »Kleider machen Leute«, sagt das Sprichwort, und keine Epoche war sich dessen besser bewußt als jene, in der das Phänomen der sozialen Mobilität zahlreiche Menschen effektiv in die historisch neuartige Lage versetzte, neue (und höhere) soziale Rollen einzunehmen und dazu ein passendes Kostüm tragen zu müssen. Es war noch nicht lange her, daß Johann Nestroy seine amüsante und verbitterte Posse *Der Talisman* (Erstaufführung 1840) geschrieben hatte, in der das Schicksal eines rothaarigen armen Teufels die erstaunlichsten Veränderungen erfährt, sobald er durch Zufall in den Besitz einer schwarzen Perücke gelangt und sie nachher wieder verliert. Die Quintessenz seiner Welt war dem Bourgeois sein Zuhause, denn hier und nur hier ließen sich die Probleme und Widersprüche der bürgerlichen Gesellschaft vergessen oder künstlich beseitigen. Hier und nur hier konnte die bürgerliche und mehr noch die kleinbürgerliche Familie die Illusion harmonischen, hierarchischen Glückes nähren, umgeben von den materiellen Gebilden, die dieses Glück zum Ausdruck brachten und es zugleich erst ermöglichten. Nur hier war jenes Traumleben möglich, das seinen höchsten Ausdruck fand in dem eigens zu diesem Zweck systematisch ausgebauten häuslichen Ritual: im feierlichen Weihnachtsbrauch. Das Weihnachtsmahl (wie Dickens es feiert), der Weihnachtsbaum (aus deutschem Brauchtum stammend, aber dank königlicher Protektion auch bald in England eingebürgert), das Weihnachtslied – am bekanntesten das *Stille Nacht, heilige*

* Auszüge aus: E. J. Hobsbawm, Die Blütezeit des Kapitals, Eine Kulturgeschichte der Jahre 1848-1875, München 1977, S. 284-286; 293-297.

Nacht – all das symbolisiert zu ein und derselben Zeit die Kälte der Welt da draußen, die Geborgenheit im Familienkreis hier drinnen und den Gegensatz zwischen beiden.

Der allererste Eindruck vom bürgerlichen Interieur nach der Jahrhundertmitte ist Überladenheit und Verhüllung: eine erdrükkende Fülle von Gegenständen, häufig dem Blick entzogen durch Behänge und Kissen, durch Decken und Tapeten, aber immer kunstvoll gearbeitet und verziert. Kein Bild ohne vergoldeten, ziselierten, ornamentierten oder sogar samtüberzogenen Rahmen, keine Sitzgelegenheit ohne Polster oder Überzug, kein Stück Stoff ohne Troddeln oder Fransen, kein Stück Holz, das nicht durch die Hände des Drechslers gegangen wäre, keine Oberfläche ohne Deckchen oder irgendeinen Gegenstand darauf. Das alles war zweifellos ein Zeichen für Reichtum und gesellschaftlichen Rang: auch in der ansprechenden Schlichtheit biedermeierlicher Innenräume spiegeln sich wohl eher die begrenzten Geldmittel deutscher Provinzbürger wider als etwa ein angeborener guter Geschmack, und die Dienstbotenzimmer in den Bourgeoishäusern waren denn ja auch ziemlich kahl eingerichtet. Gegenstände drücken ihren Geldwert aus, und zu einer Zeit, als die meisten Einrichtungsgegenstände noch in Handarbeit hergestellt wurden, zeigte sich dieser Geldwert, außer im teuren Material, vorwiegend im Grad der Verarbeitung. Und da, wie man so sagte, auch die Behaglichkeit ihren Preis, also ihr Äquivalent in Geldwert hatte, konnte man die eigene Behaglichkeit nicht nur fühlen, sondern in den Einrichtungsgegenständen gewissermaßen mit Augen schauen. Dennoch waren die Gegenstände als solche mehr als bloß Gebrauchsutensilien oder Leistungs- und Statussymbole. Sie trugen einen Wert in sich selbst als Persönlichkeitsausdruck, sowohl als Programm wie als Wirklichkeit des Bourgeoislebens, ja sogar als die *Umgestalter* des Menschen. Für all das war das bürgerliche Heim Schauplatz und Sammelpunkt, daher die Anhäufung von Gegenständen in seinem Innern.

Wie die Häuser, in denen sie ihren Platz hatten, waren diese Einrichtungsgegenstände *solide* – ein Ausdruck, der bezeichnenderweise das höchste Lob darstellte, das man einem Geschäftsunternehmen zollen konnte. Sie sollten lange halten, und sie hielten. Gleichzeitig sollten sie aber auch durch ihre Schönheit die höheren, geistigen Dinge des Lebens zum Ausdruck bringen, ausgenommen in den Fällen, wo diese Dinge sich schon in der bloßen

Existenz des Gegenstands verkörperten (wie es für Bücher zutraf und für Musikinstrumente, die – von eher unbedeutenden Verzierungen der Oberfläche abgesehen – überraschend funktional gestaltet waren) oder wo die Gegenstände, wie beispielsweise Küchengeschirr und Gepäckstücke, dem Bereich reiner Nützlichkeit zugehörten. Schönheit war gleichbedeutend mit Ornamentik, da die Bauweise der Bürgerhäuser und die Grundbeschaffenheit der Einrichtungsgegenstände für sich allein selten ausreichten, eine Erhebung von Seele und Geist zu gewähren, wie sie beispielsweise von den großen Eisenbahnen und Dampfschiffen ausging. *Deren* Äußeres blieb funktional; nur im Innern, soweit es Teil der Bourgeoiswelt war, in den neuen Pullman-Schlafwagen (1864), in den Schiffskabinen und Salons der ersten Klasse wiesen sie das ›décor‹, die üppige Ausstattung auf. Schönheit bedeutete also Ornament, etwas den Dingen von außen Aufgetragenes.

In der Dualität von materieller Wertbeständigkeit und Schönheit kam dergestalt eine für die bürgerliche Welt höchst charakteristische scharfe Trennung zwischen dem Materiellen und dem Ideellen, zwischen dem Körperlichen und dem Geistigen zum Ausdruck; nichtsdestoweniger blieben Geist und Idee in der Bourgeoiswelt an die Materie gebunden, fanden ihren Ausdruck nur im Materiellen bzw. im entsprechenden Geldwert. Nichts auf der Welt war seiner Natur nach geistiger als die Musik, ins bürgerliche Heim aber fand sie Eingang in der charakteristischen Gestalt des Flügels, eines ungeheuer ausladenden, ungeheuer kunstvoll gearbeiteten und ungeheuer kostspieligen Instruments, das all diese Eigenschaften auch dann noch behielt, wenn es zu Nutz und Frommen weniger betuchter Schichten, die aber gleichwohl den wahren Idealen der Bourgeoisie nacheiferten, als handlicheres Klavier geradere Ausmaße bekam (›Wandklavier‹). Keine bürgerliche Einrichtung war komplett zu nennen ohne dieses Instrument, und es gab keine Bürgerstochter, die nicht endlose Tonleitern auf ihm hätte üben müssen.

Der Zusammenhang zwischen Moral, Geist und Armut, der für nichtbürgerliche Gesellschaftsformationen noch ganz selbstverständlich war, wurde nicht gänzlich beiseite gewischt. Man sah ein, daß die ausschließliche Beschäftigung mit den höheren Dingen kaum Aussichten auf materiellen Erfolg eröffnete, es sei denn in bestimmten einträglichen Künsten und Wissenschaften, daß aber auch hier die handgreiflichen Resultate erst mit reiferen Jahren zu erwarten standen: Der arme Student, der junge Künstler gehörten daher, als Nachhilfelehrer der Kinder oder als Gast beim Sonntagsmahl, gewissermaßen als die armen Verwandten zum Kreis der großbürgerlichen Familie, zumindest in den Ländern, wo die Kultur in hohem Ansehen stand. Aber daraus zog man nun keineswegs den Schluß, daß zwischen materiellem Erfolgsstreben und geistiger Leistung ein gewisser Widerspruch herrsche, sondern den, daß jenes das notwendige Fundament für diese sei. Oder, wie der Romancier E. M. Forster es im Spätsommer der Bourgeoisie ausdrückte: »Die Dividenden rollten ein, da stiegen die erhabenen Gedanken im Kurs.«

[...]

II

Da war sie also, im Stützkorsett der Kleider, Mauern und Einrichtungsgegenstände: die Bürgerfamilie – die rätselhafteste Institution jener Epoche. Denn es mag zwar einfach sein, Zusammenhänge zwischen Puritanismus und Kapitalismus zu entdecken oder zu konstruieren – ein ganzes umfangreiches Schrifttum dokumentiert, wie leicht das ist –, aber die Zusammenhänge zwischen der für das 19. Jahrhundert charakteristischen Familienstruktur und der bürgerlichen Gesellschaft liegen auch heute noch im dunkeln. Tatsächlich hat man dem offenbaren Widerspruch zwischen beiden in den seltensten Fällen überhaupt Beachtung geschenkt. Wie kam es, daß eine Gesellschaft, die sich zur profitorientierten Konkurrenzwirtschaft, zur individuellen Leistung des einzelnen, zur Freiheit und zum Prinzip gleicher Rechte und Chancen für alle bekannte, auf eine Institution gegründet war, die zu all dem in schroffstem Gegensatz stand?

Die Grundeinheit dieser Gesellschaft, der Einfamilienhaushalt, war zu gleicher Zeit eine patriarchalische Despotie und das verkleinerte Abbild der Gesellschaftsordnung, die die Bourgeoisie als Klasse (bzw. ihre theoretischen Wortführer) ablehnte und bekämpfte: ein hierarchisches System persönlicher Abhängigkeiten.

> »Hier übt mit sicherer Einsicht der Vater, Ehemann und Herr sein segensreiches Regiment. Er überhäuft als Beschützer, Führer und Richter [seine Familie] mit Wohltaten.«[1]

Eine Stufe unter ihm führte – um gleich mit dem Sprichwortphilosophen Martin Tupper fortzufahren – »der gute Engel des Hauses: die Mutter, Ehefrau und Herrin.«[2] ihr rühriges Dasein; ihre Arbeit bestand, dem großen Ruskin zufolge, darin:

I. Den Wünschen der anderen Rechnung zu tragen
II. Ihnen köstliche Speisen vorzusetzen
III. Sie zu kleiden
IV. Sie zur Ordnungsliebe anzuhalten
V. Ihnen Unterricht zu erteilen[3].

– wobei sie für die zuletzt erwähnte Aufgabe merkwürdigerweise Verstand oder Kenntnisse nicht einmal dem Anschein nach mitzubringen brauchte (»Sei du nur gut, mein süßes Kind, mag, wer da will, gescheit sein«, war die Art, in der Charles Kingsley es ausdrückte). Dies geschah nicht etwa nur aus dem Grund, weil die neue Funktion der bürgerlichen Ehefrau, nämlich sichtbar zu plakatieren, daß der bürgerliche Gatte in der Lage war, ihr ein Leben in Müßiggang und Luxus zu garantieren, mit der älteren Funktion praktischer Haushaltsführung nicht in Einklang zu bringen war, sondern auch, weil ihre Unterlegenheit dem Mann gegenüber jederzeit nachweisbar sein mußte:

> »Ist sie klug? Klugheit ist etwas Kostbares, aber hüte dich vor Übermaß: Denn die Frau soll untertan sein, und die wahre Herrschaft liegt beim Geist.«[4]

Dessenungeachtet sollte diese reizende, ungebildete, schwachsinnige Sklavin auch ihrerseits Herrschaft ausüben, und zwar weniger über die Kinder, als deren Gebieter wiederum der ›Familienvorstand‹* zu gelten hatte, sondern über das Dienstpersonal, durch dessen Haltung sich der Bourgeois von den sozial Tieferstehenden unterschied. Eine »Dame« war jemand, der keine Arbeit verrichtete, sondern die Arbeit anderen auftrug[6]; in ebendiesem Verhältnis bestand ihr höherer Rang. In soziologischer Sicht lag der Unterschied zwischen Arbeitern und Mittelstandsbürgern darin, daß diese sich Dienstboten hielten, während jene potentiell Dienstboten waren, zumindest war dies das Kriterium, das in Seebohm Rowntrees bahnbrechendem Bericht über die soziale Lage in der Grafschaft York gegen Ende des Jahrhunderts ange-

* »Die Kinder taten wiederum alles, um ihren lieben verehrten Vater glücklich zu machen; sie zeichneten, bastelten, rezitierten, komponierten und spielten Klavier.« Dies geschah anläßlich einer Geburtstagsfeier für Albert, den königlichen Prinzgemahl von Victoria[5].

legt wurde. In der Realität arbeiteten als Dienstboten überwiegend und in stets noch zunehmendem Maße Frauen – der Anteil von Männern in Haus- und Privatdienerstellungen sank in Großbritannien 1841-1881 von 20% auf ungefähr 12% –, so daß im idealtypischen Bourgeoishaushalt ein männlicher Vorstand das Regiment über eine hierarchisch gestufte Rangordnung von Frauen führte, zumal die männlichen Nachkommen, sobald sie erwachsen wurden, unter Umständen sogar schon – was auf die Oberschicht in Großbritannien zutraf – mit Erreichen des Internatsschulalters meistens das Haus verließen.

Zu den Rollenmerkmalen des (männlichen) Bourgeois im Wirtschaftsleben gehörte es, daß er Arbeiter beschäftigte. Nun war das Dienstmädchen (oder – im selteneren Fall – der männliche Hausangestellte) zwar ebenfalls Lohnempfänger und somit ein häusliches Gegenstück zum Arbeiter, seine Stellung unterschied sich aber in einem wichtigen Punkt ganz erheblich von der des Arbeiters, insofern nämlich das Verhältnis zum Arbeitgeber nicht im Barzahlungsverhältnis bestand, sondern in unmittelbarer und, wie man für praktische Belange sogar sagen darf, totaler persönlicher Abhängigkeit. Das ganze Leben einer weiblichen Hausangestellten war durch strenge Vorschriften geregelt und unterlag, da sie in irgendeinem spärlich möblierten Dachbodenzimmer im Haus selbst wohnte, strenger Kontrolle. Von der Schürze oder Uniform, die sie trug, bis hin zum Führungszeugnis, ohne das sie keine neue Stellung mehr fand, war alles Ausdruck eines Macht- und Unterwerfungsverhältnisses. Enge, wenn auch ungleiche persönliche Beziehungen waren dabei genausowenig ausgeschlossen wie etwa früher in den Sklavenhaltergesellschaften. Tatsächlich konnte sich jenes Verhältnis sogar als günstiger Nährboden menschlicher Bindungen erweisen, obgleich man niemals vergessen sollte, daß auf jedes Kindermädchen und jeden Gärtner, die ihr ganzes Leben im Dienst einer einzigen Familie verbrachten, hundert Bauernmädchen kamen, die im gleichen Haushalt nur ein kurzes Gastspiel gaben auf ihrem Weg zu Schwangerschaft, Ehe oder in die nächste Stellung und die man allesamt nur als Fälle jenes ›Dienstbotenproblems‹ behandelte, mit dem ihre Herrinnen ihre Konversation bestritten. Der entscheidende Punkt ist der, daß die Struktur der Bourgeoisfamilie in glattem Widerspruch zur Struktur der bürgerlichen Gesellschaft stand. Innerhalb der Familie waren die Prinzipien von Freiheit und Chancengleichheit, die ausschließliche Geltung des ›Barzahlungsverhältnisses‹ sowie individuelles Profitstreben außer Kraft gesetzt.

Man könnte die Auffassung vertreten, dies sei darauf zurückzuführen gewesen, daß jenes individualistisch-anarchistische Denkmodell nach Hobbes'schem Muster, das den theoretischen Rahmen der bürgerlichen Wirtschaftsweise bildete, keine tragfähige Grundlage für irgendeine Form sozialer Organisation abgab, auch nicht für eine soziale Organisationsform der Familie. Und in der Tat war der Gegensatz zwischen Familie und Außenwelt in einer Hinsicht durchaus gewollt: insofern nämlich jene eine Oase des Friedens in einer Welt des Krieges war.

> »Du weißt«, schrieb die Frau eines französischen Industriellen 1856 an ihren Sohn, »wir leben in einem Jahrhundert, wo die Menschen einzig und allein an dem gemessen werden, was sie selber leisten. Täglich löst jetzt der zupackende, intelligente Geselle seinen Meister ab, der sich durch Trägheit und mangelndes Verantwortungsbewußtsein um die Stellung bringt, die ihm für immer sicher schien.«[7]

»Was für eine Schlacht«, schrieb ihr Mann, der im Konkurrenzkampf mit der britischen Textilindustrie lag. »Viele werden untergehen in diesem Krieg und noch mehr grausame Verwundungen davontragen.«[8] Bilder des Krieges drängten sich diesen Menschen, sobald sie von ihrem »Kampf ums Dasein« oder vom »Überleben der Tauglichsten« sprachen, mit der gleichen Selbstverständlichkeit auf die Lippen wie die Bilder des Friedens bei der Schilderung ihres Familienlebens: ihr Heim nannten sie einen »Hort der Freude«, einen Ort, wo »das Herz sich seines gestillten Verlangens erfreut«, so wie es sich draußen niemals würde freuen können, weil dort entweder das Verlangen nie so recht gestillt war oder man andernfalls dergleichen nicht eingestehen konnte[9].

Andererseits könnte es aber auch so sein, daß die bürgerliche Familie nur ein unvermeidlicher Reflex jener Bedingungen wesentlicher Ungleichheit war, auf denen der Kapitalismus insgesamt beruhte. Gerade weil Abhängigkeit im Kapitalismus sich nicht auf kollektive, institutionalisierte, traditionelle Ungleichheiten gründen konnte, mußte sie sich als Beziehung zwischen den Individuen geltend machen. Denn wenn die Vormachtstellung des einzelnen prinzipiell ungesichert war, so schuf doch gerade dies wiederum das unabweisliche Bedürfnis nach einer dauerhaften und gesicherten Form der Vorherrschaft. Da unbeständige Herrschaft ihren wesentlichen Ausdruck im Geld gefunden hatte, das seinerseits nur die Tauschbeziehung widerspiegelte, mußte dieses Sicherheitsbedürfnis seine Zuflucht zu anderen Ausdrucksformen von Herrschaft nehmen – zu solchen, die direkter Verfügungsgewalt von Menschen über Menschen entsprachen. Natürlich war die patriarchalische Familienstruktur, die auf Unterordnung der Frau und der Kinder beruht, nichts Neues. Aber in der klassischen Zeit der bürgerlichen Gesellschaft, als wir logischerweise mit der Auflösung oder Umwandlung dieser Familienstruktur rechnen durften – wie sie dann später ja auch eintrat –, erfuhr sie eine Bekräftigung, ja Übersteigerung.

Wieweit in diesem ›idealtypischen‹ bürgerlichen Patriarchat tatsächlich Wirklichkeitsverhältnisse zum Ausdruck kamen, ist freilich eine andere Frage. Im Hinblick auf den typischen Bourgeois der Stadt Lille resümiert ein Beobachter, er sei ein Mann, der »in der Furcht Gottes lebt, vor allem aber in der Furcht vor seiner Frau, und er liest das *Echo du Nord*«[10], und dieser Befund der Tatsachen des bourgeoisen Familienlebens hat mindestens genausoviel für sich wie die von Männern formulierte Theorie weiblicher Hilflosigkeit und Abhängigkeit, die sich oftmals pathologisch übersteigerte zum männlichen Traum vom Kindweib, das der zukünftige Gatte auswählte und nach seinen Vorstellungen heranbildete; ein Traum, den man zuweilen sogar auszuführen unternahm. Trotzdem ist das Vorkommen der idealtypischen Bourgeoisfamilie – sogar in übersteigerter Form – während jener Epoche nicht zu übersehen. Es reicht aus, um das Entstehen einer systematischen Frauenbewegung zu erklären, das ja zumindest in den angelsächsischen und protestantischen Ländern mit der hier behandelten Epoche zusammenfiel.

Der Bourgeoishaushalt war jedoch nur die Kernzelle weiterreichender Familienverbindungen, die den Wirkungsbereich des einzelnen bezeichneten; exemplifiziert wird das durch »die Rothschilds«, »die Krupps« und literarisch durch »die Forsytes«, die einen Großteil der Wirtschafts- und Sozialgeschichte des 19. Jahrhunderts im wesentlichen als eine Angelegenheit gewisser Dynastien erscheinen lassen. Aber obgleich im Laufe der zurückliegenden hundert Jahre eine enorme Fülle von Material über derartige Clanbildungen zusammengetragen wurde, haben weder Sozialanthropologen noch die Editoren genealogischer Handbücher (eine Beschäftigung für Aristokraten) sie so gründlich durchleuchtet, daß aufgrund ihrer Ergebnisse gesicherte Aussagen allgemeiner Art über diese Familien möglich wären.

[...]

Anmerkungen

1 Martin Tupper, Proverbial Philosophy. London 1876 (1. Aufl. 1838), S. 361.
2 Ebd., S. 362.
3 John Ruskin, »Fors Clarigera«, in: Collected Works, hrsg. v. E. T. Cook, A. Wedderburn. London, New York 1903-1912. Band 27, Brief Nr. 34.
4 Tupper, a. a. O., S. 118.
5 Further Letters of Queen Victoria, hrsg. v. H. Bolitho. London 1938, S. 49.
6 »Meiner Meinung nach verliert eine Frau, die arbeiten muß (und sei sie auch getauft und aus gutem Hause), auf der Stelle jene besondere Rangstellung, die das Wort Lady gemeinhin bezeichnet« (Leserbrief an The Englishwoman's Journal 8, 1866, S. 59).
7 Zitiert nach: L. Trénard, »Un industriel roubaisien du XIXe siècle«, in: Revue du Nord 50 (1968), S. 38.
8 Trénard, a. a. O., S. 38 und 42.
9 Tupper, a. a. O., S. 133.
10 J. Lambert-Dansette, »Le patronat du Nord. Sa période triumphante«, in: Bulletin de la Société d'Histoire Moderne et Contemporaine 14, série 18 (1971), S. 12.

Rolf Engelsing
Zur Stellung der Dienstboten in der bürgerlichen Familie im 18. und 19. Jahrhundert*

(Stellung der Dienstboten in der »geschlossenen Hauswirtschaft«)

Betrachten wir nun die historische Erscheinung, so finden wir eine feudal-bürgerliche Gesellschaft, die ungefähr zu gleichen Teilen aus Angehörigen der herrschaftlichen Familien, welche Dienstboten hielten, und aus den Dienstboten selbst bestand, von denen die meisten zusammen mit ihrer Herrschaft unter einem Dach lebten, wohnten und arbeiteten. Im 18. Jahrhundert war es nicht selten, daß die Dienstboten in den einzelnen Städten hier mindestens annähernd zehn Prozent, dort höchstens reichlich zwanzig Prozent der Einwohnerschaft ausmachten. Am Ende des 18. Jahrhunderts nahm ihr Anteil an der Bevölkerungszahl der Städte häufig noch zu, und kontinuierlich verringerte er sich meistens erst seit der Mitte des 19. Jahrhunderts.

Was das soziologische Problem betrifft, so entstammten die Dienstboten nicht ausschließlich, aber überwiegend den niederen Ständen, die zum Gesindedienst prädestiniert waren. Sie blieben diesen wiederum nicht ausschließlich, aber überwiegend zeit ihres Lebens zugehörig, weil die niederen Dienstleistungen keine Aufstiegschance eröffneten. Dabei sehen wir ab von der besonderen Schicht des höheren Personals, von den Hofmeistern, Vorlesern, Virtuosen, Gesellschafterinnen usw., die normalerweise auf kürzere Zeit einem situierten Haushalt inkorporiert waren und rechtlich nicht zum Gesinde zu gehören pflegten. Die Besonderheit der Dienstboten, auf die sich unsere Ausführungen beschränken, war es, daß sie ihrer Niedrigkeit ungeachtet ein Bindeglied zwischen den ständisch weit voneinander geschiedenen höheren und niederen sozialen Schichten abgaben[1]. Sie waren sowohl dem gemeinen Volk wie den herrschaftlichen Familien zugeordnet. Bis

* Auszüge aus: Rolf Engelsing, Dienstbotenlektüre im 18. und 19. Jahrhundert, in: ders., Zur Sozialgeschichte deutscher Mittel- und Unterschichten [Kritische Studien zur Geschichtswissenschaft, Bd. 4, 1973], zuerst in: International Review of Social History 13/1968, S. 384ff., hier: 387-397. Abdruck mit freundlicher Genehmigung des Verlags Vandenhoeck und Ruprecht, Göttingen.

zur Mitte des 19. Jahrhunderts lebten die höheren und die niederen sozialen Schichten im allgemeinen nicht nach einem differenzierten Standard, sondern nach verschiedenen Standards. Einkommen und Auskommen, wirtschaftlicher und kultureller Zuschnitt, Bildung und gesellschaftliche Repräsentation wurden auf verschiedenen Ebenen nach verschiedenen Maßen zugemessen. Solange sie in Dienst standen, befanden sich die Dienstboten und sie allein auf zwei verschiedenen Ebenen zugleich. Denn während die meisten Handwerker, die Arbeitsleute und das sonstige geringe Volk getrennt vom Lebenskreis der Herrschaften in Niedrigkeit lebten, lebten die Dienstboten als Niedrige bei einer Herrschaft. So lernten sie Sitten und Maßstäbe kennen, zu denen die übrigen Angehörigen der unteren sozialen Schichten aufschauten, ohne sie kennen zu lernen. Die Dienstboten konnten Vorstellungen auf sich wirken und Gewohnheiten auf sich abfärben lassen, die sonst für beinahe alle gemeinen Leute eine unbegriffene äußere Größe blieben und darum auch ihren eigentümlich herrschaftlichen Charakter behielten. Hierbei ergaben sich natürlich große Unterschiede, je nachdem ob ein Dienstbote in einem kleinbürgerlichen und bürgerlichen Haushalt beschäftigt war, hauptsächlich grobe Arbeit verrichtete und weder viel Freizeit noch viel Empfänglichkeit besaß oder ob er in einem patrizischen und adeligen Haushalt beschäftigt war, hauptsächlich höhere und repräsentative Aufgaben hatte und seine oft reichliche Muße zu nutzen verstand.

Das war die eine Seite der Sache. Die andere war, daß die höheren sozialen Schichten durch die Dienstboten, die in der Hausgemeinschaft lebten, Zusammenhang mit dem Volk behielten, von seinen Sitten und Maßstäben erfuhren und davon bis zu einem gewissen Grade beeinflußt wurden. Im herrschaftlichen Haushalt trat die Wechselwirkung ein, daß die Dienstboten von ihrer erwachsenen Herrschaft erfuhren, was die übrigen Angehörigen der unteren Schichten im allgemeinen nicht erfuhren, und daß wiederum die Kinder der Herrschaft von den Dienstboten erfuhren, was sie von ihren Eltern und Erziehern nicht erfahren konnten oder sollten. Wir gehen nicht soweit zu sagen, daß damit auch die jüngere Generation der oberen Schichten zugleich auf zwei verschiedenen Ebenen lebte. Aber indem die Stände im herrschaftlichen Haus weniger voneinander getrennt waren als außerhalb des herrschaftlichen Hauses, hatte dieses eine Basis im Volk und war von den volkstümlichen Vorstellungen und Gewohnheiten nicht abgeschnitten. Solange die Dienstboten in die feudale und bürgerliche Gesellschaft innerhalb des Hauses hineinragten, gab es im strengen Sinne des Wortes keine geschlossene adelige und bürgerliche Gesellschaft.

Obwohl die höheren sozialen Schichten in diesem Verhältnis eine Stütze ihrer Geltung und Sicherheit hatten, machte es ihnen sehr zu schaffen. Auf der einen Seite bestand eine Hausgemeinschaft, die alle Hausbewohner, die Glieder der herrschaftlichen Familie so gut wie das Gesinde, einschloß, und das Interesse, sie aufrecht zu erhalten, auf der anderen Seite wollte sich die Herrschaft als höhere soziale Schicht vom Gesinde abheben, um exklusiver zu leben und es sachgerechter auszunutzen, als es im Rahmen der Hausgemeinschaft möglich war. Es bestand sowohl eine Tendenz zur Integration wie eine Tendenz zur Distanzierung, und beide Tendenzen stellten sich als Bildungsprobleme dar.

(Dienstboten und Erziehung der Kinder)

Der Einfluß der Dienstboten auf die Kinder ihrer Herrschaft war in der patriarchalischen Ära der geschlossenen Hauswirtschaft und Hausgemeinschaft auch rechtlich geregelt. Im Sinne der Hausherrschaft des Hausvaters galten die Dienstboten als Kinder und wurden den natürlichen Kindern gleichgeachtet. Der Hausvater besaß gegenüber den Dienstboten das gleiche Züchtigungsrecht wie gegenüber seinen eigenen Kindern und durfte sie nach seinem hausväterlichen Ermessen ebenso schelten und zurechtweisen. Nach häuslichem Recht bildeten die Jugendlichen, die dem Alter nach Kinder waren, und die Dienstboten, die dem Recht und Beruf nach Kinder waren, eine Gruppe. Diese Zusammengehörigkeit bestätigte sich im täglichen Leben darin, daß die Kinder mehr mit den Dienstboten als mit ihren Eltern, den Erwachsenen, verkehrten. So berichtete der Mitarbeiter einer moralischen Wochenschrift in Hamburg 1724, er kenne in der Stadt viele Häuser, in denen Söhne und Töchter bis in ihr zehntes Lebensjahr »unter dem Gesinde stecken müssen und kaum jede Woche einmal das Glück haben, vor ihre Eltern gelassen zu werden«[2]. Ähnlich äußerte sich Ernst Moritz Arndt (geb. 1769), der der Sohn eines bürgerlich gebildeten Landwirts auf der Insel Rügen war, über die im Hause seiner Eltern und ihrer Bekannten herrschenden Sitten: »Kinder und Gesinde wurden bei aller Freundlichkeit und Gutherzigkeit der Eltern und Herrschaften immer im gehörigen Abstande gehalten«[3]. Noch im 19. und z. T. im 20. Jahrhundert äußerte sich dieser Grundsatz in den Bräuchen, daß Kinder ihre Eltern siezten, daß die Eltern in ihrer Gegenwart für Themen, die sie nichts angingen, eine Fremdsprache wählten oder die Erörterung verschoben, bis weder Dienstboten noch Kinder im Zimmer waren, und daß die Kinder bei Tisch hinter ihren Stühlen standen und wie Bediente aufwarteten, bis sich die Eltern gesetzt hatten.

Die Zusammengehörigkeit von Kindern und Dienstboten beruhte also unter anderm darauf, daß sich ihre soziale Situation im Hause teilweise entsprach und ihre Auffassung teilweise aneinander anglich. Sie wurden hierdurch in vielem ähnlich gestimmt und entwickelten gegenüber der herrschaftlichen Regel, dem herrschaftlichen Gebot und der herrschaftlichen Züchtigung ein korrespondierendes Bedürfnis nach ausgleichender einfacher Vertraulichkeit und nach ausgleichender antithetischer Beschäftigung mit den Gebilden des Niederen, des Ausnahmemäßigen und des Anarchischen, damit die Erziehung, die aus der herrschaftlichen Zucht hervorging, durch eine befreiende Wollust ins Gleichgewicht gesetzt wurde, die unter anderm der Erzählung des Regel- und Zügellosen verdankt wurde. Neben der Autorität der Eltern über die Kinder bestand auf einer teilweise anderen Ebene eine Autorität des Gesindes, die über die ergänzende Vermittlung von handwerklichen Fertigkeiten und volksmäßigen Kunstgriffen hinausreichte und die herrschaftliche Jugend in die Lebensformen und Vorstellungen der unteren Schichten einführte. Schon 1565 beschwerte sich der Frankfurter »Hurenteufel«, der sehr frühzeitig den Vorwurf erhob, daß die Eltern ihre Kinder zuviel dem Gesinde überließen, darüber, daß Kinder und Mägde zusammen »böse Geschwetz, fabeln, Narreteidung, märlen, mit einander reden« trieben[4]; und im Elsaß warnte während des Dreißigjährigen Krieges der Moralist Moscherosch, die Eltern sollten sich hüten, das Gesinde »mit Poltern und Pochen, mit Schänden und Schelten« über die Kinder herrschen zu lassen[4a].

Die Kommunikation zwischen Gesinde und Kindern war mannigfach. Oft hatten Dienstboten und Kinder einen geschlossenen Kreis der Unterhaltung mit eigentümlichen Inhalten und Wendungen gemeinsam, der von anderer Art war als der geschlossene Kreis der Unterhaltung, den die elterlichen Herrschaften hatten, und zu ihm eine Parallele bildete. Dabei wurden die herrschaftlichen Kinder von den Dienstboten auch mit dem Bereich des »Unfeinen« und »Unanständigen« vertraut gemacht. Sie lernten, wie es etwa der Pfälzer Pfarrersohn Friedrich Christian Laukhard (geb. 1757) berichtet, Flüche und Zoten, erhielten Aufklärung über das Geschlechtsleben und die zum Alter passenden geschlechtlichen Liebesbeweise[5]. In einem anderen Bereich der Kommunikation wurde die niedere literarische Bildung und Unterhaltungslektüre des Gesindes den Kindern vermittelt. Aus Charles Dickens' (geb. 1812) Jugend ist bekannt, daß ein Kindermädchen seine empfängliche Phantasie früh mit blutrünstigen Geschichten vom Blaubart speiste, der seine Frauen zu Pudding verarbeitete und am Ende seiner gräßlichen Laufbahn schauerlich explodierte, und ihm von geheimnisvollen Schenken mit Falltüren, blutigen Türen und messerwetzenden Räubern erzählte[6]. In Wien lernte Franz Grillparzer als Sechsjähriger eine romanhafte Biographie des westfälischen Edelmanns Baron Neuhof (1694-1756), der auf dem Höhepunkt seiner abenteuerlichen Laufbahn zum Korsenkönig Theodor gewählt wurde, und das Textbuch von Mozarts »Zauberflöte« (1791) kennen, indem er auf dem Schoße des Stubenmädchens seiner Mutter deren Lektüre mitlas. Danach spalteten sich die literarischen Interessen in bezeichnender Weise. Grillparzer wollte nun die romanhafte Beschreibung der Taten Alexander des Großen von Curtius Rufus gelesen wissen, von der er bereits einen vorteilhaften Eindruck gewonnen hatte. Als das Stubenmädchen diese Lektüre ablehnte, bekam der Junge »eine solche Verachtung für die Urteilskraft dieses Mädchens, das vorher mein Orakel gewesen war, daß ich mich weder mehr um sie bekümmerte noch weiter an ihrer Lektüre teilnehmen wollte, was, wie ich erst später einsehen lernte, für mich in mancher Hinsicht sehr vorteilhaft war.«[7] Diese Episode steht für einen typischen Hergang. Mit der Zeit distanzierten sich die herrschaftlichen Kinder von den Einflüssen, die sie von den Dienstboten vorher ohne weiteres angenommen hatten. Während sie sich bewußt und mit Willen in die bürgerliche Welt einlebten und deren Stile und Maßstäbe akzeptierten, wurden manche in den volkstümlichen Einflüssen eine Last des Gemeinen gewahr und empfanden in ihrer Bildung einen Zwiespalt, der ihnen zu schaffen machte. In einem Büchlein über »Dienstmädchenzucht und -lehren« sprach ein Berliner Bürger 1892 die Meinung aus, daß »wir unsere Fehler und unsere Leiden zum großen Theil den Dienstboten verdanken, mit denen wir in unserer Jugend zu thun hatten.«[8]

(Veränderungen in der Stellung der Dienstboten)

Solange die bürgerliche Lebenshaltung auf einer weitgehend geschlossenen Hauswirtschaft beruhte und diese die Existenz der Großfamilie wirtschaftlich, sozial und kulturell garantierte, waltete im Verhältnis des Bürgertums zum Gesinde die Tendenz zur Integration vor. Als sich im 18. Jahrhundert infolge der Verstädterung und der Ausweitung der Marktwirtschaft die alte Hauswirtschaft mehr und mehr auflöste und sich insbesondere im städtischen Beamtentum und in den Haushaltungen der Rentner, die hauptsächlich von relativ fixen Geldeinkommen lebten, die bürgerliche Kleinfamilie herausbildete, gewann die Tendenz zur Distanzierung die Oberhand. Sie tat dies um so mehr, weil für die bürgerliche Kleinfamilie Bildungsinhalte und Bildungsunterschiede eine größere Rolle spielten als für die wirtschaftlich und rechtlich einigermaßen fest und autark gegründete herrschaftliche Großfamilie. Vielfach wurde der Bildungsunterschied sogar zu einem ausschlaggebenden sozialen Unterscheidungsmerkmal zwischen der bürgerlichen Schicht, die sich den herrschaftlichen Schichten zurechnete, und den unterbürgerlichen Schichten, die sie als untertänig betrachtete. Dadurch verstärkte sich im Bürgertum das Interesse an einer Distanzierung von den Dienstboten. Dabei spielte eine Rolle, daß der bescheidenste bürgerliche Haushalt aus wirtschaftlichen, beruflichen und sozialen Ursachen auf die Haltung von häuslichem Personal nicht verzichten konnte und demzuliebe öfters fühlbare Einschränkungen in seiner Lebenshaltung in Kauf nahm, und dabei spielte ebenfalls eine Rolle, daß die Dienstboten des städtischen Bürgertums seit dem 18. Jahrhundert seltener als früher aus dem ortsansässigen handwerklichen Mittelstand und im Verlauf der Zeit immer häufiger aus den ländlichen Unterschichten stammten. Mit dem Wandel der Herkunft des Gesindes wandelte sich naturgemäß auch die Einstellung der Herrschaft zum Gesinde zugunsten einer stärkeren Distanzierung.

Da die Ablösung der Tendenz zur Integration durch die Tendenz zur Distanzierung abhängig war vom Ausmaß und Grad des Übergangs von der traditionellen hauswirtschaftlichen und ständischen Organisation zur bürgerlichen Marktwirtschaft und Gesellschaftsordnung, trat sie in Westeuropa früher als in Mittel- und Osteuropa ein. Im 18. Jahrhundert von Westeuropa ausgehend breitete sie sich mit zeitlicher Verschiebung im 19. Jahrhundert abgeschwächt nach Osteuropa aus, wo sich die herrschaftliche ländliche Großfamilie länger und stärker erhielt und wo das Bürgertum mit seinem spezifischen neuen Bildungsideal, das die Tendenz zur Distanzierung förderte und beschleunigte, keine bestimmende soziale Kraft abgab. Besonders früh und entschieden äußerte sich die Tendenz zur Distanzierung in England. Jonathan Swift forderte 1726 in seiner satirischen Utopie »Gullivers Reisen« öffentliche Erziehungsheime, um zu verhindern, daß die Kinder der Herrschaft mit den Dienstboten reden. Er motivierte seine Forderung nach der Unterbindung dieser Kommunikation mit der Behauptung, daß die Kinder auf diese Weise gar nicht erst die frühen Eindrücke der Zügellosigkeit und des Lasters gewinnen, denen sie augenblicklich ausgesetzt sind[9]. In Deutschland erhielt die Tendenz zur Distanzierung in der zweiten Hälfte des 18. Jahrhunderts eine maßgebende soziale Bedeutung. Durch die Gründung von Fürstenschulen und Philanthropinen wurde die häusliche Erziehung der Kinder im gehobenen bürgerlichen Mittelstand abgelöst von der planvollen bürgerlichen Erziehung in öffentlichen Internaten. Es wurde eine aufklärende und moralisch unterhaltende bürgerliche Jugendliteratur geschaffen, die es bisher nicht gegeben hatte. Das traditionelle Bürgertum hatte für Jugendliche kaum eine andere Lektüre vorgesehen als diejenige, die es selbst hatte[10], und sie im übrigen den volkstümlichen Bildungseinflüssen überlassen, die von den Dienstboten ausgingen. Die Erfindung einer spezifischen bürgerlichen Jugendliteratur war zum einen die Antwort darauf, daß sich der literarische Geschmack des Bürgertums differenzierte und ihm dadurch in seiner historischen Entwicklung und sozialen Problematik erstmals deutlich bewußt wurde. Daß sie zum andern hauptsächlich den Zweck hatte, den nicht mehr erwünschten Einfluß der Dienstboten auf Bildung und Unterhaltung der Kinder zu unterbinden, hatte seine Ursache darin, daß das Bürgertum Lesestoffe wie die Volksbücher, die es bisher mit seinem Gesinde geteilt hatte, nun verpönte und dem Gesinde als minderwertige Lektüre der geringen Leute allein überließ, und erfahren wir unmittelbar durch den Leipziger Schriftsteller Christian Felix Weiße, der mit der Zeitschrift *Der Kinderfreund* (24 Bände, 1775-82) das erste erfolgreiche und mehrfach nachgeahmte Beispiel für eine moderne periodische bürgerliche Jugendbildung hervorbrachte. Weiße erzählt nämlich in seiner Selbstbiographie, er habe 1765 nach der Geburt seines eigenen Kindes die abgeschmackten Lieder gehört, die Amme und Kinderwärterin diesem vorsangen. Das habe ihn auf den Entschluß gebracht, kleine moralische Lieder für Kinder zu dichten[11]. Der Entschluß gab ihm gleichzeitig die Idee zum *Kinderfreund* ein. Man geht nicht zu weit, wenn man behauptet, daß diese Zeitschrift und eine Bearbeitung von Defoes »Robinson Crusoe« für die Jugend, die 1779-80 Joachim Heinrich Campe, ein Lehrer am Dessauer Philanthropin, herausgab, eine neue Epoche der bürgerlichen Jugendlektüre begründeten und den traditionellen Einfluß der Dienstboten weitgehend und radikal ablösten. Es gibt vom Ende des 18. Jahrhunderts und vom Anfang des 19. Jahrhunderts kaum eine Aufzeichnung über die bürgerliche Jugendlektüre in Deutschland, in der nicht Weißes *Kinderfreund* und Campes »Robinson« allein oder an erster Stelle genannt wurden.

In der ersten Hälfte des 19. Jahrhunderts wurde die Distanzierung der Kinder vom Gesinde dann auch in Rußland propagiert. In einem Brief, in dem Nikolai Gogol (geb. 1809) seiner Mutter 1833 Ratschläge für die Erziehung seiner Schwester erteilte, warnte er sie eindringlich vor den Dummheiten und Vorurteilen, denen die Schwester im landadeligen Haushalt seitens des Gesindes ausgesetzt werde. »Halten Sie sie dem Gesindezimmer fern, sie soll sich niemals dort aufhalten. Befehlen Sie ihr, sie solle ständig bei Ihnen sein. Es gibt keine bessere Erziehung für ein Mädchen, als unter den Augen der Mutter zu sein.« Es solle auch frühzeitig mit den Gästen der Mutter verkehren, um Ungezwungenheit zu lernen und sich in der Unterhaltung zu üben. »Nur so«, meinte Gogol, »kann jene Schüchternheit überwunden werden, die sich bei Kindern einstellt, wenn sie beständig im Gesindezimmer verweilen.«[12] Die Distanzierung vom Gesinde, die die herrschaftliche soziale Schicht kraft ihres Bildungsideals als Bildungsschicht von der dienenden sozialen Schicht als einer ungebildeten oder weniger gebildeten Schicht vornahm, löste die traditionelle Integration des Gesindes in der Hausgemeinschaft der Großfamilie ab, in der es eine gesellschaftliche Zusammengehörigkeit der im Haushalt lebenden Menschen gegeben hatte. Diese ergab sich teils daraus, daß die alten häuslichen Gewerbe – die Verarbeitung der landwirtschaftlichen Erzeugnisse für die Ernährung der Hausgenossen, die Spinnerei, die Weberei und die weitverbreitete Hausbrauerei – eine enge Zusammenarbeit von Herrschaft und Gesinde im nahen Zusammenleben beider Gruppen mit sich brachten, teils daraus, daß die traditionelle Hausgemeinschaft als christliche Gemeinschaft auch eine Bildungsgemeinschaft gewesen war. Anläßlich der gemeinsamen Mahlzeiten hielt man gemeinsame Andachten. Der Hausherr las täglich zu verschiedenen Malen ein Kapitel aus der Bibel oder einen Abschnitt aus einem Andachtbuch vor, danach sang und betete die Tischgemeinschaft zusammen[13]. In den Segen, den der Hausherr morgens und abends erteilte, wurde das anwesende Gesinde eingeschlossen. Er hatte auch darauf zu achten, daß das häusliche Personal die öffentlichen Gottesdienste besuchte[14], und damit er es hieran nicht fehlen ließ, garantierten die obrigkeitlichen Gesindeordnungen den Dienstboten einen Anspruch auf Freizeit zum Besuch der sonntäglichen Gottesdienste. Bis zur Mitte des 18. Jahrhunderts beruhte die Bildungsgemeinschaft von Herrschaft und Gesinde auf der Gleichförmigkeit ihrer christlich-kirchlichen Bildungsinhalte und -ideale. So streng auch Herrschaft und Dienerschaft rechtlich und sozial unterschieden wurden, so wenig unterschieden sich die Lebenskreise ihrer Alltage und Sonntage. Sie hatten für beide Teile ihren Mittelpunkt im Haus und in der Kirche und waren wechselseitig überschaubar. Herrschaft und Gesinde pflegten an derselben Stätte zusammen zu arbeiten, mochte auch der eine Teil dabei anordnen und genießen, der andere Teil ausführen und dienen. Wichtiger war, daß die Herrschaft innerhalb und außerhalb des Hauses keine andere Sprache, keine andere Lektüre, keine andere Unterhaltung und keine anderen Veranstaltungen und Veranstaltungsstätten hatte als die Dienerschaft. Unter diesen Umständen war die Bildungsgemeinschaft von Herrschaft und Gesinde auch die sicherste Gewähr für die Wahrung der patriarchalischen Interessen der Herrschaft. Denn dadurch, daß der Hausherr das Gesinde an seinem Tisch mitessen und mitbeten ließ, suchte er sich davor zu sichern, daß es ihn bestahl und durch das Eingehen von Liebschaften unerwünschte Verbindungen mit Außenstehenden anbahnte. Indem die Herrschaft das Gesinde in die Familie einbezog, sorgte sie dafür, daß es sich an die herrschaftlichen Regeln der Ordnung, der Anständigkeit, der Sittsamkeit und der Ehre gewöhnte, daß es sich auf eine Heirat mit einem zuverlässigen Menschen und die Führung eines geordneten eigenen Haushalts vorbereitete, daß es nach dem Ausscheiden aus dem Dienst seiner Herrschaft Treue und Anhänglichkeit bewahrte und die patriarchalische Gesinnung auf die nächste Generation fortpflanzte[15].

Dieses System wurde in der zweiten Hälfte des 18. Jahrhunderts durch die Neugestaltung der wirtschaftlichen Ordnung, durch den absolutistischen Rationalismus, durch die Aufklärung, durch die Bildungsrevolution des Bürgertums und durch die Französische Revolution erschüttert. Zwar blieb in Österreich das Unterfangen Josefs II., dem traditionellen Gesindewesen durch die Beseitigung der patriarchalischen Gesindeordnung die rechtliche Grundlage zu entziehen, das übereilte Experiment einer reformistischen Übergangszeit, und die Gesindeordnungen blieben in Deutschland wie in Österreich in gemilderten Formen bis in die Zeit unmittelbar nach dem Ersten Weltkrieg in Kraft. Aber sie hatten seit dem Ende des 18. Jahrhunderts doch soviel an Brauchbarkeit und Geltung verloren, daß sie seitdem nur noch dazu dienten, in einer bürgerlichen Umwelt, die immer weitere Bereiche des öffentlichen Lebens verbürgerlichte, eine Exklave patriarchalischen Rechts zu bewahren und innerhalb des Hauses ein Interesse zu retten, das außerhalb des Hauses zum Desinteresse erklärt wurde.

Das Urteil eines Zeitgenossen, infolge der josefinischen Reformen stünden die Dienstboten gesetzlich außerhalb der Familie[16], verlor daher dadurch, daß diese Reformen nicht von Dauer waren, nur wenig an Bedeutung. Die Restauration der patriarchalischen Rechtsnorm machte es nicht ungeschehen, daß die Dienstboten infolge der Neugestaltung der bürgerlichen Sitte gesellschaftlich außerhalb der Familie standen, soweit diese Neugestaltung am Ende des 18. Jahrhunderts durchdrang, und der soziale Fortschritt erwies sich als maßgebender und folgenschwerer, als es die Restauration des patriarchalischen Rechts sein konnte. Den sozialen Fortschritt repräsentierte, im allgemeinen auf die mittleren und größeren Städte beschränkt, die Entstehung der gebildeten bürgerlichen Kleinfamilie, die – in den protestantischen Landschaften nördlich des Mains häufiger als in den katholischen südlich des Mains – die christlich-kirchliche Bildung nicht mehr als der Inbegriff ihrer Bildung verstand und damit der patriarchalischen Bildungsgemeinschaft mit dem Gesinde entsagte. Sie hob die Tisch- und Gebetsgemeinschaft mit den Dienstboten auf und verschaffte sich einen exklusiven bürgerlichen Standard der Sprache, der Lektüre, der Unterhaltung und der Geselligkeit, von dem das Gesinde ausgeschlossen war und den es weder innerhalb des Hauses noch außerhalb in der Öffentlichkeit übersah und verstand. Die Zusammenarbeit von Herrschaft und Gesinde im Hause lockerte sich, da die alten Hausgewerbe zurückgingen oder verschwanden und da Hausherr und Hausfrau nicht mehr in ihren haushälterischen Rechten und Pflichten aufgingen, sondern sich zur Wahrnahme exklusiver kultureller und repräsentativer Interessen räumlich und geistig entfernten. Betrieblich trennten sich Kontor, Laden, Lager, Fertigungsstätte, Garten- und Landwirtschaft vom Hause, das alte Gesinde teilte sich in Dienstboten, Angestellte, Arbeiter, die nun verschiedene Stellungen und Arbeitsplätze hatten.

Anmerkungen

1 Vgl. J. Jean Hecht, The domestic servant class in eighteenth-century England, London 1956, S. 200ff.

2 Eva-Annemarie Kirschstein, Die Familienzeitschrift. Ihre Entwicklung und Bedeutung für die deutsche Presse, Charlottenburg 1937 (Beiträge zur Erforschung der deutschen Zeitschrift, 2), S. 23.

3 Ernst Moritz Arndt, Erinnerungen aus dem äußeren Leben, Leipzig o. J. (Arndt, Ausgewählte Werke, hrsg. von Heinrich Meisner und Robert Geerds, 7), S. 18.

4 Alwin Schultz, Das häusliche Leben der europäischen Kulturvölker vom Mittelalter bis zur zweiten Hälfte des 18. Jahrhunderts, München, Berlin 1903 (Handbuch der mittelalterlichen und neueren Geschichte, Abt. 4), S. 199f.

4a Joseph Lefftz, Die Dienstboten im Spiegel der elsässischen Literatur. in: *Elsaß-Land, Lothringer Heimat,* Jg. 15, 1935, S. 177.

5 F(riedrich) Ch(ristian) Laukhard, Leben und Schicksale von ihm selbst beschrieben. Deutsche und französische Kultur- und Sittenbilder aus dem 18. Jahrhundert, bearb. von Viktor Petersen, Einleitung von Paul Holzhausen, Stuttgart 1908 (Memoirenbibliothek, Serie 2,

14), Bd. 1, S. 15f. Der geschlechtliche Verkehr zwischen dem Dienstmädchen und dem »jungen Herrn« ist in verschiedenen Gattungen der Literatur oft behandelt worden. Ein bekanntes Beispiel aus jüngerer Zeit ist Thomas Manns Roman »Bekenntnisse des Hochstaplers Felix Krull«.

6 Wilhelm Dibelius, Charles Dickens, Leipzig, Berlin 1916, S. 63.

7 Franz Grillparzer, Tagebuchblätter (1822), in: Grillparzer, Sämtliche Werke, hrsg. von Moritz Necker, Leipzig o. J., Bd. 16, S. 47. Hildegard Beyer, Die deutschen Volksbücher und ihr Lesepublikum, Phil. Diss. Frankfurt am Main 1962, S. 129, beschreibt nach Heinrich Hansjakob, Aus meiner Jugendzeit, Stuttgart 1910, S. 30, daß herrschaftliche Kinder in der Mitte des 19. Jahrhunderts den Inhalt der Volksbücher durch Dienstboten mitgeteilt bekamen.

8 Zitiert nach Oscar Stillich, Die Lage der weiblichen Dienstboten in Berlin, Berlin, Bern 1902, S. 355.

9 Kapitel 6.

10 Vgl. Johann Wolfgang Goethe, Dichtung und Wahrheit, T. 1, Buch I.

11 Christian Felix Weiße, Selbstbiographie, hrsg. von dessen Sohne Christian Ernst Weiße und dessen Schwiegersohn Samuel Gottlob Frisch, Leipzig 1806, S. 129.

12 Russische Meisterbriefe, ausgew. und übertr. von Karl Nötzel, München 1922, S. 116, 118.

13 Von der Rohigkeit des Gesindes, in: Wittenbergisches Wochenblatt zum Aufnehmen der Naturkunde und des ökonomischen Gewerbes, Stück 42, 19. Oktober 1770, S. 344; Johann Smidt, Ein Wort über das Gesindewesen in Bremen, in: Hanseatisches Magazin 3/1800, S. 228f.; Jeremias Gotthelf, Jakob des Handwerksgesellen Wanderungen durch die Schweiz, 1841-42, in: Gotthelf, Werke, hrsg. von Rudolf Hunziker und Hans Bloesch, Erlenbach-Zürich 1937, Bd. 9, S. 11; Hermann Allmers, Marschenbuch. Land- und Volksbilder aus den Marschen der Weser und Elbe, 5. Aufl., Oldenburg, Leipzig 1891, S. 163; L(udwig) Halenbeck, Geschichte der Stadt Vegesack, 2. Aufl., Vegesack 1893, S. 228; Otto Fürst von Bismarck, Gedanken und Erinnerungen, Stuttgart 1898, Bd. 1, S. 126; Heinrich Hoops, Geschichte des Bremer Blocklandes, Bremen 1927, S. 221; Alois Schlögl, Bayerische Agrargeschichte, München 1954, S. 437.

14 (Chr. Fr. Germershausen), Die Hausmutter in allen ihren Geschäfften, Leipzig 1781, Bd. 5, S. 75f.; Friedrich Mallet, Zwei Predigten nebst einem kurzen Lebensabriß des seligen Herrn Pastor Primarius Hermann Müller, Bremen 1839, S. 54.

15 Die alte Lebensweise der Bremer, in: Der Bürgerfreund, Bremen, Jg. 4, 1819, S. 610.

16 Zitiert nach Otto Brunner, Neue Wege der Sozialgeschichte, Göttingen 1956, S. 41.

Max Horkheimer
Die Erziehungsleistung der bürgerlichen Familie*

[...]

In der Entwicklungsgeschichte der Familie von der absolutistischen zur liberalistischen Periode tritt ein neues Moment in der Erziehung zur Autorität immer stärker hervor. Es wird nicht mehr unmittelbar der Gehorsam, sondern im Gegenteil der Gebrauch der Vernunft gefordert. Wer nur nüchtern die Welt betrachtet, wird einsehen, daß der Einzelne sich fügen und sich unterordnen muß. Wer es zu etwas bringen, ja überhaupt, wer nicht untergehen will, muß es dem andern recht machen lernen. Auch diese Erziehung zur Realitätsgerechtigkeit, auf die in den entwickelten Phasen der bürgerlichen Gesellschaft jeder gute pädagogische Wille hinausläuft, ist in der protestantischen Familienauffassung vorbereitet. Sie ist in dem »eigentlichsten Grundgedanken des Luthertums gegeben, welches die von Natur gesetzte körperliche Überlegenheit als Ausdruck eines von Gott gewollten Überordnungsverhältnisses und feste Ordnung als den Hauptzweck aller sozialen Organisationen ansieht. Der Hausvater ist der Rechtsvertreter, der nicht kontrollierte Gewaltinhaber, der Brotherr, der Seelsorger und Priester seines Hauses.«[1] Diese Naturtatsache, die physische Stärke des Vaters, erscheint im Protestantismus zugleich als ein moralisches, ein zu respektierendes Verhältnis. Weil der Vater de facto mächtiger ist, darum ist er auch de jure mächtiger; das Kind soll dieser Überlegenheit nicht bloß Rechnung tragen, sondern sie zugleich achten, indem es ihr Rechnung trägt. In dieser familialen Situation, die für die Entwicklung des Kindes bestimmend ist, wird bereits die Autoritätsstruktur der Wirklichkeit außerhalb der Familie weitgehend vorweggenommen: die herrschenden Verschiedenheiten der Existenzbedingungen, die das Individuum in der Welt vorfindet, sind einfach hinzunehmen, es muß unter ihrer Voraussetzung seinen

* Auszüge aus: Max Horkheimer, Allgemeiner Teil, in: Studien über Autorität und Familie. Forschungsberichte aus dem Institut für Sozialforschung, Paris 1936, S. 51-69, wieder abgedruckt in: ders., Kritische Theorie 2 Bde., Bd. 1, Frankfurt am Main 1968, S. 277ff.

Weg machen und soll nicht daran rütteln. Tatsachen erkennen, heißt, sie anerkennen. Von der Natur gesetzte Unterschiede sind von Gott gewollt, und in der bürgerlichen Gesellschaft erscheinen auch Reichtum und Armut als naturgegeben. Indem das Kind in der väterlichen Stärke ein sittliches Verhältnis respektiert und somit das, was es mit seinem Verstand als existierend feststellt, mit seinem Herzen lieben lernt, erfährt es die erste Ausbildung für das bürgerliche Autoritätsverhältnis.

Der Vater hat moralischen Anspruch auf Unterordnung unter seine Stärke, nicht weil er sich als würdig erweist, sondern er erweist sich als würdig, weil er der Stärkere ist. Im Anfang der bürgerlichen Ordnung war die väterliche Hausgewalt zweifellos eine unerläßliche Bedingung des Fortschritts. Die Selbstzucht des Individuums, der Sinn für Arbeit und Disziplin, die Fähigkeit, an bestimmten Ideen festzuhalten, Folgerichtigkeit im praktischen Leben, Anwendung des Verstandes, Ausdauer und Freude an konstruktiver Tätigkeit konnten in den gegebenen Verhältnissen einzig unter dem Diktat und der Leitung des Vaters, der selbst die Schule des Lebens an sich erfuhr, entwickelt werden. Weil aber diese Zweckmäßigkeit nicht in ihren wahren gesellschaftlichen Ursachen erkannt, sondern durch religiöse oder metaphysische Ideologien verschleiert wird und notwendig undurchsichtig bleibt, kann sie auch zu einer Zeit noch ideal erscheinen, in der die Klein-Familie in der Mehrzahl aller Fälle, gemessen an den pädagogischen Möglichkeiten der Gesellschaft, elende Bedingungen für die menschliche Erziehung bietet. Dies gilt auch für die anderen Funktionen der Familie. Sie hat ihrer im Lauf der Geschichte äußerst verschiedenartige und zahlreiche ausgeübt. Gegenüber den Zeiten, in denen sie die vorherrschende Produktionsgemeinschaft war, hat sie nicht nur manche davon völlig eingebüßt, sondern es sind auch die ihr verbliebenen von den allgemeinen Veränderungen mitbetroffen worden. Im Jahre 1911 werden von Müller-Lyer[2] Haushaltung, Erzeugung, Aufzucht und Erziehung der Kinder, Regelung der Bevölkerungszahl, der Zuchtwahl, Geselligkeit, Verpflegung von Kranken und Alten, Besitz und Vererbung des Kapitals und sonstigen Eigentums sowie die Bestimmung der Berufswahl angegeben. Die soziologische Literatur ist voll von Feststellungen darüber, daß die Familie auch für diese sozialen Vorgänge bereits eine problematische Form geworden ist, wenn freilich die Möglichkeit einer Anpassung in der Regel als selbstverständlich gilt und gelten muß, da ihre Wesenszüge mit dem Bestand des Gesellschaftssystems unlöslich verknüpft sind. »Offenbar greift das Gefühl immer stärker Platz, daß die Familie als soziale Einheit oder sozialer Vorgang beträchtlich wechseln kann, daß jedoch die Grundlage des Familienlebens, im besonderen sein Platz in dem sich abspielenden Entwicklungsprozeß wahrscheinlich weder dem Grad noch der Ausdehnung nach große Veränderungen erleiden wird.«[3] In Wahrheit stellt die Familie eine der gesellschaftlichen Formen dar, welche als Elemente des gegenwärtigen Kulturbaus auf Grund der sich verschärfenden Widersprüche und Krisen an sich notwendige Funktionen immer schlechter ausüben, ohne daß sie doch außerhalb des gesamtgesellschaftlichen Zusammenhangs verändert werden könnten. Jeder Versuch, von dieser Stelle aus das Ganze zu verbessern, bleibt wenigstens in der Gegenwart notwendig sektiererisch und utopistisch und lenkt bloß von den dringenden historischen Aufgaben ab. Der Erfolg auf zentraleren gesellschaftlichen Gebieten ebenso wie jede allgemeine Reaktion wirkt jedoch auf das Leben in der Familie zurück, denn dieses erweist sich bei relativer Eigengesetzlichkeit und Resistenzfähigkeit doch in allen Momenten als abhängig von der Dynamik der Gesamtgesellschaft. Krasse Unterdrückung im sozialen Leben bedingt die Härte der erzieherischen Autorität, und die Beschränkung der Macht und Herrschaft im öffentlichen Sein spiegelt sich in der Erträglichkeit des häuslichen Regiments. Dem bürgerlichen Kinde erschien aber in den letzten Jahrhunderten seine gesellschaftlich bedingte Abhängigkeit vom Vater als Ergebnis religiöser oder natürlicher Tatbestände, und die Erfahrung, daß die elterliche Gewalt keine unmittelbare ist, trat ihm in der Regel nur im äußersten Konfliktfall vor Augen: wenn die staatlichen Mächte dem Vater zu Gebote standen, um den rebellischen Willen zu beugen und den kindlichen Trotz zu brechen.

[. . .]

Nicht bloß die unvermittelte Einheit von natürlicher Stärke und Achtungswürdigkeit wirkt in der bürgerlichen Familie als erzieherischer Faktor im Hinblick auf die für diese Gesellschaft kennzeichnende Autoritätsstruktur, sondern auch eine andere, scheinbar ebenfalls natürliche Eigenschaft des Vaters. Er ist Herr im Haus, weil der das Geld verdient oder wenigstens besitzt. In der Staatstheorie hat Oppenheimer auf die Äquivokation im Worte

Familie hingewiesen. Er wollte dem Irrtum begegnen, als sei die Entstehung des Staates aus der Familie mit friedlicher Differenzierung identisch. Antike und moderne Familie wurden mißbräuchlich in eins gesetzt, wodurch der Umstand verschleiert wurde, daß die Familie, aus der nach Aristoteles der Staat hervorging, »die Klassenverschiedenheit in ihrer krassesten Gestalt als Sklaverei voraussetzt«. Das »vollständige Haus« bestand aus Sklaven und Freien, und auch diese waren dem Oberhaupt gegenüber nichts weniger als frei[4]. Oppenheimer betont die Verschiedenheit der Begriffe, nicht ihre Identität. Die »liberi« der neueren Familie können zwar nicht mehr vom Vater verkauft werden, der erwachsene Sohn und seine Kinder bleiben nicht der Oberhoheit des Großvaters unterworfen[5]; der Umstand jedoch, daß in der normalen bürgerlichen Familie der Mann das Geld, diese Macht in substanzieller Form, besitzt und über seine Verwendung bestimmt, macht Frau, Söhne und Töchter auch in der neueren Zeit zu den »Seinen«, gibt ihr Leben weitgehend in seine Hand, zwingt sie zur Unterordnung unter Leitung und Befehl. Wie in der Wirtschaft der letzten Jahrhunderte immer weniger unmittelbare Gewalt die Menschen zur Annahme des Arbeitsverhältnisses zwingt, so tritt auch in der Familie rationale Erwägung, Gehorsam aus freien Stücken an die Stelle der Sklaverei und Untertänigkeit. Aber die Rationalität ist auch hier die des isolierten und ohnmächtigen Individuums, das sich den Zuständen zu beugen hat, ob sie korrupt oder vernünftig sind. Die Verzweiflung von Frauen und Kindern, der Raub an ihrem Lebensglück, die materielle und psychische Ausbeutung infolge der ökonomisch begründeten Vormachtstellung des Vaters hat in den letzten Jahrhunderten nur in höchst begrenzten Perioden, Regionen und sozialen Schichten weniger auf der Menschheit gelastet als im Altertum. Die geistige Welt, in die das Kind infolge dieser Abhängigkeit hineinwächst, ebenso wie die Phantasie, durch welche es die wirkliche beseelt, seine Träume und Wünsche, seine Vorstellungen und Urteile sind vom Gedanken an die Macht von Menschen über Menschen, des Oben und Unten, des Befehlens und Gehorchens beherrscht. Dieses Schema ist eine der Formen des Verstandes dieser Epoche, eine transzendentale Funktion. Die Notwendigkeit einer auf natürlichen, zufälligen, irrationalen Prinzipien beruhenden Hierarchie und Spaltung der Menschheit wird dem Kinde so vertraut und selbstverständlich, daß es auch Erde und

Universum, ja selbst das Jenseits nur unter diesem Aspekt zu erfahren vermag, jeder neue Eindruck ist bereits durch ihn präformiert. Die Ideologien von Leistung und Verdienst, Harmonie und Gerechtigkeit haben in diesem Weltbild daneben Platz, weil der Widerspruch durch die Verdinglichung der gesellschaftlichen Unterschiede nicht ins Bewußtsein tritt. Die Eigentumsverhältnisse gelten der Struktur nach ja als fest und ewig; als Gegenstände gesellschaftlicher Aktivität und Umwälzung treten sie gar nicht in Erscheinung, daher können sie auch der scheinbaren Zweckmäßigkeit der gesellschaftlichen Verfassung keinen Abbruch tun. Doch trägt der autoritäre Charakter, den das bürgerliche Kind entwickelt, infolge dieser Widersprüche gegenüber dem antiken je nach seiner besonderen Klassenlage und seinem individuellen Schicksal einen mehr oder minder berechnenden, beflissenen, moralisierenden, das heißt rationalisierenden Zug. Sich den Wünschen des Vaters anpassen, weil er das Geld hat, ist ganz unabhängig von allen Gedanken über seine menschlichen Eigenschaften das einzig Vernünftige. Diese Gedanken erweisen sich ohnehin als fruchtlos, wenigstens in den späteren Perioden dieser Ordnung.

Infolge der scheinbaren Natürlichkeit der väterlichen Macht, die aus der doppelten Wurzel seiner ökonomischen Position und seiner juristisch sekundierten physischen Stärke hervorgeht, bildet die Erziehung in der Klein-Familie eine ausgezeichnete Schule für das kennzeichnende autoritäre Verhalten in dieser Gesellschaft. Auch im 17. und 18. Jahrhundert, wo die Ideen von Freiheit und Gerechtigkeit noch nicht in einer auch dem Kinde fühlbaren Weise relativiert oder von den Eltern offenkundig als sekundär betrachtet wurden, lernen die bürgerlichen Söhne und Töchter trotz alles Redens von diesen Idealen, die sie in ihr eigenes Innere aufnahmen, daß die Erfüllung aller Wünsche in Wirklichkeit von Geld und Stellung abhängt. »Wenn man seit meiner Kindheit«, frägt Helvétius, »die Vorstellung von Reichtum mit derjenigen des Glücks in meinem Gedächtnis verkoppelt hat, wo wäre dann das Mittel, sie in einem späteren Alter wieder zu trennen? Weiß man denn nicht, was die Verbindung bestimmter Ideen vermag? Wenn ich auf Grund einer bestimmten Regierungsform die Großen sehr zu fürchten habe, werde ich die Größe auch noch mechanisch in einem fremden Herrn respektieren, der gar nichts über mich vermag.«[6] Die Wege, die zur Macht führen, sind in der bürgerlichen Welt nicht durch Verwirklichung moralischer Werturteile, sondern durch geschickte Anpassung an die Verhältnisse vorgezeichnet. Dies erfährt der Sohn recht eindrucksvoll aus den Zuständen in seiner Familie. Mag er über den Vater wie auch immer denken: wenn er nicht schwere Versagungen und Konflikte heraufbeschwören will, muß er sich unterordnen und seine Zufriedenheit erwerben. Ihm gegenüber hat der Vater schließlich immer recht, er ist die Darstellung von Macht und Erfolg, und die einzige Möglichkeit für den Sohn, in seinem Innern die Harmonie zwischen den Idealen und dem folgsamen Handeln aufrechtzuerhalten, die bis zum Abschluß der Pubertät des öfteren erschüttert wird, ist die Ausstattung des Vaters, das heißt des Starken und Vermögenden mit allen Qualitäten, die man als positive anerkennt. Weil nun die wirtschaftliche und erzieherische Leistung des Vaters für die Kinder in der Tat bei den gegebenen Verhältnissen unentbehrlich ist, weil in seiner erziehenden und verwaltenden Funktion, ja selbst in seiner Strenge bis zur Veränderung der Gesamtgesellschaft sich ein wirkliches gesellschaftliches Bedürfnis, wenn auch in problematischer Weise durchsetzt, so läßt sich auch in der Achtung seiner Kinder das rationale vom irrationalen Element nicht trennen, und es wird die Kindheit in der Klein-Familie zur Gewöhnung an eine Autorität, welche die Ausübung einer qualifizierten gesellschaftlichen Funktion mit der Macht über Menschen in undurchsichtiger Weise vereinigt.

[...]

Ebenso wie die andern Elemente des gegenwärtigen kulturellen Zusammenhangs befindet sich die Familie zu ihnen wie zum Ganzen nicht bloß in einem fördernden, sondern auch in einem antagonistischen Verhältnis. Wenn selbst in der Blütezeit der bürgerlichen Ordnung das gesellschaftliche Leben nur unter den größten Entbehrungen für die Mehrzahl der in ihm befaßten Menschen sich erneuert hat, so war die Familie ein Ort, wo sich das Leid frei ausgesprochen und das verletzte Interesse der Individuen einen Hort des Widerstandes gefunden hat. Die Verdinglichung des Menschen in der Wirtschaft als bloße Funktion einer ökonomischen Größe, des Vermögens oder einer technisch geforderten Hand- oder Kopfarbeit setzt sich zwar auch in der Familie fort, soweit der Vater zum Geldverdiener, die Frau zum Geschlechtsobjekt oder zur häuslichen Leibeigenen und die Kinder, sei es zu Erben des Vermögens oder zu lebendigen Versicherungen werden, von denen man alle Mühe später mit Zinsen zurück erwartet. Im Gegensatz zum öffentlichen Leben hat jedoch der Mensch in der Familie, wo die Beziehungen nicht durch den Markt vermittelt sind und sich die Einzelnen nicht als Konkurrenten gegenüberstehen, stets auch die Möglichkeit besessen, nicht bloß als Funktion, sondern als Mensch zu wirken. Während im bürgerlichen Leben das gemeinschaftliche Interesse, selbst wo es wie bei Naturkatastrophen, Kriegen oder der Unterdrückung von Revolutionen nicht durch Vertrag vermittelt ist, einen wesentlich negativen Charakter trägt und in der Abwehr von Gefahren sich betätigt, hat es in der Geschlechtsliebe und vor allem in der mütterlichen Sorge eine positive Gestalt. Die Entfaltung und das Glück des andern wird in dieser Einheit gewollt. Dadurch entsteht der Gegensatz zwischen ihr und der feindlichen Wirklichkeit, und die Familie führt insofern nicht zur bürgerlichen Autorität, sondern zur Ahnung eines besseren menschlichen Zustands. In der Sehnsucht mancher Erwachsenen nach dem Paradies ihrer Kindheit, in der Art, wie eine Mutter von ihrem Sohn, auch wenn er mit der Welt in Konflikt gekommen ist, zu sprechen vermag, in der bergenden Liebe einer Frau für ihren Mann sind Vorstellungen und Kräfte lebendig, die freilich nicht an die Existenz der gegenwärtigen Familie gebunden sind, ja unter dieser Form zu verkümmern drohen, aber im System der bürgerlichen Lebensordnung selten eine andere Stätte haben als eben die Familie.

[...]

Wenn somit die gegenwärtige Familie auf Grund der durch die Frau bestimmten menschlichen Beziehungen ein Reservoir von Widerstandskräften gegen die völlige Entseelung der Welt ausmacht und ein antiautoritäres Moment in sich enthält, hat freilich die Frau infolge ihrer Abhängigkeit ihr eigenes Wesen verändert. Indem sie gesellschaftlich und rechtlich weitgehend unter der Botmäßigkeit des Mannes steht und auf ihn angewiesen ist, also das Gesetz dieser anarchischen Gesellschaft selbst an sich erfährt, wird ihre eigene Entfaltung dauernd gehemmt. Der Mann und zwar der durch die bestehenden Verhältnisse geprägte Mann herrscht in doppelter Weise über sie: indem das gesellschaftliche Leben wesentlich von Männern besorgt wird und indem es der Mann ist, welcher der Familie vorsteht.

[. . .]

In doppelter Weise stärkt die familiale Rolle der Frau die Autorität des Bestehenden. Als abhängig von der Stellung und vom Verdienst des Mannes ist sie darauf angewiesen, daß der Hausvater sich den Verhältnissen fügt, unter keinen Umständen sich gegen die herrschende Gewalt auflehnt, sondern alles aufbietet, um in der Gegenwart vorwärts zu kommen. Ein tiefes ökonomisches, ja physiologisches Interesse verbindet die Frau mit dem Ehrgeiz des Mannes. Vor allem ist es ihr jedoch um die eigene ökonomische Sicherheit und die ihrer Kinder zu tun. Die Einführung des Wahlrechts der Frau hat auch in den Staaten, wo eine Stärkung der Arbeitergruppen erwartet wurde, den konservativen Mächten Gewinn gebracht.

Das Gefühl der wirtschaftlichen und sozialen Verantwortung für Frau und Kind, das in der bürgerlichen Welt notwendig zu einem Wesenszug des Mannes wird, gehört zu den wichtigsten zusammenhaltenden Funktionen der Familie in dieser Gesellschaft. Wenn das Sicheinfügen in die bestehenden Autoritätsverhältnisse für den Gatten und Vater aus Liebe zu den Seinen ratsam wird, so bringt ihn schon der bloße Gedanke an Widerstand vor den qualvollsten Gewissenskonflikt. Aus einer Sache des persönlichen Muts verwandelt sich der Kampf gegen bestimmte historische Zustände in eine Aufopferung der geliebten Personen. Die Existenz mancher Staatenbildungen in der neueren Geschichte, insbesondere der streng autoritativen, ist aufs engste mit dem Vorhandensein und der stetigen Erneuerung dieser tiefen Hemmungen verknüpft. Ihr Wegfall oder auch nur ihre Minderung bedeutete für diese Staaten die unmittelbarste Gefahr. Nicht bloß durch die Sorge um die Familie selbst, sondern auch durch die stetig ausgesprochene und stumme Mahnung der Frau wird der Gatte dem Bestehenden verhaftet, und die Kinder erleben in der mütterlichen Erziehung unmittelbar die Einwirkung eines der herrschenden Ordnung ergebenen Geistes, wenngleich andererseits die Liebe zu der vom Vater beherrschten Mutter auch den Keim zu einem dauernd oppositionellen Charakterzug in ihnen legen kann. Aber nicht allein auf diesem unmittelbaren Weg übt die Frau eine autoritätsstärkende Funktion aus, sondern ihre ganze Stellung in der Klein-Familie hat eine Fesselung wichtiger seelischer Energien, die der aktiven Gestaltung der Welt zugute kommen könnten, notwendig zur Folge. Die Monogamie in der bürgerlichen Männergesellschaft setzt die Entwertung des Genusses aus reiner Sinnlichkeit voraus. Es wird daher nicht nur das Geschlechtsleben der Gatten den Kindern gegenüber mit Geheimnis umgeben, sondern von aller der Mutter zugewandten Zärtlichkeit des Sohnes muß aufs strengste jedes sinnliche Moment gebannt werden. Sie und die Schwester haben auf reine Gefühle, unbefleckte Verehrung und Werthaltung Anspruch. Die erzwungene, vom Weibe selbst und erst recht vom Vater nachdrücklich vertretene Scheidung von idealischer Hingabe und sexueller Begierde, von zärtlichem Gedenken und bloßem Interesse, von himmlischer Innerlichkeit und irdischer Leidenschaft bildet eine psychische Wurzel des in Widersprüchen aufgespaltenen Daseins. Indem das Individuum unter dem Druck der Familienverhältnisse die Mutter nicht in ihrer konkreten Existenz, das heißt nicht als dieses bestimmte soziale und geschlechtliche Wesen begreifen und achten lernt, wird es nicht bloß dazu erzogen, mit seinen gesellschaftlich schädlichen Regungen fertig zu werden, was eine ungeheure kulturelle Bedeutung hat, sondern weil diese Erziehung in der problematischen verhüllenden Weise geschieht, geht in der Regel dem Einzelnen die Verfügung über einen Teil seiner psychischen Kräfte dauernd verloren. Die Vernunft und die Freude an ihr werden beschränkt, und die gehemmte Neigung zur Mutter kehrt in der schwärmerischen, sentimentalen Empfänglichkeit für alle Symbole dunkler, mütterlicher, erhaltender Mächte wieder[7]. Dadurch daß die Frau sich dem Gesetz der patriarchalischen Familie beugt, wird sie selbst zu einem die Autorität in dieser Gesellschaft reproduzierenden Faktor. [. . .]

Anmerkungen

1 E. Troeltsch, Die Soziallehren der christlichen Kirchen und Gruppen, Tübingen 1923, S. 557f.

2 F. Müller-Lyer, Die Familie, München 1921, S. 320f.

3 E.C. Lindeman, The Family in Transition, zitiert nach Reuter und Runner: The Family. Soucre Material for the Study of Family and Personality, New York, London 1931, S. 27.

4 Vgl. F. Oppenheimer, System der Soziologie, Bd. II: Der Staat, Jena 1923, S. 89ff.

5 Vgl. zur Hörigkeit der Kinder in Rom: E. Westermarck, Ursprung und Entwicklung der Moralbegriffe, übersetzt von L. Katscher, Bd. I, Leipzig 1913, S. 501.

6 Helvétius, De l'homme. Œuvres complètes, Bd. II, London 1778, S. 213f.

7 Vgl. die Forschungen der modernen Tiefenpsychologie, vor allem Freuds Kapitel »Über die allgemeinste Erniedrigung des Liebeslebens«, Gesammelte Schriften, Bd. V, Wien 1924, S. 198ff., und die Arbeiten von W. Reich.

VI
Aristokratie

Lawrence Stone
Die Familie des englischen Adels*

Unter den wohlhabenderen Mitgliedern der besitzenden Klassen war die Familie nicht die kleine eheliche Gemeinschaft, die sie heute ist, sondern ein großer Haushalt, bestehend aus dem Ehemann, der Ehefrau, den Haushaltsbeamten, den Kammerherren und Kammerfrauen, einer ständigen Schar von Gästen und Dutzenden oder sogar Hunderten von niedrigen Bediensteten. Sie war eine Gemeinschaft, in der alle Mitglieder, insbesondere das Oberhaupt und seine Frau, andauernd in einem Kollektiv (crowd) lebten; es gab viel Langeweile, aber nur wenig Einsamkeit in einem Landhaus. Die Zusammensetzung dieser Familiengemeinschaft selbst änderte sich in den Jahren zwischen 1560 und 1640 nicht sehr wesentlich. In den meisten Fällen verbrachten der älteste Sohn, seine Frau und deren Kinder zumindest die ersten Jahre ihrer Ehe unter dem elterlichen Dach, bevor sie ihren eigenen Haushalt gründeten. Die Familien des Hochadels besaßen fast immer ein Witwenhaus für die verwitwete Großmutter, so daß nur in sozialen Schichten unterhalb des Hochadels die Familieneinheit in der Regel bis zu vier Generationen umfaßte. Zu keiner Zeit wurden jedoch jüngere Söhne besonders dazu ermuntert, zu Hause zu bleiben, und die Töchter wurden fast ausnahmslos jung verheiratet. Es gibt kaum Belege dafür, daß selbst im frühen 16. Jahrhundert der adlige Haushalt die Form einer erweiterten Familie, bestehend aus einer großen Zahl von Brüdern und Schwestern, von Onkeln und Vettern angenommen hätte. Sicherlich gehörten ein oder zwei Verwandte als Gesellschafter des Lords oder der Lady oder als Verwaltungsbeamte zuweilen dem Haushalt an, aber dies scheint ebenso sehr das Ergebnis der persönlichen Auswahl aus einem großen Kreis von Bekannten gewesen zu sein, wie das eines Gefühls der Verpflichtung gegenüber der Familie. Häufiger wurden Verwandte als Haushofmeister und Gutsverwalter beschäftigt und lebten für sich auf den verstreuten Familienbesitzungen. Ganz sicher

* Auszüge aus: The Crisis of Aristocracy 1558-1641, Oxford 1965, S. 589 bis 593. Übersetzt von Christel Bussick. Abdruck mit freundlicher Genehmigung der Oxford University Press.

konnte kein Verwandter, nicht einmal der Bruder oder eine Schwester, eine Mitgliedschaft im Haushalt als Recht beanspruchen.

Die Familie war keineswegs die stabile und dauerhafte Einrichtung, für die sie gemeinhin gehalten wird. Wegen des frühzeitigen Todes des Mannes oder der Frau dauerte über ein Drittel der ersten Ehen weniger als 15 Jahre, und in den meisten Fällen beeilte sich der überlebende Teil, sich wiederzuverheiraten und eine neue Familie zu gründen (vgl. Grafik). Der Hauptgrund für diesen schnellen Wechsel war die sehr hohe Sterberate der Frauen während oder nach der Geburt. Die Wahrscheinlichkeit, daß die Ehefrau während der ersten 15 Ehejahre starb, war mehr als doppelt so hoch wie im Falle des Mannes; sie ergab fast ein Verhältnis von 4 zu 1. Darüber hinaus darf nicht vergessen werden, daß zusätzlich zum Freiwerden durch den Tod eine Reihe von aristokratischen Paaren formell oder informell getrennt wurde, so daß aus dem einen oder anderen Grund die frühe Auflösung der Fa-

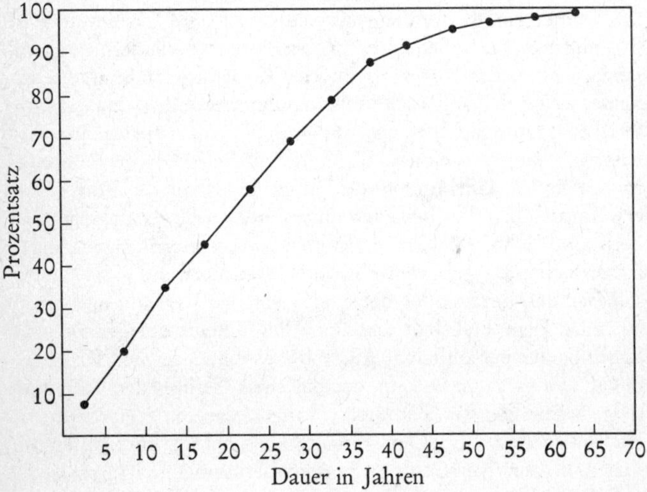

Dauer von Erst-Ehen, 1588-1641 (Summenkurve)

milie in der Tat eine sehr häufige Erscheinung war – wahrscheinlich ebenso häufig wie heute.

Zum zweiten verbrachten Kinder nur einen sehr geringen Teil ihres Lebens unter dem elterlichen Dach. Als Kleinkinder wurden sie gewöhnlich zu Ammen gegeben und nicht im Hause behalten, und in einem relativ frühen Alter wurden sie fortgeschickt, im frühen 16. Jahrhundert, um in einem anderen adligen Haushalt Dienst zu tun, und hundert Jahre später, um eine Schule zu besuchen. Nur die Mädchen – und vielleicht der älteste Sohn in der Obhut eines Privatlehrers – blieben in der Regel bis zum 14. Lebensjahr zu Hause. Zum dritten bedeutete die hohe Säuglingssterblichkeit, daß die langfristigen Aussichten einer Familie, in der männlichen Linie zu überdauern, sehr gering waren. Nicht mehr als 60 Prozent einer Zufallsauswahl von Familien konnten darauf hoffen, hundert Jahre lang zu überleben; eine Situation, die weitreichende Konsequenzen in einer Gesellschaft hatte, die männliche Primogenitur belohnte.

Da Ehen nicht auf vorheriger Zuneigung basierten und da die Kinder so wenig von ihren Eltern sahen, wurde die Institution Familie durch Gesetz, Brauch und Bequemlichkeit und weniger von Banden des Gefühls oder der Zuneigung zusammengehalten. Die Tudor-Familie war eine Institution zur Weitergabe von Leben, Name und Besitz, und erst im frühen 17. Jahrhundert wurde sie allmählich als ein Instrument der religiösen und moralischen Vervollkommnung betrachtet.

Außerhalb dieser ehelichen Gemeinschaft gab es die loseren Bindungen von Verwandtschaft und Vetternschaft, noch allgemein anerkannt von einer Gesellschaft, die von ihrer eigenen Genealogie so besessen war. Die Blutrachen unter Familien, die in der elisabethanischen Zeit auf dem Lande blühten, und die Bildung politischer Bündnisse rund um die Familienbindungen der Howards und der Villiers am jakobinischen Hof könnten auf ein gewisses Loyalitätsgefühl gegenüber der weiteren Familie hindeuten. Andererseits brachen solche Bündnisse sehr leicht wieder auseinander, und die Gräben, die der Bürgerkrieg in so vielen Familien öffnete, legten die Vermutung nahe, daß es unklug wäre, die Rolle des Clans in der Gesellschaft des 17. Jahrhunderts zu sehr hervorzuheben.

Diese aristokratische Familie des 16. Jahrhunderts war patrilinear, primogenitural und patriarchalisch: patrilinear insofern, als es die männliche Linie war, deren Abstammung von den Genealogen und Heraldiken so eifrig zurückverfolgt wurde, und auch insofern, als in fast allen Fällen Titel über die männliche Linie ererbt wurden; sie war primogenitural, weil der Großteil des Besitzes auf den ältesten Sohn überging, während die jüngeren Brüder mit wenig mehr in die Welt entlassen wurden als einer bescheidenen Jahresrente oder einem lebenslänglichen Nutzungsrecht an einem kleinen Gut, um sie über Wasser zu halten; sie war patriarchalisch insofern, als der Ehemann und Vater mit der quasi-absoluten Autorität eines Despoten über seine Frau und seine Kinder herrschte. Keines dieser Merkmale war neu, aber sie traten im späten Mittelalter deutlicher hervor und erreichten ihre extremste Ausprägung im 16. Jahrhundert[1].

Der moralische und gesetzliche Code, auf den sich die väterliche Autorität stützte, wurde von Kirche und Staat eifrig verteidigt, denn in einer Gesellschaft ohne jede organisierte Polizeigewalt war die Familiendisziplin der Hauptgarant sowohl für die öffentliche Ordnung als auch für die private Moral. Es wird leicht vergessen, daß so viele der Funktionen, die der moderne Staat mit seinen mannigfachen Wohlfahrts- und Disziplinierungseinrichtungen wahrnimmt, früher unter die Verantwortlichkeit des Vaters innerhalb der Familie fielen. England legte besonderen Nachdruck auf die Unterordnung von Kindern unter ihre Eltern, unterstrichen durch äußere Formen des Respekts. Wie Donne hervorhob: »In England knien Kinder nieder, um den Segen ihrer Eltern zu erbitten, aber wo sonst?« Sir Dudley North, ältester Sohn von Lord North, obwohl bereits 63 Jahre alt als er 1666 den Titel erbte, »pflegte nie vor seinem Vater den Hut aufzusetzen oder Platz zu nehmen, es sei denn, es würde ihm befohlen«. »Männer von 30 und 40 Jahren«, so erinnerte sich Aubrey, »mußten wie Stumme und Narren barhäuptig vor ihren Eltern stehen; und die Töchter (erwachsene Frauen) mußten während der gesamten Dauer des Besuches ihrer stolzen Mutter am Schranke stehen, wenn nicht (wie es Sitte war) fürwahr um die Erlaubnis gebeten wurde, auf einem Kissen niederknien zu dürfen, das ihnen vom Diener gebracht wurde, nachdem sie stehend genug gebüßt hatten.«U22

Es wird noch ersichtlich werden, daß viele Faktoren zu einer allmählichen Neuordnung der Beziehungen innerhalb der Familie beitrugen. Eine Teilveränderung in den Gewohnheiten der Kindererziehung muß allerdings Konsequenzen gehabt haben, die nicht nur Freudianer als sehr bedeutungsvoll ansehen dürften. Im 16. Jahrhundert war es in den Kreisen der Aristokratie und des höheren Landadels allgemein üblich, das neugeborene Baby außer Haus zu einer Amme zu geben, die es bis zu drei Jahren lang stillte. Der Grund für diesen Brauch ist nicht klar, wenngleich einige Zeitgenossen ihn dem Wunsch der Frauen zuschrieben, die Form ihrer Brüste und damit ihre sexuelle Anziehungskraft für ihre Ehemänner zu erhalten. Als Folge dessen war es nicht ungewöhnlich, wenn das Kind zu seiner Amme eine viel tiefere Bindung entwickelte als zu seiner Mutter, die es nur selten sah. Shakespeares Darstellung der engen Bindungen Julias an ihre Amme und ihrer steifen und formalen Beziehung zu ihrer Mutter – die sich nicht einmal an ihr genaues Alter erinnern konnte – wurde direkt aus dem Leben gegriffen.

Im frühen 17. Jahrhundert entstand eine Gegenbewegung gegen diese Praxis, angeblich mehr aus ernährungsphysiologischen als aus psychologischen Gründen. Sir Hugh Cholmley führte seinen schwächlichen und verkümmerten Wuchs als Kind auf die Tatsache zurück, daß er zu einer Amme gegeben worden war, die schwanger und deren Milch daher schlecht war. Trotzdem wurde sein Sohn Richard 1624 zu einer vierzigjährigen Amme gegeben, deren Kind zwei Jahre alt war; acht Jahre später wurde ein weiterer Sohn ebenfalls aus dem Haus gegeben, und seine Mutter sah ihn sechs Monate lang überhaupt nicht. Einer der frühesten Verfechter des Stillens war der 9. Earl von Northumberland, der 1596 die Meinung vertrat, »die Mutterbrust (sei) der Gesundheit des Kindes am zuträglichsten«. 1628 veröffentlichte die Countess of Lincoln ein Buch, in dem sie die Mütter dringend aufforderte, ihre Kinder selbst zu stillen, ein Werk, das, da es von einer so adligen Autorin kam, eine beträchtliche Wirkung gehabt haben muß. Durch sie kam möglicherweise John Evelyn auf den Gedanken, es sei auf die schlechte Milch von Pflegemüttern zurückzuführen, daß »wenige Kinder großer Männer wie die des einfachen Volkes gedeihen«.[3] Trotz dieser Propaganda war das Stillen unter den landbesitzenden Klassen im 17. Jahrhundert noch ungewöhnlich genug, um als ein Zeichen außergewöhnlicher mütterlicher Hingabe gerühmt zu werden. Auf seinem Grabstein in Edwardstone, Suffolk, vermerkt Benjamin Brand, der 1636 starb, stolz, daß seine Frau ihm zwölf Kinder gebar, »alle mit ihrer eigenen Milch genährt«. In Essex ließ 1658 die zweite Frau des 2. Earl of Manchester auf ihrem Grabstein in Kimbolton aufzeichnen, daß sie acht Kinder hinterließ, von denen sie sieben »mit ihren eigenen Brüsten stillte [. . .] Ihre Kinder werden aufwachsen und sie segnen«. In dem Maße, in dem diese Praxis im 17. Jahrhundert zunehmend üblicher wurde, dürfte sie dazu beigetragen haben, die emotionalen Bindungen zwischen Mutter und Kindern zu stärken und ihr einen Anteil an der Erziehung ihrer Kinder zu geben, von der sie bis zu diesem Zeitpunkt fast völlig ausgeschlossen war.

Lange bevor in dem demographischen Muster von hoher Geburtenrate und hoher Sterblichkeit irgendein Wandel eintrat, begannen die Kinder, ebenso wie die Ehefrauen, eine wichtigere Rolle innerhalb der Familie zu spielen. Vor dem 16. Jahrhundert wurden diejenigen, die im Kleinkindalter starben, schnell vergessen und nicht einmal von den wappenkundlerischen Genealogen aufgeführt. Am Beginn des 17. Jahrhunderts wurde jedoch die Erinnerung an diese Kinder bereits sorgfältig auf den Grabsteinen ihrer Eltern bewahrt. Wie Mumien in ihre Windeln eingewickelt liegen ihre winzigen Bildnisse neben denen von Brüdern und Schwestern. Die lebenden Kinder hören auf, ausnahmslos bloß gewohnheitsmäßig kniende Kleiderpuppen zu sein und lassen gelegentlich ein neuartiges Gefühl, das der kindlichen Zuneigung, entdecken, wie es am bekanntesten von Epiphanius Evesham in seinem Denkmal für Lord Teynham in Lynstead, Kent, ausgedrückt wurde. Die Zeitgenossen fühlten, daß sich die Beziehungen zwischen Eltern und Kindern im 17. Jahrhundert zum Besseren wandelten, und Aubrey bezog sich auf die jüngste Vergangenheit, als er schrieb: »Damals [. . .] durften die Söhne für ihren Vater kein Umgang sein [. . .] (das) Kind verabscheute ganz und gar den Anblick seiner Eltern, wie der Sklave seine Folter.«[4]

Anmerkungen

1 P. Ariès, L'Enfant et la vie familiale sous l'ancien régime, Paris 1960, S. 395-397.

2 The Sermons of John Donne, hrsg. von E. M. Simpson and G. R. Pot-

ter, Los Angeles, 1958, S. 59. Vgl. Calendar of State Papers Venetian, 1621-3; J. E. B. Mayor, Cambridge in the Seventeenth Century, Cambridge 1855, S. 223; Roger North, Lives of the Norths, 1826, i, S. 42; J. Aubrey, Brief Lives, hrsg. von A. Powell, 1949, S. 11.

3 Memoirs of Sir Hugh Cholmley, 1787, S. 22, 25, 32; G. B. Harrison, Instructions to his son by Henry Percy, 9th Earl of Northumberland, 1930, S. 58; The Countesse of Lincolnes Nurserie, Oxford 1628. Christ Church, Oxford. Evelyn MSS. 143, S. 50.

4 E. Mercer, English Art 1553-1625, Oxford 1962, S. 242-243; Aubrey, S. 9, 11.

Lawrence Stone

Heirat und Ehe im englischen Adel des 16. und 17. Jahrhunderts*

In diesem Artikel[1] soll versucht werden, die Heiratsbräuche und die Familienbeziehungen des Titularadels und der etwa 500 führenden Adelsfamilien in den Grafschaften zu untersuchen, die zusammen die beherrschende politische und soziale Gruppierung im England der Tudor- und der Stuart-Zeit bildeten. Die hier getroffenen Verallgemeinerungen beziehen sich nur auf diese abgegrenzte Klasse und nicht notwendig auch auf jene unter ihr. Wenn man das Verhalten des niederen Landadels, der grundbesitzenden Bauernschaft, des Landvolkes und der Kaufmannschaft untersuchen würde, so könnte sich dieses durchaus signifikant von dem durch die Ranghöheren gesetzten Modelle unterscheiden.

Heirat ist in England heute gewöhnlich das Ergebnis der freien Wahl des einzelnen Mannes oder der Frau, die sich in erster Linie auf der Basis romantischer und sexueller Anziehung und einer Gemeinsamkeit von Geschmäcken und Interessen verbinden. Diese Situation ist durch zwei entscheidende Merkmale charakterisiert: die Wahl durch die betroffenen Individuen und nicht durch ihre Eltern und die Auswahl vornehmlich – wenn auch nicht unbedingt allein – aus persönlichen Gründen und nicht zum Zwecke des gesellschaftlichen oder finanziellen Aufstiegs. Dank der wirtschaftlichen Unabhängigkeit junger Leute unter den Verhältnissen der Vollbeschäftigung und der starken Verbreitung von Literatur, die ausschließlich dem Thema der romantischen Ehe gewidmet ist, stimmt dieses Bild wahrscheinlich in den meisten Fällen ziemlich genau mit der Wahrheit überein. Aber trotz des Entstehens von Vorstellungen über romantische Liebe im 12. Jahrhundert, trotz der Popularität von Erzählungen wie der über Tristan und Isolde im Mittelalter und dem späteren Erfolg von *Amadis of Gaul* und ähnlichen Romanzen, war deren Einfluß

* Lawrence Stone, Marriage among the English Nobility in the 16th and 17th century. In: Comparative Studies in Society and History. An International Quarterly, Bd. III (1960-1), S. 182ff. Übersetzt von Christel Bussiek.

auf die Praxis der europäischen landbesitzenden Klassen bis in die jüngste Zeit von sehr geringer Bedeutung. Es gibt zwei Hauptgründe für diese bemerkenswerte zeitliche Verzögerung. Erstens haben sich jener Argwohn und jene Abneigung gegenüber der leidenschaftlichen Liebe zwischen den Geschlechtern, die sowohl die Antike als auch die mittelalterliche Kirche teilten, hartnäckig erhalten. Der zweite Grund war die feste Überzeugung von der Richtigkeit der Unterwerfung von Kindern unter die elterliche Kontrolle; eine natürliche Einstellung für eine Gesellschaft, in der die Familiendisziplin der Hauptgarant für die öffentliche Ordnung war, und für eine Klasse, in der junge Männer üblicherweise nicht arbeiteten und daher zur Bestreitung ihres Lebensunterhalts von Zuwendungen ihrer Väter abhängig waren. Diese Unterordnung wurde durch äußere Formen des Respekts betont, auf denen man in England ganz besonders bestand. Wie Donne hervorhob: »In England knien die Kinder nieder, um den Segen ihrer Eltern zu erbitten, aber wo sonst?«[2]

Der stärkste elterliche Druck wurde zwangsläufig auf die Töchter ausgeübt, die am meisten abhängig und abgeschirmt waren, die als Mitglieder eines minderwertigen Geschlechts galten und die kaum eine Alternative zum Gehorsam hatten, da Ehelosigkeit noch weniger attraktiv war als ein ungewünschter Ehemann. Die Eltern fühlten sich moralisch verpflichtet, ihre Töchter zu verheiraten, und die Töchter wollten und konnten sich dem nicht widersetzen. Die Väter machten in ihren Testamenten in der Regel ihr Vermächtnis von Mitgiften für ihre Töchter von der Billigung des Bräutigams durch Vormünder und Testamentsvollstrecker abhängig, und solche Klauseln finden sich, weniger häufig und vielleicht weniger wirkungsvoll, auch noch im frühen 17. Jahrhundert. Manchmal gingen die Eltern sogar so weit, in ihren Testamenten einen bestimmten Ehemann für ihre Töchter zu benennen, obgleich sie damit nicht immer erfolgreich waren. Im frühen 16. Jahrhundert waren Testamente und Heiratsverträge, in denen kleine Kinder im voraus wie Vieh verschachert wurden, in allen Klassen und allen Gebieten durchaus üblich, und sie wurden von den niederen Junkern des Nordens auch gegen Ende des Jahrhunderts noch gemacht[3]. In den kultivierteren Kreisen des höheren Landadels und der Aristokratie des Südens waren diese extremen Maßnahmen zu diesem Zeitpunkt jedoch sehr selten, obgleich sie noch gelegentlich praktiziert wurden. Als 1614 der

König von Sumatra in einem Brief um eine englische Ehefrau bat, fehlte es nicht an dem »Herrn vornehmer Herkunft«, der, wie der *Bourgeois Gentilhomme* Molières bereit war, seine Tochter zu opfern[4].

Erst durch erbitterte Familienkämpfe, manche erfolgreich und andere weniger, verschaffte sich die Anerkennung des Vetorechts der Frau allmählich Geltung. Die Väter begannen zu erkennen, daß ungewollte Ehen häufig zu Streitigkeiten und Skandalen führten, die der Prosperität der Familie sehr schädlich sein konnten. Wie Fuller bemerkte: »So viele erzwungene Ehen erzeugen gespielte Liebe und bewirken tatsächliches Unglück« mit der daraus folgenden Versuchung zum Ehebruch[5]. Natürlich waren die Verhältnisse von Familie zu Familie unterschiedlich, je nach Temperament des Vaters, und Töchter standen auch weiterhin noch für mehrere Jahrhunderte unter starkem elterlichen Druck, aber im ganzen deuten die zeitgenössischen Kommentare darauf hin, daß dieser bedeutsame Fortschritt in der Geschichte der Emanzipation der Frau zwischen 1540 und 1640 stattfand. Konkrete Belege für diesen Wandel der Meinungen bieten die Veränderungen in der Art der testamentarischen Vermächtnisse. Im dritten Jahrzehnt des 17. Jahrhunderts hinterließen viele Eltern in ihren Testamenten ihren Töchtern bereits Erbteile ohne jegliche Bedingungen, die in einem bestimmten Alter zahlbar waren, ganz gleich, ob das Mädchen verheiratet war oder nicht. Mit wenigen Ausnahmen lag dieses Alter bei 17 bis 21 Jahren, wobei das 18. Lebensjahr am üblichsten war; dies bedeutete allerdings keineswegs, daß Mädchen danach rechtlich unabhängig gewesen wären, da das Kirchengesetz von 1603 die Heirat von Kindern unter 21 Jahren von der Zustimmung der Eltern oder Vormünder abhängig machte[6]. Dennoch waren harte testamentarische Verfügungen jetzt die Ausnahme, und die meisten Eltern gingen höchstens so weit, für Gehorsam eine finanzielle Belohnung zusätzlich zum Grunderbteil anzubieten. Schließlich wurden mit der Einführung des »starren Ehevertrages« (strict settlement) im späten 17. Jahrhundert die Erbteile aller zukünftigen Kinder in der Regel bereits zur Zeit der Eheschließung ihrer Eltern festgelegt. Ein Mädchen war nun endlich in der Lage, ihren Eltern zu trotzen, ohne sich damit um ihre Mitgift zu bringen. Diese neue Freiheit, so sollte man jedoch betonen, bedeutete nicht, daß die Frauen jetzt leichthin die alten sozialen und ökonomischen Grundlagen für die Auswahl eines Ehemannes außer acht gelassen hätten, oder daß die traditionelle moralische Verpflichtung, sich elterlichen Wünschen zu fügen, sehr viel weniger wirksam gewesen wäre. Die meisten Mädchen sollten noch jahrhundertelang ihren Eltern gehorchen, weil sie gelernt hatten, dies als ihre christliche Pflicht anzusehen. Eingeführt war allein das moralische Recht und die ökonomische Möglichkeit, im schlimmsten Fall ein Veto einzulegen.

Für die Söhne war die Freiheit der Wahl beinahe ebenso beschränkt wie für die Töchter. Der Wunsch, die Heirat wegen der Vormundschaft und der finanziellen Bedeutung des Ehevertrages nicht aus der Kontrolle der Familie geraten zu lassen, veranlaßte den Vater, seinen Sohn und Erben noch zu seinen eigenen Lebzeiten mit einer Frau zu verheiraten, die er für ihn ausgewählt hatte. Der Sohn war gewöhnlich in der Gewalt seines Vaters, da er finanziell in bezug auf eine Rente zu Lebzeiten des Vaters, und die Bereitstellung eines Wittums für seine Witwe von ihm abhängig war, zwei Dinge, ohne die eine Heirat praktisch unmöglich war. Dennoch erlebte das frühe 17. Jahrhundert eine Lockerung der Auffassungen, und bis zur Mitte des Jahrhunderts hatten die meisten Eltern ihren ältesten Söhnen in der Praxis das Vetorecht zugestanden. Als Sir Owen Wynn 1633 bemerkte, sein Sohn sei »ein freier Mann, der so versorgt wird, wie es der allmächtige Gott und seine Eltern für ihn am richtigsten halten«, so gab er damit nur der üblichen, wirren Überzeugung Ausdruck[7].

Zur Unterstützung dieser alten Denkgewohnheiten, die Liebe mißbilligten und auf strenger elterlicher Kontrolle bestanden, trat noch ein weiterer, institutioneller Faktor. Auf Grund des Feudalrechts besaß der König Rechte über die Ländereien und die Verheiratung jedes seiner Lehensträger, der seinen Besitz noch als Minderjähriger erbte. Die Tudors ließen dieses Recht als fiskalische Maßnahme wieder aufleben, indem sie das Vormundschaftsgericht (Court of Wards) einrichteten, das die Rechte der Krone über die Person des Minderjährigen und ein Drittel seines Landbesitzes an Einzelpersonen verkaufte. Das Kind konnte dem Gericht abgekauft werden entweder, um es mit einem der eigenen Kinder des Käufers zu verheiraten, oder um es an die Mutter oder jemand anderen zu versteigern. Nur selten weigerte sich ein Mündel, den von seinem Vormund ausgewählten Partner zu heiraten, da es in diesem Fall lediglich an den Meistbietenden weiterverkauft wurde. Das Testament des 1. Lord Rich, das 1567 aufgesetzt wurde, ist ein eindringliches Beispiel für die zynische Unbefangenheit, mit der ein solcher Sklavenhandel in der Mitte des 16. Jahrhunderts noch betrachtet wurde. Neben anderen Nachkommen hinterließ Lord Rich einen unehelichen Sohn, Richard, für dessen Versorgung er nun Vorkehrungen traf. Unter anderem wies er seine Testamentsvollstrecker an, »ein weibliches Mündel oder eine andere Frau zu besorgen oder zu kaufen, die herrschaftliche Ländereien und Besitzungen im Werte von mindestens 200 £ im Jahr abzüglich aller Kosten besitzt, um die Ehe mit dem genannten Richard einzugehen und feierlich zu vollziehen«. Wenn Richard sich weigern sollte, das Mädchen zu heiraten, sollten die Vollstrecker »das genannte Mündel [...] zum vorteilhaftesten Preis verkaufen«. Die Möglichkeit, daß das Mündel Richard ablehnen könnte, wurde nicht einmal in Erwägung gezogen[8].

Die berüchtigten Mißbräuche des Systems gerieten am Ende des 16. und zu Beginn des 17. Jahrhunderts zunehmend in das Kreuzfeuer der Kritik. Obgleich der Unterschied nicht zu sehr betont werden sollte, war doch im 16. Jahrhundert der Haupteinwand der, daß der Handel mit Mündeln die natürliche Autorität von Eltern und Verwandten unterminiere, indem er das Recht der Verheiratung auf andere übertrage, und daß er außerdem das langfristige Familienvermögen gefährde, indem er ein Drittel des Besitzes raffgierigen Vormündern ausliefere. Wenn natürliche Rechte verletzt waren, so waren es in diesem Stadium mehr die natürlichen Rechte der Eltern auf Autorität als die der Kinder auf die Freiheit der Wahl. Im frühen 17. Jahrhundert verlagerte sich jedoch die Betonung von der Kritik an den Mißbräuchen des Systems auf direkte Angriffe gegen das System selbst. 1607 widmete George Wilkins ein ganzes Theaterstück der Illustration der Ungerechtigkeit und Grausamkeit des Mündelwesens – ein Werk, das, merkwürdig genug, von der Schauspieltruppe des Königs aufgeführt wurde – während Marston geradewegs an die Frage der persönlichen Freiheit heranging. In den 50er Jahren des Jahrhunderts riet selbst ein Erzkonservativer wie der Duke of Newcastle Charles II: »Mündel sollten nicht wie Pferde in Smithfield gekauft und verkauft werden dürfen.«[9]

Bei der Beschäftigung mit dieser außergewöhnlichen Institution darf nicht vergessen werden, daß sie mit den Vorstellungen des 16. Jahrhunderts durchaus nicht unvereinbar war, und daß es oft kaum Grund zu der Annahme gab, die Mutter werde sich als ein verantwortungsbewußterer oder weniger herrischer Vormund ihrer Kinder erweisen als ein vom Hof bestimmter Fremder. Das Vormundschaftsgericht wurde so lange toleriert wie die Gesellschaft, die es plünderte, selbst wenig Hochachtung vor der individuellen Freiheit der Wahl hatte. Erst als diese Freiheit eine widerwillige Zustimmung zu gewinnen begann, wurde sein anachronistischer Charakter offenbar.

Auf Grund des überlieferten Belegmaterials hat es den Anschein, daß die Freiheit der Wahl für Frauen sich zum großen Teil auf jene beschränkte, die die Gelegenheit des zwanglosen Umgangs mit Männern hatten, wie sie das Leben am Hofe bot. Unter den wachsamen elterlichen Augen im Herrschaftshaus auf dem Lande war die Lage sehr viel schwieriger. Bei den Männern waren die unfreiesten die männlichen Erben der größten Familien. Dennoch verlor die Lehre vom absoluten Recht der Eltern über die Zukunft ihrer Kinder im späten 16. und frühen 17. Jahrhundert allmählich an Gewicht. König James selbst verkündete: »Eltern können ihren Kindern eine unpassende Heirat verbieten, aber sie dürfen sie nicht gegen ihr Gewissen zu einer passenden zwingen«, und Lord North schrieb 1638 über die Notwendigkeit »Eltern (davon zu überzeugen), ihren Kindern volle Freiheit bei ihrer Zustimmung in einer so wichtigen Sache zu gewähren.«[10]

Wenn man nach dem Grund für diesen Wandel der Auffassungen sucht, so scheint es wahrscheinlich, daß dabei die puritanische Ethik eine herausragende Rolle gespielt hat. Zahlreiche Tendenzen wirkten zusammen bei der Förderung der Entwicklung des Individualismus, nicht nur im Verhältnis des Menschen zu Gott, sondern auch in der Wirtschaft und in der Politik. Sie wurden jedoch überlagert von dem starken Einfluß, den religiöser und moralischer Enthusiasmus für eine auf sicheren Familienbindungen ruhende christliche Gesellschaft ausübte. Die fortschrittlichsten Eltern, wie Mildmay oder Montagu, waren Menschen von tiefer religiöser Überzeugung, und eine Untersuchung der puritanischen Pamphleten- und Predigtliteratur zeigt die Kritik an den beiden grundlegenden Voraussetzungen der arrangierten Heirat. Es muß jedoch betont werden, daß die meisten Puritaner nicht ausdrücklich die Absicht hatten, die elterliche Autorität zu untergraben, und tatsächlich ehrlich bestrebt waren, sie zu stärken. Beispielsweise veröffentlichte der Geistliche John Stockwood 1589 ein Buch, das ganz und gar der These gewidmet ist, Kinder sollten nicht ohne die Zustimmung der Eltern heiraten, wobei er die Bibel und die Schriften der großen protestantischen Geistlichen wie Calvin und Beza nach passenden, seine These stützenden Belegen durchforscht. Sein Wunsch nach einer glücklichen und christlichen Ehe ließ ihn jedoch unmißverständlich gegen Eltern wettern, die eine Heirat ohne Liebe zum Zwecke des materiellen Gewinns erzwingen, eine Praxis, die er besonders häufig im Adel vertreten sah. Kritik an der Manipulation der Heirat zugunsten materieller Ziele hatte zweifellos immer existiert, sie scheint aber im frühen 17. Jahrhundert an Umfang zugenommen zu haben. Obgleich die meisten Kritiker die elterliche Kontrolle über die Heirat aufrechterhalten wollten, zerstörte ihre Argumentation in Wahrheit den Hauptantrieb für eine solche Kontrolle. Zweitens entwickelte sich eine lebhafte allgemeine Kontroverse über die Stellung der Frau in der Gesellschaft, die, trotz einiger entschlossener Rückzugsgefechte, »die Prozesse beschleunigte, die zur sogenannten Freiheit der Frau in der modernen Gesellschaft führten«. Im Laufe dieser Debatte geriet die alte Tradition der doppelten sexuellen Moral für Männer und Frauen unter heftige Kritik, denn eines der Merkmale des Puritanismus war die Weigerung, die normale tolerante Einstellung gegenüber dem Ehebruch des Mannes zu akzeptieren[11]. Diese Verschärfung der sexuellen *mores* machte eine erzwungene Ehe mit einem ungeliebten Partner für die Männer unerträglich und ermunterte in starkem Maße die Söhne mit dazu, sich gegen den Willen ihrer Eltern zu behaupten. Die doppelte Moral ist wesentlich für die arrangierte Ehe, und jeder Angriff auf die eine muß zur Untergrabung der anderen führen.

Ein Hauptmotiv der arrangierten Heirat war zweifellos der finanzielle Gewinn, und wir müssen daher sorgfältig die Mechanik der legalen Transaktionen untersuchen, die der Zeremonie vorangingen und sie begleiteten.

Der Vater der Braut mußte eine erhebliche Barmitgift zur Verfügung stellen, in der Regel in mehreren Raten über ein oder zwei Jahre zahlbar. Zusätzlich dazu mußte er natürlich für die Aussteuer und die Juwelen der Braut und gewöhnlich auch für die Hochzeitsfeierlichkeiten sorgen, die oft eine Orgie von ungeheuren Ausmaßen waren. Als Gegenleistung zu diesen sofort fälligen

Zahlungen hatte der Vater des Bräutigams sehr viel weiterreichende Verpflichtungen zu übernehmen. Die wichtigste davon war die Bereitstellung eines zukünftigen Wittums oder einer Jahresrente zur Bestreitung der Lebenshaltungskosten der Braut während ihrer Witwenschaft, und das Verhältnis zwischen dieser Summe und der Barmitgift bildete das Hauptproblem, um das sich die Verhandlungen drehten. Die Witwenversorgung wurde gewöhnlich in Form von Landbesitz sichergestellt, wenngleich gelegentlich Familien es vorzogen, die Ländereien unter einheitlicher Verwaltung zu belassen und der Witwe dafür eine feste Rente zu bezahlen.

Der zweitwichtigste Punkt nach dem Wittum, und besonders bedeutungsvoll dann, wenn dem Brautvater die augenblickliche Bequemlichkeit seiner Tochter am Herzen lag, war die Rente, die dem Bräutigam zu Lebzeiten seines Vaters gewährt wurde. Auch diese konnte in Form einer Jahresrente oder einer direkten Übertragung von Eigentum und eines Hauses, oft identisch mit dem Wittum, gezahlt werden. In beiden Fällen verpflichtete sich der Vater des Bräutigams in der Regel, dem Paar während der ersten Ehejahre in seinem eigenen Haus Wohnung zu geben; dahinter stand der Gedanke, es in der Kunst der Haushaltsführung zu schulen und ihm Zeit zur Ansammlung von Mobiliar zu geben. Folglich mußten die meisten jungen Paare ihr Eheleben unter den störenden Augen einer Mutter oder Schwiegermutter beginnen. Eine weitere Verpflichtung, die nach etwa 1620 in immer mehr Eheverträge aufgenommen wurde, war die Übertragung einer jährlichen Summe an Treuhänder, die ein persönliches Taschengeld für die Braut darstellte. Dies war eine neue Entwicklung, und sie ist symptomatisch für die zunehmende wirtschaftliche Unabhängigkeit der Frauen zu dieser Zeit.

Zum vierten wurde vom Vater des Bräutigams erwartet, daß er eindeutig darlegte, welchen Teil seines Landbesitzes er seinem ältesten Sohn nach seinem Tode zu hinterlassen beabsichtigte. Diese Übertragung des Landbesitzes war in mancher Hinsicht das Kernproblem für die Stabilität des Familienerbes, und im späten 16. und frühen 17. Jahrhundert ergaben sich hier wesentliche Veränderungen. Ein Vater stand vor zwei unterschiedlichen Problemen, zum einen, wie er im Falle seines frühen Todes angemessen für seine jüngeren Söhne sorgen und zum anderen, wie er sicherstellen konnte, daß der älteste Sohn den Besitz nicht in einer

Orgie von Landverkäufen verschwendete, um seinen extravaganten Lebensstil zu bestreiten. Im frühen 16. Jahrhundert konnte er nichts anderes tun, als den Großteil seines Besitzes einfach als unveräußerliches Erbe zu übertragen und den Rest unter den anderen Kindern aufzuteilen oder ihnen Jahresrenten auf Lebenszeit in seinem Testament zu vermachen. Etwa um die Mitte des Jahrhunderts hatten Juristen die Alternative entwickelt, dem Erblasser selbst und seinem Sohn einen lebenslänglichen Nießbrauch an dem Besitz mit Weitergabe an die männlichen Erben zu geben. Dennoch konnte aber im späten 16. Jahrhundert ein Fideikommiß gewöhnlich jederzeit nach dem Tode des Vaters vernichtet werden, indem man lediglich eine Eintreibung duldete, und ein lebenslänglicher Nießbrauch war erst nach der Geburt eines Sohnes und vor dem Erreichen seines Volljährigkeitsalters sicher. Die Wirksamkeit des lebenslänglichen Nießbrauchs hing daher in gewisser Weise von einem beständigen Verantwortungsgefühl gegenüber der Familie ab und war nicht gefeit gegen die Machenschaften des sinnlosen Verschwenders oder des Erben, der entschlossen war, seine jüngeren Brüder zu betrügen. Andererseits erschwerte es natürlich die Zerstückelung von Landbesitz, und eine Untersuchung der Royalist Composition Papers zeigt klar, daß bis 1642 der Großteil des aristokratischen Besitzes in die Eigentumsform des lebenslänglichen Nießbrauchs übergegangen war. Die endgültige Lösung der »starren Regelung«, durch die der Vater sich selbst und seinem Sohn ein unverbrüchliches lebenslanges Nutzungsrecht durch die Einrichtung sicherte, den Rückfall des Anwartschaftsrechtes auf Treuhänder zu übertragen, wurde erst in der 2. Hälfte des 17. Jahrhunderts allgemein üblich[12].

Im frühen 17. Jahrhundert gibt es Anzeichen für eine wachsende Bindung an Landbesitz und eine stärkere Betonung der Bereicherung der Familie als ganzer. Diese Veränderung der Einstellung hat mehrere Gründe. In der elisabethanischen Ära war ein großer Teil des Familienbesitzes noch relativ neuen Ursprungs, oft aus dem Verkauf klösterlicher Ländereien, und es war noch nicht genug Zeit verstrichen, in der er einen Gefühlswert hätte annehmen können. Bis zum frühen 17. Jahrhundert hatte er jedoch das Prestige des Alten, Überkommenen erlangt und wurde mit größerer Sorgfalt gehegt. Darüber hinaus vergrößerte die zunehmende Vertrautheit mit alternativen beruflichen

Beschäftigungen für jüngere Söhne die Bereitschaft der Väter, die Renten eher in bar als in Form von Landbesitz zu geben. Schließlich ging die Verbreitung des lebenslänglichen Nießbrauchs Hand in Hand mit Kunstgriffen, die die Bereitstellung dieser finanziellen Versorgung erleichterten. Im frühen 17. Jahrhundert konnte der jüngere Sohn entweder Bargeld oder eine Jahresrente, gelegentlich Land erwarten, das sein Vater speziell für diesen Zweck gekauft hatte, aber nur selten ein Stück des alten Familienbesitzes. Diese verschiedenen Entwicklungen führten dazu, daß sich die Eigentumssumme, die auf den ältesten Sohn bei seiner Heirat übertragen wurde, vergrößerte, und es sehr viel schwieriger wurde, aus dem Arrangement auszubrechen. Der Vater der Braut konnte sicher sein, daß das Wittum seiner Tochter gesichert war, und daß der älteste Sohn den Landbesitz ungeteilt erben würde.

Ein weiteres Problem, mit dem sich der Ehevertrag erstmals beschäftigte, war die Möglichkeit, daß die Ehe nur Töchter, aber keine Söhne hervorbringen könnte. Wenn die Mutter dann starb, war es höchst wahrscheinlich, daß der Ehemann wieder heiratete, um für einen männlichen Erben zu sorgen, was bedeutete, daß die Töchter aus der ersten Ehe einer Stiefmutter ausgeliefert waren. Das wachsende Widerstreben von Landbesitzern gegen eine Aufteilung ihres Erbes, verbunden mit ihrer zunehmenden Unfähigkeit, dank vorheriger Regelungen, so zu verfahren, zwang die Väter im frühen 17. Jahrhundert dazu, diese Versorgung für Haupterben aus erster Ehe in Form einer Barsumme zu zahlen.

Solcherart waren die Verpflichtungen, die Eltern bei der Heirat ihrer Kinder im 16. und 17. Jahrhundert übernahmen, Verpflichtungen, die durch die erweiterte Billigkeitsrechtsprechung des Kanzleigerichts durchgesetzt wurden. Was noch zu erörtern bleibt, ist die Bedeutung dieser Regelungen und ihrer Wandlungen für die Familienvermögen. Das erste Problem ist der Nachweis des Verhältnisses zwischen der Höhe der Mitgift und dem Jahreseinkommen des Brautvaters. Aus der Unterschiedlichkeit der Summen, die Väter in ihren Testamenten den einzelnen Töchtern vermachen, wird klar, daß das natürliche Element der Bevorzugung nicht selten eine Rolle spielte. Auch wurden viele Ehen mit Blick auf politischen oder sozialen Aufstieg geschlossen, und jede dieser Erwägungen hatte ihren Barwert. Väter mit vielen Töchtern waren wohl oder übel gezwungen, weniger zu bieten als jene mit nur einer oder zwei Töchtern. Schließlich mußten auch die physischen und geistigen Mängel eines Mädchens durch eine proportional höhere Mitgift kompensiert werden, wenn man sie überhaupt verheiraten wollte, wohingegen eine tugendhafte Schönheit auch mit weniger an den Mann gebracht werden konnte. Es gibt dennoch genügend Belege, um diese Abweichungen von der Norm in Rechnung zu stellen und ein einigermaßen gesichertes Urteil über die durchschnittliche Höhe von Mitgiften abzugeben. Auf der Basis von etwa 230 Beispielen hat es den Anschein, daß zwischen dem zweiten Viertel des 16. und dem 3. Viertel des 17. Jahrhunderts die Mitgiften für Töchter der Aristokratie ungefähr um das Zehnfache zunahmen. Obgleich der Anstieg bis etwa um 1600 mit dem allgemeinen Preisanstieg auf Grund der Inflation Schritt hielt, nahm er doch nach diesem Zeitpunkt sehr viel stärker zu: zwischen 1600 und 1700 erhöhten sich die Preise um etwa 50 Prozent und die Mitgiften um etwa 300 Prozent. Die Einkünfte der Aristokratie blieben möglicherweise im späten 16. Jahrhundert hinter dem Preisanstieg zurück und stiegen im frühen 17. schneller als dieser an, wenn auch nicht in diesem Maße. Wir müssen daher den Schluß ziehen, daß bis zum Ende des 17. Jahrhunderts Eltern einen wesentlich höheren Anteil ihrer Einkünfte für die Verheiratung ihrer Töchter zur Verfügung stellten als ihre Urgroßeltern im frühen 16. Jahrhundert. Im frühen 17. Jahrhundert boten nur wenige Väter, und dann nur jene mit zahlreichen Kindern, weniger als den Gegenwert eines Jahreseinkommens als Mitgift für ihre Töchter.

Eine Erklärung für diesen bemerkenswerten Anstieg in der Höhe der Mitgiften ist der simple Faktor des Gesetzes von Angebot und Nachfrage. Wenn ein Mädchen unverheiratet blieb, so war das sicherlich eine Schande für die Familie und in wachsendem Maße auch für sie selbst, und folglich wurden fast alle Töchter des hohen Adels, die die Volljährigkeit erreichten, verheiratet. Die Unterdrückung von Nonnenklöstern durch Heinrich VIII. hatte die Situation verschärft, indem sie den einzigen ehrenhaften Ausweg verschloß, denn die Klöster waren von der Aristokratie als »bequeme Unterbringung für ihre verwelkten Töchter« benutzt worden, um Miltons beißenden Ausdruck zu verwenden[13]. Obgleich nicht immer billig, enthoben diese Einrichtungen die Eltern doch der Notwendigkeit, schnell große Kapitalsummen flüssig zu machen. Zu diesem verstärkten Druck durch die Abschaffung der Klöster in der Mitte des 16. Jahrhunderts trat die

Konkurrenz durch Töchter des aufstrebenden Landadels im späten 16. und durch Töchter und Witwen von Ratsherren im frühen 17. Jahrhundert. Das Angebot an heiratsfähigen Ehemännern mit gutem sozialen Status hatte jedoch mit dieser wachsenden Nachfrage nicht Schritt gehalten. Die Töchter von Pairs waren immer bereit gewesen, die männlichen Erben aus dem höheren Landadel zu heiraten, und so gab es hier nur wenig kompensatorische soziale Veränderungen, die den Druck des zu geringen Angebots hätten abschwächen können. Es galt immer noch nicht als schicklich, seine Tochter mit einem schlichten Kaufmannssohn zu verheiraten, auch wenn der Sohn und Erbe zur Not eine Kaufmannstochter heiraten konnte. Jüngere Söhne, selbst aus dem hohen Adel, lagen kaum im Rennen, da der begrenzte Umfang ihres Erbes es ihnen unmöglich machte, Wittümer zu bieten, die es auch nur im entferntesten mit den von ihren Schwestern gebotenen Mitgiften aufnehmen konnten[13a].

Die Größe der Wittümer war nicht weniger wichtig als die Höhe der Mitgiften, und die natürliche Zähigkeit und Langlebigkeit der Frauen, nachdem sie den Zyklus des Kindergebärens abgeschlossen hatten, machte die Bereitstellung von Wittümern zu einer regelmäßig wiederkehrenden Belastung für aristokratische Familien und nicht nur zu einem gelegentlichen Kreuz, das in seltenen Abständen einige Jahre lang getragen werden mußte. Wenn wir alle Adelsfamilien zusammennehmen, die von 1560 bis 1640 überdauerten, so ergibt sich, daß durchschnittlich über mehr als die Hälfte der Zeit Leibrenten an Witwen gezahlt wurden. Es war durchaus üblich, daß eine Familie zwei Witwenrenten zur gleichen Zeit, in seltenen Fällen sogar drei, zu tragen hatte. Nach dem spätmittelalterlichen Gewohnheitsrecht wurde Witwen ein Witwenanteil in Höhe von einem Drittel des Grundeigentums ihres verstorbenen Gatten gewährt, ein Anteil, der in etwa dem Maximum dessen entsprach, was eine Familie aufbringen konnte. Die Ersetzung des Witwenanteils durch die Witwenrente im 16. und 17. Jahrhundert bedeutete jedoch, daß die für diesen Zweck bereitgestellte Summe frei wurde von jeder strengen Regelung. Die Witwenrente wurde zu einem beliebig festzusetzenden Anteil der Einkünfte aus seinen Ländereien, den der Vater des Bräutigams dafür zur Verfügung stellen wollte, und es besteht Grund zu der Annahme, daß, zumindest in der Aristokratie, dieser Anteil jetzt eher kleiner war als ein Drittel der Pachtsumme.

Es versteht sich von selbst, daß der erstaunliche Anstieg der Mitgiften und die Stagnation oder Abnahme der Witwenrenten im Vergleich zum Einkommen eine Veränderung im Verhältnis Mitgift/Witwenrente mit sich bringen mußte. Für den Nachweis dieser Veränderung haben wir neben dem Adel auch die wohlhabende Junkerschaft einbezogen, ausgehend von der vernünftigen Annahme – die die Tatsachen zu bestätigen scheinen –, daß das Verhältnis in zwei so eng miteinander verbundenen Klassen gleich sein würde. Die sich ergebenden Zahlen, die auf ungefähr 130 Beispielen basieren, lassen den Schluß zu, daß die übliche Norm sich wahrscheinlich von etwa 4 : 1 oder 5 : 1 zu Beginn und in der Mitte des 16. Jahrhunderts auf die Werte 6,33 : 1 oder 6,66 : 1 in der ersten Hälfte des 17. Jahrhunderts bewegte. Im dritten Viertel hatten sich die Familien zwischen zwei Normen, der alten von zwischen 6 : 1 und 7 : 1 und der neuen von 10 : 1 zu entscheiden, aber im letzten Viertel des Jahrhunderts setzte sich schließlich das Verhältnis von 10 : 1 als das am häufigsten angewandte durch.

Warum veränderte sich das Verhältnis zwischen Mitgift und Witwenrente in so bemerkenswerter Weise? Wir müssen zugeben, daß ein Teil dieser Veränderung im späten 16. und im frühen 17. Jahrhundert illusionär ist und lediglich die zeitgenössische Methode der Kalkulation von Witwenrenten widerspiegelt. Diese wurden auf Grund der reinen Pachteinkünfte veranschlagt und ließen Eventualitäten wie Abstandssummen für Nutznießungspachten und die Gewinne aus Holzverkäufen außer acht. Da jedoch während der Inflation ein immer größerer Teil des Einkommens in der Form von Abstandssummen und nicht mehr von Pachteinnahmen eingenommen wurde, war Land im frühen 17. Jahrhundert weit mehr wert als seine nominale Pachtsumme. Während daher die Mitgift eine bestimmte Barsumme blieb, bedeutete die Witwenrente allmählich ein Realeinkommen, das über das im Ehevertrag festgelegte, möglicherweise sehr beträchtlich, hinausging. Aus diesem Grund ist die Veränderung im Verhältnis Mitgift/Witwenrente, zumindest vor 1620, eventuell etwas übertrieben angesichts des veränderten Verhältnisses zwischen dem nominalen und dem realen Wert des Wittums.

Es kann allerdings keinen Zweifel daran geben, daß auch ein tatsächlicher Wandel eintrat. Um 1640 brachte eine bestimmte Mitgift eine sehr viel geringere Witwenrente ein, als das 1560 der

Fall war. Der Hauptgrund hierfür war zweifellos die Zunahme des Angebots an heiratsfähigen Frauen auf dem Heiratsmarkt, der keine vergleichbare Zunahme in der Zahl der heiratsfähigen Männer gegenüberstand. Dies bewirkte nicht nur den Anstieg der Mitgiften, sondern auch den damit Hand in Hand gehenden Anstieg des Mitgift/Wittum-Verhältnisses. Der zweite wichtige Faktor war jenes Anwachsen der Verpflichtungen des Vaters des Bräutigams nach Ausmaß und Bedeutung, das bereits untersucht worden ist. Dank dieser neuen Regelungen war der Vater der Braut sicher, daß die von ihm gezahlte Mitgift seiner Tochter und ihren Kindern wesentliche finanzielle Vorteile einbringen und nicht in der Gefahr sein würde, zum großen Teil verschwendet zu werden.

Es gibt auch noch andere Möglichkeiten. Die Herabsetzung des üblichen Zinsfußes von 10 auf 6 Prozent zwischen 1624 und 1651 mag auslösend für den Anstieg in diesem Verhältnis gewirkt haben, indem sie den Preis einer Leibrente veränderte. Darüber hinaus liehen sich Grundeigentümer in vielen Fällen, wenn auch sicher nicht immer oder in der Regel, Geld, um die Mitgift aufzubringen, und eine Verbilligung des Geldpreises steigerte damit die Höhe der Mitgift, die anzubieten sie sich leisten konnten.

Soweit die Fakten der Situation und ihre möglichen Erklärungen. Es bleibt noch zu klären, inwieweit der Anstieg sowohl in der Höhe der Mitgiften als auch in dem Verhältnis Mitgift/Wittum die Vermögensverhältnisse der landbesitzenden Familien positiv oder negativ beeinflußte. Die Tatsache, daß Witwenrenten jenes eine Drittel des Vermögens, das durch das Gewohnheitsrecht als Witwenanteil festgelegt war, nur selten über- und oft unterschritten, dürfte es einer Familie ein wenig leichter gemacht haben, die finanzielle Bürde zu tragen, die eine Reihe langlebiger Witwen für sie darstellte. Die wirklich wichtige Veränderung war jedoch der Anstieg der Mitgiften, dessen offensichtlichste Konsequenz die Verstärkung des Elements der Ungewißheit bei der Zeugung war. In finanzieller Hinsicht wurden Söhne eher mehr und Töchter wesentlich weniger wünschenswert. Das Element der Ungewißheit war im 16. und frühen 17. Jahrhundert von so großer Bedeutung, da die Mitgift direkt an den Vater des Bräutigams zu seiner eigenen Verwendung gezahlt wurde. Die Verheiratung eines Sohnes, insbesondere eines ältesten Sohnes, war ein Mittel zur Aufbringung von Barkapital, oft zu vorteilhaften Bedingungen, und diente folglich häufig und anerkanntermaßen zur Tilgung von Schulden oder zur Deckung laufender Unkosten.

Im 16. und frühen 17. Jahrhundert trug die Mitgift daher nichts zur langfristigen Stabilität oder Zunahme des Familienvermögens bei. Vielmehr wurde andererseits das Geld oft dadurch aufgebracht, daß man Land verkaufte und damit das Familienkapital angriff. Dies war besonders üblich im 16. Jahrhundert, als Erblehen und Nutzungsrechte auf Lebenszeit leicht gebrochen werden konnten und sich moralische Sanktionen gegen den Verkauf von Familienbesitz als einen Akt gottlosen Frevels noch nicht sehr stark herausgebildet hatten. Das Leihen von Geld war ebenfalls eine recht häufige Zuflucht, allerdings gefährlich zu einer Zeit, in der die Zinssätze bei 10 Prozent lagen und man bei Hypotheken im Falle der Nichtbezahlung die Gefahr des totalen Verlustes lief. Es entwickelte sich daher, insbesondere im 17. Jahrhundert, eine sehr viel sicherere Methode, nämlich die Übertragung von Teilen des Familienvermögens an Treuhänder für eine Reihe von Jahren, um Geld aus den Gewinnen zu erhalten. In seiner schlimmsten Form erhöhte das System beim Grundeigentümer die Fähigkeit und die Versuchung, Geld für die laufenden Bedürfnisse flüssig zu machen, indem er seinen Sohn gewinnbringend verkaufte. Er zögerte auch nicht, Land zu verkaufen oder Schulden zu sehr ungünstigen Bedingungen aufzunehmen, um reiche Heiraten für seine Töchter zu sichern. Die Kosten des Unternehmens trafen die nächste Generation am schwersten, die die Schulden zu bezahlen und von einem Besitz zu leben hatte, der durch Landverkäufe auf Dauer verstümmelt oder vorübergehend durch Witwenrenten und Kredite zur Aufbringung von Mitgiften reduziert war.

Erst in der letzten Hälfte des 17. Jahrhunderts wurden diese Mißstände dank vier bedeutsamen Veränderungen überwunden. Erstens machte es das ›strict settlement‹ unmöglich, Mitgiften durch den Verkauf von Land aufzubringen, eine Tatsache, die die Aufsetzung von Treuhandverträgen lange im voraus sehr begünstigte. Zweitens wurde schließlich auch des Leihen sicher und einigermaßen wirtschaftlich, dank der 40prozentigen Senkung des Zinsfußes und der Sicherheit, die dem Hypothekengläubiger durch das Rückkaufsrecht geboten wurde. Drittens wurde die Last der Witwenrente durch den weiteren Anstieg des Mitgift/Wittum-Verhältnisses erleichtert; und viertens wurde das langfristige Familienvermögen durch die Einführung der Klausel in den Ehevertrag vermehrt, nach der die Mitgift zum Ankauf weiteren Landbesitzes zu verwenden war. Mitgiften wurden nicht mehr durch Landverkauf aufgebracht oder vom Vater der Braut für die laufenden Ausgaben verschwendet. Die finanziellen Regelungen anläßlich einer Heirat waren im späten 17. nicht mehr wie im späten 16. und frühen 17. Jahrhundert ein Grund für den Niedergang der Familie, sondern waren zur Grundlage wachsender Familienprosperität geworden; in seiner vervollkommneten Form gab das System der Aristokratie die Möglichkeit, sich gleichsam an ihrem eigenen Schopf aus dem Sumpf zu ziehen[14].

Nach der detaillierten Untersuchung der finanziellen Verpflichtungen, die eine Heirat mit sich brachte, müssen wir nun fragen, ob sich irgend etwas an dem Nachdruck änderte, den Eltern auf diesen Faktor des Gewinnstrebens legten. Die zeitgenössischen Einstellungen kommen am besten in den in Briefform niedergelegten »Ratschlägen für einen Sohn« zum Ausdruck, die Väter gewöhnlich zur Erbauung ihrer Kinder verfaßten. Diese Dokumente machten deutlich, daß die Hauptzwecke von Ehen die folgenden waren: erstens die Gemeinschaft; zweitens die Vermeidung der Hurerei, die eine Sünde ist, Skandale bringt und – in der Zeit vor der Empfängnisverhütung – möglicherweise zu peinlichen und kostspieligen Konsequenzen führt; drittens die Zeugung eines männlichen Erben zur Weiterführung der Familienlinie und des -vermögens und viertens direkter finanzieller Gewinn. Die ersten drei Ziele wurden in der Regel als selbstverständlich betrachtet, zu einleuchtend, als daß sie eines besonderen Kommentars bedurft hätten; der vierte Punkt aber wurde immer mit großer Sorgfalt geprüft. Die extremste Position wurde in der Mitte des 17. Jahrhunderts von Francis Osborne vertreten, der in einem gedruckten »Rat«, welcher innerhalb von zwei Jahren sieben Auflagen erlebte, die Einstellung vertrat und verteidigte: »Wie die Fruchtbarkeit des folgenden Jahres am Wasserstand des Nils abgelesen wird, so läßt sich aus der Höhe der Mitgift einer Frau ein Großteil des zukünftigen ehelichen Glücks errechnen.«[15]

Relativ wenige Eltern oder Kinder im 17. Jahrhundert waren bereit, so weit zu gehen. Der berühmteste Ratbrief im frühen 17. Jahrhundert und einer, der großen Einfluß auf die zeitgenössische Meinung hatte, war der von Lord Burghley an seinen Sohn

Robert. Sein Rat war sehr viel einfühlender und verständiger als der Osbornes. »Erkundige dich sorgfältig nach ihrem Charakter und danach, welche Neigungen ihre Eltern in ihrer Jugend hatten. Sie sollte nicht arm sein, wie großmütig sie auch immer sei. Denn ein Mann kann sich für Großmut und Vornehmheit auf dem Markte nichts kaufen. Wähle aber auch kein gemeines und häßliches Geschöpf nur wegen ihres Reichtums; denn das wird bei anderen Verachtung und bei dir selbst Abscheu hervorrufen.«[16] Im späten 16. Jahrhundert begannen religiöse Faktoren die Partnerwahl zu beeinflussen. Seit etwa 1570 praktizierten die großen katholischen Familien zunehmend jene religiöse *apartheid*, die sie 400 Jahre lang vom Hauptstrom der landbesitzenden englischen Klassen abschneiden sollte. Das Erstarken des Puritanismus gab dieser Tendenz weiteren Aufschwung, und eine unvermeidliche Konsequenz dieser Entwicklung war die Tatsache, daß man nun größeren Wert auf die persönlichen Qualitäten der Braut und des Bräutigams legte. Dieses Interesse für die persönlichen Qualitäten wurde von zahlreichen, durch puritanische Ideale inspirierte Autoren der Mittelschicht betont und griff von hier auch auf die oberen Klassen über, in denen sein kategorischster Vertreter Sir Edward Montagu, der spätere erste Lord Montagu war, der 1621 seinem Sohn kurz und bündig riet: »Bei deiner Heirat sehe auf Güte und nicht auf Güter«. Edward Waterhouse gab einer zunehmenden üblichen Meinung Ausdruck, als er 1665 schrieb: »Einer der größten Fehler und Übelstände unserer Zeit ist die Geringschätzung der Ehefrauen, die der Einbildung entspringt, jedes weibliche Geschöpf sei als Ehefrau recht, sofern es nur Geld habe.«[17] Obgleich immer eine gewisse Kritik geäußert worden war, gibt es dennoch Grund zu der Annahme, daß Eheschließungen aus ausschließlich oder selbst vorwiegend finanziellen Gründen im Laufe des 17. Jahrhunderts in zunehmendem Maße auf allgemeine Ablehnung stießen.

Soweit die Theorie, wie aber stand es mit der Wirklichkeit? Es ist durchaus möglich, daß der wachsende Chor theoretischer Mißbilligung lediglich ein Symptom für die wachsende Häufigkeit dieser Mißstände in der Praxis war. Wie wir gesehen haben, deuten Testamente, Briefe und zeitgenössische Kommentare eindeutig darauf hin, daß das negative Vetorecht während des späten 16. und frühen 17. Jahrhunderts großzügiger und häufiger zugestanden wurde. In welchem Maße allerdings Eltern oder Kinder bei ihrer ersten Vorauswahl oder bei ihrer endgültigen Wahl finanzielle Erwägungen über alle anderen stellten, ist eine völlig andere Sache. In bezug auf die Aristokratie läßt sich auf diese Frage zumindest statistisch eine Antwort geben. Unter den vor 1603 in den Adelsstand erhobenen Familien wurden etwa 20 Prozent der Ehen von Inhabern oder rechtmäßigen Erben der Titel in den Jahren zwischen 1540 und 1599 mit Erbinnen geschlossen. Danach gibt es einen unvermittelten Sprung auf 35 Prozent während der nächsten 60 Jahre. Hieraus wird deutlich, daß um die Jahrhundertwende herum die wachsende Geldverlegenheit des Adels diesen dazu trieb, weitaus zielbewußter reiche Heiraten anzustreben, als es vorher der Brauch gewesen war. Die neuen Pairs, zwischen 1603 und 1641 geadelt, hatten immer ein scharfes Auge auf die materiellen Vorteile einer Ehe gehabt, und dies war in der Tat häufig ein Grund für ihren Aufstieg. Während der spätelisabethanischen Periode hatten sich 32 Prozent durch Heirat mit reichen Erbinnen finanziell und sozial verbessert, und sie beschleunigten diesen Prozeß innerhalb der nächsten dreißig Jahre bis zu einer Zahl, die der des alten Adels entsprach. Nimmt man die Pairs insgesamt, so wurde innerhalb dieser Gruppe im frühen 17. Jahrhundert jede dritte Ehe mit einer Erbin geschlossen. Wenn man berücksichtigt, daß diese Zahlen nicht die Ehen mit Frauen umfassen, die große Mitgiften besaßen, aber keine Erbinnen waren, so wird deutlich, daß Reichtum bei sehr vielen Eheschließungen des frühen 17. Jahrhunderts die wichtigste Einzelerwägung war und an Vorrangigkeit offensichtlich noch zunahm. Während viele frühere Ehen von sozialen und politischen Faktoren beeinflußt worden waren, führte die wachsende Mobilität der Gesellschaft zwangsläufig zu einer stärkeren Betonung vorwiegend finanzieller Erwägungen. Die Bedeutung dieses Trends sollte jedoch nicht überbewertet werden. Aristokratische Ehen mögen im 17. Jahrhundert häufiger aus Gewinnsucht geschlossen worden sein als im 15. Jahrhundert, aber der Unterschied ist eher ein gradueller als ein inhaltlicher.

Die Folgen dieser Jagd auf Erbinnen waren widersprüchlich. Zunächst einmal ist es wahrscheinlich, daß zumindest einige der Mädchen erbmäßig bedingt dazu neigten, schwache Kinder mit einer niedrigen Lebenserwartung zu gebären und daher in einigen Fällen für das Versagen der männlichen Linie verantwortlich waren. Zum anderen aber waren Heiraten mit Erbinnen von allergrößter Bedeutung, da sie dem Adel nicht nur neuen Wohlstand brachten, sondern auch dafür sorgten, daß dieser Klasse ein großer Teil des Besitzes von Familien erhalten blieb, deren männliche Linie auf diese Weise ausgestorben war. Da so viele Pairs innerhalb des Adels heirateten und da sie so eifrig um Erbinnen warben, fiel ein Gutteil des zerstückelten Besitzes in die Hände anderer Adelsfamilien. Folglich wurde der tatsächliche Verlust an Vermögen und Einfluß für die Klasse als ganze erheblich reduziert. Zugleich Ursache und Wirkung des wachsenden Bemühens um reiche Heiraten war die Entwicklung eines landesweiten Heiratsmarktes mit London als Zentrum. Im 16. Jahrhundert beschränkten die nicht zum Hofe gehörenden Familien ihre ehelichen Verbindungen fast ausschließlich auf den lokalen Adel und die lokale Junkerschaft, oft innerhalb einer Grafschaft. Selbst in der Nachbarschaft Londons war das häufig der Fall, und eine Untersuchung der Familienverbindungen von Abgeordneten des Long Parliament hat enthüllt, daß innerhalb der grafschaftlichen Junkerschaft ineinander verwobene Querverbindungen von verwirrender Vielfalt bestanden. Während der ersten beiden Drittel des 16. Jahrhunderts war im Norden Englands selbst die Aristokratie auf ihren geographischen Umkreis beschränkt. Beispielsweise heirateten mit nur zwei Ausnahmen alle Ogle- und Wharton-Kinder bis zum Ende des Jahrhunderts ausschließlich Partner aus dem Norden. In der Aristokratie des Südens wurde gewöhnlich innerhalb eines relativ größeren geographischen Umkreises geheiratet. Die Nähe Londons, die besseren Straßen, die weniger harten Winter, all dies erleichterte die Kommunikation und drängte das Kirchturmdenken zurück, aber gleichwohl zeigen die Belege aus diesen Adelsfamilien eine starke Tendenz zur regionalen Beschränkung in der Partnerwahl, zumindest bis zum letzten Drittel des 16. Jahrhunderts.

Erst die Entwicklung Londons zur Heiratsbörse im späten 16. Jahrhundert machte diesem Regionalismus endgültig ein Ende, nicht nur innerhalb des hohen, sondern auch des Landadels. Unter Elisabeths Herrschaft fanden etwa dreizehn Grafen oder zukünftige Grafen und fünf Barone ihre Bräute am Hofe aus dem Kreis der Ehrenjungfrauen der Königin, während sich der Junkerschaft durch die Kontakte, die die zunehmend populäre Londoner »Saison« schuf, ähnliche Möglichkeiten boten. Zur gleichen Zeit dürfte auch die Konzentration von Wissen über

Eheverträge in den Räumen einiger weniger hochspezialisierter Londoner Notare die Bedeutung der Hauptstadt in dieser Hinsicht verstärkt haben. Für den Adel war der Heiratsmarkt bereits vor Mitte des 17. Jahrhunderts landesweit geworden und bezog sogar Irland mit ein.

Wenn sich die geographische Ausdehnung aristokratischer Eheschließungen kontinuierlich bis zu den Grenzen des Königreiches hin ausweitete, so wies der soziale Bereich, innerhalb dessen Ehen geschlossen wurden, keine so regelmäßige Verteilung auf. Zwischen 1540 und 1569 heirateten 54 Prozent der Titularpairs und ihrer männlichen Erben innerhalb der Adelsklasse, zwischen 1570 und 1599 fiel dieser Anteil jedoch auf 33 Prozent. Heiraten innerhalb des Hochadels waren erheblich seltener geworden, zweifellos aus den gleichen Gründen, die der Earl of Huntingdon um das Jahr 1613 seinem Sohn aufzählte: »Da du mit den meisten Mitgliedern des hohen Adels verwandtschaftlich verbunden bist, heirate ein Mädchen aus dem Landadel, wo du eine große Mitgift bekommen kannst, denn es gibt einen Überdruß in allen Dingen, und ohne Vermögen sieht Adel ebenso nackt aus wie ein beschnittener Baum.« Viele Angehörige des niederen Adels waren sich dieser gewinnsüchtigen Einstellung des Hochadels sehr wohl bewußt, und einige wenige versuchten sich dagegen zu schützen, wie Francis Osborne, der seinen Lesern vorhielt: »Der magere Adel, wie die Verwandtschaft des Pharao, verschlingt den Landadel, mit dem er sich ehelich verbindet, indem er die Höhe seiner Ausgaben vervielfacht.«[18]

Als Osborne schrieb, begannen diese Ratschläge möglicherweise ihre Wirkung auf den niederen Adel auszuüben, und gleichzeitig zog sich der Adel freiwillig wieder auf seinen eigenen Kreis zurück. Zwischen 1600 und 1629 wird das Bild unklar durch die rasche Erhebung zahlreicher Landadeliger in den Hochadel, mit dem Ergebnis, daß die Aristokratie zahlenmäßig um fast das Doppelte zunahm. In dem darauf folgenden Zeitraum von 1630 bis 1659, als die neue Pairsschicht absorbiert gewesen sein dürfte, war der Adel als ganzer mit mehr als 50 Prozent der Eheschließungen innerhalb seiner eigenen Schicht zu seinem Stand von vor 1570 zurückgekehrt. Da es jetzt jedoch doppelt so viele Familien gab, repräsentierte dieser Stand nicht ganz jene strenge Exklusivität, die das mittlere 16. Jahrhundert charakterisiert hatte.

Abgesehen von erfolgreichen Rechtsanwälten, die in der Regel aus dem niederen Adel stammten und rasch auf einer höheren Ebene wieder in diese Schicht resorbiert wurden, war die einzige weitere wohlhabende Schicht in England die der Londoner Kaufleute. Die Einheirat eines Adeligen in eine Kaufmannsfamilie war für das 16. Jahrhundert eine eindeutige *mésalliance*, und das Ausmaß, in dem sie praktiziert wurde, wirft ein bezeichnendes Licht auf die sich wandelnden finanziellen Bedingungen und gesellschaftlichen Einstellungen. Im späten 15. und frühen 16. Jahrhundert gab es eine zwar spärliche, aber einigermaßen konstante Anzahl von aristokratischen Ehen mit den Töchtern und Witwen von Londoner Ratsherren. Nach 1520 gab der ältere Adel diesen Brauch auf, wenngleich es in den späteren Jahren der Herrschaft Heinrich VIII. sehr enge Verbindungen zwischen den städtischen Würdenträgern und den hohen Regierungsbeamten gab, von denen einige bald geadelt werden sollten. Einmal arriviert, brach die elisabethanische Aristokratie jedoch alle Bindungen zur Kaufmannsschicht ab, und während 30 Jahren nach 1561 gab es nur eine einzige Heirat zwischen diesen beiden Gruppen. Die Aufrichtung dieser Barriere ist ebenso interessant wie ihr allmählicher Abbau in den neunziger Jahren des 16. Jahrhunderts. Sie wurde zum Teil aus dem Bestreben der neu Geadelten errichtet, sich von ihrem niederen sozialen Hintergrund zu lösen, zum Teil wegen der allgemeinen Verschärfung sozialer Unterschiede und schließlich, weil solche Verbindungen dank der reichen Beute aus dem klösterlichen Landbesitz finanziell nicht mehr notwendig waren.

Aus verschiedenen Gründen trat der Hochadel in der spätelisabethanischen Zeit in eine Phase tiefgreifender wirtschaftlicher Krisen ein, was unter anderem zur Folge hatte, daß einige wenige, mutigere oder verzweifeltere Geister diese Barriere zu überspringen begannen, die 30 Jahre lang den Adel von den Kaufleuten getrennt hatte. Nach drei dieser Verbindungen oder versuchten Verbindungen in den neunziger Jahren gab es jedoch eine Lücke von beinahe weiteren 20 Jahren, die zum Teil auf das Nachlassen des finanziellen Drucks dank der unbekümmerten Großzügigkeit King James und zum anderen Teil auf das reichliche Angebot von Erbinnen aus dem niederen Adel zurückzuführen ist. Inzwischen war es der Landadel, der seinen Stolz überwand und den Kaufleuten den Hof machte. Mehrere Angehörige des neuen Adels hatten vor ihrer Erhebung in die Kaufmannsklasse eingeheiratet und folgten damit lediglich der allgemeinen Entwicklung. Um 1618 wirkten mehrere Einflüsse: das vom niederen Adel gesetzte Beispiel, der Verfall der alten Grundsätze von Moral und Schicklichkeit im Zeitalter des Duke of Buckingham und das wachsende Vermögen sowie der steigende Ehrgeiz der Ratsherren zusammen und leiteten eine Flut von Heiratsplänen und ehelichen Verbindungen zwischen Titularpairs und ihren männlichen Erben und den Töchtern und Witwen von Kaufleuten ein. Insgesamt gab es in den 13 Jahren zwischen 1618 und 1630 neun solcher Verbindungen oder versuchter Verbindungen, verglichen mit 6 in den 70 Jahren zwischen 1548 und 1617 und dreien in den 30 Jahren zwischen 1631 und 1660. Damit wird deutlich, daß das dritte Jahrzehnt des Jahrhunderts ein Maß an Vermischung zwischen dem Adel und der City erlebte, das sowohl vorher wie nachher ohne Parallele blieb, und es dauerte bis in die siebziger Jahre, bevor diese Entwicklung sich erneut ernsthaft durchsetzte.

Es ist jetzt an der Zeit, die Auswirkungen dieser verschiedenen Entwicklungen auf die beiden Individuen zu untersuchen, die der Gegenstand so vielen Planens und Überlegens waren. Am Hochzeitstag war das Paar einander häufig noch mehr oder weniger fremd, denn es war durchaus üblich, daß man ihnen vor der Hochzeitszeremonie nicht gestattet hatte, sich länger als ein paar Stunden in der Gesellschaft des anderen aufzuhalten. Einige zukünftige Bräutigame hielten selbst diese Formalität für überflüssig. Sir Nicholas Pointz konnte sich nur mit Mühe dazu zwingen, einer Witwe gegenüber, der er den Hof machte, höflich zu sein. »Laßt mich ihre Liebe nicht wie ein Narr gewinnen, noch lange Zeit verschwenden wie ein Junge. So wahr mir Gott helfe, der Gedanke beunruhigt mich sehr, daß ich zu irgendeiner Frau auch nur ein einziges Liebeswort sprechen müßte.«[19] Die Bedeutung dieser kurzen Begegnungen sollte jedoch nicht bagatellisiert werden, denn wie wir bereits gesehen haben, waren die Väter im frühen 17. Jahrhundert eher dazu bereit, ihren Kindern das Recht der Weigerung zuzugestehen, eine qualvolle Entscheidung, die auf Grund dieser kurzen und formellen Gespräche getroffen werden mußte. Viele, vielleicht die meisten adligen Ehen wurden auf der Basis der Gleichgültigkeit oder sogar der leichten Abneigung geschlossen, die eine solche kurze höfliche Konversation hervorgerufen hatte.

Die Hochzeitszeremonie selbst war natürlich eine öffentliche Angelegenheit, gefolgt von einem riesigen Essen für die Hochzeitsgäste. Der lange Tag des Festschmauses und der Vergnügungen endete nicht selten mit dem öffentlichen Betten des Paares, mit all den alten Bräuchen wie dem Wegwerfen des linken Strumpfes der Braut und dem Einnähen der Laken[20]. Und dort hinter den zugezogenen Vorhängen des großen Himmelbetts, in dem Raum, der immer noch von den betrunkenen obszönen Abschiedsworten der Hochzeitsgäste widerhallte, blieben die beiden Fremden zurück, um sich miteinander bekannt zu machen. Und nicht einmal in allen Fällen endete die Publizität hier, denn wenn entweder die Braut oder der Bräutigam ein Günstling des Königs waren, pflegte King James sie am nächsten Morgen genauestens auszufragen, um auch die letzten geilen Einzelheiten der Ereignisse der Nacht aus ihnen herauszulocken.

Allerdings war es durchaus üblich, daß der Vertrag, die Hochzeit und der Vollzug der Ehe zeitlich weit voneinander entfernt waren. Zuweilen, wenn auch häufiger im Mittelalter und im frühen 16. Jahrhundert, fand die Zeremonie selbst statt, bevor ein oder beide Partner das Zustimmungsalter erreicht hatten. Diese vorzeitigen Dispositionen wurden gewöhnlich getroffen, um eine politische Allianz zu besiegeln oder eine reiche Erbin zu sichern, wenngleich alle großen Landeigentümer in dieser Versuchung standen, um zu verhindern, daß über die Heiraten ihrer Kinder von der Krone kraft ihres Vormundschaftsrechts verfügt würde. Schließlich war das Risiko der Annullierung der Ehe gering. Angesichts des extrem frühen Alters, in dem die Entscheidung getroffen werden mußte und der enormen Macht des elterlichen Druckes ist es kaum verwunderlich, daß nur wenige Jungen oder Mädchen im Alter von 14 bzw. 12 Jahren die Willenskraft hatten, die Verbindung abzulehnen.

Obwohl das Einwilligungsalter so früh lag, wurden tatsächlich nur sehr wenige Angehörige des hohen und niederen Adels bereits zu dem Zeitpunkt verheiratet, an dem dies legal möglich wurde. Nehmen wir den Adel als unser statistisches Sample, so heirateten im späten 16. Jahrhundert nur 6 Prozent im Alter von 15 oder weniger Jahren, und im frühen 17. Jahrhundert nur 5 Prozent. Vielmehr gab es einen signifikanten Trend dazu, die Hochzeit aufzuschieben, bis die Partner ein vernünftigeres Alter erreicht hatten. Im erstgenannten Zeitraum wurden 21 Prozent der Pairs mit 17 Jahren verheiratet, im späteren dagegen nur 12 Prozent, während der Prozentsatz derer, die mit 25 Jahren heirateten etwa gleich hoch, nämlich bei 78 Prozent und 76 Prozent lag. Die Veränderung war daher begrenzt auf eine Bewegung weg vom Backfischalter hin zu den frühen zwanziger Jahren. Obwohl nicht genug Geburtsdaten von Mädchen bekannt sind, um gesicherte statistische Berechnungen anzustellen, gibt es doch allen Grund zu der Annahme, daß das Durchschnittsalter der Bräute ebenfalls stieg. Diese Veränderung, die sowohl in England als auch im Ausland vor sich ging, war einesteils auf die langsame und zögernde Einführung humanistischer Ideen über die individuelle Wahlfreiheit zurückzuführen, deren Wirkung in anderen Bereichen bereits beobachtet wurde, und lag zum anderen Teil in den Ansichten über das richtige Alter für den Vollzug der Ehe begründet. Zu dieser Zeit fiel der Vollzug zeitlich keineswegs immer mit dem Tage der Hochzeit zusammen, wenngleich eine längere Nichterfüllung dieser Bedingung nach Erreichen des 18. Lebensjahres durch den Gatten Grund für einen Annullierungsprozeß sein konnte. Sobald der Vollzug der Ehe jedoch stattgefunden hatte, war eine vollständige Scheidung *a vinculo* sehr viel schwieriger. Im Mittelalter war das Papsttum berühmt berüchtigt für seinen Erfindungsreichtum – gegen einen entsprechenden Preis – beim Aufspüren von Hinderungsgründen, die Annullierungen rechtfertigten. Ob englische kirchliche Gerichte nach der Reformation ebenso zugänglich waren, scheint sehr zweifelhaft. Es gibt, im Jahre 1551, einen einzigen Fall der Legalisierung einer zweiten Ehe durch das Parlament nach Trennung der ersten, aber die Scheidung adeliger Ehen durch Parlamentsbeschluß begann erst wirklich im Jahre 1669[21].

Der Hauptgrund, der für den frühen Ehevollzug sprach, war daher das Problem der Legalität. Dagegen standen jedoch drei Argumente, deren Gewicht im Laufe der Zeit immer mehr anerkannt wurde. Das erste war die Beobachtung, daß sehr junge Knaben und Mädchen verkümmerte Kinder zur Welt bringen. Zweitens glaubte man in der Nachfolge Platos, Galens und Avicennas, der Samen sei eine lebenswichtige Flüssigkeit, die das gesamte Wachstum beherrsche, und ein übermäßiger Erguß im Jugendalter beeinträchtige daher die physische und intellektuelle Entwicklung des Mannes[22]. Schließlich bestand die vage Meinung, das Gebären durch ein Mädchen unter 16 sei unmittelbar gefährlich und auf Dauer schädlich[23]. Dieser Übereinstimmung der medizinischen Ratschläge, die über populäre Gesundheitshandbücher ihren Weg in das Bewußtsein der Aristokratie und des Landadels fanden, hatte sicherlich großen Einfluß und führte gegen Ende des 16. Jahrhunderts zu einer fast einstimmigen Ablehnung des frühen Ehevollzuges. John Smyth of Nibley konnte seinen Ekel nicht unterdrücken, als er entdeckte, eine mittelalterliche Lady Berkeley habe geboren, bevor sie 14 Jahre alt war. Nicht einmal die Versicherung der Kirchenväter, daß die Jungfrau Maria Christus im Alter von 15 Jahren gebar, konnte ihn zufriedenstellen[24].

Gegen Ende des 16. Jahrhunderts befanden sich die Eltern in einer sehr mißlichen Situation. Um eine Einmischung durch das Vormundschaftsgericht zu vermeiden, um reiche Erbinnen wegzuschnappen, um über ihre Kinder nach Gutdünken verfügen zu können – aus all diesen Gründen wollten sie sie früh verheiraten. Um rechtlich unanfechtbar zu sein, mußte die Zeremonie vollzogen werden, aber zugleich waren sie sicher, daß der frühe Vollzug der Ehe für beide Parteien schädlich sei und möglicherweise kränkliche Kinder hervorbringen werde. Aus dieser schwierigen Situation versuchten sie sich auf drei verschiedene Arten herauszuwinden. Die erste Möglichkeit war die, den Rat der Ärzte über alle anderen Erwägungen zu stellen und die Hochzeit hinauszuschieben; die Folge davon war, wie wir bereits gesehen haben, eine Tendenz zur Heraufsetzung des Heiratsalters für Männer von den späten zehner auf die frühen zwanziger Jahre. Der zweite Weg: die Hochzeit durfte früh stattfinden, aber der Vollzug der Ehe wurde, manchmal für mehrere Jahre hinausgeschoben, während das Mädchen weiterhin bei seinen Eltern wohnte und der Junge seine Erziehung fortsetzte. Drittens: bei der Heirat fand eine einzige oder sogar symbolische Vereinigung statt, gefolgt von einer längeren Trennung. Im frühen 17. Jahrhundert wurde die Hochzeit sehr häufig unmittelbar vor dem Termin abgehalten, an dem der junge Mann seine einjährige oder längere Reise auf dem Kontinent begann, mit der seine Erziehung abschloß. Auf diese Weise wurde eine volle Kohabitation – abgesehen von der Hochzeitsnacht, in der eine Empfängnis für unwahrscheinlich gehalten wurde – wirksam hinausgeschoben, und der junge Mann wurde davor bewahrt, im Ausland in die Falle einer unpassenden Heirat zu geraten.

Der andere wichtige Zweck der Ehe in der Aristokratie war die Geburt eines männlichen Erben, der die Kontinuität des Titels und des Familienvermögens fortsetzte. Im 16. und 17. Jahrhundert war es jedoch nicht leicht, zu einem Sohn zu kommen. Man hat geschätzt, daß im Jahre 1925 7 bis 8 Prozent der verheirateten Frauen in England unfruchtbar waren, und eine jüngere Untersuchung hat angedeutet, daß 12 Prozent aller Ehen wahrscheinlich kinderlos bleiben[25]. Die Fruchtbarkeit wird beeinträchtigt durch Krankheit und labilen Gesundheitszustand, durch ererbte Neigungen und durch das Heiratsalter. Man hätte annehmen können, das frühere Heiratsalter im 16. und 17. Jahrhundert habe die modernen Unfruchtbarkeitszahlen herabgesetzt, in Wahrheit aber ließen andere Faktoren sie auf einen weit höheren Wert ansteigen. Schlecht ausgewogene Ernährung, enge Schnürung, Mangel an frischer Luft und Bewegung, Anfälligkeit für Infektionen, psychologische Belastungen – all dies schwächte ernsthaft die Gesundheit der Frauen und führte zu Fehl- und Totgeburten. Als Folge waren 19 Prozent aller Erst-Ehen innerhalb des Adels zwischen 1540 und 1640 kinderlos, und nicht weniger als 29 Prozent brachten keine männlichen Kinder hervor. Diese Zahlen sind zweifellos übertrieben, denn viele Kinder, die bald nach der Geburt starben, wurden amtlich nicht erfaßt; da jedoch nur zwei von drei Kindern zu dieser Zeit überlebten[26], sind diese Prozentsätze wahrscheinlich eher eine optimistische Schätzung des Anteils von Erst-Ehen, aus denen ein erwachsenes männliches Kind im heiratsfähigen Alter hervorging, das die Linie weiterführen konnte.

Diese Betonung der Häufigkeit von Kinderlosigkeit sollte nicht den Blick für die Tatsache verstellen, daß es eine große Zahl sehr kinderreicher Ehen gab. Wenn ein Drittel der Erst-Ehen ein oder kein Kind hervorbrachte, so gingen aus einem anderen Drittel doch auch mehr als 6 Kinder hervor. Infolgedessen lag die durchschnittliche überlieferte Kinderzahl pro fruchtbarer Ehe nicht unter 5, während die nicht registrierten frühen Sterbefälle in den ersten Lebenswochen den Durchschnitt pro verheirateten Mann wahrscheinlich eher auf 6,1 heben dürfte; das ist die Zahl für den europäischen Adel dieser Zeit. Nur zu oft gebar die Frau jedes Jahr mit monotoner Regelmäßigkeit, bis dieser Zyklus erst mit dem Tode endete. Wenn die Ehefrauen unter dieser biologischen Sklaverei litten, so beklagten die Ehemänner sie gleichermaßen aus finanziellen Gründen. Sir Patience Ward berichtet, daß er seinen Vornamen (Patience = Geduld; A. d. Ü.) deswegen erhielt, weil »sein Vater zu glauben begann, seine Familie wachse für seinen Besitz zu schnell und gelobte, wenn er noch einen weiteren Sohn bekäme, diesen Patience zu nennen[27]«. Es kann überhaupt keinen Zweifel an dem Gewicht dieser Einwände geben, und es ist durchaus gerechtfertigt, einen Teil der Schuld für den wirtschaftlichen Niedergang mehr als einer Familie in einem Übermaß an Kindern, die das Volljährigkeitsalter erreichten, zu suchen. Das Ansteigen der Mitgiften ließ Mädchen besonders teuer und unerwünscht werden, wenn auch Jungen immer noch willkommen waren, um die direkte männliche Erbfolge gegen die Verheerungen durch Unfall und Krankheit zu schützen. Nach der Geburt von drei Söhnen jedoch, eine Situation, die sich in mindestens einer von fünf Familien einstellte, war der Antrieb, einem weiteren Kindersegen Einhalt zu gebieten, sehr stark. Es ist daher merkwürdig, daß es zu dieser Zeit kaum Anzeichen für irgendwelche praktischen Schritte zur Empfängnisverhütung gibt.

Wahrscheinlich waren mechanische Methoden der Kontrazeption dem Adel vor dem Ende des 17. Jahrhunderts praktisch unbekannt, wenngleich empfängnisverhütende Mittel in einigen medizinischen Abhandlungen sicher erwähnt waren. Informationen über das Kondom des Dr. Fallopius waren 1564 veröffentlicht worden, aber sein Zweck war der Schutz gegen Syphilis in gelegentlichen außerehelichen Beziehungen, nicht aber der eines Kontrazeptivums für den Gebrauch in der Ehe, und es wurde überhaupt nach unserer Kenntnis in der Londoner Gesellschaft erst im späten 17. Jahrhundert allgemein gebräuchlich. Was die natürlichen Mittel angeht, so haben wir keinerlei Information darüber, ob es irgendwelche Kenntnis vom Fruchtbarkeitszyklus der Frau gab. Es bleibt die Möglichkeit der Abtreibung, die physisch ebenso gefährlich war wie sie moralisch als verwerflich galt. Obgleich die Wirkungen schnellen Reitens, schwerer Aderlasse und sogar »giftiger Tränke« sicherlich bekannt waren, können diese Mittel jedoch nicht allgemein gebräuchlich gewesen sein, nicht einmal bei Hofe. In Ermangelung all dieser Möglichkeiten waren die einzigen wirksamen Methoden zur Eindämmung der Kinderflut daher der *coitus interruptus* oder völlige Enthaltsamkeit. In jüngster Zeit ist argumentiert worden, diese Beschränkungen, aus wirtschaftlichen Gründen praktiziert, seien gewichtige und mögliche bestimmende Faktoren bei der Regulierung der Fruchtbarkeit der Landbevölkerung bereits im Mittelalter und im 16. und 17. Jahrhundert gewesen. Darüber hinaus läßt sich das deutliche Absinken der durchschnittlichen Kinderzahl pro verheiratetem Mann im europäischen Adel von 6,1 im 16. und 17. Jahrhundert auf 4,5 im 18. und 19. Jahrhundert nur auf einen Wechsel von einer Politik des der-Natur-ihren-Lauf-Lassens zu einer Politik der wohlüberlegten Planung zurückführen[28]. So gewichtig aber der finanzielle Antrieb auch wurde, die große Zahl wirklich riesiger Familien legt den Schluß nahe, daß nur sehr wenige der englischen Adeligen vor der Mitte des 17. Jahrhunderts zu diesen heroischen Maßnahmen bereit waren, um die Kinderlast zu vermindern. Ob diese Politik des *laissez faire* die Folge technischer Unkenntnis, der unzureichenden Dringlichkeit des Antriebs oder moralischer oder theologischer Einwände gegen ein Eingreifen in den biologischen Prozeß war, läßt sich zum gegenwärtigen Zeitpunkt nicht sagen.

Wir haben gesehen, daß die Eheschließung in dieser Zeit sehr früh stattfand, daß die Partner füreinander häufig Fremde waren und von ihren Eltern ausgewählt wurden, daß sie ihre ersten Ehejahre in der Regel im Hause der Eltern verbrachten, daß der Vollzug der Ehe sich häufig im Lichte peinlicher Publizität, oder aber einige Jahre nach der eigentlichen Hochzeitsfeier abspielte, und daß dem in der Mehrzahl der Fälle entweder völlige Unfruchtbarkeit oder ein sich endlos wiederholender Zyklus des Kindergebärens folgte. Wir müssen jetzt berücksichtigen, wie erfolgreich sich die Ehe gegenüber den physischen und psychologischen Belastungen dieser Regelungen behauptete. Es gibt keinen Zweifel daran, daß die Mehrzahl dieser Ehen ohne offenen und ernsthaften Bruch überdauerte, und daß sich in vielen Fällen eine echte Zuneigung und echtes Vertrauen entwickelten. In sehr vielen aristokratischen Testamenten werden die Ehefrauen von ihren Männern in einer Weise angeredet, werden ihnen Vermächtnisse hinterlassen und Verantwortungen aufgebürdet, die über jeden Zweifel deutlich machen, daß ihre Verbindungen zumindest zufriedenstellend funktionierende Partnerschaften waren.

Dennoch ist es angesichts der enormen religiösen, gesellschaftlichen, gesetzlichen und ökonomischen Zwänge, die alle darauf gerichtet waren, die Familieneinheit zusammenzuhalten, erstaunlich, wie viele Ehen in aller Öffentlichkeit und vollständig zerbrachen. Ganz abgesehen von dem Beweis durch uneheliche Kinder, weiß ich für die 90 Jahre zwischen 1570 und 1659 von 48 Fällen einer Annullierung, einer Trennung *a mensa et thoro* oder notorischer Ehestreitigkeiten innerhalb des Hochadels, was fast 10 Prozent aller Ehen entspricht. Die schlimmste Periode scheint die zwischen 1595 und 1620 gewesen zu sein, als sich etwa ein Drittel der Angehörigen des älteren Adels in ernsthaften Eheschwierigkeiten befand. Warum diese Generation besonders unglücklich gewesen sein mag, ist schwer zu sagen. Möglicherweise wurden nach diesem Zeitpunkt Reibungen dadurch vermindert, daß Eltern zunehmend zögerten, ihre Kinder zu sehr zu einer Heirat gegen ihre Neigungen zu drängen; möglicherweise dämpfte auch die Verbreitung des puritanischen Gewissens diese öffentlichen Temperamentsausbrüche; unwahrscheinlich ist jedoch, daß diese Bestandsaufnahme ein illusionäres Produkt unvollständigen Beweismaterials ist, wenngleich das die Erklärung für den aus der frühen elisabethanischen Zeit überlieferten geringeren Prozentsatz erfolgloser Ehen sein mag.

Inwieweit waren diese ehelichen Zwistigkeiten von Skandalen begleitet? Im 16. Jahrhundert zeigt die Versorgung für uneheliche Kinder in den Testamenten, daß es mit einer stabilen Ehe vereinbar war, wenn sich ein Adeliger eine Geliebte aus einer niederen Schicht hielt, und daß dies recht häufig vorkam; zwischen 1620 und 1660 werden die Belege hierfür jedoch viel seltener, abgesehen von berühmten Fällen wie dem von Emmanuel, dem letzten Lord Scrope. Es gibt für diese Tatsache keine sehr einleuchtende Erklärung, wenngleich das folgende hypothetische Modell eine zumindest mögliche Lösung darstellt. Im Mittelalter und im frühen 16. Jahrhundert wurde die arrangierte Ehe oft begleitet und erträglich gemacht durch die Geliebte und die illegitimen Kinder. Diese Situation wurde von der Ehefrau akzeptiert und vom Ehemann offen zugegeben; Ehen hielten daher zusammen wie funktionierende Geschäftsverbindungen. Unter dem Eindruck der calvinistischen Kritik an der doppelten Moral begannen die Ehefrauen im späten 16. Jahrhundert sich dagegen zu wehren, daß ihr Ehemann öffentlich eine Geliebte aushielt; dies würde die steigende Zahl zerbrochener Ehen und das Widerstreben gegen eine Erwähnung von Bastards in Testamenten erklären. Die arrangierte Ehe war der Belastung durch das Schließen dieses Sicherheitsventils nicht gewachsen und die Zahl der Trennungen wurde so alarmierend, daß die Eltern allmählich ihren Druck lockerten und ihren Kindern ein begrenztes Vetorecht bei der Wahl ihrer Ehepartner zugestanden. Als Folge nahm die Zahl der offenen Zusammenbrüche von Ehen und die Zahl der unehelichen Kinder nach der ersten Dekade des 17. Jahrhunderts ab, obgleich beide nach der Restauration durchaus wieder angestiegen sein mögen.

Zu der gleichen Zeit, als die sexuellen *mores* des hohen und niederen Adels insgesamt im frühen 17. Jahrhundert strenger wurden, bewegte sich eine kleine Minorität schnell in die genau entgegengesetzte Richtung. Eines der auffälligsten Merkmale der Gesellschaft der frühen Stuart-Zeit war die wachsende Kluft in bezug auf Einstellung und Verhalten zwischen dem Hof und der Provinz. Ein Aspekt dieser Entwicklung, der die meiste Aufmerksamkeit und Kritik der Zeitgenossen auf sich zog, war die sexuelle Freizügigkeit am jakobinischen Hof, die den bekannteren und berüchtigteren Zuständen am Hofe Charles II. kaum nachgestanden haben dürfte. Obgleich das Benehmen bei Hof unter Heinrich VIII. allem Anschein nach sehr lax war, hatten sich die Pairs zwar im mittleren und späten 16. Jahrhundert Geliebte aus den unteren Klassen genommen, gleichzeitig aber doch die Ehre ihrer Ehefrauen eifersüchtig gehütet. Jetzt entwickelte sich eine allgemeine Promiskuität zwischen beiden Geschlechtern am Hofe, wo Lady Anne Clifford bereits 1603 notierte: »Alle Damen [. . .] hatten einen solch schlechten Ruf, daß der ganze Hof zu einem skandalösen Ort geworden war.«[29] Gewöhnt an die Ausübung der Macht, wenig geübt in Selbstbeherrschung und mit unbegrenzter freier Zeit, ist die Aristokratie wahrscheinlich in ihrem sexuellen Verhalten immer wesentlich freier gewesen als der Landadel, die Junker oder die Kaufleute. In Zeiten allgemeiner Toleranz tut dies jedoch dem Prestige der Klasse keinen Schaden, und nur in Zeiten wie dem frühen 17. oder mittleren 19. Jahrhundert entstehen daraus in der Regel Unannehmlichkeiten. Es war daher ein unglückseliges Zusammentreffen, daß das Verhalten einer Minderheit – allerdings einer spektakulären und sehr im Lichte der öffentlichen Aufmerksamkeit stehenden Minderheit – der Aristokratie nach 1590 sich ebenso schnell verschlechterte wie sich die allgemeine Mißbilligung eines lockeren Lebenswandels verstärkte.

Noch schädlicher war die gedankliche Verbindung in der öffentlichen Meinung zwischen dem Hof, und insbesondere der Aristokratie, und der Homosexualität, einer Abnormalität, die in immer weiteren Kreisen des Puritanismus tiefes Entsetzen erregte. Mit der Thronbesteigung eines Königs, der keinen Versuch machte, seine Vorlieben zu verbergen, wurde der Hof zu einem Treffpunkt von Homosexuellen. Aus seinem Verhalten in der Öffentlichkeit wurde – wahrscheinlich zu Recht – das Schlimmste über James' Beziehungen zu seinen Günstlingen geschlossen, und Skandalgerüchte über Männer wie Bacon, Sir Anthony Ashley, Lord Roos und Stanhope machten die Runde.

Die Aufmerksamkeit der Öffentlichkeit für das sexuelle Verhalten der Aristokratie wurde schließlich durch eine Reihe sensationeller Skandale gefesselt, die bis vor die Gerichte gelangten. Das erste war 1613 die Annullierung der Ehe zwischen dem Earl und der Countess von Essex – die für eine Ehe mit ihrem Geliebten, dem Earl of Somerset, frei werden wollte – auf Grund der Tatsache, daß sie *virgo intacta* sei – eine Hypothese, deren Falschheit eine Reihe von Lebemännern bezeugen konnte. Zwei Jahre später schlug wie eine Bombe die Nachricht ein, der Earl und die Countess of Somerset stünden unter Anklage des Mordes an Sir Thomas Overbury, einem früheren Freund des Earl und gefährlichen Zeugen für die wahren Fakten der Scheidung. In dem Prozeß kam die ganze schmutzige Geschichte heraus, ausgeschmückt mit obszönen Briefen der Countess und höchst belastenden des verstorbenen Earl of Northampton. Die Öffentlichkeit hatte sich kaum von dem Schock dieser Enthüllungen erholt, als ein neuer Skandal ausbrach, in dem Lady Roos zunächst ihren Gatten der Impotenz bezichtigte und dann die Countess of Exeter des »Ehebruchs, des Inzests, des Mordes, der Vergiftung und ähnlicher *peccadillos*« beschuldigte. Am Ende erwiesen sich Lady Roos' Anschuldigungen als Lügen, und sie selbst wurde des Inzests mit ihrem Bruder überführt.

Es war der Reputation des Königs oder des Adels auch keineswegs förderlich, daß die kleinen Verbrecher auf diesem Gebiet streng bestraft wurden, während die Hauptschuldigen mit kaum mehr als Verlust ihres Amtes und des königlichen Wohlwollens davonkamen. Es sah so aus, als habe die Aristokratie Grund zu der Annahme, sie selbst stehe außerhalb sowohl der Diktate der konventionellen Moral als auch der Strafen des Gesetzes. Charles' Weigerung (1630), gegen das von seinen Pairs über den Earl of

Castlehaven wegen einer Reihe von abscheulichen sexuellen Vergehen verhängte Todesurteil anzugehen, trug einiges dazu bei, das Vertrauen in die Gerechtigkeit des Königs wiederherzustellen.

Obgleich der Hof von König Charles ein sehr viel anständigerer Ort war als der seines Vaters, ließ sich die Lage doch nicht über Nacht bereinigen, und der puritanische Landadel, der auf seinen Landsitzen über die Übel der Zeit brütete, konnte auch weiterhin in Nachrichten über Skandale in der Aristokratie, zumeist in Verbindung mit der höfischen Gruppe, schwelgen. Als Folge dieser Flut von Klatsch wurde sexuelle Verderbtheit in der öffentlichen Meinung unauslöschlich mit der Aristokratie und dem Hof assoziiert. Im Zusammenwirken mit dem puritanischen Gewissen war dies ein schwerwiegender Faktor für die Unterminierung der moralischen Autorität des Hochadels.

Es steht einwandfrei fest, daß die Institution der Ehe in den landbesitzenden Klassen während dieser Zeit sehr bedeutsame Veränderungen erfuhr. Innerhalb der letzten 1000 Jahre haben die Vorstellungen über die richtige Methode der Ehestiftung vier aufeinanderfolgende Phasen durchlaufen. In der ersten Phase wurde die Heirat von den Eltern mit relativ wenig Rücksicht auf die Wünsche der Kinder arrangiert; in der zweiten bereiteten die Eltern die Heirat immer noch vor, gestanden aber ihren Kindern ein Vetorecht zu; in der dritten trafen die Kinder die Wahl, aber die Eltern behielten ein Vetorecht; in der vierten Phase schließlich, die erst in diesem Jahrhundert erreicht wurde, treffen die Kinder die Auswahl ihrer Ehepartner ganz allein und kümmern sich nur sehr wenig um die Meinung der Eltern. Im späten 16. und frühen 17. Jahrhundert befand sich England im Übergang von der ersten zur zweiten dieser Phasen. Obgleich recht erfolgreiche Bemühungen unternommen wurden, um die moralische Autorität von Eltern und Vormündern aufrechtzuerhalten, wurde ihre Macht doch jetzt abgeschwächt durch die Notwendigkeit einer zumindest passiven Zustimmung der Kinder, häufig sogar des Nachweises einer wirklichen Zuneigung. Die Entwicklung der Londoner Saison, die Ausweitung des Heiratsmarktes, der Gebrauch der Kutsche – dies alles erweiterte den Bereich der gesellschaftlichen Kontakte der Kinder und ermutigte sie daher, sich selbst zu behaupten, während gleichzeitig gesetzliche Veränderungen in der Art der Vermögensübertragungen innerhalb der Familie eine erfolgreiche Rebellion möglich machten.

Darüber hinaus gab es auch einen Wandel in der theoretischen Auffassung. Zum Teil wegen der wachsenden puritanischen Opposition gegen die doppelte Moral und wegen des Nachdrucks, den die Puritaner auf eine zufriedene christliche Gemeinschaft in der Ehe legten, zum Teil auch auf Grund der Weiterentwicklung der Vorstellungen über ökonomische und politische Freiheit, setzte sich allmählich die Überzeugung durch, daß nicht nur der Macht des Königs oder der Kirche, sondern auch der von Eltern und Ehemännern Grenzen gesetzt werden sollten. Die Verteidiger des Königtums hatten die Autorität des Monarchen über seine Untertanen beständig mit der eines Vaters über seine Kinder verglichen. Jede Schwächung in der Position des einen mußte daher zu einer Infragestellung der Position des anderen führen. Und so wurden in der ersten Hälfte des 17. Jahrhunderts die monarchischen Ansprüche der Stuarts zurückgewiesen, die Vormundschaft abgeschafft und die arrangierte Ehe selbst modifiziert und humanisiert. Clarendon äußerte sich bitter über die Folgen der neuen Ideen, die die Umwälzungen des Interregnums zutage gebracht hatten: »Kinder baten nicht mehr um den Segen ihrer Eltern [. . .] Eltern hatten keinerlei Autorität über ihre Kinder.«[30] Dies ist natürlich eine grobe Übertreibung, aber sie enthält ein Körnchen Wahrheit. Es gab eine Veränderung in dem Verhältnis von Eltern und Kindern, die ein wichtiger – und weithin immer noch nicht anerkannter – Schritt auf dem Wege zur Freiheit des Einzelnen in Westeuropa war, ein Aspekt dessen, was David Riesman als den Übergang von einer traditionsgeleiteten zu einer innengeleiteten Gesellschaft bezeichnen würde.

Veränderungen ergaben sich auch in den finanziellen Aspekten der Ehe. Die Höhe der Mitgiften stieg sehr viel schneller an als die der Wittümer, da die Zahl der heiratsfähigen Töchter die der heiratsfähigen Männer zunehmend überstieg und die Verpflichtungen des Vaters des Bräutigams immer beschwerlicher wurden. Die alte Praxis, Mitgiften durch Sparen oder Landverkauf bereitzustellen und sie für den laufenden Verbrauch auszugeben, machte einem System Platz, in dem Mitgiften auf Grund von Kreditbriefen oder durch Geldaufnahme aufgebracht und zum Ankauf von Land verwendet wurden. Da die wachsende soziale Mobilität der Zeit eine zunehmende Betonung der finanziellen Motive für die Ehe begünstigte, wirkte sich dies drastisch auf die Entwicklung der Familienvermögen aus. Als Konsequenz folgte auf ein Jahrhundert der Zerreibung des Besitzstandes der Aristokratie ein Jahrhundert der Konsolidierung und Bereicherung, zum Teil kontrapunktiert durch einen gewissen Anstieg der Verschuldung des Adels.

Gleichzeitig erweiterte sich der gesellschaftliche Heiratsbereich. Die neuen Scharen von self-made men, die unter Heinrich VIII. und James I. in den Adelsstand erhoben wurden, lösten sich zunächst von den Klassen unter ihnen, um sie dann, als der finanzielle Druck stärker wurde, ihres Geldes wegen zu umwerben. Bei Beginn des 17. Jahrhunderts löste sich das Muster der regional begrenzten Partnerwahl allmählich auf, während London zur zentralen Börse eines landesweiten Heiratsmarktes wurde.

Unter dem Druck der Meinung der Ärzte wurde das Heiratsalter und das der Vollziehung der Ehe bis in die frühen zwanziger Jahre verlegt. Die neuen Einwände der Ehefrauen gegen die offene Unterhaltung von Geliebten, und die neuen Forderungen nach Verträglichkeit der Temperamente und des Geschmacks führten zu einer sehr großen Zahl von gescheiterten Ehen in den späteren Jahren der Herrschaft Elisabeths, gefolgt von einer Zeit der äußersten sexuellen Freizügigkeit bei Hofe unter James, die mit dazu beitrug, die Aristokratie als ganze in den Augen einer immer puritanischeren Öffentlichkeit zu diskreditieren. Allerdings fügte sich bereits die große Mehrheit recht friedlich in das eheliche Zusammenleben mit dem von ihnen akzeptierten, wenn auch nicht gewählten Partnern ein, und die Zahl der bekanntgewordenen Trennungen nahm, wenn auch nur vorübergehend, ab.

In fast jeder Hinsicht hatte der Adel die aus dem Mittelalter ererbte Institution der arrangierten Ehe adaptiert und den neuen sozialen, politischen und intellektuellen Bedingungen der modernen Welt angepaßt. In dieser modifizierten Form überlebte sie in den landbesitzenden Klassen beinahe bis in unsere Zeit.

Anmerkungen

Abkürzungen:

B. M.	British Museum
Cal. of Wynn Papers	Calendar of Wynn (of Gwydir) Papers, 1515 bis 1690, 1926

H.M.C.	Historical Manuscripts Commission
P.C.C.	Prerogative Court of Canterbury
T.R.H.S.	Transactions of the Royal Historical Society

1 Im Interesse der Kürze beschränkt sich dieser Aufsatz auf eine Darstellung der wesentlichen Schlußfolgerungen. Die große Masse des Belegmaterials und die Fußnotendokumentation wurden fortgelassen und werden in meinem Buch über The Nobility of England 1558-1642 (inzwischen erschienen unter dem Titel »The Crisis of Aristocracy 1558-1641«, Oxford 1965 – H. R.) erscheinen. Mein besonderer Dank gilt Mr. Keith Thomas und Mr. Christopher Hill, die diesen Aufsatz im Entwurf gelesen und kritisiert haben. Ihre Bemerkungen, insbesondere die des Erstgenannten, haben mich vor vielen falschen Beurteilungen bewahrt, wenngleich ich keinen Zweifel daran habe, daß sich ihrer Meinung nach noch viele weitere in meiner Arbeit befinden.

2 The Sermons of John Donne, hrsg. von E.M. Simpson und G.R. Potter, IX, Los Angeles, 1958, S. 59.

3 Boughton House, Buccleuch MSS, U.W. 27/63. History of Northumberland, IV, S. 415; X, S. 285. R. Surtees, The County Palatine of Durham, 1816-40, II, S. 7 n. 1, P.C.C., 12 Welles.

4 Cal. S. P. Colonial, East Indies, 1513-1616, S. 335.

5 T. Fuller, The Worthies of England, 1662, S. 234.

6 Vgl. beispielsweise P.C.C., 22 Nevill, 51 Stafforde, 23 Dorset, 54 Saville, 91 Ridley, 70 Seager. Zum Kirchengesetz von 1603 siehe E. Gibson, Codex Juris Ecclesiastici Anglicani, 1761, S. 421.

7 Cal. of Wynn Papers, 1926, No. 2011.

8 P.C.C., 12 Babington.

9 G. Wilkins, The Miseries of Inforst Marriage, 1607 und 1611. J. Marston, The Scourge of Villainy, Buch I, Satyre ii. S. A. Strong, A Catalogue ... of Documents at Welbeck, 1903, S. 195.

10 B.M. Harl. MSS 7582f. 53v. Dudley Lord North, A Forest of Varieties, II (1645), S. 141.

11 J. Stockwood, A Bartholmew Fairing, 1589, S. 76. L.B. Wright, Middle-Class Culture in Elizabethan England, Chapel Hill, 1935, S. 208-9, 217 bis 223, 484, 505-7. K. Thomas, »The Double Standard«, in: Journal of the History of Ideas XX/1959.

12 H.J. Habakuk, »Marriage Settlements in the Eighteenth Century«, T.R.H.S., 4. Reihe, XXXII (1950); und sein Vorwort zu M.E. Finch, Five Northamtonshire Families, 1956, S. XV-XVIII.

13 Zitiert von C. Hill, Puritanism and Revolution, 1958, S. 35.

13[a] Unter diesen Umständen hätte schon die gestiegene Familiengröße allein, die das bemerkenswerte Bevölkerungswachstum im späten 16. Jh. begleitet haben muß, das Gleichgewicht gestört, indem sie eine größere Zahl von heiratsfähigen Töchtern, aber im Vergleich dazu nur wenig mehr männliche Erben hervorbrachte, mit denen diese Töchter hätten verheiratet werden können. Dieser Faktor allein könnte weitgehend den Anstieg der Höhe der Mitgiften erklären.

14 Vgl. H. J. Habakuk, »Marriage Settlements in the Eighteenth Century«, T. R. H. S., 4. Reihe, XXXII (1950).

15 F. Osborne, Advice to a Son, 5. Aufl. (1656), S. 50-51, 66.

16 F. Peck, Desiderata Curiosa, I, i, S. 63-66.

17 L. B. Wright, a. a. O., Kap. VII, Boughton House Buccleuch MSS, N. C. 13/2. E. Waterhouse, The Gentlemans Monitor, 1665, S. 383.

18 F. Osborne, a. a. O., S. 67. H. M. C. Hastings MSS, IV, S. 332.

19 H. M. C. Finch MSS, I, S. 21.

20 R. Winwood, Memorials of Affairs of State, 1725, II, S. 43. Vgl. S(amuel) Pepys, Diary, 31. Juli 1665.

21 Zur rechtlichen Lage vgl. E. Gibson, a. a. O., I, S. 445-447. Der Pair war der Marquis of Northampton.

22 Advice to his Son, by Henry ninth Earl of Northumberland, S. 55-6. T. Cogan, The Haven of Health, 1589, S. 242, 249. H. M. C. Hastings MSS IV, S. 333. Vgl. auch A. Niccoles, »A discourse of Marriage and Wiving«, 1615 (Harl. Misc. II, S. 148).

23 J. O. Halliwell, Autobiography of Sir Simonds D'Ewes, I, S. 319.

24 J. Smyth, Lives of the Berkeleys, I, S. 224-225.

25 Papers of the Royal Commission on Population, 1950, IV, S. 35-38. Family Doctor, September 1959.

26 S. Peller, »Studies in Mortality since the Renaissance«, Bull. Hist. Med. XIII/1943, S. 457.

27 J. Hunter, South Yorkshire, II, S. 143, n. 1.

28 J. T. Krause, »The Implications of recent Research into Demographic History«, in: Comparative Studies in Society and History I/1958-59; J. Huarte Navarro, The Examination of Men's Wits, 1594, S. 296, 319; A. B. Grosart, Lismore Papers, 2nd Ser., IV, S. 83; Bodl. Rawlinson MSS Poet. 26f. lv (diesen Hinweis verdanke ich Mr. Julian Mitchell); S. Peller, a. a. O., XXI/1947, S. 57-58.

29 V. Sackville-West, Diary of Lady Anne Clifford, 1923, S. 17.

30 Zitiert von Keith Thomas, »Women and the Civil War Sects«, in: Past and Present 13/1958, S. 57.

Norbert Elias
Wohn- und Lebensformen der höfischen »Familie« im Frankreich des 18. Jahrhunderts*

1. [...]

2. Nicht alle sozialen Einheiten oder Integrationsformen der Menschen sind zugleich Wohn- oder Behausungseinheiten. Aber sie alle sind durch bestimmte Typen der Raumgestaltung charakterisierbar. Sie sind ja immer Einheiten aufeinander bezogener, ineinander verflochtener *Menschen;* und wenn auch Art oder Typus dieser Beziehungen gewiß niemals bis ins Letzte und Wesentliche durch räumliche Kategorien ausdrückbar sind, so sind sie doch immer *auch* durch räumliche Kategorien ausdrückbar. Denn jeder Art eines »Beisammen« von Menschen entspricht eine bestimmte Ausgestaltung des Raumes, *wo* die zugehörigen Menschen, wenn nicht insgesamt, dann wenigstens in Teileinheiten tatsächlich beisammen sind oder sein können. Und so ist also der Niederschlag einer sozialen Einheit im Raume, der Typus ihrer Raumgestaltung eine handgreifliche, eine – im wörtlichen Sinne – sichtbare Repräsentation ihrer Eigenart. In diesem Sinne bietet also auch die Wohnweise der höfischen Menschen einen sicheren und höchst anschaulichen Zugang zum Verständnis bestimmter gesellschaftlicher Beziehungen, die für die höfische Gesellschaft charakteristisch sind.

Bezeichnend für die Wohnweise der höfischen Menschen ist zunächst, daß sie alle oder mindestens ein bedeutender Teil von ihnen zugleich ein Logis im Hause des Königs, im Schloß von Versailles und eine Wohnung, d. h. ein Hôtel in der Stadt Paris hatten. Von den Landhäusern, die sie außerdem zumeist noch besaßen, kann in diesem Zusammenhang abgesehen werden.

Man kann das Schloß von Versailles, das eigentliche Gehäuse des französischen Hofes als Wohnsitz des höfischen Adels und

* Auszüge aus: Norbert Elias, Die höfische Gesellschaft. Untersuchungen zur Soziologie des Königtums und der höfischen Aristokratie mit einer Einleitung: Soziologie und Geschichtswissenschaft, Neuwied, Berlin 1969 (Soziologische Texte, Bd. 54), S. 70-74, 76-84, 89-91. Abdruck mit freundlicher Genehmigung des Luchterhand Verlags, Darmstadt und Neuwied.

auch des Königs, nicht für sich allein betrachten und verstehen. Es bildet das Spitzenphänomen einer in allen ihren Äußerungen hierarchisch gegliederten Gesellschaft. Man muß sehen, wie der höfische Adel bei sich wohnt, um zu verstehen, wie der König wohnt und sein Adel bei ihm. Die Stadthäuser des Adels, die »Hôtels«, zeigen zunächst einmal in einer relativ klaren und einfachen Form jene soziologisch relevanten Wohnbedürfnisse dieser Gesellschaft, welche vervielfacht, ineinandergeschachtelt und durch die besonderen Herrschafts- und Repräsentationsfunktionen der Könige kompliziert, zugleich die Gestalt des Königspalastes bestimmen, der die Gesellschaft als Ganzes beherbergen soll.

3. Das Gebäude, das der höfische Adel des ancien régime bewohnte, hieß je nach dem Rang des Besitzers, und dementsprechend je nach der Größe, »Hôtel« oder »Palais«. Die Encyclopédie[1] reproduziert den Grundriß eines solchen Hôtels[2]. Ihre Erläuterungen dazu und die entsprechenden Artikel vervollständigen das Bild, das man von den Funktionen seiner einzelnen Teile und Räume gewinnt. Was ist daran soziologisch relevant?

Vor sich sieht man ein Gebäude, dessen Teile um einen großen rechteckigen Hof gruppiert sind. Zur Straße hin wird die eine Schmalseite des Hofes durch einen nach außen abgeschlossenen Säulengang gebildet, in dessen Mitte die breite »Porche« Eingang und zugleich Durchgang für die Karossen bildet. Rechts und links an den beiden Flügelbauten entlang wird der Säulengang bis zu dem Mittelgebäude an der anderen Schmalseite fortgesetzt, so daß man vom Eingang her immer trockenen Fußes bis zu diesem Mittelgebäude gelangen kann. Dieser Mittelbau, hinter und neben dem sich der große Garten hinzieht, beherbergt die Gesellschaftsräume; der anschließende Teil der beiden Flügel faßt die »appartements privées« in sich. Auf ihrer Rückseite liegt, hier durch eine große Galerie, dort durch Bade- und Toilettenräume von dem großen Garten getrennt, rechts und links je ein kleiner Blumengarten. In den näher an der Straße liegenden Teilen der Flügel endlich, sind die Ställe, Küchen, Dienerwohnungen und Vorratsräume untergebracht. Sie gruppieren sich rechts und links um je einen kleineren Hof, »basse-cour« genannt, der durch Gebäudeteile von den kleinen Blumengärten vor den Fenstern der appartements privées abgetrennt ist. Im Bereich dieser kleinen Höfe, wo ein Teil der Küchenarbeiten verrichtet wird, wo zwischen Ställen die Besuchskutschen abgestellt werden, nachdem ihre Besitzer im großen Hof an der Treppe des Mittelgebäudes ausgestiegen sind, spielt sich das Leben der »domestiques« ab.

Es ist, wie man sieht, ein städtischer Wohntypus eigentümlicher Art, den die höfischen Menschen sich in ihren Hôtels geschaffen haben. Stadthäuser sind es zwar, aber man spürt an ihrem Aufbau noch die Verbindung mit dem Landsitze des Gutsherrn. Der Gutshof ist noch vorhanden, aber er hat von allen seinen Funktionen nur die des Auffahrtsweges und der Repräsentation behalten. Die Ställe, Speicherräume und Dienerwohnungen sind noch da, aber sie sind mit dem Herrenhaus verwachsen, und von der umgebenden Natur sind nur die Gärten zurückgeblieben.

Diese Beziehung des Hôtels zum Typus des ländlichen Herrensitzes[3] hat symptomatische Bedeutung. Gewiß sind die höfischen Menschen Stadtbewohner, und das Leben in der Stadt prägt ihnen auch bis zu einem gewissen Grade seinen Stempel auf. Aber ihre Bindung an die Stadt ist weniger fest als die der berufstätigen Bürger. Die meisten von ihnen besitzen noch einen oder mehrere Landsitze. Von dort haben sie nicht nur gewöhnlich ihre Namen, sondern gewöhnlich auch einen großen Teil ihrer Einkünfte, und gelegentlich ziehen sie sich dorthin zurück.

Ihre Gesellschaft ist immer die gleiche; die Lokalität aber wechselt; bald leben sie in Paris, bald ziehen sie mit dem König nach Versailles, nach Marly oder nach einem seiner anderen Schlösser, bald wieder schlagen sie ihr Domizil auf einem ihrer eigenen Landschlösser auf oder gehen als Gast auf das Gut einer ihrer Freunde. Diese eigentümliche Situation: eine feste Bindung an ihre Gesellschaft, welche die eigentliche Heimat für sie darstellt, bei relativ auswechselbarem Lokal, bestimmte nicht zum wenigsten ihren Charakter und den ihrer Häuser. Alles an diesen, davon wird sogleich noch zu reden sein, weist auf die enge Verbundenheit mit dieser Gesellschaft, kaum etwas an ihnen, vielleicht eben nur die Zusammengedrängtheit verschiedener Komplexe zu *einem* Ganzen, weist auf eine funktionelle Bindung an die Stadt. Es brauchte kaum etwas anderes gestaltet zu werden, wenn man dieses Haus auf dem Lande errichten würde. Seine Besitzer sind in das Gefüge der Stadt ausschließlich als Verbraucher verflochten, wenn man von ihrer Verflochtenheit in die Pariser höfische Gesellschaft selbst absieht. Dieser Verbrauch ist bei genügender Dienerschaft normalerweise auf dem Lande fast ebenso gut zu befriedigen. Allenfalls der erhöhte Luxusverbrauch verweist an die Stadt.

4. Die relative Auswechselbarkeit des Lokals stand begreiflicherweise in engem Zusammenhang mit der Möglichkeit, die für diese Damen und Herren bestand, über ein großes Dienstpersonal zu disponieren. Diese Verfügungsgewalt über viele dienende Hände, von dem Intendanten und den Maîtres d' hôtel, denen die Verwaltung der Einkünfte, die Sorge für die Ordnung und Behaglichkeit des Haushalts, die Aufsicht über das andere Personal oblag, bis herab zu den Kutschern und Lakaien, welche den Transport bewerkstelligten, sie bildete die Voraussetzung für diese spezifisch begrenzte Mobilität; sie setzte die höfischen Menschen für die keineswegs immer leichten Aufgaben frei, die das Leben an dem häufig wandernden Hof und inmitten der höfischen Gesellschaft ihnen stellte.

Die höfischen Menschen selbst reden nicht sehr viel von diesen Händen, die sie tragen. Die Domestiquen leben gewissermaßen hinter den Kulissen, vor denen das große Spiel des höfischen Lebens abläuft; und so wird auch im folgenden wenig von ihnen zu reden sein [...]

5. Während die Räume für solche häuslichen Verrichtungen, wie sie eben beschrieben wurden, und für die Bediensteten, die damit zu tun hatten, sorgfältig von den Wohn- und Gesellschaftsräumen abgesondert werden, findet zugleich der Aufbau der höfischen Gesellschaft auf einer breiten dienenden Schicht seinen Ausdruck unmittelbar im Aufbau der Herrschaftsräume selbst. Vom Eingang führt der Weg zu jedem der verschiedenen Wohn- oder Gesellschafts-Appartements durch ein oder mehrere Antichambres. Sie sind zu finden vor dem Schlafzimmer des Herrn und vor dem der Dame des Hauses, vor dem Paradeschlafzimmer, wie vor der »salle de compagnie«. Dieser Raum, das Antichambre, ist geradezu ein Symbol der höfischen guten Gesellschaft des ancien régime. Hier warten in steter Dienstbereitschaft die livrierten oder nichtlivrierten Lakaien und Diener auf die Befehle der Herrschaft. Kaum etwas ist charakteristischer für deren Haltung zu ihren Dienern als eine Bemerkung, welche fast die Hälfte des kurzen Artikels bildet, den die Encyclopédie dem Antichambre widmet: »Da das erste Antichambre«, so sagt sie, »im-

mer für die ›Livrée‹ bestimmt ist, macht man hier selten Gebrauch von Kaminen. Man begnügt sich Öfen davor aufzustellen, die alle Teile eines Appartements vor der kalten Luft bewahren, welche die dauernde Öffnung der zum Eingang in die Herrschaftsräume bestimmten Türen mit sich bringt.«

Man darf nicht vergessen, wenn man so etwas liest, daß der adeligen Kerntruppe, der »monde« des 18. Jahrhunderts, die Vorstellung, in einem bestimmten Sinn seien, unbeschadet der Rangunterschiede, alle Menschen *»gleich«*, durchaus fremd war. Die Encyclopédie, solchen Gedanken schon erheblich näher, betont immerhin in ihrem Artikel »domestique«, daß es in Frankreich keine Sklaven mehr gäbe, und daß auch die Diener nicht als Sklaven, sondern als »freie Menschen« betrachtet werden müßten.

Aber selbst sie rechtfertigt noch z. B. das bestehende Gesetz, nach dem Hausdiebstahl mit dem Tode bestraft wurde[4]. Sie rechtfertigt mit anderen Worten rational, was von den Grandseigneurs aus gesehen über alle vernunftgemäße Begründung hinaus zugleich Folgeerscheinung des selbstverständlichen Glaubens an die Ungleichheit der Sozialschichten war. Sie brauchte sich keineswegs in schlechter Behandlung der Dienstboten zu äußern. Sie konnte ihren Ausdruck auch in einer Art von Vertraulichkeit gegenüber einzelnen Dienstboten finden. Aber was in ihr immer gegenwärtig blieb, war die unaufhebbare Distanzierung, das in der Tiefe wurzelnde Empfinden, es bei diesen Männern und Frauen, von denen eine mehr oder weniger große Armee den Haushalt füllte, und deren ständige Gegenwart, also der ganzen Situation der höfischen Menschen, gemessen an der unseren, eine andere Gestalt und Atmosphäre verlieh, mit einem fremden Menschenschlag zu tun zu haben, mit Menschen des »gemeinen Volkes«; die Encyclopédie selbst gebraucht dieses Wort. Und die Anordnung der Räume, welche vor jedem herrschaftlichen Raum mindestens ein Antichambre vorsieht, ist also ein Ausdruck dieser *Gleichzeitigkeit von ständiger räumlicher Nähe und ständiger sozialer Ferne, von innigem Kontakt in der einen Schicht und strengster Distanz in der anderen*[5].

Diese eigentümliche Art der Beziehung findet sich dann, freilich in bestimmter noch näher zu bezeichnender Weise modifiziert, auf einer anderen Stufe der sozialen Hierarchie im Hause des Königs wieder. Hier aber stehen die Grandseigneurs und »grandes dames«, welche als Herrschaft auf der vorigen Stufe die Niedrigerstehenden in das Antichambre verweisen, nun ihrerseits als Dienende im Antichambre und warten auf den Wink ihres Herrn, des Königs.

6. Es gibt, wie man sah, in jedem der beiden Flügel des Hôtels anschließend an die Flügelteile vor den »basses-cours«, ein »appartement privé«, nämlich eins für den Herrn und eins für die Dame des Hauses. Das eine liegt auf der linken, das andere auf der rechten Seite des großen Hofes. Beide Appartements sind fast völlig gleich aufgebaut; Schlafzimmer und Schlafzimmer liegen einander genau gegenüber. Aber sie sind durch die ganze Breite des Hofes getrennt. Und die Bewohner sehen sich nicht etwa in die Fenster; denn die Fensterfronten gehen bei beiden – um das Geräusch der häufig an- und abfahrenden Wagen zu vermeiden, wie die Encyclopédie meint[6] – rückwärts nach den Blumengärten. Herr und Dame haben beide anschließend an ihr Schlafzimmer ihr eigenes Kabinett, in dem sie bei oder nach der Toilette Besuche empfangen können, beide anschließend daran ihr eigenes Antichambre und beide selbstverständlich ihr eigenes Garderobezimmer.

Man kann die Stellung von Mann und Frau in dieser Gesellschaft kurz und knapp kaum deutlicher charakterisieren, als durch den Hinweis auf diese gleichmäßige, aber völlig getrennte Anlage ihrer privaten Appartements. Man begegnet hier einer Ehe- und Familienform, die in soziologischen Theorien der Familie vielleicht etwas größere Beachtung verdiente.

»Wie lebt sie mit ihrem Mann?« fragt der neue Diener die Kammerzofe der gnädigen Frau[7].

»Oh, gegenwärtig sehr gut«, ist die Antwort. »Er ist ein wenig pedantisch, aber er ist ehrgeizig; sie hat sehr viele Freunde; sie gehen nicht in dieselben Gesellschaften, sie sehen sich sehr selten und leben sehr anständig zusammen.«

Das ist natürlich ein individueller Fall; nicht jeder Mann dieser Gesellschaft ist ehrgeizig und pedantisch, nicht jede Dame hat viele Freunde. Aber dennoch wird hier zugleich auch etwas für den Aufbau dieser Gesellschaft durchaus Typisches sichtbar. Diese Gesellschaft ist so weiträumig, daß Mann und Frau verschiedene Verkehrskreise haben können. Der Spielraum für ein Eigenleben ist schon von hier aus, aber ganz gewiß nicht von hier aus allein, für die Verheirateten ein ganz anderer, als in einer engräumigen Gesellschaft.

Auf der anderen Seite sind bestimmte Kontakte zwischen den Ehegatten durch Anstand, Konvention und Repräsentationspflichten gefordert. Dieses Minimum an Kontakten, das von der Gesellschaft gefordert wird, bildet an bestimmten Stellen Schranken für das Eigenleben der beiden Gatten. In welcher Richtung das liegt, was der Grandseigneur von seiner Frau verlangen muß, wird z. B. sichtbar, wenn der Herr, von dem die Kammerzofe in dem eben angeführten Zitat spricht, am späten Vormittag in das Appartement seiner Frau kommt, die noch schläft und ihr durch die Zofe folgendes ausrichten läßt: »Sagen Sie ihr, daß wir acht Tage lang Trauer haben für Mme. de Saucourt und daß sie meine Mutter besuchen möchte, die krank ist. Ich gehe nach Versailles. Ich werde morgen oder übermorgen zurück sein.«

Die Pflicht gegenüber der Gesellschaft – und zu ihr gehört auch der Besuch bei der kranken Schwiegermutter –, im weiteren Sinne die Aufrechterhaltung des Ansehens und der Ehre des »Hauses«, sie blieb als das Gemeinsame zurück, wenn andere individuelle Gemeinsamkeiten sich verloren, und wenn die fehlende Neigung jeden der Ehepartner von seinem Freiheitsspielraum Gebrauch machen ließ[8].

Die öffentlich legitimierte Beziehung zwischen Mann und Frau findet in der bürgerlichen Berufsgesellschaft ihren Ausdruck in der Formierung und im Begriff der »Familie«. In der grandseigneuralen Gesellschaft des ancien régime findet sie ihren Ausdruck im Begriff des *»Hauses«*. Nicht nur vom »Haus Frankreich« spricht man, um die Einheit des Königsgeschlechtes über Generationen hinweg zu bezeichnen, sondern auch jeder der Grandseigneurs spricht von seinem »Haus«. Im Sprachgebrauch des ancien régime ist der Begriff der »Familie« mehr oder weniger auf das gehobene Bürgertum, der des »Hauses« auf König und hohe Aristokratie beschränkt. Die Encyclopédie stellt diesen Unterschied im Sprachgebrauch der verschiedenen Schichten, begreiflicherweise mit einem heftigen Tadel, ausdrücklich fest[9]. Es handelt sich dabei, wie man sieht, nicht nur um eine »façon de parler«, sondern hinter diesem Sprachgebrauch steht eine Realität, eine tatsächliche Verschiedenheit in Aufbau und Ausgestaltung der gesellschaftlich legitimierten Geschlechtsbeziehung beim hohen Adel und beim gehobenen Berufsbürgertum[10]. Man kann in diesem Zusammenhang nicht ausführlich darauf eingehen. Es muß genügen, darauf hinzuweisen, daß tatsächlich die höfisch-aristokratische Ehe in keiner Weise auf das abgestellt ist, was man in der bürgerlichen Gesellschaft ein »Familienleben« zu nennen pflegt, sondern es kommt faktisch bei der Eheschließung in diesem Kreise in erster Linie auf ein dem Rang des Mannes entsprechendes, möglichst sein Prestige und seine Beziehungen vergrößerndes »Aufmachen« und »Fortführen« seines »Hauses« an, auf den Rang- und Ansehensgewinn oder mindestens auf die Rang- und Ansehensbehauptung der Eheschließenden als der gegenwärtigen Repräsentanten dieses Hauses. In diesem Zusammenhang also muß man die Beziehung zwischen dem Herrn und der Dame des Hauses, zwischen dem höfischen Grandseigneur und seiner Frau verstehen. Was die Gesellschaft kontrolliert, ist in erster Linie die Beziehung dieser beiden Menschen als Repräsentanten ihres Hauses nach außen; im übrigen mochten sie sich lieben oder nicht, sich die Treue halten oder nicht, ihre Beziehung mochte so kontaktarm sein, wie es nur immer ihre Verpflichtung zu gemeinsamer Repräsentation zuläßt. In dieser Hinsicht ist die gesellschaftliche Kontrolle lässig und schwach. Die beschriebene Anordnung der herrschaftlichen Privat-Appartements bildet gewissermaßen die optimale Lösung für die Wohnungsbedürfnisse, welche diesem höfischen Typus der Ehe – man kann kaum den bürgerlichen Begriff »Familie« anwenden – entsprechen.

7. Wenn man das häusliche Feld der großen Herren und Damen des ancien régime derart in Gedanken abschreitet, dann sieht man in seinem Aufbau zugleich, von einer bestimmten Seite her den Aufbau des *Beziehungsnetzes,* in das sie verflochten sind. Man findet die eigentümliche Art ihrer Beziehung zum Dienstpersonal ausgedrückt in der Absonderung der Räume um die »basses-cours« und des Antichambre. Man findet die eigentümliche Beziehung zwischen Mann und Frau ausgedrückt in der charakteristischen Distanzierung ihrer »appartements privées«. Und man findet endlich die Art ihrer Verflochtenheit in die Gesellschaft oder »Society« in gewisser Weise dargestellt in den Anlagen der Gesellschaftsräume. Daß diese den Haupt- und Mittelteil des repräsentativen Erdgeschosses einnehmen, und überdies einen größeren Raum als die beiden »appartements privées« zusammen, ist an sich schon ein Symbol für die Bedeutung, die im Leben dieser

Menschen die Beziehung zu ihrer Gesellschaft hat. Das Schwergewicht ihres Daseins liegt hier.

Die Gesellschaftsräume sind zweigeteilt. In ihrer Mitte liegt, im allgemeinen, die Höhe der zweiten Etage mitumfassend und zumeist ausgeschmückt mit korinthischen Säulen, der große Salon, das Zentrum der höfisch-aristokratischen Geselligkeit. Der Gast steigt an der Freitreppe vor dem Hauptgebäude aus seiner Kutsche, durchschreitet ein großes rechteckiges Vestibule und gelangt von dort in den großen runden Salon. Auf der einen Seite von diesem liegen, durch einen eigenen Zugang vom Vestibule aus erreichbar, die Räume des »appartement de société«, Antichambre und Garderobe voran; dann folgt eine »salle de compagnie«, ein kleinerer intimerer ovaler Salon, ein Eßsaal, neben dem das Büfett liegt, u. a. Auf der anderen Seite des großen Salons liegt das »appartement de parade«, zu dem kleinere Parade-Salons und Paradekabinette gehören, anschließend an den einen Salon dann eine große Galerie, welche weit über den anschließenden Flügel hinaus den großen Garten von dem kleineren Blumengarten trennt. Außerdem aber gehören zu diesem Parade-Appartement auch Parade-Schlafräume mit allem Zubehör.

Diese Zweiteilung der Gesellschaftsräume hat einen ganz bestimmten gesellschaftlichen Sinn. Das »Appartement de société« ist für den engeren Verkehrskreis des Herrn und vor allem wohl der Dame bestimmt. Hier empfangen sie, gewöhnlich am Nachmittag, die Menschen, welche kommen, um ihnen Gesellschaft zu leisten. Hier in diesen nicht primär auf Repräsentation, sondern etwas mehr auf Behaglichkeit abgestellten Räumen hat jene etwas intimere und durch Etikette-Rücksichten nicht allzusehr gefesselte Geselligkeit ihre Stätte, die man als Salon-Geselligkeit aus der Geschichte des 18. Jahrhunderts kennt.

Das Parade-Appartement dagegen, ist das Symbol jener eigentümlichen öffentlichen Stellung, welche die Großen des ancien régime einnehmen, auch wenn sie keinerlei Amt bekleiden. Hier empfangen sie, meist am späten Vormittag, die offiziellen Visiten gleich- und höher stehender Menschen; hier verhandeln sie alle jene »Affairen« des höfischen Lebens, welche sie mit Menschen der höfischen Gesellschaft außerhalb ihres engeren Verkehrskreises in Berührung bringen; hier nehmen sie Besuche entgegen als Repräsentanten ihres »Hauses«. Das Parade-Schlafzimmer mit seinem eigenen Antichambre und eigenen Kabinetten dient außerdem der Aufnahme von hohen und besonders zu ehrenden Gästen; dann aber nimmt hier, auf dem »lit de parade« die Dame als Repräsentantin des »Hauses« bei besonderen Angelegenheiten z. B. nach einer Entbindung, die offiziellen Besuche entgegen. Und diese Einbeziehung vieler Seiten des Lebens, die wir dem Privatleben zurechnen, in den Kreis des öffentlich-gesellschaftlichen Lebens, wie sie sich hier, ebenso wie an vielen anderen Punkten, zeigt, ist für den Lebensaufbau dieser Menschen höchst charakteristisch. Sie erst macht die Differenzierung der Gesellschaftsräume in ein »appartement de société« und ein »appartement de parade« voll verständlich. Der hohe Rang und die daraus entspringende Verpflichtung zur Repräsentation gibt in bestimmten Fällen dem gesellschaftlichen Verkehr, dem Besuch z. B., einen Ernst und eine Valenz im Leben dieser Menschen ohne Beruf, wie sie in der bürgerlichen Berufsgesellschaft nur Geschäfts- oder Berufsbesuche irgendwelcher Art haben, und kaum noch »Privatbesuche«. Die Berufsbesuche bürgerlicher Schichten – und damit sind natürlich hier auch jene »Privatbesuche« gemeint, die mittelbar Berufszwecken dienen – erhalten ihren Charakter aus ihrem Zusammenhang mit dem Erwerb von Geldchancen, mit der Karriere, mit der Aufrechterhaltung oder der Erhöhung der berufs-gesellschaftlichen Position. Die Differenzierung der höfischen Gesellschaftsräume in ein Appartement für den relativ vertrauteren gesellschaftlichen Verkehr und eines für den offizielleren gesellschaftlichen Verkehr stellt bis zu einem gewissen Grade ein Analogon innerhalb der seigneuralen Gesellschaft zu der Differenzierung der Räume in Privatverkehrs- und Berufsräume innerhalb der Berufsgesellschaft dar. In dieser Differenzierung wird ganz unmittelbar ein Sachverhalt faßbar, von dem noch öfters und noch genauer zu reden sein wird; wenn man den sozialen Lebensaufbau der höfischen Menschen des ancien régime an dem berufsbürgerlichen Lebensaufbau und dessen Einteilung mißt, dann fällt dieses ganze höfische Leben unter die Kategorie der »Privatsphäre«. Aber diese Art der Bestimmung ergibt ein verzerrtes Bild. Da es für höfisch aristokratische Menschen nicht in unserem Sinne ein Berufsleben gab, ist die Scheidung von Berufs- und Privatleben überhaupt nicht anwendbar. Aber die Notwendigkeit der sozialen Selbstbehauptung oder auch das Streben zur Erhöhung von Rang und Würde legt diesen Menschen nicht weniger strenge Verpflichtungen auf, unterwirft sie nicht weniger starken Zwangsläufigkeiten als die heutigen Menschen auf Grund analoger Tendenzen des Berufslebens.

So hat der gesellschaftlich gesellige Verkehr am Hofe und in der höfischen Gesellschaft ein eigentümliches Doppelgesicht: er hat einmal die Funktion unseres Privatlebens, Ausspannung, Vergnügen, Unterhaltung zu geben; er hat gleichzeitig die Funktion unseres Berufslebens, unmittelbares Instrument der Karriere und Selbstbehauptung, Medium des Auf- und Abstiegs, als Pflicht erlebte Erfüllung gesellschaftlicher Forderungen und Zwänge zu sein. Bei der einen Veranstaltung ist vielleicht dies, bei der anderen jenes stärker akzentuiert; ausschalten läßt sich eher jene Seite, als diese. Dieses Doppelgesicht kommt in der Differenzierung der Gesellschaftsräume zum Ausdruck. Bei den Zusammenkünften in den »Appartements de société« sind wohl Vergnügen und Unterhaltung stärker akzentuiert, aber die andere mehr öffentliche Seite fehlt nicht. Bei denjenigen Zusammenkünften dagegen, zu denen man die Paraderäume öffnet, steht der öffentliche Charakter des Granden, die Wahrung der Interessen und des Geltungsanspruchs seines Hauses im Vordergrund.

8. [...]

9. [...] Die untersten sozialen Schichten (d. h. die Handwerker und Händler – H. R.) brauchen nicht zu repräsentieren, sie haben keine eigentliche Standesverpflichtung. So treten als bestimmend für ihre Behausungen Charakterzüge in den Vordergrund, die bei den anderen nicht zu fehlen brauchen, aber doch hinter der Repräsentations- und Prestigefunktion entscheidend zurücktreten. Gebrauchswerte, wie Bequemlichkeit und Solidität werden so beim Bau der Häuser für die bezeichneten Berufsschichten nackt und unverbrämt zur Hauptsache. Der Zwang zur Wirtschaftlichkeit und Sparsamkeit macht sich schon im Äußeren bemerkbar.

10. Bei allen anderen Gruppen dagegen tritt – und zwar um so stärker, je höher sie rangieren – die Verpflichtung, entsprechend ihrem Stand aufzutreten und schon durch ihr Haus auszudrükken, wessen Standes sie sind, mehr und mehr in den Vordergrund. Bei ihren Behausungen überdeckt der Prestigewert den reinen Gebrauchswert. Hier hat vor dem Wirtschaftsethos, dem Instrument der Selbstbehauptung zunächst in den untersten Schichten, das Standesethos, Instrument der Selbstbehauptung in den oberen Schichten, den Vorrang.

Diese Zusammenhänge, deren vorläufige Formulierung an dieser Stelle ihre volle Bestätigung und Abrundung erst allmählich mit der Erhellung des Aufbaus dieser Gesellschaft im Ganzen erhalten kann, werden schon deutlicher, wenn man sieht, welche Attribute der gesellschaftliche Brauch der nächsten Häusergruppe zubilligt, obgleich es sich noch um Bürgerhäuser handelt.

Es folgen in der Häuserhierarchie diejenigen »maisons particulières«, die sich reiche Bürger als ihren ständigen Wohnsitz errichten. Diese Häuser »doivent avoir un charactère qui ne tienne ni de la beauté des hôtels, ni de la simplicité des maisons ordinaires (d. h. der vorigen Gruppe). Les ordres d'Architecture[11] ne doivent jamais entrer pour rien dans leurs décoration, malgré l'opulence de ceux qui les font élever.«

Das heißt wahrhaft ständisch gedacht, nämlich im Sinne der oberen Stände des ancien régime! Nicht vom Reichtum des Besitzers wird die Größe und Ausschmückung des Hauses abhängig gemacht, sondern allein von dem ständisch-sozialen Rang, und damit von der Repräsentationspflicht[12] des Bewohners.

Wenn man sich den Aufbau eines solchen Hauses ansieht[13], dann findet man im großen und ganzen die gleichen Elemente wieder wie bei dem Hôtel. Die Hausgestaltung der Aristokratie als der in allen Fragen der Lebensgestaltung maßgebenden Schicht, bildet auch das Vorbild für die Hausgestaltung des gehobenen Bürgertums. Aber alle Maße sind verringert. Der Hof und vor allem die beiden »basses-cours« sind ganz klein; auf ein geringes Maß sind dementsprechend auch die darum liegenden Räume für die häuslichen Verrichtungen beschränkt; eine Küche, eine Speisekammer und ein kleines Office sind da, nichts weiter. Die Appartements für den Herrn und die Dame des Hauses sind ganz nahe aneinander gerückt, Symbol und zugleich mitbestimmende Grundlage für die relative Engräumigkeit der bürgerlichen Ehe, gemessen an der Weiträumigkeit der höfisch-aristokratischen. Vor allem aber die Gesellschaftsräume sind ganz zusammengeschrumpft. Das Parade-Appartement fehlt bezeichnenderweise vollkommen. Der kreisförmige Salon ist da, aber kleiner und beschränkt auf eine Etage, an ihn schließt sich auf der einen Seite ein länglicher Raum an, der die Funktion eines Kabinetts und die Funktion einer Galerie in sich vereint, auf der zweiten ein kleines Boudoir, auf der dritten eine »salle de compagnie«. Das Antichambre davor hat zugleich die Funktion eines Eßzimmers für die Familie. Wird es als solches benutzt, dann schickt man das Personal in das Vestibule am Eingang. Das ist alles, was es an Gesellschaftsräumen hier gibt.

[...]

Anmerkungen

1 Diderot et D'Alembert, Encyclopédie ou Dictionnaire raisonné des sciences etc. wird hier und im folgenden immer zitiert nach der Genfer Ausgabe von 1777ff.

2 Enc. Recueil de Planches Bd. 2, Abt. Architektur, Tafel 23. Der dort abgebildete Plan stammt von Blondel, Archit. d. Roi. Ganz gewiß haben nicht alle Hôtels des 18. Jahrhunderts im einzelnen diesem Plane entsprochen und dennoch ist ein solcher als mustergültig empfundener Plan für uns dienlich; er zeigt uns, wie ein erfahrener Architekt sich die optimale bauliche Lösung solcher Wohnbedürfnisse vorstellt.

3 S. Jombert, Architecture moderne, Paris 1728, S. 43ff.

4 »Le vol domestique est puni plus sévèrement qu'un autre vol, parce qu'il renferme un abus horrible de la confiance et que les maîtres sont obligés de laisser beaucoup de chôses entre leurs mains.« Voltaire hat übrigens in einem später erschienenen Buche *Prix de la justice et de l'humanité* (1777) gegen diese Barbarei, Menschen evtl. wegen einer Kleinigkeit zu töten, nur weil es sich um Hausdiebstahl handelt, heftig gewettert. Wohin auf der anderen Seite eine solche existenzielle Geringschätzung der »domestique« selbst im engsten Kreise Voltaires führt, zeigt besonders deutlich eine Begebenheit, die sein Sekretär Longchamp, der frühere Kammerdiener seiner Freundin, der Marquise v. Châtelet, in seinen Memoiren berichtet: Die Marquise zeigte sich im Bade auf eine Weise nackt vor ihm, die ihn in die größte Verlegenheit setzte, während sie ihn völlig unbekümmert ausschalt, weil er das heiße Wasser nicht ordentlich zuschüttete. *Brandes*, der diese Memoirenstelle in seinem Buch über Voltaire (deutsche Übers. Berlin o. D. Bd. 1, S. 340/41) zit., sagt erläuternd dazu: »es geniert sie nicht, sich unbekleidet vor einem Lakai sehen zu lassen; sie betrachtete ihn nicht als Mann im Verhältnis zu sich selbst als Weib«. Eine ganz bestimmte Seite im Verhalten des höfischen Menschen findet in diesem Zusammenhang ihre Erklärung. Die ständige Verfügung über eine Menschenschicht, deren Gedanken der Herrenschicht völlig gleichgültig sind, bringt es mit sich, daß die Menschen dieser Herrenschicht sich unvergleichlich viel unbekümmerter, etwa beim An- und

Auskleiden, aber auch im Bade und selbst bei anderen intimen Verrichtungen vor anderen Menschen nackt zeigten, als das in der Gesellschaft ohne solchen breiten Unterbau von Dienstboten der Fall ist. Der Adel zeigt sich so vor seiner Dienerschaft und der König so auch vor dem Adel.

5 Gab es vor den herrschaftlichen Räumen ein zweites Antichambre, so war es für die Menschen »au dessus du commun« (s. Enc. Art. domestique) also »über dem gemeinen Volke« bestimmt, d. h. hier demnach vor allem: über der Dienerschaft. Als Menschen oberhalb des gemeinen Volkes aber sind hier nicht etwa Gäste auf der gleichen oder annähernd gleichen sozialen Rangstufe wie die Herrschaft des Hauses zu verstehen; diese Menschen des herrschaftlichen Verkehrskreises führt man, wenn es sich um die Privatgemächer der Herrschaft handelt, entweder in das Schlafzimmer selbst oder in ein zwischen Antichambre und Schlafzimmer liegendes Kabinett, wenn es sich um die Gesellschaftsräume handelt, wohl zumeist in den auf das Antichambre folgenden Salon. Was sich dagegen alles vor dem Schlafzimmer eines reichen Herrn in dessen Antichambre versammelt und bei zweien dann wohl, also je nach ihrem sozialen Rang, teils im ersten, teils im zweiten, zeigt u. a. eine Schilderung aus d. Leben d. Mme. d'Epinay (Thirion, La vie privée des financiers, 1895, S. 306).

6 Enc. Art. appartement.

7 Duc de Lauzun, Pariser Gespräche zit. b. Blei, Geist des Rokoko, München 1923, S. 49.

8 S. Enc. Art. mariage (droit naturel), wo es für die Frau ausdrücklich einmal gesagt ist, sie gelange durch die Ehe »à la liberté«.

9 S. Enc. Art. famille, maison.

10 Hierbei ist anzuerkennen, daß jene auf diese bis zu einem gewissen Grade abfärbte, so daß die Grenzen im Gebrauch der Begriffe »maison« und »famille« durch das ancien régime nicht ohne weiteres mit den angedeuteten Grenzen zwischen dem Realtypus der seigneuralen Eheführung im Sinne des »Hauses« und der bürgerlichen im Sinne eines engräumigen und kontaktreichen Familienlebens zusammenfällt.

11 Das ancien régime kannte fünf solcher »ordres d'Architecture«: das jonische, dorische, korinthische, ein dem korinthischen verwandtes unter dem Namen »l'ordre composite«, und das toscanische. Der Ausdrucksgehalt dieser Stilarten in Beziehung auf verschiedene soziale Schichten wird ganz genau abgehoben (Enc. Art. ordre).

12 Wie es kommt, daß in der Encyclopédie solche Anschauungen vertreten werden, kann in diesem Zusammenhang nicht beantwortet werden. Es sei aber wenigstens darauf hingewiesen, daß es eine ganze Reihe von Artikeln in der Encyclopédie gibt, in denen die ständische Differenzierung als etwas durchaus Selbstverständliches geschildert

und bejaht wird (s. z. B. Art. noblesse) wenn auch meistens mancherlei ideologische Umdeutungen vorgenommen werden.

13 Pläne dazu findet man in der Encyclopédie, a. a. O., Pl. XXV und XXVI.

Ivy Pinchbeck und Margaret Hewitt
Kindheit und Familie im vor-restaurativen England*

I

In der Gesellschaft der Tudor-Zeit, ebenso wie in der viktorianischen Gesellschaft, wurde großer Nachdruck darauf gelegt, Kinder zwar zu sehen, aber nicht zu hören. Mehr noch: ein Kind sollte selbst dem Auge nicht allzu sehr auffallen. Es galt weder als höflich, noch als angemessen oder klug, es in seinen eigenen Augen oder in den Augen der Älteren als wert- oder bedeutungsvoll erscheinen zu lassen. In den Oberklassen wurden häufig zur Feier der Schwangerschaft einer Ehefrau Freudenfeuer angezündet, und die Geburt selbst war möglicherweise Anlaß für ein ähnliches Feuer. Nachdem das Kind aber zur Welt gekommen war, galt seine frühkindliche Entwicklung als zu uninteressant oder bedeutungslos für seine Familie, um eine Aufzeichnung zu verdienen. Wir wissen daher nur sehr wenig darüber, wie sehr kleine Kinder lebten. Uns, die wir heute an die zentrale Stellung des Kindes in der Familie gewöhnt und vertraut sind mit ausführlichen Untersuchungen über die Motive, Gedanken und Aktivitäten von Kindern, erscheint die mangelnde Bedeutung, die man der Kindheit im England der Tudor-Zeit beilegte, auf den ersten Blick erstaunlich. Sie wird jedoch weniger verwunderlich, wenn man sich ins Gedächtnis ruft, wie kurz die gesamte Lebensspanne – insbesondere der Kinder – im 16. Jahrhundert sein konnte. Übervölkerte Häuser ohne ausreichende sanitäre Anlagen waren der Nährboden für die ansteckenden Krankheiten, besonders die Pest, die das Land Jahr für Jahr bis zur Mitte des 17. Jahrhunderts verwüstete. Bei dem damaligen Stand der medizinischen Wissenschaft mußten Krankheit und Schmerz ertragen und mit einem frühen Tod gerechnet werden. Die durchschnittliche Lebenserwartung lag bei vielleicht 30 Jahren, zuweilen etwas höher, wobei jedoch eine

* Auszüge aus: Pinchbeck, Ivy und Margaret Hewitt, Children in English Society, Vol. I: From Tudor Times to the 18th Century (Studies in Social History), London 1969, S. 4-5, 7, 8, 10-11, 13-14, 20-22, 25-27, 28, 29, 33-34, 41-43, 306-308, übersetzt von Christel Bussiek.

große Zahl von Menschen lange vor diesem Zeitpunkt ihren Tod gefunden hatte. Unter diesen Umständen verwundert es nicht, daß die Kindersterblichkeit erschreckend hoch war; dies war auch der Grund für den allgemein üblichen Brauch, die Taufe, das für die Rettung der Seelen notwendige Sakrament, noch am Tage der Geburt zu erteilen. Es war nichts Ungewöhnliches, wenn, während eine Mutter ihr zweites Kind gebar, das Erstgeborene im Alter von etwa 12 Monaten starb.

[...]

Die hohen Sterblichkeitsraten bei Kindern verhinderten zwangsläufig, daß das Kind zum Mittelpunkt und Hauptgegenstand des elterlichen Interesses und der elterlichen Zuneigung wurde. In der Tat stützten sie die jahrhundertealte Überzeugung, viele Kinder würden gezeugt, damit wenige am Leben erhalten werden könnten, und sie führten zu einer merkwürdig gleichgültigen Einstellung gegenüber dem Tod von Kindern. »Ich habe zwei oder drei Kinder im Säuglingsalter verloren«, schrieb Montaigne, »nicht ohne Bedauern, aber ohne Kummer.«[1]

Die Gefährdung des kindlichen Lebens minderte auch die Bedeutung der Kindheit als eines Altersstatus'. In einer Gesellschaft, in der nur wenige alt wurden, war das Alter weniger wichtig als das Überleben.

[...]

Von weit größerer allgemeiner Bedeutung war das Bewußtsein, daß Kinder zur Förderung des Familienvermögens benutzt werden konnten. Die Eltern, die um die Kürze der Lebensdauer wußten und nur zu gut die möglicherweise verheerenden Folgen fehlender testamentarischer Bestimmungen über die Hinterlassenschaft bei ihrem Tode kannten, waren eifrig darauf bedacht, ihre Söhne und Töchter zum frühest möglichen Zeitpunkt, in der Regel im Alter zwischen 7 und 9 Jahren, in die Welt der Erwachsenen einzuführen. Die Kindheit war lediglich ein biologisch notwendiges Vorspiel für die soziologisch allein wichtige Erwachsenenwelt. Kinder wurden daher nicht mit einer besonderen Behandlung verwöhnt – allem Anschein nach gab es keine Märchenbücher speziell für Kinder – und den Ereignissen im Leben ihrer Kinder wurde in Briefen und Tagebüchern der Eltern wenig besondere Aufmerksamkeit geschenkt. Als E. Chamberlayne 1620 erstmalig seine »Reflections on the Present State of England« veröffentlichte, die mit dem Ziel geschrieben waren, »die ganze

Lage Englands insgesamt sichtbar zu machen«, hielt er es für ausreichend, etwas weniger als 4 der 516 Seiten einem Abschnitt »Über Kinder in England« zu widmen – ein Kapitel, das sich nicht mit Kindern im allgemeinen beschäftigte, sondern ausschließlich mit den gesetzlichen Rechten von Kindern in bezug auf den Besitz von und die Verfügung über Eigentum[2].

Da die Kindheit in der zeitgenössischen Gesellschaft von so geringer Bedeutung war, drängten die Kinder selbst in den Angelegenheiten der äußeren Welt mit begieriger Erwartung voran. In einem Alter, in dem Jungen aus der Oberklasse heute die Vorbereitungsschule (für die Public School; A. d. Ü.) verlassen, gingen ihre Vorfahren bereits zur Universität.

[. . .]

Ganz gleich, ob es sich um die oberen oder die unteren Klassen handelte, dieser frühe Eintritt in eine Erwachsenenlaufbahn war typisch für das vor-restaurative England. In einem Alter, in dem junge Gentlemen in den Krieg zogen oder zur Universität gingen, hatten andere Jungen entweder bereits jahrelang auf dem Feld gearbeitet oder ihre Lehre begonnen.

Zur gleichen Zeit begannen die jungen Mädchen der Oberklassen ihren Dienst in adligen Haushalten. Ehrenjungfrauen traten im 16. und 17. Jahrhundert häufig als Kinder in den Dienst der Königin ein. Lady Bridget Manners beispielsweise ging mit 13 Jahren als eine der Ehrenjungfrauen von Königin Elisabeth an den Hof. Für ein junges Mädchen war das Leben in einem großen Haushalt nicht ohne Gefahren, und ihre eigene Mutter, die verwitwete Countess von Rutland, war über diese Berufung nicht ganz unbesorgt. Nach dem Tode des Vaters in ihrem elften Lebensjahr war Bridget jedoch zur Erziehung in den Haushalt ihrer Stiefgroßmutter, der Countess von Bedford, geschickt worden. Bis zu diesem Zeitpunkt hatte das Mädchen praktisch keinerlei Erziehung genossen; seine einzige Fähigkeit war das Lautenspiel, sein großer Nachteil die Neigung zu einem gebückten Gang. Die Countess von Bedford fand ihr Mündel aber so bezaubernd und anziehend, daß sie beschloß, sich um seine vernachlässigte Erziehung nicht zu kümmern, sondern ihm die nächste freie Stelle in den Privatgemächern der Königin zu sichern. Lady Rutland, durchaus nicht sehr begeistert von der Aussicht auf eine Stelle bei Hofe, hoffte, dies werde sich »noch nicht so bald ergeben, denn Bridget hat dort keine Bekannten und ist daher in höchstem Maße ungeeignet für eine solche Stelle«. [. . .]

II

Die kurze Lebenserwartung von Eltern und Kindern, so dramatisch sie im Gegensatz zur Langlebigkeit des 20. Jahrhunderts erscheint, ist nur eine teilweise Erklärung dafür, daß Kinder und Kindheit im vor-restaurativen England eine so geringe Bedeutung hatten. Von großer Wichtigkeit war auch die gängige Gesellschaftsauffassung, nach der die Familie, nicht der Einzelne, die Grundeinheit der sozialen Organisation darstellte. Bei einer solchen Sicht unterschieden sich die Kinder nicht von den erwachsenen Familienmitgliedern, da sie alle als Bestandteile einer sehr viel größeren Einheit, der erweiterten Familie, gesehen wurden, deren Interessen die der miteinander verwandten Kernfamilien von Eltern und Kindern untergeordnet waren. Die Förderung des Familienehrgeizes und des Familieninteresses, nicht die Realisierung privaten Ehrgeizes und das Erreichen von persönlichem Erfolg galten als die gemeinsame, wichtigste soziale Aufgabe. Im Unterschied zur modernen Gesellschaft, in der persönliches Glück und Erfüllung als *conditio sine qua non* einer erfolgreichen Ehe und des Familienlebens angesehen werden, spielten daher im England des 16. und 17. Jahrhunderts die persönlichen Zuneigungen von Mann und Frau, von Eltern und Kindern nur eine untergeordnete Rolle. Liebe galt nicht als ausreichender Grund für eine Ehe, wenngleich nach der Verheiratung Mann und Frau die Pflicht hatten, einander zu lieben. Dies ist immer wieder eines der besonders hervorgehobenen Themen in der sehr großen Zahl von Abhandlungen, die zu dieser Zeit veröffentlicht wurden, der sogenannten »Bücher über Häusliche Beziehungen«, geschrieben zum Zwecke der Erziehung und Erbauung der Mittelklassen, in deren Heime so viele Eingang fanden.

Typisch für diese Traktate war Becons »Boke of Matrimony« (1543), das die Vortrefflichkeit und die Würde der Ehe unterstreicht, das erklärt, was das Wesen der Ehe von verschiedenen Standpunkten her gesehen ausmacht und für welche Zwecke sie eingerichtet wurde, und das praktische Ratschläge über die Verhaltensprinzipien einer Familie anbietet. In bezug auf die Pflichten von Mann und Frau zählt Becon die folgenden auf: »einander zu lieben, Kinder zu zeugen, keusch zu leben«. Die Pflichten eines Mannes gegenüber seiner Frau waren: »als Führer, Philosoph und Freund zu handeln, für sie zu sorgen, sie zu verteidigen und ihr zu helfen«, während die Pflichten einer Ehefrau gegenüber ihrem Mann darin bestanden, »ihm unterwürfig zu dienen, bescheiden zu sein in Sprache und Kleidung, die Verantwortung für den Haushalt und seine Leitung zu übernehmen«.[3]

Für den modernen Betrachter zeigt die Unterscheidung, die Becon hier zwischen den jeweiligen Pflichten von Mann und Frau macht, ein ungewohntes Verhältnis als Basis gegenseitiger Liebe. Grundlegend für die Familienauffassung der Tudor-Zeit war jedoch die Vorstellung vom Ehemann als dem Haupt und Herrscher seines Hauses, eine Auffassung, zu deren Untermauerung beständig Belegmaterial aus der Bibel angeführt wurde. Selbst nach dem Bruch mit Rom, als eine neue Einstellung zu Frauen und Ehe sich allmählich durchzusetzen begann, betonten die fortschrittlichsten Bücher über Häusliche Beziehungen weiterhin die Notwendigkeit des Gehorsams der Ehefrau, auch wenn sie zur Erreichung dieses Ziels andere Methoden als das traditionelle Schlagen der Ehefrauen befürworteten. Henry Smith beispielsweise veröffentlichte 1591 eine erweiterte Predigt, »A Preparation to Marriage«, in der er Ehemännern befiehlt, ihre Ehefrauen nicht zu schlagen, – »Männer müssen ihre Hände, Frauen ihre Zungen im Zaum halten«.[4] Das Schlagen der Ehefrau fand jedoch noch lange nach Smiths Äußerung zu diesem Thema weiterhin seine Verfechter, wie es die Beteuerungen in William Heales »An Apologie for Women« (1609) und das anonyme »Anatomy of a Woman's Tongue« (1638) nur zu deutlich zeigen.

Von einer Gesellschaft, in der die romantische Auffassung der Ehe so wenig gefragt war, kann man kaum erwarten, daß sie das Eltern-Kind-Verhältnis sentimentalisiert hätte. In dem Abschnitt über »Das Verhalten der Familie« in Becons Abhandlung sind die von ihm beschriebenen Pflichten des Kindes gegenüber den Eltern beinahe das genaue Gegenstück zu den Pflichten der Frau gegenüber ihrem Mann, wie er sie bereits dargestellt hatte. Kinder sollten »unterwürfig und gehorsam« sein, denn: »Das Wort Gottes hat den Eltern große Vorrechte über ihre Kinder gegeben.«[5] Diese Vorrechte übte ein Vater über seine Kinder oder seine Frau oft mit grausamer Entschlossenheit aus.

[...]

III

Die Ernsthaftigkeit, mit der Eltern geraten wurde, »gebührenden Abstand« von ihren Kindern zu halten, deutet auf Veränderungen hin, die in der 2. Hälfte des 16. Jahrhunderts in der Organisation des Familienlebens erstmals sichtbar wurden und die weitreichende Auswirkungen nicht nur auf die Familie selbst, sondern auf die Gesamtgesellschaft haben sollten. Traditionellerweise konnte ein Haushalt der Mittel- oder Oberklasse bis zu 30 oder 40 Mitglieder, manchmal sogar noch mehr, umfassen. Diese enorme Größe ergab sich daraus, daß zur »Familie« nicht nur die eigenen Kinder, sondern auch deren junge Bräute, zuweilen auch erstgeborene Enkel, ältere Verwandte, Kusinen, Schwestern, unverheiratete Tanten und auch die Hausangestellten und die Lehrlinge gezählt wurden. Alle diese Menschen lebten zusammen als ein Haushalt, aßen und wohnten gemeinsam, ohne daß ein besonderer Teil des Hauses für die Diener und Lehrlinge abgetrennt gewesen wäre. Diese Regelung war in gewissem Maße die Widerspiegelung einer mittelalterlichen Anwendung der »Ökonomie der Rangordnungen« (economy of scale) auf die Organisation des Haushaltes. Der zunehmende Wohlstand ermöglichte es jedoch einigen Gruppen der besitzenden Klassen, im Haus eine Trennung zwischen dem Wohnbereich der Familie und dem der Dienstboten vorzunehmen, während das Anwachsen der Mittelschichten – der unabhängigen Bauern (yeomen farmers), der kleinen Kaufleute und Händler – zu kleineren Häusern führte, in denen ein persönlicheres Familienleben möglich wurde.

Wenn wir bisher zumeist auf die Bücher über Häusliche Beziehungen verwiesen haben, um zu illustrieren, welche Ratschläge sie in bezug auf das Verhältnis von Mann und Frau und die Disziplinierung der Kinder gaben, so erschöpfte sich doch der Rat, den sie anzubieten hatten, durchaus nicht in diesen Themen. Vor allem ist es wichtig, daran zu erinnern, daß jedes dieser Bücher besonderen Nachdruck auf die elterliche Pflicht legte, darauf zu achten, daß die Kinder in einem ehrlichen Beruf ausgebildet wurden, und die Mädchen für die Ehe und die Haushaltsführung vorzubereiten. Becon ermahnte die Eltern »gegen Ende ihrer (der Kinder) Ausbildung [. . .], über die für sie und ihre Fähigkeiten geeignetste Laufbahn nachzudenken«.[6]«. Wie dies in der Praxis bewerkstelligt wurde, hing von der sozialen Klasse der Eltern ab.

A. L. Rowse bemerkt in seinen Ausführungen über die Sozialstruktur im elisabethanischen England: »Man hat den Eindruck, daß es zu keiner anderen Zeit mehr Klassenbewußtsein gegeben haben kann«[7], und er verweist auf die große Sorgfalt, mit der die Oberklassen, zu einer Zeit, als es gebräuchlich war, Kinder wie kleine Erwachsene anzuziehen, ihre Kinder entsprechend ihrem Rang kleideten. In der Tat stand, wie Dr. Rowse aufzeigt, der Autoritarismus, der das Eltern-Kind-Verhältnis zu dieser Zeit charakterisierte, in direkter Beziehung zu diesem Bewußtsein der sozialen Hierarchie: »Das immer wiederkehrende Thema des elisabethanischen Denkens und Lehrens über die Gesellschaft ist die Notwendigkeit von Ordnung und Rang und die daraus folgende Betonung von Autorität und Gehorsam. Diese Lektion wurde durch alle Institutionen der Gesellschaft, durch tausend Kanäle eingeprägt.«[8]

Die elisabethanische Gesellschaft war durch drei Hauptsektoren charakterisiert: den Adel und den Landadel – die ungelernten Arbeiter, die des Lesens und Schreibens unkundige Landbevölkerung und die sehr kleinen Handwerker, deren Beruf wenig Ausbildung verlangte und deren Entlohnung dürftig war – und zwischen diesen beiden Extremen eine Gruppe, die bereits rapide wuchs, deren Denken und Interessen auf geschäftliche Gewinne konzentriert war: »Kaufleute, Händler, gelernte Handwerker und die Schar der kleinen Eigentümer in Stadt und Land.« Was die ärmeren Schichten angeht, so müssen wir offen zugeben, daß wir nur sehr wenig darüber wissen, wie sie ihre Kinder in einem »ehrlichen Beruf« ausbildeten. Eine weitgehend analphabetische Landbevölkerung hinterläßt nur wenig Aufzeichnungen, über die spätere Generationen nachdenken könnten. Eltern, deren Heime Wände aus Lehm oder Torf und Dächer aus Schilf hatten, deren Fußböden aus blanker Erde und deren Mobiliar aus einem Tisch auf Böcken und roh gezimmerten Schemeln oder Bänken bestanden, und die des Nachts auf Matratzen aus geflochtenem Stroh lagen, waren jedoch kaum in der Lage, ihre Kinder während einer längeren Ausbildung oder einer langen Lehrzeit zu unterstützen. Einige von ihnen waren zu arm, um ihre Kinder überhaupt zu ernähren, und die Gemeinderegister enthalten zahlreiche Eintragungen über die Aussetzung unerwünschter Kinder, die man erfroren oder verhungert an den Straßen fand – eine Praxis, die bei den ärmeren Schichten bis ins 19. Jahrhundert hinein beibehalten wurde. So wurde im Dezember 1556 eine Frau namens Morton dem Bürgermeister und den Ratsherren von London vorgeführt, weil sie ihr Kind in der Southwark Street ausgesetzt hatte. Sie wurde zur Auspeitschung in Bridewell verurteilt und dann in Cheapside an den Pranger gestellt, an ihrem Kopf einen Zettel mit der Aufschrift: »Ausgepeitscht in Bridewell, weil sie ihr Kind auf der Straße ausgesetzt hatte.«

Kinder der Armen, die das Glück gehabt hatten, eine Kindheit zu überleben, die auch ohne diese zusätzlichen Fährnisse schon gefährlich genug war, müssen zum frühest möglichen Zeitpunkt zur Arbeit geschickt worden sein. Für die Kinder des Landarbeiters kann es nur sehr geringe Chancen auf Erziehung und Lehre gegeben haben. Armut und Tradition entschieden anders.

[...]

Während die Einzelheiten der Erziehung armer Kinder für uns ebenso dunkel und undurchdringlich bleiben wie der Rest ihres Lebens, ist die Art, in der die Ober- und Mittelklassen ihre Kinder für die Erwachsenenwelt vorbereiteten, ausführlich dokumentiert, und in den Unterschieden der Erziehungspraktiken zwischen diesen beiden sozialen Gruppen lassen sich sowohl Anhaltspunkte für die Neuorientierung der zeitgenössischen sozioökonomischen Kräfte als auch der Schlüssel zur Entstehung moderner Vorstellungen von Kindheit und Familie finden.

Für den außenstehenden Betrachter gab es zwischen den Bräuchen der Ober- und der Mittelklasse anscheinend nur wenig zu unterscheiden – oder zu wählen: »Der Mangel an Herzlichkeit bei den Engländern zeigt sich sehr stark in ihrem Verhältnis zu ihren Kindern«, schrieb ein italienischer Beobachter zu Beginn des 16. Jahrhunderts, »denn nachdem sie sie zu Hause behalten haben, bis sie das Alter von sieben oder höchstens neun Jahren erreichen, schicken sie sowohl Jungen wie Mädchen fort, um einen harten Dienst in den Häusern anderer Leute zu leisten, wobei sie sie in der Regel für weitere sieben oder neun Jahre binden. Und diese Kinder werden Lehrlinge genannt und sie verrichten während dieser Zeit die niedrigsten Lakaiendienste; und nur wenige werden geboren, denen dieses Schicksal erspart bleibt, denn jeder, wie reich er auch sein mag, schickt seine Kinder fort in die Häuser von anderen, während er wiederum die Kinder von Fremden in sein eigenes Haus aufnimmt. Und auf die Frage nach dem Grund für diese Strenge antworteten sie, sie täten dies, damit ihre Kinder bessere Manieren bekämen. Ich für meinen Teil glaube aber, daß sie es tun, weil sie all ihren Komfort gern selbst genießen und weil sie von Fremden besser bedient werden, als das bei ihren eigenen Kindern der Fall wäre. Außerdem gönnen die Engländer, die große Epikuräer und von Natur aus sehr habgierig sind, sich selbst die köstlichsten Speisen und geben ihren Bediensteten nur das gröbste Brot und Bier und kaltes Fleisch, das am Sonntag für die ganze Woche gebacken wird, dies allerdings gewähren sie sehr reichlich. Wenn sie aber ihre eigenen Kinder im Hause hätten, wären sie gezwungen, ihnen das gleiche Essen zu geben, das sie selbst verzehren.«[9]

Dieses sehr frühe Aus-dem-Haus-Geben der Kinder war natürlich nichts Neues. Im Mittelalter hatte jeder adlige Haushalt seinen Kern von jungen Pagen, Schildträgern und jungen Mädchen, selbst Abkommen adliger Familien, und die Praxis der Kindererziehung durch Stellvertreter hatte sich lediglich ausgeweitet, bis es bei den Wohlhabenden zur Gewohnheit wurde, ihre Kinder fortzuschicken und ihre Erziehung nicht zu Hause abzuschließen. In der Klasse der Kaufleute, wo das ganze Problem der Erziehung eng mit der Lehre verknüpft war, verboten es die Regeln vieler (Handels-)Gesellschaften, die Söhne bei ihren Vätern in die Lehre zu geben, so daß sich bei diesen Familien (und es gab innerhalb der Mittelklasse keine ehrbareren oder höher geachteten) ein ähnlicher Brauch notwendig durchgesetzt hatte. Weder für die Ober- noch für die Mittelklasse traf es jedoch ganz zu, daß die Kinder ausnahmslos zu völligen Fremden geschickt wurden. In vielen Fällen wurden sie bei Freunden oder Bekannten, oder vielleicht bei Verwandten untergebracht. In jedem Falle aber war der Zweck des Aus-dem-Haus-Gebens der Kinder der gleiche: es sollte sicherstellen, daß ihnen eine Aufsicht und Ausbildung, unberührt von Familiengefühlen, in einem Haushalt zuteil wurde, dessen eigener Einfluß, wie man hoffte, zum Nutzen der Kinder ausschlagen sollte, die er in seinen Dienst nahm.

Die Bedeutung dieser Praxis im vor-restaurativen England wird von P. Ariès in »Centuries of Childhood« analysiert, in dem er hervorhebt, daß dies »eine Lehrzeit in einem viel weiteren Sinne des Wortes [war] als es heute gebräuchlich ist. Kinder wurden, mit oder ohne Vertrag, in eine andere Familie geschickt, um dort zu leben und ihren Lebensweg zu finden, oder um die Manieren eines Ritters oder ein Handwerk zu lernen, oder aber auch, um eine klassische Erziehung zu erhalten. Die ›Dienste‹, die die Kinder leisteten, waren nicht die der bezahlten Dienerschaft – wie der italienische Diplomat, durch die Doppeldeutigkeit der Sprache irregeführt, behauptet – sondern die Art von Dienst, die mit dem mittelalterlichen Rittertum verbunden ist; eine persönliche Aufwartung, durch die man Verhaltensweisen und gesellschaftliche Sitten lernte. Die ›Lehre‹ in diesem allgemeinen Sinn war daher ein formalisiertes Erziehungssystem aus den Tagen des Mittelalters, als es Schulen nur für Geistliche gab. Es lag nichts Knechtisches in einer solchen Lehre: sie war ein Überbleibsel aus der Zeit, als für den hohen und niederen Adel gesellschaftlich nutzbare Fertigkeiten – Manieren und höfisches Benehmen, Musik und Gesang, die Kenntnis von Rangordnungen, Stand, Heraldik und die Fähigkeit, Fleisch vorzuschneiden – sehr viel wichtiger waren als eine akademische Ausbildung. Solche Fertigkeiten konnten nicht in den Universitäten, sondern in den Häusern des hohen und niederen Adels erworben werden.«[10]

[...]

Das Ableisten einer gewissen Dienstzeit war in dieser Zeit die gebräuchliche Methode, Mädchen der Oberklasse auf den einzigen Beruf vorzubereiten, den zu zieren ihnen offenstand – die Ehe. Mehr noch – da es das einzige Ziel vieler Eltern der Tudor-Zeit war, ihre Töchter so schnell wie möglich zu versorgen, indem sie eine frühe und möglichst reiche Heirat für sie arrangierten, wurde der Haushalt, in den ein Mädchen geschickt wurde, in der Regel im Hinblick auf dieses Ziel ausgewählt. Einige Haushalte verschafften sich eine große Reputation für die Art, in der sie die ihrer Obhut anvertrauten Mädchen erzogen, ein Ruf, den die Frau des Hauses genau kannte und auf den sie sehr stolz war.

[...]

Anders als ihre Nachfahren im 19. Jahrhundert wurden diese Mädchen nicht so sehr ausgebildet, um Ehemänner anzulocken – dafür sorgten in aller Regel ihre Eltern und Vormünder –, sondern um gute Ehefrauen zu werden. Die Lektionen, die sie in den »Schulen«, in die sie geschickt wurden, lernen mußten, waren ebenso zahlreich und vielfältig wie die Pflichten des Standes, auf den ihre Ausbildung sie vorbereitete. Die Hausfrau eines großen Haushaltes von der Art, wie sie ihn selbst später möglicherweise leiten mußte, sollte eine große Zahl von Bediensteten lenken, die Bewirtschaftung von Gütern überwachen, für die ihr häufig die

Verantwortung übertragen wurde, für einen Vorrat von Lebensmitteln und Kleidung für die Bedürfnisse eines großen Haushalts sorgen, der während der Wintermonate buchstäblich von der Zivilisation abgeschnitten sein konnte, und die Herstellung von Arzneien und Heilmitteln aus Pflanzen sowie die praktische Ausübung von Chirurgie und Geburtshilfe übernehmen.

[...]

Es ergibt sich daher aus diesen und vielen anderen Darstellungen, daß der Inhalt der Ausbildung für die meisten Mädchen weitgehend gleich war, egal ob sie zu diesem Zweck fortgeschickt oder zu Hause behalten wurden. Und ebenso wie sich Art und Umfang der häuslichen Verantwortung über die Jahre wenig veränderten, so zeigten sich auch in diesem Ausbildungsinhalt nur wenig Modifikationen. Im Gegensatz dazu wandelten sich Art und Umfang der sozialen, politischen und ökonomischen Verantwortlichkeiten ihrer Brüder im Verlaufe des 16. und frühen 17. Jahrhunderts deutlich, und bis zur Mitte des 16. Jahrhunderts war die Art, in der die Jungen auf diese Verantwortungen vorbereitet wurden, zum Gegenstand immer häufigerer Klagen geworden.

Unter Burghleys Memoranden für das Parlament im Jahre 1559 anläßlich der Thronbesteigung von Elisabeth findet sich das folgende: »Daß eine Verordnung erlassen werde, die den Adel verpflichtet, seine Kinder vom 12. bis mindestens zum 18. Lebensjahr auf einer Universität in England oder im Ausland auszubilden [...] Die mutwillige, regellose Erziehung und Unwissenheit des Adels zwingt den Fürsten, neue Männer zu fördern, die in seinen Dienst treten können, welche aber meistens [...] (begierig darauf, schnell zu Wohlstand und Ansehen zu kommen) ihre Pflicht und ihren früheren Stand vergessen und die adligen Häuser stürzen, um selbst in ihre Gemächer einzuziehen [...]«[11]

Die alte Gesellschaftsordnung, aufrechterhalten durch physische Tapferkeit und geschmückt von den höfischen Manieren und den Diensten der Ritterlichkeit, ging ihrem Ende entgegen; eine subtilere Staatspolitik verlangte flexible Köpfe, nicht die Fertigkeiten des Turnierplatzes. Das Weiterbestehen eines Erziehungssystems, das mit wenigen Ausnahmen den Söhnen des Adels nur eine begrenzte Ausbildung für ihre Stellung oder die Verwaltung ihrer Güter, und genauso wenig eine nennenswerte akademische Ausbildung vermittelte, war ein Vermächtnis der farbenprächtigen Gesetze der Ritterschaft, aber nicht der Schlüssel zum Erfolg in dem verschlungenen politischen Beratungssystem der Tudors.

[. . .]

IV

Der Enthusiasmus der Elisabethaner für die Erziehungsvorsorge beschränkte sich nicht auf die Gymnasien. Laut Leach wurde in den späteren Jahren dieser Regierungsperiode eine beträchtliche Anzahl von Grund- und freien Schulen gegründet, in denen Lesen, Schreiben und Rechnen gelehrt wurde, und während der Herrschaft von James stieg diese Zahl sehr stark an[12]. Es gibt nur wenig Material, aus dem hervorginge, welcher Prozentsatz der Kinder von diesen neuen Entwicklungen erfaßt wurde, aber Dr. Hoskins hat die Meinung geäußert: »England besaß zur Zeit Elisabeths mehr Schulen, als wir wissen. Viele Dörfer in Leicestershire hatten derartige Dorfschulen [. . .] Und wenn sie in Leicestershire existierten, so darf man wohl annehmen, daß sie in ganz England zu finden waren.«[13] In diesen Grundschulen, sowohl in der Stadt als auch auf Lande, wurden, so hat es den Anschein, Mädchen ebenso unterrichtet wie Jungen. Die elisabethanischen Erzieher waren eifrige Verfechter der Erziehung für Mädchen, wie Mulcaster bezeugt – »ich selbst kämpfe mit allen Mitteln dafür«.[14] Und ihr Glaube an die weiblichen Fähigkeiten war anscheinend nicht unberechtigt, denn Dr. Rowse glaubt, daß es in der elisabethanischen Zeit, »wie sich erweisen wird, eine höhere Stufe des Alphabetismus bei Frauen gab, als zu irgend einer anderen Zeit vor dem späten 19. Jahrhundert«.[15] Die unmittelbaren und letzten Konsequenzen dieser neuen Entwicklungen in der Gymnasial- und der Elementarerziehung sollten von unermeßlicher Bedeutung sein. Das moderne Schulkind mag sich verzeihlicherweise darüber wundern, daß die Vermehrung von Schulen, in denen die Stundenzahl so überaus hoch und die Disziplin so streng war, als wesentlicher Fortschritt auf dem Wege zur Kind-zentrierten Familie gefeiert wird. Die tatsächliche soziologische Bedeutung dieser Schulen lag jedoch nicht so sehr in ihren Methoden der Wissensvermittlung als vielmehr in der Tatsache, daß sie ein Erziehungssystem darstellten, in dem Kinder in Institutionen ausgebildet wurden, die für ihre eigenen speziellen Bedürfnisse geschaffen worden waren, ganz im Gegensatz zum traditionellen System der Erziehung durch Dienst oder Lehre, durch das Kinder Wissen erwarben als kleine Erwachsene in einer Erwachsenenwelt. Während unter dem traditionellen System die »Kindheit« im Alter von sieben oder spätestens neun Jahren eindrücklich endete, wirkte sich die organisierte formale Erziehung dahingehend aus, die Zeitspanne zu verlängern, innerhalb derer Kinder vor den Forderungen und Verantwortungen der Erwachsenenwelt geschützt waren. Tatsächlich wurde die Kindheit weniger als eine biologische Notwendigkeit von lediglich vorübergehender Bedeutung angesehen: sie erwies sich zum ersten Mal als eine formende Periode von zunehmender Wichtigkeit.

Die Begeisterung der Mittelschicht für die Erziehung ihrer Kinder mag eigennützige Motive gehabt haben; ihr Ergebnis war eine neue Betonung der direkten Verantwortung und Sorge der Eltern für das Wohlergehen ihres eigenen Kindes. Dies begann sich auf vielerlei Weisen zu manifestieren. Während früher, wenn ein Kind fortgeschickt worden war, um sich als Lehrling zu verpflichten, der Lehrherr für seine Nahrung und Kleidung verantwortlich gewesen war, mußten jetzt, wenn ein Kind zur Schule geschickt wurde, seine Eltern dafür selbst sorgen und bezahlen. Sie hatten nicht nur für die Gebühren aufzukommen, die die Schule erhob, sondern wurden nun auch direkt an der Aufsicht über die Fortschritte ihres Kindes in der Schule beteiligt. Wenn das Kind eine Schule in der gleichen Stadt besuchte, übten sie mit ihm oft die Lektion, die es am Tage gelernt, oder halfen ihm bei der Arbeit, die es für den nächsten Tag vorzubereiten hatte. Selbst wenn, was bei Kindern, deren Eltern auf dem Land wohnten, nicht selten der Fall war, ein Kind in eine weit entfernte Schule ging und dort während des Tertials wohnte, so unterstrich doch seine Heimkehr in regelmäßigen Abständen während der Ferien wiederum die direkte und andauernde Verbindung zwischen einem Kind und seiner Familie und die Verantwortung der Eltern und nicht des Haushaltsvorstandes oder des Lehrherren für seine Erziehung. Die stärkere Betonung der Verantwortlichkeiten der Eltern für ihr eigenes Kind und der verstärkte Kontakt zwischen Eltern und Kind, den das neue Erziehungssystem zwangsläufig mit sich brachte, ermöglichten die Entstehung eines Bewußtseins von »Familie«, das sich unter dem alten System nicht so leicht entwickelte, in dem die längere Abwesenheit während des Aufenthalts im Hause anderer, in deren Leben das Kind, wie wir sahen, aufgehen sollte, häufig dazu führte, daß seine Interessen und oft auch seine Zuneigung den Mitgliedern des Hauses galten, in dem es angestellt war, und nicht seiner eigenen Familie. Roger Ascham z. B. wurde »auf den Rat und mittels der finanziellen Unterstützung seines Gönners Sir Anthony Wingfield« in das St. John's College in Cambridge aufgenommen, und vielen Lehrlingen wurde von ihren Lehrherren die Starthilfe für ein eigenes Geschäft gegeben. Es ist jedoch außerordentlich wichtig, nicht anzunehmen, das alte System habe einen allgemeinen Mangel an Zuneigung der Eltern zu ihren Kindern beinhaltet. Es gibt zahlreiche Hinweise auf Väter wie Sir William Holles (1507-1590), von dem überliefert wurde: »Seine väterliche Liebe zu seinen Kindern und Enkelkindern war beispielhaft, er hegte für sie alle ständig eine große und zärtliche Zuneigung [...]«[16] Das frühe Aus-dem-Haus-Geben der Oberklassenkinder, um sie in anderen Haushalten aufziehen zu lassen, bedeutete nicht, daß die Eltern ihre Kinder nicht geliebt hätten, sondern daß es ihnen weniger um sie selbst als vielmehr um den Beitrag dieser Kinder zu der gemeinsamen Aufgabe – der Etablierung der Familie, der Förderung des Familienehrgeizes – ging. Die Ehre und die Prosperität der Familie, weniger das Zusammengehörigkeitsgefühl und die Zuneigung innerhalb der Familie, war das Hauptinteresse der einzelnen Mitglieder, und nichts zeigt dies so deutlich wie die Umstände, unter denen viele dieser Kinder verheiratet wurden.

[...]

Zusammenfassung

Obgleich die alten Bräuche weiterbestanden, so veränderte sich doch das Gefüge des Familienlebens, und zwar in einer Weise, die unvermeidlich, wenn auch nur allmählich, die Art der Eltern-Kind-Beziehungen beeinflussen mußte. Wie wir gesehen haben, war im vor-restaurativen England der numerische Umfang vieler Mittel- und Oberklassenhaushalte, der nicht nur Eltern und kleine Kinder, sondern auch ältere Verwandte, Vettern und Basen und angeheiratete Familienmitglieder zusammen mit den Bediensteten für alle Bewohner und den verschiedenen Lehrlingen umfaßte, sehr viel größer als selbst der größte Haushalt, den wir heute kennen. In der Mitte des 17. Jahrhunderts waren »Familien« mit 30 oder 40 Mitgliedern nichts Ungewöhnliches. Mrs. Isham beklagte sich 1643 über die Einquartierung von Soldaten in ihrem Haus: »Es sind 100 Männer in unserem Haus, was doch wohl sehr viel für ein einziges Haus ist, und wir sind beinahe 50 in der Familie [. . .]«[17]

Im späteren 17. und im 18. Jahrhundert jedoch förderte der wachsende Wohlstand gewisser Gruppen der Mittel- und Oberklassen immer mehr einen bequemeren Lebensstil. Eines der praktischen Anzeichen dafür war die Abtrennung des Wohnbereichs der Dienerschaft von dem der Familie, mit dem Ergebnis, daß die Familie selbst nicht länger in der Schar der zahlreichen Haushaltsbediensteten und Lehrlinge unterging und die Freiheit bekam, intimere Familienbeziehungen und ein Maß an Selbstbewußtsein als Familie zu entwickeln, wie es bisher unmöglich gewesen war. Dies war eine Entwicklung, die sich nicht nur auf die Häuser der Reichen in den Städten beschränkte, sondern auch das Familienleben auf dem Lande zu beeinflussen begann. Arthur Young, der die Haushalte wohlhabender Landwirte beschreibt, hebt besonders die neue Klingelschnur im Wohnzimmer des Bauernhauses hervor, mit der die Bauersfrau ihre Hausbediensteten herbeirufen konnte, und er äußert sich auch zu einem anderen Merkmal des bäuerlichen Lebens im 18. Jahrhundert – die immer seltener werdende Gewohnheit, eine größere Zahl von in der Landwirtschaft tätigem Gesinde im Bauernhaus selbst unterzubringen und zu beköstigen.

Ebenso wie die institutionelle Entwicklung und Anerkennung einer formellen Erziehung in Schulen mit der daraus folgenden Isolierung des Kindes von der Erwachsenenwelt eine Vorbedingung für das Entstehen moderner soziologischer und psychologischer Auffassungen von Kindheit war, so trug auch die allmähliche Isolierung und Individualisierung der Familie als einer sozialen und psychologischen Einheit zu dem gleichen Ziel bei. Die Bindungen zwischen Eltern und Kind wurden notwendigerweise verstärkt in einer auf Eltern und Kinder reduzierten Familie, einer Familie, aus der Bedienstete, Abhängige und Freunde ausgeschlossen waren. Die größere Vertrautheit der Eltern mit ihren eigenen Kindern trug dazu bei, die Förmlichkeit zwischen ihnen zu verringern und verstärkte das Interesse der Eltern für das Wohlergehen ihrer Kinder. Dies manifestierte sich sowohl in dem Gebrauch von zärtlichen Redewendungen zwischen Eltern und Kindern, als auch in der wachsenden Sorge der Eltern, Genaueres über ihre Kinder, über ihre Gesundheit und ihr Verhalten zu erfahren, wenn die Familienmitglieder aus dem einen oder anderen Grunde getrennt waren.

Im großen und ganzen machten sich diese Einflüsse bei den Mittelklassen im England des 18. Jahrhunderts sehr viel deutlicher bemerkbar als in irgendeinem anderen Bereich der zeitgenössischen Gesellschaft. In den Oberklassen trug die andauernde Hochschätzung des Geschlechts und nicht der Kernfamilie zur Perpetuierung einer Einstellung gegenüber Kindern bei, die diese immer noch als ein Mittel zur Erweiterung des materiellen und sozialen Status der großen Sippe betrachtete und tatsächlich benutzte; als eine Form von Familieneigentum, das man ausbeuten konnte, und nicht als unreife aber individuelle Persönlichkeiten, die sorgfältig entfaltet werden mußten. Wenn sich dies in einer fortgesetzten Förmlichkeit der Eltern-Kind-Beziehungen in vielen Haushalten der Oberklasse widerspiegelte, so zeigte es sich auch in der Beibehaltung der traditionellen Einstellung zur Verheiratung der Kinder bis hinein in das 18. Jahrhundert. Noch 1729 wurde ein kleines, recht vermögendes aber erst 9 Jahre altes Mädchen von ihrem Vormund aus dem Internat geholt und mit seinem eigenen Sohn, einem Lehrling, verheiratet. Es ist recht wichtig, sich vor Augen zu halten, daß solche Praktiken deshalb weiter bestanden, weil erfolgreich gegen zahlreiche Versuche während der letzten 20 Jahre des 17. Jahrhunderts opponiert wurde, Änderungen im englischen Eherecht durchzuführen, die sich auf das gesetzliche Einwilligungsalter von Minderjährigen und die Macht von Vormündern über die Heirat ihrer Mündel bezogen. Wären die Versuche, das eine anzuheben und das andere zu beschränken, erfolgreich gewesen, so wäre der Druck, der auf die Kinder alter und wohlhabender Familien ausgeübt wurde, notwendigerweise vermindert worden, und einer der hemmendsten Faktoren für die Entwicklung moderner Einstellungen zu Kindern und zur Kindheit wäre abgebaut worden. So aber triumphierten die althergebrachten Familieninteressen während des ganzen 18. und bis in das 19. Jahrhundert hinein über die Rechte der Kinder in bezug auf ihre Heirat, so daß John Cordy Jeaffreson 1872 schreiben konnte: »Bis heute steht es in der Macht englischer Eltern, in der unheiligsten Ehe ein Paar widerstrebender Kinder zu vereinen, die nicht den nötigen Mut und das nötige Wissen zum Schutz ihrer natürlichen Rechte haben.«[18]

1 Zitiert bei P. Ariès, Centuries of Childhood, 2. Aufl. 1962, S. 29; aus Montaignes Essays, Bd. II, S. 8.
2 Ausgabe von 1669 (Nachdruck).
3 Siehe Chilton Latham Powell, English Domestic Relations 1487-1563, New York, 1917, S. 128.
4 Siehe L. B. Wright, Middle-class Culture in Elizabethan England, 1935, S. 208.
5 Siehe Powell, a. a. O., S. 128.
6 Becon, Catechism, Hrsg. J. Ayre, Parker Society, Cambridge, 1844, S. 355.
7 A. L. Rowse, The England of Elizabeth, 1951, S. 245.
8 Ebd., S. 532.
9 A Relation, or rather a true account of the Island of England ... (übersetzt von Charlotte Augusta Sneyd), Camden Society, 1847, Nr. 37, S. 24 bis 25.
10 Ariès, a. a. O., S. 411.
11 Zitiert bei A. L. Rowse, a. a. O., S. 259-260.
12 A. F. Leach, English Schools at the Reformation, Bd. I, S. 105.
13 Zitiert bei Rowse, a. a. O., S. 502.
14 D. Gardiner, English Girlhood at School, 1929, S. 191-193.
15 Rowse, a. a. O., S. 503.
16 Gervase Holles, Memorials of the Holles Family, 1493-1656, hrsg. von A. C. Wood, Camden 3rd. Series, Bd. LV, S. 45.
17 Memoirs of the Verney family during the seventeenth century, hrsg. von F. P. und M. M. Verney, Bd. II, 1925, S. 191.
18 Brides and Bridals, Bd. I, 1872.

Norbert Elias
Über den Prozeß der Zivilisation

Soziogenetische und psychogenetische Untersuchungen

Erster Band: Wandlungen des Verhaltens in den weltlichen Oberschichten des Abendlandes
stw 158. 350 Seiten

Zweiter Band: Wandlungen der Gesellschaft. Entwurf zu einer Theorie der Zivilisation
stw 159. 508 Seiten

Die Soziologie des 20. Jahrhunderts konzentriert sich vor allem auf Zustände. Die langfristigen Transformationen der Gesellschaft und Persönlichkeitsstrukturen hat sie weitgehend aus den Augen verloren. Im Werk von Norbert Elias bilden diese langfristigen Prozesse das zentrale Interesse: Wie ging eigentlich die »Zivilisation« im Abendlande vor sich? Worin bestand sie? Und welches waren ihre Antriebe, ihre Ursachen oder Motoren?
Bei Elias' Arbeit handelt es sich weder um eine Untersuchung über eine »Evolution« im Sinne des 19. Jahrhunderts noch um eine Untersuchung über einen unspezifischen »sozialen Wandel« im Sinne des 20.; seine Arbeit ist grundlegend für eine undogmatische, empirisch fundierte soziologische Theorie der sozialen Prozesse im allgemeinen und der sozialen Entwicklung im besonderen.

Materialien zu Norbert Elias' Zivilisationstheorie

Herausgegeben von Peter Gleichmann, Johan Goudsblom und Hermann Korte
stw 233. 448 Seiten

Dieser Materialienband möchte zur Verbreiterung und Intensivierung der Auseinandersetzung mit dem soziologischen Arbeitsprogramm von Norbert Elias beitragen.
Die in ihm enthaltenen Beiträge zeigen u. a., daß für die Untersuchung langfristiger gesellschaftlicher Entwicklungen und die Struktur ungeplanter Prozesse in der Zivilisationstheorie von Norbert Elias eine fruchtbare Ausgangsposition vorliegt.

Bernhard Groethuysen
Die Entstehung der bürgerlichen Welt- und Lebensanschauung in Frankreich
Band 1: Das Bürgertum und die katholische Weltanschauung
Band 2: Die Soziallehren der katholischen Kirche und das Bürgertum
stw 256. 368 und 320 Seiten

Groethuysens ausgreifendes Unternehmen ist als Untersuchung der Entstehung einer spezifisch bürgerlichen Sensibilität, einer Welt- und Lebensanschauung zumal, konzipiert, wie sie sich im Frankreich des 17. und 18. Jahrhunderts herauszubilden begann. Die Arbeit erschien zuerst in den Jahren 1927 und 1930. Sie reiht sich der Intention nach den Studien von Dilthey und Simmel zur Entstehung des »modernen« Geistes an, greift aber tiefer ins soziale Gestein der Epoche, so daß sie einerseits mit Franz Borkenaus materialistischer Ideologiegeschichtsschreibung (*Vom feudalen zum bürgerlichen Weltbild*), andererseits mit Norbert Elias' historisch-soziologischen Analysen (*Über den Prozeß der Zivilisation*) verglichen werden kann.
Groethuysens Werk ist also eine »geistesgeschichtliche« Untersuchung besonderer Art. Es thematisiert nicht die großen philosophischen Lehren, die eine reflektierte Form bürgerlicher Ideologie zum Ausdruck bringen, sondern gerade die alltäglichen und anonymen, sozusagen vorreflexiven Gestalten bürgerlichen Denkens und Handelns. Der Autor geht in phänomenologischer Manier aus »vom Leben selbst«, von den Selbstverständlichkeiten des bürgerlichen Lebenszusammenhangs, der sich im 17. und 18. Jahrhundert allmählich von den religiösen Bindungen des Katholizismus emanzipierte. Man kann sagen, daß es sich hier wie bei Walter Benjamins Trauerspielbuch um eine Art »anonyme Geistesgeschichte« des Bürgertums insofern handelt, als nicht seine »anerkannten« Ideologen, sondern seine »populären« Vertreter zu Wort kommen.
Anhand zahlreicher Quellen – etwa von Predigten und pädagogischen Abhandlungen – zeigt Groethuysen, wie sich die Einstellungen des Bürgers sukzessive profanisieren, wie sich seine Anschauungen über Gott, Tod und Sünde, über reich und arm immer mehr von den kirchlichen Lehren lösen und zu einer eigenen Physiognomie in Lebens- und

Weltanschauung führen: »So bildet sich das bürgerliche Klassenbewußtsein. Der neue Wirtschaftstyp, wie er sich in den alten Lebensformen nicht entwickeln konnte, erhält seine geistige Bedeutung und Umgrenzung; er wird zu dem Vertreter einer besonderen, in sich charakterisierten und immer wieder im Gegensatz zu anderen, religiös bedingten Vorstellungsweisen erlebten Einstellung gegenüber Welt und Leben, einer selbständigen bürgerlichen Ideologie, für deren Gestaltung und Ausbildung das Verhältnis des Bürgertums zur Kirche von entscheidender Bedeutung gewesen ist.« Der vielzitierte und -gelästerte Typus des Bourgeois wird von Groethuysen »urgeschichtlich« (Benjamin) bzw. »archäologisch« (Foucault) erforscht.

Bernhard Groethuysen wurde 1880 in Berlin geboren. Er studierte Philosophie, Psychologie, Kunstgeschichte und Wirtschaftspolitik. Unter dem Einfluß Simmels und Diltheys stehend (dessen Gesamtwerk er mitherausgab), beschäftigte er sich gleichermaßen mit psychologischen, anthropologischen und historischen Fragen. In den zwanziger Jahren pendelte er zwischen Paris, wo er im Kreis des Verlags Gallimard die Funktion eines intellektuellen Mentors ausübte, und Berlin, wo er als Privatdozent lehrte, hin und her. Im Jahre 1933 legte er aus Protest gegen die Nationalsozialisten seinen Berliner Lehrauftrag nieder und blieb in Frankreich, wo er fortan als freier Schriftsteller lebte. Er starb 1946 in Luxemburg. Werke: *Das Mitgefühl* (1904); *Philosophische Anthropologie* (1931); *J.-J. Rousseau* (1949); *Philosophie der Französischen Revolution* (1956).

Karl Polanyi
The Great Transformation

Politische und ökonomische Ursprünge von Gesellschaften und Wirtschaftssystemen
Übersetzt von Heinrich Jelinek
stw 260. 400 Seiten

Das Werk des 1964 gestorbenen Wirtschaftshistorikers und Wirtschaftsanthropologen Karl Polanyi gehört zu denen, deren Einfluß auf die Forschung zwar bedeutend, deren Bekanntheitsgrad aber im Verhältnis dazu gering ist. Das gilt zumindest für die Bundesrepublik, während man in Amerika inzwischen das Anregungspotential Polanyis für sozial- und wirtschaftsgeschichtliche wie soziologische und anthropologische Diskussionen erkannt hat. Dort wird Polanyi in einem Atem und im Zusammenhang mit Namen wie Max Weber, Ferdinand Tönnies, Werner Sombart, Bronislaw Malinowski und Talcott Parsons genannt.
The Great Transformation, 1944 erschienen, geht von der These aus, daß erst die Herausbildung einer liberalen Marktwirtschaft mit ihrem »freien Spiel der Kräfte« zu jener charakteristischen »Herauslösung« und Verselbständigung der Ökonomie gegenüber der Gesellschaft geführt hat, die historisch ein Novum darstellt und die bürgerliche Gesellschaft von allen anderen Gesellschaftsformationen unterscheidet. *The Great Transformation* – das bezeichnet den Übergang von »integrierten« Gesellschaften, in denen die wirtschaftlichen Aktivitäten der Individuen in einen übergreifenden kulturellen Zusammenhang eingebettet waren, zur nicht integrierten Gesellschaft vom Typ der freien Marktwirtschaft. Während in nicht-marktwirtschaftlichen Gesellschaften »die Wirtschaftsordnung bloß eine Funktion der Gesellschaftsordnung«, jene also von dieser abhängig ist, kehrt der Kapitalismus dieses Verhältnis um. Seine Ökonomik ist in einem spezifischen Sinne »autonom« gegenüber allen übrigen sozialen Bereichen und Bedürfnissen.
Es ist Polanyis Überzeugung, daß eine Wirtschaftsordnung wie die des selbstregulierenden Markts, die sich in der ersten Hälfte des 19. Jahrhunderts ungehemmt entfaltet hat, ihre eigenen gesellschaftlichen Voraussetzungen, ja ihre physische Basis zerstört. Deshalb setzt sie, um ihrer Selbstzerstörung entgegenzuwirken, Kräfte aus sich heraus, die dieser zerstörerischen Tendenz Einhalt gebieten. Für

Polanyi gehören interessanterweise nicht nur der intervenierende Staat und die organisierte Arbeiterbewegung zu jenen »Gegenkräften«, die eine Lösung der Krise des Wirtschaftsliberalismus anstreben, sondern auch die faschistischen »Revolutionen« der zwanziger und dreißiger Jahre unseres Jahrhunderts – wobei für Polanyi aber klar ist, daß die faschistische Antwort auf die Krise von eben jener destruktiven Potenz ist, für deren Gegenmittel sie sich hält.
Polanyi begnügt sich nicht mit der Analyse und Kritik des Laisser-faire-Kapitalismus; im Anschluß an die Arbeiten etwa von Marcel Mauss, Malinowski und Radcliffe-Brown befaßt er sich eindringlich mit solchen Gesellschaften, in denen die ökonomischen Transaktionen Teil der »faits sociaux totaux« (Mauss) sind. Diese Gesellschaften beruhen auf Prinzipien, z. B. dem der Reziprozität und der eigenbedarflichen Haushaltung, die einen Lebenszusammenhang garantieren, der auf Erhaltung und Schutz des sozialen und ökologischen Gleichgewichts basiert. Es sind nicht zuletzt Polanyis Untersuchungen »primitiver« Wirtschafts- und Gesellschaftsformen, die bedeutenden Einfluß auf spätere anthropologische und ethnologische Forschungen ausgeübt haben.

Karl Polanyi wurde 1886 in Wien geboren. Nach einem Jura- und Philosophiestudium in Budapest wurde er Redakteur in Wien, wo er sich intensiv mit volkswirtschaftlichen und wirtschaftshistorischen Themen beschäftigte. 1933 emigrierte Polanyi nach Großbritannien; dort betätigte er sich vor allem in der Arbeiterbildung. 1947 erfolgte seine Berufung als Gastprofessor an die New Yorker Columbia University. Er starb 1964 in Toronto/Kanada.
Werke: *Trade and Market in the Early Empires* (1957); *The Livelihood of Man* (1977).

Alphabetisches Verzeichnis der suhrkamp taschenbücher wissenschaft